B. F. SKINNER

Conducta Verbal

ABA España
Colección Clásicos

B. F. SKINNER

Conducta Verbal

Editor general y traductor

Javier Virués Ortega

Ensayos introductorios

R. Douglas Greer
Steven C. Hayes
Marino Pérez Álvarez
Caio F. Miguel
Rubén Ardila

ABA España
Colección Clásicos

Conducta Verbal es la edición en español de *Verbal Behavior* (Extended Edition) de B. F. Skinner (Series Editor: Julie S. Vargas; Series Production Coordinator: Konstantin Evdokimov), Library of Congress Catalog Card Number: 53-7045, Copyright © 1957, 2020 B. F. Skinner Foundation, P.O. Box 825, Cambridge, MA 02138, EEUU. ISBN: 978-0-9964539-1-2

La presente edición ha sido autorizada por B. F. Skinner Foundation, actual propietaria de los derechos editoriales de la obra, mediante acuerdo de derechos de edición en español a favor de ABA España como entidad cesionaria de 1 de noviembre de 2020. La traducción es original a excepción de los capítulos 14 a 19 y el apéndice y epílogo finales que corresponden a la edición de Trillas (reedición autorizada según acuerdo con ABA España de 2 de diciembre de 2020). Las imágenes en las págs. 39 (Putneypics, CC BY 2.0) y 387 (Benjamin Nuñez González, CC BY-SA 4.0) se usan bajo licencias de *Creative Commons*. Las imágenes en la pág. 5 y la portada son propias. El copyright de la imagen de contraportada pertenece a B. F. Skinner Foundation (imagen reproducida con permiso).

Edición, diseño de cubierta y maquetación: Javier Virués Ortega
Traducción: Javier Virués Ortega, Rubén Ardila

Cita de esta obra

Skinner, B. F. (2025). *Conducta verbal* (J. Virués Ortega, ed.). ABA España. https://doi.org/10.26741/978-84-09-64850-4 (Original publicado en 1957)

Cita del ensayo introductorio

Virués-Ortega, J., Greer, R. D., Hayes, S. C., Pérez-Álvarez, M., Miguel, C. F., y Ardila, R. (2025). Ensayos introductorios a la nueva edición en español de *Conducta verbal* (J. Virués Ortega, ed., págs. 11-33). ABA España. https://doi.org/10.26741/978-84-09-64850-4_01

ABA España es una organización dedicada a la difusión, enseñanza e investigación del análisis aplicado de conducta en el mundo de habla hispana con iniciativas educativas, editoriales, tecnológicas y científicas, visítanos en aba-elearning.com

ABA España Publicaciones

ISBN-13 978-84-09-64850-4 (Edición en rústica)
https://doi.org/10.26741/978-84-09-64850-4
Colección: ABA España Clásicos
Año de publicación: 2025

TABLA DE CONTENIDOS

Ensayos introductorios a la nueva edición en español de *Conducta verbal*

Javier Virués Ortega
R. Douglas Greer
Steven C. Hayes
Marino Pérez Álvarez
Caio F. Miguel
Rubén Ardila

¿Cómo traducir *Conducta verbal*?

Javier Virués-Ortega
The University of Auckland

Traducir *Conducta verbal* entraña una notable dificultad práctica y técnica, muy superior a la de cualquier otra obra actualmente en el catálogo de esta casa. No fue casualidad que la mítica editorial Fontanella se planteara su edición en español en la década de 1970 abandonando el proyecto por considerar la obra "intraducible", en palabras de Ramón Bayés. El proyecto sería retomado por Trillas algunos años después con la decidida iniciativa del recientemente desaparecido Rubén Ardila, como nos cuenta en su prólogo original a esta edición.

Virues-Ortega, J., Greer, R. D., Hayes, S. C., Pérez-Álvarez, M., Miguel, C. F., y Ardila, R. (2025). Ensayos introductorios a la nueva edición en español de *Conducta verbal.* En Skinner, B. F., *Conducta verbal* (J. Virués Ortega, , ed., págs. 11-33). ABA España. https://doi.org/10.26741/https://doi.org/10.26741/978-84-09-64850-4_01

Las reservas de Bayés sobre la traducibilidad de la obra eran razonables. *Conducta verbal* es un texto en el que el lenguaje se usa continuamente para hablar del lenguaje y, en particular, de la conducta del hablante anglófono con innumerables referencias formales y connotativas que retan cualquier plan de traducción. Ardila, en su traducción optó por conservar en inglés en el texto principal toda aquella referencia metalingüística cuyas implicaciones formales y culturales no fueran susceptibles de traducción directa, añadiendo notas al pie y material parentético con la traducción literal. En este sentido, el enfoque tomado en esta edición ha sido mixto. Donde ha sido posible nos hemos atribuido licencias a fin de que la intención del autor fuera evidente en español, anunciando tales atrevimientos en sucesivas notas del editor. Por ejemplo, cuando Skinner habla de la rima como combinación de preparación temática (intraverbal) y formal (ecoica), creemos conservar la intención original del autor usando,

> Quién hubiera tal ventura sobre las aguas del mar
> Como hubo el infante Arnaldos la mañana de San ____.

En lugar del original,

> And so sepulchred in such pomp dost lie
> That kings for such a tomb would wish to ____.

Y así procedemos siempre que la flexibilidad del español ha permitido hallar tales compromisos. Por ejemplo, cuando Skinner habla de múltiples fuentes de control sobre un neologismo tratamos de hallar un equivalente eufónico en español:

> No todas las respuestas que muestran múltiples variaciones preparan al lector de antemano. Así, la respuesta *Corta este nudo intrinsicado* puede ser fuerte en el lector por la misma razón que en Shakespeare, ya que fuentes separadas de las formas *intrincado* e *intrínseco* se mezclan y pueden ser descubiertas en el texto.

Creemos así hacer la lectura más amena y fluida para el lector hispanohablante y tratar, en lo posible, de aliviar lo que de otro modo sería una interrupción frecuente de citas del inglés original. Análogamente, cuando traducimos *Peter Piper picked a peck of pickled peppers* como *Juan junta juncos junto a la zanja* respetamos el efecto que Skinner pretendía en el lector cuando hablaba de aliteración y ritmos excesivos.

Procedemos de igual modo cuando las referencias al idioma inglés no solo son por forma o contenido de una cita textual, sino el trasunto de elementos autoclíticos específicos de la lengua y que deben ser interpretados para alcanzar una quasiequivalencia en español. Así, por ejemplo,

> ...los afijos que sirven una función autoclítica tienden a asimilarse en formas estándar. Una situación *desafiante* es un tipo de situación y la respuesta *desafío* puede darse ante variables diferentes a la ausencia de fe o confianza. La respuesta debe haberse originado en circunstancias, que aún pueden darse, en las que el hablante expresaba tener fe o confianza (*fidere*) y a la que añadió *des-* con función autoclítica de negación. Al final, la respuesta es controlada, no solo por la ausencia de fe, sino por cualquier situación difícil.

Con todo, el proceso trasciende a la traducción, y se acerca a la *traslación* o la *interpretación* de efectos sobre el oyente según el plan original de Skinner. Al menos, así hemos procedido en los capítulos 1 a 14, traducidos *ex novo* para esta edición, quedan los capítulos 15 a 19 según la traducción de Ardila salvedad hecha de contadas adaptaciones terminológicas.

En *Conducta verbal* Skinner se muestra más que en ninguna otra obra como avezado conocedor de la literatura inglesa. El texto es abundantísimo en citas a autores clásicos como Shakespeare o Lord Chesterfield, a autores románticos como Butler, Keats o Stendhal, o modernos como Stein, Joyce o Eliot. Skinner adopta a veces una actitud erudita en la que la cita del original queda tácita. Creemos que con ello el lector hispanohablante pueda perder algo de las referencias culturales que Skinner utiliza veladamente. Por ello, y en la medida que ha sido posible, hemos hecho explícitas tales referencias en las notas de editor. Así, cuando Skinner usa el verso *O, to be in England / Now that April's there* al hablar de los mandos extendidos, entendemos que puede haber algún valor en notar que el verso procede de *Home-Thoughts from Abroad* (1845) de Robert Browning.

En fin, la dificultad de traducir *Conducta verbal* no radica solo en su carácter metalingüístico o su tendencia a la erudición, sino también en la *densidad* que frecuentemente adopta Skinner. El autor tiende a la frase larga, o a omitir elementos de su hilo argumental conminando a la lectura atenta. Skinner no nos dice "la unidad verbal queda definida por la relación funcional entre una respuesta y una o más variables independientes" sino:

> Lo que necesitamos para los fines que nos ocupan (y a lo que el uso de "palabra" como enunciado se aproxima) es una unidad de conducta compuesta por una respuesta que pueda identificarse como funcionalmente relacionada con una o más variables independientes.

Cuando habla del gesto frenético como indicador de velocidad, no nos revela el modo de repuesta involucrado.

> A veces inferimos la fuerza de la conducta verbal de un amigo epistolar a partir de la prontitud de su respuesta, aportando pruebas similares los rastros de velocidad en la escritura. El gesto frenético ejemplifica la velocidad de respuesta en otro modo de conducta verbal.

Cuando pretende mostrar el control múltiple de una única producción vocal nos ofrece una alambicada *reductio ad absurdum*.

> Si la respuesta *¡Agua!* ha sido reforzada con la estimulación visual suministrada por el agua antes de que ésta entre en la boca, y si esta estimulación juega un papel en el control de la conducta de apagar un fuego, entonces la respuesta adquirida sólo bajo la privación de agua puede ocurrir ante un fuego.

O cuando habla del tacto referido a un objeto verbal, no afirma que la cita verbal constituye un tacto de un enunciado, del mismo modo que el tacto puede discriminar un estímulo no verbal, nos dice, sin embargo, que

> [c]uando respondemos a un objeto verbal, es decir, al discurso oído de otra persona, emitiendo respuestas ecoicas y construyendo así un modelo del enunciado original, tactamos el objeto en el único sentido en que cualquier objeto puede ser tactado.

Si comparamos la distribución del índice de legibilidad Flesch-Kincaid del original de *Verbal Behavior* con, por ejemplo, la prosa cruda de John B. Watson, en *The Ways of Behaviorism*, cuya versión en español ha aparecido recientemente en este sello editorial, el contraste no podría ser más obvio (Figura 1).

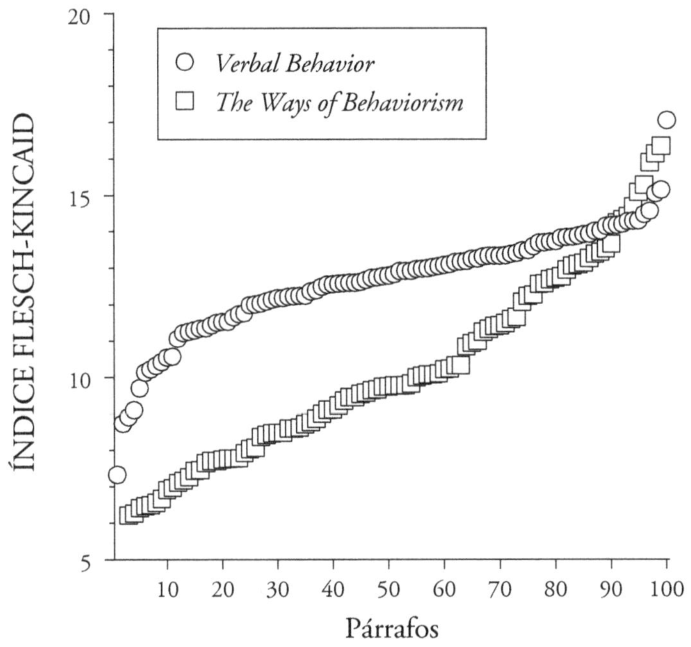

Figura 1. Distribución en orden ascendente de los índices Flesch-Kincaid de legibilidad de los 100 primeros párrafos de las obras *Verbal Behavior* de B. F. Skinner y *The Ways of Behaviorism* de John B. Watson. Un valor mayor indica un mayor número de palabras por frase y sílabas por palabra, y, por tanto, sugiere una menor legibilidad (Flesch, 1948).

Al elaborar esta edición nos hemos visto tentados a reproducir en ella textos secundarios del autor sobre conducta verbal (Skinner, 1972, 1989) o polémicas en gran medida ya superadas (Chomsky, 1959/2003; MacCorquodale, 1970; Virués-Ortega, 2006). Ha imperado el criterio de presentar la obra original tal y como la concibió Skinner sin entretenernos en tales distracciones.

Estas notas no estarían completas sin el debido agradecimiento a algunas de las muchas personas que han contribuido a esta edición. Especial mención merece *B. F. Skinner Foundation* y particularmente Julie Vargas y Konstantin Evdokimov, por haber autorizado esta edición con una nueva traducción parcial del texto de la edición extendida en su última iteración de 2020, y también a los revisores anónimos designados por la Fundación y que aportaron certeros comentarios a porciones preliminares de esta edición. José Julio Carnerero ha ofrecido algunos comentarios de estilo.

Agradecemos también a Camilo Hurtado haber facilitado la participación de Rubén Ardila, cuya traducción mantenemos en los capítulos finales, como homenaje a este destacado académico de quién recogemos aquí un prólogo póstumo, lamentándonos de que no llegara a tener entre sus manos esta edición. Agradecemos, también a Trillas, depositaria de los derechos de la traducción de Ardila, su apoyo permitiendo el uso de dicho material.

Los ensayos introductorios que siguen nos ofrecen diferentes perspectivas sobre el devenir de la obra en las últimas siete décadas. El libro ha sido, como se denomina en cienciometría, una *bella durmiente*, concentrándose sus citas y el trabajo empírico que ha generado en años muy posteriores a su publicación (Van Raan, 2004). Creo que el plantel de prologuistas que sigue da una visión equilibrada de los desarrollos de décadas recientes. Por ejemplo, Hayes se lamenta de las limitaciones en la práctica que *Conducta verbal* ha supuesto para afrontar desde un punto de vista analítico-conductual el mundo emocional o la generatividad del lenguaje, presentando sentidamente esta insatisfacción como el ímpetu que diera lugar a la teoría del marco relacional y sus aplicaciones clínicas asociadas. Una visión más continuista la aportan aquellos que han emprendido programas de investigación empírica y experimental sobre el plan de Skinner. Así, Greer y Miguel destacan la amplia investigación al que esta obra ha dado amparo y cómo muchas de las percepciones de Skinner son el fundamento conceptual de modelos de intervención y educativos actuales.

La investigación empírica generada por *Conducta verbal* apoya a todas luces el valor heurístico y la vigencia de muchos de sus conceptos. Las operantes verbales básicas, la distinción entre los repertorios de oyente y hablante, el rol del reforzamiento y moldeamiento automáticos, así como del reforzamiento generalizado, el establecimiento del repertorio de hablante como propio oyente... estas y otras ideas tienen ya un amplio apoyo empírico y se aplican en cientos de programas de intervención analítico-conductuales con niños con autismo y otros trastornos del desarrollo. Invitamos al lector a los ensayos de Miguel, Greer y Pérez, a continuación, sobre el amplio recorrido que ha tenido el análisis funcional de la conducta verbal imaginado por Skinner en *Conducta verbal*.

No obstante, mucho de lo planteado por Skinner en *Conducta verbal*, ha producido muy poco trabajo empírico. Entre estos cabe destacar el análisis funcional del lenguaje aplicado a grandes unidades de conducta verbal, el análisis de la modulación autoclítica, análisis de relaciones ecoicas e intraverbales dentro de una única producción verbal, el control múltiple, o el análisis tookeano-conductual en la evolución del lenguaje, son solo algunos de los muchos puntos que no han generado prácticamente ningún trabajo empírico. Esperamos que esta edición reavive en algo el interés por la obra y, quien sabe, quizá sirva de estímulo para que jóvenes analistas de conducta tomen algunos de estos latentes testigos.

El genio de Skinner en *Conducta verbal*

R. Douglas Greer
Columbia University

Traducir *Conducta verbal* al español requiere una extraordinaria experiencia en análisis de conducta, así como de amplios conocimientos en literatura y filología inglesa y española. ¡Bravo! Incluso los psicólogos nativos de habla inglesa tienen grandes dificultades en comprender *Conducta verbal*. Pasaron décadas antes de que su enorme importancia se hiciera evidente, y esto solo ocurrió para una pequeña, aunque creciente, fracción de los científicos del comportamiento. Esta gradual comprensión de la obra a lo largo de tantas décadas puede atribuirse a dos aspectos de su teoría: (a) *Conducta verbal*, al igual que su libro *La tecnología de la enseñanza* y su trabajo sobre instrucción programada, constituye un tratamiento de las propiedades selectivas más que de las propiedades fortalecedoras del reforzamiento y, (b) los formidables conocimientos de Skinner sobre literatura inglesa.

La primera mitad del libro se centra en lo que yo, tras décadas de investigación, considero como las operantes verbales del hablante, y es mucho más accesible que la segunda mitad, que aborda episodios interconectados entre hablante y oyente. La segunda mitad es compleja, anticipa las fuentes del comportamiento humano complejo y la cognición, y ha guiado la investigación en nuestro laboratorio durante cuatro décadas (Conceição et al., 2022; Greer & Ross, 2008).

Una de las contribuciones más importantes es la propuesta de que el oyente y el hablante se desarrollan de forma independiente. Numerosos experimentos en desarrollo verbal confirman esto, cómo el oyente precede al hablante y cómo se integran a partir de la experiencia, por ejemplo, a través del pensamiento (ver Greer et al., 2017). La investigación sugiere que se ha identificado el control de estímulo adquirido para la integración del oyente y el hablante, junto con su importancia para una gama de comportamientos humanos complejos, incluidas las relaciones derivadas, necesaria para repertorios clave como la comprensión lectora (Kleinert et al., 2022; Morgan et al., 2020; Sivaraman & Barnes-Holmes, 2023; Sivaraman et al., 2023). Aunque Skinner inicialmente enfatiza la conducta verbal como la conducta del hablante, es evidente que no puede haber un hablante sin un oyente "debajo de la piel", así como oyentes en una comunidad verbal (Skinner, 1986). A medida que leas el libro, observarás la importancia y frecuencia del papel del oyente.

Fue gracias al estímulo de Skinner que llegué a comprender por qué esta fue su obra más importante. Esto me llevó a impartir cursos sobre este área durante cuatro décadas (algunos de ellos en España) y, a consecuencia de ello, a leer el libro muchas veces y descubrir más y más en cada nueva lectura. La investigación sobre conducta verbal ha permitido establecer cómo se desarrolla y cómo dicho desarrollo determina qué es posible enseñar y de qué modo (Greer et al., 2024). Además, ahora sabemos cómo proporcionar piezas faltantes del desarrollo ontogenético, lo que ha llevado a protocolos para la enseñanza cómo aprender a aprender (Greer, 2020; Singer-Dudek et al., 2023).

La conducta verbal puede definirse mejor como comunicación con una audiencia presente, ya que el término "verbal" con frecuencia es sinónimo de "vocal". Sin embargo, la conducta verbal trata sobre el control de estímulo fundamental para comunicarse con y sin lenguaje. Otras especies se comunican, y nosotros, los *homo sapiens,* también nos comunicamos con ellas. La música es comunicación, al igual que la danza y las artes visuales, pero los reforzadores son diferentes de los que usamos al comunicarnos mediante el lenguaje, incluido el reforzamiento por integrar las propiedades de observación y producción de estos tipos de comunicación. El lenguaje, como un tipo de conducta verbal o comunicativa, se fundamenta en reforzadores aprendidos y los amplia en la selección de conducta comunicativas

(Greer et al., 2020). El lenguaje amplía enormemente las propiedades funcionales sociales de la comunicación, permitiendo mayor precisión y complejidad para el rango de respuestas no arbitrarias y arbitrariamente aplicables. El genio Skinner en *Conducta verbal* está comenzando a ser entendido. Me complace enormemente verlo accesible para los lectores de habla española interesados en el análisis de conducta.

Cegados por la luz: Una reflexión sobre *Conducta verbal*

Steven C. Hayes
Universidad de Nevada, Reno

Me han solicitado algunos comentarios sobre el clásico de Skinner *Conducta verbal* con motivo de su reedición en español. Considero a B. F. Skinner una de las mentes más brillantes del siglo XX. Fue y es un héroe intelectual personal para mí. He leído la mayor parte de su obra y tengo la suficiente edad como para que a nadie extrañe si digo que conversé con él muchas veces. Coincidí con su hija Julie Vargas cuando fui estudiante de posgrado en West Virginia University (WVU), donde ella era ya profesora, lo que me proporcionó aún más oportunidades de contacto.

En 1938, Skinner sugirió que los resultados de su trabajo idiográfico sobre la conducta animal eran aplicables a múltiples ramas evolutivas y prácticamente a todas las formas de conducta humana (Skinner, 1938/2021). En eso, creo que estaba en lo cierto. Al pensar en voz alta le preocupaba que pudiera haber una única excepción: la conducta verbal humana. En menos de 20 años alcanzaría su respuesta. Su conclusión: no había excepción; las operantes verbales proporcionaban el puente necesario.

Su explicación operante de la conducta humana verbal era brillante, hasta el punto de que resonó en el imaginario de gran parte de la psicología conductual de la época. Los críticos señalaron defectos, pero estas críticas generalmente incurrían en errores que un conductista bien entrenado podía detectar, así, estas fueron soslayadas por el campo en gran medida.

Cuando estudiaba mi doctorado de psicología clínica en la WVU, tuve de director de tesis a un analista aplicado de conducta llamado John Cone, mientras además cursaba una especialización en psicología experimental trabajando con analistas experimentales de conducta, entre ellos Andy Lattal, que más tarde sería editor de *Journal of the Experimental Analysis of Conductual* (JEAB). En esta especialización participaba también el ya desaparecido Willard Day (1926-1989), editor y fundador de la revista *Behaviorism.* Day impartió un seminario especialmente cautivador en WVU en el que desafiaba a los conductistas en la audiencia a intentar comprender el lenguaje humano tal y como se utiliza realmente. Esto me pareció fundamental y mientras escuchaba me prometí dar lo mejor de mí mismo en aras a tomar el guante de semejante reto intelectual; si encontraba trabajo en alguna universidad claro.

Y efectivamente lo encontré; fue en el departamento de psicología de North Carolina University en Greensboro. El departamento contaba con analistas de conducta básicos de gran talla, como Rick Schul, que más tarde sería también editor de *JEAB*, y Aaron J. Brownstein (1932-1986), muy conocido por su investigación sobre la ley de igualación y quizá el analista de conducta de más talento que he conocido.

Cuando intenté aplicar el enfoque de Skinner al tipo de conductas verbales que veía en la clínica quedé muy frustrado. Acudí a Aaron y le pedí una explicación, y me sugirió simplemente que siguiera leyendo el libro que ahora tienes en tus manos. Me preguntó si el libro me había convencido. Le dije que sí, pero en tono dubitativo. Aaron me respondió algo que quizá fuese uno de sus comentarios menos afortunados desde un punto de vista científico: "Bien, entonces ya tienes la respuesta". Pero no la tenía.

Cuando intenté convertir el libro en un programa de investigación sistemática que apoyara mi trabajo con clientes, en todos los casos, a medida que me adentraba en la materia, me parecía que sería mejor utilizar la investigación operante con animales para responder a las preguntas clave. Pero cuando trataba con mis clientes, veía que se enfrentaban a cuestiones que ningún organismo no humano podría afrontar con el enfoque de *Conducta verbal*: falta de sentido existencial, anhelo de ser comprendido, miedo a las propias emociones.

Poco después, en el congreso anual de *Association for Behavior Analysis*, Skinner pronunció una conferencia plenaria en la que afirmaba que

Conducta verbal era una interpretación, y que tenía dudas sobre si podría llegar a convertirse en un programa de investigación experimental. Cuando regresé a mi habitación de hotel, me senté en el borde de la cama, desolado. Me rasgue en sentido figurado las vestiduras pensando "¡se acabó!".

A medida que examinaba el libro con una mirada más crítica, me di cuenta de que incurría en varias incoherencias con la tradición conductual. La definición de estímulo verbal no era funcional sino formal. En todas las demás áreas de la psicología conductual, los estímulos son definidos por su historia y sus funciones para el individuo que es influido por ellos. Por ejemplo, se considera estímulo discriminativo aquel que adquiere su función por estar su presencia vinculada a una mayor probabilidad de reforzamiento que su ausencia (entiéndase para una determinada clase de conductas). En cambio, los estímulos verbales son definidos en *Conducta verbal* por su origen: se presentan como el producto de la conducta verbal. De acuerdo a esta lógica, encender una bombilla sería responder al "estímulo Edison", por lo que el "estímulo" no podría definirse funcionalmente como es propio de la psicología conductual. Las anomalías seguían apilándose. No es posible *tactar una palabra*; eso sería una intraverbal. ¿Dónde estaban los estudios sobre "reforzamiento generalizado"? No existían. La investigación sobre reforzamiento generalizado era necesaria para distinguir tactos de mandos. La definición de Skinner de conducta gobernada por reglas no podía coexistir con su sugerencia de que la conducta del oyente no era en sí misma verbal. Las reglas eran "estímulos que especifican una contingencia", pero el "proceso de especificación" no podía definirse de un modo congruente con la estructura conceptual presentada en *Conducta verbal.* Estas anomalías sugerían que la propia definición de conducta verbal era errónea.

Y así continué, como cuando una fruta otrora sabrosa languidecía ahora lentamente ante mí. Al notar mi desolación, fue Aaron quien apuntó hacia una dirección para avanzar. Me remitió a la obra de Murray Sidman. Y en una semana para mi iluminadora llegué a la conclusión de que *equivalenciar* era una acción relacional basada en contingencias operantes, pero si era así, debía haber decenas de operantes relacionales. Skinner tenía razón: las contingencias operantes podían explicar la conducta verbal. Pero la solución no eran los operantes verbales, sino los operantes relacionales y su efecto en la transformación de las funciones de estímulo.

Cuando compartí mis ideas con Aaron, para mi sorpresa, le encantaron. Si hubiera vivido (murió unos años después, mientras bailaba con su esposa Daisy) habría sido uno de los padres de la teoría del marco relacional (Hayes et al., 2001/2021). En los días siguientes, Aaron y yo expusimos entusiasmados en un folio una serie de veintipico estudios de investigación que tendrían que hacerse y producir unos determinados resultados si *relacionar* era en efecto una operante. Durante más de una década fui tachando de ese papel uno a uno los estudios que se iban realizando. Los estudios se hicieron. Los resultados fueron los previstos. Hacia el final, mi manida lista presentaba una marca de verificación (✓) acompañando a cada uno de los estudios que propusimos (por desgracia ya no conservo ese documento que anoté una y otra vez durante más de una década).

Dicho esto, he de decir que sigo apreciando enormemente el enfoque funcional y naturalista que hay en este libro, y sigo considerándolo brillante pese a que tenga también algunos errores también deslumbrantes.

He de decir también que nuestro campo ha de seguir avanzando. Esta afirmación no es una falta de consideración, sino todo lo contrario. Skinner y sus amigos fueron de los investigadores más creativos y audaces que hayan existido. Es hasta cierto punto irónico, y triste, ver que la tradición conductual haya en ocasiones convertido este trabajo precursor y brillante en una losa que debamos siempre llevar asida al cuello como si de ciencia contemporánea se tratara. Ninguna ciencia de éxito trata así a obras aparecidas hace casi setenta años.

Como obra histórica, debemos conocer y valorar *Conducta verbal*. Como obra científica, debemos superarla.

Conducta Verbal, aire fresco para la enrarecida psicología actual

Marino Pérez Álvarez
Academia de Psicología de España

La psicología nunca fue conductista del todo, es decir, *radical*. Ni tampoco puede dejar de ser conductista en alguna medida en tanto el comportamiento de los individuos es su razón de ser.

Ni siquiera fue conductista del todo en los tiempos de hegemonía del conductismo si consideramos este tiempo desde el manifiesto conductista de Watson de 1913 ("la nota moderna de la psicología") hasta la autoproclamada, más que aclamada, "revolución cognitiva" a partir de la década de 1970 (procesamiento de la información y demás). El conductismo de Watson fue "radical" en el sentido convencional de "tajante" ateniéndose al criterio observacional ("el hecho observable"), positivista, E-R (estímulo-respuesta), servido por el condicionamiento plavloviano. Los conductismos de los tiempos clásicos de la psicología del aprendizaje serían más que nada *metodológicos*, tomando la conducta como método e índice para estudiar otra cosa (la mente, procesos internos, variables intermedias), no como tema por derecho propio que diría Skinner. Por su lado, la revolución cognitiva con el procesamiento de la información a la cabeza y luego la neurociencia cognitiva no dejan de ser versiones de conductismo metodológico que, para más inri, han llevado la psicología a la deriva mentalista y cerebrocéntrica en la que nos hallamos.

Dado este panorama, no está de más recordar qué significa "radical" aplicado al conductismo, conductismo radical como distinto de conductismo metodológico según la distinción que introdujo el propio Skinner en 1945 en su artículo rompedor (*groundbreaking*) "El análisis operacional de los términos psicológicos" (Skinner, 1945) donde pone en juego por primera vez avances de lo que sería la obra *Conducta verbal* de 1957. Alguna vez Skinner señaló *La conducta de los organismos* (1938/2021) y *Conducta verba*l (1957) como sus mayores obras. Ambas representan los dos Skinner: el experimental (de la icónica "caja de Skinner") y el hermeneuta conductual (interpretativo, teórico de la conducta humana, del resto de sus libros). Similar a los dos Wundt: el de la psicología experimental y el de la psicología de los pueblos. El citado artículo de 1945 marca esta inflexión. *Radical* referido al conductismo de Skinner significa por lo pronto dos cosas: total y de raíz.

"Total" significa para Skinner que la psicología como ciencia de la conducta no puede dejar fuera de su estudio nada por razones metodológicas porque no sea observable referido al mundo privado (o mundo interior). Porque, además, es observable, con la particularidad de serlo para un único observador (uno mismo). La cuestión del mundo privado (interior, subjetivo) se convierte para Skinner (y para la psicología) en el porqué de una parte del mundo que sólo se da a un individuo. La respuesta es: a través del lenguaje. Cosa de conducta verbal. Más específicamente, la cuestión es cómo la sociedad o "comunidad verbal" se las arregla para enseñar a los individuos empezando por los niños a dar cuenta de lo que "sienten" (hambre, sueño, dolor, "pupa"). Puede entenderse que la sociedad (incluidos los padres de un niño que empieza a hablar) es la primera interesada en que los individuos den cuenta de lo que los demás no observan. Al fin y al cabo, no estamos dentro de una "caja de Skinner" siempre a la vista para los otros y conectados a registros acumulativos, ni siquiera los niños en edades tempranas para los cuidadores. No obstante, el capitalismo de la vigilancia y la economía de la atención de nuestros días viene a ser una "caja de Skinner" sin paredes, pero dejando rastros continuamente. O, dicho a la inversa, la cuestión es cómo los niños aprenden a dar cuenta (nombrar, referir) de lo que les pasa. Una función hoy amplificada en las redes sociales donde uno se exhibe a sí mismo.

La sociedad por medio del lenguaje posibilita que los individuos entren en contacto consigo mismos. Bien entendido que el sí mismo, el yo o el mundo interior no son algo que preexista a la vida social y exista al margen de la sociedad como un mundo aparte, autóctono o algo así. La sociedad es la condición de posibilidad de la propia subjetividad incluida la autoconcepción que se pudiera tener acerca de que uno expresa un sentimiento prístino (original, primigenio, puro, natural). De hecho, esta autoconcepción no se tendría si no fuera por toda una literatura romántica e ideología al respecto. Asumir un mundo autooriginario que se expresa hacia afuera, conforme es un tópico de la psicología popular y a lo que parece asimilado por la psicología académica ella misma a menudo *a ras* de la psicología vulgar, supone un esencialismo impresentable. Y aquí entra el sentido de radical como de raíz.

"De raíz" significa para Skinner el origen donde radica y de dónde deriva el mundo privado y para el caso el mundo subjetivo y el yo: la comunidad lingüística a través de las prácticas verbales. A este respecto, Skinner describe cuatro prácticas comunes por medio de las cuales la comunidad verbal enseña a los individuos a dar cuenta de la experiencia privada (*acompañamiento público* de una estimulación privada, *respuesta colateral* al estímulo privado, *extensión metafórica* y *control privado* resultante de conducta observable), inicialmente expuestas en el citado artículo de 1945 y desarrolladas en *Conducta verbal* ("La conducta verbal bajo el control de estímulos privados").

La gran tarea, empeño y aportación de Skinner, más allá de la famosa "caja de Skinner", está en el estudio de la conducta verbal que inicia en 1934 al día siguiente de una cena con el filósofo Alfred North Whitehead quien le objetó que el conductismo no servía para la conducta verbal. "¿Cómo puedes explicar que esté sentado aquí diciendo algo como: 'Ningún escorpión negro cae sobre esta mesa'?", le retó Whitehead. Y de ahí vino el acicate para lo que sería *Conducta verbal* veintitrés años después.

El caso es que la gran obra de Skinner *Conducta verbal* no logró que el conductismo radical llegara a hacer época aun contando ya con lo que le faltaba, según el reto de Whitehead. El malogro de lo que cabría esperar y de hecho representa *Conducta verbal* para la psicología se suele atribuir a la cacareada crítica de Chomsky a Skinner en su revisión del libro en 1959. Mientras que la controversia Chomsky-Skinner todavía continúa (Martínez Suárez, 2022), Chomsky sería refutado por los *pirahã* (Everett, 2014; Wolfe, 2018) cuya lengua carece de la recursividad que Chomsky considera universal. Por su lado, el análisis de la conducta verbal alcanzaría nuevos desarrollos dentro de la teoría del marco relacional, supuesto "perfeccionamiento del conductismo radical" (Hayes et al., 2022).

Más que debida a Chomsky, la ocasión perdida para la flamante conducta verbal se debió al *Zeitgeist* cognitivista que empezaba entonces cuyo lugar en la modificación de conducta sería ocupado por la terapia cognitiva, en realidad una terapia verbal asilvestrada (¿por qué llamarla cognición cuando en realidad quieren decir conducta verbal?, nos preguntábamos en su día). La famosa obra de John L. Austin *Cómo hacer cosas con palabras* publicada en 1962 (a partir de una serie de conferencias de 1955 en la Universidad de Harvard) de la que derivaría la teoría de los actos de habla, tomó la delantera en el campo del análisis pragmático (funcional) y de la filosofía (conductista) del lenguaje. La clasificación de Austin de los actos del habla resultó más usable en el campo de la lingüística, las ciencias sociales y la filosofía que la de Skinner. Dentro de su afinidad con Austin (Miles, 1994), *Conducta verbal* es, más que una taxonomía del lenguaje ordinario, toda una concepción del funcionamiento psicológico que está en la base de nuestras relaciones con el mundo, los demás y nosotros mismos, sin postular un instinto del lenguaje ni un mundo interior autóctono que se expresa o algo así. No hay un mundo aparte que sale de dentro, sino una parte del mundo que solamente se da a uno a través de la comunidad verbal.

La conducta verbal y la obra homónima de Skinner no sólo estarían en la base del conductismo radical (total y de raíz), sino que serían aire fresco para la enrarecida psicología actual conforme está viciada, cargada y contaminada de concepciones esencialistas, mentalistas y cerebrocéntricas. Solamente hace falta que la obra más importante del psicólogo más eminente del siglo XX sea leída por los propios psicólogos.

Interacción de respuestas operantes frente a transmisión de significado

Caio F. Miguel
California State University, Sacramento

El libro de B.F. Skinner, *Conducta verbal*, publicado en 1957, representa un intento integral de aplicar los principios de la conducta desarrollados hasta ese momento para interpretar la conducta más compleja de todas: el lenguaje. La premisa principal de Skinner es que la conducta verbal está gobernada por los mismos principios que otros tipos de conducta, como el reforzamiento, el castigo y el control de estímulo. En unos cientos de páginas, Skinner argumenta que, al estudiar el lenguaje, deberíamos analizar las condiciones bajo las cuales se emite y las consecuencias que le siguen. Este enfoque se desviaba considerablemente de las teorías imperantes de la época, particularmente las basadas en teorías lingüísticas y cognitivas que se centraban en procesos mentales internos.

Los científicos de la conducta contemporáneos probablemente estén familiarizados (1) con la definición original de Skinner de conducta verbal como conducta reforzada por la mediación de otro organismo, y (2) con su sistema de clasificación, en el cual el lenguaje se descompone en unidades funcionales (p.ej., mandos, tactos, intraverbales, etc.) definidas por sus antecedentes y consecuencias. Sin embargo, hay muchas características importantes del análisis de Skinner que, con el paso de los años, han podido ser pasadas por alto. Una de ellas es su refinada definición de la conducta verbal como conducta cuyo reforzamiento es mediado por un oyente que ha aprendido a responder a la conducta del hablante. Esto sugiere que el lenguaje evoluciona porque los miembros de una comunidad verbal específica (p.ej., la comunidad hispanohablante) han moldeado, estimulado y reforzado a los individuos para que hablen (escriban o señalen) en español. Por ejemplo, los padres pueden apremiar a su hijo para que diga "leche" dándole leche cuando hace el sonido "lll..." o cuando intenta repetir la palabra "leche", dicha por los padres. Si el niño recibe leche cada vez que dice la palabra "leche" (o alguna aproximación a esta), es probable que la palabra comience a ocurrir en condiciones en las que el niño quiere leche. Este nuevo *mando* será efectivo en la comunidad verbal porque los hispanohablantes han aprendido, es decir, han sido condicionados, a reaccionar de la misma manera al escuchar la palabra "leche". En otras palabras, los hispanohablantes pueden entender la palabra "leche" y reaccionar apropiadamente ante ella; en este caso, proporcionando leche al niño. Así, la conducta verbal se desarrolla a partir de las interacciones entre individuos, ambos capaces de hablar y entender, lo que sugiere que, para ser considerada "verbal", los organismos deben ser oyentes y hablantes al mismo tiempo o *hablar con comprensión*.

Otra característica importante del análisis de Skinner es que, aunque el uso de reforzadores generalizados, tales como elogios y reacciones sutiles de los padres (p.ej., expresiones faciales, muestras de reconocimiento y felicitación) pueden servir para establecer un repertorio verbal inicial (p.ej., los padres pueden elogiar a un niño por decir "cinco" en presencia del número "5"), la mayor parte de nuestra conducta verbal se mantiene por la acción que un oyente realiza con respecto a lo que se ha dicho. La mayoría de los *tactos*, por ejemplo, se emiten en respuesta a preguntas que, de hecho, benefician al oyente. Cuando alguien dice "está lloviendo afuera" como un *tacto* bajo el control de un determinado patrón meteorológico, el reforzamiento puede consistir en que el oyente pueda hacer algo que no podría hacer en ausencia de ese *tacto* (p.ej., llevar un paraguas o permanecer más tiempo en casa para evitar la lluvia). El hecho de que los hablantes puedan ser sensibles a estas reacciones sutiles de los oyentes es de gran importancia en el trabajo de Skinner, ya que puede llevar a conductas verbales imprecisas o de control múltiple. Si decir "está lloviendo afuera" lleva invariablemente a un oyente a quedarse más tiempo para evitar la lluvia, el hablante puede comenzar a decir "está lloviendo" si quiere que el oyente se quede. Además, como los hablantes son sensibles a su propia conducta verbal como oyentes, también pueden hablar de manera que produzcan reacciones específicas en ellos mismos, como cuando digo "todavía tengo mucho tiempo para terminar un artículo que estoy escribiendo" solo para sentirme mejor. Estos aspectos sutiles y complejos del análisis de Skinner a menudo se pasan por alto en los resúmenes de su obra y solo se encuentran en las páginas de su libro original. Cabe destacar los últimos capítulos, que tratan sobre relaciones verbales complejas y han sentado las bases para los enfoques modernos de la conducta y la cognición relacionadas con el lenguaje.

A pesar de haber recibido críticas significativas, particularmente de científicos cognitivos y lingüistas, el análisis de la conducta verbal de Skinner ha tenido un impacto duradero en la psicología, la educación y la logopedia o terapia del lenguaje. Más importante aún, ha influido en el desarrollo de diversos métodos de enseñanza e intervenciones diseñadas para mejorar las habilidades de lenguaje y comunicación, particularmente en individuos con trastornos del desarrollo y diversas discapacidades.

He impartido cursos basados en el libro de Skinner durante los últimos 20 años, y sigue siendo el mejor recurso para comprender no solo su enfoque del lenguaje, sino también el sistema filosófico del conductismo radical. Una de las cosas más importantes que los estudiantes pueden aprender al leer el libro es que la conducta verbal no es un recipiente para expresar y recibir ideas. El hablante, en cambio, se comporta de maneras que producen estímulos que evocan conductas en el oyente, cuyos productos servirán para reforzar la conducta del hablante. Reemplazar la noción de transmisión de significado por una explicación planteada únicamente en términos de interacción de las respuestas operantes de dos o más personas permite mejores formas de predecir e influir en la conducta verbal. Además, nos permite la observación y manipulación de la conducta verbal en organismos no humanos que también muestran diversas formas, si bien más rudimentarias, de comunicación. No hay nada controvertido en este enfoque, simplemente considera que la conducta verbal se aprende a través de contingencias operantes de reforzamiento.

Un libro del que se seguirá hablando durante muchas décadas

Rubén Ardila
Universidad Nacional de Colombia

El libro *Verbal Behavior* (1957) ha sido considerado como una de las obras más importantes y originales del análisis experimental del comportamiento y de la psicología en su totalidad. Es también una de las más controversiales y de las que han dado origen a más polémicas. Su autor B. F. Skinner (1904-1990) la valoraba como uno de sus principales aportes al estudio de la conducta y en general al conocimiento del ser humano.

La obra fue concebida inicialmente en 1934 y Skinner hizo importantes adiciones y desarrollos en años posteriores, especialmente en 1944 y 1947. Fue el tema de las *William James Lectures* de 1947 en la Universidad de Harvard.

El interés de su autor por el comportamiento verbal se puede encontrar a lo largo de su vida. Skinner realizó su grado de *bachelor's* en literatura inglesa. Más adelante trató de convertirse en escritor, antes de convencerse de que la ciencia era la forma más adecuada para estudiar la naturaleza humana. Con ese fin ingresó al programa doctoral de psicología en la Universidad de Harvard.

Sus investigaciones posteriores con el denominado "sumador verbal" y sus experimentos sobre el lenguaje, son indicadores de ese interés. Lo mismo sus publicaciones sobre figuras literarias como Gertrude Stein y otras (ver, por ejemplo, Skinner, 1959/1961). En su autobiografía se refiere con frecuencia a temas relacionados con la conducta verbal, con el lenguaje, con la literatura y con autores de la época. Sus reflexiones y teorizaciones sobre estas cuestiones centrales aparecieron en varios artículos sobre los términos psicológicos (ver, por ejemplo, Skinner, 1945) y fundamentalmente en *Verbal Behavior* (1957), un libro del cual se ha dicho que contiene mucha teoría y muy poca experimentación. Mientras que su autor siempre había abogado por el "carácter superfluo de las teorías del aprendizaje" y el lugar prioritario que debía tener la experimentación y en general los datos. Fue su libro teórico más importante.

Verbal Behavior estudia la conducta verbal como problema empírico. Afirma que los sonidos lingüísticos se emiten y se refuerzan como cualquier otra conducta. El lenguaje es conducta. En su análisis funcional de la conducta verbal ocupan especial lugar varios conceptos propuestos por Skinner: el mando, el tacto y los autoclíticos. "Mando" representa una amplia clase de afirmaciones que hacen solicitudes al oyente, como por ejemplo "Tráeme por favor un vaso de agua"; representa conducta verbal que está bajo el control directo de sus consecuencias. Los mandos son operantes verbales que especifican su reforzador ("agua" en el ejemplo anterior). La palabra "mando" deriva de la palabra inglesa *comand*, que en español sería mandar u ordenar.

El segundo concepto skinneriano, el "tacto" se refiere, en esencia, a la denominación de estímulos discriminativos. Es conducta operante que está bajo el control de estímulos no verbales. La palabra "azul" está controlada por el color del mar, por el color de los coches azules, de los ojos azules, entre otros. El tacto es conducta verbal que está bajo el control de sus antecedentes. Nombrar o denominar ("esto es azul") es un tacto.

La conducta "autoclítica", por otra parte, se refiere a conducta verbal que se basa sobre el rol del hablante y que depende de otras conductas verbales. "No creo que...", "Me gustaría decir que..." son ejemplos. Según Skinner los autoclíticos pueden comentar acerca de otras respuestas verbales a las cuales acompañan, o pueden especificar la fuerza de esa conducta, o pueden identificar el efecto sobre el hablante que tuvo el evento en cuestión ("Me gustó mucho saber que...").

El libro es bastante profundo, y sus 19 capítulos van desde un análisis funcional de la conducta verbal hasta el pensamiento. Interpreta el comportamiento verbal a la luz de fenómenos establecidos en el laboratorio. Elimina las especulaciones, tan frecuentes al estudiar el lenguaje. La conducta verbal encubierta, el humor, el origen de los mitos, la conducta verbal automática, la conducta ecoica, textual, transcriptiva, intraverbal, el control múltiple, son algunas muestras de la amplia gama de tópicos estudiados. Sin duda este es un libro con gran riqueza y con muchas ideas sobre las que reflexionar y elaborar.

Leí este libro durante la década de 1970 y lo comenté con colegas y con lingüistas. Le escribí a Skinner acerca de esta obra, profunda, compleja y crucial. Yo había establecido contacto con Skinner en años anteriores y lo había visitado por primera vez en su oficina de la Universidad de Harvard en junio de 1973.

En esos años varios de los libros de Skinner se habían traducido al español, especialmente por iniciativa de Ramón Bayés, de Barcelona, a través de la Editorial Fontanella. El análisis experimental del comportamiento y sus aplicaciones habían sido recibidas con gran entusiasmo en muchos países latinoamericanos y también en España. El llamado "choque de paradigmas" que se presentó durante esos años llevó a desarrollos novedosos y también a numerosas polémicas.

Verbal Behavior no estuvo entre las primeras obras de Skinner traducidas al español ni tampoco a otros idiomas. Al ser un libro profundo, complejo y difícil para muchos lectores, permaneció sin ser traducido muchos años y su influencia en la comunidad psicológica hispanohablante fue limitada. Siempre pensé que era preciso que este libro estuviera disponible en español. Tuve la iniciativa de proponerle la traducción a la Editorial Trillas, de México, que había publicado varios de mis libros y que tenía una clara orientación hacia la psicología científica. La recepción fue positiva y me hice cargo personalmente de la traducción. Tardé casi un año en hacerlo, y en varias ocasiones comenté directamente con Skinner diversos aspectos, conceptos, términos, etc. El libro apareció publicado en español en 1981.

Durante las décadas siguientes se llevaron a cabo investigaciones y conceptualizaciones sobre comportamiento verbal en varios países hispanohablantes, especialmente en México, España, Chile, entre otros. Y también en Brasil, ante todo en la Universidad de Sao Paulo y en la Universidad de Brasilia. Hoy se conoce bien esta obra y se estudia en numerosas Facultades de Psicología, aunque nunca llegó a ocupar el foco de interés de la comunidad psicológica hispanohablante.

El libro ha sido considerado como uno de los aportes más importantes de Skinner, como uno de los desarrollos fundamentales del análisis experimental del comportamiento, y como una de las conceptualizaciones más originales de la psicología. Un libro del que se seguirá hablando durante muchas décadas.

REFERENCIAS

Austin, J. L. (1982). *Cómo hacer cosas con palabras.* Paidós. (Original de 1962)

Chomsky, N. (2003). Review of verbal behavior by B. F. Skinner. En M. P. Munger, *The history of psychology: Fundamental questions* (págs. 408–429). Oxford University Press. (Original de 1959)

Conceição, D. B., Greer, R. D., y Lee-Moschella, J. (2022). A general outline of the Verbal Behavior Developmental Theory. *Revista Brasileira de Terapia Comportamental e Cognitiva, 24*, 1-34. https://doi.org/10.31505/rbtcc.v24i1.1646

Everett, D. (2014). *No duermas, hay serpientes. Vida y Lenguaje en la Amazonia.* Turner.

Flesch R (1948). A new readability yardstick. *Journal of Applied Psychology, 32* (3), 221-233. https://doi.org/10.1037/h0057532

Greer R. D. (2020). The selector in behavior selection. *The Psychological Record,* 70(40), 543-558. https://doi.org/10.1007/s40732-020-00385-3

Greer, R. D., y Ross, D. E. (2008). *Análisis de la conducta verbal: Como inducer y expander nuevas capacidades.* (S. Munoz Davila y L. A. Pérez González, Trads.). Editorial Grupo 5.

Greer. R. D., Pohl, P. Du, L., y Moschella, J. L. (2017). The separate development of children's listener and speaker behavior and the intercept as behavioral metamorphosis. *Journal of Behavioral and Brain Science,* 7, 674-704. http://doi.org/104236/jbbs.2017

Greer, R. D., Singer-Dudek, J., y Chang, H. (2024). Observation, language learning, and development: The Verbal Developmental Theory. *The Psychological Record, 74,* 541-554. https://doi.org/10.1007/s40732-024-00585-1

Hayes, C. H., Stuart, L y Falletta-Cowden, N. (2022). La ciencia del comportamiento contextual como una manera propia de teoría, práctica e investigación del comportamiento. En M. Porcel y M. Pérez (Eds.), *B. F. Skinner revisitado* (págs. 317-346). Co-presencias.

Hayes, S. C., Barnes-Holmes, D., y Roche, B. (2021). *Teoría del marco relacional: Un enfoque postskinneriano de la cognición y el lenguaje humanos* (J. Virués Ortega y A. Pérez-Bustamante Pereira, Eds. y Trads.). ABA España. https://doi.org/10.26741/978-84-09-31730-1 (Original de 2001)

Kleinert-Ventresca, K., Greer, R. D., y Baldonado, L. (2023). More complex incidental bidirectional naming results from exposure alone. *Journal of the Experimental Analysis of Behavior, 119*(3), 461-475. https://doi.org/10.1002/jeab.847

MacCorquodale, K. (1970). On Chomsky's review of Skinner's "Verbal behavior." *Journal of the Experimental Analysis of Behavior, 13*(1), 83–99. https://doi.org/10.1901/jeab.1970.13-83

Martínez Suárez, P. C. (2022). Controversia Chomsky vs Skinner: Observaciones ad hoc. En M. Porcel y M. Pérez (Eds.), *B. F. Skinner revisitado* (págs. 275-316). Co-presencias.

Miles, T. R. (1994). Ordinary language: The contributions of Gilbert Ryle and John Austin to the experimental analysis of behavior. *The Behavior Analyst, 17*, 25-33. https://doi.org/10.1007/BF03392650

Morgan, G., Greer, R. D., y Fienup, D. M. (2020). Descriptive analyses of the relations between bidirectional naming, arbitrary, and non-arbitrary relations. *The Psychological Record, 71*, 367-387. https://doi.org/10.1007/s49732-020-00408-z

Singer-Dudek, J., Du, L., Greer, A., Dakpolos, A., Jahromi, L., Brassard, M., y Greer, R. D. (2023). The Verbal Behavior Development Assessment-Revised: Convergent and divergent validity in a sample of preschoolers with autism spectrum disorders. *Journal of Developmental and Physical Disabilities, 35*(6), 987-1005. https://doi.org/10.1007/s10882-023-09888-7

Sivaraman, M., y Barnes-Holmes, D. (2023). Naming: What do we know so far? A systematic review. *Perspectives on Behavior Science, 46*(3-4), 585–615. https://doi.org/10.1007/s40614-023-00374-1

Sivaraman, M., Barnes-Holmes, D., Greer, R. D., Fienup, D. M., y Roeyers, H. (2023). Verbal behavior developmental theory and relational frame theory: Reflecting on similarities and differences. *Journal of the Experimental Analysis of Behavior, 119*(3), 539-553. https://doi.org/10.1002/jeab.836

Skinner, B. F. (1945). The operational analysis of psychological terms. *Psychological Review, 52*(5), 270–277. https://doi.org/10.1037/h0062535

Skinner, B. F. (1957). *Verbal Behavior*. Appleton-Century-Crofts.

Skinner, B. F. (1961). Has Gertrude Stein a Secret? In B. F. Skinner, *Cumulative record* (Enlarged ed., págs. 261-271). Appleton-Century-Crofts. https://doi.org/10.1037/11324-018 (Original de 1959)

Skinner, B. F. (1972). A lecture on "having a poem." En B. F. Skinner, *Cumulative record* (3ª ed., págs. 345-355). Appleton-Century-Crofts.

Skinner, B. F. (2020). *Verbal Behavior* (Extended Ed.). B. F. Skinner Foundation. (Original de 1957)

Skinner, B. F. (1968). *The technology of teaching*. Appleton-Century-Crofts.

Skinner, B. F. (1989). The behavior of the listener. En S. C. Hayes (Ed.), *Rule-governed Behavior: Cognition, contingencies and instructional control* (págs. 85-96). Plenum.

Skinner, B. F. (2021). *La conducta de los organismos: Un análisis experimental* (J. Virués Ortega y L. Flaquer i Vilardebò, Trans.). ABA España. https://doi.org/10.26741/978-84-09-31732-5 (Original work published 1938)

van Raan, A. F. J. (2004). Sleeping beauties in science. *Scientometrics, 59*, 467-472. https://doi.org/10.1023/B:SCIE.0000018543.82441.f1

Virués-Ortega J. (2006). The case against B. F. Skinner 45 years later: an encounter with N. Chomsky. *The Behavior Analyst, 29*(2), 243–251. https://doi.org/10.1007/BF03392133

Watson, J. B. (1913). Psychology as the behaviorist views it. *Psychological Review, 20*(2), 158–177. https://doi.org/10.1037/h0074428

Watson, J. B. (2024). *Las formas del conductismo* (J. Virués Ortega, Ed. y Trad.). ABA España. https://doi.org/10.26741/978-84-09-64849-8 (Original de 1928)

Wolfe, T. (2018). *El reino del lenguaje*. Anagrama.

A

JULIE y DEBBIE

mis fuentes originales

Prefacio

Ha llevado mucho tiempo escribir este libro. Una clasificación de las respuestas verbales en una versión inicial de la Parte II se terminó en el verano de 1934. Luego se realizaron algunos experimentos de apoyo con el *Sumador Verbal*, y se llevaron a cabo análisis estadísticos de varias obras literarias, así como experimentos de asociación de palabras y del comportamiento en tareas de adivinación. Todo este material se utilizó en cursos sobre conducta literaria y verbal en la Universidad de Minnesota a finales de los años treinta, en la Universidad de Harvard en el verano de 1938, y en la Universidad de Chicago en el verano de 1939. Se esperaba que un manuscrito de la presente envergadura se terminase bajo una beca Guggenheim en 1941, pero la guerra interrumpió el trabajo. La beca se reanudó en el curso 1944-1945, y casi se completó el texto entonces. Esta versión sirvió de base para un curso sobre conducta verbal en la Universidad de Columbia en el verano de 1947, cuyos apuntes taquigráficos fueron difundidos en formato mimeografiado el año siguiente por el Dr. Ralph Hefferlein.

En el otoño de 1947, se extrajo material del manuscrito para las conferencias William James en la Universidad de Harvard, de las cuales se han distribuido desde entonces varios cientos de copias mimeografiadas. Al preparar estas conferencias, se observó que el manuscrito había comenzado a adquirir el carácter de una revisión de la literatura y que el tema central se estaba volviendo algo difuso. Por lo tanto, al preparar el manuscrito para su publicación, se eliminaron los resúmenes de la literatura. La finalización del manuscrito definitivo se pospuso en favor de un libro general sobre la conducta humana (*Ciencia y conducta humana*), que serviría como referencia sobre cuestiones no esencialmente verbales. La presente versión tiene una extensión superior al doble de la utilizada para las conferencias William James y contiene muchos cambios realizados para ajustarse a los avances recientes del análisis experimental de la conducta, tanto con humanos como con otras especies. Con la excepción de los dos últimos capítulos, el libro fue escrito durante la primavera de 1955 en Putney, Vermont.

El trabajo ha sido apoyado generosamente por la *Society of Fellows* de la Universidad de Harvard (con una beca de tres años), la Universidad de Minnesota (gracias a un semestre sabático), la Fundación Guggenheim (que otorgó una beca de un año) y la Universidad de Harvard (a través de las Conferencias William James y un periodo sabático). A todas estas instituciones, les debo un profundo agradecimiento. Desafortunadamente, es imposible hacer un reconocimiento adecuado a la invaluable ayuda brindada por estudiantes y colegas a lo largo de estos años, así como a las críticas recibidas de versiones anteriores, tanto publicadas como inéditas. El manuscrito final se ha beneficiado grandemente del apoyo crítico y editorial de la Sra. Susan R. Meyer y la Dra. Dorothy Cohen, así como de la cuidadosa preparación realizada por la Sra. Virginia N. MacLaury.

B. F. Skinner
Cambridge, Massachussets

Putney, Vermont

Parte I

UN PROGRAMA

Capítulo 1

Un análisis funcional de la conducta verbal

Las personas actúan sobre el mundo y lo cambian, y cambian a su vez por las consecuencias de sus acciones. Ciertos procesos, que el organismo humano comparte con otras especies, alteran la conducta para que ésta logre un intercambio más seguro y útil con un entorno determinado. Cuando se establece una conducta apropiada, sus consecuencias funcionan a través de procesos similares para mantenerla en vigor. Si por casualidad el ambiente cambia, las viejas formas de conducta desaparecen a la vez que las nuevas consecuencias crean nuevas conductas.

La conducta altera el ambiente a través de la acción mecánica, y sus propiedades o dimensiones suelen estar relacionadas con los efectos producidos. Cuando alguien camina hacia un objeto, generalmente se encuentra más cerca de él; si lo alcanza, es probable que se de contacto físico con este; y si lo agarra y lo alza, lo empuja o tira de él, es de esperar que el objeto cambie de posición en las direcciones apropiadas. Todo esto se desprende de simples principios geométricos y mecánicos.

Sin embargo, la persona suele actuar sólo indirectamente sobre el ambiente del que surgen las últimas consecuencias de su conducta. Su efecto primordial es sobre otras personas. En lugar de ir a una fuente de agua potable, un sediento puede simplemente "pedir un vaso de agua", es decir, puede exhibir una conducta que produce un cierto patrón de sonidos que, a su vez, induce a alguien a traerle un vaso de agua. Los sonidos en sí son fáciles de describir en términos físicos, pero el vaso de agua llega al hablante sólo como resultado de una compleja serie de acciones que incluyen la conducta de un oyente. La consecuencia final, que es la recepción de agua, no guarda ninguna relación geométrica o mecánica inteligible con la forma de la conducta de "pedir agua". De hecho, lo que es característico de tal conducta es que es ineficaz en el mundo físico. Y es que rara vez alzamos nuestra voz contra los muros Jericó o le ordenamos al sol que se detenga o a las olas que permanezcan inmóviles. Los nombres no quiebran los huesos. Las consecuencias de tales conductas son mediadas por una serie de eventos no menos físicos e inevitables que la acción mecánica directa, pero claramente más difíciles de describir.

La conducta, que sólo es eficaz por mediación de otras personas, tiene tantas propiedades dinámicas y topográficas distintivas que podemos justificar y, de hecho, se requiere un tratamiento especial de estas. Generalmente, los problemas planteados por este modo especial de acción se asignan al campo del habla o del lenguaje. Lamentablemente, el término "habla" hace hincapié en la conducta vocal y sólo se aplica con dificultad a los casos en los que la persona mediadora se ve afectada visualmente, como en el caso de la escritura de un mensaje. Ahora bien, el término "lenguaje" está, por suerte, alejado de su compromiso original con la conducta vocal, pero ha pasado a referirse a las prácticas de una comunidad lingüística más que a la conducta de un sólo miembro. El adjetivo "lingüístico" sufre esa misma desventaja. El término "conducta verbal" tiene mucho que decir también al respecto. Su aprobación etimológica no es demasiado poderosa, pero hace hincapié en el hablante individual y, tanto si es reconocido por quienes puedan usar el término como si no, especifica la conducta moldeada y mantenida por consecuencias mediadas por otros. También tiene la ventaja de ser relativamente poco familiar en los modos de explicación tradicionales.

Una definición de la conducta verbal como conducta reforzada a través de la mediación de otras personas necesita, como veremos, ciertos refinamientos. Además, no dice mucho sobre la conducta del oyente, aunque difícilmente podría considerar conducta verbal si alguien no ha adquirido ya respuestas especiales a los patrones de energía generados por el hablante. Esta omisión puede justificarse, ya que la conducta del oyente al mediar las consecuencias de la conducta del hablante no es necesariamente verbal en ningún sentido especial. De hecho, no puede distinguirse de la conducta en general. Una explicación adecuada de la conducta verbal sólo debe abarcar la mayor parte de la conducta del oyente que sea necesaria para explicar la conducta del hablante. Ambas, las conductas del hablante y del oyente, componen lo que puede llamarse un episodio verbal completo. No hay nada en tal episodio que sea más que la conducta combinada de dos o más individuos. Nada "emerge" en la unidad social. Se puede estudiar al hablante mientras se asume un oyente, y el oyente mientras se asume un hablante. Ello daría lugar a presentaciones separadas que agotan el episodio en el que ambos participan. No sería sensato subestimar la dificultad de este tema, pero los recientes avances en el análisis de conducta nos permiten abordarlo con cierto optimismo. Nuevas técnicas experimentales y formulaciones han revelado un nuevo nivel de orden y precisión. Ahora se comprenden bien los procesos y relaciones básicas que dan a la conducta verbal sus características especiales. De hecho, gran parte de los trabajos experimentales que son responsables de este avance se han llevado a cabo en otras especies, pero los resultados han demostrado estar sorprendentemente libres de restricciones específicas. Por ejemplo, hay trabajos recientes que han demostrado que los métodos pueden extenderse a las conductas humanas sin necesidad de grandes modificaciones. Aparte de la posibilidad de extrapolar hallazgos experimentales específicos, la formulación proporciona un nuevo y fructífero enfoque de las conductas humanas y nos permite abordar con más eficacia esa subdivisión llamada verbal.

La "comprensión" de la conducta verbal es algo más que el uso de un vocabulario consistente con el que se pueden describir casos concretos. No debe confundirse con la confirmación de cualquier conjunto de principios teóricos. Los criterios son más exigentes que eso. La medida en que entendemos la conducta verbal en un análisis "causal" debe evaluarse a partir de la medida en que podemos predecir la aparición de respuestas concretas y, al final, a partir de la medida en que podemos producir o controlar dicha conducta alterando las condiciones en que se produce. Para representar ese objetivo es útil tener en cuenta algunas tareas específicas de ingeniería. ¿Cómo puede el profesor establecer los repertorios verbales determinados que son los principales productos finales de la educación? ¿Cómo puede el terapeuta descubrir conductas verbales latentes en una entrevista terapéutica? ¿Cómo puede el escritor evocar su conducta verbal al escribir? ¿Cómo puede el científico o el matemático manipular su conducta verbal al pensar productivamente? Este tipo de problemas prácticos son interminables. Y resolverlos no es un objetivo urgente en un análisis científico, sino subrayar los tipos de procesos y relaciones que tal análisis debe considerar.

FORMULACIONES TRADICIONALES

La ciencia de la conducta no llega a este campo particular encontrándolo vacía o libre. Se han desarrollado sistemas elaborados de términos que describen la conducta verbal. El vocabulario lego abunda en ellos. La retórica clásica, la gramática, la lógica, la metodología científica, la lingüística, la crítica literaria, la patología del habla, la semántica y muchas otras disciplinas han aportado términos y principios técnicos. Pero, en general, el tema que nos ocupa no ha sido claramente identificado ni se han ideado métodos apropiados para estudiarlo. Por ejemplo, la lingüística ha registrado y analizado los sonidos del habla y las prácticas semánticas y sintácticas, pero las comparaciones de diferentes lenguas y el seguimiento de los cambios históricos han tenido prioridad sobre el estudio del hablante individual. La lógica, las matemáticas y la metodología científica han reconocido las limitaciones que las prácticas lingüísticas imponen al pensamiento humano, pero generalmente se han contentado con un análisis formal. En todo caso, no han desarrollado las técnicas necesarias para un análisis causal de la conducta de pensamiento humano. La retórica clásica fue responsable de un elaborado sistema de términos que describían las características de las obras de arte literarias, aplicables también al habla del día a día. También prestaba cierta atención a los efectos sobre el oyente. Pero la promesa inicial de una ciencia de la conducta verbal nunca se cumplió. La crítica literaria moderna, excepto por algún uso del vocabulario técnico del psicoanálisis, rara vez va más allá de los términos del lego inteligente. Una formulación apropiada para todos los campos especiales nunca ha surgido bajo los auspicios de ninguna de estas disciplinas.

Tal vez este hecho es responsable del auge de la semántica como explicación general de la conducta verbal. El estudio técnico del significado ya estaba en marcha como campo periférico de la lingüística cuando, en 1923, Ogden y Richards[1,2] demostraron la necesidad de una ciencia más amplia del simbolismo. Se trataba de un análisis general de

1 Ogden, C. K., y Richards, I. A., *The Meaning of Meaning* (New York, 1923).

2 N. del E.: La obra de Ogden y Richards ha tenido un impacto duradero en el estudio del significado, no solo en semántica, sino también en filosofía, semiótica y lingüística cognitiva. El concepto del triángulo semántico (palabra, concepto, referente), y su reconocimiento de la naturaleza psicológica, contextual y dinámica del significado ha sido muy incluyente durante el útlimo siglo. *The Meaning of Meaning* se considera un texto fundamental que contribuyó a que los estudios lingüísticos dejaran de centrarse en definiciones formales y estáticas para pasar a una comprensión más dinámica, contextual y psicológica del significado. Es interesante notar la influencia del conductismo clásico sobre Ogden y Richards, que se acercan al lenguaje como un tipo de conducta social evitando nociones subjetivas y especulativas sobre el significado y apoyando sus teorías en conductas e interacciones observables.

los procesos lingüísticos aplicables a cualquier campo sin la primacía de un interés específico. Se ha intentado llevar a cabo tal recomendación, pero no se ha logrado una ciencia adecuada de la conducta verbal. Existen varios enfoques actuales de semántica que representan los mismos intereses particulares y emplean las mismas técnicas concretas usadas tradicionalmente. El método original de Ogden y Richards era filosófico con inclinaciones psicológicas. Algunos de los sistemas más rigurosos son directamente lógicos. En la lingüística, la semántica sigue siendo una cuestión de cómo se expresan los significados y cómo cambian. Algunos estudiosos de la semántica tratan principalmente con la maquinaria verbal de la sociedad, en especial en relación a la propaganda. Otros son esencialmente terapeutas que sostienen que muchos de los problemas del mundo son errores lingüísticos. La vigencia del término "semántica" muestra la necesidad de una ciencia de la conducta verbal que se divorcie de los intereses especiales y sea útil dondequiera que se utilice el lenguaje, pero esta ciencia no ha surgido bajo esta égida.

La responsabilidad final debe recaer en las ciencias de la conducta, y en concreto en la psicología. Lo que sucede cuando alguien habla o responde al habla es una pregunta sobre la conducta humana; y, por lo tanto, una pregunta que debe responderse con los conceptos y técnicas de la psicología como ciencia experimental de la conducta. A primera vista, puede parecer que no es una pregunta especialmente difícil. A excepción de la simplicidad, la conducta verbal tiene muchas características favorables como objeto de estudio. Suele ser fácil de observar (si no lo fuera, no sería eficaz como conducta verbal). Nunca ha faltado material, ya que las personas hablan y escuchan mucho; los hechos son sustanciales, dado que los observadores atentos suelen estar de acuerdo en lo que se dice en cada caso concreto; y el desarrollo del arte práctico de la escritura ha proporcionado un sistema de notación, preparado para informar de la conducta verbal, y que es más práctico y preciso que cualquiera de los disponibles en el campo no verbal. Lo que falta es un tratamiento causal o funcional que sea realmente satisfactorio. Junto a otras disciplinas relacionadas con la conducta verbal, la psicología ha recogido hechos y, a veces, los ha puesto en un orden lógico, pero en este cúmulo de material no ha podido demostrar las relaciones significativas que se convierten en el núcleo de una explicación científica. Por razones que, en retrospectiva, no son demasiado difíciles de intuir, la psicología ha llegado a descuidar algunos de los hechos necesarios para un análisis funcional o causal. Lo ha hecho porque el lugar de tales hechos ha sido ocupado por ciertas causas ficticias que la psicología ha tardado en negar. Al analizar más de cerca algunas de estas causas, podemos encontrar una explicación de por qué la ciencia de la conducta verbal se ha tardado tanto en emerger.

Por lo general se ha asumido que, para explicar la conducta o cualquier aspecto de esta, debemos recurrir a acciones que tienen lugar dentro del organismo. En el campo de la conducta verbal, esta práctica fue una vez representada por la doctrina de la expresión de ideas. Se consideraba que un determinado enunciado quedaba explicado exponiendo la idea subyacente a este. Si el hablante hubiera tenido una idea diferente, habría pronunciado palabras diferentes o en un orden diferente. Si su expresión era inusual, se debía a la novedad u originalidad de sus ideas. Si el enunciado era vacuo, el hablante era considerado como carente de ideas o incapaz de ponerlas en palabras. Si no podía guardar silencio, era por la fuerza de sus ideas. Si hablaba con dificultad, era porque sus ideas llegaban lentamente o estaban mal organizadas. Y así sucesivamente. Todas las propiedades de la conducta verbal parecían quedar así explicadas.

Tal práctica tiene el mismo objetivo que un análisis causal, pero no tiene los mismos resultados. La dificultad es que las ideas de las que se dice que los sonidos son signos no pueden ser observadas independientemente. Si pedimos pruebas de su existencia, es probable que se nos dé una reafirmación con otras palabras. Pero una reafirmación no se acerca más a la idea que el enunciado original. La reafirmación muestra que la idea no se identifica con una sola expresión. De hecho, se suele definir como algo común a dos o más expresiones. Pero no llegaremos a este "algo" aunque expresemos una idea de tantas maneras como quepa imaginar.

Otra respuesta común es apelar a las imágenes. Se dice que la idea es lo que pasa por la mente del hablante, lo que el hablante ve y oye y siente cuando "tiene" la idea. Se han intentado explorar procesos de pensamiento subyacentes a las conductas verbales pidiendo a los pensadores que describan experiencias de esta naturaleza. Pero, aunque algunos ejemplos son convincentes, sólo una pequeña parte de las ideas que se dice expresan las palabras puede identificarse con el tipo de acto sensorial sobre el que descansa la noción de imagen. Como ejemplo, un libro de física es mucho más que una descripción de las imágenes en la mente de los físicos.

Evidentemente, hay algo sospechoso en la facilidad con la que descubrimos en un conjunto de ideas aquellas propiedades necesarias para dar cuenta de la conducta que las expresa. Ciertamente construimos estas ideas a partir de las palabras que queremos explicar. Cuando decimos que una observación es confusa porque la idea no está clara, parece que estamos hablando de dos niveles de observación, aunque, de hecho, sólo hay uno. Es la *observación* la que no está clara. La práctica puede haber sido defendible cuando las investigaciones sobre los procesos verbales eran más filosóficas que científicas, y cuando se podía imaginar una ciencia de las ideas que algún día aportaría un orden superior a la cuestión, pero hoy en día esta queda bajo una luz diferente. Es la función de una ficción explicativa para aliviar la curiosidad y poner fin a la investigación. Al parecer, la doctrina de las ideas ha tenido este efecto asignando importantes problemas de conducta verbal a una psicología de las ideas. Los problemas han parecido pasar más allá del alcance de las técnicas del estudioso del lenguaje o se han vuelto demasiado oscuros para hacer fructífero un estudio más profundo.

Quizá hoy una "idea", como ficción explicativa, no engañe a nadie. Los modismos y expresiones que parecen explicar la conducta verbal como ideas son tan comunes en nuestro idioma que es imposible evitarlos, pero pueden ser poco más que figuras moribundas del discurso. No obstante, la formulación básica se ha conservado. El sucesor inmediato de la "idea" fue el "significado" y el lugar de este último corre el peligro de ser usurpado por un recién llegado, la "información". Todos estos términos tienen el mismo efecto de desalentar un análisis funcional y de apoyar algunas de las prácticas asociadas inicialmente a la doctrina de las ideas.

Una desafortunada consecuencia es la creencia de que el habla tiene una existencia independiente aparte de la conducta del hablante. Se consideran a las palabras como herramientas o instrumentos, análogos a las fichas, contadores o banderas de señales que, a veces, se emplean con fines verbales. Es cierto que la conducta verbal suele producir entidades objetivas. El flujo sonoro del discurso vocal, las palabras de una página, las señales transmitidas por un cable telefónico o telegráfico, son registros de la conducta verbal. Como hechos objetivos, todos ellos pueden ser estudiados, como lo han sido a veces en la lingüística, la ingeniería de la comunicación, la crítica literaria, etc. Pero, aunque las propiedades formales de los registros de las expresiones son interesantes, debemos preservar la distinción entre una actividad y sus huellas. En concreto, debemos evitar la formulación antinatural de la conducta verbal como "uso de palabras". No tenemos más razón para decir que alguien "usa la palabra *agua*" al pedir una bebida que decir que "usa un alcance" al alcanzar el vaso ofrecido. En las artes, artesanías y deportes, especialmente donde la instrucción es verbal, se nombran los actos. Decimos que un jugador de tenis hace un *golpe de dejada*, o que un nadador hace una *brazada en crawl*. No es probable que nadie se equivoque cuando nos refiramos a tales actos como cosas, pero las palabras son una cuestión diferente; los malentendidos han sido comunes y muchas veces desastrosos.

Una práctica complementaria ha sido asignar una existencia independiente a los significados. Se dice que el "significado", como la "idea", es algo que se expresa o comunica mediante una expresión. Un significado explica la aparición de un conjunto de palabras, en el sentido de que, si hubiera habido un significado diferente que expresar, se habría utilizado un conjunto de palabras diferente. Una expresión se verá afectada en función de si un significado es claro o vago, y así sucesivamente. El concepto tiene ciertas ventajas. Cuando las "ideas" (como los "sentimientos" y los "deseos", que también se dice que se expresan con palabras) deben estar dentro del organismo, existe una posibilidad prometedora de que los significados se mantengan fuera de la piel. En este sentido, son tan observables como cualquier aspecto de las ciencias físicas.

Pero, ¿podemos identificar el significado de un enunciado de manera objetiva? Tal argumento podría defenderse en el caso de los nombres propios, nombres comunes, verbos, adjetivos y adverbios, a través de las palabras con respecto a las cuales la doctrina de las ideas podría ser apoyada por la apelación a las imágenes. Pero, ¿qué sucede con las palabras como *átomo* o *gen* o *menos uno* o *el espíritu de los tiempos* en los que las entidades no verbales correspondientes no se descubren fácilmente? Para palabras como, *sin embargo*, *aunque*, y *¡ay!* ha parecido necesario buscar en el interior del organismo la intención, la actitud, el sentimiento o alguna otra condición psicológica del hablante.

Incluso las palabras que parecen encajar en un marco semántico externalizado no están exentas de problemas. Puede ser verdad que los nombres propios se correspondan con objetos específicos (correspondencia uno a uno), siempre y cuando cada una de ellas tenga su propio nombre. Pero, ¿qué pasa con los nombres comunes? ¿Cuál es el significado de *gato*? ¿Es un gato, o la totalidad física de todos los gatos, o la clase de todos los gatos? ¿O debemos recurrir a la idea de gato? Incluso en el caso del nombre propio, sigue habiendo una dificultad. Asumiendo que sólo hay un hombre llamado Pérez, ¿es Pérez el significado de *Pérez*? Ciertamente *él* no es transmitido o comunicado cuando se usa su nombre.

La existencia de significados se vuelve aún más dudosa cuando avanzamos de palabras sueltas a expresiones que "dicen algo". Lo que se dice en una frase es algo más que lo que significan las palabras. Las oraciones no se refieren simplemente a los árboles, al cielo y a la lluvia, sino que dicen algo sobre ellos. Este algo se llama a veces "proposición", un precursor algo más respetable del discurso, pero muy similar a la "idea" que se habría dicho que se expresaba con la misma frase en la doctrina anterior. Definir una proposición como "algo que puede ser dicho en cualquier idioma" no nos dice dónde están las proposiciones o de qué material están hechas. Tampoco se resuelve el problema definiendo una proposición como todas las frases que tienen el mismo significado que alguna frase, ya que no podemos identificar una frase como miembro de esta clase sin conocer su significado, momento en el que nos encontramos ante el problema original.

Ha sido tentador tratar de establecer la existencia separada de palabras y significados porque así se dispone de una solución bastante elegante de ciertos problemas. Las teorías del significado presentan con frecuencia tablas en las que se corresponden objetos con palabras. ¿Cómo se corresponden, de un lado, las entidades lingüísticas con las cosas o acontecimientos que son sus significados del otro lado, y cuál es la naturaleza de la relación entre ellas, llamada "referencia"? Los diccionarios parecen apoyar la noción de tales conjuntos. Pero los diccionarios no dan significados, y en el mejor de los casos dan palabras que tienen los mismos significados. El esquema semántico, tal y como se concibe normalmente, tiene propiedades interesantes. Matemáticos y teóricos de la información han explorado en detalle los posibles modos de correspondencia. Por ejemplo, ¿hasta qué punto las dimensiones de la cosa comunicada pueden ser representadas en las dimensiones del medio de comunicación? Queda por demostrar que tales construcciones guardan una estrecha semejanza con los productos de las actividades lingüísticas genuinas.

En cualquier caso, la práctica descuida muchas propiedades importantes de la conducta original y plantea otros problemas. No podemos complementar con éxito un marco de referencia semántico apelando a la "intención del hablante" hasta que no se pueda dar una explicación psicológica satisfactoria de la intención. Si el "significado connotativo" debe complementar una denotación deficiente, se requiere un estudio del proceso asociativo. Cuando algunos significados se clasifican como "emotivos", se invade otro campo psicológico difícil y relativamente poco desarrollado. Se trata de un esfuerzo por preservar la representación lógica mediante el establecimiento de categorías adicionales para palabras excepcionales. Se trata de una labor de parcheado que logra principalmente mostrar lo desgastada que está la noción básica. Cuando intentamos suministrar el material adicional necesario en esta representación de la conducta verbal, nos encontramos con que nuestra tarea se ha planteado en términos incómodos, si no imposibles. Los datos observables se han adelantado y el estudiante de la conducta se queda con "procesos de pensamiento" vagamente identificados.

El impulso de explicar un significado se entiende fácilmente. Y preguntamos: "¿Qué quieres decir?". Lo hacemos porque la respuesta es frecuentemente útil. Las aclaraciones de significado en este sentido tienen un lugar importante en todo tipo de esfuerzo intelectual. Para un discurso eficaz, el método de la paráfrasis suele ser suficiente y puede que no necesitemos referentes extraverbales. Pero no se debe permitir que la explicación de la conducta verbal genere un sentido de logro científico. No se ha tenido en cuenta un comentario parafraseando "lo que significa".

Sin duda, podríamos definir ideas, significados, etc., para que fueran científicamente aceptables e incluso útiles en la descripción de la conducta verbal. Pero tal esfuerzo por mantener los términos tradicionales sería caro. Es la formulación general la que está mal. Buscamos "causas" de la conducta que tengan un estatus científico aceptable y que, con suerte, sean susceptibles de ser medidas y manipuladas. Decir que éstas son "todo lo que se entiende por" ideas o significados es tergiversar la *práctica* tradicional. Debemos encontrar las relaciones funcionales que rigen la conducta verbal para así poder explicarla. Llamar a tales relaciones "expresión" o "comunicación" es correr el peligro de introducir propiedades y eventos extraños y engañosos. La única solución es rechazar la formulación tradicional de la conducta verbal en términos de significado.

UNA NUEVA FORMULACIÓN

La dirección que se debería tomar en un enfoque alternativo está dictada por la misma tarea. Nuestra primera responsabilidad es una simple *descripción*: ¿cuál es la topografía de esta subdivisión de la conducta humana? Una vez que esa pregunta haya sido respondida, al menos de manera preliminar, podemos avanzar a la etapa llamada *explicación*: ¿qué condiciones son relevantes para la ocurrencia de la conducta? ¿Cuáles son las variables de las cuales es una función? Una vez identificadas, podemos explicar las características dinámicas de la conducta verbal dentro de un marco apropiado para la conducta humana en su conjunto. Al mismo tiempo, debemos considerar la conducta del oyente. Al relacionar esto con la conducta del hablante, habremos dado cuenta de forma completa del episodio verbal.

Pero esto es sólo el comienzo. Una vez que se ha establecido un repertorio de conductas verbales, un conjunto de nuevos problemas surge de la interacción de sus partes. La conducta verbal suele ser el efecto de *múltiples causas*. Variables separadas se combinan para extender su control funcional y emergen nuevas formas de conducta de la recombinación de viejos fragmentos. Todo esto tiene efectos específicos sobre el oyente, por lo que su conducta debe ser también objeto de análisis.

Otro conjunto de problemas surge del hecho, frecuentemente señalado, de que un hablante suele ser también un oyente. Reacciona a su propia conducta de varias y destacadas maneras. Parte de lo que dice está bajo el control de otros elementos de su conducta verbal. Nos referimos a esta interacción cuando decimos que el hablante califica, ordena o elabora su conducta en el momento en el que se produce. La mera emisión de respuestas es una caracterización incompleta cuando la conducta es *compuesta*[3]. Como otra consecuencia del hecho de que el hablante es también un oyente, algunas de las conductas de la escucha se asemejan a las conductas del habla, en concreto cuando el oyente "comprende" lo que se dice.

El hablante y oyente dentro de la misma piel se dedican a actividades que tradicionalmente se describen como "pensamiento". El hablante manipula su conducta, la revisa y puede rechazarla o emitirla de manera

3 N. del E.: *composition* y *compose*, en el sentido de unir palabras para formar unidades de conducta verbal más complejas, no tienen una traducción directa en español (se podrían aproximar quizá con *redacción* y *redactar* o *elaboración* y *elaborar*), dejamos así el falso cognado *composición* y *componer*.

modificada. El grado en que lo hace varía dentro de un amplio abanico, determinado en parte por el grado en el que actúa como su oyente. El hablante hábil aprende a desenredar las conductas débiles y a manipular las variables que generarán y reforzarán nuevas respuestas en su repertorio. Esta conducta se observa normalmente en las prácticas verbales de la literatura, así como de la ciencia y la lógica. El análisis de estas actividades, junto con sus efectos sobre el oyente, nos lleva finalmente al papel de la conducta verbal en el problema del conocimiento.

El presente libro establece las principales características de un análisis desde este punto de vista. En la Parte II se esboza la topografía de la conducta verbal en relación con sus variables de control y en la Parte III, algunas de las consecuencias de la interacción de tales variables. A continuación, la cuarta parte describe la manipulación de la conducta verbal en el acto de la composición, mientras que la quinta considera las actividades de edición[4] y producción creativa de la conducta, que se suelen denominar pensamiento verbal. No se hace ninguna suposición de ninguna característica verbal única, y los principios y métodos empleados se adaptan al estudio de la conducta humana en su conjunto. Un amplio tratamiento de la conducta humana desde el mismo punto de vista puede encontrarse en otra parte[5]. No obstante, la explicación presentada en esta obra se sostiene por sí misma.

Una característica importante del presente análisis es que se dirige al hablante y al oyente individual, y no apela a conceptos estadísticos basados en datos derivados de grupos. Incluso con respecto al hablante o al oyente individual, se hace poco uso de los resultados experimentales específicos. Los hechos básicos que han de analizarse son bien conocidos por toda persona instruida y no es necesario fundamentarlos estadística o experimentalmente al nivel de rigor que aquí se intenta. No se ha hecho ningún esfuerzo por estudiar la "literatura" relevante. Se hace hincapié en una disposición ordenada de los hechos conocidos, de acuerdo con una formulación de conducta derivada de un análisis experimental más riguroso. La presente extensión a la conducta verbal es un ejercicio de interpretación más que una extrapolación cuantitativa de resultados experimentales rigurosos.

4 N. del E.: nótese que nuevamente *edit* y la nominalización *editing*, en el sentido de revisión y corrección durante la composición, son, hasta cierto punto, falsos cognados en español.

5 Skinner, B. F., *Ciencia y conducta humana* (ABA España, 1953/2021).

La falta de rigor cuantitativo se compensa en cierta medida con la insistencia en que las condiciones invocadas en el análisis sean, en la medida de lo posible, accesibles y manipulables. La formulación es intrínsecamente práctica y sugiere aplicaciones tecnológicas inmediatas en casi todos los pasos. Aunque no se hace hincapié en los hechos experimentales o estadísticos, el libro no es teórico en el sentido habitual. No apela a entidades explicativas hipotéticas. El objetivo final es la predicción y el control de la conducta verbal.

Capítulo 2

Problemas generales

LA CONDUCTA VERBAL COMO VARIABLE DEPENDIENTE

Nuestro tema es la conducta verbal, y debemos aceptarlo en la forma cruda en que se observa. En el estudio del habla, debemos tener en cuenta una serie de actividades musculares complejas que producen ruidos. En el estudio de la escritura o los gestos, nos enfrentamos a otros tipos de respuestas musculares. Se ha reconocido desde hace mucho tiempo que esta es la materia de la que están hechas las lenguas, pero el reconocimiento se ha calificado generalmente de tal manera que detrae de la cuestión de central interés. Como dijo Jespersen[1] hace muchos años, "La única definición intachable de una palabra es que es un hábito humano". Lamentablemente, consideró necesario añadir, "un acto habitual[2] por parte de un individuo humano que tiene, o puede tener, el efecto de evocar alguna idea en la mente de otro individuo". De manera similar, Bertrand Russell[3] afirma que "así como saltar es una clase de movimiento... la palabra 'perro' es [otra] clase", pero añade que las palabras difieren de otras clases de movimientos corporales porque tienen "significado". En ambos casos se ha añadido algo a una descripción objetiva.

Se suele argumentar que tal adición es necesaria, incluso cuando la conducta no es verbal. Todo esfuerzo por tratar la conducta como un movimiento de las partes de un organismo responde a la vez a la objeción de que no puede ser un mero movimiento lo que es importante sino más bien lo que el movimiento significa, ya sea para el organismo

1 *Jespersen, O., Language (Nueva York, 1922).*

2 N. del E.: entiéndase perteneciente o relativo a un hábito.

3 Russell, B., *Inquiry into Meaning and Truth* (New York, 1940).

que se comporta o para el observador. Se suele afirmar que podemos *ver* el significado o el propósito de la conducta y no debemos omitirlo en nuestra presentación. Pero el significado no es una propiedad de la conducta como tal, sino de las condiciones en que se produce la conducta. Técnicamente, los significados podrían encontrarse entre las variables independientes desde una perspectiva funcional, más que como propiedades de la variable dependiente. Cuando alguien dice que puede ver el significado de una respuesta, quiere decir que puede inferir algunas de las variables de las que la respuesta es normalmente una función. La cuestión es particularmente importante en el ámbito de la conducta verbal, donde el concepto de significado goza de un prestigio inusual.

Al definir la conducta verbal como conducta reforzada a través de la mediación de otras personas no especificamos, ni podemos especificar, ninguna forma, modo o medio. Cualquier movimiento capaz de afectar a otro organismo puede ser verbal. Es probable que señalemos la conducta vocal, no sólo porque es la más común, sino porque tiene poco efecto sobre el medio físico y por lo tanto es casi necesariamente verbal. Pero hay extensos lenguajes escritos, lenguajes de signos y lenguajes en los que el "hablante" estimula la piel del "oyente". La conducta audible que no es vocal (p.ej., dar una palmada para que acuda un sirviente o tocar una corneta) y los gestos son verbales, aunque pueden no componer un lenguaje organizado. El hábil telegrafista se comporta verbalmente moviendo la muñeca. Algunas de estas formas normalmente surgen sólo después de que se haya establecido la conducta vocal, pero esto no es necesariamente así. La escritura y la mecanografía pueden ser primordialmente verbales o transcripciones de una forma vocal anterior. Señalar las palabras es verbal, como, de hecho, lo es todo aquello que sea efectivo en alterar la conducta de alguien. La definición también abarca las manipulaciones de objetos físicos que se realizan debido al efecto causado en la gente, como al manipular objetos de uso ceremonial. En el caso de cualquier *médium*, la conducta es tanto verbal como no verbal a la vez; no verbal en el efecto sobre el médium y verbal en el efecto final sobre el observador. Los lenguajes ceremoniales y los lenguajes de las flores, gemas, etc., son de poco interés, porque tienen vocabularios pequeños y poca o ninguna gramática, pero son sin embargo verbales según los términos de la definición. Debido a que la conducta verbal vocal es la forma más común, podemos tratarla aquí como representativa. No obstante, cuando sea necesario o útil, podremos considerar problemas paralelos en otras formas verbales.

Conducta vocal

La conducta verbal vocal se ejecuta por una extensa musculatura: el diafragma, las cuerdas vocales, las falsas cuerdas vocales, la epiglotis, el paladar blando, la lengua, la mejilla, los labios y la mandíbula. El registro más completo de una sola ocurrencia de una declaración sería un informe eléctrico o mecánico de la acción de todos los músculos involucrados. Por el momento, esto sólo tiene interés teórico, ya que nunca se ha hecho nada parecido. Afortunadamente, la ciencia de la conducta verbal no necesita esperar a tales audacias. Las complejas respuestas musculares de las conductas vocales afectan al ambiente verbal produciendo "habla" audible, siendo este es un dato mucho más accesible.

El producto acústico de las conductas vocales verbales puede ser grabado fonéticamente. El registro puede ser convertido en forma visible y analizado con mayor facilidad transformado en espectros de intensidad de tono. El informe acústico es menos preciso que un informe de acción muscular ya que diferentes patrones musculares pueden producir presumiblemente los mismos sonidos, no obstante, es al menos factible. También es más sencillo porque utiliza menos términos o dimensiones. Probablemente no se pierde nada de importancia, porque el científico se sitúa esencialmente en la misma posición que el oyente y para muchos fines puede ignorar cualquier propiedad de la conducta verbal que no produce una diferencia en la corriente de sonido. Aun así, un informe acústico nos dice más de lo que normalmente queremos saber, así, excepto cuando los detalles acústicos deben ser enfatizados por alguna razón especial, pronto se vuelve impráctico.

Otro tipo de registro ha sido posible gracias al descubrimiento de que el habla puede romperse en sonidos constituyentes y a la invención de un alfabeto fonético para representar estos sonidos (ambos avances, por supuesto, son previos a cualquier estudio científico). Se puede registrar una muestra de conducta verbal colocando los símbolos apropiados en el orden correspondiente, como se hace con el alfabeto utilizado en el español[4]. En lo que nos concierne aquí, tal registro simplemente permite identificar algunas de las propiedades acústicas de un enunciado. La transcripción permite al lector construir un facsímil de la conducta que

4 N. del E.: en el original esto sería inexacto por ser el inglés una lengua no fonética o de ortografía opaca, no así en español.

tendrá el mismo efecto sobre la comunidad verbal que la muestra original. Es un registro práctico y económico, porque un número indefinido de eventos acústicos diferentes puede ser representado con unos pocos símbolos.

Este uso del alfabeto fonético no compromete la importancia funcional de las unidades identificadas. Podemos usar la ortografía inglesa para grabar los reclamos de los pájaros (*to-whit, to-whoo,* o *peewee*), o los ruidos de cosas inanimadas (*pop* y *boom*), en el sentido de que al leer tales grabaciones en voz alta se construye un facsímil razonable de las melodías o ruidos originales. Pero esto no significa que los pájaros y los tambores hablen "fonemas" ingleses. La función analítica (más que transcriptiva) del fonema en la lingüística moderna surge, por un lado, de una excursión a la fonología que no tendrá que hacerse aquí y, por otro, del estudio y comparación de las prácticas de comunidades verbales enteras. El lingüista se preocupa por hechos como estos: (1) en una comunidad verbal las respuestas *pino* y *sino* tienen efectos diferentes o se dan en condiciones diferentes, mientras que en otra comunidad verbal tienen el mismo efecto o se dan en las mismas condiciones; (2) en una comunidad verbal las respuestas *pito* y *sito* tienen efectos diferentes o se dan en circunstancias diferentes, mientras que en otra comunidad verbal tienen el mismo efecto o se dan en las mismas circunstancias; (3) en esa comunidad en la que *pino* y *sino* tienen el mismo efecto, *pito* y *sito* también tienen el mismo efecto; y en esa comunidad en la que *pino* y *sino* tienen efectos diferentes, *pito* y *sito* también tienen efectos diferentes. Estos hechos presentan problemas que van más allá de la mera transcripción de la conducta verbal, porque incluyen referencias a las condiciones de ocurrencia de la conducta verbal o a los efectos sobre un oyente. Aquí, trataremos estos hechos añadidos de otra manera.

El registro de una vocalización en un alfabeto fonético proporciona, por supuesto, menos información sobre sus propiedades que un informe acústico, pero no debería haber ninguna objeción si podemos demostrar que las propiedades que se han conservado son las propiedades efectivas de la conducta verbal. Esto nos lleva a un principio importante en el análisis de la conducta. Distinguimos entre la ocurrencia de una respuesta y una clase de respuestas. Una sola respuesta, como ejemplo de la actividad de un organismo, puede describirse tan completamente como lo permitan los recursos disponibles. Pero cuando se trata de predecir conductas *futuras*, puede ser imposible predecir en detalle aspectos del caso particular o, lo que es más probable, puede ser irrelevante hacerlo. Todo lo que queremos saber es si se producirá o no una respuesta de una clase determinada. Al decir "de una clase determinada" nos referimos a una respuesta que muestra ciertas propiedades específicas. Podemos querer saber si una persona abrirá una puerta, aunque no nos importe cómo gire el pomo. No descartamos los detalles de cómo gira el pomo como arbitrarios o indeterminados; simplemente nos ocupamos de que abre o no la puerta sin tenerlos en cuenta. La propiedad de la conducta en virtud de la cual clasificamos una respuesta como "abrir una puerta" es nuestro principal interés. De la misma manera, no necesitamos saber todos los detalles de una respuesta vocal siempre que el patrón de sonido que produce logre un efecto determinado en una comunidad verbal específica. Hay muchas razones prácticas y teóricas para registrar y analizar ocurrencias dadas de conducta vocal con el mayor detalle posible, pero no coinciden con nuestros intereses en la predicción y control de la conducta verbal, al menos en el estado científico actual. El "fonema" fue un reconocimiento temprano del principio de la propiedad definitoria de una respuesta. Lamentablemente para nuestros fines actuales la extensión del concepto a la lingüística histórica y comparativa ha oscurecido su relevancia en la definición de una unidad de conducta verbal en el hablante individual.

El problema del sonido del habla se vuelve algo más claro, y tal vez pierda algo de su importancia, cuando comparamos otros modos de conducta. Si la conducta verbal nunca fuera vocal, no existirían como ciencia la fonología y la fonética. Sin embargo, la mayoría de los problemas a considerar en el estudio de la conducta verbal permanecerían. En una comunidad hipotética en la que toda conducta verbal solo se manifestase de forma escrita, tendríamos que identificar "marcas de habla" ateniéndose a sus propiedades geométricas esenciales. Si tal lenguaje se asemejara a la escritura moderna, tendríamos que estudiar un gran número de marcas que funcionaran como, digamos, la letra *a* para identificar sus características comunes y descubrir qué propiedades podrían, a efectos prácticos, ser ignoradas. Si tal comunidad "hablara" sólo usando máquinas de escribir, el rango de propiedades sería estrecho. La ventaja de un rango estrecho para el lector, así como para el científico, es sugerida por la frecuente instrucción "Por favor, escriba usando mayúsculas". La grafología proporciona una "fonética" rudimentaria de la conducta verbal escrita; aquí también las "significaciones" requieren otras técnicas de análisis.

Una "cita directa" es un registro de conducta verbal que depende más explícitamente del conocimiento de las condiciones en que se produjo la conducta. Sin embargo, a menudo es poco más que una transcripción acústica o fonética que permite al lector reconstruir las propiedades relevantes de la conducta original. El informe oral de que alguien dijo *son las cuatro* en realidad reconstruye un caso de conducta verbal. Un informe escrito permite al lector reconstruir la conducta verbal por sí mismo.

Una técnica que permite la reconstrucción de un dato es inusual. La ciencia no suele recurrir a modelos o mimetismos; sus descripciones de los acontecimientos no se asemejan a esos acontecimientos. En el campo de la conducta no verbal no solemos informar de la conducta imitándola. Sin embargo, al hablar el idioma estudiado, el científico utiliza la mímica en lugar del método más habitual de descripción, que no guarda ninguna correspondencia biunívoca[5] con la cosa descrita (esta distinción se trata más adelante en el capítulo 5). Russell[6] ha señalado que algunos raros casos de conducta verbal, como el Juramento de Coronación o el Padre Nuestro, tienen nombres propios. También menciona el método, debido a Gödel, de asignar números a las palabras y por lo tanto a todas las frases posibles. El sistema de indexación de una biblioteca asigna nombres propios (números de identificación) a esos grandes conjuntos de conducta verbal que llamamos libros. No es probable, sin embargo, que éstos prefiguren un sistema descriptivo en el que todas las respuestas verbales reciban nombres que no tengan mayor semejanza con las cosas nombradas que las semejanzas entre los acontecimientos y las descripciones de la ciencia en otros lugares.

Por más tentador que sea utilizar la posibilidad especial de la transcripción fonética o la cita directa para reconstruir la conducta que se está analizando, hay que destacar que desde el punto de vista del método científico una expresión como *It is four o'clock* es el nombre de una respuesta. Obviamente no es la respuesta que se está estudiando, porque fue hecha por otra persona en otro momento. Simplemente se asemeja a la forma de aquella. Las condiciones responsables de la respuesta original pueden no tener nada en común con las condiciones responsables de la respuesta

5 N. del E.: *point-to-point correspondence*, en el original.

6 Russell, B., *Inquiry into Meaning and Truth* (New York, 1940).

por parte del científico que la describe. Esta práctica, llamada hipóstasis, es una anomalía en el método científico. El campo de la conducta verbal se distingue por el hecho de que los nombres de las cosas con las que trata son acústicamente similares a las cosas mismas. Como ha dicho Quine[7], "Una cita no es una descripción, sino un jeroglífico; designa su objeto no describiéndolo en términos de otros objetos, sino imaginándolo". Quine está hablando aquí del informe escrito de la conducta verbal escrita. En ninguna otra ciencia esto es posible, porque en ninguna otra ciencia los nombres y las cosas nombradas tienen estructuras similares.

Una cita suele ser algo más que una transcripción acústica o fonética, un jeroglífico o un nombre. En primer lugar, normalmente, aunque no inevitablemente, rompe una muestra bastante continua de conducta en partes. Tales rupturas no tienen por qué reflejar las pausas reales u otras propiedades del patrón temporal o de tensión de la conducta. Al citar un episodio de habla, lo separamos no sólo en sonidos de habla, representados por letras, sino en unidades más grandes llamadas palabras u oraciones, representadas por rupturas espaciales o puntuación. La diferencia entre un informe fonético y una cita directa se ve en el entrenamiento necesario en los dos casos. Un pequeño repertorio fonético bastará para transcribir el habla con fines de reconstrucción. Pero miles de "palabras" diferentes deben ser aprendidas antes de que las citas directas puedan ser efectivamente escritas. El proceso incluye, por supuesto, "aprender a deletrear" y, en particular, a distinguir sonidos homófonos. La capacidad se adquiere generalmente en el proceso de aprender a escribir y, una vez adquirida, a menudo se da por sentada. Es probable que pasemos por alto el hecho de que en realidad se está llevando a cabo un proceso de análisis.

También es probable que pasemos por alto el hecho de que en una cita directa estamos deduciendo algo sobre las condiciones en las que se emitió una respuesta, o sobre sus efectos característicos sobre el oyente. Una transcripción fonética bastante buena puede hacerse de un idioma que no se habla o, como a menudo muestra el taquígrafo, de un idioma familiar, pero sin mostrar ninguna otra reacción como oyente. Pero las unidades de cita directa especifican las respuestas verbales como unidades bajo control funcional. Al hacer una distinción entre *voto* y *boto*, entre *lo hecho a la basura* y *lo echo a la basura* estamos especificando las condiciones normales bajo las cuales se hacen las respuestas o sus efectos

7 Quine, W. V., *Mathematical Logic* (Nueva York, 1940), pág. 26.

normales sobre un oyente. En la cita *indirecta* se pone mayor énfasis en estas variables adicionales. *Dijo que iría* permite sólo una reconstrucción muy aproximada de una respuesta verbal real; sólo *ir* ha sobrevivido del original posible *iré*, y ni siquiera podemos estar seguros de que no se haya dado otra respuesta característica de la misma situación. No obstante, podemos saber con alguna certeza qué tipo de situación era y qué tipo de efecto podría haber tenido el enunciado original.

Una unidad de conducta verbal

Del registro muscular o acústico de la conducta verbal pasamos a la transcripción fonética, y de ahí a la cita directa o indirecta. A medida que lo hacemos, disponemos cada vez de menos información sobre la ocurrencia específica. Esta pérdida de detalle puede ser tolerada si se siguen describiendo propiedades esenciales para la predicción. Al mismo tiempo empezamos a añadir inferencias o hechos sobre las condiciones en las que la respuesta fue hecha. Al emprender la predicción o el control de las conductas verbales, debemos, por supuesto, tener en cuenta esas variables adicionales, pero su estado debe ser aclarado. Las unidades tradicionales de la conducta verbal nunca hacen una distinción clara entre lo observado y lo inferido. Consideremos, por ejemplo, el concepto de "palabra". Tal como lo utilizan los profanos y muchos lingüistas, una palabra puede no ser más que un enunciado ("dar tu palabra" o "tener la última palabra"), una subdivisión convencional de un enunciado ("Lo que serían dos o tres palabras en inglés es a menudo sólo una en alemán"), una variable genérica supuesta o real ("elegir una palabra" o "ensartar palabras"), o algo común a dos o más modos de conducta ("una palabra puede ser hablada o escrita"). Con menos justificación hablamos incluso de la misma palabra en dos idiomas (en inglés y español se usa la misma palabra para *radio*), o en dos etapas históricas del mismo idioma, o en dos cognados (*ascóndense* pasa a *se esconden*). A veces "palabra" parece denotar simplemente un marco léxico estándar ("la palabra *rápido*").

Lo que necesitamos para los fines que nos ocupan (y a lo que el uso de "palabra" como enunciado se aproxima) es una unidad de conducta compuesta por una respuesta que pueda identificarse como funcionalmente relacionada con una o más variables independientes. En términos tradicionales podríamos decir que necesitamos una unidad de conducta definida en términos tanto de "forma" como de "significado". El análisis de las conductas no verbales ha aclarado la naturaleza de tal unidad en condiciones de laboratorio en las que la conveniencia de la unidad puede ser sometida a rigurosos controles. Una extrapolación de este concepto al campo verbal es esencial para el análisis presentado en el resto del libro. Los tipos de conducta en los que normalmente nos interesamos tienen, como hemos visto, un efecto sobre el medio ambiente del organismo. Tales conductas pueden ser distinguidas de las actividades que están principalmente relacionadas con la economía interna del organismo, llamando a las actividades que operan sobre el medio ambiente "conducta operante". Cualquier unidad de tal conducta puede llamarse sucintamente "operante". En la mayoría de los casos, "operante" es sinónimo de "respuesta", pero los términos nos permiten hacer la distinción entre una *ocurrencia* de conducta ("Fulano de tal fumó un cigarrillo entre las 2:00 y las 2:10 P.M. de ayer") y un *tipo* de conducta ("fumar cigarrillos"). El término "respuesta" se utiliza a menudo para ambos, aunque no se atribuye con facilidad la segunda acepción. La descripción de la ocurrencia de una conducta no requiere de una descripción de las variables relacionadas o de una relación funcional. El término operante, por otra parte, se refiere a la predicción y el control de un *tipo* de conducta. Aunque sólo observamos ocurrencias, nos interesan las leyes que rigen los tipos de conducta.

La distinción plantea la cuestión del formalismo. Una respuesta, como ejemplo, puede describirse completamente atendiendo a la *forma* de la conducta. Una operante especifica al menos una relación con una variable: el efecto que característicamente, aunque tal vez no necesariamente, tiene la conducta, sobre el medio ambiente y, por lo tanto, no es una unidad puramente formal. No se puede evitar una especificación formal, ya que sólo se puede decir que una respuesta es un caso de operante mediante una identificación objetiva. Pero la identificación no es suficiente. Como ejemplo de operante verbal, la respuesta debe producirse en función de una determinada variable. De esta manera podemos distinguir entre la operante *presto* en la que la variable controladora es compartida por la operante *rápido* y la operante *presto* en la que la variable controladora es similar a la de la operante *cedo*.

Un problema inveterado en el análisis de las conductas verbales es el tamaño de la unidad. Las unidades lingüísticas estándar son de varios tamaños. Por debajo del nivel de la palabra se encuentran las raíces y los afijos o, más rigurosamente, las pequeñas unidades "significativas" llamadas morfemas. Por encima de la palabra vienen frases, sintagmas, oraciones, etc. Cualquiera de estos puede tener una unidad funcional como operante verbal. Un segmento de conducta tan pequeño como un simple sonido vocal, o incluso un patrón de tono o tensión, puede estar bajo el control independiente de una variable manipulable (veremos la evidencia de tales operantes verbales "atómicas" más adelante). Por otra parte, puede mostrarse que conjuntos mayores de conducta (quizás frases como *la gran mayoría de* o *al fin y al cabo* o *la verdad, toda la verdad, y nada más que la verdad* o una frase entera como *ve despacio que tengo prisa*) varían bajo un control funcional igualmente unitario. Aunque partes de estas operantes más grandes tienen la misma forma que partes de otras operantes o incluso de unidades enteras, puede que no haya ninguna interacción funcional. Ello parece estar en desacuerdo con el análisis lingüístico tradicional. No obstante, hay que recordar que la operante verbal es exclusivamente una unidad de conducta en el hablante individual. La unidad funcional de una gran operante y la medida en que la presencia de esa operante en el repertorio del hablante puede afectar a operantes de forma similar debe decidirse mediante un estudio de la conducta de ese hablante. En las prácticas características de una comunidad verbal, tal vez no sea posible establecer la unidad funcional de una muestra grande similar de conducta.

Observamos que un hablante posee un repertorio *verbal* en el sentido de que en su conducta aparecen de vez en cuando respuestas de diversas formas en relación con condiciones identificables. Un repertorio, como una colección de operantes verbales, describe la conducta *potencial* de un hablante. Preguntar dónde se encuentra una operante verbal cuando no se está emitiendo una respuesta es como preguntar dónde se encuentra el reflejo rotuliano cuando el médico no está dando golpecitos en el tendón patelar. El repertorio de conducta verbal, como concepto, es un constructo adecuado. La distinción entre "operante verbal" y "palabra" se corresponde con la de "repertorio verbal" y "vocabulario". Se dice que una persona posee un vocabulario de tantos miles de palabras si estas palabras se observan en su conducta verbal durante un período de tiempo. Pero un vocabulario suele considerarse como un almacén de herramientas inanimadas de las que el hablante hace las selecciones apropiadas mientras habla. Nos preocupa no sólo el hecho de que se observen ciertas formas específicas de conducta verbal, sino de que también se observen en circunstancias específicas. Estas circunstancias de control añaden un carácter dinámico al "repertorio" de la que carece el "vocabulario".

Probabilidad de respuesta

Algunas partes de un repertorio verbal tienen más probabilidades de ocurrir que otras. Esta probabilidad es una concepción extremadamente importante, aunque difícil. Nuestro dato básico no es la ocurrencia de una respuesta dada como tal, sino la probabilidad de que ocurra en un momento dado. Toda operante verbal puede ser concebida como si tuviera, en circunstancias específicas, una probabilidad asignable de emisión, lo que denominamos sucintamente como su "fuerza". Apoyamos la noción de fuerza en varios tipos de evidencias.

Emisión de la respuesta

Si se emite una respuesta, la operante es probablemente fuerte. Sin embargo, la emisión es un mejor signo de fuerza si las circunstancias son inusuales. En algunos deslices o lapsus linguae, por ejemplo, la respuesta que interfiere o distorsiona la conducta (véase el capítulo 11) no es apropiada para la situación inmediata y, por lo tanto, parece ser especialmente fuerte. Una respuesta que aparezca en circunstancias inapropiadas, difíciles o ambiguas, pero que no sea un desliz es probablemente fuerte por la misma razón. El científico que sigue hablando de su trabajo durante un emocionante partido de fútbol o durante un ruidoso trayecto de metro y el conversador que no tolera interrupciones dan prueba de repertorios especialmente fuertes. Otras formas de conducta verbal, como la escritura, ofrecen pruebas del mismo tipo.

Entre las circunstancias inusuales que dan prueba de fuerza podemos incluir los estímulos verbales inadecuados; por ejemplo, del hecho de que uno crea ver su nombre en material impreso poco claro o brevemente expuesto, o que escuche su nombre en medio de una conversación ruidosa, inferimos la fuerza del propio nombre en el repertorio.

Nivel de energía

La emisión de una respuesta es una medida tipo todo o nada. Nos permite inferir la fuerza sólo en términos de la adecuación de las condiciones en las que se produce la emisión. Un segundo tipo de evidencia sugiere que la fuerza se encuentra a lo largo de un continuo de cero a un valor muy alto. Una respuesta puede ejecutarse con una cierta energía, que no debe confundirse con "fuerza" como sinónimo de "probabilidad". La energía parece variar con la probabilidad, y se acepta frecuentemente como una medida de fuerza[8]. Un *¡NO!* energético y prolongado no es sólo una respuesta fuerte, sino que sugiere una fuerte *tendencia a responder,* que no sería fácilmente superada por fuerzas competidoras. Por otro lado, un tímido y breve *no* es aceptado como un ejemplo de operante débil de la que inferimos cierta inadecuación en las variables independientes. La energía relativa permite una inferencia similar. De la respuesta *una cometa ROJA* concluimos que el rojo era de especial importancia para el hablante, mientras que en *una COMETA roja* inferimos la especial efectividad de la cometa como variable. Bajo ciertas circunstancias, un cambio en el nivel de energía puede tener lugar rápidamente, como en el caso del Sr. Winkle en *Los papeles póstumos del club Pickwick*[9], quien, justo antes de caer en un sueño alcohólico, se lamentaba,

> "Tomemos... otra... botella... más"

comenzando en una clave muy fuerte, y terminando en una muy débil.

Otras propiedades de la conducta verbal varían con el nivel de energía. A niveles bajos, la parte de la respuesta que produce la "voz" se desvanece para dejar solo un familiar susurro. En el otro extremo del continuo se ven afectadas otras propiedades topográficas. Probablemente debido al mecanismo del aparato del habla, el nivel de tono de una respuesta tiende a variar con la energía. En igualdad de condiciones, cuanto más fuerte sea la respuesta, más alto será el tono. Por lo tanto, el nivel de tono puede tomarse a veces como un indicador de la fuerza. En la conducta de los niños pequeños, el "comentario apropiado" bajo y apenas audible en una ocasión social y los gritos agudos en el patio de recreo sugieren el rango de valores posibles. Otras formas de conducta verbal generalmente

8 Es posible que la energía y la probabilidad covaríen sólo después de que la energía de la respuesta se haya reforzado diferencialmente (ver *Ciencia y conducta humana*, pág. 95).

9 N. del E.: Dickens, C. (2017). *Los papeles póstumos del club Pickwick*. CreateSpace. (Original de 1837).

tienen un rango más limitado. En la conducta verbal escrita se puede encontrar alguna indicación de fuerza en el tamaño de las letras, la presión del bolígrafo, el subrayado, etc. En el diseño de los tipos se tienen en cuenta algunas características comparables. En la actualidad, se trata principalmente de recursos convencionales, pero conservan algún rastro de una variación original con la fuerza de la operante.

Velocidad

Otra propiedad de las conductas verbales emitidas es la velocidad con la que se suceden las partes sucesivas de una muestra o la velocidad con la que aparece una respuesta después de que se haya presentado la ocasión para ella[10]. En general aceptamos la implicación de que la conducta verbal fuerte es rápida y que el discurso vacilante indica poca fuerza. Una respuesta preparada es aquella que el hablante está "fuertemente inclinado a hacer"; un retraso en la respuesta nos lleva a sospechar que algo puede estar fallando en las circunstancias de control. La debilidad puede deberse a la conducta competitiva. Alguien profundamente absorto en un libro puede responder a una llamada o una pregunta con retrasos del orden de varios segundos. En los niños pequeños, cuando la conducta verbal es débil porque todavía está en proceso de adquisición, a veces se observan retrasos del orden de minutos. Un niño de trece meses que había adquirido la respuesta *luz*, al mostrársele en una ocasión una luz se le preguntó: "¿Qué es? ¿Qué es esto?" No respondió durante al menos un minuto completo, y el intento de conseguir que respondiera fue abandonado. Se había girado para jugar con un juguete cuando la respuesta surgió claramente. En la conducta patológica los retrasos pueden ser aún mayores. Un primer informe de un ejemplo se debe a Head,[11] que pidió a uno de sus pacientes afásicos que contara. El paciente no respondió *hasta que pasaron diez minutos*, cuando de repente empezó *Uno, dos, tres, cuatro, ...* A veces inferimos la fuerza de la conducta verbal de un amigo epistolar a partir de la prontitud de su respuesta, aportando pruebas similares los rastros de velocidad en la escritura. El gesto frenético ejemplifica la velocidad de respuesta en otro modo de conducta verbal.

10 N. del E.: latencia.

11 Head, Henry, *Aphasia* (Nueva York, 1926).

Repetición

Una tercera indicación posible de la fuerza relativa es la repetición inmediata de una respuesta. En lugar de decir *¡NO!* con gran energía uno puede decir *¡NO! ¡No! ¡No!* Una especie de repetición al por mayor está implícita en *¡Mil veces no!* La energía y la repetición pueden combinarse. Ocasionalmente es posible observar una disminución de la fuerza a medida que las respuestas sucesivas caen en energía, tono y velocidad: *¡NO! ¡NO! ¡No! no.* La repetición es aparentemente responsable de una clase de expresiones que implican un énfasis especial, por ejemplo, *Ven, ven, ven* y *Ahora, ahora.* Expresiones como *una y otra vez, vueltas y vueltas,* o *miles y miles* se complican por un principio adicional pero probablemente también muestran el efecto de la fuerza. *Un muy, muy triste error* sirve en lugar de *un MUY triste error.* La repetición puede ser diluida por la intervención de la conducta. En la respuesta como "*No es no. No, en absoluto. No se trata de lo yo piense.*" la excepcional fuerza de la forma *no* es evidente en su repetición.

Limitaciones de las pruebas de fuerza

Es fácil sobreestimar la importancia de estos indicadores. Si dos o más propiedades de la conducta indican lo mismo, deben covariar; pero la energía, la velocidad y la repetitividad no siempre satisfacen esta prueba. Clasificamos a las personas según la fuerza general de su conducta verbal de una manera que sugiere que nuestras medidas están estrechamente asociadas. Por ejemplo, la persona parlanchina (cuando *está siendo* parlanchina) habla en voz alta, rápidamente y se repite, mientras que la persona reservada habla lentamente, en voz baja y rara vez se repite. Pero en casos aislados estas medidas se alteran por otras circunstancias, y las excepciones deben ser explicadas. Por ejemplo, una respuesta mal memorizada puede retrasarse debido a su debilidad, pero durante el retraso aumenta el carácter aversivo de la situación, y cuando finalmente se emite la respuesta el nivel de energía puede ser alto. La aparente discrepancia entre la demora y la fuerza de respuesta requiere de una consideración especial.

Una complejidad añadida es que nuestras medidas (nivel de energía, velocidad de respuesta, e incluso repetición) entran en la construcción de diferentes *formas* de respuesta. En inglés esto no presenta una gran dificultad. Los niveles absolutos de tono e intensidad no son "distintivos", ni los niveles relativos de tono son importantes. Los cambios en el tono, sin embargo, distinguen diferentes tipos de enunciado. La energía de respuesta no puede tomarse como un indicador inevitable de la fuerza mientras sirva para hacer que el *Hábito* sea una respuesta diferente del *Habitó*. La prolongación de un sonido no significa necesariamente fuerza cuando sirve como "cantidad", ni la reduplicación es siempre un ejemplo útil de repetición de la forma.

La energía, la velocidad y la repetitividad se ven afectadas por las condiciones especiales de reforzamiento. Hablamos más enérgicamente a los sordos y más despacio a cualquiera que tenga dificultad para seguirnos; y repetimos en ambos casos. La repetición puede ser necesaria en un ambiente ruidoso (*¡Vale! ¡vale!*). Al hablar con alguien a distancia elevamos la energía y el tono de nuestra voz y prolongamos cada sonido cuando es posible. Una respuesta rápida y fuerte tiene más probabilidades de obtener resultados en una situación competitiva, por ejemplo, al recitar en un aula. Podemos permitir condiciones especiales de este tipo en la evaluación de cualquier medida dada sólo mediante la inferencia de la fuerza de la operante, no por el hecho de que uno hable fuerte, sino por el hecho de que habla a un nivel de energía por encima de lo que normalmente prevalecería en *las mismas circunstancias*. Hay un cierto consuelo en el hecho de que los cambios en la fuerza debido a estas condiciones especiales suelen exagerar la fuerza "natural". Pueden llevarnos a confundir la importancia relativa de un indicador, pero no su dirección o signo.

Desafortunadamente, otros tipos de consecuencias se oponen a las evidencias normales de fuerza. Los valores extremos de cualquiera de estas propiedades interfieren con el efecto sobre el oyente. La comunidad verbal, como una colección de oyentes, fuerza el discurso hacia un nivel estándar de velocidad, energía y repetitividad. Si un niño habla alto, se le dice que no grite. Si murmura, se le dice que hable más alto. Si duda, se le dice que se apure. Si sus palabras titubean, se le dice que hable con seguridad. Repetirse se considera a veces un caso de malos modales, y la doble negativa, que no es sino el resultado inocente de un fuerte *No*, en ocasiones se tilda de antigramatical e ilógico.

Pese a que los indicadores están un tanto confundidos por estos intereses contrapuestos, la evidencia de la fuerza permanece. Todavía hacemos inferencias prácticas sobre la conducta de un hablante por su energía, velocidad y repetitividad. No observamos una completa nivelación a un habla monótono a la que, de hecho, también se opondría la comunidad. En algunos tipos de conducta verbal, por ejemplo, en la lectura en voz alta, la variable de control genera conducta a un nivel de fuerza bastante constante. Excepto en el caso de respuestas desconocidas o mal aprendidas, un texto normalmente no refuerza una respuesta por encima de otra. Pero una serie de respuestas de energía y velocidad uniformes no es efectiva para el oyente. Por lo tanto, se alienta al lector a que introduzca signos falsos de fuerza. Se le anima a leer *como si* su conducta estuviera determinada, no por el texto, sino por un surtido de variables similares a las del habla "real". Es significativo que lo haga modulando el tono, la energía y la velocidad. A partir de estos indicadores de fuerza, el oyente infiere un conjunto plausible de condiciones determinantes. Al incorporar estos indicadores de fuerza, el lector demuestra una buena "interpretación" del texto.

También suministramos indicadores por otras razones. Si se nos muestra una obra de arte preciada y exclamamos *¡Que belleza!* la velocidad y energía de la respuesta serán bien recibidas por el propietario de la obra. Podemos acentuar el efecto usando la repetición: *¡Bello, hermoso, simplemente hermoso!* Esta forma de proceder es ampliamente entendida hasta el punto de ser parte de la cultura de simulación de las características de la fuerza, estén las variables independientes apropiadas presentes o no, es decir, ya sea a no esa obra de arte la ocasión en la que tal conducta verbal es fuerte de forma natural. Este difícilmente sería el caso si la importancia de nuestros indicadores hubiera sido completamente oscurecida por otras consideraciones.

Frecuencia general

Un tercer tipo de prueba es la frecuencia general con la que aparece una respuesta en una gran muestra de conducta verbal. Por ejemplo, el número de veces que un hablante emite *yo, mi,* o *mío* a veces se toma para indicar la fuerza de su conducta con respecto a sí mismo como variable de control; su "egocentrismo" o "engreimiento". Otras respuestas se han utilizado para indicar otros temas. Con tal medida se puede demostrar que los intereses de un escritor cambian de año en año, que se preocupa más o menos por el sexo, la muerte o cualquier otro tema. En la práctica se reconoce la noción general de una probabilidad variable de respuesta y la pertinencia de una frecuencia general para medirla, pero esas interpretaciones dependen de ciertas suposiciones que no siempre están justificadas.

El recuento de palabras suele ser un intento de desarrollar un análisis puramente formal solo de la variable dependiente. La conducta verbal se estudia sin tener en cuenta las circunstancias en las que se emite. Pero, aunque puede ser útil saber que con frecuencia se emite una respuesta de una forma determinada, también es importante conocer las condiciones imperantes. Como nuestra unidad de análisis no es puramente formal, no podemos estar seguros de que todos los casos de una respuesta sean casos de la misma operante. Tampoco podemos estar seguros de que la frecuencia no sea atribuible principalmente a la frecuencia de aparición de las variables de control. En el caso del egocentrismo, el propio hablante está siempre presente y su inclinación cambiante a hablar de ese tema puede ser significativa; pero una respuesta como *nieve* presumiblemente varía con las estaciones del año. Un cambio de frecuencia puede no reflejar una tendencia cambiante a "hablar de la nieve cuando hay nieve" sino simplemente ciertas circunstancias cambiantes. Incluso la frecuencia de respuestas como *yo, mi, o mío*, puede variar en función del oyente al que se dirige la conducta verbal. A menos que sepamos que ese oyente sigue presente o ausente, un cambio de frecuencia no puede utilizarse para inferir un cambio en una tendencia subyacente a emitir tales formas.

Aunque las frecuencias generales son datos interesantes y a menudo satisfactorios, se apartan de nuestro programa de tratar del hablante individual en una ocasión determinada. Los datos son más a menudo relevantes para los estudios de las prácticas características de una comunidad verbal dada y, por lo tanto, para fines habituales de la lingüística. Sin embargo, a veces se pueden utilizar esos datos para inferir procesos característicos en el hablante individual.

La probabilidad y la ocurrencia única

Aunque el idioma contiene muchas expresiones que sugieren que el concepto de probabilidad de respuesta es familiar y útil, quedan por resolver ciertos problemas al utilizarlo en el análisis de conducta. En condiciones de laboratorio, la probabilidad de respuesta se estudia fácilmente en un organismo individual como frecuencia de respuesta. En esas condiciones se puede demostrar que los cambios simples de la frecuencia son funciones precisas de variables específicas, y esos estudios proporcionan algunos de los datos más fiables sobre las conductas de que se dispone actualmente. Pero debemos pasar del estudio de las frecuencias a la consideración de la probabilidad de un solo evento. El problema no es en absoluto peculiar del campo de la conducta. Es básico cuando los datos de una ciencia son probabilísticos, y ello es cierto para las ciencias físicas en general. Aunque los datos en los que tanto el lego como el científico basan sus conceptos de probabilidad están en forma de frecuencias, ambos quieren hablar de la probabilidad de un *evento futuro único*. En capítulos posteriores de este libro consideraremos la forma en que ciertas variables, cuando se combinan, aportan fuerza a una respuesta dada. Al hacerlo, puede parecer que estamos yendo mucho más allá de una interpretación de la probabilidad de una frecuencia, pero nuestras pruebas de la contribución de cada variable se basan solamente en observaciones de frecuencias.

VARIABLES INDEPENDIENTES Y PROCESOS RELACIONADOS

La probabilidad de que se produzca una respuesta verbal de una forma determinada en un momento dado es el dato básico que debe predecirse y controlarse. Es la "variable dependiente" en un análisis funcional. A continuación, consideraremos las condiciones y eventos que permiten lograr la predicción o el control, es decir, las "variables independientes".

Condicionamiento y extinción

Toda operante, verbal o de otro tipo, adquiere fuerza y la mantiene cuando las respuestas son seguidas con cierta frecuencia por el evento llamado "reforzamiento". El proceso de "condicionamiento operante" es más obvio al adquirirse por primera vez la conducta verbal. El padre establece un repertorio de respuestas en el hijo reforzando muchas de ellas. Obviamente, una respuesta debe aparecer al menos una vez antes de que sea mantenida por reforzamiento. Sin embargo, no se deduce que todas las formas complejas de conducta adulta estén en el repertorio vocal incondicionado del niño. El padre no tiene que esperar a que aparezca la forma final. Se pueden construir respuestas de gran complejidad en la conducta de un organismo mediante un procedimiento ilustrado por el siguiente experimento ilustrativo. Nos proponemos condicionar a una paloma a que camine por el suelo de su jaula siguiendo el patrón en forma de ocho. Supongamos que la paloma tiene hambre y que podemos presentarle comida rápida y fácilmente como reforzador. No necesitamos esperar hasta que emerja el patrón completo para reforzar la conducta. Comenzamos reforzando cualquier conducta que sea parte del patrón final. En caso de que la paloma permanezca relativamente inmóvil, podemos empezar reforzando cualquier movimiento ligero. La paloma pronto se volverá activa, aunque todavía sin seguir un patrón particular. Entonces demoramos el reforzamiento hasta que el ave empiece a girar en una dirección específica, digamos en el sentido de las agujas del reloj. El más mínimo movimiento en esta dirección es inmediatamente reforzado. Más tarde, el reforzamiento se retiene hasta que se hace un movimiento extensivo. Pronto aparecen movimientos circulares completos. Ya estaríamos a la mitad del resultado deseado. La operante se extingue parcialmente cuando se retiene el reforzamiento hasta que la paloma gira en sentido contrario a las agujas del reloj. Puede ser necesario reforzar un movimiento ocasional en el sentido de las agujas del reloj. Al cabo de un tiempo, el ave hace giros completos en ambas direcciones. Las dos partes del patrón están ya disponibles, pero todavía no en el orden requerido. Ahora es posible esperar al patrón en ocho antes de reforzar. Bajo condiciones adecuadas, la actuación final relativamente compleja puede lograrse en un corto período de tiempo.

Al enseñar al niño a hablar, las especificaciones formales de las que depende el reforzamiento son al principio muy relajadas. Cualquier respuesta que se asemeje vagamente a la conducta estándar de la comunidad se refuerza. Cuando éstas comienzan a aparecer frecuentemente, se insiste en una aproximación más cercana. De esta manera se pueden alcanzar formas verbales muy complejas. Veremos en el capítulo 4 que hay otras formas de evocar una respuesta compleja para reforzarla. El actual método de "aproximación progresiva" suele ser pertinente sólo en las primeras etapas de la creación del repertorio verbal.

Si por alguna razón las contingencias de reforzamiento se relajan alguna vez, las propiedades de la respuesta verbal sufren un cambio en la dirección opuesta. La degeneración de las formas de las órdenes militares es un ejemplo. Considere que un sargento con un nuevo escuadrón está condicionado a seguir sus órdenes. El sargento comienza con una respuesta verbal prestada de la comunidad verbal más amplia, por ejemplo, la respuesta *¡Marchen!* Al principio la instrucción debe ser enunciada con claridad, pero el escuadrón pronto ejecuta la respuesta apropiada sin importar muchas especificaciones de la orden, en parte porque otros aspectos de la situación comienzan a controlar la conducta. La forma de la respuesta entonces degenera, y puede llegado el caso convertirse en una mera expulsión forzada de aire con algo de voz, y un grado mínimo o nulo de moldeamiento. La forma final sólo es efectiva porque la conducta apropiada del escuadrón sobrevive al deterioro de la conducta del sargento. El escuadrón, como grupo de oyentes, ha sido recondicionado progresivamente. Un nuevo escuadrón, sin embargo, puede traer de vuelta la forma más específica de respuesta en la conducta del sargento.

Las consecuencias reforzantes siguen siendo importantes después de que se haya adquirido la conducta verbal. Su principal función es entonces mantener la fuerza en la respuesta. La frecuencia con la que el hablante emitirá una respuesta depende, en igualdad de condiciones, de la frecuencia general de reforzamiento en una comunidad verbal determinada. Si el reforzamiento cesa por completo debido a algún cambio de circunstancias, la operante se debilita pudiendo desaparecer en la práctica quedando así en "extinción".

El reforzamiento para la operante, por lo tanto, es simplemente una forma de controlar la probabilidad de que ocurra una cierta clase de respuestas verbales. Si queremos que una respuesta de una forma determinada sea altamente probable, aplicaremos reforzamiento efectivo a muchas ocurrencias de dicha respuesta. Si deseamos eliminarla de un repertorio verbal, nos encargamos de que el reforzamiento se detenga. Cualquier información sobre la frecuencia relativa del reforzamiento característica de una comunidad verbal dada es obviamente valiosa para predecir tal conducta.

Control de estímulo

Un niño adquiere conducta verbal cuando vocalizaciones relativamente poco definidas son reforzadas selectivamente y asumen gradualmente formas que producen consecuencias apropiadas en una comunidad verbal determinada. Al formular este proceso no es necesario mencionar los estímulos que ocurren antes de la conducta que se va a reforzar. Es difícil, si no imposible, descubrir los estímulos que evocan respuestas vocales específicas en el niño pequeño. No hay ningún estímulo que haga que un niño diga *b* o *ă* o ē, de igual modo a cómo puede hacerse que salive colocando una gota de limón en su boca o hacer que sus pupilas se contraigan presentando una fuente de luz ante sus ojos. Las respuestas crudas a partir de las cuales se construye la conducta verbal no son "provocadas". Para reforzar una respuesta dada, simplemente esperamos a que ocurra.

Sin embargo, los estímulos previos son importantes para el control de la conducta verbal. Son importantes porque entran en una contingencia de reforzamiento de tres términos que podría enunciarse así: en presencia de un estímulo dado, una respuesta dada es característicamente seguida por un reforzamiento dado. Esa contingencia es una propiedad del medio ambiente. Cuando prevalece, el organismo no sólo adquiere la respuesta que logra el reforzamiento, sino que es más probable que emita esa respuesta en presencia del estímulo anterior. Este proceso es denominado "discriminación de estímulo" y ha sido ampliamente estudiado en conductas no verbales. En capítulos posteriores se describirán numerosos ejemplos.

Motivación y emoción

Aunque el reforzamiento permite controlar una respuesta, no utilizamos el reforzamiento como tal cuando posteriormente ejercemos control sobre la respuesta. Al reforzar con caramelos reforzamos la respuesta *¡Caramelos!* pero la respuesta se emitirá sólo cuando el niño, como decimos, tenga *hambre* de caramelos. Posteriormente controlamos la respuesta, no por medio de un reforzamiento posterior, sino privando o saciando al niño de caramelos. Las respuestas no verbales se controlan de la misma manera. Ya sea que una puerta se abra con la instrucción "gire y empuje" o con un *¡Fuera!* hacemos la respuesta más o menos probable alterando la privación asociada al reforzamiento de pasar por la puerta. Si la respuesta se ha reforzado de varias maneras diferentes, podemos controlarla cambiando, no la privación, sino el inminente reforzamiento. Aumentamos la probabilidad de que una persona cruce una habitación colocando un objeto que sea reforzante en el momento presente en el otro extremo de esta. Al retirar tal objeto o, mejor aún, al colocarlo cerca de la persona, reducimos la probabilidad de que cruce la habitación.

Cuando se adquiere una operante, ésta pasa a formar parte de un conjunto de respuestas que varía acorde con un determinado nivel de privación. Una persona toma agua de muchas maneras, alcanzando un vaso de agua, abriendo un grifo, echando agua de una jarra, y así sucesivamente. La operante verbal *¡Agu*a*!* se convierte en un miembro de este grupo cuando se refuerza con agua. Las probabilidades de todas las operantes así reforzadas varían conjuntamente. Las respuestas en todas las clases se hacen más probables cuando privamos a la persona de agua o le hacemos perder agua, por ejemplo, induciendo un ejercicio violento, alimentándolo con sal que debe ser excretada, o elevando la temperatura de su entorno para que sude. Por otra parte, hacemos que todas esas respuestas sean menos probables al hacer que la persona beba grandes cantidades de agua.

El lego dice que tales operaciones crean o alivian un "estado de sed". Tal concepto es tan válido o útil en la predicción y el control como las observaciones en las que se basa. Los eventos importantes son las operaciones que se dice que cambian el estado de sed. Al predecir y controlar la respuesta verbal *¡Agua!* no cambiamos la sed directamente; por el contrario, aplicamos ciertas operaciones que se dice que la cambian. Es más simple omitir cualquier referencia a un "impulso" y decir que la probabilidad de la respuesta *¡Agua!* puede cambiar mediante estas operaciones.

Supongamos, sin embargo, que además del agua potable nuestro hablante también ha utilizado agua para apagar un fuego. Hasta que no hayamos probado este punto, no podremos estar seguros de que una respuesta adquirida cuando ha sido reforzado con agua al estar sediento se emitirá también cuando se le incendia la papelera. Si hay alguna conexión funcional, debe encontrarse en ciertos eventos comunes al agua potable y a apagar un fuego. Si la respuesta *¡Agua!* ha sido reforzada con la estimulación visual suministrada por el agua antes de que ésta entre en la boca, y si esta estimulación juega un papel en el control de la conducta de apagar un fuego, entonces la respuesta adquirida sólo bajo la privación de agua puede ocurrir ante un fuego[12]. El grupo de operaciones que afectan a la fuerza de *¡Agua!* sugiere, en el lenguaje común, la "necesidad de agua" en general y no la presencia de "sed", en particular. Pero debemos examinar todas las conductas en las que el agua juega un papel esencial para definir tal necesidad. Podemos decir que aumentamos la fuerza de cualquier respuesta que haya sido reforzada con agua, incluyendo la respuesta verbal *¡Agua!* reforzando cualquier conducta que "requiera agua para su ejecución" (más técnicamente, esta última sería descrita como cualquier conducta bajo el control del agua como estímulo discriminativo).

Control aversivo

Hay otros tipos de consecuencias que alteran la fuerza de una respuesta verbal. La conducta puede ser reforzada por la reducción de la estimulación aversiva. Cuando se reduce un estímulo aversivo en sí mismo, llamamos a esta conducta *escape*. Cuando se reduce alguna condición que precede característicamente a un estímulo aversivo, hablamos de *evitación*. Por lo tanto, si la respuesta verbal *¡Para!* se refuerza cuando provoca el cese de una lesión física, la respuesta sería un ejemplo de escape. Mientras que *¡No me toques!* puede ser reforzado cuando provoca el cese de una amenaza de tal lesión (es decir, de eventos que han sido previamente seguidos por tal lesión y que, por lo tanto, son estímulos aversivos condicionados) y en tal caso llamamos a la conducta evitación. Cuando un hablante ha tenido historia de tal reforzamiento, su conducta verbal quedará controlada por las circunstancias apropiadas; dirá *¡Para!* ante un daño físico presente, o *¡No me toques!* ante la amenaza de este.

Una explicación completa de la conducta verbal del hablante individual nos llevaría a estudiar otras variables en los campos de la motivación y la emoción, pero los procesos aquí son raramente, si es que alguna vez lo son, específicos de la conducta verbal. Algunos puntos relevantes se tratarán en el capítulo 8.

12 N. del E.: entendemos esta exposición de Skinner como una reducción al absurdo que pretende poner de manifuesto el control múltiple de la respuesta *agua*.

EL OYENTE Y EL EPISODIO VERBAL COMPLETO

Nuestra definición de conducta verbal se aplica sólo al hablante, pero el oyente no puede ser omitido de nuestra explicación. La concepción tradicional de la conducta verbal tratada en el capítulo 1 asume en general que ciertos procesos lingüísticos básicos son comunes tanto para el hablante como para el oyente. Se sugieren procesos comunes cuando se dice que el lenguaje despierta en la mente del oyente "ideas presentes en la mente del hablante", o cuando se considera que la comunicación tiene éxito sólo si una expresión tiene "el mismo significado tanto para el hablante como para el oyente". Las teorías de significado suelen aplicarse tanto al hablante como al oyente como si el proceso de significado fuera el mismo para ambos.

Gran parte de la conducta del oyente no se parece a la conducta del hablante y no es verbal según nuestra definición[13]. Pero el oyente (y el lector también) está reaccionando a los estímulos verbales (los productos finales de la conducta aquí analizados) y estamos naturalmente interesados en el destino de tales estímulos. Por un lado, evocan respuestas de las glándulas y los músculos lisos, mediadas por el sistema nervioso autónomo, especialmente reacciones emocionales, es decir, ejemplos de reflejos condicionados clásicos. Por otro lado, los estímulos verbales controlan gran parte de la compleja conducta esquelética con la que el individuo opera en su entorno. Los procesos relevantes en estas dos amplias áreas se abordarán según sea necesario a lo largo del libro. En ninguno de los dos casos los estímulos verbales difieren en ningún caso de otros tipos de estimulación. La conducta de una persona como oyente no debe distinguirse de otras formas de su conducta.

Sin embargo, nuestro interés en el oyente no se limita a lo que sucede con los estímulos verbales creados por el hablante. Una explicación completa de un episodio verbal requiere mostrar que la conducta del oyente proporciona, de hecho, las condiciones que hemos asumido al explicar la conducta del hablante. Necesitamos explicaciones separadas, pero entrelazadas, de las conductas tanto del hablante como del oyente si queremos que nuestra explicación de la conducta verbal sea completa. Al explicar la conducta del hablante asumimos que un oyente reforzará su conducta de ciertas maneras. Al explicar la conducta del oyente

13 Veremos más adelante que en muchos casos el oyente se comporta al mismo tiempo como hablante.

asumimos un hablante cuya conducta guarda cierta relación con las condiciones del entorno. Los intercambios entre ambos deben explicar todas las condiciones así asumidas. La explicación del episodio verbal será entonces completa.

Parte II

VARIABLES CONTROLADORAS

Capítulo 3

El mando

En una comunidad verbal dada, ciertas respuestas se caracterizan por producir ciertas consecuencias. *¡Espera!* es seguido por la espera de alguien y *¡Shhh!*, por silencio. Gran parte de la conducta verbal de niños pequeños es de este tipo. *¡Caramelos!* es característicamente seguido por la recepción de caramelos y *¡Quiero salir!* por la apertura de una puerta. Estos efectos no son inevitables, pero normalmente podemos encontrar una consecuencia particular a cada respuesta que es más común que otras. Hay paralelismos no verbales. *¡Quiero salir!*, como hemos visto, tiene el mismo efecto final que girar un pomo y empujar una puerta. Ambas formas de conducta se convierten en parte del repertorio del organismo a través del condicionamiento operante. Cuando una respuesta es característicamente reforzada de una manera determinada, su probabilidad, de aparecer en la conducta del hablante, es una función de la privación asociada a ese reforzador. La respuesta *¡Caramelos!* tendrá más probabilidades de ocurrir después de un período de privación de caramelos, y menos probabilidades después de saciarse de ellos. La respuesta *¡Silencio!* se refuerza a través de la reducción de una condición aversiva, y podemos aumentar la probabilidad de que ocurra creando tal condición, por ejemplo, haciendo ruido.

Será de ayuda tener un nombre para el tipo de operante verbal en el que una respuesta de una forma determinada es característicamente seguida por una consecuencia específica en una comunidad verbal. La relación básica se ha reconocido en los análisis sintácticos y gramaticales (se sugieren expresiones como "modo imperativo", y "órdenes y súplicas"), pero ningún término tradicional puede utilizarse aquí con seguridad. El término "mando", derivado de "mandar", "demandar", "mandamiento"[1], etc., tiene cierto valor mnemotécnico y es oportunamente breve. Un "mando", entonces, puede definirse como una operante verbal en la que la respuesta se refuerza con una consecuencia característica y, por lo tanto, está bajo el control funcional de las condiciones pertinentes de privación o estimulación aversiva. Los usos adjetivales y verbales del término se explican por sí mismos. En particular, y a diferencia de otros tipos de operantes verbales que se examinarán más adelante, la respuesta no tiene una relación específica con un estímulo previo.

Un mando se caracteriza por la relación única entre la forma de la respuesta y el reforzador específico que se recibe en una comunidad verbal determinada. A veces es adecuado referirse a esta relación diciendo que un mando "especifica" su reforzador. *¡Escuchen!, ¡miren!, ¡corran!, ¡paren!* y *¡digan que sí!*, especifican la conducta de un oyente, pero cuando un comensal hambriento pide *¡Pan!* o *¡Más sopa!*, está especificando el reforzamiento último. A menudo se especifica tanto la conducta del oyente como el reforzador final. El mando *¡Pásame la sal!* especifica una acción (*pasar*) y un reforzador final (*la sal*).

Un mando es un tipo de operante verbal diferenciada por sus variables de control. No es una unidad formal de análisis. No se puede decir que una respuesta sea un mando sólo por su forma. Como regla general, para identificar cualquier tipo de operante verbal necesitamos saber el tipo de variables de las que la respuesta es una función. Sin embargo, en una comunidad verbal determinada, ciertas propiedades formales pueden estar tan estrechamente asociadas con tipos específicos de variables controladoras que estas últimas pueden a menudo inferirse con certeza. En dichos casos, podemos decir que la respuesta, simplemente debido a sus propiedades formales, es muy probablemente un mando.

La pauta de respuesta que caracteriza el reforzador dado depende, por supuesto, del "lenguaje", es decir, de las prácticas de reforzamiento de la comunidad verbal (véase el apéndice). Pero debemos de explicar no sólo las relaciones entre patrones de respuesta y reforzamiento, sino también el mantenimiento de la conducta del oyente. Cuando lleguemos a considerar otros tipos de operantes verbales, encontraremos que la

1 N. del E.: en sustitución del original *countermand*, para el que no hay equivalente en español dentro de la familia léxica derivada del verbo latino *mando*. Nótese que el término propuesto en inglés (*mand*) tiene uso como sustantivo tanto como verbo, mientras que en español el uso verbal requiere de perífrasis (hacer un mando, emitir un mando, etc.).

conducta funciona principalmente en beneficio del oyente, en cuyo caso, su conducta no será difícil de explicar. El mando, sin embargo, funciona principalmente en beneficio del hablante; ¿por qué el oyente debe realizar la necesaria mediación del reforzamiento?

Lo que hay que explicar, en otras palabras, es el episodio de habla total. Esto puede hacerse listando todos los eventos relevantes en la conducta tanto del hablante como del oyente en su orden temporal apropiado. La privación o estímulo aversivo responsable de la fuerza de cada uno debe ser especificado, y las contingencias de reforzamiento deben explicar el origen y el mantenimiento a largo plazo conducta. Con frecuencia se producen varios intercambios entre los dos organismos.

La Figura 1 representa un episodio en el que una persona le pide pan a otra. El problema de la motivación se resuelve asumiendo que el hablante está hambriento y que el oyente está ya predispuesto a reforzar la conducta con pan. El primer intercambio físico tiene lugar cuando la mera presencia del oyente proporciona la ocasión (E^{D})[2] para el mando del hablante *¡Pan, por favor!* El hablante no suele emitir la respuesta cuando no hay nadie presente, pero cuando aparece un oyente, la probabilidad de respuesta aumenta (Capítulo 2). La estimulación visual y de otro tipo proporcionada por el oyente se indica con la primera ↑ en el diagrama. La respuesta del hablante (*Pan, por favor*) produce un estímulo verbal para el oyente. El intercambio aquí (la primera ↓↓) es en forma de estimulación auditiva que proporciona la ocasión (estímulo discriminativo verbal, E^{DV}) para la respuesta no verbal de pasar el pan. Aunque hemos asumido que un oyente está predispuesto a dar pan al hablante, la conducta no aparece indiscriminadamente. El mando del hablante (*Pan, por favor*) establece una ocasión en la que el oyente puede, por así decirlo, dar pan con éxito. El intercambio del pan está indicado por la segunda ↑. El efecto sobre el hablante es reforzar el mando mediante la presentación del pan, y esto completa la explicación en lo que respecta al hablante. Es característico de muchas culturas, sin embargo, que el reforzamiento exitoso de un mando sea seguido por otra respuesta verbal, diseñada para asegurar una conducta similar del oyente en el futuro. En el diagrama, esto se indica con la respuesta verbal *Gracias*. Esta respuesta está bajo el control de la estimulación proporcionada por las partes precedentes del episodio

2 E = estímulo, R = respuesta. El superíndice *V* se refiere a términos verbales. El E^{D} es técnicamente un estímulo *discriminativo*, es decir, no es un estímulo elicitador.

indicado en el diagrama como el segundo E^D. La estimulación auditiva (la segunda ↓↓) proporciona un estímulo reforzante para el oyente, lo que explica en cierta medida la conducta de pasar el pan. Este estímulo verbal también puede aportar la ocasión de una respuesta verbal por parte del oyente (*De nada*) que, cuando es escuchada por el hablante, refuerza la respuesta *Gracias*. Estos dos últimos intercambios no son parte integral del episodio del discurso que contiene el mando, sino que complementan nuestras suposiciones respecto a la motivación de los dos individuos (el efecto de una respuesta verbal que sirve de reforzador se comenta en mayor profundidad en el Capítulo 6).

TIPOS DE MANDOS

El mando representado en la Figura 1, en el que el oyente está motivado de forma independiente para reforzar al hablante, se denomina generalmente *petición*. la respuesta sirve simplemente para indicar que el hablante aceptará lo que el oyente ya está dispuesto a dar. Es, por incidir una vez más en ello, una ocasión para dar algo con éxito. A menudo, sin embargo, la respuesta del hablante, además de especificar un reforzador, puede especificar una situación aversiva de la que el oyente sólo puede escapar proporcionando la mediación adecuada. Cuando la conducta del oyente se refuerza reduciendo una amenaza, llamamos a la respuesta del hablante *orden*[3]. *¡Manos arriba!* no sólo especifica una forma de acción, sino que constituye una amenaza de la que la víctima puede

3 N. del E.: *command*, en inglés, en el original.

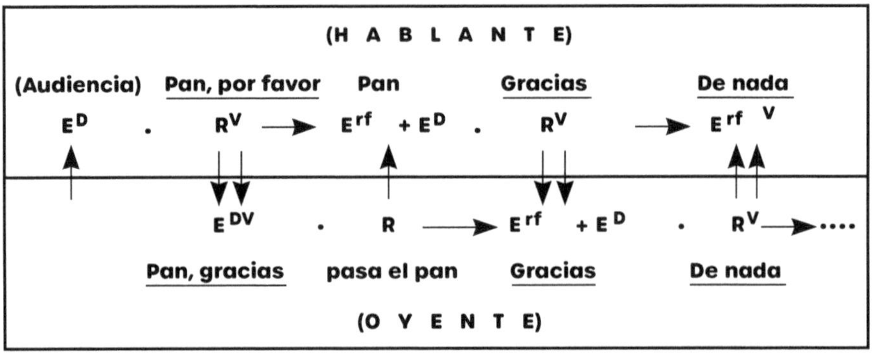

FIGURA 1

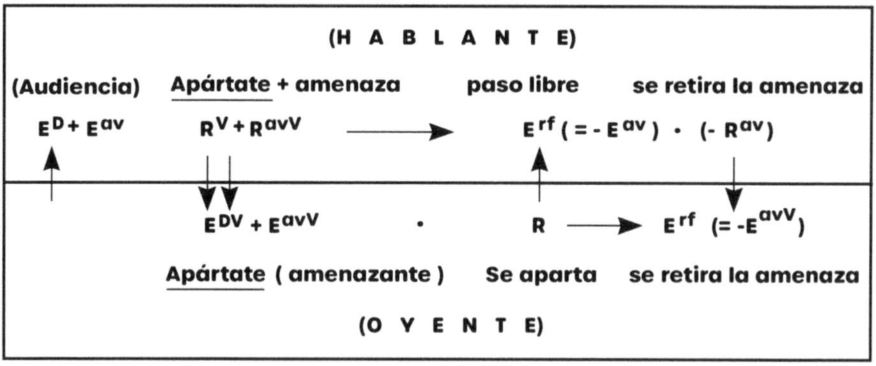

FIGURA 2

escapar sólo levantando las manos. La amenaza puede ser articulada con una entonación característica o puede ser hecha explícita, como en *¡La bolsa o la vida!*, donde las dos primeras palabras especifican la conducta reforzada y las dos últimas las consecuencias desagradables con las que se amenaza al oyente. Las órdenes militares son obedecidas por una especie de amenaza permanente.

La Figura 2 presenta un paradigma que muestra la interacción del hablante y el oyente durante una orden. Aquí también el primer intercambio es de oyente a hablante. La presencia del oyente constituye la ocasión para la conducta verbal (E^{D}) y también en este caso un estímulo aversivo (E^{av}) del cual la respuesta del hablante favorecerá el escape. Digamos que el oyente se interpone en el camino del hablante. La respuesta *¡Apártate!* especifica una acción por parte del oyente y su entonación constituye una amenaza. Escuchada por el oyente (en ↓↓), evoca la respuesta apropiada de apartarse que, al despejar el camino del hablante, refuerza su mando (E^{RF}). El reforzador es también la ocasión para un cambio en su conducta, como parte de un proceso observable, en virtud del cual la amenaza se retira (-R^{av}). Este cambio refuerza al oyente por haberse apartado (en ↓).

Hay otras formas en que el hablante puede alterar la probabilidad de que el oyente responda de manera adecuada. Un mando que promueve el reforzador generando una disposición emocional suele llamarse *ruego*[4] o *súplica*. Una pregunta es un mando que especifica una acción verbal, y

4 N. del E.: también *oración* o *plegaria*.

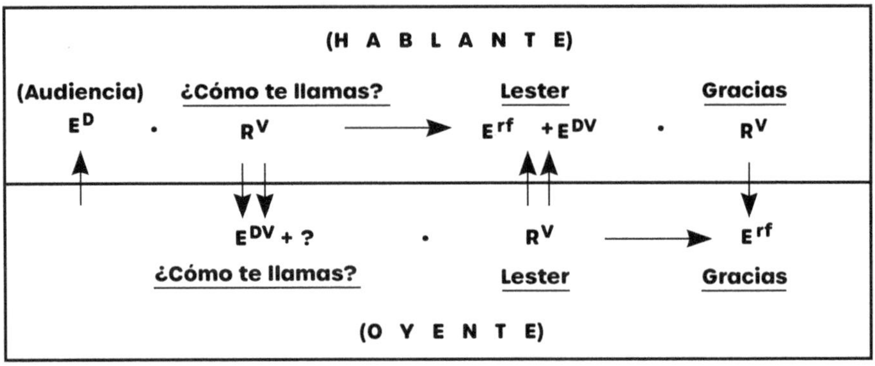

FIGURA 3

la conducta del oyente nos permite clasificarla como una petición, una orden o una oración, según sea el caso. En la Figura 3 asumimos que el oyente no sólo proporciona una audiencia para el hablante, sino que crea una situación en la que el hablante se verá reforzado al recibir el nombre del oyente. El mando del hablante *¿Cómo te llamas?* se convierte (en la primera ↓↓) en un estímulo verbal para el oyente que responde, ya sea por una tendencia permanente a responder al hablante o una amenaza implícita en la respuesta del hablante, o porque el hablante le ha predispuesto emocionalmente a responder. Su respuesta en ↑↑ completa el paradigma para el hablante, pero también sirve como ocasión para la respuesta *Gracias*, que completa el paradigma para el oyente si esta fuera necesaria. Si el hablante ha controlado al oyente principalmente a través de estimulación aversiva, el agradecimiento puede ser sustituido por una aparente relajación de la amenaza.

Un análisis de este tipo podría violentar las dimensiones temporales de la conducta. Todos los eventos representados en uno de estos paradigmas podrían tener lugar en dos o tres segundos. Los eventos descritos, sin embargo, pueden ocurrir en un breve período, y podemos demostrar la realidad de tal vinculación interrumpiendo la cadena en cualquier punto. La función del paradigma entrelazado es comprobar la integridad de nuestra explicación de la conducta verbal. ¿Se han tenido en cuenta las conductas del hablante y del oyente? ¿Hemos identificado en todos los casos estados apropiados de privación o de estimulación aversiva? ¿Hemos representado correctamente el intercambio físico real entre los dos organismos? En esta explicación de episodios discursivos, debe notarse que no apelamos a nada más allá de las conductas discretas del hablante y el oyente. Asumiendo las condiciones proporcionadas por un oyente, analizamos la conducta de un hablante, y viceversa. Al combinar los dos casos construimos un episodio total y mostramos cómo surge y se completa naturalmente.

Se pueden distinguir diversas clases adicionales de mandos referidos a la conducta del oyente. Al mediar el reforzador del hablante, el oyente disfrutará ocasionalmente de consecuencias en las que el hablante no participa de otra manera, pero que, sin embargo, se refuerzan. Cuando éstas consisten en un reforzador positivo, llamamos al mando *consejo* (*¡Vaya hacia la derecha!*). Cuando al llevar a cabo la conducta especificada por el hablante el oyente escapa de estimulación aversiva, llamamos al mando *advertencia* (*¡Cuidado!*). Cuando el oyente ya está inclinado a actuar de una manera determinada, pero está restringido por, por ejemplo, una amenaza, el mando que anula la amenaza se suele llamar *permiso* (*¡Adelante!*). Cuando el hablante amplía el reforzador gratuito de la conducta del oyente, el mando se llama *oferta* (*¡Toma uno gratis!*). Cuando el hablante se caracteriza por emitir otra conducta que puede servir de reforzador para el oyente, el mando es una *llamada*; ya sea una llamada de atención o una expresión nominal vocativa[5].

La clasificación de la conducta del hablante en términos de las características de la conducta mediadora del oyente puede distinguirse de la práctica tradicional de definir las peticiones, órdenes, oraciones, consejos, advertencias, permisos, ofertas y llamadas en términos de "la intención" del hablante. En general, la intención puede reducirse a las contingencias de reforzamiento. En el presente caso las diferencias más notables radican en la conducta del oyente y las condiciones que lo controlan. Pero éstas resultan en diferentes contingencias de reforzamiento para el hablante, que dan lugar a diferentes propiedades dinámicas, diferentes interrelaciones entre las respuestas, diferentes entonaciones, y así sucesivamente.

Dado que la conducta verbal en forma de mando opera principalmente en beneficio del hablante, es probable que las repeticiones de los mandos hagan que el oyente se amotine. Por ello, se acostumbra a suavizar u ocultar el carácter del mando. La respuesta *¡Agua!* Tienen menor probabilidad de

5 N. del E.: término o expresión con función apelativa, p.ej., *Pepe* en *Pepe, ven un momento, por favor.*

éxito que *¡Tengo sed!*, cuya forma es característica de un tipo de operante verbal que se describe en el Capítulo 5, o *¿Puedo tomar un poco de agua?*, que parece especificar sólo el acto menos gravoso de decir *Sí* (el ardid quedaría expuesto si el oyente simplemente dice *Sí*). *¿Le importaría traerme algo de beber?* también especifica meramente una respuesta verbal (*No, en absoluto*), pero el mando implícito puede ser efectivo debido a la deferencia sugerida a la inclinación del oyente. La deferencia explícita aparece en giros como *si no te importa*, *si quieres* o, simplemente, *por favor*. Cuando se hace hincapié en ellas, pueden convertir una mera petición en una súplica más fuerte.

La inclinación del oyente a responder puede magnificarse por la agresión o el elogio, como en *Póngame algo de beber buen hombre*. La oración es una mezcla de palabras y alabanzas siguiendo este patrón. La alabanza puede condicionarse a la realización del reforzamiento, como en *Se un buen hombre y tráeme algo de beber*, que puede ser traducido como *Serás un buen hombre si me sirves una bebida*. La gratitud puede ser demorada hasta que el oyente responda, como en *Se lo agradecería mucho si me trajese algo de beber*. A veces se recurre a la negociación abierta, como en *Tráeme algo de beber y te lo contaré todo*. La abundancia de tales técnicas suplementarias sólo enfatiza la precariedad del reforzador del mando.

Cualquier respuesta usada en conjunto con diferentes mandos que especifican diferentes reforzadores está bajo el control de diferentes grados de privación y adquieren ciertas propiedades generales. *¡Por favor!* es el ejemplo más conocido. Se refuerza con casi cualquier estado de privación, y a menudo se emite sin mayor especificación del reforzador de la conducta. Otras formas de menor generalidad incluyen las expresiones enfáticas *¡Venga!*, *¡Perdone!*, y *¡Aquí!*[6], donde la consecuencia común es la respuesta del oyente al prestar atención. Dado que la conducta subsiguiente del oyente puede ser relevante a muchos estados de privación, estas respuestas están bajo un control bastante amplio. Los mandos generalizados reforzados por la atención del oyente se utilizan a menudo junto con otros tipos de conducta verbal que se considerarán más adelante.

La relación de mando es más clara cuando ejerce control exclusivo sobre una respuesta, pero también es eficaz en combinación con otros tipos de

6 N. del E.: se han utilizado equivalentes semánticos en castellano.

variables. Una persona hambrienta puede mostrar una alta frecuencia de respuestas que, si fueran mandos, se diría que especifican comida, aunque aparezcan en circunstancias que sugieren más claramente otros tipos de operantes verbales que se describirán más adelante. Esta "causalidad múltiple" de una sola respuesta se tratará en el Capítulo 9.

PROPIEDADES DINÁMICAS DEL MANDO

El nivel de energía del mando puede variar de muy débil a muy fuerte, y la velocidad con la que se emite cuando se presenta la ocasión puede variar de muy rápida a muy lenta. Si el patrón es de una extensión considerable, puede ser ejecutado lenta o rápidamente. Si el reforzador no es inmediato, la respuesta puede emitirse sólo una vez o puede repetirse. Estas propiedades varían como resultado de muchas condiciones en la historia pasada y presente del hablante. Son particularmente pertinentes el nivel de privación, la intensidad de la estimulación aversiva y el grado en que un determinado oyente ha reforzado anteriormente respuestas similares (o se ha negado a hacerlo). Esas condiciones tienen un efecto relativamente mayor en el mando que en los otros tipos de conducta verbal que se examinarán en Capítulos posteriores. La amplia gama de propiedades dinámicas que resultan hace del mando un tipo de operante muy expresiva.

La probabilidad e intensidad de la conducta del oyente también puede presentar una amplia gama de variaciones. Si el oyente no está predispuesto a actuar, la probabilidad de que medie un reforzador puede depender de la eficacia de la estimulación aversiva suministrada por el hablante. Algunos oyentes están acostumbrados a recibir órdenes (han recibido las consecuencias aversivas incondicionadas por no hacerlo) y responden apropiadamente ante mandos sencillos. Otros son más propensos a reaccionar a formas más suaves. La entonación, el volumen u otra indicación de que el hablante suministrará consecuencias desagradables puede surtir el efecto apetecido. Una petición u orden vacilante o débil es menos probable que se refuerce. Una respuesta sonora y amenazante tiene una mayor probabilidad de ser reforzada, salvedad hecha a la fuerza relativa de oyente y hablante. Hay que señalar que las órdenes son características de la mayoría de las instrucciones hipnóticas, y la medida en que el sujeto coopere o satisfaga al hipnotizador dependerá de los tipos de variables que estamos considerando. Estas variables incluyen lo que llamaríamos la autoridad o el prestigio del hablante.

El resultado neto de una larga historia de respuesta a mandos es una tendencia general cuyo origen no puede ya vincularse con facilidad a forma alguna de privación o estimulación aversiva. El oyente satisface el mando y puede que ni siquiera sea consciente de que lo hace (véase el Capítulo 5) de que lo está haciendo. Un experimento de clase diseñado por Fred S. Keller[7] ilustra este punto. El instructor dice: "Antes de *sumar* estas influencias, hay una *adicional* que debe ser mencionada. Puedo ilustrarlo mejor con un ejemplo". En este punto se vuelve a la pizarra y escribe:

5

—

4

HÁGALO EN PAPEL

El instructor continúa diciendo: "Lo que hiciste fue el resultado del 'conjunto' o 'actitud' que tuviste en el momento en que se te presentó esta situación de estímulo. Los ejemplos de esto son *múltiples* y podríais muchos de vuestra propia experiencia. Normalmente nadie es consciente de las *veces* en que se producen en la vida cotidiana, pero nuestra generalización es el *producto* de la experimentación de laboratorio y puede ser fácilmente comprobada". Luego pone en la pizarra:

4

—

3

HÁGALO EN PAPEL

7 N. del E.: Fred S. Keller (1899-1996) fue un psicólogo americano creador del *sistema de instrucción personalizada* y conocido por aplicar el modelo operante al ámbito educativo.

Cuando se compara el número de los estudiantes que multiplicaron en el primer caso con el número de los que lo hicieron en el segundo, casi siempre hay más multiplicación en el segundo caso. Las palabras destacadas en cursiva que, por supuesto no se enfatizan en las instrucciones, ejercen cierto control sobre la conducta del oyente[8].

ENFOQUE TRADICIONAL

En el enfoque tradicional de la conducta verbal, el "significado" de un mando es presumiblemente el reforzador que lo sigue de forma característica. El significado de *¡Caramelos!* es el tipo de objeto que frecuentemente se produce por dicha respuesta. Pero "lo que se comunica" parecería ser "la necesidad de caramelo del hablante", que se refiere al estado controlador de privación. El concepto de mando, o de operante verbal en general, reconoce explícitamente tanto la contingencia de reforzamiento como la privación o estimulación aversiva antecedente[9] y permite lidiar con estas variables de manera apropiada sin necesidad de identificar una relación de referencia semántica o un proceso de comunicación.

Aparte de estas cuestiones de semántica, la formulación lleva parte de carga gramática y sintáctica al tratar las propiedades dinámicas de la conducta verbal. El mando obviamente sugiere un modo imperativo[10], no obstante, las oraciones *interrogativas* también son mandos, como lo son la mayoría de las *interjecciones*, *vocativos*, algunos *subjuntivos* y oraciones *disyuntivas*. Las clasificaciones tradicionales sufren de una miscelánea de niveles de análisis. En particular, muestran la influencia de los sistemas formales-descriptivos en los que las frases se clasifican con poca o ninguna referencia a la conducta del hablante. Es aquí donde las deficiencias de la gramática y la sintaxis en un análisis causal son más obvias. Faltan técnicas apropiadas. Como dijo Epícteto: "Para escribir a un amigo la gramática te dirá que necesitas tales letras; pero la gramática no te dirá si has de escribir o no has de escribir al amigo[11]". El uso del mando como unidad de

8 N. del E.: las instrucciones del profesor son irrelevantes a la tarea. En la primera instrucción, Skinner se refiere a palabras del campo semántico *sumar* usadas en contextos verbales diferentes al de sumar, sucediendo lo propio con palabras del campo semántico *multiplicar* en la segunda instrucción.

9 N. del E.: contemporáneamente usaríamos el marco conceptual de las operaciones motivadoras en lugar de referirnos a condiciones de privación o estimulación aversiva como antecedentes del mando (ver Laraway et al. *J Appl Behav Anal* 2003;36:407-414).

10 N. del E.: *imperative mood*, en inglés, en el original.

11 N. de. E.: de *Disertaciones de arriano* (pág. 56), basado en la traducción al español de P. Ortiz García (Gredos, 1993).

análisis no significa que se pueda evitar el trabajo de análisis lingüístico, pero simplifica nuestra tarea al aislar la conducta del hablante individual como objeto de estudio al poner a su disposición las técnicas apropiadas.

Al elegir entre sistemas descriptivos tomando la simplicidad y eficacia como punto de partida, no debemos de poner en la balanza la mayor familiaridad del enfoque clásico. Consideremos, por ejemplo, la siguiente cita:

> En muchos países se ha observado que muy tempranamente los niños utilizan una *m* larga (sin vocal) como signo de que quieren algo, pero difícilmente podemos estar en lo cierto al suponer que el niño usa este sonido genuinamente en este sentido. No lo usan conscientemente hasta que ven que los adultos, al oír el sonido, se acercan y descubren lo que el niño quiere[12].

Aunque se puede decir que este pasaje explica un aspecto inteligible en relación a un episodio que se describe de forma inteligible, queda mucho por hacer. No es una explicación especialmente ventajosa, ya que los términos psicológicos que contiene plantean numerosas dificultades.

¿Cómo se podría hacer la observación en los términos de la presente obra? La expresión "utiliza una *m* larga como signo de que quieren algo" se convierte en "emite el sonido *m* en un estado dado de privación o de estimulación aversiva". La expresión "el niño [no] usa este sonido genuinamente en este sentido" se convierte en "la relación entre el sonido y el estado de privación o estimulación aversiva es innata, o al menos de un origen anterior no especificado, y la respuesta no es verbal según nuestra definición". "No lo usan conscientemente..." se convierte en "La producción vocal *m* no está condicionada como respuesta verbal...". Y "...hasta que ven que el adulto, al escuchar el sonido, se acerca a ver qué quiere el niño" se convierte en "... hasta que la emisión del sonido lleva a los oyentes a suministrar los reforzadores adecuados a un determinado estado de privación". Todo el pasaje podría ser traducido como sigue:

> Se ha observado que muy tempranamente el niño emite el sonido *m* ante ciertos estados de privación o estimulación aversiva, pero difícilmente podemos estar en lo cierto si calificamos la respuesta como verbal en esta etapa. Se condiciona como operante verbal sólo cuando las personas, al oír el sonido, se acercan y proporcionan el reforzamiento adecuado.

12 Jesperson, O. *Language, its nature, origin and development* (New York, 1922), pág. 157 (N. del E.: obra disponible en *Project Gutenberg* https://www.gutenberg.org).

La distinción entre respuesta aprendida y no aprendida es mucho más fácil de hacer en términos de una historia de reforzamiento que en términos de significado y uso consciente. Un ejemplo importante es el llanto. Este tipo de conducta vocal es claramente una respuesta incondicionada en el recién nacido. Durante algún tiempo, es una función de varios estados de privación y estimulación aversiva. Pero cuando el llanto es característicamente seguido por las atenciones de carácter reforzante de los padres, puede convertirse en verbal según nuestra definición. Se ha convertido en una unidad de conducta diferente porque ahora está bajo el control de diferentes variables. También ha adquirido probablemente diferentes propiedades, ya que es probable que los padres reaccionen de forma diferente a diferentes entonaciones o intensidades de llanto.

La simplicidad de tal traducción es muy diferente de la simplicidad del relato original. La traducción es simple porque sus términos pueden definirse con respecto a operaciones experimentales y porque es coherente con otros enunciados sobre la conducta verbal y no verbal. La presentación original es simple porque es familiar y apropiado para el discurso casual. Es la diferencia entre la sistemática simplicidad de la ciencia y la fácil comprensión del lenguaje lego. El *Principia* de Newton no era sencillo para la persona de la calle, pero en cierto sentido era más simple que todo lo que el lego tenía que decir sobre el mismo tema.

EL MANDO EXTENDIDO

Un mando asume una forma determinada debido a las contingencias de reforzamiento mantenidas por el oyente o por la comunidad verbal en su conjunto. Las condiciones de estímulo que prevalecen cuando se emite y refuerza tal respuesta no entran en la definición de la unidad. Cuando un mando es reforzado por una reducción de los estímulos aversivos incondicionados o condicionados, los estímulos que se producen antes de la respuesta deben, por supuesto, tenerse en cuenta, pero éstos cumplen una función diferente a la cumplida por los estímulos aquí considerados. Los estímulos que afectan al hablante antes de la emisión de la conducta verbal son a menudo importantes y nunca son totalmente irrelevantes, como veremos en los capítulos siguientes. La probabilidad de emisión de una respuesta es mayor cuando las condiciones de estímulo se parecen mucho a las que han prevalecido anteriormente antes del reforzamiento.

Pero las circunstancias pasadas y presentes no tienen por qué ser idénticas; de hecho, se puede suponer que cualquier aspecto o característica de la situación actual que se asemeje a situaciones pasadas de reforzamiento contribuye en cierta medida a la probabilidad de respuesta.

Un ejemplo de control de estímulo extendido se ve cuando las personas *mandan* la conducta de muñecos, bebés o animales no entrenados. Estos "oyentes" no pueden reforzar la conducta de manera específica. Sin embargo, tienen suficiente en común con los oyentes que previamente han proporcionado reforzamiento como para controlar la respuesta, al menos cuando ésta muestra una fuerza apreciable. El hecho de que el reforzador sea improbable o imposible puede afectar a las propiedades dinámicas. La respuesta puede ser débil, o emitida de manera caprichosa, o acompañada de un comentario adecuado (Capítulo 12). Por otra parte, tal conducta se produce a menudo cuando sus aspectos "irracionales" no son vistos por el hablante. Adquirimos y mantenemos la respuesta *¡Alto!* porque muchos oyentes dejan de hacer lo que sea que estén haciendo cuando la emitimos. No obstante, a consecuencia de ello, podemos decir *¡Alto!* al volante de un coche con frenos defectuosos o a una bola blanca que amenaza con caer en una tronera de la mesa de billar.

El mismo proceso lleva en el caso extremo a la emisión de mandos en ausencia de oyentes. El hombre solitario que muere de sed jadea *¡Agua!* Un rey desatendido clama *¡Un caballo, mi reino por un caballo!*[13] Estas respuestas son "irrazonables" en el sentido de que no pueden tener ningún efecto posible sobre el entorno inmediato, pero el proceso subyacente es ordenado. A través de un proceso de inducción de estímulo[14], situaciones similares a las anteriores llegan a controlar la conducta, y en el caso extremo, se emite una respuesta muy fuerte cuando no se puede detectar un estímulo comparable.

Hay muchos casos familiares no verbales de inducción de estímulo. Ciertamente no se puede abrir una puerta sin una puerta o comer sin comida, pero en un estado de gran fuerza[15] partes de la conducta que pudieran ser más practicas ocurren en ausencia de la estimulación requerida para una ejecución adecuada. Un jugador de béisbol que ha dejado caer la pelota en un momento crucial puede hacer una pantomima

13 N. del E.: de *La vida y muerte de Ricardo III*, W. Shakespeare.

14 N. del E.: contemporáneamente diríamos de *generalización de estímulo*.

15 N. del E.: léase *de gran privación o estimulación aversiva*.

del lanzamiento correcto con la mano vacía. Una persona sedienta puede "fingir" beber de un vaso vacío[16]. Muchos gestos parecen haberse originado como una extensión "irracional" de respuestas prácticas. El oficial de tráfico extiende su mano, con la palma hacia afuera, hacia un coche que viene en dirección contraria, como si quisiera detener el coche por medios físicos. El gesto funciona como una respuesta verbal, pero ejemplifica la extensión de una respuesta práctica a través de la inducción de estímulo a una situación en la que el reforzador normal es imposible. La conducta verbal puede liberarse más fácilmente del control de estímulo porque, por su propia naturaleza, no requiere apoyo ambiental, es decir, no es necesario que haya estímulos presentes para producirla o para formar enlaces importantes en el encadenamiento de respuestas.

Mandos supersticiosos

Hay mandos que no pueden explicarse con el argumento de que se han reforzado respuestas con la misma forma en circunstancias similares. Pensemos en el jugador de dados que exclama *¡Vamos, un siete!*, aunque no haya pedido y obtenido sietes bajo ninguna circunstancia. El reforzamiento accidental de la respuesta parece ser la explicación. El estudio experimental de la conducta no verbal ha demostrado que un simple programa de reforzamiento intermitente, como el que proporcionan el lanzamiento de dados que, de forma fortuita, producen un siete, es suficiente para mantener una respuesta con fuerza. El jugador puede admitir fácilmente que no hay una conexión mecánica entre su respuesta y la conducta de los dados, pero mantiene la respuesta con cierta fuerza y continúa pronunciándola, ya sea caprichosamente o cuando está expuesto al suficiente estrés, debido a sus ocasionales "consecuencias". Los dados que especifican la conducta de los objetos inanimados a menudo reciben algún reforzador en este sentido. La respuesta *Sopla, sopla, viento invernal*[17], por ejemplo, se pronuncia generalmente cuando el viento ya está soplando, y la correlación entre la conducta y el efecto, aunque espuria, puede producir un cambio en la fuerza operante.

16 N. del E.: ver un ejemplo de este mecanismo en el ritual de administración sin heroína en McBride et al. *Addiction* 2001;96:1049-58

17 N. del E.: de *Como gustéis*, W. Shakespeare (Acto II, escena 7).

Otros mandos "irrazonables" deben su fuerza a efectos colaterales no especificados estrictamente en la forma de la respuesta. Muchas respuestas mandan[18] una conducta emocional, aunque debido a las formas especiales en que dicha conducta está condicionada, las verdaderas respuestas emocionales por parte del oyente no pueden llevarse a cabo de forma ordenada. El mando *¡Vamos, seca tus lágrimas!* no tiene efecto alguno sobre la secreción lacrimal. No podemos escribir un paradigma similar al de la Figura 1 en el que el mando tenga la forma *¡Llora, por favor!* porque no podríamos completar el paradigma para el oyente. Sin embargo, una respuesta verbal puede ser parte de un patrón mayor, que produce lágrimas en el oyente o lector sensible por otras razones. La entonación y otras propiedades son importantes en la provocación de una conducta emocional, y un hablante emocional complementará sus respuestas con efectos prosódicos generosos. No decimos *¡Ánimo!* en un tono apagado, porque no podemos confiar el efecto sobre el oyente únicamente al mando. Sin embargo, si la prosodia es correcta, tal respuesta puede tener un efecto. El proceso general no es característico del mando, y el mismo resultado se obtiene habitualmente (y probablemente más fácilmente) sin el mando.

Mandos mágicos

Hay mandos que no pueden explicarse demostrando que han tenido alguna vez el efecto especificado o cualquier efecto similar en ocasiones parecidas. El hablante parece crear nuevos mandos por analogía con los ya existentes. Después de haber mandado el pan y la mantequilla, manda ahora la mermelada, a pesar de que nunca antes había obtenido mermelada de esta manera. El poeta exclama *Milton, ¡deberías estar viviendo en esta hora!*[19] aunque nunca antes se ha dirigido con éxito a Milton ni ha dado vida a nadie con una respuesta similar. La relación especial entre la respuesta y la consecuencia ejemplificada por el mando establece un patrón general de control sobre el entorno. En momentos de suficiente estrés, el hablante simplemente describe el reforzador apropiado para un estado dado de privación o estimulación aversiva. La respuesta debe, por supuesto, formar ya parte de su repertorio verbal como algún otro tipo de operante verbal (Capítulos 4 y 5).

18 N. del E.: uso verbal del neologismo *mando* propuesto aquí por Skinner.

19 N. del E.: del poema *London, 1802* de William Wordsworth (1770-1850), recogido en su obra *Poemas en dos volúmenes.*

Podemos denominar mando mágico a este tipo de operante extendida. El mando mágico no es la única forma de magia verbal, pero es el ejemplo más común. Animados por nuestro éxito en circunstancias reforzantes, nos proponemos cambiar el mundo sin beneficio alguno para el oyente. Incapaz de imaginar cómo el universo pudo haber sido creado de la nada, conjeturamos que se hizo con una respuesta verbal. Sólo era necesario decir, con suficiente autoridad, *¡Hágase la luz!* El modo imperativo de *Hacer* se toma de situaciones en las que ha sido efectivo (*Haz que nos vayamos, Haz que lo consiga*), aunque no especificamos quién es el oyente que hará efectiva esta orden[20].

Desear toma frecuentemente la forma de mando y debe ser clasificado como un mando mágico si las consecuencias especificadas nunca han ocurrido realmente a consecuencia de una conducta verbal similar. El hablante puede especificar un aspecto reforzante para sí (*¡Oh si estuviera en Inglaterra / ahora que abril está allí!*[21]) o para otros (*¡Feliz cumpleaños!*). En la *calumnia*, el mando especifica circunstancias de castigo. La calumnia se revela como mando con mayor claridad cuando exhorta al oyente a que proporcione su propio castigo; *¡Anda, vete a paseo!* es algo más explícito en cuanto al modus operandi que *¡Desgraciado!*

El uso del verbo *poder* se asocia con mandos de múltiples maneras. *Puede irse* sugiere permiso (en contraste a *es capaz de ir*) y, como hemos visto, el permiso es un tipo de mando. *¿Puedo irme?* es un mando que reclama una acción verbal con forma de permiso. En *Puede que vaya*, puede es un ejemplo de un tipo de conducta verbal cercano al mando y que se comenta en el Capítulo 12. En *Puede que siempre estés feliz* o *Puede que sufras los tormentos del santo Job* la forma es una especie de mando generalizado (cf. *Por favor*). En la forma extendida *deseo que* (o *Mi deseo es que*) *siempre puedas ser feliz*, el *puedas* mantiene la misma función "optativa". El modo condicional[22] constituye un mando generalizado de uso común (*Oh si yo fuera un tierno manzano en flor*[23]). *Oh*[24], además

20 N. de. E.: en español el reflexivo denota además la ausencia de un oyente específico.

21 N. del E.: de Robert Browning (1812-1889), *Home-thoughts, from abroad*, aparece en *Bells and Pomegranates*, núm. VII, publicado originalmente en 1845.

22 N. del E.: *would*, en inglés, en el original.

23 N. del E.: de *Londonderry Air*, canción popular irlandesa.

24 N. del E.: en las citas de Browning y *Londonderry Air*, la expresión inglesa "O" se traduciría más correctamente como *ojalá* con clara acepción desiderativa. No obstante, *ojalá* no sostendría los ejemplos siguientes en este párrafo, donde "O" tiene acepción admirativa. Usamos la interjección inespecífica "oh" como traducción de compromiso.

de su función desiderativa en estos contextos (cf. el deseo de Browning de estar en Inglaterra en abril), sirve para destacar la función de mando de los vocativos (*¡Oh capitán, mi capitán!*[25]) y de los interrogativos (*¡Oh, ¿qué te aflige caballero andante?*[26]). Cuando la forma que acompaña a *Oh* no es en forma de mando (*Oh, las riveras del Brignall son salvajes y agradables*[27]), *Oh* puede ser considerado como un mando para la atención del oyente o el lector. Esta es evidentemente su función en un ejemplo como *¡Oh, qué hermosa mañana!*, en cuyo caso funciona de manera muy parecida al mando *Mira*, más específico, que se menciona a continuación.

EL MANDO EN LA LITERATURA

Como varios de estos ejemplos sugieren, ciertas formas de conducta literaria son ricas en mandos. Algunos son vocativos (*Lector, me casé con él*), algunos mandan la conducta verbal (*Llámame Ismael*), y otros mandan la atención del lector (*Escuchad, hijos míos, y oiréis...*). Debido a la tenue relación entre escritor y lector, muchos de estos son necesariamente mágicos. Los poemas líricos, en particular, son ricos en formas literarias. Si analizamos los primeros versos de los poemas líricos ingleses de varias antologías, alrededor del 40% siguen la forma más característica del mando[28]. El 15% de ellos especifican la conducta del lector: *debe prestar atención, tanto con los ojos como con los oídos*. El poeta se ve afectado aquí por los reforzadores que son responsables de las formas vulgares de *mirar, ver* y *escuchar*; formas que principalmente llaman la atención del hablante (*Escucha, ¿has visto a George?, Mira, ¿me puedes ayudar?* o *Mira aquí, ¿qué estás haciendo?*). *Ver* también se usa para llamar la atención sobre algo que se está describiendo (*Ahí estaba, ¿lo ves?, y le dije...*[29]). La variante poética de *Ver* es *Contemplar*. El poeta manda al oyente a ver a alguien sentado sobre una hierba verde y a escuchar, no sólo sus palabras, sino también el canto de los pájaros. También le ordena que hable alto (*Dígame, ¿fue esta una infancia privilegiada?*), que se calle (*Oh, nunca diga que fui falso de*

25 N. del E.: del poema homónimo de Walt Whitman (1819-1892).

26 N. del E.: del poema *La Belle Dame Sans Merci* de John Keats (1795-1821).

27 N. del E.: de Walter Scott (1771-1832), *Rokeby, a poem* (Ballantyne, 1813).

28 N. de. E.: Skinner no revela la antología utilizada para el análisis cuantitativo propuesto.

29 N. del E.: mandos de atención en español tales como *¿entiendes?* o *¿me sigues?* parecerían más relevantes en este contexto.

corazón), o que coopere en varios asuntos prácticos relacionados con las privaciones del poeta: *Ven, perdámonos, Ven a vivir conmigo y sé mi amor, Aparta esos labios*, o *Bebe conmigo sólo con tus ojos*[30]. Estos no son siempre mandos mágicos, aunque la presencia de un reforzamiento adecuado sería motivo de sorpresa. En otros casos, el carácter mágico del mando parece necesario (*Ve y atrapa esa estrella fugaz*). Cuando al lector se le manda alterar o controlar sus emociones (*Entonces ódiame cuando quieras, Llora conmigo, No me ames más*), estas especificaciones no pueden ser seguidas al pie de la letra, como hemos visto, pero los resultados colaterales pueden no ser inapropiados.

En el otro 15 por ciento de los primeros versos de antologías líricas inglesas, el poeta comienza dirigiéndose a alguien o a algo además del lector. Se pide a las rosas carmesí que hablen, a las serpientes moteadas de lengua bífida que se desvanezcan, y a Ulises, digno griego, que haga acto de presencia. El restante 10% de los mandos probables son simples declaraciones de deseos (*Un libro de versos bajo la rama de un árbol...*) o declaraciones prefijadas con formas desiderativas, admirativas, imperativas y formas condicionales de *poder* o *ser*[31].

La riqueza de estos ejemplos de la literatura ejemplifica un principio general que se confirmará de nuevo en capítulos posteriores. La "licencia poética" no es un término vacío. La literatura es el producto de una práctica verbal especial que pone de manifiesto conductas que de otro modo permanecerían latentes en los repertorios de la mayoría de los hablantes (véase el Capítulo 16). Entre otras cosas, la tradición y la práctica de la poesía lírica fomentan la emisión de conductas bajo el control de fuertes privaciones, es decir, de respuestas en forma de mandos. Evidentemente, el poeta lírico necesita muchas cosas y las necesita con intensidad. Necesita un lector y la atención y participación de ese lector. Además, necesita que le provean o le despojen de algo o alguien. La conducta verbal fortalecida a consecuencia de estas varias privaciones se emite, a pesar de su ineficacia o debilidad manifiesta, a causa de la práctica poética. La forma lírica garantiza o permite una conducta "irrazonable", y al hacerlo proporciona al estudioso de la conducta verbal un material particularmente útil.

30 N. del E.: versos de Marlowe, Shakespeare y Jonson.

31 N. del E.: *let, may, O* y *would*, en inglés, en el original.

Capítulo 4

Conducta verbal bajo el control de estímulos verbales

La relación específica entre la respuesta y el reforzamiento que define un mando no implica, como hemos visto, un estímulo previo específico. Pero, los estímulos previos no son irrelevantes. Ya se ha citado el ejemplo de un estímulo controlador. La conducta verbal se refuerza sólo por mediación de otra persona, pero no requiere la participación de esa persona para su *ejecución*. Cuando se emite en ausencia de un oyente, generalmente no se refuerza. Tras repetidos reforzamientos en presencia y extinción en ausencia de un oyente, el hablante habla al fin sólo en presencia de un oyente. Prácticamente toda la conducta verbal está así controlada por un oyente, como veremos en detalle en el capítulo 7.

El mando puede estar bajo un control de estímulo más estrecho si una respuesta dada se refuerza sólo en una ocasión especial. Un niño que ha adquirido el mando *¡Caramelo!* puede emitir la respuesta independientemente de las circunstancias externas y lo hará si su privación es considerable. Sin embargo, es más probable que la respuesta aparezca en presencia de cualquiera que haya reforzado previamente con caramelos, y es aún más probable que aparezca en presencia de tal persona si visiblemente tiene caramelos. Podemos demostrar tres niveles de probabilidad de respuesta que resultan de tres frecuencias relativas del reforzamiento. Cuando no hay un oyente presente, la probabilidad de que aparezca el reforzamiento es baja y no es probable que se emita la respuesta. Cuando aparece un oyente, la probabilidad de reforzamiento aumenta y la probabilidad de que se emita una respuesta también aumenta. Si el oyente saca entonces un caramelo de su bolsillo, un nuevo aumento de la probabilidad de reforzamiento va seguido de un nuevo aumento de la probabilidad de que el niño diga *¡Caramelo!* Pero cuando la aparición de una persona como oyente en la segunda etapa aumenta la probabilidad de muchas formas de conducta verbal (como se señalará de nuevo en el capítulo 7), la aparición del caramelo en la tercera etapa tiene un efecto especial sobre la respuesta *¡Caramelo!*

Cuando la respuesta aparece en estas circunstancias, el niño no está "nombrando" o "describiendo" caramelos. Esos términos se utilizan más adecuadamente para describir respuestas que no muestran relación alguna con un reforzamiento específico (véase el capítulo 5). En una gran parte de la conducta verbal, una determinada respuesta no da lugar a un reforzamiento específico y, por lo tanto, es relativamente independiente de cualquier estado especial de privación o de estimulación aversiva. En cambio, el control se ejerce mediante estímulos previos. Veremos más adelante que la utilidad de la conducta verbal para el conjunto del grupo depende en gran medida de esta condición. Sin considerar las ventajas específicas en este punto, podemos recurrir directamente a la técnica empleada para poner una respuesta verbal bajo control de estímulo.

Se da un paso para destruir la relación con un estado de privación reforzando una única forma de respuesta de manera apropiada para muchos estados diferentes. Si hemos reforzado una respuesta seleccionada con comida cuando el organismo tiene hambre, también podemos reforzarla con agua cuando el organismo tiene sed. Entonces, podemos aumentar la fuerza de la respuesta privando al organismo de alimento o agua. Este proceso podría continuar hasta que hubiéramos agotado todos los reforzamientos asociados con formas o modos de privación o con la liberación de todo tipo de condiciones aversivas. La respuesta existiría con cierta fuerza, excepto cuando el organismo estuviera completamente saciado y libre de estimulación aversiva.

El efecto de este procedimiento en la liberación de una respuesta de una condición controladora suele lograrse de otra manera. En lugar de utilizar una gran variedad de reforzamientos, cada uno de los cuales es relevante para un estado dado de privación o de estimulación aversiva, se establece una contingencia entre una respuesta verbal y un *reforzador condicionado generalizado*. Todo acto que preceda a muchos reforzadores diferentes puede utilizarse como reforzador para poner la conducta bajo el control de todas las condiciones apropiadas de privación y estimulación aversiva. Una respuesta que es normalmente seguida por un reforzador condicionado tan generalizado tiene propiedades dinámicas similares a las que habría adquirido si hubiera sido seguida separadamente por todos los reforzadores en cuestión.

Un reforzador condicionado que suele ser generalizado es la "aprobación". A menudo, es difícil especificar sus dimensiones físicas. Puede ser poco más que un asentimiento o una sonrisa por parte de alguien que se caracteriza por ofrecer una variedad de reforzamientos. A veces, como veremos en el capítulo 6, tiene una forma verbal: *¡Correcto!* o *¡Bien!* Debido a que estos "signos de aprobación" preceden frecuentemente a reforzamientos específicos apropiados para muchos estados de privación, la conducta que refuerzan puede que esté en fuerza la mayor parte del tiempo.

Al destruir la particularidad del control ejercido sobre una forma de respuesta por una determinada condición de privación o estimulación aversiva, parece que dejamos la forma de la respuesta indeterminada. Anteriormente podíamos producir la respuesta *¡Agua!* privando al organismo de agua y la respuesta *¡Comida!* privando al organismo de comida. Pero, ¿qué sustituirá a la privación en el control de una respuesta que ha sido objeto de reforzamiento generalizado? La respuesta es algún estímulo actual. Al destruir la particularidad de una relación, hacemos posible establecer otra. Podemos utilizar nuestro reforzador generalizado para fortalecer la respuesta *a* en presencia del estímulo *a*, la respuesta *b* en presencia del estímulo *b,* y así sucesivamente. El hecho de que el hablante emita la respuesta *a* o la respuesta *b* ya no es una cuestión de privación, sino del estímulo presente. Es esta relación de control en la conducta verbal la que resulta ser de gran importancia para el funcionamiento del grupo.

Otro reforzamiento generalizado común es el escape o la evitación de la estimulación aversiva. Una persona puede estimular a otra de forma aversiva de muchas maneras: golpeándole, disuadiéndole o privándole de reforzadores positivos, sin mencionar muchos tipos de "daño verbal". Esta estimulación puede ser usada para fortalecer la conducta, verbal o no verbal, porque su cese es reforzante. Los estímulos aversivos condicionados (estímulos que frecuentemente preceden o acompañan a la estimulación aversiva) también se refuerzan cuando su cese depende de la conducta.

La retirada de la estimulación aversiva puede generalizarse de manera muy similar a la aprobación. Ya hemos apelado a ese control al explicar por qué el oyente refuerza un mando que especifica o implica una amenaza y especifica la conducta por parte del oyente que la reducirá. La amenaza que implica el mando *¡Un vaso de agua!* se reduce dando al hablante un vaso de agua. El principio explica la conducta del hablante también. La liberación de la amenaza implícita en decir "*no lo digo en serio*" se logra diciendo "*no lo digo en serio*".

La violencia no está necesariamente implícita ya que hay formas leves de estimulación aversiva. Una pregunta contiene una leve amenaza generalizada en el sentido de que, si no respondemos, seremos censurados. La ligera amenaza que surge durante cualquier pausa en una conversación se disipa ejecutando casi cualquier forma de conducta verbal.

El control de la conducta verbal ejercido por una amenaza es más eficaz desde el punto de vista del bienestar del grupo cuando no sobrevive una conexión específica entre una respuesta y el tipo de estimulación aversiva de la que se desprende. El hablante que interviene sin un camino desde un excesivo "deseo de complacer" (como efecto de una aprobación excesiva) se asemeja al hablante que "busca compulsivamente decir algo" bajo una estimulación aversiva generalizada. La forma de la conducta está trivialmente determinada (véase el capítulo 8).

Al analizar el control de estímulo de la conducta verbal, conviene distinguir entre los casos en que los estímulos de control son verbales y aquellos en que no lo son. El presente capítulo se limita a las respuestas bajo el control de estímulo verbales audibles o escritos suministrados por otra persona o por el hablante. Se puede hacer otra distinción en cuanto a las semejanzas entre las formas de estímulo y de respuesta. Las tres categorías principales que se examinarán son las conductas ecoicas, textuales e intraverbales.

Aquí sólo nos preocupa el efecto de los estímulos verbales para evocar respuestas verbales. Pero también hay otros efectos. El oyente reacciona a los estímulos verbales de diversas maneras, algunas de las cuales se analizarán en este y los siguientes capítulos. En el capítulo 6 se hará un resumen de ello.

CONDUCTA ECOICA

En el caso más simple en que la conducta verbal está bajo el control de estímulo verbales, la respuesta genera un patrón de sonido similar al del estímulo. Por ejemplo, al escuchar el sonido *castor*, el hablante dice *castor*.

La evidencia de una tendencia a realizar tal conducta "ecoica" proviene de muchas fuentes. El mando de la forma general *"Di X"* produce respuestas en el oyente mostrando una correspondencia punto a punto entre el sonido del estímulo y el sonido de la respuesta. Pero la conducta ecoica aparece normalmente explícita en ausencia de un mando. En el experimento estándar de "asociación de palabras" se presenta una palabra de estímulo y se pide al sujeto que informe de la primera palabra que se encuentra diciendo al responder a ella. Es necesario instruir al sujeto para que no repita la palabra estímulo; aun así, aparece una conducta ecoica fragmentaria en lo que se denominan "asociaciones por sonidos", respuestas que son aliteradas o que riman o son similares a la palabra estímulo. Una conducta fragmentaria autoecoica (véase más adelante) puede mostrarse en formas reduplicantes. La conducta ecoica patológica se ve en la "ecolalia", en la que se repite posiblemente muchas veces un poco del discurso escuchado por el paciente.

La conducta ecoica se observa más en combinación con otros tipos de control (véase el capítulo 9). Por ejemplo, en una conversación se suele recoger una respuesta ligeramente atípica que se transmite de hablante a hablante. Las dos mitades de un diálogo tendrán más palabras en común que dos monólogos sobre el mismo tema. Si un hablante dice *increíble* en lugar de *inconcebible*, el otro hablante dirá generalmente, y debido a la relación actual, *increíble*.

Una conducta fragmentaria ecoica es evidente cuando un hablante adopta el acento o los gestos de otro en el curso de una conversación. Si un miembro del grupo susurra, quizás sólo por la laringitis, los otros miembros tienden a hacerlo. En *Guerra y paz* de Tolstoi, una mujer imita a su padre moribundo tratando de "hablar más por señas mientras él hablaba, como si ella también tuviera dificultad para articular".

El reforzamiento de la conducta ecoica

Se establece un repertorio ecoico en el niño a través de reforzamiento "educativo" porque es útil para padres, maestros y otros. Hace posible un cortocircuito en el proceso de aproximación progresiva, ya que puede utilizarse para evocar nuevas unidades de respuesta a las que luego se pueden supeditar otros tipos de reforzamiento. El reforzamiento educativo se suministra normalmente con la ayuda de mandos del tipo *Di*

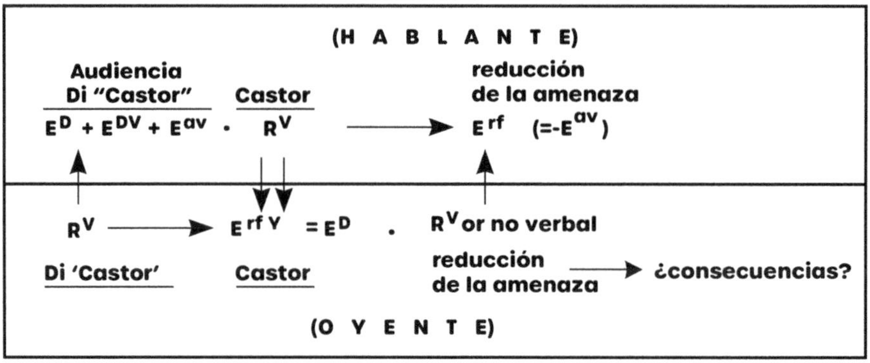

Figura 4

'X' donde el oyente, convertido en hablante, es reforzado si su respuesta produce el patrón de sonido *'X'*. El procedimiento sigue utilizándose en la educación formal para permitir que el profesor fije nuevas formas de conducta o para someter una respuesta a nuevas formas de control de estímulo, como, por ejemplo, en la denominación de objetos (véase el capítulo 5). En todos estos casos se explica la conducta del oyente que se refuerza señalando una mejora en la posibilidad de controlar al hablante al que refuerza. Igualmente, es esencial que se introduzca en el paradigma un reforzamiento específico. En la Figura 4, encontramos el primer intercambio que tiene lugar entre el oyente y el hablante, ya que el oyente constituye una audiencia para el mando que tiene como respuesta decir *castor*. Para el hablante ello funciona como el estímulo verbal en la operante ecoica *castor*. Cuando es escuchado por el oyente (en ↓↓) la respuesta del hablante refuerza el mando *Di "castor"*. Asumimos que el oyente está operando en circunstancias en las que se refuerza al escuchar al hablante por decir ciertas respuestas. Cuando lo hace el oyente puede presentar consecuencias reforzantes, o, si es un padre, reforzar a medida que su hijo adquiere un repertorio verbal. En cualquier caso, actúa para liberar la amenaza en su mando *Di "castor"* y así, suministra el reforzamiento para la respuesta ecoica del hablante.

La conducta ecoica sigue recibiendo reforzamiento, incluso cuando el oyente ya no está "educando" explícitamente al hablante. Por ejemplo, a veces se refuerza por repetir algo a una tercera persona, en la que la tercera persona, como oyente, suministra el reforzamiento por razones que se tratarán en el capítulo 5. También hay muchas fuentes indirectas de reforzamiento ecoico. Por ejemplo, se nos refuerza por hacer ecoicas de formas verbales emitidas por otros en una conversación porque es más probable que estas formas sean partes efectivas de sus repertorios. Las respuestas ecoicas son útiles y se refuerzan cuando sirven de relleno. En respuesta a la pregunta: *¿Qué sucederá con la situación internacional durante las próximas semanas?* El estudiante puede comenzar *Durante las próximas semanas, la situación internacional...,* que puede ser puramente ecoica; pero, sobre todo si la situación exige rapidez, se refuerza si proporciona un respiro para la composición del resto de la frase.

La conducta ecoica se refuerza cuando continúa reinstalando el estímulo y permite al hablante reaccionar a él de otras maneras. Si se nos han dado instrucciones complicadas de seguir, puede ser ventajoso repetirlas de manera ecoica. Si se nos dice que nos movamos a la derecha, podemos responder con mayor precisión si primero respondemos verbalmente: *a la derecha.* Hay situaciones en las que la repetición de instrucciones es reforzada. El cocinero de una cafetería repite la orden dada por el camarero, como el maquinista de un barco repite la orden dada por un oficial. Al confirmar la orden recibida, la respuesta ecoica pone fin a la conducta del camarero o del oficial (véase el capítulo 8), lo que puede ser un reforzador para el cocinero y el maquinista. Además, es de suponer que cumplen mejor las órdenes por haberlas repetido. Se emite una respuesta de forma ecoica al pedir una aclaración *(¿Dijo usted "castor"?)* o de otra manera: (*¿Castor? ¿Qué castor?*), y el resultado es presumiblemente reforzante. En la Parte V encontraremos otros reforzamientos indirectos de conducta ecoica en las ventajas que le siguen al hablante como pensador.

Lo que no es la conducta ecoica

La conducta ecoica se confunde fácilmente con las respuestas que se refuerzan a sí mismas porque se asemejan al habla de otros que se escuchan en otro momento. Cuando un patrón de sonido se ha asociado con reforzamiento, se convierte en un reforzador condicionado. Si alguien refuerza repetidamente la conducta con el estímulo verbal *¡De acuerdo!* no debemos excluir la posibilidad de que el hablante se refuerce a sí mismo de la misma manera. El niño pequeño sólo en la guardería puede reforzar automáticamente su conducta vocal exploratoria cuando produce sonidos que ha escuchado en el habla de otros. La propiedad de reforzarse a sí mismo puede ser simplemente una entonación o alguna otra idiosincrasia de un hablante determinado o de los hablantes en general. Un niño cuya madre jugaba al *bridge* imitaba con precisión el ruido ininteligible de una habitación llena de gente hablando locuazmente. El adulto adquiere patrones de entonación que se refuerzan automáticamente porque son característicos de, digamos, una persona de prestigio. Formas verbales específicas surgen del mismo proceso. El niño pequeño adquiere conducta verbal en forma de elogio usada por otros para reforzarlo: *Tommy es un buen chico*, así como el adulto puede presumir de su habilidad "para oírse a sí mismo elogiado". El proceso es importante en el moldeamiento automático de formas estándar de respuesta. Sin embargo, no se trata de una conducta ecoica, porque un estímulo verbal de forma correspondiente no la precede inmediatamente.

También hay que distinguir entre la conducta ecoica y la *posterior* reproducción del discurso escuchado. La respuesta a la pregunta "*¿Qué te dijo ayer?*" no es una conducta ecoica. Como la respuesta a la pregunta "*¿Qué llevaba cuando lo vio ayer?*" es un ejemplo de un tipo de operante verbal que se describirá más adelante. Puede haber una correspondencia formal entre el estímulo escuchado ayer y la respuesta de hoy (una correspondencia que tiene, de hecho, consecuencias de gran alcance), pero ello no hace que la conducta sea ecoica. Falta una relación temporal especial. Un repertorio ecoico puede entrar en la mediación de dicha conducta.

También hay que distinguir de la conducta ecoica la reproducción posterior del habla como resultado de la "instrucción" que se analizará en el capítulo 14, en la que el hablante emite respuestas adquiridas a partir de la conducta verbal de otros que tienen una correspondencia formal con dicha conducta, pero que ahora están bajo el control de otros estímulos, verbales o de otro tipo.

La conducta ecoica no depende ni demuestra ningún instinto o facultad de imitación. La similitud formal del estímulo y la respuesta no tiene por qué hacer más probable que la respuesta se produzca ni proporcionar ninguna ayuda en su ejecución. El hecho es que no hay similitud entre un patrón de sonidos y las respuestas musculares que producen un patrón similar. En el mejor de los casos podemos decir que la autoestimulación resultante de una respuesta ecoica se asemeja al estímulo. El parecido puede tener un papel en el reforzamiento de la respuesta, incluso en la relación ecoica, pero no tiene ningún efecto en la evocación de la respuesta. Un loro no hace ecoicas de un estímulo verbal porque el estímulo establece una serie de eventos que naturalmente conducen a un conjunto de actividades musculares que producen los mismos sonidos. La capacidad distintiva del loro debe reforzarse cuando hace sonidos que se asemejan a los que ha escuchado. En todo caso, lo que es "instintivo" en el loro es la capacidad de ser reforzado de esta manera. La conducta ecoica, como todas las conductas verbales, se moldea y mantiene por determinadas contingencias de reforzamiento. La similitud formal entre el estímulo y la respuesta forma parte de esas contingencias y sólo puede explicarse señalando la importancia de la similitud con la comunidad reforzante.

Que un estímulo verbal no tiene tendencia a generar una respuesta con el mismo patrón de sonido es obvio cuando examinamos el largo proceso a través del cual se adquieren las operantes ecoicas. El comportamiento ecoico precoz de los niños pequeños suele ser muy exagerado. El padre debe reforzar emparejamientos muy imperfectos para mantener la conducta con una adecuada fuerza. Podríamos decir que el niño "no tiene forma de saber cómo ejecutar una respuesta particular por primera vez"; en sentido estricto, y deberíamos decir que la respuesta no es todavía una función de ninguna variable disponible para el padre. Nada en el patrón ecoico ayudará hasta que se produzca alguna conducta ecoica superpuesta. "Tratar de hacer el sonido correcto" como tratar de encontrar el propio sombrero consiste en emitir tantas respuestas diferentes como sea posible hasta que aparezca la correcta.

Teobaldo, en *El camino de la carne* de Samuel Butler, usó la técnica equivocada:

> [Ernest] tardó mucho en poder articular una "c" o "k" dura, y, en lugar de decir "Come", dijo "Tome..."
>
> "Ernest", dijo Teobaldo..., "¿no crees que sería mejor que dijeras 'come' como los demás, en vez de 'tome'?"
>
> "Yo digo tome", respondió Ernest...
>
> Teobaldo notó el hecho de que se le contradecía rápidamente...
>
> "No, Ernest, no lo haces", dijo, "no dices nada de eso, dices "tome" y no

"come". Ahora di 'come' después de mí, como yo lo hago".

"Tome", dijo Ernest....

"... Bien, Ernest, te daré una oportunidad más, y si no dices 'come', sabré que eres obstinado y travieso".

... El niño vio bien lo que venía, se asustó, y, por supuesto, dijo 'tome' una vez más.

"Muy bien, Ernest", dijo su padre, cogiéndole enfadado por el hombro. "He hecho lo que he podido para salvarte, pero si quieres, lo harás", y sacó al pequeño desdichado de la habitación, mientras lloraba en anticipación.

Cuando se ha adquirido alguna conducta ecoica, la adquisición de una nueva unidad se simplifica. Las conductas exploratorias pueden ser reducidas. Al adquirir un repertorio ecoico, el hablante hábil aumenta las posibilidades de hacer ecoicas correctas ante nuevo material, aprendiendo no respondiendo igual a como se acaba de hacer tras una respuesta ineficaz, de la misma manera que quien busca su sombrero aprende a no mirar donde ya ha buscado. Se darán respuestas parcialmente ecoicas a un nuevo estímulo como efecto de contingencias previas similares. El proceso de aproximación procederá con mayor rapidez si el hablante puede aproximarse a un determinado sonido paso a paso, dando con una pauta parcialmente correspondiente que luego se repite y se distorsiona mediante modulaciones adquiridas explícitamente. Cuando no se dispone de tales recursos, incluso el logopeda experimentado sólo tiene que seguir respondiendo hasta que aparezca una respuesta ecoica satisfactoria.

Se señala el proceso de "encontrar" un sonido por el hecho bien conocido de que el niño pequeño emite muchos sonidos del habla que más tarde le resultarán difíciles de ejecutar en el aprendizaje de un segundo idioma. Esto no se debe a que la pronunciación se haya vuelto más difícil o a que el aparato del habla se haya deformado de alguna manera. El desarrollo de un amplio repertorio ecoico apropiado para un idioma determinado hace más difícil hacer ecoicas de los estímulos verbales que no pertenecen al idioma. Cuando se presenta la ocasión de una nueva respuesta ecoica (como cuando alguien dice *Di 'rr'* a un francófono), aparece una forma estándar pero inexacta, probablemente algo como una *r* gutural, que es el patrón ecoico más cercano en la lengua materna. La fuerza de tal conducta en el hablante adulto hace que sustituya a las respuestas exploratorias que se aproximan más al patrón de estímulo y que habrían estado más fácilmente disponibles en el niño pequeño. El mismo principio es evidente a otro nivel en las etimologías populares. El granjero estadounidense que se refiere a la ciruela *"Reine Claude"* como *"Rain Cloud"* está haciendo una ecoica de un gran patrón verbal con la respuesta de su repertorio que más se le aproxima. Si tal respuesta está disponible, tiene prioridad sobre una nueva forma compuesta de unidades ecoicas más pequeñas, una forma que es probable que tenga menos efectos reforzantes sobre el hablante mismo.

LA OPERANTE ECOICA MÁS PEQUEÑA

¿Cuál es la unidad más pequeña de la conducta verbal? La unidad acústica o geométrica más pequeña disponible para describir el habla o la escritura como actos físicos no está aquí en cuestión. La pregunta se refiere a la respuesta más pequeña bajo el control funcional de una sola variable. La conducta ecoica ofrece ventajas especiales al abordar esta cuestión porque la correspondencia formal entre el estímulo y la respuesta-producto puede demostrarse a nivel de "sonidos del habla" o de propiedades acústicas.

En una respuesta ecoica correcta, la correspondencia formal suele ser buena. La consonante inicial del estímulo se asemeja a la consonante inicial en los sonidos producidos por la respuesta, y así sucesivamente. Pero esto no significa que haya necesariamente una conexión funcional entre cada par de tales propiedades o características. La operante puede tener un patrón más grande. El químico repetirá *diaminodifenilmetano* correctamente y con facilidad, allá donde una persona igualmente inteligente, pero sin experiencia en química, podrá necesitar intentarlo muchas veces antes de producir una respuesta correcta. Esto no significa que el químico tenga una habilidad especial para encadenar largas series de sonidos separados. Su experiencia diaria ha construido unidades ecoicas más grandes. Estas pueden ser tan grandes como *diamino* y *difenilmetano*, o simplemente *di*, *amino*, *fenilo* y *metano*. Tal vez *-il* y *-ano unidos* tengan alguna unidad funcional. El lego no tiene ninguna de estas unidades disponibles. Así como el francófono que primero intenta hacer ecoicas de un sonido, probablemente sólo emitirá unidades similares a las de su repertorio establecido, *diamino* podría producir *dínamo*, por ejemplo. Por otro lado, el químico se encontrará con que su particular repertorio es de poca ayuda para hacer ecoicas de patrones complejos en otros vocabularios técnicos.

Las primeras operantes ecoicas adquiridas por un niño tienden a ser patrones integrales bastante grandes y son de poca ayuda para permitirle hacer ecoicas de patrones novedosos. Un repertorio unitario a nivel de "sonidos del habla" separables se desarrolla más tarde y a menudo, con bastante lentitud. Las pequeñas respuestas ecoicas pueden ser reforzadas por los padres y otras personas con el propósito expreso de construir tal repertorio. Se enseña al niño a repetir pequeños patrones de sonido como *a*, *d*, etc. Este repertorio ecoico básico puede adquirirse al mismo tiempo que otras formas de conducta verbal o incluso, a la vez que unidades ecoicas más grandes. El niño puede emitir respuestas tan grandes como sílabas, palabras o incluso oraciones como operantes ecoicas unitarias. Sin embargo, para ayudar a hacer ecoicas de un estímulo novedoso, recurre al repertorio de sonido único.

Este repertorio ecoico mínimo es óptimo para evocar una respuesta con el fin de establecer otros tipos de control de estímulo. Supongamos que deseamos enseñar a un niño a nombrar al caimán del zoológico. Como veremos en el capítulo 5, queremos hacerlo reforzando la respuesta *caimán* en presencia del caimán. Pero no podemos esperar hasta que tal respuesta aparezca espontáneamente y el método de moldeamiento progresivo puede tomar demasiado tiempo. Si podemos evocar la respuesta como un conjunto de pequeñas unidades ecoicas nunca dispuestas en este orden, la conducta puede ser reforzada adecuadamente y *caimán* como estímulo adquirirá cierto control sobre la respuesta. Surgen contingencias similares en el discurso cotidiano sin una intención educativa deliberada. Aprendemos una gran parte de nuestro repertorio verbal mediante ecoicas de la conducta verbal de otros en circunstancias que con el paso del tiempo controlan nuestra conducta de forma no ecoica. Las ventajas mediadas por el repertorio ecoico en este proceso suponen otro ejemplo de reforzamiento indirecto de conducta ecoica y que persiste en la vida adulta.

Un programa educativo que enfatice las correspondencias mínimas entre el estímulo y la respuesta verbal no es necesario para desarrollar un repertorio ecoico básico. Las operantes ecoicas mínimas parecen volverse funcionales como algo natural cuando se han establecido correspondencias más grandes. Habiendo adquirido una decena de respuestas ecoicas complejas, todas las cuales comienzan con el sonido *b*, el niño puede repetir correctamente un patrón que comienza con *b* hasta el punto de comenzar la respuesta más grande también con *b*. Cuando esto sucede, debemos reconocer la independencia funcional de una operante ecoica tan pequeña como *b*. Pero, incluso un repertorio bastante grande de operante ecoica no significa que se desarrolle un conjunto completo de unidades a nivel de los sonidos del habla. Las personas inteligentes con frecuencia hacen ecoicas de palabras o nombres desconocidos, aunque no contengan nuevos sonidos del habla, y evidentemente hay grandes diferencias individuales en la tendencia a hacerlo.

¿Cuál es el tamaño de la unidad mínima alcanzada en este proceso? Cuando se establece poco a poco un repertorio ecoico, como en el reforzamiento educativo, las unidades de correspondencia se refuerzan específicamente como tales, pero el producto final de un repertorio de grandes operantes, o incluso de pequeñas operantes educativas, no está claro. No se trata de las dimensiones necesarias para representar el habla con fines de registro científico, ya que éstas pueden no ser nunca funcionales en el proceso conductual.

El sonido del habla (o el "fonema" del lingüista) no es necesariamente la unidad más pequeña. El imitador experto dispone de lo que podríamos llamar un repertorio "fino" que le permite hacer ecoicas precisas de nuevos patrones sonoros. También le permite imitar entonaciones, acentos y manierismos vocales, así como sonidos que no son verbales, como los ruidos producidos por pájaros, animales o máquinas.

El grado de precisión en el que insiste una comunidad de reforzamiento dada es importante. En general, el hablante no hace más de lo que se le exige. En una comunidad verbal que no insiste en una correspondencia precisa, el repertorio ecoico puede establecerse con cierta laxitud y se aplicará con menos éxito a nuevos patrones. A veces, un repertorio ecoico incluye relaciones estables entre estímulos y respuestas que no coinciden exactamente. Por ejemplo, al sesear "emparejamos" *s* con *c* y podríamos seguir haciéndolo con la aquiescencia de la comunidad reforzante.

La posibilidad de un repertorio mínimo explica la aparente facilidad con la que la mayoría de los hablantes se consagran a la conducta ecoica. Podría decirse que el estímulo ecoico "le dice al hablante de manera más explícita lo que debe decir" en relación a los objetos o propiedades de los objetos que son "nombrados" en otro tipo de operante verbal (Capítulo 5). Si podemos hacer ecoicas de los nombres de los naipes más rápidamente y durante un período de tiempo más largo sin fatigarnos, esto se debe presumiblemente a las ventajas del repertorio ecoico mínimo. Los efectos especiales de un repertorio mínimo han fomentado la creencia en una facultad o proceso de imitación, del que se cree que la similitud formal entre estímulo y respuesta tiene algún significado funcional, pero la ventaja de la conducta ecoica puede explicarse de otras maneras.

Otros tipos de operantes verbales también dan lugar a repertorios mínimos, pero nos encontraremos con que en ningún otro lugar es posible reducir las correspondencias funcionales entre los estímulos y las respuestas a unidades tan pequeñas o a un número tan reducido de unidades. La conducta ecoica es, por lo tanto, excepcional en la medida en la que las nuevas ocasiones pueden dar lugar a respuestas precisas. También es excepcional en la medida en la que el reforzamiento de esas conductas contribuye al fortalecimiento general del repertorio básico y, por consiguiente, al fortalecimiento de todas las operantes ecoicas. Una ventaja similar a la del repertorio ecoico puede detectarse en las conductas verbales onomatopéyicas, como veremos en el capítulo 5.

La pregunta de la unidad ecoica más grande no es fácil de responder. No podemos producir ecoicas de un estímulo verbal indefinidamente prolongado, en parte porque las primeras porciones se vuelven demasiado remotas en el tiempo, en parte porque diferentes porciones interfieren entre sí y en parte, porque intervienen otros tipos de respuestas (especialmente las respuestas intraverbales que se examinarán más adelante). Un caso claro es la repetición de una serie de dígitos. La duración del estímulo verbal que se puede repetir con éxito varía según muchas condiciones (como la motivación o el cansancio) y se reduce considerablemente en algunos casos de afasia.

Conducta autoecoica

Dado que un hablante suele oírse a sí mismo y, por lo tanto, se estimula verbalmente, también puede hacer ecoicas de su propia conducta. Tal conducta se refuerza potencialmente si refuerza la estimulación usada en el control de la propia conducta verbal. Aparece en forma patológica en la "palilalia", condición en la que el individuo responde primero haciendo ecoicas de la conducta verbal de otra persona o por alguna otra razón y continúa haciendo ecoicas de sí mismo. Un primer informe[1] describía a

1 Critchley, MacDonald, *J. Neurol, & Psychopath.*, *8* (1927), 23.

un hombre acostumbrado a leer en voz alta los pies de foto en una película muda y que empezaba a repetirlos una y otra vez. Cuando su mujer se enfadó y exclamó "Por el amor de Dios, Bob, cállate", él respondió "No puedo callarme, no puedo callarme, no puedo callarme...", y finalmente se fue arrastrando hacia un murmullo inaudible. La frase que "no podemos sacarnos de la cabeza" (la *ritournelle* francesa) es posiblemente una manifestación normal del mismo efecto.

Es difícil demostrar una relación puramente ecoica si las variables responsables de la primera ocurrencia de una respuesta pueden seguir operando en la producción de la segunda. La repetición puede no ser más que una prueba de fuerza excesiva. La "perseverancia verbal" o "verbosidad" psicótica que muestra una repetición de la forma puede ser autoecoica, o puede ser simplemente el efecto "sin editar" de otros tipos de variables. Sin embargo, al analizar la causalidad múltiple del habla normal, será útil apelar a la posibilidad de la conducta autoecoica. En todos los tipos de conducta autoecoica tenemos que considerar la posibilidad de que el estímulo verbal puede ser encubierto.

CONDUCTA TEXTUAL

Un tipo familiar de estímulo verbal que controla la conducta verbal es el texto escrito. Al igual que el estímulo ecoico, es el producto de una conducta verbal anterior que no está aquí en cuestión. Cuando un niño aprende a leer, se establecen muchas operantes verbales en las que las respuestas específicas están bajo control de estímulo visual (o, como en el Braille, táctil). Dado que los estímulos están en una modalidad (visual o táctil) y los patrones producidos por la respuesta en otra (auditiva), falta la correspondencia formal que hace posible el repertorio fino típico de la conducta ecoica. Sin embargo, sigue existiendo el problema del repertorio mínimo. Un texto puede presentarse en forma de imágenes (en la medida en que la respuesta consiste simplemente en emitir una forma vocal que corresponda con cada imagen), pictogramas estilizados, jeroglíficos, caracteres o letras, o símbolos de un alfabeto fonético (independientemente de la exactitud o coherencia con que el alfabeto registre el habla vocal). El repertorio textual mínimo dependerá de la naturaleza del texto.

Un hablante bajo el control de un texto es un lector. Su conducta en respuesta a tales estímulos verbales puede mostrar muchas características interesantes que se describen en los capítulos 5 y 6. Aquí sólo se trata de su conducta vocal, ya que está controlada por el estímulo escrito o impreso. Dado que el término "lectura" se refiere generalmente a muchos procesos al mismo tiempo, se utilizará aquí el término más restringido de "conducta textual". En la operante textual, una respuesta vocal está bajo el control de un estímulo verbal no auditivo[2].

La conducta textual, como la conducta ecoica, se suele reforzar primero por razones explícitamente "educativas". Los interesados suministran reforzadores condicionados generalizados para las respuestas vocales que se sitúan en ciertas relaciones requeridas ante las marcas que negro sobre blanco pueblan una una página. Si un niño responde *gato* en presencia de las marcas *GATO* y no ante otras, recibe aprobación. Si responde *perro* en presencia de *PERRO* y no ante otras grafías, también la recibe, y así sucesivamente. La razón por la que la familia, la comunidad y los centros educativos establecen esos reforzamientos debe explicarse en términos de las ventajas que se obtienen al tener un miembro alfabetizado adicional en el grupo. No obstante, en una formulación explícita, debemos especificar los acontecimientos que refuerzan la lectura.

La conducta textual recibe un reforzamiento no educativo cuando se paga a alguien para que lea en una representación pública como apoyo para una audiencia invidente. Los efectos colaterales de la lectura ya mencionados, y que se tratarán en los capítulos 5 y 6, proporcionan reforzamiento automático. De hecho, la conducta textual está tan reforzada que es probable que uno se encuentre leyendo no sólo cartas, libros y periódicos, sino también etiquetas sin importancia en paquetes, anuncios del metro y vallas publicitarias. Las consecuencias automáticas se utilizan para motivar al lector principiante cuando un libro de texto está diseñado para ser "interesante". Sin embargo, tal reforzamiento no depende de la exactitud de la respuesta en la forma que se requeriría para moldear una conducta de lectura habilidosa.

Una primitiva pero clara demostración del *modus operandi* del reforzamiento automático la proporciona el lector principiante que debe oírse a sí mismo pronunciar una palabra, quizás varias veces, antes de

2 La lectura no es una habilidad o una capacidad sino una tendencia. Cuando decimos que una persona es "*capaz* de leer", nos referimos a que se *comportará* de ciertas maneras en circunstancias propicias que impliquen un estímulo verbal no auditivo.

reaccionar a ella con la conducta que ya ha adquirido como oyente. En la lectura silenciosa, la autoestimulación de la conducta textual se reduce a tal escala que ya no puede ser observada por otros, pero al responder a un nuevo material difícil (p.ej., instrucciones complejas) la conducta textual, incluso del lector experto, puede asumir proporciones llamativas a medida que comienza a reforzar la autoestimulación mediante la lectura en voz alta. Una retroalimentación audible es relativamente más importante en la lectura de la música. Muchos intérpretes o cantantes nunca aprenden a leer en silencio y pueden requerir para localizar un pasaje musical tocar algunos compases en un instrumento o al menos silbar o cantarlo en voz alta. Las actividades silenciosas comparables proporcionan una estimulación inadecuada para una respuesta de identificación.

La conducta textual puede ser reforzada porque ayuda en la adquisición de otros tipos de operantes verbales. Así como la conducta ecoica permite al profesor evocar una respuesta para reforzarla con respecto a otros tipos de estímulos, un texto evoca la conducta verbal en condiciones que conducen a otros tipos de control. Un diccionario ilustrado, al evocar respuestas textuales en presencia de imágenes, construye un repertorio con el cual las imágenes, o las cosas ilustradas, se nombran o describen más tarde. Un diccionario no ilustrado tiene una función similar en la construcción de los repertorios "intraverbales" que se examinarán más adelante en este capítulo. La importancia de los repertorios verbales generados por los textos (o del lugar que ocupan las respuestas textuales en la adquisición del comportamiento verbal) queda demostrada por la omnipresencia del libro *de texto* y de las librerías y bibliotecas en los centros educativos.

No se ha propuesto seriamente ninguna tendencia innata a la lectura, por analogía con una supuesta tendencia a imitar un estímulo de manera ecoica. Sin embargo, los repertorios textuales y ecoicos tienen propiedades dinámicas similares. Los estímulos verbales ejercen el mismo tipo de control sobre ambos tipos de respuestas y las contingencias de reforzamiento que establecen los dos tipos de conducta son similares. Un texto, como un trozo de discurso escuchado, es simplemente la ocasión en la que una respuesta particular es reforzada por una comunidad verbal. No obstante, dos diferencias importantes se derivan del hecho de que el producto de una respuesta textual no es similar al estímulo.

El tamaño de la unidad funcional más pequeña de la conducta textual ha sido durante mucho tiempo una cuestión práctica en la educación. ¿Es mejor enseñar a un niño a leer por letras o sonidos simples, o por sílabas, palabras o unidades más grandes? Independientemente de la forma en que se le enseñe, el lector habilidoso llegará a poseer operantes textuales de muchos tamaños diferentes. Puede leer una frase de varias palabras como una sola unidad, o puede leer una palabra sonido por sonido. Un repertorio básico a un nivel aproximado del sonido de una sola letra o de una palabra puede desarrollarse lentamente cuando sólo se refuerzan las unidades más grandes, pero como en la conducta ecoica aparece sin una orientación especial. Pero, el proceso tiene un límite. Si el texto es fonético, el desarrollo de un repertorio mínimo se detiene forzosamente a nivel fonético. El repertorio mínimo de mímica abordado en la conducta ecoica depende de una similitud de dimensiones de estímulo y respuesta que falta por definición en la conducta textual. Si un texto no es fonético, no se impone tal límite.

La distinción se ilustra con el cantante que canta de oído y lee música visualmente. Todo cantante hábil desarrolla un repertorio ecoico. Cualquier patrón melódico que se encuentre dentro de su rango de tono puede ser duplicado con precisión pudiendo hacerse cada vez más pequeña (de forma casi indefinida) la unidad mínima del repertorio con el que lo hace. Finalmente, las dimensiones del estímulo consisten en una gama continua de frecuencias a las que corresponden con mayor o menor precisión las dimensiones de la respuesta. Pese a la lectura a simple vista de un texto impreso, los sistemas dimensionales son diferentes. La respuesta sigue siendo representable como un punto en una gama continua de frecuencias, pero el texto consiste ahora en una disposición geométrica de puntos discretos. El buen lector musical con tono absoluto puede satisfacer contingencias de reforzamiento muy estrictas; una nota dada en un pentagrama es la ocasión para que se refuerza una determinada entonación. Pero no hay razón para que un texto de este tipo necesite fijar tonos absolutos. Se han empleado cuartos de tono y teóricamente no hay razón para que las subdivisiones más finas no sean factibles. Los puntos de la escala se fusionan en una línea, cualquier posición en la que corresponda a una posición en el continuo de la respuesta (cf., *glissando*; transición continua entre dos notas). Todavía no se trata de una conducta ecoica porque el estímulo es visual y la respuesta auditiva, pero la unidad funcional de tal repertorio podría ser tan fina como en el caso ecoico en el que el cantante reproduce un tono que ha escuchado. Como esta condición sólo prevalece para un texto capaz de ser representado en una o, a lo sumo, en muy pocas dimensiones, tiene poca importancia en el análisis de la conducta verbal en general.

Una segunda diferencia entre las conductas textuales y las ecoicas se deriva también de la diferencia en la similitud formal entre el estímulo y la respuesta-producto. En la conducta ecoica, la correspondencia de la que depende el reforzamiento puede servir como un reforzador condicionado automático. El hablante, que también es un consumado oyente, "sabe cuándo ha hecho correctamente la ecoica de una respuesta" y se ve reforzado por ello. Ese reforzamiento acerca cada vez más la forma de la respuesta a la forma del estímulo, siendo el límite la correspondencia más precisa posible ya sea con respecto a la capacidad vocal del hablante o a su capacidad para juzgar la similitud. Cualquier interferencia en el estímulo ecoico o en el estímulo generado por la respuesta ecoica puede significar una topografía defectuosa, como se ve en la conducta verbal del sordomudo. Pero el reforzamiento automático de la lectura de un texto "interesante" sólo tiene el efecto de aumentar la probabilidad de que se produzcan tales conductas. No refuerza diferencialmente las formas correctas a nivel fonético.

Es posible una autoedición en muestras más grandes de conducta textual. Uno puede responder primero con una sílaba, palabra o frase confusa y luego cambiar a una forma correcta que "suena bien" o "tiene sentido". Esto depende del condicionamiento previo de la respuesta del oyente y una respuesta normalmente "suena bien" o "tiene sentido" sólo si es de cierto tamaño. Una comparación entre estímulo y respuesta-producto no puede moldear la conducta del lector más allá quizá del nivel de sílaba y no a nivel de sonidos del habla como en la conducta ecoica. La mala pronunciación, incluso por encima del nivel de la sílaba, es una característica familiar de la conducta textual, y por esta razón es fácil detectar un repertorio de conducta verbal que es básicamente, o al menos originalmente, textual.

Conducta autotextual

La lectura de un texto que uno mismo ha escrito es tan común que puede perderse su importancia. Frecuentemente creamos un texto ("tomar nota") para controlar nuestra conducta en una fecha posterior. Por ejemplo, nos recordamos *hacer* algo o nos ayudamos a *decir* algo, como al dar una conferencia o recordar un pasaje que hemos leído. Hay una ventaja especial, como veremos en la Parte V, en repasar las notas en "pensar sobre un problema" o en "aclarar los pensamientos". El carácter relativamente permanente de un texto, en comparación con el estímulo ecoico, hace que la conducta autotextual sea más importante que la autoecoica, y la primera demuestra de manera más evidente las ventajas ocasionales de la segunda mencionadas en la sección anterior.

CONDUCTA TRANSCRIPTIVA

La única conducta verbal considerada hasta ahora ha sido vocal. El hablante crea un patrón auditivo que se refuerza cuando afecta al oyente como un estímulo auditivo. Una respuesta que crea un estímulo visual con un efecto similar es también verbal, según nuestra definición. Dado que la conducta verbal puede consistir en escribir en lugar de hablar es necesario considerar otras correspondencias entre las dimensiones del estímulo y la respuesta.

La escritura, a diferencia del habla, requiere el apoyo del entorno externo. Sólo ocurre en un "medio". Debemos tratar por separado al menos tres etapas: 1) la obtención de los instrumentos o materiales necesarios, 2) la realización de marcas de formas diferenciadas, y 3) la transmisión de estas marcas al lector. La etapa 2 es la más importante en el presente análisis, pero si la etapa 1 no puede producirse porque los materiales no están a mano o las respuestas en esa etapa son demasiado débiles, no se emitirá ninguna respuesta en la etapa 2 a pesar de la posible fuerza. La conducta escrita es una forma ventajosa que debe considerarse al examinar la composición y la edición. En la conducta vocal existe una distinción entre la mera emisión de una respuesta y la emisión de tal manera que afecta a un oyente (Capítulo 15), pero esto es mucho menos obvio que la distinción entre las Etapas 2 y 3 anteriores.

Cuando tanto el estímulo como la respuesta son escritos, pueden estar en sistemas dimensionales similares y, por tanto, se dan todas las características de las conductas ecoicas, excepto que ahora se expresan en términos visuales y no auditivos. El moldeamiento automático de la respuesta resultante de una comparación con un estímulo de dimensiones similares era el objetivo del cuaderno de caligrafía como instrumento para enseñar la escritura. El repertorio mínimo puede ser fino; al igual que la conducta ecoica se aproxima a la mímica, podríamos decir que el copiado se aproxima al dibujo. De hecho, copiar un manuscrito en un alfabeto desconocido es idéntico a copiar un conjunto de dibujos. El dibujo, al igual que la mímica vocal, requiere de un repertorio extraordinariamente complejo. Es tan difícil dibujar bien como imitar bien y hay grandes diferencias individuales en la capacidad de hacerlo.

Copiar un texto en un alfabeto *familiar* difiere de dibujar en el tamaño de la unidad "ecoica". El copista hábil posee un pequeño número de respuestas estándar (las formas en que produce las letras del alfabeto) que están bajo el control de una serie de estímulos (las letras del texto). El reforzamiento depende de la correspondencia entre la unidad de respuesta y la unidad de estímulo; pero, al igual que las conductas ecoicas pueden asemejarse a grandes rasgos al patrón reproducido (que difiere en tono, velocidad, entonación y otras propiedades), el repertorio con el que se copia un texto puede producir formas visuales que difieren dentro de límites bastante amplios del estímulo visual. Al copiar de letra impresa a esccrita, o de mayúsculas a minúsculas, las similitudes geométricas entre el estímulo y la respuesta pueden ser triviales o incluso inexistentes. No hay ningún efecto autocorrectivo y esos tipos de escritura a partir de la copia no pueden acercarse al repertorio unitario del dibujo.

Una respuesta escrita también puede ser controlada por un estímulo vocal, como al escribir al dictado. Las unidades de respuesta más comunes del alfabeto permiten la transcripción a mano alzada. El repertorio mínimo del amanuense o del taquígrafo muestra una correspondencia muy eficiente entre las propiedades visuales del patrón producido por la respuesta o las propiedades auditivas del estímulo, respectivamente. La unidad de correspondencia puede ser bastante grande como un signo de una palabra completa o tan pequeña como, por ejemplo, un signo que denote un grafema fonéticamente mudo. Estas correspondencias son totalmente convencionales y no se ha reivindicado un mecanismo innato similar a la imitación, aunque la conducta del taquígrafo experto puede llegar a ser tan "natural" como la conducta ecoica del imitador avezado.

La transcripción, ya sea en la copia de material escrito o en la toma de dictados, recibe muchos reforzamientos especiales, ya sean educativos o económicos, y, una vez establecida, se mantiene por consecuencias de la vida cotidiana. Vemos tales repertorios en el trabajo siempre que la gente transcribe conducta verbal para cualquier propósito. Las relaciones así establecidas son efectivas, aunque no tan obvias, cuando una respuesta de transcripción se inmiscuye en otra conducta escrita. Por ejemplo, al escribir una carta cuando alguien está hablando, podemos transcribir una palabra que oímos, aunque no tenga relación con las variables responsables del resto de la carta. Del mismo modo, al escribir mientras se lee, podemos copiar una palabra para producir una distorsión similar de la conducta en curso (véase el capítulo 11).

Otras formas de conducta verbal, como, por ejemplo, los gestos, pueden mostrar correspondencias entre la respuesta y el estímulo que plantean problemas similares sobrre la unidad mínima del repertorio.

CONDUCTA INTRAVERBAL

En la conducta ecoica y en la escritura de la copia hay una correspondencia formal entre el estímulo y la respuesta-producto. En la conducta textual y en la toma de dictado hay una correspondencia punto a punto entre los diferentes sistemas dimensionales. Pero algunas respuestas verbales no muestran una correspondencia punto a punto con los estímulos verbales que las evocan. Tal es el caso cuando la respuesta *cuatro* se da ante el estímulo verbal *dos más dos*, *a la bandera* ante *juro lealtad*, *París* ante *la capital de Francia*, o *mil sesenta y seis* ante *Guillermo el Conquistador*. Llamaremos a la conducta controlada por tales estímulos *intraverbal*. No tendremos en cuenta aquí las correspondencias formales, por lo que podemos considerar estímulos y respuestas tanto vocales como escritos al mismo tiempo y en sus cuatro combinaciones posibles.

Muchas respuestas intraverbales son relativamente triviales. Las fórmulas sociales muestran este tipo de control, por ejemplo. *¿Cómo estás?* puede ser simplemente un estímulo para *Bien, gracias* donde la respuesta es puramente intraverbal. La respuesta *por favor* es a menudo poco más que el apéndice intraverbal de un mando. La "charla para hacer tiempo" es en gran parte intraverbal y la conversación seria practicamente también. Ejemplos más destacados se encuentran en la determinación de secuencias gramaticales y sintácticas (capítulo 13). *¿Por qué?* suele ser el estímulo para una respuesta que comienza con *porque...*, sin importar lo que sigua a continuación. Cuando se recita un largo poema, podemos explicar gran parte de este asumiendo que ciertas partes controlan otras de manera intraverbal. Si interrumpimos al hablante, el control puede perderse, pero reiniciar la respuesta lo restaurará recreando el estímulo verbal adecuado. El alfabeto se adquiere como una serie de respuestas intraverbales, al igual que contar, sumar, multiplicar y reproducir tablas matemáticas. La mayoría de los "hechos" de la historia se adquieren y conservan como respuestas intraverbales. También lo son muchos de los hechos de la ciencia, aunque las respuestas están aquí también bajo otro tipo de control que se analizará en el capítulo siguiente. Una pregunta es el estímulo para una respuesta prolongada si esta no tiene otra variable controladora importante. Las preguntas en un examen objetivo de preguntas con espacios en blanco a completar estimulan las respuestas intraverbales de manera muy similar. Muchas metáforas aparentes y alusiones literarias tienen un origen intraverbal. En expresiones tales como "*Estaba afinado como un violín*" o "*Estaba más contento que unas pascuas*", no es necesario buscar el proceso en la verdadera metáfora (Capítulo 5), pero se puede hallar una explicación para las respuestas "*violín*" y "*pascuas*" en la historia intraverbal del hablante. Las "alusiones irrelevantes"[3] de Fowler pueden ser explicadas de la misma manera. En la respuesta *La moral, como diría Alicia...*, el estímulo *moral* invoca la respuesta intraverbal *como diría Alicia.* El hecho de que una alusión literaria pueda adornar o dar prestigio está relacionado con otra variable que debe considerarse en el capítulo 6.

Encadenamiento

Cualquiera de los eslabones de una cadena de respuestas intraverbales no está bajo el control exclusivo del eslabón anterior. Lo vemos cuando una cadena (como decir el alfabeto, dar el valor del número *e* con veinte decimales o recitar un poema) se ha interrumpido y no puede ser restablecida por el último eslabón emitido. Empezar a gran velocidad puede responder a estímulos de control más remotos y puede ser una estrategia efectiva. Por otra parte, los errores "haplológicos" muestran el poder ocasional de un único vínculo. Éstos se producen cuando dos enlaces son idénticos: el hablante llega al primero y continúa con las respuestas que siguen al segundo. La haplografía (un tipo de error similar al copiar un texto) es, como cabría esperar, mucho más común que el tipo intraverbal. La compleja conducta del copista (buscar en el texto original "la misma palabra") no se ve afectada por estímulos más remotos.

3 Fowler, H. W., *Modern English Usage* (Londres, 1930).

Muchas características importantes de las respuestas verbales encadenadas, o de las intraverbales, se aclaran al compararlas con la conducta musical. Al tocar de memoria, el salto anticipado haplológico a una frase de conclusión, la haplología inversa al no poder encontrar la frase de conclusión porque una vinculación anterior sigue repitiéndose, o empezar tocando a gran velocidad, frecuentemente necesario para tocar *en medias res,* son todos paralelos obvios. La música también proporciona pruebas de la importancia de la autoestimulación en las cadenas "intraverbales". El cantante que no puede producir notas en el tono adecuado puede "perder la melodía" tanto en la lectura a primera vista como en el canto de oído o con partitura.

Los ejemplos comunes de encadenamiento intraverbal se describen con el término "préstamo literario". Toda conducta verbal es prestada en el sentido de ser adquirida de otras personas. Gran parte de ella comienza como conducta ecoica o textual, pero no continúa como tal cuando el estímulo ecoico o textual ya no está presente. El uso "prestado" de palabras en un pasaje literario suele deberse a conexiones intraverbales adquiridas en contacto con una fuente original. La prueba del préstamo consiste en demostrar que los pasajes paralelos no pueden ser explicados de otra manera plausible. Las secuencias intraverbales se adquieren deliberadamente debido a su utilidad para el escritor de seguir el principio de R. L. Stevenson del "simio diligente" (imitar superficialmente) o al fomentar las múltiples fuentes literarias tratadas en el capítulo 9.

"Asociación de palabras"

Un efecto de este extenso condicionamiento de las operantes intraverbales es el tren de respuestas generado en la "libre asociación" o, como decimos en el caso de una cadena intraverbal muy diferente a la nuestra, una "fuga de ideas". Una respuesta verbal suministra el estímulo para otra en una larga serie. El efecto neto se revela en el clásico experimento de asociación de palabras. Aquí se le pide al sujeto que responda verbalmente a un estímulo verbal, o que informe en voz alta de cualquier respuesta que pueda "pensar", es decir, que se encuentre haciendo en silencio. Con frecuencia se producen respuestas ecoicas y textuales, pero se evitan mediante instrucciones o se excluyen de los resultados. Un experimento de este tipo, repetido en muchos sujetos o muchas veces en un sujeto, produce una muestra de las respuestas bajo el control de un estímulo estándar en una comunidad verbal determinada. El uso diagnóstico de las respuestas individuales se examinará en el capítulo 10. Nos interesa aquí la relación intraverbal.

Los reforzamientos que establecen operantes intraverbales suelen ser bastante obvios y específicos. Las contingencias son las mismas que en las conductas ecoicas y textuales: un estímulo verbal es la ocasión en la que una respuesta verbal concreta recibe algún tipo de reforzamiento generalizado. Cuando un estudiante responde una pregunta o recita una lección, la respuesta correcta es la que es reforzada en la oportuniad verbal creada por la pregunta. Por lo tanto, es más probable que se emita cuando se vuelve a formular la pregunta. Al recitar un poema o al narrar un prolongado relato histórico, cada segmento (no es necesario precisar el comienzo y el final exactamente) es la ocasión en la que un segmento sucesivo particular será reforzado como correcto.

Las relaciones intraverbales en cualquier repertorio adulto son el resultado de cientos de miles de reforzamientos bajo una gran variedad de contingencias inconsistentes y, a menudo, conflictivas. Muchas respuestas diferentes se ponen bajo el control de una palabra-estímulo y muchas palabras-estímulo diferentes se ponen bajo el control de una sola respuesta. Por ejemplo, el reforzamiento educativo establece muchas operantes intraverbales diferentes con números cardinales. El *cuatro* propicia la ocasión para decir *cinco* al aprender a contar, o para el *seis* al aprender a contar de dos en dos, para el *uno* al aprender el valor de π, y así sucesivamente. Por otra parte, muchos estímulos verbales diferentes llegan a controlar la respuesta *cuatro*, por ejemplo, *uno, dos, tres...* o *dos por dos es....* Se establecen muchas conexiones diferentes entre las respuestas verbales y los estímulos verbales cuando se memorizan diferentes pasajes y se adquieren diferentes "datos". El experimento de asociación de palabras muestra los resultados. Ocasionalmente puede predominar una operante intraverbal, pero en general, la respuesta que se dará a un estímulo verbal cuando no se especifique ninguna otra condición puede predecirse sólo en un sentido estadístico a partir de las frecuencias observadas en las pruebas de asociación de palabras.

Se pensaba que los tipos de asociación en las respuestas intraverbales representaban tipos de procesos de pensamiento. C. G. Jung, en su famoso *Studies in Word Association*[4], utilizó un complejo sistema de

4 N. del. E.: editado en 1906, no existe edición en español.

clasificación a partir del cual se debían reconstruir las "relaciones psíquicas". Jung distinguió cerca de cincuenta subclases. Si el estímulo verbal *mar* producía *lago*, era subordinación; si *gato* producía *animal*, era supraordinación; si *dolor* producía *lágrimas*, era dependencia causal; y así sucesivamente. Pero tal clasificación lógica tiene poca conexión, si es que tiene alguna, con las condiciones de reforzamiento responsables del comportamiento intraverbal. Podemos suponer, por el contrario, que, aparte de las secuencias intraverbales adquiridas, un estímulo verbal será una ocasión para el reforzamiento de una respuesta verbal de forma diferente cuando, por cualquier razón, las dos formas ocurran juntas con frecuencia. Una razón común es que las circunstancias no verbales en las que se emiten ocurren juntas.

Podemos hablar de la tendencia a relacionar términos de "uso contiguo". En el experimento habitual de asociación de palabras, éstas asociaciones son, como hemos visto, operantes ecoicas, textuales o transcriptivas. Las restantes operantes intraverbales parecen explicarse por el uso contiguo. Hay momentos en los que es bueno tener ciertas operantes preparadas. Apelamos a este principio señalando posibles reforzamientos por producir ecoicas del habla de otros en una conversación. El uso contiguo describe otro caso: cuando se habla de *lago*, es ventajoso tener la forma *mar* disponible. Al contabilizar una operante intraverbal específica es necesario sustituir un evento de reforzamiento real por algún tipo de "ventaja". En general, basta con demostrar que la forma *mar* es probable que ocurra en el contexto de *lago*; *animal* en el contexto de *gato*; *lágrimas* en el contexto de *dolor*; y así sucesivamente. Si las conexiones lógicas o causales tienen alguna relevancia, es en la descripción de las condiciones que producen estas propiedades contextuales del mundo físico. Ciertas excepciones, en las que la frecuencia de la respuesta no sigue un uso contiguo frecuente, pueden atribuirse a reforzamientos específicos, especialmente cuando las respuestas tienen una vigencia limitada o cuando la historia del hablante es inusual.

Las respuestas dadas a una lista de palabras-estímulo dependen naturalmente de la historia verbal del hablante. Los grupos de hablantes pueden mostrar diferencias de grupo. No es sorprendente que los estudiantes universitarios de ambos sexos tiendan a dar respuestas diferentes a una palabra-estímulo como *anillo*[5], mientras que los

5 Goodenough, F. L. *Science, 104* (1946), 451-456.

estudiantes de Medicina difieren de los estudiantes de Derecho en sus respuestas a una palabra-estímulo como *inmunidad*[6].

La naturaleza del control de estímulo en las conductas intraverbales se demuestra por las respuestas a los estímulos verbales que contienen más de una palabra. El estímulo *rojo* en el experimento habitual de asociación de palabras puede dar lugar a respuesta relacionada con el color como *verde*, *azul* o cualesquiera otras, ya que hay muchas circunstancias diferentes en las que aparece como parte de la ocasión para el reforzamiento de tales respuestas. De manera similar, la palabra-estímulo *blanco* producirá *negro*, *nieve*, etc. En una comunidad verbal norteamericana, en ausencia de otros determinantes específicos, el estímulo verbal compuesto *rojo*, *blanco...* dará el *azul* con preferencia a cualquier otro. El estímulo compuesto es una ocasión mucho más específica que cualquiera de las partes tomadas por separado, y es una ocasión en la que la respuesta *azul* se realiza habitualmente y es reforzada. De la misma manera, una expresión como *Eso no no viene al...* producirá *caso,* o una o dos formas más como mucho con exclusión de todas las demás[7], aunque estas palabras, por separado, producirían una gran variedad de respuestas. Cuanto más complejo sea el patrón de estímulo, más específica es la ocasión verbal y más fuerte es el control ejercido sobre una sola respuesta.

Así como uno puede realizar autoecoicas o leer los estímulos verbales que ha producido, también puede responder intraverbalmente a los estímulos autogenerados, como sugieren muchos de los ejemplos citados anteriormente. La conducta que genera los estímulos puede ser encubierta.

La unidad intraverbal

El número de relaciones intraverbales en el repertorio de un hablante adulto probablemente excede en gran medida el número de formas diferentes de respuesta en ese repertorio, ya que una forma determinada puede tener muchas conexiones funcionales. El total aumenta aún más por el hecho de que las unidades de diferente tamaño se superponen. Algunas operantes intraverbales están compuestas o comparten partes con otras. Esa operante puede ser tan pequeña como un solo sonido del habla, como

6 Foley, J. P., Jr., y Macmillan, Z. L., *J Exp Psychol*, *33* (1943), 299-309. N. del E.: ejemplo adaptado.

7 Carroll, J. B. *Psychometrika*, *6* (1941), 297-307.

en la recitación del alfabeto o al usar ciertas desinencias gramaticales, o puede estar compuesta de muchas palabras, como en la recitación de un poema o el "préstamo" de una expresión. Cuando lleguemos a considerar la causalidad múltiple de la conducta verbal, encontraremos posible y provechoso apelar a una unidad intraverbal que consiste simplemente en un patrón de tensión (sólo a través de una conducta intraverbal de este tipo se puede llegar a aprender a hablar en pentámetro yámbico o a componer quintillas con facilidad).

Excepto por los vínculos intraverbales en áreas limitadas del conocimiento, no existe un repertorio mínimo similar al que se aproxima a la mímica en la conducta ecoica o que permita al lector experto pronunciar una nueva palabra en un texto. Un nuevo estímulo verbal puede evocar respuestas intraverbales debido a las semejanzas con otros estímulos, pero no hay razón para que esa conducta sea coherente o muestre alguna unidad funcional en partes pequeñas. Al estudiar las respuestas intraverbales ante nuevos estímulos, Thorndike[8] no encontró ninguna tendencia consistente a responder de manera estándar. Esto era cierto incluso para los estímulos tomados de lenguajes internacionales y que utilizaban esas tendencias con fines mnemotécnicos.

Traducción

Un caso especial de conducta intraverbal es la traducción. El *modus operandi* suele ser destacado en el estudiante de idiomas principiante, que adquiere primero una serie de intraverbales en la que los estímulos están en un idioma y las respuestas en otro. Los "idiomas" pueden ser de cualquiera de los tipos considerados en el capítulo 7. Un padre puede traducir el *babytalk* de sus hijos a un extraño, como el científico traduce la jerga profesional al lego. La simple paráfrasis es en este sentido un tipo de traducción. Como en la conducta intraverbal, tanto el estímulo como la respuesta pueden ser escritos o hablados sin alterar el proceso básico.

En el caso más común, los estímulos están en el nuevo lenguaje y las respuestas en el antiguo. Ante un pasaje en el nuevo idioma, el traductor emite (digamos en voz alta) respuestas intraverbales apropiadas. Si éstas caen en algo parecido a un patrón familiar, puede entonces reaccionar de alguna o todas las maneras apropiadas para un oyente (véase los capítulos 5 y 6). Esta autoestimulación recuerda a las primeras etapas de la lectura.

8 Thorndike, E. L., *Studies in the Psychology of Language* (New York, 1938).

Permite la autoedición de las unidades por encima del nivel del sonido único del habla. Con el tiempo, el traductor mejora este procedimiento desarrollando operantes intraverbales más eficientes, principalmente de patrones más grandes, y adquiriendo conductas normales de escucha o lectura bajo el control del nuevo idioma sin la ayuda de la traducción.

Cuando la traducción es de la vieja a la nueva lengua, el traductor puede no reaccionar a su conducta como oyente. Compone una frase en el nuevo idioma sólo como una serie de respuestas intraverbales. Puede o no ser eficaz en una comunidad verbal apropiada. Si el hablante no es todavía un oyente en esa comunidad, no habrá una corrección automática de su conducta.

Cuando dos idiomas se adquieren de forma independiente, puede haber pocas conexiones intraverbales entre ellos. Un bilingüe hábil puede no ser capaz de dar una traducción inmediata cuando se le pide por primera vez. Su habilidad a este respecto mejora de tal manera que sugiere que está adquiriendo un conjunto de operantes intraverbales. Si se convierte en profesor de idiomas, puede adquirir toda una batería de estereotipos intraverbales que no tienen cabida en su conducta como bilingüe cuando no está enseñando.

El hablante bilingüe puede funcionar como una especie de traductor de otras maneras. Al responder a un único conjunto de circunstancias en dos idiomas, proporciona al oyente un posible puente. Es más difícil decir lo que sucede cuando esa persona escucha un pasaje en un idioma y lo repite en otro. A menudo se ofrece el caso como muestra de la necesidad de algún concepto como "idea" o "proposición", ya que algo común a dos o más idiomas parece explicar su intercambiabilidad. Pero decir que un traductor consigue el significado de una respuesta y la pone en otra no es explicar su conducta. Decir que emite conducta en un idioma que está controlado por las variables que infiere que han sido responsables de una respuesta en otro idioma también es elíptico. Puede reaccionar a una respuesta en un idioma de alguna de las maneras características de un oyente y luego describir su reacción en el otro idioma, pero esto no debe dar lugar a una traducción estricta. Su respuesta como oyente puede operar para confirmar una traducción lograda de otras maneras. Puede intentar traducir, comparando los efectos de las dos versiones sobre sí mismo y cambiando la traducción hasta que los efectos sean aproximadamente los mismos. Pero esto no explica la conducta que está comparando.

PROPIEDADES DINÁMICAS DE LA CONDUCTA VERBAL BAJO EL CONTROL DE ESTÍMULO VERBALES

Cuando los estímulos verbales que controlan las conductas ecoicas, textuales e intraverbales son razonablemente claros y fuertes, y los repertorios están bien establecidos, no es probable que haya mucha variación en la velocidad o la energía de respuesta. Es probable que la lectura en voz alta sea monótona sólo porque una parte de un texto no difiere mucho de otra en el grado de su control. Esto también es cierto para los estímulos ecoicos cuando se le ordena al hablante "repetir después de mí". La recitación intraverbal de un poema es un asunto monótono, en el que la única variación proviene de las diferencias en la medida en que la conducta ha sido condicionada.

Esta uniformidad dinámica se deriva, no sólo de la uniformidad de los estímulos, sino del uso de un reforzador generalizado, que funciona para descartar las variaciones en las variables de motivación. En muchos casos la uniformidad se refuerza específicamente. En la transcripción, un nivel de fuerza constante puede ser más eficiente para producir una copia utilizable, así como la mera comunicación vocal puede beneficiarse de las mismas propiedades. En otras circunstancias, la conducta vocal gana si muestra alguna variedad dinámica. Esto es cierto cuando es importante para el oyente que la conducta refleje las circunstancias en las que se emitió originalmente, es decir, cuando se permite que las variables que afectan al escritor original tengan algún efecto en la conducta del lector vocal y, por lo tanto, en el oyente final. Esto sería más común si un texto representara las propiedades dinámicas del habla con mayor precisión. Al repetir lo que se acaba de oír como conducta ecoica, se puede comunicar la variedad dinámica del estímulo, en especial si el repertorio ecoico se aproxima al de la mímica, y la conducta intraverbal en respuesta a los estímulos vocales puede tener características dinámicas similares. Pero cuando el estímulo es un texto (ya sea la conducta textual o intraverbal) se pierden las propiedades dinámicas del discurso original, excepto, por ejemplo, cuando se subraya una palabra para darle énfasis. En tales circunstancias, el buen lector (o el buen declamador o actor), como hemos señalado en el capítulo 2, introducirá diversos ritmos, entonaciones y niveles de energía que no están controlados por el estímulo intraverbal, pero que se añaden a la conducta debido a las contingencias de reforzamiento colateral del tipo que se examinará en el capítulo 6. Aunque la conducta puede seguir siendo meramente textual o intraverbal, toma algo de otras operantes verbales bajo otros tipos de relaciones de control. Como Evelina dijo de Garrick "... Apenas podía creer que había estudiado un guión escrito, porque cada palabra parecía ser pronunciada desde el impulso del momento"[9].

EL "SIGNIFICADO" DE LA RESPUESTA VERBAL A ESTÍMULOS VERBALES

Las conductas ecoicas, textuales e intraverbales son a veces descartadas como "lenguaje espurio". No son importantes para el teórico del significado porque las correspondencias entre las respuestas y las variables de control no plantean problemas importantes de referencia. La única relación semántica pertinente parece ser la existente entre la respuesta y la *fuente* del estímulo verbal en la conducta del hablante que la produjo originalmente, y esto sólo está relacionado de manera distante con la conducta del hablante actual. Volveremos al problema de la referencia de nuevo en el próximo capítulo.

En la contabilidad de la conducta verbal en su conjunto, las relaciones funcionales efectivas no deben ser pasadas por alto debido a la preocupación por el significado. Las operantes ecoicas e intraverbales y, en las personas alfabetizadas, las operantes textuales también suelen ser una parte importante de la conducta verbal. La contribución de esas respuestas es importante cuando se examina cómo se combinan las variables en el habla sostenida, y cómo el efecto de la propia conducta del hablante lo lleva a componer y editar lo que dice y a manipularlo en el pensamiento verbal.

9 Burney, Fanny, *Evelina* (Everyman Edition), pág. 22.

Capítulo 5

El Tacto

En todas las conductas verbales bajo control de estímulo hay tres eventos importantes que deben tenerse en cuenta: un estímulo, una respuesta y un reforzamiento. Éstos dependen unos de otros, como hemos visto, de la siguiente manera: el estímulo, actuando antes de la emisión de la respuesta, establece la ocasión en la que es probable que la respuesta se refuerce. Bajo esta contingencia, a través de un proceso de discriminación de operante, el estímulo se convierte en la ocasión en la que es probable que se emita la respuesta.

En las operantes ecoicas, textuales e intraverbales el estímulo previo es verbal. Hay dos tipos importantes de estímulos de control que normalmente no son verbales. Uno de ellos ya se ha mencionado: una audiencia controla característicamente un gran grupo de respuestas mediante un proceso que se examinará en detalle en el capítulo 7. El otro es nada menos que el conjunto del entorno físico, el mundo de las cosas y los acontecimientos de los que se dice que un hablante "habla". La conducta verbal bajo el control de tales estímulos es tan importante que a menudo se trata exclusivamente en el estudio del lenguaje y en las teorías de significado.

La contingencia de tres trimestres en este tipo de operante se ejemplifica cuando, en presencia de un muñeco, un niño frecuentemente logra algún tipo de reforzamiento generalizado diciendo muñeca*;* o cuando un pez teleósteo, o una imagen del mismo, es la ocasión en la que el estudiante de zoología se refuerza cuando dice *pez teleósteo*. No hay un término adecuado para este tipo de operante. "Signo", "símbolo" y otros términos más técnicos de la lógica y la semántica nos comprometen a esquemas especiales de referencia y subrayan la respuesta verbal en sí misma en lugar de la relación de control. El término inventado "tacto" se utilizará aquí. El término lleva una sugerencia mnemotécnica de conducta que "hace contacto con" el mundo físico. Un tacto puede definirse como una operante verbal en la que una respuesta de forma determinada es evocada (o al menos reforzada) por un objeto o evento particular o una propiedad de un objeto o evento. La fuerza se explica mostrando que en presencia del objeto o evento una respuesta de esa forma se refuerza de forma característica en una comunidad verbal determinada.

Puede ser tentador decir que en un tacto la respuesta "se refiere", "menciona", "anuncia", "habla de", "nombra", "denota" o "describe" su estímulo. Pero la relación esencial entre la respuesta y el control de estímulo es precisamente la misma que en la conducta ecoica, textual e intraverbal. No es probable que digamos que el estímulo intraverbal "se refiere" a todas las respuestas que evoca, o que una respuesta ecoica o textual "menciona" o "describe" su variable controladora. La única relación funcional útil se expresa en la afirmación de que la presencia de un determinado estímulo aumenta la probabilidad de que se produzca una determinada forma de respuesta. Esta es también la esencia de los tactos.

De hecho, no debemos aplicar ninguno de los términos tradicionales a algunos casos del tipo actual. Uno puede estar condicionado a decir "*¿Cómo está?*" en circunstancias apropiadas. Como pregunta, esto se parece a un mando, pero a menudo no es más que una respuesta unitaria característicamente reforzada en una ocasión apropiada. *Gracias a menudo no es más que una respuesta apropiada* a una clase de ocasiones en las que se le ha dado algo. En un caso especial, una respuesta que es característicamente emitida por otra persona comienza como una respuesta ecoica pero eventualmente es controlada por un estímulo no verbal. Al entrar en un ascensor, por ejemplo, podemos tener cierta tendencia a emitir la respuesta apropiada *al subir,* aunque nunca hayamos sido empleados como operarios. En el estado de ánimo apropiado podemos emitir la respuesta, como decimos, "caprichosamente". No estamos anunciando la presencia o indicando una condición del ascensor; simplemente estamos emitiendo conductas que suelen escucharse y repetirse bajo tales circunstancias. La misma fórmula explica un desliz verbal familiar en el que uno saluda a otra persona con su propio nombre. Las fuentes de esto son obvias en el caso del joven hablante; un niño de dos años saludaba regularmente a su padre con ¡Hola, *Bobby!* que era la forma característica de su padre de saludarlo.

No sirve de nada, y puede ser engañoso, llamar a un tacto “anuncio”, “declaración” o “proposición”, o decir que “declara”, “afirma” o “denota” algo, o que “da a conocer” o “comunica” una condición del estímulo. Si estos términos tienen algún significado científico, más allá de una paráfrasis de la presente relación, se refieren a ciertos procesos adicionales que deben considerarse en la Parte IV. Veremos, por ejemplo, que el tacto tiene más probabilidades de ser “afirmado” que cualquier otro tipo de operante, pero, tomado por sí mismo, no es por ello una afirmación.

La relación de control

El tacto surge como la más importante de las operantes verbales debido al control único ejercido por el estímulo previo. Este control es establecido por la comunidad de reforzamiento por razones que se notarán en un momento. Contrasta fuertemente con las relaciones de control en el mando, donde los resultados más eficientes se obtienen rompiendo cualquier conexión con los estímulos previos, dejando así la privación o el estímulo aversivo en el control de la respuesta. Ya sea explícitamente o como efecto de contingencias comunes, una respuesta se refuerza de una sola manera bajo muchas circunstancias estimulantes diferentes. La respuesta llega entonces a “especificar” sus consecuencias características independientemente de la condición en que se produzca. Sin embargo, en el caso de los tactos (así como en las conductas ecoicas, textuales e intraverbales) se debilita la relación con cualquier privación específica o estímulo aversivo y se establece una relación única con un estímulo discriminativo. Lo hacemos reforzando la respuesta de la manera más consistente posible en presencia de un estímulo con muchos reforzadores diferentes o con un reforzador generalizado. El control resultante es a través del estímulo. Una respuesta dada “especifica” una propiedad de estímulo dada. Esta es la “referencia” de la teoría semántica. En términos generales, el mando permite al oyente inferir algo sobre la condición del hablante independientemente de las circunstancias externas, mientras que el tacto le permite inferir algo sobre las circunstancias independientemente de la condición del hablante. Estas “inferencias” deben representarse con mayor nitidez analizando las prácticas de reforzamiento de la comunidad que mantienen a los mandos y tactos en fuerza.

Un tacto que se establece con un reforzamiento completamente generalizado podría llamarse "puro" u "objetivo". El hecho de que la respuesta se emita o no puede depender de otras variables; pero cuando se emite, su forma viene determinada únicamente por una característica específica del entorno estimulante. Sin embargo, un reforzamiento verdaderamente generalizado es poco frecuente (véase en particular el capítulo 6), y es probable que nunca se logre una objetividad pura en este sentido. La conducta verbal en la que el reforzamiento está completamente generalizado, y cuyo control, por lo tanto, recae casi exclusivamente en el medio ambiente, se desarrolla por los métodos de la ciencia. Las prácticas de reforzamiento de la comunidad científica suprimen completamente los intereses especiales del hablante. Esto no es necesariamente un signo de una ética superior en los científicos; se trata simplemente de una práctica evolucionada que ha demostrado ser particularmente valiosa. Es responsable de gran parte del poder del método científico (Capítulo 18).

Reforzamiento de los tactos

Se le enseña a un niño los nombres de los objetos, los colores, etc. cuando algún reforzamiento generalizado (p.ej., la aprobación que sugiere el estímulo verbal *¡Exacto!*) se hace depender de una respuesta que guarda una relación apropiada con un estímulo actual. En el paradigma de la Figura 5 se sugiere una serie típica de eventos. Aquí asumimos que un objeto rojo estimula tanto al hablante como al oyente. El objeto junto con la presencia del oyente como audiencia, y posiblemente un mando

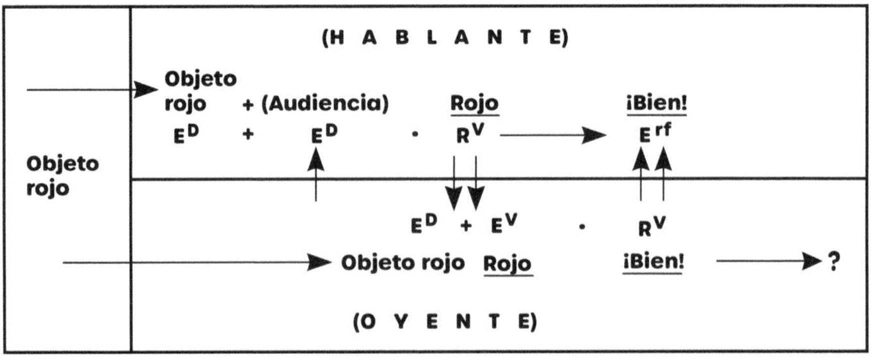

FIGURA 5

apropiado para la acción verbal emitida por el oyente (p.ej., *¿Qué color es este?*) es la ocasión en la que la respuesta verbal *Rojo* por parte del hablante recibe el reforzamiento *¡Bien!* Lo hace porque la respuesta se convierta en un estímulo verbal que corresponde adecuadamente a la estimulación del objeto rojo para proporcionar la ocasión en la que el oyente dice *¡Bien!*

El reforzamiento final del oyente de la Figura 5 requiere una explicación adicional. Se trata de un reforzamiento "educativo"; es decir, se trata de un reforzamiento suministrado principalmente porque establece y mantiene una forma particular de conducta en el hablante. El tacto como operante verbal es útil sobretodo para el oyente, por razones que examinaremos en un momento; pero una explicación adecuada del paradigma de la Figura 5 requerirá la enumeración de eventos específicos de reforzamiento por debajo de la línea horizontal que divide el diagrama. Algunos de ellos son suministrados por la cultura; por ejemplo, el elogio que recibe un padre por un niño con talento suministra un reforzamiento condicionado para cualquier conducta por parte del padre que aumenta el repertorio verbal del niño. En las instituciones educativas, esos reforzamientos están especialmente presentes, también mantenidos por la comunidad verbal, en este caso mediante reforzamiento económico; se paga al maestro para que refuerce al niño de manera adecuada.

Nos acercamos un poco más a la explicación última de la conducta en forma de tacto cuando examinamos un caso en el que el estímulo que el tacto especifica no es directamente accesible para el oyente. En estas circunstancias, la conducta del hablante puede reforzar al oyente al constituir la ocasión de una conducta que de otro modo no podría ocurrir. En el paradigma de la Figura 6 se supone que el hablante está en contacto con un estado de cosas desconocido para el oyente; ha contestado el teléfono y se ha enterado de que la llamada es para el oyente. La solicitud telefónica más el oyente como audiencia es una ocasión típica en la que el hablante responderá diciendo *llamada para usted*. Esto se convierte en un importante estímulo verbal para el oyente que luego va al teléfono y recibe reforzamiento de fuentes ajenas por hacerlo. Garantiza la fuerza de una conducta similar por parte del hablante en futuras ocasiones emitiendo la respuesta verbal *¡Gracias!* como reforzador apropiado.

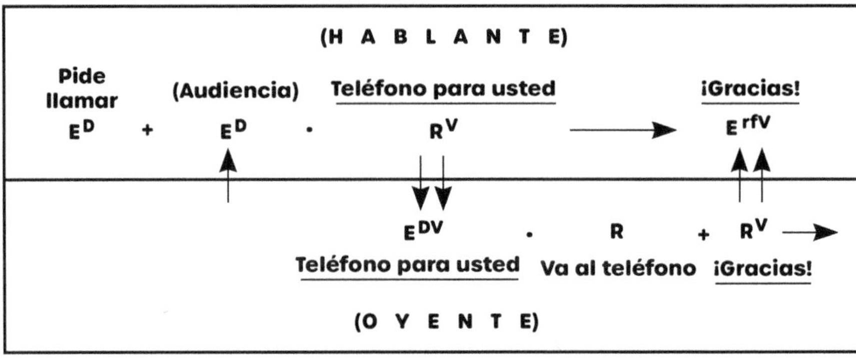

FIGURA 6

En términos muy generales podemos decir que la conducta en forma de tacto trabaja en beneficio del oyente extendiendo su contacto con el medio ambiente, y tal conducta se establece en la comunidad verbal por esta razón. Pero una declaración general no especifica los eventos particulares que darán cuenta de un caso dado. En el reforzamiento educativo las contingencias entre las respuestas y los estímulos apropiados se mantienen de manera bastante aguda. El efecto principal consiste en establecer la forma o topografía de la conducta (en "moldear" las respuestas) y en agudizar el control de estímulo. Cuando la conducta del hablante refuerza al oyente por razones meramente incidentales, contingencias similares pueden ser deficientes. *¡Gracias!* es un reforzamiento menos discriminativo que *¡Exacto!* La correspondencia entre *llamada para usted* y la petición real expresada por teléfono no puede diferir demasiado porque el reforzamiento de vuelta para del oyente al hablante depende de la correspondencia entre la forma de respuesta y la petición telefónica real. Si la llamada fuera para otra persona, el *¡Gracias!* del oyente puede ser rápidamente cancelado por alguna forma de consecuencia desagradable.

Los reforzamientos menos explícitos de los tactos corresponden al reforzamiento de respuestas intraverbales de uso contiguo. En general, hay una ventaja si las respuestas adecuadas a una situación actual son fuertes. También hay muchos reforzamientos automáticos por el efecto de la conducta en el propio hablante. Un entorno al que el hablante ha respondido de esta manera puede ejercer un control más discriminativo sobre otras conductas, verbales o no verbales. Por ejemplo, al clasificar correctamente un objeto, el hablante puede reaccionar más apropiadamente a él. Las fuentes del reforzamiento final de este efecto serán claras cuando examinemos en detalle el efecto de la conducta verbal sobre el propio hablante.

Respuesta del oyente al tacto

Las teorías de significado suelen considerar las fobias del hablante y del oyente al mismo tiempo. La práctica se ve alentada por la noción de "uso de palabras", que parece liberar la palabra de la conducta del hablante o del oyente para que pueda mantenerse en alguna relación de referencia con un objeto. La respuesta del oyente a un tacto está evidentemente influida por la correspondencia entre la forma de respuesta y el estímulo de control, pero rara vez se ha analizado el lugar de esta correspondencia en la conducta del hablante. La sustitución de un estímulo por otro en el reflejo condicionado ha sugerido una base biológica para la noción de referencia. Así, J. B. Watson argumentó que "las palabras funcionan en el asunto de la llamada de respuestas exactamente como lo hacían los objetos para los que las palabras sirven como sustitutos"[1]. Cita la historia de Swift de un hombre que llevaba una bolsa de objetos que podía exhibir en lugar de hablar con palabras. "Pronto el humano tiene un sustituto verbal dentro de sí mismo teóricamente para cada objeto del mundo. A partir de entonces, lleva el mundo consigo por medio de esta organización". Pero es, por supuesto, un mundo bastante inútil. No puede comer la palabra *sándwich* o extraer un clavo con la palabra *martillo*. Este es un análisis superficial que se acerca demasiado a la noción tradicional de que las palabras "representan" cosas.

La misma objeción puede ser instada contra la interpretación de Bertrand Russell de la conducta del oyente en su *Investigación sobre el significado y la verdad*[2]:

> Suponga que está con un hombre que de repente dice "zorro" porque ve un zorro, y suponga que, aunque le oiga, no ve al zorro. ¿Qué es lo que realmente le sucede como resultado de su comprensión de la palabra "zorro"? Miras a tu alrededor, pero esto lo habrías hecho si hubiera dicho "lobo" o "cebra". Puede que tengas una imagen de un zorro. Pero lo que, desde el punto

1 Watson, J. B., *Behaviorism* (Nueva York, 1924), pág. 233.

2 N. del E.: hay una edición en español de Losada.

> de vista del observador, muestra tu comprensión de la palabra es que te comportas (dentro de los límites) como lo habrías hecho si hubieras visto al zorro. Generalmente, cuando escuchas una palabra-objeto que entiendes, tu conducta es, hasta cierto punto, lo que el propio objeto habría causado. Esto puede ocurrir sin ningún intermediario "mental", por las reglas ordinarias de los reflejos condicionados, ya que la palabra se ha asociado al objeto[3].

Pero no nos comportamos ante la palabra "zorro" como nos comportaríamos ante un zorro real, excepto en un caso limitado. Si tenemos miedo a los zorros, el estímulo verbal *zorro*, que hemos escuchado en presencia de zorros reales, evocará una reacción emocional; si estamos cazando, puede crear la condición que llamamos excitación o deleite. Posiblemente la conducta de "ver un zorro" pueda encajar en la misma fórmula, como veremos más adelante. Pero el estímulo verbal *zorro* no conduce, por simple condicionamiento, a ninguna conducta práctica apropiada para los zorros. Puede, como dice Russell, llevarnos a mirar alrededor, como lo habría hecho el estímulo *lobo* o *cebra*, pero no miramos alrededor cuando vemos un zorro, miramos al zorro. Sólo cuando los conceptos de estímulo y respuesta se usan de forma muy libre, el principio de condicionamiento puede servir como un prototipo biológico de simbolización.

La conducta práctica del oyente con respecto al estímulo verbal producido por un tacto sigue la misma relación de tres términos que ya se ha utilizado en el análisis de la conducta del hablante. Podemos suponer que en la historia del oyente particular descrito por Russell para el estímulo *zorro* ha sido una ocasión en la que mirar alrededor ha sido seguido por ver un zorro. También podemos suponer que el oyente tiene algún "interés actual en ver zorros", que la conducta que puede dar lugar a la visión de un zorro es fuerte, y que el estímulo suministrado por un zorro es, por lo tanto, reforzante. El estímulo auditivo *zorro* es la ocasión en la que el giro y la mirada alrededor es seguido frecuentemente por el reforzamiento de ver un zorro. Técnicamente, la conducta de girar y mirar es una operante discriminada, más que un reflejo condicionado. La diferencia es importante. El estímulo verbal *zorro* no es un sustituto del zorro, sino una ocasión en la que ciertas respuestas han sido, y probablemente serán, reforzadas al ver un zorro. La conducta que es controlada por el zorro

3 Russell, B., *Inquiry into Meaning and Truth* (New York, 1940), pág. 82. *N. del E.:* Existe una edición en español de 2003 publicada por Losada.

mismo (mirar hacia el zorro, cabalgar hacia él) no puede ser evocada por el estímulo verbal, y por lo tanto no hay posibilidad de una sustitución de los estímulos como análogo de un signo o símbolo.

Considere otro ejemplo. Cuando un cocinero tacta un estado de cosas determinado con el simple anuncio *¡A cenar!* crea una ocasión verbal en la que uno puede sentarse con éxito a la mesa. Pero el oyente no se sienta ni come el estímulo verbal. El tipo de respuesta que puede darse tanto a la cena como al estímulo verbal *¡A cenar!* se ejemplifica con la respuesta salival condicionada según la fórmula pavloviana. La conducta práctica del oyente (cuyas consecuencias son las responsables en última instancia del desarrollo de la respuesta verbal en primer lugar) debe formularse como una operante discriminada que implica tres términos, de los cuales no hay dos que proporcionen un paralelo para la noción de símbolo.

La frecuencia relativa con que el oyente emprenda una acción eficaz para responder a las conductas en forma de tacto dependerá de la amplitud y la precisión del control de estímulo en las conductas del hablante. Algunos de los factores que pueden interferir en una estrecha correspondencia entre la respuesta y el estímulo se examinarán en el capítulo 6. La frecuencia de la acción efectiva explica a su vez lo que podemos llamar la "creencia" del oyente: la probabilidad de que tome una acción efectiva con respecto a un determinado estímulo verbal. En general, esto variará entre los hablantes (para reflejar el juicio del oyente sobre la exactitud, honestidad, etc. del hablante) y entre las respuestas (dependiendo de la verosimilitud de la respuesta en relación con el resto de una situación determinada).

El hecho de que un oyente tome medidas efectivas dependerá también de si la respuesta ha sido tacto o es meramente ecoica, textual o intraverbal. Pero hemos visto que el tipo de operante verbal no se indica sólo por la forma de una respuesta. En algunas circunstancias, la conducta tiene característicamente la forma del tacto, pero hay muchas circunstancias en las que el tipo particular debe indicarse mediante respuestas colaterales si se quiere que el oyente actúe adecuadamente. En la Parte IV examinaremos las respuestas que tienen esta función.

Como hemos mostrado, es posible clasificar los mandos en función de las diferentes razones por las que el oyente los refuerza; de la misma manera podemos explicar el hecho de que un tacto difiera de la misma respuesta en una operante ecoica, textual o intraverbal. El tacto *silla* tiene una ventaja sobre estos otros tipos porque parece "decir algo" sobre el objeto que evoca la respuesta. El tacto parece aportar más "información" que la conducta ecoica, textual o intraverbal. Proporciona un vínculo entre la conducta del oyente y un estado de cosas relevante. Pero el vínculo es simplemente más largo cuando la conducta del hablante está controlada por la conducta verbal de otra persona. Todos los matices de diferencia entre las operantes verbales reflejan diferentes conjuntos de variables en la conducta tanto del hablante como del oyente. Los procesos conductuales componentes son los mismos allá donde ocurran.

Control de estímulo en el tacto

Toda conducta verbal está controlada por la estimulación previa que surge de una audiencia, como veremos en el capítulo 7, pero una audiencia cuando está presente refuerza las respuestas verbales de manera diferente dependiendo de la forma de respuesta, de la ocasión o de ambas. Las conductas ecoicas y textuales no siempre son aprobadas o reforzadas de alguna otra manera. La conducta del hablante está, por lo tanto, bajo el control de las propiedades adicionales de la ocasión. El oyente puede marcar la ocasión como propicia con estímulos verbales tales como *¿Qué ha dicho?* o *¿Qué dice ahí?* Estas son mandos para la acción verbal que indican las disposiciones para reforzar la conducta ecoica y textual respectivamente. Una ocasión dada también puede o no ser propicia para la conducta en la forma de un tacto. Un objeto dado no sigue siendo la ocasión inevitable para el reforzamiento de una respuesta apropiada, y la probabilidad de respuesta, por lo tanto, llega a variar con la ocasión. El oyente puede ayudar diciendo *¿Qué es eso?* o mandando la conducta en forma de tacto de otras maneras. Otra propiedad puede ser la novedad de la ocasión. Los objetos familiares pierden su control porque la comunidad eventualmente retiene el reforzamiento excepto en condiciones especiales. Sólo los objetos que son inusuales en algún aspecto, o que se encuentran en un entorno inusual, son importantes para el oyente y, por lo tanto, proporcionan la ocasión de reforzar al hablante. Una mesa de billar en el fondo de una piscina, una boca de incendios en el salón o una foca en el dormitorio tienen más probabilidades de evocar tactos que los mismos objetos en condiciones comunes. Obviamente lo que es novedoso para el hablante puede no serlo para el oyente, por lo que la regla no es aplicable de manera uniforme.

El reforzamiento generalizado hace que los tactos sean relativamente independientes de la condición momentánea del hablante, y a este respecto los tactos se asemejan a la conducta ecoica, textual e intraverbal. Sin embargo, hay una diferencia en el control de estímulo. La conducta que es "descriptiva del entorno" tiene menos probabilidades de ser dinámicamente "plana". El tacto no necesita estar vestida para ser "expresiva". Suele emitirse con modulaciones de intensidad y velocidad que reflejan no sólo la presencia o ausencia de estímulos que controlan una forma específica de respuesta, sino otras condiciones pertinentes tanto de la ocasión como del hablante. La "interpretación" del lector o actor experto da a la conducta textual o intraverbal el carácter dinámico del tacto. Este carácter se debe en parte a ciertas consecuencias especiales, que se analizarán en el capítulo 6, que se oponen al efecto nivelador de un reforzador generalizado. Sin embargo, es más importante la falta de la correspondencia punto a punto entre la respuesta y el estímulo de control que se observa en la conducta ecoica y textual.

Todos los estímulos, verbales o de otro tipo, varían en intensidad y claridad de patrón, y el control que ejercen se ve afectado en consecuencia. Sin embargo, por encima de cierto nivel, los estímulos ecoicos y textuales tienen efectos bastante prescritos. Si nos comprometemos a que alguien diga *violín*, por ejemplo, podemos recurrir a un estímulo verbal más un mando para la conducta ecoica: *Diga 'Violín'.* Las correspondencias dimensionales en la conducta ecoica determinan la respuesta con gran precisión. También podríamos utilizar un estímulo textual con un mando apropiada: *Lea esto: VIOLÍN*, donde otro tipo de correspondencia punto a punto restringiría la respuesta casi tan estrechamente. El mismo orden de especificidad se puede lograr diciendo: *Dime qué es esto* y designando un violín, ya que las contingencias de reforzamiento son casi tan específicas como en las conductas ecoicas o textuales a pesar de que no hay correspondencia punto a punto entre el violín y el *violín de respuesta*. Pero esta especificidad no es válida para todos los estímulos posibles, como descubriremos en un examen más detallado del control de estímulo.

EL TACTO EXTENDIDO

Si una silla, actuando como un estímulo, hace probable la respuesta *silla*, o si un tablero de *cribbage*[4], actuando como estímulo, hace más probable la respuesta *tablero de cribbage,* podríamos tratar la "semántica" de la conducta verbal simplemente suministrando un inventario de tactos. Pero un repertorio verbal no es como la lista de pasajeros en un barco o de un avión, en la que un nombre corresponde a una persona sin que nadie se omita o se nombre dos veces. El control de estímulo no es en modo alguno tan preciso. Si se refuerza una respuesta en una ocasión o clase de ocasiones determinadas, cualquier característica de esa ocasión o común a esa clase parece ganar algún grado de control. Un estímulo novedoso que posea una de esas características puede evocar una respuesta. Hay varias formas en que un estímulo nuevo puede parecerse a un estímulo previamente presente cuando se reforzó una respuesta, y por lo tanto hay varios tipos de lo que podemos llamar "tactos extendido".

Extensión genérica

La propiedad que hace efectivo un nuevo estímulo puede ser la propiedad de la que dependen los reforzamientos suministrados por la comunidad. Esta "extensión genérica" se ilustra cuando un hablante llama a un nuevo tipo de silla una silla. La propiedad responsable de la extensión de la respuesta de una ocurrencia a otra es la propiedad que determina la práctica de reforzamiento de la comunidad. Dado que también es la propiedad importante para el oyente en una ocasión novedosa, la respuesta ampliada es aceptable y útil.

Si la respuesta ampliada se refuerza en sí misma, como es probable, el estímulo ya no es totalmente novedoso, y un segundo caso no tiene por qué ser un ejemplo de ampliación genérica. Sin embargo, la clase de estímulo se ha ampliado y se ha facilitado una mayor extensión. De esta manera llegamos a responder *silla* a un número muy grande de objetos. Para descubrir la "esencia" de la silla, debemos examinar las contingencias reales del reforzamiento en una comunidad determinada. En la extensión genérica, a diferencia de otros tipos de extensión que se señalarán en breve, las propiedades definitorias tienden a ser prácticas. El control

4 N. del E.: popular juego de cartas de origen inglés.

de estímulo de la *silla* está dictado en última instancia por el uso que la comunidad de reforzamiento hace de las sillas. Por la misma razón, los estímulos de control tienden a ser "objetos". Al caracterizar un estímulo determinado es más probable que nos refiramos a los objetos en lugar de a las propiedades (a la silla en lugar de al verde), no porque los objetos se "perciban" más fácil o inmediatamente o de manera sustancial, sino por las consideraciones prácticas que conlleva el crecimiento de una clase de estímulo.

Sin embargo, las respuestas a las propiedades individuales pueden mostrar una extensión genérica. La respuesta extendida es aceptada por la comunidad y reforzada para establecer una clase de estímulo aún mayor. Cuando decimos *La carrera es para los veloces*, designamos una importante propiedad práctica de los que ganan carreras. Cuando una extensión de este tipo es reforzada por la comunidad verbal, el tacto se convierte en una operante estándar bajo el control de una sola propiedad. No hay ningún otro proceso de extensión cuando la respuesta se emite más tarde en presencia de un nuevo estímulo que posee esta propiedad. Dado que el control ejercido por un nuevo estímulo se debe a las propiedades compartidas con el estímulo original, la respuesta sigue ejemplificando nuestra relación fundamental de tres términos de estímulo, respuesta y reforzamiento. Sin embargo, sólo se especifica una única propiedad del estímulo al contabilizar las respuestas posteriores. Esta formulación es mucho más sencilla que las explicaciones tradicionales de los mismos datos, que apelan a diversos procesos de generalización, equivalencia o pensamiento analógico, en virtud de los cuales el hablante puede *transferir* una respuesta a un nuevo estímulo. No es necesario decir que el hablante "descubre una similitud y la expresa transfiriendo una respuesta". La respuesta simplemente se produce por la similitud.

Como veremos más adelante, la extensión genérica tiene lugar, aunque el hablante no sea capaz de responder a la similitud de otra manera, cuando no es "consciente", como decimos, de la similitud.

Extensión metafórica

Un segundo tipo de extensión se produce por el control que ejercen las propiedades del estímulo que, aunque presentes en el reforzamiento, no entran en la contingencia respetada por la comunidad verbal. Este es el conocido proceso de la metáfora. Los relatos tradicionales, a partir de Aristóteles, han supuesto en general que, como la extensión genérica, la metáfora es un logro especial que requiere una facultad especial de pensamiento analógico. Pero el proceso básico está de nuevo adecuadamente representado por nuestra relación de tres términos; la única diferencia entre la extensión metafórica y la genérica está en el tipo de propiedad que obtiene el control de la respuesta.

Un ejemplo de extensión metafórica es el del niño que, al beber agua de soda por primera vez, informó que sabía "como si mi pie estuviera dormido". La respuesta "*Mi pie está dormido*" había sido condicionada previamente en circunstancias que implicaban dos condiciones de estímulo notorias: la inmovilidad parcial del pie y un cierto estímulo puntual. La propiedad que la comunidad utilizó para reforzar la respuesta fue la inmovilidad, pero la estimulación puntual también fue importante para el niño. Una estimulación similar, producida por la degustación de agua de soda, evocaba la respuesta. En este ejemplo, el estímulo puntual era privado, condición que plantea varios problemas difíciles en el análisis de la conducta, como veremos más adelante, pero que es útil aquí para permitirnos distinguir entre la propiedad que sirvió a la comunidad como base del reforzamiento y la propiedad responsable de la extensión de la respuesta a un estímulo novedoso. La comunidad no podría haber utilizado sólo el estímulo puntual para establecer tal respuesta.

Un tacto metafórico en el que ambas propiedades son públicas puede ser analizado de la misma manera. Cuando por primera vez un hablante llama a alguien ratón, damos cuenta de la respuesta anotando ciertas propiedades - pequeñez, timidez, movimiento silencioso, etc. - que son comunes al tipo de situación en la que la respuesta se refuerza característicamente y a la situación particular en la que la respuesta se emite ahora. Dado que estas no son las propiedades utilizadas por los zoólogos o por la comunidad laica como base habitual para reforzar una respuesta, llamamos a la extensión metafórica. (Al tratar con la metáfora, estamos aquí interesados sólo en la aparición de la extensión tacto. En *Julieta es* [*como*] *el sol* debemos explicar la aparición del *sol de respuesta* cuando no hay sol realmente presente. Lo hacemos observando que Julieta y el sol tienen propiedades comunes, al menos en su efecto sobre el hablante. A veces la propiedad responsable de la extensión también se aborda directamente con un tacto, cuando el problema de su identificación se resuelve automáticamente. En *El niño es brillante como un dólar*, damos cuenta del dólar observando algo que poseen en común los dólares y el niño en cuestión. Este algo es precisamente la propiedad de estímulo responsable de la *brillantez*. El hablante ha identificado la propiedad responsable de su extensión de la respuesta. En estas expresiones las respuestas *como* y *como* son de otro tipo, que se tratarán en el capítulo 12.)

Cuando una respuesta metafórica es efectiva y debidamente reforzada, deja de ser principalmente una metáfora. Un hombre rara vez es llamado ratón en un tacto extendido. *Ratón* se ha convertido en una forma estándar en la comunidad de reforzamiento en la que el pequeño tamaño, la timidez y otras propiedades juegan un papel reconocido. La pierna de respuesta evocada por la pata de una mesa probablemente sólo en raras ocasiones representa una extensión metafórica. Sin embargo, no podemos estar seguros de que una respuesta sea o no un ejemplo de extensión metafórica, a menos que conozcamos la historia del hablante. Brillante *como un dólar* es probablemente la mayoría de las veces una respuesta estándar, funcionando como una sola unidad verbal. En el uso ordinario es poco más que un sinónimo polisilábico de *brillante*. Su origen metafórico puede ser de poca importancia en la actualidad. Sólo podemos afirmar que la extensión metafórica es posible si sabemos que *dólar* se ha establecido independientemente como respuesta a una colocación de propiedades que incluyen el brillo y que no se ha establecido ninguna vinculación intraverbal por ocurrencias anteriores contiguas de *brillo* y *dólar*. La expresión *aburrido como una ostra*[5] es un ejemplo más convincente porque *ostra* no se condiciona habitualmente en circunstancias en las que la propiedad del aburrimiento puede adquirir control.

A veces una comparación de las prácticas en diferentes comunidades verbales arrojará alguna luz sobre la importancia de la extensión metafórica. Cualquier respuesta que sea propia de una comunidad determinada presumiblemente no es el resultado de una *extensión metafórica* actual, aunque pueda parecer una metáfora. El agujero de una aguja no se llama *ojo* en todos los idiomas. Esa extensión metafórica puede darse en cualquier idioma, pero no siempre lo ha hecho con la suficiente frecuencia como para ser reforzada y establecida como un término estándar. Por lo tanto, la frecuente aparición de la respuesta en inglés debe atribuirse en

5 N. del E.: adaptación de la frase de uso común *dull as ditch water*.

gran medida al actual reforzamiento de toda la expresión en relación con las agujas, más que a la extensión metafórica.

Los rastros de una extensión funcional pueden sobrevivir en una metáfora que de otra manera estaría muerta. Veremos en el capítulo 9 que una respuesta verbal a menudo adquiere fuerza a partir de más de una variable. Es posible que la operante idiomática *ojo de aguja* sea más fuerte porque la respuesta *ojo* también se refuerza ante aquel patrón geométrico que se asemeja al ojo de un animal. Debido a esta fuente auxiliar de fuerza, la respuesta debe adquirirse más fácilmente cuando se ve una aguja por primera vez, debe hacerse más fácilmente en cualquier ocasión dada y, a largo plazo, debe mantenerse frente a sinónimos competidores y, por lo tanto, sobrevivir en el lenguaje.

Cuando una metáfora extendida se refuerza y, por lo tanto, se estabiliza como un tacto no extendido, tiene el efecto de aislar una nueva propiedad de estímulo o un grupo de propiedades posiblemente no identificadas hasta ahora en el lenguaje. Si primero adquirimos la respuesta *pata* en relación con animales y la extendemos a las patas de las mesas y sillas sobre la base de las similitudes geométricas y funcionales, las propiedades comunes a todos estos casos adquieren el control de la respuesta y posteriormente son respaldadas por la comunidad. Así, las propiedades puramente fisiológicas y anatómicas del estímulo original pierden importancia. Cuando hemos extendido la respuesta *ala* desde partes de pájaros e insectos hasta partes de aviones, edificios y ejércitos, la respuesta está controlada por una sutil propiedad geométrica común a todos ellos. El papel que desempeña el proceso de extensión metafórica en el aislamiento de esta propiedad se tratará en una sección posterior de este capítulo.

La distinción entre la extensión genérica y metafórica es entre una propiedad contingente y una adventicia del estímulo. La extensión genérica respeta la práctica de reforzador original, que persiste sin cambios en la comunidad verbal, aunque la gama de estímulos efectivos puede ampliarse a medida que se refuerzan más y más ocurrencias con nuevas propiedades colaterales. El número total de propiedades de estímulo respetadas por el lenguaje no aumenta. En la metáfora, sin embargo, se están poniendo constantemente nuevas propiedades de la naturaleza en control de la conducta verbal. Éstas se estabilizan como tactos estándar, sujetas a su vez a una mayor extensión genérica o metafórica.

Las expresiones metafóricas de un hablante o escritor determinado reflejan los tipos de estímulos que más a menudo controlan su conducta. Este hecho se utiliza con frecuencia para inferir condiciones acerca de la vida de un escritor, ya sea cuando tales hechos no se conocen de otra manera o para establecer la autoría. La "imaginería" de Caroline Spurgeon[6] es una metáfora según la definición actual. El argumento puede reafirmarse de la siguiente manera: cuando una situación evoca simplemente tactos no extendidos, la conducta nos dice algo sobre la situación, pero muy poco sobre el hablante, pero se han adquirido respuestas metafóricas *en otras circunstancias*, sobre las que, por lo tanto, se pueden hacer inferencias.

El mismo principio puede aplicarse a la conducta metafórica de una comunidad verbal. Consideremos, por ejemplo, todas las respuestas metafóricas que han servido en lugar de, o como complemento de, la respuesta *brillante*. Estas extensiones han sido presumiblemente emitidas en ocasiones marcadas por objetos brillantes. Pero primero deben haber sido condicionadas a estímulos brillantes de otro tipo. Por lo tanto, deberíamos ser capaces de hacer una lista de los objetos brillantes más comunes simplemente pasando por el encabezado *brillante* en un diccionario de metáforas. En uno de estos diccionarios hay[7] unas cincuenta símiles que empiezan por "brillante", *como se ha visto que se refieren a los fenómenos celestiales*, en particular el sol y las estrellas. Otros dieciséis se referían a la luz reflejada por el agua de alguna forma. Cinco se referían a fuentes artificiales, como faros o lámparas, y siete a superficies reflectantes. Nueve se referían a objetos de arte. La flora y fauna del brillo incluía colibríes, diademas, luciérnagas, pavos reales, lirios del valle, amapolas y una rosa recién nacida.

Al igual que en el mando mágico, muchas de estas respuestas nunca se habrían emitido si no fuera por el estímulo especial de la comunidad literaria, que de nuevo proporciona ejemplos sutiles de conducta verbal. Sin embargo, hay otra razón por la que las respuestas débiles aparecen en la metáfora. Al analizar una respuesta extendida metafóricamente sobre la base de la brillantez, asumimos que el escritor se enfrentó a un objeto brillante y se inclinó a decir algo al respecto. También podemos suponer que o bien no podía decir *brillante*, posiblemente debido a los tipos de

6 Spurgeon, C, *Shakespeare's Imagery* (New York, 1935).

7 *El diccionario de símiles* de Wilstach. Las cifras no deben tomarse como muestra de la frecuencia de uso, ya que normalmente sólo se enumera un ejemplo de cada metáfora.

variables que se tratarán en el capítulo 15, o porque ya lo había dicho sin obtener un efecto plenamente satisfactorio. En tales circunstancias, la conducta tiene una especie de fuerza circunstancial en la que se emiten respuestas débilmente determinadas y en la que, por lo tanto, la tenue propiedad responsable de la extensión metafórica puede ser efectiva.

La forma de metáfora llamada símil proporciona otro tipo de presión hacia la emisión de respuestas débiles. Si, en lugar de decir *que era brillante*, el poeta comienza con *era tan brillante como*, se encontrará atrapado. El *como* puede no haber sido más que una respuesta a la intensidad del estímulo (una respuesta similar hubiera sido *muy*), pero compromete al poeta a completar la figura retórica. La obligación se cumple a menudo con formas de respuesta muy débiles.

No sólo el poeta se limita a sí mismo de esta manera. En lugar de decir que *era muy estúpido*, un hablante puede empezar *Era tan tonto como...* En ausencia de una propiedad común de los estímulos, producirá una extensión metafórica, la finalización debe dejarse a una respuesta intraverbal, por ejemplo, una metáfora manida. Si esto falla, y si no se dispone de respuestas intraverbales, o si son tabúes u objetables, se puede recurrir a una solución formuláica: *Era tan tonto como cabe imaginar*, o *era más tonto que qué*.

Una expresión que tiene la forma estándar de metáfora es a veces claramente la finalización de un marco metafórico con material intraverbal o de otro tipo. En *Brillante como la noche es oscura*, debemos suponer que la situación actual fortaleció *brillante* y que *brillante* a su vez fortaleció a *noche* y *oscura*. No se trata de extensiones metafóricas sino de respuestas intraverbales que completan un marco sintáctico estándar (véase el capítulo 14).

A veces parece que se produce una verdadera extensión cuando no se puede demostrar ninguna similitud entre los estímulos expresables en los términos de la ciencia física. Hay varias explicaciones posibles. Dos estímulos pueden tener un efecto común sobre el organismo que responde, lo que media la extensión de la respuesta. En el ejemplo de Julieta *es el sol*, es posible que no se haya podido establecer de forma plausible una similitud física. Sólo para Romeo, Julieta brilló con la luz del amanecer. La extensión metafórica podría haber sido mediada por, digamos, una respuesta emocional que tanto el sol como Julieta evocaron en él. De manera similar, cuando el color escarlata se describe como *el tañido de una trompeta*, no es necesario buscar propiedades comunes visuales o auditivas. Tanto el color escarlata como el tañido de una trompeta tienen algún efecto común (tal vez como un estímulo inusual o alarmante, o un estímulo frecuentemente asociado a la pompa) que puede mediar la extensión de la respuesta. El efecto común no tiene por qué ser en sí mismo metafórico.

Las propiedades de las cosas o eventos que subyacen a la extensión metafórica son materia de estudio empírico. ¿De qué manera los eslabones de una cadena son similares a la serie de episodios de una "cadena de eventos"? ¿Dónde decimos que está el individuo cuando está "en la cima del mundo" o cuando ha "sufrido una *caída* moral"? ¿Cómo "cerramos los ojos a la verdad"? Las respuestas a preguntas de este tipo revelarían las propiedades efectivas del ambiente que son importantes para el estudio, no sólo de la conducta verbal, sino de la conducta humana en general. La metáfora, así definida, se acerca al "símbolo" freudiano. Las propiedades o condiciones en virtud de las cuales algo puede servir como símbolo de otra cosa son precisamente las propiedades o condiciones responsables de la extensión metafórica.

La conducta verbal sería mucho menos eficaz si no fuera posible la extensión metafórica. Incluso cuando se dispone de un tacto no extendido, la metáfora puede tener una ventaja. Puede ser más familiar y puede afectar al oyente de otras maneras, en particular al suscitar respuestas emocionales. Aunque "una imagen vale más que diez mil palabras" para ciertos fines, no es fácil imaginar ciertas propiedades de los objetos, y éstas son a menudo sólo las propiedades que se tratan con éxito mediante la extensión metafórica. Podría ser posible en ciertos tipos de símbolos o en el arte surrealista sugerir o mostrar que Julieta es el sol para Romeo, pero el truco se convierte más fácilmente en el medio verbal. La extensión tacto libera las propiedades de los objetos uno del otro, y así hace posible una recombinación que no está restringida por las exigencias del mundo físico.

La extensión metafórica es más útil cuando no se dispone de otra respuesta[8]. En una situación novedosa a la que no se puede extender ningún término genérico, la única conducta efectiva puede ser metafórica. El uso generalizado de la metáfora en la literatura demuestra esta ventaja. La literatura es precientífica en el sentido de que habla de cosas o

8 Desafortunadamente, la metáfora también suele ser útil cuando no hay nada que decir. John Horne Tooke señaló: "... aunque los símiles aparecen con mayor belleza y propiedad en las obras creativas, a menudo las encuentran más útiles los autores de tratados filosóficos, ayudando a muchos de ellos a elevarse sobre el vacío, dándoles la apariencia de decir algo, cuando en realidad no hay sustancia alguna en lo que dicen. Porque los símiles son en verdad los flotadores con los que se mantienen sobre el agua; y el gramático se hunde enseguida si intenta nadar sin ellos" (*The Diversions of Purley*, pág. 59, edición de 1857).

acontecimientos antes de que la ciencia entre en juego y se inclina menos a hablar de ellos después. Construye sus vocabularios, no a través de una definición explícita o una extensión genérica, sino a través de la metáfora.

En ningún lugar se ilustra mejor esto que en el campo de la psicología misma. La conducta humana es un tema extremadamente difícil. Los métodos de la ciencia se han aplicado a ella muy tarde en la historia de la ciencia, y la explicación está aún lejos de ser completo. Pero es el campo en el que la literatura es más competente, segura y efectiva. Un Dostoievski, una Jane Austen, un Stendhal, un Melville, un Tolstoi, un Proust, o un Joyce parecen mostrar una comprensión de la conducta humana que está más allá de los métodos de la ciencia. En la medida en que la literatura simplemente describe la conducta humana en forma narrativa, no puede decirse que muestre comprensión alguna; pero el escritor a menudo parece "decir algo" sobre la conducta humana, para interpretarla y analizarla. No sólo se describe a una persona como participante en varios episodios, sino que *se le caracteriza*. Esta es una expresión significativa, ya que sugiere dónde encuentra su lugar la metáfora, como vocabulario precientífico. Entre otras técnicas de la literatura, la personalidad se describe y analiza con ciertas tipologías. En las primeras formas literarias, los animales tienden a ser utilizados como tal esquema clasificatorio. El profesor Wells[9] ha compilado una útil lista de estos *teriotipos*[10]. Un hombre puede ser un asno, un búho, una serpiente o una rata. Los adjetivos comparables (estúpido, sabio, traicionero, o malo, respectivamente) carecen del efecto completo de la extensión metafórica en el teriotipo.

Los animales conocidos se agotan rápidamente, pero la literatura construye sus propios términos. El escritor puede tratar eficazmente, como dijo Thomas Carew[11], "esas virtudes heroicas de las que la antigüedad / no ha dejado ningún nombre sino sólo patrones, / como Hércules, Aquiles, Teseo". Cuando decimos que alguien realiza una tarea hercúlea, no decimos simplemente que la tarea requería una gran fuerza o que fue emprendida industriosamente o que posiblemente era odiosa; decimos todo esto y más en una sola palabra. La fábula, el mito, la alegoría, en resumen, la literatura en general, crean sus propios vocabularios conectando las

9 Wells, F. L., "Excursión entre arañas", *Sewanee Review*, 1937, *V*, 75-90.

10 N. del E.: adaptación del original *theriotype*, en referencia a caracteriologías animales (e.g., terco como una mula, laborioso como una hormiga, ocioso como una cigarra, etc.).

11 Carew, T., "Pretensiones de la pobreza", *Poemas, canciones y sonetos* (Londres, 1670).

formas verbales con descripciones de eventos u ocasiones particulares de las que luego pueden extenderse metafóricamente. Una compleja relación interpersonal puede ser descrita sucintamente como "llorar al lobo", mientras que un complejo ajuste emocional puede ser resumido como "uvas agrias". Se necesitaría una frase larga, o más probablemente un párrafo o incluso un capítulo, para tratar cualquiera de estos de forma no metafórica. Cuando la expresión literaria se refuerza en su propio derecho, se vuelve útil en la descripción directa. Esto le quita la fuerza metafórica a la virtud heroica y no nos da ninguna pista de lo que sucede cuando el término se usa metafóricamente. Sin embargo, conduce a una terminología no metafórica cada vez más compleja y eficaz que describe la personalidad humana. La eficacia científica de ese vocabulario derivará de las contingencias reales del reforzamiento en la comunidad científica, no de sus orígenes metafóricos. Cualquier supervivencia de este último interferiría con el uso científico.

La diferencia entre el tacto genérico y el metafórico es una de las grandes diferencias entre la ciencia y la literatura. La conducta verbal científica se establece y mantiene debido a ciertas consecuencias prácticas. Nada más allá de una extensión genérica servirá eventualmente, como veremos en el capítulo 18. En la literatura no hay consecuencias prácticas similares y por lo tanto prevalecen las extensiones metafóricas. Nadie negará que son eficaces; pero la ventaja que obtenemos al leer a Dostoievski o Joyce, al llegar a compartir su "conocimiento" o "comprensión" de la naturaleza humana, es muy diferente de la ventaja obtenida del estudio científico.

Extensión metonímica

La metáfora, tal como se define aquí, incluye símiles y varias variaciones menores que se distinguen en la retórica clásica. Una categoría separada es aconsejable para lo que podemos llamar metonimia, usando la palabra para incluir varias otras figuras clásicas, incluyendo "sinécdoque". Aquí se produce una extensión de un tacto cuando un estímulo adquiere el control de la respuesta porque frecuentemente *acompaña al estímulo* del que normalmente depende el reforzamiento. Así, decimos que la *Casa Blanca negó el rumor*, aunque fue el Presidente quien habló, o no *ha tocado su cena*, cuando el hecho importante era que la cena no se comió. Explicamos esta conducta señalando que el Presidente y la Casa Blanca, y el tocar y comer, frecuentemente ocurren juntos.

Se ha hecho un esfuerzo por explicar la metonimia en términos de relaciones lógicas entre los estímulos. Se han definido varios tipos en consecuencia. La relación puede ser la de persona a oficina (antonomasia), de parte a todo (sinécdoque), y así sucesivamente. Pero estas relaciones, como las que se apelan en el análisis clásico de la asociación de palabras, no hacen más que explicar por qué los estímulos se dan juntos en la naturaleza. Dos estímulos contiguos cualesquiera, mostrarán este efecto independientemente de por qué son contiguos.

La extensión metonímica no se produce libremente en ambas direcciones. No describimos la remodelación de la Casa Blanca diciendo que el Presidente recibió una nueva capa de pintura. Esta falta de simetría se explica fácilmente por la forma en que la extensión metonímica difiere de la extensión genérica y más metafórica. La extensión genérica se basa en una propiedad que entra en la contingencia de reforzamiento. La respuesta extendida tiene, por lo tanto, un efecto apropiado sobre el oyente, que responde eficazmente al estado de cosas descrito. En la metáfora, este resultado no puede garantizarse porque la propiedad responsable de la extensión puede no ser igualmente importante para el oyente o tan efectiva sobre su conducta. Por lo tanto, puede sorprenderse al oír la respuesta que se da al nuevo estímulo o, si no está en contacto con el estímulo, la acción que emprende con respecto a él puede causar problemas. No obstante, la propiedad responsable de la extensión metafórica suele tener cierta importancia funcional. La extensión metonímica, sin embargo, puede ser el resultado de una asociación puramente accidental de estímulos, y por lo tanto es probable que el tacto metonímico confunda al oyente y no lo prepare para una acción eficaz. Sólo son eficaces las extensiones que no conducen a resultados contradictorios. Podemos decir *una flota de veinte barcos*, en el conocido ejemplo del libro de texto de "parte para el todo", porque el oyente supondrá sin duda que el resto de cada barco también está presente, pero no podemos decir que los barcos estaban aleteando ociosamente en la brisa sin producir efectos colaterales que es mejor evitar.

En realidad, hay muy poca metonimia espontánea. La mayoría de los ejemplos en el habla cotidiana y en la literatura, como la mayoría de las metáforas aparentes, son respuestas que han sido reforzadas independientemente y por lo tanto establecidas como unidades funcionales. La extensión metonímica puede explicar el origen de estas expresiones en el ambiente verbal, pero no es necesario dar cuenta de los casos en la conducta del hablante individual. Una razón de la rareza de la verdadera metonimia es que las propiedades controladoras y contingentes están tan vagamente asociadas que la respuesta es generalmente de poco valor cuando falta una respuesta estándar. Las propiedades estrechamente asociadas producen rápidamente relaciones de control estándar. Así, se ha señalado a menudo que el *naranja* y el *violeta*, que ahora se utilizan como términos para el color, deben haberse extendido desde una aplicación anterior a los objetos. Dado que la asociación de objetos y colores es muy estrecha, las extensiones metonímicas deben haber sido relativamente eficaces cuando se produjeron por primera vez, pero por esta misma razón las respuestas se convierten rápidamente en formas estándar controladas por el color solamente.

El proceso de extensión metonímica suele conducir a la conducta, que está muy alejada de los ejemplos de la retórica clásica y se suele pensar que no requiere una designación especial. Digamos que un niño está acostumbrado a ver una naranja en la mesa del desayuno. Cuando en una mañana determinada la naranja desaparece, el niño rápidamente dice *naranja*. Supongamos que podemos mostrar que no es un mando: por ejemplo, supongamos que podemos mostrar que una naranja no se toma y se come cuando se ofrece. Entonces, ya que no hay ninguna naranja que actúe como estímulo, ¿por qué se produce la respuesta? Como señaló A. P. Weiss[12] al tratar este caso, no necesitamos decir que el niño "percibe la ausencia de la naranja". La respuesta es evocada por la mesa del desayuno con todas sus características familiares, así como por otros estímulos acompañen esa determinada hora del día. Las naranjas han acompañado con frecuencia a estos estímulos, y la respuesta *naranja* ha sido reforzada en su presencia. Una extensión metonímica similar podría ocurrir en la otra dirección. Como resultado de la misma historia, una naranja, vista por primera vez en otras circunstancias, podría evocar la respuesta *desayuno*.

Un hablante más sofisticado dirá más que *la naranja* o *el desayuno* en tales circunstancias. Frente a la mesa del desayuno sin una naranja, puede decir *No hay naranja...* o frente a una naranja en ausencia de una mesa de desayuno, puede decir *Esa naranja me recuerda al desayuno*. Las respuestas *no* y *me recuerda* son ejemplos de otro tipo de conducta verbal

12 Weiss, *A. P.*, *A Theoretical Basis of Human Behavior* (Columbus, Ohio, 1929).

que se tratará en el capítulo 12. En ambos casos se ha producido algo más que una mera extensión metonímica. La respuesta se ha reforzado según este principio, y el hablante ha descrito ese hecho o lo ha comentado a través de conductas verbales adicionales.

Extensión solecista del tacto

Una extensión aún más tenue de los tactos es tan inútil y confusa para el oyente que se describe con términos tan peyorativos como malapropismo, solecismo o catacresis. La propiedad que obtiene el control de la respuesta está sólo lejanamente relacionada con la propiedad definitoria a la que son contingentes los reforzamientos típicos o es similar a esa propiedad por razones irrelevantes. Esto no quiere decir que algunos malapropismos no sean eficaces o no se refuercen. Puede que no nos moleste seriamente cuando alguien diga *dilema* ante una situación que es meramente difícil, o *factible* cuando la acción es meramente posible, y probablemente no nos enfrentemos a la Sra. Malaprop[13] cuando anuncia *vaya usted primero y yo le precederé.* Un dilema no es muy diferente de una dificultad, y *preceder*, aunque lo contrario de *seguir,* también puede tratar del orden en que las personas salen de una habitación. Aun así, tales ejemplos son problemáticos para el oyente y en muchos casos pueden ser peligrosos. La mayoría de las comunidades verbales no sólo no responden eficazmente a esas extensiones, sino que les imponen algún tipo de castigo.

La extensión solecista no está lejos de la metonimia. Cuando un estudiante bajo la presión de un examen escribe: *La fatiga de una sinapsis se corresponde con la fase refractaria* y luego la corrige cambiando *se corresponde con* por *es similar a*, no es difícil encontrar circunstancias en las que estas respuestas puedan intercambiarse satisfactoriamente. Por ejemplo, los sentimientos que son correspondidos también son similares. El término *corresponder* se refuerza a veces en presencia de cosas que poseen la propiedad de la similitud y el término puede ser evocado posteriormente sólo por esa propiedad.

Como en la metáfora y la metonimia, la extensión solecista es más común cuando no hay otra respuesta disponible. Asimismo, como en la metáfora y la metonimia, algunas respuestas erróneas son reforzadas por la comunidad verbal y adquieren un estatus funcional, si no social,

13 Sheridan, R. B., *The Rivals* (1773).

comparable al de las respuestas correctas. Los errores originales son quizás casi tan raros como las metáforas originales.

Denominación

Un tacto se extiende con frecuencia cuando se da un nombre a una persona o a una cosa. Un niño recién nacido, una máquina recién inventada, una flor recién descubierta, una ciudad recién fundada, son ocasiones novedosas para las que faltan los tactos estándar. Antes de que se produzca lo que podríamos llamar "denominación", las únicas respuestas disponibles son los sustantivos y adjetivos comunes evocados por diversas propiedades que el nuevo objeto comparte con objetos anteriores para los que ya existen tactos. *El nuevo niño de nuestra casa* es una especie de nombre propio en el sentido de que identifica con bastante precisión un objeto particular, pero puede no identificar este objeto en otras ocasiones o cuando lo hablan otras personas, y puede no seguir haciéndolo a medida que el objeto cambia. Un nombre propio, es decir, un nombre que se refuerza característicamente sólo en presencia de una persona o cosa particular o en relación con esa persona o cosa particular, es obviamente más eficaz. ¿Pero de dónde surgen tales nombres? ¿Qué proceso verbal es responsable de la primera atribución de un nombre a una nueva persona u objeto?

Algunos "nombres propios" aceptados son simplemente conjuntos supervivientes de tactos: *La Pequeña Iglesia a la vuelta de la esquina, Un Tratado sobre la Probabilidad,* u *Oda a la belleza.* A menudo se utiliza la propiedad de la posición en serie: *La Octava Sinfonía de Beethoven* es un nombre propio que surge de la designación de un orden serial, como es el nombre del niño *Tertius*. Las nuevas estrellas son generalmente nombradas con números en el orden de su descubrimiento. *Nueva Inglaterra* especifica una relación temporal, mientras que *North Conway*[14] una geográfica.

La mayoría de los nombres, sin embargo, ejemplifican la extensión de una relación de tacto. Los niños suelen recibir nombres que los padres ya han adquirido con respecto a otras personas (p.ej., amigos, parientes o figuras admiradas de la literatura o la historia). Esto se expresa diciendo que el niño se llama "por" alguien o es "tocayo" de alguien. A menudo

14 N. del E.: municipio de New Hampshire.

se trata de un ejemplo de extensión genérica o metafórica. Un bebé nombrado por alguien a quien realmente se parece físicamente ejemplifica claramente la metáfora. Más a menudo la base de la extensión es alguna reacción emocional común o de otro tipo engendrada en los padres. Si el nombre es sugerido primero por otra persona, las mismas propiedades comunes hacen que sea relativamente fácil para los padres aplicarle el nombre al niño y por lo tanto aceptar la sugerencia. Que procesos de este tipo se den en la denominación es obvio en el caso negativo. Los nombres que claramente no son evocados en ninguna medida por un niño pueden ser rechazados a pesar de que haya alguna razón para usarlos. Se evitan los nombres adquiridos en relación con personas que suscitan reacciones emocionales incompatibles; los padres pueden resistirse a al nombre de un conocido que les disgusta y ello a pesar de que sea un nombre común en la familia.

Indudablemente hay muchos otros procesos en juego al darle un nombre a un niño. No es un ejemplo de la extensión de un tacto si el único efecto de un nombre elegido es añadir prestigio o carácter o aumentar las perspectivas de un niño en el mundo. Se da un nombre de este tipo, al igual que más tarde puede adoptarse un determinado corte de pelo o tipo de atuendo, debido al parecido que existe, no antes de darle nombre, sino después. El nombre es, en cierto sentido, una decoración. Decimos que un bebé se llama Paz o Esperanza "por" una virtud abstracta. El recién nacido no es visiblemente pacífico o esperanzado, pero hasta cierto punto parece adquirir tales admirables atributos tan pronto como se le nombra.

Los "apodos" suelen mostrar una mayor libertad, lo que sugiere una licencia poética, y por lo tanto son buenos ejemplos del proceso de denominación. Apodos caprichosos para niños como *Llorona, Ratoncito* o *Sol,* o apodar a un restaurante *La Cuchara Grasienta* revelan el proceso básico.

Los nombres propios parecen ser más fáciles de olvidar que otras formas de conducta verbal. Esto puede ser ilusorio, ya que la ausencia de un nombre propio en un repertorio puede ser muy obvia. Al describir un objeto o persona con un conjunto de tactos, suele haber muchas formas alternativas si falla una respuesta dada, y el propio hablante puede no ser capaz de informar de que la respuesta faltaba en su conducta en ese momento. La propia singularidad del nombre propio, sin embargo, expone el proceso de olvido. Por otra parte, hay buenas razones para esperar que los nombres propios se olviden más fácilmente. En la medida en que son estrictamente "propios", es decir, en la medida en que no muestran ninguna extensión a otros estímulos, se utilizan y refuerzan en situaciones limitadas y un número contado de veces. Los nombres comunes, en cambio, son adecuados para una gama mucho más amplia de situaciones y, como veremos dentro de un momento, se reducen en parte a un repertorio mínimo en virtud del cual una determinada operante puede derivar su fuerza de otras operantes que tengan algo en común con ella. Si por casualidad un nombre propio muestra una extensión metafórica gana una ventaja mnemotécnica. Un recurso habitual del "experto en memoria" es convertir un nombre propio en una descripción de la persona nombrada, sin importar cuán imaginativa o inverosímil pueda ser la descripción.

El valor mnemotécnico que se obtiene cuando un nombre muestra una extensión metafórica tiene una contrapartida que funciona en el sentido opuesto. En los juegos de moralidad y alegorías, los personajes son frecuentemente nombrados por los rasgos que personifican o los papeles estándar que desempeñan. El drama típico de la época de la restauración siguió la misma práctica, como en cierta medida lo hicieron novelistas del siglo XIX, como Dickens y Trollope. Pero al nombrar un personaje de manera que describa su conducta o condición, al autor no le interesa asegurarse de que el lector no olvidará el nombre. Le interesa señalar su personalidad o su rol en la trama. El *Sr. Quiverful*[15] de Trollope es un clérigo indigente con una gran familia. Esta condición es hasta cierto punto puesta en conocimiento del lector siempre que se usa el nombre propio. Por otra parte, el Sr. *Crawley*[16] del mismo autor, se caracteriza por una excesiva humildad, o en la frase de Hamlet, como "arrastrarse entre el cielo y la tierra[17]". Al darle el nombre de Crawley, Trollope lo caracteriza repetidamente a lo largo del libro.

Adivinar

¿Es posible emitir una respuesta que se clasificaría como tacto en ausencia de cualquier estímulo relevante? Ciertamente se puede ejercer presión para evocar respuestas parecidas a los tactos. Alguien puede ser forzado, bajo un estímulo aversivo, a "dar el nombre" de un

15 N. del E.: podría interpretarse como *full of quivers*; alquien que tirita de frío o que tiene muchos bástagos.

16 N. del E.: aquí Crawley se vería como variación de *crawl*; arrastrarse, rebajarse.

17 N. del E.: Hamlet, acto 3, escena 1.

total desconocido, es decir, a emitir algún nombre en presencia del desconocido. Un estudiante puede recibir en un examen el consejo: "Si no sabes la respuesta, intenta adivinarla". Pero si la forma de la respuesta resultante no está controlada por el estímulo de ninguna manera, no puede ser un tacto. El tacto es una relación, no una mera respuesta, y en ausencia de un estímulo controlador no se puede establecer ninguna relación.

Los rastros de control pueden demostrarse a menudo cuando el hablante parece estar adivinando. La situación actual puede tener cierto parecido con situaciones pasadas. En realidad, se le aconseja al estudiante que deje que esos ligeros parecidos operen a su favor, aunque la situación no sea lo suficientemente importante como para evocar una respuesta. El descubrimiento del autor de una pieza musical desconocida a menudo parece ser una suposición, pero uno puede verse afectado por las propiedades de la música que controlan el nombre del compositor en cierta medida, aunque sean sutiles y no puedan ser identificadas por el observador. Si podemos demostrar que el nombre adivinado tiene alguna relación funcional con la música que se escucha, habría pruebas de que existe alguna relación con el tacto.

En la situación de adivinación que consisten en lanzar una moneda y preguntar "¿Cara o cruz?", la posición final de la moneda no controla la respuesta del adivinador y, por lo tanto, la respuesta no es un tacto. Esto no significa, por supuesto, que la respuesta sea indeterminada. La pregunta "¿Cara o cruz?" puede producir una primera llamada estadísticamente diferente de la pregunta "¿Cara o cruz?", sugiriendo influencias ecoicas o intraverbales. Si se pide al hablante que adivine el resultado de una serie de lanzamientos, su conducta será controlada por sus conjeturas anteriores más un tipo de conducta similar a la que se trata en la Parte V. Las experiencias anteriores en la situación de adivinación establecen tendencias a repetir o a negarse a repetir los intentos anteriores. Por consiguiente, en la población en general se observan ciertas secuencias relativamente típicas de respuestas llamadas "fortuitas"[18].

18 Skinner, B. F., The Processes Involved in the Repeated Guessing of Alternatives, *Journal of Experimental Psychology*, 30 (1942), 495–503. Reimpreso en la compilación del autor *Cumulative Record: Definitive Edition* (B. F. Skinner Foundation, 1999).

Dinámica del tacto extendido

Hemos visto que la fuerza de un tacto puede variar con la claridad o la rareza del estímulo y con las condiciones motivacionales momentáneas del hablante, en particular porque éstas se relacionan con las conductas especiales del oyente (véase el capítulo 6). El tacto extendido está sujeto a otra fuente de variabilidad. Cuando la extensión se produce por primera vez (y sólo entonces es el proceso de especial interés), la probabilidad de la respuesta dependerá de la semejanza entre las nuevas y las viejas situaciones. Es probable que la extensión genérica, tras una propiedad inevitablemente asociada al reforzamiento, sea fuerte. Sólo en casos inusuales se califica la tendencia a responder, y el hablante puede comentar esa debilidad con una respuesta adicional, como cuando se dice *una especie de...* (véase el capítulo 12). No es probable que una silla muy inusual se llame silla, o si lo es, puede ser calificada como *una especie de silla*. Las extensiones metafóricas se basan en propiedades laxamente vinculadas al reforzamiento y es probable que la asociación sea débil, siendo esta debilidad descrita por el propio hablante mediante el uso de expresiones tales como *como* o *parecido a*. Las metáforas son más comunes, como hemos visto, bajo las condiciones especiales de "licencia literaria" en la comunidad verbal literaria.

Las verdaderas extensiones metonímicas y solecistas son raras y es probable que sólo se produzcan bajo la presión de "hablar sea como sea" (véase el capítulo 8). La verdadera denominación también muestra una probabilidad muy baja de respuesta en la mayoría de los casos, como lo sugiere la larga deliberación que con frecuencia requiere el nombrar, no sólo a un recién nacido, sino a un nuevo dispositivo u obra de arte. La adivinación es el caso extremo de un control de estímulo mínimo y casi siempre requiere variables fuertes más allá de las de la situación estimulante.

ABSTRACCIÓN

Cualquier propiedad de un estímulo presente cuando se refuerza una respuesta verbal adquiere cierto grado de control sobre esa respuesta, y ese control sigue ejerciéndose cuando la propiedad aparece en otras combinaciones. Si este proceso de extensión no fuera controlado, se produciría un caos, ya que cada estímulo comparte propiedades con muchos otros estímulos y, por lo tanto, debería controlar una gran variedad de respuestas. Cierto control extendido es, como acabamos de ver, permisible e incluso útil, pero no se puede tolerar una extensión libre de los tactos, en particular en cuestiones prácticas y científicas.

La comunidad verbal se ocupa de este problema recurriendo a otro proceso conductual que agudiza el control de estímulo y se opone al proceso de extensión. Refuerza las respuestas en presencia de una propiedad de estímulo elegida y no refuerza, o tal vez incluso castiga, las respuestas evocadas por propiedades no especificadas. En consecuencia, la respuesta tiende a darse sólo en presencia de la propiedad elegida. Supongamos, por ejemplo, que la comunidad refuerza repetidamente una respuesta verbal en presencia de una pequeña pirámide roja. Siempre que no haya interferencia de otras conductas, la respuesta será evocada en adelante con diversos grados de probabilidad por cualquier estímulo rojo, cualquier estímulo pequeño y cualquier estímulo piramidal. No obstante, es poco probable que la comunidad refuerce también la respuesta siempre que se haga a cualquiera de estas propiedades fragmentarias del estímulo que se produzca en otras combinaciones. Si la respuesta ha de ser de utilidad práctica, debe caracterizarse por una propiedad específica, digamos, la forma. Así la comunidad se abstendría de reforzar las respuestas emitidas en presencia de objetos rojos o pequeños que no sean piramidales. Sin embargo, continuaría reforzando la respuesta cuando haya una pirámide presente, sin importar el color, el tamaño o cualquier otra propiedad. La operante verbal resultante se llamaría tradicionalmente "el nombre de la forma de una pirámide" y se clasificaría como *abstracta*.

Si se suele considerar que la metáfora no es el resultado natural de la inducción de estímulo, sino un logro atribuido a alguna facultad o poder especial del hablante dotado, se hacen afirmaciones aún más extensas sobre la facultad de la abstracción. No obstante, el proceso se demuestra fácilmente en animales distintos del ser humano. La fórmula es sorprendentemente simple cuando recordamos lo complicado que han sido los tratamientos clásicos del tema. Pavlov estudió el proceso en sus experimentos sobre reflejos condicionados. Encontró que la respuesta salival de su perro podía ser controlada por una sola propiedad de un estímulo, o una combinación de propiedades, si las respuestas a otras propiedades o combinación de propiedades no eran reforzadas[19]. Como

19 N. del E.: entiéndase, condicionadas clásicamente.

veremos en el próximo capítulo, el proceso demostrado en el experimento de Pavlov se ve más a menudo en la conducta de los oyentes que en la de los hablantes, pero un paralelo cercano del tacto abstracto puede establecerse en organismos inferiores[20]. Una paloma, por ejemplo, que ha sido reforzada para picotear un pequeño triángulo rojo proyectado en una pantalla translúcida, picoteará formas que tienen otros tamaños, colores o formas, aunque a menor velocidad. Pero puede ser rápidamente llevada a responder preferentemente a cualquiera de estas propiedades reforzando sólo cuando esa propiedad está presente independientemente del resto de propiedades.

Los ejemplos de abstracción de los libros de texto suelen ser relevantes para las operaciones "intelectuales" en las que se analiza el medio ambiente de forma práctica. Los ejemplos tienden a hacer hincapié en dimensiones bastante simples de la naturaleza, pero el proceso está igualmente bien ejemplificado cuando la propiedad abstracta de los estímulos no puede ser aislada por ningún otro método de análisis. El estudiante que está aprendiendo a "detectar" al compositor de una música desconocida o a nombrar al artista o la escuela de un cuadro desconocido se somete a las mismas contingencias de reforzamiento diferencial. Respuestas como la de *Mozart* o *Dutch* se ponen bajo el control de propiedades extremadamente sutiles de los estímulos cuando son reforzadas con "correcto" o castigadas con "incorrecto" por la comunidad[21]. Pero puede ser muy difícil, si no imposible, realizar una descripción de estas propiedades en términos comparables a la descripción matemática de una pirámide.

El procedimiento mediante el cual se establece un tacto abstracto no *crea* el control ejercido por el estímulo; simplemente lo agudiza e intensifica. La propiedad especificada por la contingencia restringida es el mismo tipo de propiedad, y ejerce el mismo tipo de control, como en la extensión metafórica. Además, el proceso de abstracción probablemente nunca se completa. Las extensiones metafóricas no siempre se eliminan,

20 Nuestra definición de conducta verbal, por cierto, incluye la conducta de animales de experimentación cuando los reforzamientos son suministrados por un experimentador o por un aparato diseñado para establecer contingencias que se asemejan a las mantenidas por el oyente normal. El animal y el experimentador forman una pequeña pero genuina comunidad verbal. Esto puede ofender la visión tradicional, pero hay consuelo en el hecho de que una relación como la representada por el tacto abstracto es susceptible de ser estudiada en el laboratorio.

21 N. del E.: discriminaciones sutiles similares han podido demostrarse en animales de laboratorio. Ver, por ejemplo, Watanabe, S., Sakamoto, J., & Wakita, M. (1995). Pigeons' discrimination of painting by Monet and Picasso. *Journal of the Experimental Analysis of Behavior, 63*(2), 165–174. https://doi.org/10.1901/jeab.1995.63-165

ya que la oportunidad de extinguir todas las respuestas extendidas puede que nunca surja. Es probable que una respuesta verbal nunca se restrinja totalmente a un conjunto específico de propiedades, aunque en el caso óptimo una sola propiedad o un conjunto específico de propiedades puede, a efectos prácticos, ejercer el control exclusivo.

La abstracción es un proceso peculiarmente verbal porque un entorno no verbal no puede proporcionar la contingencia restringida necesaria. Una sola propiedad puede controlar una respuesta no verbal, pero no puede controlar *sólo* una de esas respuestas a menos que sea el único e inevitable acompañamiento de otro conjunto de propiedades. Supongamos que en un huerto determinado sólo son comestibles las manzanas rojas. Esta condición significa que sólo cuando una manzana es roja, la conducta de recogerla y comerla será reforzada por cierta estimulación gustativa. Por consiguiente, la conducta sólo es evocada por las manzanas rojas. También se derivará de ello cierta tendencia a tomar y comer otros objetos rojos, siempre que no difieran demasiado en forma y el tamaño de las manzanas. Así, una nueva y brillante bola de goma roja puede parecer "lo suficientemente buena para comer" e incluso puede evocar conductas comestibles caprichosas. Pero en general no tendemos a comer libros rojos, sombreros, etc., simplemente porque comemos manzanas rojas. Si existe tal tendencia, la extinción habrá de darse pronto. En consecuencia, la respuesta única controlada por el enrojecimiento de las manzanas no permanece bajo el control de la propiedad de enrojecimiento, independientemente de las otras circunstancias en las que se produce esa propiedad.

Sin embargo, una respuesta verbal puede quedar bajo el control exclusivo del rojo porque la contingencia necesaria no requiere una consecuencia práctica común a todos los casos de rojo. Aunque la comunidad verbal se ocupa eventualmente de cuestiones prácticas, puede mantener la contingencia única requerida para una abstracción cuando las consecuencias prácticas varían de un caso a otro. El oyente puede preocuparse por el enrojecimiento de un estímulo por muchas razones diferentes, y se comportará en respuesta al *rojo* del hablante de diferentes maneras en diferentes ocasiones, pero todo lo que requiere del hablante es que la respuesta *al rojo* se correlacione con un estímulo rojo en cada caso. El reforzamiento generalizado proporcionado por la comunidad puede descansar en una sola condición.

El logro especial de los tactos abstractos al dividir el mundo en partes muy pequeñas ha alimentado la creencia de que la abstracción siempre o particularmente se ocupa de las propiedades individuales, en contraste con las colecciones de propiedades llamadas objetos o cosas. Se dice, por ejemplo, que los referentes de los términos abstractos no pueden "estar solos", como parecen hacer los objetos, y que, por eso, de hecho, recurrimos a la abstracción. Pero un tacto puede implicar el control de un estímulo-objeto en particular precisamente de la misma manera. Una respuesta controlada por una sola dimensión de un estímulo puede tener propiedades especiales, pero no son las propiedades especiales de la abstracción. Cuando el estímulo es un objeto, a veces es posible una especie de "abstracción" no verbal porque se puede dar una única respuesta práctica a un gran número de casos. Por ejemplo, podemos clasificar un gran número de objetos como sillas comportándonos de manera no verbal con respecto de ellos, es decir, sentándonos en ellas. Se trata de una respuesta de identificación de la silla que, cuando se hace en presencia de sillas, recibe un reforzamiento práctico no verbal que permite tal clasificación. La respuesta verbal *silla* puede estar bajo el control de propiedades más sutiles, por ejemplo, puede ser fijada a la forma de las sillas independientemente de su tamaño. Pero no hay un proceso exclusivo de clasificación o control de estímulo. Cuando la respuesta *silla* está restringida a una clase de estímulo dada por el ambiente verbal, el proceso de abstracción sigue el mismo curso que en una respuesta como *roja*.

Normalmente mencionamos los objetos primero al dar cuenta del mundo físico, y los lenguajes, aparentemente, tienden a desarrollar primero los términos de los objetos[22]. Es fácil explicar esto atendiendo a consecuencias prácticas. La lenta aparición de palabras relacionadas con propiedades únicas (por ejemplo, los nombres de los colores) a menudo puede ser rastreada en la historia de un idioma. Por otra parte, en un análisis lógico o epistemológico, suele ser más sencillo suponer que el mundo está construido con ladrillos de una sola propiedad. La "confusión floreciente y zumbante" de William James[23] sugiere materiales sensoriales caóticos en lugar de una colección variada de objetos. Recientemente,

22 N. del. E.: esta idea, propuesta inicialmente por Darwin en *The Descent of Man* (1871) continúa siendo una hipótesis presente en la literatura.

23 N. del E.: James, W. (1890). *The Principles of Psychology*. Holp, pág. 488.

sin embargo, los objetos han recibido el beneficio de un mejor sentido del protocolo. Las sensaciones, o los atributos de las sensaciones, ahora aparecen frecuentemente como abstracciones más que como datos sensoriales primarios, y los objetos encuentran un sólido punto de apoyo en el nivel[24] cero de descripción de Carnap[25]. Pero todos los tactos están inmovilizados, si es que acaso lo están, a *través* del mismo proceso. La respuesta *silla* es tan abstracta como la respuesta *rojo*. No está controlada por un solo estímulo. La mayoría de las propiedades de una sola silla que evocan una respuesta en cualquier ocasión (el tamaño, el color, el material, el modo de fabricación, etc.) son irrelevantes. La extensión de la respuesta *silla* a otros estímulos a partir de tales propiedades se ha reducido a través de la extinción. Tal vez se necesite más extinción para restringir un término de propiedad como *rojo* que un término de objeto como *silla*, pero eso dependerá del caso particular. La respuesta *insecto*, aunque está controlada por una clase de objetos, probablemente necesitará más reforzamiento diferencial en un ambiente verbal dado que la respuesta *rojo*. En las respuestas verbales controladas por propiedades únicas de los estímulos hay menos posibilidades de propagación metafórica y, por consiguiente, menos posibilidades de que se dé una respuesta ineficaz en el oyente.

La predilección por *las cosas* a veces lleva a consecuencias absurdas en la búsqueda de propiedades definitorias. Intentamos reunir un conjunto de propiedades para componer una cosa. El profesor I. A. Richards considera un ejemplo particularmente bueno en sus *Principios de Crítica Literaria*[26]. La cita es de *Lecciones sobre Poesía* de G. W. Mackail.

> La poesía, como la vida, es una cosa. Esencialmente una sustancia o energía continua, la poesía es históricamente un movimiento conectado, una serie de sucesivas manifestaciones integradas. Cada poeta, desde Homero o los predecesores de Homero hasta nuestros días, ha sido, en algún grado y en algún momento, la voz del movimiento y la energía de la poesía; en él, la poesía se ha hecho por el momento visible, audible, encarnada; y sus poemas existentes son el registro que queda de esa encarnación parcial y transitoria... El progreso de la poesía, con su vasto poder y su exaltada función, es inmortal.

24 Carnap, Rudolph, Logical Syntax of Language (New York, 1937).

25 N. del E.: Carnap propuso una estructura jerárquica para clasificar las expresiones según su complejidad lógica. En esta jerarquía, el nivel cero corresponde a los símbolos individuales.

26 Richards, I. A., *Principles of Literary Criticism* (Nueva York, 1934), pág. 19.

El tema central de este pasaje incide aparentemente en la cuestión que tratamos. ¿Cuál es el referente del tacto *poesía abstracta*? El profesor Mackail parece argumentar que es algo que nunca está del todo presente en la presentación de un estímulo, pero que es característico de una larga sucesión de estímulos. Pero como *poesía* es un sustantivo, concluye que la poesía debe ser una cosa. Una sola propiedad es demasiado evanescente. Y así se apilan palabras para probar que la poesía es tanto sustancial (*sustancia, energía, movimiento, poder, visible, audible*) como duradera (*continua, sucesiva, integrada, inmortal)*. Podríamos intentar sustanciar[27] el referente de la *pirámide* de la misma manera:

> La piramidalidad, al igual que la vida, es una cosa.... Esencialmente una sustancia o energía continua, la piramidalidad es históricamente un movimiento conectado, una serie de sucesivas manifestaciones integradas. Cada constructor de pirámides, desde Keops o los predecesores de Keops hasta nuestros días, ha sido, en algún grado y en algún punto, la voz del movimiento y la energía de la piramidalidad; en él, la piramidalidad se ha hecho por el momento visible, audible, encarnada; y las pirámides existentes son el registro que queda de esa encarnación parcial y transitoria.... El progreso de la piramidalidad, con su vasto poder y su exaltada función, es inmortal.

Por absurdo que parezca, no es un ejemplo injusto de la cosificación de entidades para corresponder con términos abstractos. La práctica no se limita en absoluto a la crítica literaria. Comparémoslo, por ejemplo, el siguiente pasaje de *The Nature of Mathematics* de Philip Jourdain[28]:

> ...una palabra, "matemáticas", se usa tanto para un cierto tipo de conocimiento como para la cosa misma, si es que existe, sobre la que se apoya este conocimiento. He distinguido ... entre "Matemáticas", una colección de verdades de las que sabemos algo, y "matemáticas", nuestro conocimiento de las Matemáticas. Por lo tanto, podemos hablar de "las matemáticas de Euclides", de "las matemáticas de Newton", y decir verdaderamente que las matemáticas se han desarrollado y por lo tanto tienen historia; pero las Matemáticas son eternas e inmutables, y por lo tanto no tienen historia, no pertenecen, ni siquiera en parte, a Euclides o Newton, o a cualquier otra persona, sino que es algo que es descubierto, en el curso del tiempo por las mentes humanas.

27 Estas respuestas son ejemplos de los tactos impuros del Capítulo 6. La función en este caso es reducir la ansiedad del hablante para que la poesía no escape a la descripción por completo.

28 Reimpreso en J. R. Newman, *The World of Mathematics* (Nueva York, 1956), pág. 67.

Las características que se atribuyen a las personas mediante el uso de teriotipos fueron corroboradas por Victor Hugo en *Les Misérables* [Livre Cinquième, V] de esta manera:

> .... cada individuo de la especie humana corresponde a una de las especies de la creación animal; ... desde la ostra hasta el águila, desde el cerdo hasta el tigre, todos los animales están en el hombre y ... cada uno de ellos está en un hombre. A veces incluso varios de ellos al mismo tiempo.

Muchos de los rasgos, habilidades y facultades aceptados en un momento u otro como conceptos legítimos en psicología han tenido un origen igualmente modesto.

Los referentes de las abstracciones (las propiedades de los estímulos que controlan los tactos abstractos) sólo pueden descubrirse mediante ciertos métodos de investigación empírica. ¿Qué significan realmente *piramidalidad, poesía, silla, rojo* o *zorro*? Si intentamos responder a esto descubriendo lo que "significan para nosotros", nos estamos comportando empíricamente, aunque bajo ciertas limitaciones. Es más fácil descubrir lo que "significan" para otra persona. Hay muchos problemas técnicos que deben resolverse antes de que esto pueda hacerse a escala satisfactoria, pero la fórmula básica es sencilla: manipular los estímulos y, mediante la presencia o ausencia de la respuesta, identificar las propiedades de control efectivas. Los experimentos de laboratorio en la formación de conceptos siguen este patrón estableciendo y probando la presencia de tactos abstractos en una comunidad verbal artificial. Los mismos procedimientos podrían utilizarse en un estudio empírico de la abstracción generada por entornos verbales fuera del laboratorio.

La importancia de la abstracción

Un nombre propio es un tacto en el que la respuesta está bajo el control de una persona o cosa específica. Un nombre común es un tacto en el que la respuesta está bajo el control de una propiedad que define una clase de personas o cosas. Un "tacto propio" puede sufrir una extensión metafórica (como en *Un Daniel en lo referido a claro juicio*[29]); pero cuando lo hace, obviamente ha quedado bajo el control de un subconjunto de propiedades

29 N. del E.: referencia de *El mercader de Venecia* de W. Shakespeare (Acto 3, Escena 1).

(en este caso, la imparcialidad de la sabiduría judicial demostrada por el profeta Daniel) y, por lo tanto, funciona como un tacto común. Un tacto común bien establecido es necesariamente una abstracción; está bajo el control de un subconjunto de propiedades que pueden estar presentes en una ocasión determinada pero que probablemente nunca componen exclusivamente tal ocasión.

Un repertorio de tactos comunes tiene muchas ventajas. A veces resulta económico responder a una presentación de estímulo total con un nombre propio, pero un repertorio abstracto permite seleccionar e identificar sólo las propiedades que son importantes para el oyente. Ese repertorio tiene también la gran ventaja de estar disponible en una situación novedosa cuando no se dispone de un nombre propio. Una serie de tactos comunes que han sido condicionados separadamente con respecto a propiedades únicas o grupos de propiedades permiten proporcionar respuestas esencialmente nuevas y únicas. *El hombre del abrigo gris que alimenta a los cisnes* puede, en una ocasión dada, designar a una persona en particular tan específicamente como su nombre propio. Pero no podemos usar el nombre propio a menos que lo hayamos adquirido con respecto a esta persona. Sin embargo, podemos componer un sustituto aceptable al encadenar una serie de respuestas comunes de esta manera.

Dinámica de los tactos abstractos

Para evocar una respuesta que está bajo el control de una sola propiedad de un objeto es necesario no sólo presentar el objeto sino "especificar la propiedad a la que se debe reaccionar". Así, para obtener la respuesta *rojo*, uno debe presentar un objeto rojo, así como una ocasión verbal en la que las respuestas de color se refuerzan específicamente, por ejemplo, diciendo *dime de qué color es*. En ausencia de una ocasión especial que designe una clase particular de tactos, un estímulo no verbal dado no controla estrechamente una sola respuesta. El estímulo que lo hace es relativamente complejo.

La fuerza de un tacto abstracto refleja su historia de reforzamiento. Muchos casos de la respuesta pueden haber sido reforzados, pero muchos más pueden no haber sido reforzados o pueden haber sido castigados, y la fuerza de la respuesta puede ser modificada en consecuencia. En general, la relación entre las respuestas no reforzadas y las reforzadas representa lo que podemos llamar el grado de abstracción. Estos grados se ordenan a menudo en forma de clases subordinadas. Si estamos mirando en la ventana de una tienda de muebles y nos preguntan *¿Qué estás mirando?* la respuesta más fácil sería quizás un gesto general de señalar y la respuesta vocal *eso*. Presionado con una pregunta adicional *¿Eso qué?* podríamos responder casi tan fácilmente a *Esa cosa*. Otras demandas podrían llevar a una sucesión de respuestas: *Ese mueble, esa silla, ese sillón, ese sillón sueco-moderno* y finalmente *ese sillón sueco-moderno en arce claro*. La última es una respuesta verbal reforzada sólo en raras ocasiones y bajo un control de estímulo que obedece a una contingencia exigente de reforzamiento. Por lo tanto, es una respuesta más "difícil" de hacer o, en otras palabras, es menos probable que se haga. La clasificación lógica, como en el caso de las respuestas intraverbales y los tactos metafóricos, no es directamente responsable de la fuerza relativa, sino que es una descripción de las condiciones ambientales que son a su vez responsables de las fuerzas relativas. En el entorno particular de un individuo dado, por supuesto, algunos términos altamente abstractos pueden ser fuertes y algunos términos generales bastante débiles.

EL PROBLEMA DE LA REFERENCIA

La teoría semántica suele limitarse a la relación entre la respuesta y el estímulo que prevalece en la operante verbal llamada tacto. Las palabras, partes de palabras o grupos de palabras por un lado y las cosas, partes de cosas o grupos de cosas por el otro, están en una relación entre sí llamada "referencia", "denotación" o "designación". La relación puede ser tan vacía como una convención lógica o puede prever la "intención" del hablante. Pero nunca se ha establecido satisfactoriamente cómo una palabra "representa" una cosa o "significa" lo que el hablante pretende decir o "comunica" alguna condición de una cosa a un oyente. La noción de la operante verbal lleva tales relaciones al ámbito de los métodos de las ciencias naturales. La forma en que un estímulo o alguna propiedad de un estímulo adquiere el control sobre una forma de respuesta determinada se comprende ahora bastante bien. La forma de una respuesta está moldeada por las contingencias que prevalecen en una comunidad verbal. Una forma dada se pone bajo el control de estímulo a través del reforzamiento diferencial de nuestra contingencia de tres términos. El resultado es simplemente la probabilidad de que el hablante emita una respuesta de una forma dada en presencia de un estímulo que tenga propiedades específicas bajo ciertas condiciones amplias de privación o de estimulación aversiva. En lo que *respecta al hablante*, esta *es* la relación de referencia o significado. No tendría mucho sentido utilizar esta fórmula para redefinir conceptos como signo, señal o símbolo o una relación como referencia, o entidades comunicadas en un episodio del habla como ideas, significados o información. Estos términos tradicionales tienen muchas connotaciones irrelevantes, derivadas de su uso para describir las relaciones entre la respuesta del hablante y la conducta del oyente y las contingencias de reforzamiento impuestas por una comunidad verbal.

Incluso dentro de la conducta verbal del hablante hay otros tipos de operantes verbales que sugieren paradigmas en los que se pueden hacer otras distinciones. Cada tipo de operante tiene propiedades únicas que resisten cualquier esfuerzo por llegar a una fórmula única y completa. Este es un hecho simple sobre la conducta de los hablantes y los oyentes. El tema es extremadamente complejo y no puede ser tratado satisfactoriamente por conceptos simplificados. Incluso dentro de la estrecha relación que representan los tactos, la noción tradicional de significado no está adecuadamente representada, ya que por encima de una relación de referencia hay que considerar la de afirmación (véase el capítulo 12) y la cuestión de si una respuesta verbal es precisa, verdadera, etc. (véanse las partes IV y V). Presumiblemente podríamos describir la conducta del lógico o del lingüista cuando dice que una palabra "representa" o "significa" algo o que una proposición es verdadera o falsa, y de esta u otra manera podríamos establecer definiciones alternativas, pero las definiciones probablemente no serían útiles en un análisis de la conducta verbal. Estamos interesados en encontrar términos, no para ocupar lugares tradicionales, sino para tratar un tema tradicional.

En el estudio de las propiedades del mundo de las cosas o eventos a los que se responde verbalmente dependemos como único instrumento de nuestro propio repertorio verbal: muchas propiedades de la naturaleza pueden ser identificadas y tratadas sólo a través de prácticas verbales. Pese a ello, podemos examinar el problema del control de estímulo en el tacto de manera significativa. Si el mundo pudiera dividirse en muchos objetos o acontecimientos separados y si pudiéramos establecer una forma separada de respuesta verbal para cada uno de ellos, el problema sería relativamente simple. Pero el mundo no se analiza tan fácilmente, o al menos no ha sido tan analizado por aquellos cuya conducta verbal debemos estudiar. En cualquier gran repertorio verbal encontramos una mezcla confusa de relaciones entre formas de respuesta y formas de estímulo. El problema es encontrar las unidades básicas de tal "correspondencia".

Las consideraciones que hemos hecho sobre otros tipos de conducta verbal nos preparan para esta cuestión. La conducta ecoica en particular proporciona un buen modelo. El hablante adquiere operantes ecoicas de muchos tamaños. Tiende a repetir palabras, frases o incluso oraciones. Con el tiempo, su conducta muestra pequeñas unidades ecoicas aproximadamente del tamaño del sonido del habla, ya sea como efecto de un reforzamiento educativo directo o como producto de la adquisición de unidades más grandes. Sólo debido a este mínimo repertorio es capaz de hacer ecoicas de los patrones verbales que se escuchan por primera vez. La conducta textual muestra un repertorio mínimo similar. Se puede enseñar a un niño a leer por medio de sonidos, palabras, frases u oraciones individuales. Independientemente del tamaño de la unidad que se refuerce más a menudo, se desarrolla un repertorio mínimo con el que es capaz de leer palabras desconocidas. Un repertorio mínimo comparable parece estar ausente del repertorio intraverbal. Cuando se refuerzan muchas respuestas diferentes bajo el control de un solo estímulo, y cuando la misma respuesta puede reforzarse bajo el control de muchos estímulos, el hablante adquiere poco más que las diversas tendencias intraverbales que se muestran en los experimentos de asociación de palabras.

El tacto se asemeja a la conducta intraverbal al carecer de la correspondencia biunívoca (punto a punto) que se observa en la conducta ecoica y textual, pero las contingencias de reforzamiento son, no obstante, más consistentes que en la conducta intraverbal. Evidentemente, existe algún tipo de repertorio mínimo. Al adquirirse, un tacto puede ser de casi cualquier tamaño. Una expresión como *una aguja en un pajar* puede ser controlada como una unidad por un tipo de situación particular. Esto es incluso cierto en el caso de respuestas más amplias que parecen implicar una afirmación. Una sola propiedad de una situación puede evocar la respuesta *ve despacio que tengo prisa*; el hablante no ha *compuesto* necesariamente una frase en el sentido del capítulo 14 y no está haciendo realmente una afirmación. Simplemente emite una respuesta apropiada a la situación. Llegado el momento surgen unidades mucho más pequeñas y nuestra tarea es descubrir hasta dónde llega el proceso. ¿Cuáles son las unidades de respuesta identificables más pequeñas bajo el control de las propiedades de los estímulos no verbales que pueden aislarse?

Nuestro análisis de las conductas ecoicas y textuales nos prepara para esta tarea recordándonos la necesidad de estudiar una respuesta en muchas ocasiones. Las unidades mínimas de conducta ecoica y textual rara vez aparecen por sí mismas como respuestas completas. Sin embargo, su unidad funcional todavía puede ser demostrada. La misma regla se aplica a los tactos. A menudo se supone que el referente de una respuesta puede ser identificado en cada ocasión en que se da la respuesta. Cuando el estímulo parece ser un objeto, se toma el objeto como referente de la respuesta; sin embargo, siempre hay un elemento de abstracción. No podemos señalar una sola silla que sea el referente de la respuesta *silla*.

Las propiedades de un estímulo que son pertinentes para evocar una respuesta, ya sea en el hablante individual o de acuerdo con las prácticas de una comunidad determinada, sólo pueden descubrirse considerando una serie de ocasiones en las que se observa la presencia o ausencia de dichas propiedades y observando variaciones sistemáticas en la respuesta. No se puede resolver este problema dando a la propiedad pertinente una especie de consideración de objeto (como "concepto" o "abstracción") diciendo que la respuesta *roja* se refiere al "concepto de rojo" o al "enrojecimiento" de algo. Nunca reforzamos una respuesta cuando un "concepto" está presente; lo que está presente es un estímulo particular. El referente de un tacto abstracto, si es que este término tiene algún significado, es la propiedad o conjunto de propiedades a las que el reforzamiento ha sido contingente y que por lo tanto controlan la respuesta. Podríamos decir que el referente es la *clase* de estímulos definidos por tal propiedad o propiedades, pero hay pocas razones para preferir las clases a las propiedades. La propiedad correlacionada con el reforzamiento debe ser especificada, en términos físicos, si queremos permanecer en el marco de una ciencia empírica.

El hecho de que una respuesta pueda "mantenerse en pie" no depende de las prácticas ortográficas de un idioma, ya que éstas no reflejan claramente las relaciones funcionales implicadas. La distinción entre lenguajes analíticos y sintéticos o aglutinados, cuando no se trata de una distinción de ortografía, se refiere principalmente a la conducta de segundo orden que se examinará en la Parte IV. Algunas conductas verbales no pueden mantenerse solas porque sólo se emiten cuando otras conductas del hablante forman parte de la ocasión (véanse las Partes IV y V). Las etiquetas gramaticales son buenos ejemplos; por ejemplo, no hay ninguna ocasión en la que la única respuesta del hablante sea *-mente*, en la rara excepción en la que un hablante dice *-mente* como una contribución a la conducta verbal de otra persona (p.ej., como una corrección) es evidente que está hablando como si estuviera añadiendo la etiqueta a su propia respuesta. Las otras operantes mínimas descritas anteriormente pueden presentar problemas similares. Dado que la feminidad nunca está sola en ausencia de algo que puede ser femenino, el final femenino nunca se produce solo como parte del habla. La eficacia funcional independiente de la unidad mínima de respuesta se detecta más fácilmente cuando la conducta es el resultado de una causación múltiple.

En cualquier par de tactos observamos que los estímulos pueden ser los mismos, similares o diferentes y que las respuestas pueden ser las mismas, similares o diferentes. Las nueve posibilidades resultantes se muestran en la Figura 7. Es probable que la conducta verbal sea más eficiente cuando prevalezcan las condiciones representadas en las celdas 1 y 9. Se ha dicho que un lenguaje ideal siempre "expresaría la misma cosa por los mismos medios y cosas similares por medios similares". Presumiblemente también expresaría cosas diferentes por medios diferentes. Esta es una meta imposible porque la conducta verbal varía en muchas menos dimensiones que el mundo que debe describir. Además, los procesos responsables de la conducta verbal no se ocupan exclusivamente de establecer un lenguaje ideal. Dos infracciones bien conocidas aparecen en las celdas 3 y 7. En la homonimia, se da la misma respuesta a estímulos bastante diferentes (p.ej., *ligero* es evocada tanto por objetos rápidos como por objetos estacionarios fijos con relativamente poco peso). En la sinonimia, el mismo estímulo da lugar a respuestas diferentes (p.ej., el mismo evento puede evocar tanto *ligero* como *veloz*). En los casos en que la homonimia puede dar lugar a respuestas inadecuadas por parte del oyente, la sinonimia interfiere con el discurso eficiente al agotar las formas verbales disponibles y requerir una historia verbal más extensa por parte del oyente. La homonimia parcial, en la celda 6, es una consecuencia necesaria del hecho de que la conducta verbal no puede modificarse en tantas dimensiones como el entorno físico; en cualquier vocabulario extenso las respuestas deben parecerse en algunos aspectos sin motivo aparente. La sinonimia parcial (celda 8), en la que una propiedad común a dos o más estímulos controla respuestas diferentes, es, si no inevitable, al menos un resultado muy probable de las condiciones incidentales y a menudo caóticas en las que surge la conducta verbal.

Las tres celdas restantes son de especial interés para nuestra explicación. Todas las variedades de extensión genérica y metafórica están representadas en la celda 2, referida a situaciones en las que la misma forma de respuesta se aplica a estímulos similares haciendo el tacto abstracto de aplicación también en este caso. En tales condiciones, tenemos pruebas convincentes de la eficacia funcional de una parte de un estímulo total más complejo, refiriéndose esa parte a la propiedad responsable de la similitud entre los estímulos. Las celdas restantes, 4 y 5, ofrecen pruebas igualmente convincentes de la eficacia funcional de alguna fracción de una respuesta total. Cuando se evocan respuestas similares mediante estímulos similares (celda 5), el elemento común en virtud del cual las respuestas son similares parece estar controlado independientemente por el elemento común en virtud del cual los estímulos son similares.

Los ejemplos más familiares de unidades funcionales se llaman tradicionalmente palabras. Al aprender a hablar, el niño adquiere tactos de varias magnitudes: palabras (*muñeca*), frases (*sobre la mesa*) y oraciones (*El gatito se va a dormir*). Estas unidades más grandes no son *compuestas* por el hablante en el sentido expresado en el capítulo 14; sino que son

		ESTÍMULO		
		Igual	**Similar**	**Diferente**
RESPUESTA	**Igual**	(1) **Ideal**	(2) **Metáfora, abstracción**	(3) **Homonimia**
	Similar	(4)	(5)	(6) **Hominimia parcial**
	Diferente	(7) **Sinonimia**	(8) **Sinonimia parcial**	(9) **Ideal**

FIGURA 7

respuestas unitarias bajo el control de estímulo particulares (muchas respuestas complejas conservan cierta unidad funcional incluso en el hablante adulto, como hemos visto; es el caso de frases formuláicas como *¿Cómo estás?* y expresiones hechas como *la gran mayoría,* cuyas partes no son controladas de forma diferenciada por elementos disociables de la situación).

De tal conducta surge eventualmente un repertorio básico de unidades funcionales más pequeñas también a nivel de la palabra. El niño que ha adquirido las respuestas *yo tengo un muñeco* y *yo tengo un gatito* en ocasiones diferentes puede mostrar cierto grado de unidad funcional en la expresión *yo tengo un...* que luego se combina con respuestas novedosas en circunstancias novedosas, por ejemplo, cuando el niño dice por primera vez, y sin condicionamiento especial, *yo tengo un tambor*. El proceso puede ir más allá. De respuestas como *yo tengo un...* y *yo quiero un...*, podría emerger la unidad más reducida *yo*[30]. Estas unidades funcionales mínimas pueden, por supuesto, ser aprendidas por separado, particularmente a través del reforzamiento educativo suministrado por aquellos que enseñan a los niños a hablar, pero también parecen emerger como subproductos de la adquisición de respuestas más grandes que contienen elementos idénticos, análogamente a la conducta ecoica y textual. Así como un hablante con un repertorio ecoico desarrollado puede imitar nuevos patrones de sonido complejos que oye por primera vez, el individuo que posee un repertorio desarrollado de unidades mínimas de tacto puede "describir" una nueva situación compleja cuando la ve por primera vez.

La relación entre la propiedad de una respuesta y la propiedad controladora de un estímulo sólo puede demostrarse comparando muchos casos de la conducta verbal de un solo individuo. Tal relación no tiene por qué ser obvia para el hablante. Puede no identificarse con ninguna reacción de un oyente o con las prácticas de reforzamiento de la comunidad verbal.

Existen por supuesto unidades funcionales inferiores al nivel de palabra. Algunas de ellas han sido llamadas "morfemas". El término suele definirse en parte por referirse a las prácticas de reforzamiento de la

30 N. del E.: la especificidad del español en torno a este ejemplo puede tener algún interés. La elipsis pronominal típica del español da paso al control funcional por una unidad desinencial inferior al nivel de palabra. Los niños usan el pronombre *yo* cuando aprenden a hablar, pasando luego a ser elíptico, con frecuencia en torno a los tres o cuatro años. La similitud formal entre el pronombre *yo* y la desinencia de la primera persona del singular en modo indicativo (p.ej., *oy* en *estoy* o *soy*; *-o* en *tengo* o *quiero*) no parece casual.

comunidad en su conjunto, con alguna referencia a la historia registrada de la lengua. Probablemente sólo confundiría la cuestión adoptar este término para la unidad de conducta verbal que se está analizando aquí, aunque representa claramente un proceso analítico similar. Un ejemplo de operante verbal habitualmente más reducida que la palabra es su "raíz" o lexema. Aunque podría tener algún interés rastrear una raíz en la historia de un idioma, esta es funcionalmente significativa en la conducta del hablante actual como unidad mínima de respuesta correlacionada con un elemento identificable de un estímulo. Si el hablante emite la respuesta *destruye* en una ocasión y la respuesta *destructible* en otra, y si, como es probable, podemos identificar un elemento común en las dos ocasiones, entonces tendremos pruebas de la unidad funcional de la operante *destru...* Que formas comparables se encuentren en otros idiomas o que la historia de esta raíz pueda rastrearse a través de formas anteriores del mismo idioma son hechos asociados interesantes, que pueden explicar por qué la comunidad verbal contemporánea establece operantes que muestran tales similitudes. Pero estos hechos no añaden nada a la demostración de la unidad funcional de la unidad mínima en la conducta de este hablante.

Otras unidades por debajo del nivel de palabra son los afijos utilizados con fines de inflexión, sintácticos o de otro tipo (véase el capítulo 13). Estos tienen también sus historias particulares, pero son unidades funcionales en la conducta del hablante sólo en la medida en que se corresponden con características particulares de la situación estimulante. Las pruebas son más claras cuando un hablante compone formas de respuesta nuevas ante nuevas situaciones. Habiendo desarrollado los sufijos funcionales *-ado* e *-ido* (p.ej., *edificado*) con respecto acciones acabadas, el sufijo puede añadirse por primera vez a una palabra que hasta ese momento solo haya descrito acciones presentes. El proceso es evidente cuando el hablante compone una forma que no está establecida por las prácticas de una comunidad particular. *Escribido* está obviamente *compuesto* de elementos separados, ya que la comunidad verbal refuerza solo la forma *escrito. Caminado* puede haber sido compuesto, pero como la forma también recibe reforzamiento por la comunidad verbal, la evidencia no es tan clara. Un tipo de unidad mínima está bajo control de propiedades sutiles de los estímulos que distinguimos con diferentes "partes de la oración", por ejemplo, el hablante puede componer adverbios añadiendo *-mente* a los adjetivos.

De igual modo, sufijos como *-dad*, *-ud* o *-ez* pueden manipularse como elementos separados al componer nuevos términos apropiados al estado de la entidad en cuestión.

Algunas unidades aparentemente mínimas no tienen una genealogía bien establecida, y han sido descuidadas por quienes se ocupan análisis históricos y comparativos. Pese a ello, muchos ejemplos son conocidos desde hace mucho. El sonido *sp* inicial es característico de muchas palabras inglesas que tienen que ver con emanaciones bucales (*spit, speak, spew*[31]*)*, o emitidas desde algún otro punto (*sputter, sprinkle, spray*[32]), o con la radiación desde un punto (*spoke, spire, spur*[33]). Parece, por lo tanto, que la respuesta *sp* tiene una unidad funcional bajo el control de un patrón geométrico particular común a muchos estímulos[34]. Esto no significa que la forma se haya originado en el acto de escupir (*spit*) o hablar (*speak*), o que necesariamente tome prestada alguna fuerza actual de las similitudes conductuales con tales actos, o que debamos esperar encontrar formas similares en otros idiomas, probablemente vinculados a una raíz indoeuropea anterior. El hecho básico es que un estímulo que involucra la emanación o radiación desde un punto ha evocado con frecuencia la respuesta *sp*. La respuesta sólo rara vez se produce sola, e incluso entonces sólo en conductas incipientes bajo estrés, en las que un patrón novedoso que muestra la radiación de un punto podría llevar al hablante a tartamudear *sp* sin completar una forma verbal típica.

El lingüista puede reconocer la unidad funcional de una unidad verbal *sp,* pero se opone a clasificarla como morfema, no sólo por razones históricas o comparativas sino porque, si quitamos *sp* de los ejemplos dados, nos quedan generalmente fragmentos inefectivos de conducta. Pero esto es importante sólo si suponemos que las palabras se juntan a partir de partes separables. Nada en nuestro análisis del tacto como unidad de conducta verbal requiere de tal creencia. Lo que queremos decir con esta afirmación es que, aunque la respuesta *spit* muestra una similitud con *speak* y *spew,* que puede atribuirse a un elemento de

31 N. del E.: escupir, hablar, vomitar.

32 N. del E.: chisporrotear, espolvorear, pulverizar.

33 N. del E.: radio (de rueda), aguja (arquitectónica), espuela.

34 N. del E.: podríamos hacer una reflexión análoga en español en relación a lexamas celtíberos de origen etimológico mucho más incierto que las raices latinas y griegas. Por ejemplo, la raíz celta *kant-* parece sugerir la sección estrecha o vértice de un objeto contundente y de superficie lisa, como en *canto* (perfil de algo), *cantil* (borde de un acantilado), *cantón* (esquina), o *cantillo* (escalón), estando presente también, quizá por extensión, en otros objetos contundentes también de superficie lisa aunque redondeada, como en *canto* (rodado) o *cántaro.*

estímulo común con respecto al *spit* inicial, no muestra ninguna relación funcional común con otras formas que terminan en *-it* (*hit, sit, sit,* etc.). Estos fragmentos acaso no carecen totalmente de sentido, ya que pueden trazarse en ellos elementos de control. Por ejemplo, aparecen por buenas razones, pero pueden no tener una razón en común (a menudo se pueden encontrar algunos rastros de un elemento similar). Por ejemplo, muchas palabras que tienen que ver con ruidos generados vocalmente contienen la unidad terminal *-each* o *-eech* (p.ej., *screech, preach, teach*). Por lo tanto, no es del todo descabellado argumentar que el *discurso de* respuesta es una combinación de *sp* y *eech*. Como la forma se establece en un hablante determinado demasiado pronto para ser claramente un neologismo, es difícil probar este punto[35].

Aunque podemos demostrar una unidad funcional de conducta verbal en la que una respuesta de una forma determinada está controlada por un estímulo determinado, no se deduce que cada ocurrencia de una respuesta que tenga esa forma represente la misma operante, ni que cada ocurrencia de una respuesta evocada por esa propiedad tenga esa forma. No se deduce, por ejemplo, que cada caso de *sp* sea un caso de la unidad que se acaba de describir o que cada caso de radiación evocará una respuesta que contenga *sp*. Tampoco se deduce que la unidad funcional de una operante mínima en la conducta de un hablante corresponda a las prácticas de cualquier comunidad. Un niño de seis años tomó la forma terminal *-nes* de *pequinés* y *japonés*, para referirse a los ojos rasgados.

Las unidades más pequeñas de conducta verbal que funcionan como tactos mínimos no son necesariamente los sonidos de la conducta ecoica o de texto que se pueden separar. Aunque el "fonema" depende del uso y no es una mera unidad formal de análisis (en otras palabras, depende de las relaciones de control en la conducta verbal) y no representa una unidad de respuesta bajo el control de una propiedad de los estímulos.

Los fonemas suelen definirse en términos de las prácticas de reforzamiento de una comunidad, pero también pueden definirse con respecto a la conducta del hablante individual después de que ésta haya

35 Todos los problemas de referencia derivados de las contingencias de reforzamiento impuestas por una comunidad verbal tienen sus paralelos en otros tipos de respuestas verbales. Un ejemplo de un "mando mínimo" comparable al *sp-* que acabamos de tratar es el sonido inicial *hw-* (normalmente escrito *wh-*) que se produce en muchos interrogantes en inglés. Se puede argumentar que tiene una función independiente como mando para la acción verbal, que puede aparecer solo en momentos de estrés, que puede aparecer en formaciones neologistas y que puede ser necesario reconocerlo para explicar algunos casos de la causalidad múltiple de la conducta verbal.

sido moldeada por dicha comunidad. Habiendo identificado la respuesta *mito* bajo el control de una clase particular de estímulos, observamos que, aunque puede variar en sus propiedades fonéticas o acústicas, nunca comienza con el sonido indicado en *rito*. Mientras tanto, puede que hayamos establecido una clase de respuesta separada que involucra la forma *mito* y encontramos que, aunque puede variar en muchas propiedades, nunca llega a sonar como *rito*. Aunque la *m* inicial y la *r* iniciales no están por separado bajo el control de las propiedades de un solo estímulo, siempre están bajo el control de diferentes propiedades.

Las unidades mínimas de la conducta de un hablante individual sólo podían identificarse mediante un estudio exhaustivo realizado en un período de tiempo tan breve que la conducta podía considerarse esencialmente inalterada. La lista de unidades reveladas sería muy larga y de ninguna manera tan fácil de expresar como los repertorios ecoicos y textuales. Las propiedades de la naturaleza que llegan a controlar la conducta verbal son más numerosas y complejas que las que se tratan en las descripciones proporcionados por la física, ya que la conducta verbal está controlada por muchas características temporales, incidentales y triviales que se ignoran en un análisis científico. Además, el número de unidades de respuesta identificables no está limitado por las formas disponibles, por no haber límite en el tamaño de la unidad de la respuesta verbal. A medida que aumenta la necesidad de más unidades, se construyen respuestas más grandes. Pero, aunque no podamos dar cuenta empírica satisfactoria de un único repertorio, podemos comprender la naturaleza de dicho repertorio y la posible unidad funcional de las unidades pequeñas de habla. Sin una concepción de este tipo, no podríamos analizar fácilmente la causalidad múltiple de la conducta verbal (capítulo 9), las distorsiones de la forma que surgen de la causalidad múltiple (capítulo 11), o el proceso de composición, en el que se crean nuevas respuestas verbales en ocasiones novedosas.

La referencia en un lenguaje ideal

En un lenguaje ideal, la palabra *casa,* por ejemplo, estaría compuesta por elementos referidos al color, estilo, material, tamaño, posición, etc. del objeto. Sólo de esa manera se podría referir a casas similares por medios similares. Las palabras para dos casas iguales que solo difieren en el color, serían iguales excepto para el elemento que se refiere al color. Si ningún elemento de la palabra se refería al color, esta parte de las condiciones de un lenguaje ideal no podría cumplirse. Cada palabra en tal lenguaje sería un sustantivo propio, refiriéndose a una sola cosa o evento. Cualquiera que hablara el idioma podría inventar inmediatamente la palabra para una nueva situación reuniendo las respuestas básicas por separado relacionadas con sus elementos. Así como sería tautológico decir que *Octavia es una mujer* porque la desinencia *-a* del sujeto también indica el sexo descrito en el predicado, así en nuestro lenguaje ideal cualquier afirmación de este tipo sería tautológica o repetitiva. Las respuestas abstractas serían simplemente respuestas incompletas.

Tal lenguaje es manifiestamente imposible. Incluso si pudiéramos ampliar el tamaño de las unidades verbales sin límite, la escasez de dimensiones nos obligaría en algún momento a introducir similitudes no funcionales entre las formas verbales y, por tanto, a infringir la regla básica. Por ejemplo, el orden de las series en una frase descriptiva larga no suele ser en sí mismo representativo de nada en la situación descrita. No obstante, la creciente separabilidad y manipulabilidad de los elementos de respuesta en un repertorio de unidades mínimas es un paso hacia las condiciones ideales.

Un lenguaje ideal se aborda de otra manera cuando los estímulos y las respuestas tienen dimensiones similares. Esto no es un requisito esencial, ya que podría existir una correspondencia punto a punto entre sistemas dimensionales diferentes, pero en la medida en que las respuestas se asemejen a los estímulos, las respuestas relacionadas con estímulos similares serán en sí mismas similares. Los modelos tienen esta propiedad. Se informa de un estado de cosas de manera más completa reconstruyéndolo, construyendo un duplicado exacto. Tal conducta es verbal según nuestra definición, ya que un modelo se construye y se utiliza por su efecto sobre los "oyentes". No es tan impracticable como parece, porque el modelo no siempre tiene que ser construido. Por ejemplo, el libro de muestras de un vendedor es parte de un repertorio verbal. Los cuadros son modelos incompletos o superficiales, que corresponden a la "cosa de la que se habla con muchos más detalles que las respuestas fonéticas. Tanto el muestrario como el catálogo ilustrado satisfacen el requisito de que cosas similares se expresen por medios similares.

Señalar un objeto es una variación de la construcción de modelos.

Alguien puede decir, *nunca salgo sin llevar mi*... y terminar señalando su cinturón. El acto de mostrar es verbal según nuestra definición y es equivalente a la respuesta verbal, aunque mucho más completa como descripción. Cuando señalamos el pastel que queremos comprar en una pastelería en lugar de describirlo, también estamos actuando verbalmente. Utilizamos el pastel para hacer la respuesta; su correspondencia con la "cosa descrita" es, por supuesto, perfecta.

Que un pastel pueda ser el nombre de sí mismo, o que un arma se refiera a sí misma, depende de cómo definamos "nombre" y "referencia" (si vamos a incluir el señalar objetos como un sistema de tactos dependerá de cuánto del campo verbal queramos que cubra el término; ello no plantea ningún problema lingüístico importante porque, como en el caso de la construcción de modelos en general, el repertorio se describe fácilmente).

La construcción de modelos tiene un estatus especial en el campo de la conducta verbal. Informamos de muchos casos de conducta, humana o no, imitándolas o recreándolas. Al hacerlo, avanzamos muy poco hacia un análisis científico, ya que tal "informe" es tan poco analizado y tan difícil de manejar como el dato original. Sin embargo, el hábil imitador puede encontrar la práctica útil como parte de un tratamiento casual de la cuestión. Rara vez se emplea en el estudio científico de la conducta no verbal, pero es una práctica habitual en el campo verbal. La conducta ecoica, aunque imperfecta, forma parte del repertorio de toda persona educada y se utiliza habitualmente para informar sobre la conducta verbal. Como vimos en el capítulo 2 al intentar describir una respuesta verbal en cita directa vocal procedemos a modelarla[36]. Si nos referimos a ella con su transcripción fonética (p.ej., si es una cita en inglés[37]), permitimos al lector entrenado modelarla por sí mismo.

Una cita es una forma especial de tacto que utiliza el repertorio mínimo de la conducta ecoica. No importa si lo llamamos ecoica o tacto. Las clasificaciones se basan en contingencias de reforzamiento que en este caso son las mismas. La conducta ecoica merece un tratamiento separado por varias razones, pero el tipo de reforzamiento que recibe es a menudo idéntico al de los tactos. Cuando respondemos a un objeto verbal, es decir, al discurso oído de otra persona, emitiendo respuestas ecoicas y

36 N. del E.: entiéndase, reproducimos el modelo.

37 N. del E.: el ejemplo tiene menos sentido en, por ejemplo, el español o el árabe, en los que suele haber correspondencia grafema-fonema.

construyendo así un modelo del enunciado original, tactamos el objeto verbal en el único sentido en que cualquier objeto puede serlo.

Observamos una especie de construcción de modelos rudimentarios cuando una respuesta verbal se asemeja a un estímulo *no verbal*. En la conducta vocal tal relación se denomina onomatopeya; en la conducta escrita se ejemplifica con el pictograma o jeroglífico. Así como la cita de una respuesta verbal es una forma de conducta que construye un modelo del objeto descrito, la respuesta onomatopéyica proporciona un modelo acústico aproximado de un "objeto" no verbal pero audible. Escribir un pictograma o jeroglífico es una forma de conducta verbal que construye un modelo visual aproximado de un objeto visual no verbal. Un conjunto convencional de pictogramas es un repertorio mínimo limitante similar a la conducta ecoica a nivel del fonema. Así como una extensión del repertorio ecoico se aproxima a la mímica vocal, una extensión del pictograma se aproxima al arte figurativo.

Hay diversos tipos y grados de similitud en la onomatopeya. *Miau* o *tic-tac* están cerca de la mímica; mientras que *tronar* o *crujir* no lo están tanto[38]. Las llamadas respuestas de imitación analógica muestran una semejanza más tenue, porque la similitud se da entre diferentes dimensiones del estímulo. Si las respuestas *suave*, *breve* o *retumbante* son, respectivamente, suave, breve y retumbante, es en virtud, no tanto por ser sonidos del habla, como por la conducta que producen estos sonidos. Algunas propiedades de los estímulos no auditivos pueden ser imitadas por propiedades de respuestas que no son necesariamente auditivas. Por ejemplo, *mini*, *superlativo*, o *hipopotomonstrosesquipedaliofobia*[39] sugieren ciertas propiedades no auditivas de los objetos en relación a su tamaño. Las respuestas reduplicativas pueden parecerse a los estímulos con respecto a su número (p.ej., *a troche y moche*). Todas estas respuestas suponen una especie de construcción de modelos, en la que el constructor se limita a los ladrillos fonéticos de un determinado lenguaje. Este elabora la mejor imagen posible, sin caer por debajo del nivel del sonido del habla. El pictograma está igualmente limitado; no llega a ser una imagen precisamente por las limitaciones del repertorio mínimo convencional.

El papel de la onomatopeya en el origen del lenguaje ha sido tratado frecuentemente. Las formas onomatopéyicas podrían surgir si un

38 N. del E.: los ejemplos han sido adaptados a lo largo de este pasaje.

39 N. del E.: Miedo a las palabras largas. Ejemplos adaptados.

repertorio ecoico previamente establecido se extendiera a los estímulos audibles, pero no verbales. También es posible que la onomatopeya surja independientemente de ese repertorio previo, en consonancia con las explicaciones tradicionales del origen del lenguaje, si las conductas vocales fueran eficaces para un oyente porque se asemejan a una pauta auditiva a la que el oyente ya ha sido condicionado. La cuestión del origen es aquí en gran medida irrelevante. Por el contrario, la detección de una relación onomatopéyica cierta es menos especulativa y no puede ser ignorada. Dadas dos respuestas, por lo demás sinónimas, bajo el control de un estímulo auditivo, una respuesta que muestre cierto parecido formal debería tener cierta fuerza adicional. En igualdad de condiciones, debería prevalecer en la conducta del hablante y, por lo tanto, tener más probabilidades de sobrevivir en la lengua. Las contribuciones de fuerza de una relación onomatopéyica deben considerarse al tratar la causalidad múltiple de la conducta verbal (capítulo 9).

No podremos llegar muy lejos en nuestro afán por resolver el problema de un lenguaje ideal construyendo respuestas verbales que se asemejen a sus estímulos de control. No podemos hacer ecoicas o imitar cosas azules, pesadas o truculentas con respuestas azules, pesadas o truculentas. La alternativa es permitir que una o a lo sumo unas pocas propiedades de cada estímulo adquieran el control de formas de respuesta diferenciadas. No requiere de un esfuerzo especial el responder a todas las propiedades de un estímulo dado. El resultado más preciso se logra mediante el proceso de abstracción, pero la movilidad independiente de las respuestas en extensión metafórica es también valiosa.

La considerable diferencia entre un estado de cosas dado y la conducta verbal que llega a controlar sugiere que, para un oyente, la conducta verbal carece de la riqueza, complejidad y detalle de la "experiencia directa". El grado en que esto es cierto dependerá de las propiedades que sean selectivamente reforzadas por una comunidad verbal. El científico hace un conjunto de respuestas a un estado de cosas dado debido a las contingencias de reforzamiento establecidas por la comunidad verbal científica. El poeta emite un conjunto completamente diferente de respuestas al mismo estado de cosas porque estas son efectivas de maneras diversas ante otros tipos de oyentes o lectores. La cuestión de cuál es la conducta que más se aproxima a la situación real no es tanto una cuestión de hecho, exactitud o amplitud como lo es de los intereses y prácticas de las comunidades verbales.

Podemos resumir este análisis del problema tradicional de la referencia señalando la pertinencia de ciertos términos tradicionales. El hecho de que una respuesta verbal condicionada en presencia de un estímulo dado muestra cierta fuerza en presencia de otro estímulo que contiene algunas de las propiedades del primero se denomina a menudo *generalización*. Tanto en los análisis psicológicos como en los lógicos, se suele suponer una actividad especial por parte del hablante. Pero la generalización, como la metáfora, es meramente una característica del control de estímulo. El control más preciso establecido por la comunidad en la abstracción ha hecho que a veces se aplique este término a: (1) la historia del reforzamiento que produce el resultado deseado, (2) la respuesta resultante y (3) la propiedad de control de estímulo. El término *formación de conceptos*, tomado originalmente de la lógica y la epistemología, se ha aplicado esencialmente al mismo proceso. Aquí *formación* lleva el sentido expresado en el punto (1) pero lo que llamamos *concepto* tiene también los elementos (2) y (3). En el continuo que se extiende desde los nombres propios hasta los tactos abstractos mínimos, los términos en este último extremo han sido a menudo llamados universales. En general, a medida que avanzamos a lo largo de este continúo alejándonos del nombre propio, el referente se hace más difícil de identificar. La forma en que representamos la relación de control final es a menudo una cuestión de gusto. En el presente análisis hemos hablado de definir propiedades y de clases de estímulos, y en el discurso casual podemos nombrar estos conceptos controladores con sufijos como roj*ez*, piramidal*idad*, etc. En un sentido más sofisticado, podemos hablar de propiedades comunes a muchas ocurrencias como conceptos, abstracciones, universales, nociones, y así sucesivamente, siempre y cuando tengamos presente el proceso real de demostración sobre el que descansan. Este es también el punto en el que el término "idea" podría ser reavivado para su uso a través de una definición operacional.

Los referentes en otros tipos de operante verbal

En una formulación conductual de relaciones semánticas no estamos obligados a dar cuenta de todas las conductas verbales con una sola fórmula. El tacto es obviamente un tipo importante de respuesta verbal, particularmente debido a su efecto específico sobre el oyente. No por ello concluimos que sea el único tipo genuino de conducta verbal o que establezca un patrón según el cual toda conducta verbal debe ser explicada. Podemos evitar esfuerzos estériles al intentar descubrir los referentes de términos como *cuál, pero, por favor*, o un estornudo. Las operantes ecoicas y textuales, por su correspondencia punto a punto[40] con los estímulos verbales generados por la conducta de otros, pueden parecerse al tacto, pero al tratar con el hablante ecoico o textual los referentes originales pueden no ser relevantes. Cuando repetimos o leemos un pasaje, no estamos necesariamente "refiriéndonos a nada" en el sentido especial del tacto. Hemos visto que el mando también requiere una formulación diferente. Tradicionalmente, esto se ha explicado argumentando que el hablante adquiere una palabra en su relación significativa con una cosa y luego *utiliza* la palabra para obtener la cosa. Esta no es solo una descripción inexacta de la adquisición de muchos mandos y se podrían mencionar numerosos ejemplos que no pueden explicarse así. No hay caso en tratar de identificar los "referentes" de *¡Shh!* o *¡Por favor!* o *¡Despierta!* en tal marco de correspondencia.

La conducta intraverbal es la que ofrece mayores dificultades a la teoría semántica tradicional. Dado que carece de la correspondencia punto a punto con los estímulos verbales que se observan en la conducta ecoica o textual, es más probable que se acepte como respuesta a un estado de cosas no verbal siguiendo el patrón del tacto. Lo que son esencialmente relaciones entre palabras y palabras vienen a ser tratadas como relaciones entre palabras y cosas. Cuando decimos que la palabra *César* se refiere a César, aunque haya estado muerto dos mil años, claramente no estamos hablando de la conducta de un hablante contemporáneo. Una respuesta de tal forma, si no es textual o ecoica, es casi seguro intraverbal. Un proceso de reforzamiento educativo lo ha puesto bajo el control de varios conjuntos de circunstancias verbales. Teóricamente deberíamos ser capaces de rastrear estas circunstancias hasta un instante en el que se dio una respuesta a César como hombre. El estudio de la historia supone cadenas válidas de este tipo, y una predilección por las fuentes primarias es esencialmente la evitación de cadenas indebidamente largas y probablemente defectuosas. Pero la conducta verbal del historiador moderno sigue siendo en gran medida intraverbal. Si excluimos las

40 N. del E.: una traducción más correcta sería correspondencia biunívoca, pero por ser el anglicismo de uso común usamos ambos términos a lo largo de esta edición.

imágenes, estatuas, imitaciones, etc., *César* no puede ser un tacto en la conducta de un hablante contemporáneo. Así como las asociaciones de palabras y metáforas se explican a menudo en términos de relaciones lógicas (y los procesos psíquicos que se supone que representan), la relación semántica se utiliza para explicar la fuente última del patrón de la conducta del historiador, pero no explica su conducta actual. En la conducta de un hablante del siglo XX, *César cruzó el Rubicón* es una respuesta, no a un evento físico específico, sino a un conjunto de estímulos verbales.

Gran parte del discurso científico, matemático y lógico es también intraverbal y por lo tanto no está adecuadamente representado por la semántica del tacto. No necesitamos poder decir lo que "representa" una expresión a mitad de camino en el curso de un cálculo matemático. La expresión se explica como conducta verbal trazando sus antecedentes. Pocos, si es que alguno de ellos, pueden referirse al tipo de variable involucrada en un tacto (es tentador comparar esta distinción con la que existe entre las afirmaciones analíticas y sintéticas, pero, aunque todas las afirmaciones analíticas pueden ser intraverbales, y por lo tanto no tienen "referentes" en términos de la presente relación, todas las frases sintéticas no son necesariamente tactos). Otro tipo de respuesta verbal que no puede ser representado por un marco semántico derivado de la relación de tacto se ejemplifica con respuestas como *es, tal vez, no, excepto* y *verdaderamente*. Éstas han sido una pesada carga para los esquemas de referencia tradicionales, pero puede preverse una disposición adecuada para ellas en otro lugar en un análisis de la conducta verbal (Parte IV).

CONDUCTA VERBAL BAJO EL CONTROL DE ESTÍMULOS PRIVADOS[41]

En el esquema para el tacto de la Figura 5, tanto el hablante como el oyente están representados como en contacto con un objeto común, al que se refiere la respuesta del hablante. Sin embargo, algunas conductas verbales están bajo un control de estímulo al que sólo el hablante es capaz de reaccionar. La respuesta *Mi dolor de muelas* está controlada por un

41 Algunos de los puntos de la presente sección se examinaron por primera vez en "The Operational Analysis of Psychological Terms", en *Psychological Review*, 1945, *52*, págs. 270 a 277. Reimpreso en *Cumulative Record: Definitive Edition* (Cambridge, MA: Fundación B. F. Skinner, 1999). Una discusión más extensa en referencia a una ciencia general de la conducta humana, aparece en *Ciencia y conducta humana*, en particular en el capítulo XVII, "Eventos privados y ciencia natural".

estado de cosas con el que nadie más que el hablante puede establecer un cierto tipo de conexión. Una pequeña pero importante parte del universo está encerrada debajo de la piel de cada individuo y, hasta donde sabemos, es únicamente accesible a este. De ello no se deduce que este mundo privado esté hecho de algo diferente, que no se parezca en nada al mundo fuera de la piel o debajo de la piel de otro. Las respuestas a los estímulos privados no parecen diferir de las respuestas a los eventos públicos. No obstante, la privacidad de tales estímulos plantea dos problemas.

Una primera dificultad se encuentra en el análisis de la conducta en general: el investigador no puede señalar fácilmente los estímulos a los que debe apelar para predecir y controlar la conducta. Es posible que este problema se resuelva con el tiempo con el avance de las técnicas fisiológicas que permitan hacer público el evento privado. En el campo verbal, por ejemplo, si pudiéramos decir con precisión qué eventos dentro del organismo controlan la respuesta *estoy deprimido*, y especialmente si pudiéramos controlar estos eventos a voluntad, podríamos lograr el grado de predicción y control característico de las respuestas verbales a los estímulos externos. Pero, aunque esto sería un avance importante, y sin duda reafirmaría la naturaleza física de los eventos privados, el problema de la privacidad no puede ser resuelto completamente por la invasión instrumental del organismo. No importa cuán claramente se expongan estos eventos internos en el laboratorio, el episodio verbal normal continuará siendo en gran medida privado. Todavía tenemos que responder a una pregunta más amplia, de la que la cuestión científica puede considerarse un caso especial.

En el establecimiento de la operante verbal que llamamos tacto, la comunidad verbal refuerza característicamente una respuesta dada en presencia de un estímulo determinado. Esto sólo puede hacerse si el estímulo actúa tanto sobre el hablante como sobre la comunidad reforzante. Un estímulo privado no puede satisfacer estas condiciones. ¿Cómo, entonces, establece la comunidad verbal las contingencias de reforzamiento que producen respuestas verbales a los estímulos privados? ¿Cómo, por ejemplo, se refuerza adecuadamente la respuesta *tengo dolor de muelas* si la comunidad reforzante no tiene contacto con el dolor de muelas? No cabe duda de que las respuestas a los estímulos privados se establecen, pero ¿cómo?, ¿cuál es su relación con el control de estímulo y cuáles son, en su caso, sus características distintivas?

Hay por lo menos cuatro maneras en que una comunidad reforzante que no tiene acceso a un estímulo privado puede generar conductas verbales con respecto a dicho estímulo privado.

(1) Se puede utilizar el *acompañamiento público* del estímulo privado que llegará a controlar la respuesta. Consideremos, por ejemplo, cómo una persona con ceguera podría aprender los nombres de una bandeja llena de objetos. El estímulo que llegará a controlar la respuesta es táctil, por ejemplo, mediante la exploración de los objetos con la punta de los dedos. Al mismo tiempo, adquiere respuestas verbales ecoicas de la maestra que le presenta los objetos. La contingencia necesaria entre una respuesta dada y el objeto apropiado es establecida por la maestra, quien identifica a simple vista el objeto que la persona invidente está tocando. La contingencia total de reforzamiento depende, por lo tanto, de la respuesta de la persona ciega en presencia de estímulos táctiles y del efecto de esta respuesta sobre la maestra reforzante, quien identifica los estímulos visualmente. Se trata de un sistema verbal perfectamente satisfactorio, que podría establecer tactos muy precisos, pero sólo porque existe una estrecha correlación entre los estímulos visuales y táctiles generados por los objetos.

Las respuestas a los estímulos privados suelen reforzarse de la misma manera. Se enseña a un niño a decir *Esto duele* acorde a la costumbre de la comunidad, haciendo que el reforzamiento dependa de ciertos acompañamientos públicos a estímulos dolorosos (haber recibido un golpe, presencia de una herida, etc.).

(2) Una práctica común es utilizar alguna *respuesta colateral* al estímulo privado. Es posible que un dentista pueda identificar alguna condición de un diente enfermo que esté tan estrechamente correlacionada con el estímulo privado originado en ese diente que la respuesta *dolor de muelas* pueda así establecerse según la pauta descrita en el punto (1), pero la respuesta se establece normalmente en el joven hablante a partir de otras respuestas que observamos ante el estímulo privado. La comunidad refuerza como correcta la respuesta *Me duele el diente* cuando observa conductas colaterales tales como sostener la mano en la mandíbula, ejecutar ciertas expresiones faciales o gemir con una determinada cadencia.

Como caso especial de este principio, las respuestas a los estímulos privados complejos suelen establecerse a partir de conductas verbales ya condicionadas respecto de algunos de los elementos de un estímulo complejo. A grandes rasgos, alguien puede describir alguna condición interior con el repertorio verbal adecuado a sus diversas características y, considerando esta información, la comunidad podrá entonces reforzar una respuesta apropiada al estado de cosas relevante. La mayor parte de un repertorio privado (desde la *acidez estomacal* hasta el *Weltschmerz*[42]) se adquiere generalmente de esta manera. Como el procedimiento supone que ya se dispone de respuestas elementales a los acontecimientos privados, la práctica no sugiere una solución al problema general.

(3) Una tercera posibilidad es que la comunidad no necesite recurrir en absoluto a estímulos privados; puede reforzar una respuesta en relación con un estímulo público, sólo para que la respuesta se transfiera a un acontecimiento privado en virtud de propiedades comunes, como en la extensión metafórica y metonímica. A menudo se ha señalado que la mayor parte del vocabulario relativo a las emociones es de naturaleza metafórica. Cuando describimos estados internos con adjetivos como "agitado", "deprimido" o "exuberante", ciertas propiedades geométricas, temporales e intensivas han producido la extensión metafórica de dichas respuestas.

No todas las expresiones metafóricas evocadas por estímulos privados ejemplifican este principio. Aunque *un dolor agudo* o *una sensación de ardor* pueden ilustrar la extensión metafórica que surge de una similitud entre el estímulo suministrado por objetos punzantes o ardientes y ciertos estímulos privados, es posible otra explicación. El paso metafórico puede haberse producido *antes* de que la respuesta quedara subsumida al mundo privado. En ese caso no deberíamos tener ninguna razón para buscar un estímulo privado con propiedades similares. Si la respuesta *aguda* se adquiere primero en relación con ciertos objetos con propiedades físicas identificables no relacionadas con su efecto sobre el organismo humano (p.ej., si una aguja se llama aguda si muestra cierto patrón geométrico o penetra fácilmente en el papel o la tela, o si una sierra se llama aguda si corta fácilmente la madera, entonces la extensión de la respuesta a cierto tipo de estímulo doloroso generado por el pinchazo o el corte es metonímica). Ciertos estímulos se asocian frecuentemente con objetos que tienen ciertas propiedades geométricas, por lo que la respuesta se transfiere de uno a otro. *Eso es agudo* se convierte en sinónimo de *Eso duele*, donde originalmente era sinónimo sólo de *Eso tiene una punta fina* o

42 N. del E.: *dolor del mundo*, término popularizado por los románticos alemanes.

... *un borde delgado*. Aunque la comunidad nunca tiene acceso a más que la forma geométrica de la punta o el borde o los efectos de estos sobre la superficie del hablante, la respuesta *aguda* en el sentido de *que duele* es presumiblemente eficaz y puede seguir recibiendo reforzamiento. Para el hablante, los estímulos privados asociados son más importantes que las propiedades geométricas del objeto que los produjo y, por lo tanto, predominan en el control de la respuesta. Cuando la respuesta es evocada posteriormente por estímulos privados no acompañados o producidos por un objeto físico punzante (como cuando un paciente informa de que tiene un dolor agudo en el costado), no podemos suponer que el estado de cosas en su costado tenga necesariamente alguna de las propiedades geométricas del objeto punzante original. Sólo necesita compartir algunas de las propiedades de los estímulos producidos por los objetos punzantes. No es necesario demostrar que un dolor agudo y un objeto punzante tienen algo en común; y si no es así, la extensión de la respuesta al acontecimiento privado no ejemplifica el presente principio. Sin embargo, en expresiones como espíritus *exaltados* o *apagados*, debemos buscar posibles similitudes entre los eventos públicos y privados para explicar la extensión metafórica. Algo debajo de la piel debe "burbujear" o "abrasar" en algún sentido.

(4) Cuando una respuesta describe la propia conducta del hablante, hay una cuarta forma posible en que un estímulo privado puede adquirir control. La contingencia original puede basarse en la conducta observable externamente del organismo, aunque esto estimule al hablante y a la comunidad de diferentes maneras. Si la conducta se reduce ahora en magnitud o escala, se llegará a un punto en el que los estímulos privados sobrevivan, aunque los públicos desaparezcan. En otras palabras, la conducta puede ejecutarse tan débilmente o tan incompletamente que no sea vista por otra persona, aunque sigue siendo lo suficientemente fuerte como para estimular la propia conducta. En tal caso, la respuesta se hace finalmente ante un estímulo privado que es *similar, salvo en su magnitud,* a los estímulos privados que, de otro modo, irían acompañados de manifestaciones públicas útiles para la comunidad. Es posible que éste sea sólo un caso especial del primer principio descrito anteriormente, pero cabe señalar que cuando el objeto descrito es la propia conducta, una reducción de la magnitud puede afectar de manera diferente a las manifestaciones públicas y privadas.

Aunque estas cuatro prácticas son, en cierto sentido, formas en que la comunidad verbal evita la inaccesibilidad de los estímulos privados al poner bajo su control las conductas verbales, ninguna de ellas garantiza la precisión del control que se observa en las respuestas a los estímulos externos manipulables. En el caso del punto (1) la conexión entre los estímulos públicos y privados no tiene por qué ser invariable, y las respuestas colaterales en el punto (2) pueden darse ante otros estímulos. Incluso en las cuidadosas prácticas del laboratorio psicológico, es dudoso que los términos descriptivos de, por ejemplo, los estados emocionales estén bajo el mismo control de estímulo en un hablante dado con respecto de otros. La extensión metafórica del punto (3) puede obedecer a propiedades inesperadas, no siendo posible precisar el control de estímulo a través de los procesos auxiliares de abstracción. Si el estímulo privado que acompaña a las conductas macroscópicas y microscópicas en el punto (4) no cambia, excepto en cuanto a la magnitud, podemos esperar una mayor validez, pero la práctica sólo es aplicable cuando el objeto descrito es la conducta del hablante.

Las contingencias que establecen conductas verbales bajo control de estímulo privado son, por lo tanto, defectuosas. El resultado se ha descrito en otra parte como sigue:

> Todo el mundo desconfía de las respuestas verbales que describen eventos privados. A menudo operan variables que tienden a debilitar el control de estímulo de esas descripciones, y la comunidad que las refuerza suele ser impotente para evitar la distorsión resultante. El individuo que se excusa de una tarea desagradable alegando un dolor de cabeza no puede ser cuestionado con éxito, aunque la existencia del acontecimiento privado sea dudosa. No hay una respuesta efectiva para el estudiante que insiste, después de ser corregido, en que eso es lo que "quiso decir", pero la existencia de este evento privado no se acepta con ninguna confianza.
>
> El propio individuo también sufre estas limitaciones. El ambiente, ya sea público o privado, parece no distinguirse hasta que el organismo se ve obligado a hacer una distinción. Cualquiera que haya sido obligado repentinamente a hacer finas discriminaciones de color, normalmente estará de acuerdo en que ahora "ve" colores que antes no había "visto". Es difícil creer que no debamos distinguir entre los colores primarios a menos que haya alguna razón para hacerlo, pero estamos condicionados a hacerlo tan pronto en nuestra historia que nuestra experiencia probablemente no sea una guía segura. Los experimentos en los que los organismos se desarrollan en la oscuridad tienden a confirmar la opinión de que la conducta discriminativa requiere

> de las contingencias que obligan a las discriminación. Ahora bien, la autoobservación es también el producto de las contingencias discriminativas, y si una discriminación no puede ser forzada por la comunidad, puede que nunca surja. Extrañamente, es la comunidad la que enseña al individuo a "conocerse a sí mismo".
>
> Algunas contingencias que implican la estimulación interna no tienen, por supuesto, que ser organizadas por una comunidad reforzante. Al lanzar una pelota cronometramos una secuencia de respuestas por la estimulación que generan nuestros propios movimientos.
>
> Aquí las contingencias de reforzamiento están determinadas por las exigencias mecánicas y geométricas del lanzamiento de una pelota, y como no se trata de una comunidad reforzante, no se plantea la cuestión de la accesibilidad al individuo que se comporta. Pero el "conocimiento"... se identifica particularmente con la conducta verbal que surge del reforzamiento social. Las conductas conceptuales y abstractas son aparentemente imposibles sin tal reforzamiento. El tipo de autoconocimiento representado por la conducta verbal discriminativa (el conocimiento que se "expresa" cuando hablamos de nuestra propia conducta) está estrictamente limitado por las contingencias que la comunidad verbal puede establecer. Las deficiencias que generan la *desconfianza* pública conducen, en el caso del propio individuo, a la simple *ignorancia*[43].

Un resultado característico de esas contingencias defectuosas es que esas respuestas suelen estar controladas por una mezcla de estímulos cuya naturaleza no está clara ni para la comunidad o el oyente, ni para el propio hablante. Incluso en lo que parecen ser descripciones objetivas de acontecimientos públicos, los estímulos privados pueden estar contribuyendo. Las técnicas de la ciencia y de las contingencias especiales que obligan a la abstracción son medidas correctivas; pero en otros contextos, sobre todo en la extensión metafórica, suelen intervenir los estímulos privados. Una respuesta como la de *Tengo hambre* puede reforzarse de varias maneras. La comunidad podrá reforzar porque conoce el historial de ingestión del hablante, como sugiere el mecanismo (1), o ha ha observado conductas colaterales probablemente asociadas a ese historial (por ejemplo, el hablante come fácilmente cuando se le ofrece comida o responde con prontitud cuando se le llama para cenar), como sugiere el mecanismo (2), o el hablante ha realizado otras conductas verbales que describen su tendencia a comer o la probabilidad de que coma, como en

43 *Ciencia y conducta humana* (ABA España, 1953/2021), pág. 260.

el mecanismo (4). El hablante puede reaccionar a todo esto él mismo, así como a la poderosa estimulación privada de los retortijones de hambre. Un ejemplo dado de su respuesta "Tengo hambre" puede traducirse, por lo tanto como, *no he comido durante mucho tiempo* (1), *el olor de la comida me hace la boca agua* (2), *estoy hambriento (*3), *podría comerme un caballo* (4), y *tengo retortijones de hambre* (la respuesta *tenía más hambre de lo que pensaba* muestra el control ejercido por los estímulos públicos presentes durante la ingestión de una cantidad insospechadamente cuantiosa de comida habiendo sido las contrapartes o acompañamientos privados ineficaces). Aunque todos estos pueden ser sinónimos de *Tengo hambre*, no son sinónimos entre sí. A efectos técnicos, la respuesta podría estar bajo el control de uno solo de estos estados de cosas en un hablante particular, pero se requeriría un conjunto especial de contingencias opuestas a las de la comunidad en su conjunto.

Muchas expresiones que parecen describir las propiedades de las cosas deben interpretarse, al menos en parte, como efecto del control de estímulo privado. El término *familiar* es un buen ejemplo. Un lugar familiar no se distingue por ninguna propiedad física. Es familiar sólo para alguien que lo ha visto antes. Cualquier lugar se vuelve familiar cuando se lo ve con frecuencia. La respuesta *Su cara es familiar* no puede formularse de la misma manera que *Su cara es roja*. La condición responsable de *familiar* no está en el estímulo sino en la historia del hablante. Habiendo adquirido la respuesta con respecto a esta propiedad, el hablante puede emitirla en presencia de otros objetos vistos frecuentemente. Habiendo adquirido el término con respecto a los estímulos visuales previamente vistos, puede emitirlo en presencia de melodías que ha oído, sabores que ha probado, y así sucesivamente. Sólo suponiendo que el individuo reaccione a ciertos rasgos de su propia conducta que tienen que ver con el efecto de los estímulos repetidos, podemos explicar el alcance total de la respuesta.

Bello requiere una explicación similar. Se han hecho muchos intentos, por supuesto, para mostrar que los objetos bellos poseen ciertas características objetivas distintivas. Si pudiéramos considerar estos intentos como exitosos o potencialmente exitosos, no habría ningún problema aquí, ya que las propiedades objetivas explicarían el control extendido de la respuesta *bello* al igual que otras propiedades explican la respuesta *piramidal*. Pero si "la belleza está en el ojo del espectador", como se suele decir, deberemos apelar a un efecto común de tales estímulos. Si la *bello* se adquiere inicialmente con respecto a imágenes y luego se emite espontáneamente ante la presencia de música, no podremos recurrir a propiedades físicas comunes como "unidad" o elemento de "simetría", deberá intervenir en tal caso un estímulo privado. El caso difiere del de *familiar* en una mayor dificultad en el trazado de la historia de reforzamiento. No sería difícil rastrear la historia del estímulo privado en el caso de *familiar*, aunque no podemos establecer fácilmente sus propiedades. Pero parece necesario tomarlo como ya existente en el caso del *bello*. Los objetos que llegamos a llamar bellos sólo por aprendizaje no plantean el problema actual,[44] pero los objetos o acontecimientos a los que se responde instantáneamente como bellos requieren de la suposición adicional de un acontecimiento privado común a ambos. Podríamos construir un crudo paralelo reforzando la conducta de ingesta o sexual en presencia de un determinado estímulo visual y luego, independientemente, en presencia de un determinado estímulo auditivo. Una respuesta verbal establecida ahora en relación con uno de estos estímulos debe ser evocada por el otro en virtud del efecto común de reforzar la conducta de ingesta o sexual.

En otros tipos de respuestas la participación de los estímulos privados es más evidente. En la llamada "falacia patética" se dice que un objeto o evento se describe con términos apropiados al "estado mental" del hablante: la persona hosca habla del mar hosco. El principio psicoanalítico de proyección incluye ejemplos de conducta verbal que describen la conducta de los demás: la persona enfadada suele considerar enfadados a los demás, la persona asustadiza tiende a tildar de asustados a otros, y así sucesivamente. Pero, aunque en algunos casos el hablante puede estar mezclando y confundiendo los acontecimientos privados con los públicos, todas las respuestas de este tipo no prueban necesariamente una contribución privada. No hay que olvidar el origen público de los términos subjetivos. Lo que parece ser un ejemplo de la falacia patética o de la proyección puede ejemplificar sólo la inversión del proceso por el cual una respuesta se limitaba inicialmente a los acontecimientos privados. Consideremos, por ejemplo, la respuesta *temeroso* o *tener miedo*. Adquirimos esta respuesta en circunstancias en las que los eventos públicos están a disposición de la comunidad que los refuerza, aunque

44 Como ejemplo, compara el análisis de Stendhal de la bella amante en *De l'amour*.

los acompañamientos privados, que pueden ser más importantes para nosotros, llegarán en un momento dado a controlar la respuesta. La comunidad puede basar sus reforzamiento en estímulos generalmente temerosos, como en el mecanismo (1) descrito arriba, o en respuestas concomitantes como sudar, agacharse, retirarse o saltar ante ruidos leves, como en el mecanismo (2). Aunque los eventos privados concomitantes pueden predominar, nunca adquieren el control exclusivo de la conducta. Al describir la conducta de otros con los mismos términos, seguimos haciendo uso de las manifestaciones públicas. Si observamos que un animal se acobarda o se retira cuando alguien se acerca, lo llamaremos temeroso, no porque veamos en el animal nuestras respuestas privadas de miedo, sino porque las características públicas de la conducta temerosa están claramente representadas. También podemos aplicar *temeroso* a objetos inanimados sin "proyectar" nada. Así, un niño que observaba unos frijoles saltarines[45] en una mesa y que vio un frijol moverse hacia otro justo antes de que el segundo se moviera en la dirección opuesta afirmó, *ese frijol tiene miedo*. Aunque los frijoles saltarines no son totalmente inanimados, los eventos reales fueron una coincidencia que podría ser duplicada mecánicamente, por ejemplo, por el aparato de Michotte para el estudio de la percepción de la causalidad[46]. El tiempo de los dos saltos y sus direcciones relativas fueron suficientes para evocar la respuesta *miedo*. No se deduce por ello que el niño atribuyera sentimientos subjetivos al frijol.

Un ejemplo de una apelación innecesaria a los eventos privados lo presenta I. J. Lee[47], quien toma prestado el ejemplo de Gregory Wilbur. Un niño de tres años que iba en coche por un paisaje montañoso exclamaba *¡Colina!* a cada cambio de velocidad o dirección. Un descenso especialmente repentino llevó a la respuesta *¡Colina fuerte!* Esto se describió diciendo que el niño proyectó su propia fuerza en la colina. Pero *fuerte* es una respuesta adquirida tempranamente en el repertorio normal bajo el control de ciertos aspectos intensivos de estímulos gustativos, olfativos, y cinéticos (p.ej., presiones, tirones y empujones de personas fuertes). Para probar la proyección en este caso, sería necesario demostrar

45 N. del E.: en referencia a la semilla de arbustos del género *sebastiania* originarios de Méjico y en cuyo interior a veces crece la larva de una polilla que, al moverse, imprime inesperados movimientos a la semilla.

46 Michotte, A., *La Perception de la Causalité* (Lovaina, 1946).

47 Lee, I. J., *Language Habits in Human Affairs* (Nueva York, 1941).

que la respuesta había sido previamente controlada sólo por ocurrencias que involucraban la propia fuerza del niño. La respuesta *¡Colina grande!* que podría haber sido evocada igualmente en las mismas circunstancias no sugeriría proyección.

La extensa conducta verbal que suele llamarse animismo puede tener poco que ver con los estímulos privados. Puede representar una etapa del desarrollo del ambiente verbal en la que las respuestas que describen ciertos aspectos de las conductas se extienden libremente tanto a los objetos animados como a los inanimados. Las olas, los árboles, las nubes y las personas se describen como "enojados" cuando se encuentran en un movimiento violento y quizá desorganizado. Cuando, en un caso especial, la respuesta es evocada por la propia conducta del hablante, también pueden estar presentes ciertos estímulos privados, pero no tienen por qué desempeñar ningún papel en otros casos de la respuesta. Si tememos la ira de las olas o de los árboles, no es porque proyectemos nuestros sentimientos y sostengamos que están enojados con nosotros, sino porque todas las cosas en movimiento violento son peligrosas. Eventualmente el ambiente verbal puede forzar una discriminación más útil en la que las respuestas de este tipo se limitan estrechamente a ciertas características de las conductas de los organismos en lugar de las de las cosas en general, pero el control probablemente nunca es exclusivo. Sólo si alguien describe a los árboles agitados por el viento como enojados porque él mismo también está enojado, sería necesario apelar a otro principio, y este principio podría no ser más que la causalidad múltiple de la que hablaremos en el Capítulo 9.

Respuestas verbales a la propia conducta del hablante

La conducta generalmente estimula a quien se comporta. Ello hace posible una conducta coordinada, en la que una respuesta está en parte controlada por otra. La conducta verbal ejemplifica la coordinación que necesita de la autoestimulación. El hablante puede ser su propio oyente (por ejemplo, cuando las respuestas intraverbales producen "libre asociación") y la autoestimulación automática de la conducta verbal es crucial en el análisis de los procesos sintácticos y de otro tipo que intervienen en la composición y el pensamiento (Partes IV y V). Aquí trataremos de los autotactos, es decir, conductas verbales controladas por otras conductas del hablante, pasadas, presentes o futuras. Estos estímulos podrán o no ser privados.

La conducta verbal autodescriptiva es de interés por muchas razones. Sólo a través de la adquisición de dicha conducta el hablante se vuelve "consciente" de lo que está haciendo o diciendo, y por qué. El informe que una persona hace sobre su propia conducta se utiliza ampliamente en las ciencias sociales, desde la antropología cultural hasta la psicofísica, considerándose crucial la fiabilidad del informante. También lo es la naturaleza de los datos obtenidos. ¿Cuáles son los *hechos reales* en estas ciencias? Un estudio de opiniones o actitudes realizado mediante un cuestionario o una entrevista, puede decirnos lo que alguien dice que tiende a hacer, pero ¿es la tendencia o el informe verbal de la tendencia el dato real? En psicofísica, este es el problema del estatus científico del "informe verbal".

Respuestas a la conducta actual. La respuesta *estoy abriendo la ventana* está controlada por la estimulación generada en parte por la conducta del hablante. El hablante ve la ventana, los cambios en la ventana, y parte de sí mismo participando en la actividad descrita. No hay problema en explicar cómo o por qué el ambiente verbal proporciona reforzamiento. *¿Qué estás haciendo?* es a menudo una pregunta práctica, y la respuesta es útil para el oyente. Las respuestas a la conducta verbal manifiesta (*estoy hablando*) a menudo tienen consecuencias similares.

Aunque la comunidad reforzante utiliza las manifestaciones aparentes de la conducta, el hablante adquiere la respuesta en relación con una gran cantidad de autoestimulación adicional. Esta autoestimulación podrá asumir un control prácticamente completo, por ejemplo, cuando el hablante describe su propia conducta con los ojos vendados. En ese caso, el hablante y la comunidad reaccionan a estímulos diferentes, aunque estrechamente asociados, como en el ejemplo de la persona ciega.

Tal vez la más difícil de todas esas respuestas sea la que describe la conducta "subjetiva". La respuesta *rojo* en presencia de un estímulo rojo es bastante fácil de establecer y comprender. Tanto el hablante como la comunidad tienen acceso al estímulo, pudiendo ser bastante precisas las contingencias. La mayor parte de la psicofísica descansa sobre esta sólida base. Sin embargo, en la respuesta *veo rojo*, *veo* describe una actividad del hablante. La comunidad puede participar de esa respuesta cuando tiene pruebas de que el individuo está respondiendo de manera discriminativa a un determinado estímulo, pero los estímulos privados que asumen el control futuro de la respuesta no están necesariamente determinados por ello. Cuando el individuo dice *veo rojo*, es de suponer que está reaccionando a acontecimientos (posiblemente disponibles sólo para él) que son similares o han acompañado a acontecimientos presentes cuando la comunidad observaba y ofrecía una respuesta discriminativa a los estímulos rojos. Esa conducta se vuelve crucial cuando ya no hay un estímulo rojo externo. La explicación filosófica y psicológica tradicional ha sido que la respuesta *rojo* nunca está controlada por el objeto rojo externo sino por un evento privado. Cuando el acontecimiento privado es generado inmediatamente por un estímulo rojo, se denomina sensación de rojo; cuando se produce por otras razones, o "por sí mismo", se denomina imagen del rojo. Las dificultades que se plantean con este tipo de explicación se han examinado en otro lugar[48]. El estado de los acontecimientos privados al ver no es un problema exclusivo de la conducta verbal, sin embargo, podemos hacer dos aclaraciones al respecto.

(1) Al explicar cómo se pueden poner las respuestas bajo el control de estímulo privados, no hemos descubierto ningún proceso que permita reducir el control a los estímulos necesariamente privados. No podemos, por ejemplo, utilizar las técnicas de establecimiento de la abstracción para crear una respuesta a un estímulo *definido por su privacidad*. Puesto que las sensaciones y las imágenes son por definición privadas, no podemos establecer un paralelismo y debemos explicar la conducta de otra manera.

(2) Las contingencias que obligan a alguien a responder a los acontecimientos privados con el tipo de conducta llamada conocimiento (véase el capítulo 19) a menudo parecen ser exclusivamente verbales. Aunque los estímulos generados automáticamente entran en el control de las conductas coordinadas de muchas maneras, no son "vistos" o "conocidos" (es decir, no se responde a ellos con conductas que los identifiquen a la manera de los tactos) excepto a través de contingencias establecidas por la comunidad verbal. Como hemos señalado, es el reforzamiento social el que lleva al individuo a conocerse a sí mismo. Es sólo a través del crecimiento gradual de una comunidad verbal que el individuo se vuelve "consciente". Llega a verse a sí mismo sólo como los demás lo ven, o al menos sólo como los demás insisten en que se vea a sí mismo.

48 *Ciencia y conducta humana*, Capítulo 17.

Respuestas a la conducta encubierta. La conducta operante tiende a ser ejecutada de la manera más fácil posible. Para condicionar una conducta enérgica, es necesario reforzar diferencialmente las ocurrencias enérgicas de esta. Tan pronto como se retira el reforzamiento, la conducta disminuye en energía y continuará haciéndolo mientras se obtenga reforzamiento. En el caso del reforzamiento automático[49], la conducta puede llegar a ser tan reducida en magnitud que deje de ser visible para los demás. Sólo con la ayuda de instrumentos para amplificar los movimientos o cambios concomitantes al movimiento podremos detectar la existencia de esa conducta "encubierta" en otras personas. Es especialmente probable que la conducta verbal caiga por debajo del nivel manifiesto, ya que puede seguir produciendo reforzamiento a ese nivel siendo aún útil para el hablante de múltiples maneras.

Los estímulos generados por las conductas encubiertas son relativamente sutiles y se pasan por alto fácilmente. Como Ryle ha señalado[50], la lectura en silencio no se generalizó hasta la Edad Media. Anteriormente, un texto servía para evocar conducta verbal *manifiesta*, a la que el lector reaccionaba entonces de cualquiera de las maneras características de un oyente. La lectura silenciosa fue posiblemente descubierta tan tardíamente porque la estimulación generada es relativamente insignificante comparada con la de la lectura en voz alta. Qué contingencias condujeron finalmente a la supresión de la conducta vocal, haciéndose silenciosa, es algo que probablemente nunca podremos determinar. Leer en voz alta es molesto para los demás, especialmente si están haciendo lo mismo, y el castigo puede haber forzado la lectura en silencio. Pero esto no podía ocurrir y seguir reforzándose hasta que el lector fuera capaz de responder a la estimulación que surge de la lectura encubierta y así lograr un reforzamiento automático continuo.

La mayor facilidad de ejecución es sólo una de las razones por las que la conducta se convierte en encubierta. Otro tipo de consecuencia de la conducta verbal, que se tratará en el siguiente capítulo, es el castigo. Una distinción importante entre la conducta manifiesta y la encubierta es que sólo la primera es susceptible de castigo en multitud de contextos.

49 N. del E.: Skinner utiliza *automatic self-reinforcement*, pero optamos por el término que se ha afianzado en la literatura posterior.

50 Ryle, Gilbert, *The Concept of Mind* (Londres, 1949). Sería más exacto decir que lo que se aprendió tan tarde fue que la lectura silenciosa podía ser casi tan efectiva como la lectura en voz alta. Hay referencias clásicas a la lectura silenciosa. Por ejemplo, Suetonio (*Las vidas de los Césares*, Libro II) dice que Augusto administraba una leve reprimenda entregando a su víctima un par de tablillas que debía leer en silencio (*taciti ... legerent*) en el acto.

Hay efectos de castigo automático que se aplican también a la conducta encubierta, pero el organismo aprende pronto a evitar los castigos mediados por otros comportándose sólo a nivel encubierto, como cuando habla consigo mismo o sueña despierto.

Mientras la conducta encubierta continúe aportando estimulación reforzante al individuo, esta podrá controlar otras conductas. Cuando esto último esta conducta es verbal y en forma de tactos, decimos que el hablante está "describiendo" su propia conducta encubierta. La comunidad verbal establece muchas de estas respuestas, a menudo respondiendo a preguntas como, *¿En qué estás pensando?* (este significado de "pensar" se tratará de nuevo en el capítulo 19.

Ya se ha señalado que la conducta verbal bajo el control de la conducta encubierta del hablante puede haber sido adquirida cuando la conducta era manifiesta. La conducta encubierta evoca la misma respuesta que la conducta manifiesta porque es esencialmente el mismo estímulo, excepción hecha de su magnitud. Sin embargo, parte del estímulo asociado a la respuesta encubierta puede ser simplemente un acompañamiento común y no parte de la conducta manifiesta. No es el estímulo utilizado por la comunidad y puede no ser el estímulo que controla la descripción del hablante de su propia conducta, pero puede adquirir el control de esa descripción en forma de extensión *metonímica*.

Respuestas a la conducta pasada. No podemos explicar de forma plausible la respuesta *abrí la ventana ayer* señalando los estímulos generados por el evento real. Estos se encuentran en la historia pasada del hablante y no pueden ser el "referente" de la observación en el sentido de la variable controladora en un análisis funcional. No explica tal conducta el decir que el acto se describe "de memoria".

Responder a la propia conducta pasada es sólo un caso especial de respuesta a los acontecimientos del pasado en general. ¿Cuál es el límite de tiempo de los estímulos que controlan el tacto? Mostrar a un niño un reloj y decir *¿Qué es esto?* y obtener la respuesta *Reloj* parece fácil de explicar. Muéstrele un reloj, cúbralo por un segundo, y diga *¿Qué era eso?* y podemos aplicar razonablemente la misma fórmula. Pero la explicación pierde plausibilidad cuando la respuesta se retrasa diez segundos, diez minutos, diez horas o diez días. De hecho, no obtendremos la respuesta *Reloj* bajo tales circunstancias de un niño pequeño. La capacidad de responder verbalmente "a eventos pasados" se adquiere, y se adquiere bajo contingencias explícitas de reforzamiento establecidas por la comunidad verbal para tal fin.

Los informes de los eventos pasados nunca son muy exactos o completos. Ello dependerá en gran medida de los estímulos actuales que provoquen tales respuestas. Al evocar una respuesta "a un acontecimiento pasado" solemos proporcionar información adicional: *¿Qué te enseñé ayer cuando estaba sentado allí? Lo sostuve en mi mano así.* Puede decirse que estos estímulos actuales adicionales identifican el acontecimiento que se va a describir o lo distinguen de todos los demás acontecimientos que ocurrieron "ayer", no obstante, esto no describe su función real. Su efecto se debe en parte al proceso de instrucción que se describirá en el capítulo 14. Evocan respuestas que, junto con la estimulación actual de la pregunta, pueden evocar la respuesta *Reloj.* Tales eventos constituyen una fuerza controladora muy poco fiable. Lo cierto es que es una forma mucho menos eficaz de evocar la respuesta que el uso de un reloj como estímulo presente.

A pesar de que se ha dedicado mucho tiempo al estudio del acto de recordar en el laboratorio psicológico, no se ha realizado un análisis adecuado de cómo aprende un niño a recordar. Lo que ocurrió ayer es importante por el efecto que tiene en la conducta del niño hoy. Si un niño aprendió a montar en bicicleta ayer, hoy lo hará con mayor habilidad. En este sentido, toda la historia pasada del niño está representada en su conducta actual. Pero cuando el niño dice *había un elefante en el zoológico*, parece estar reaccionando a su historia pasada en lugar de simplemente beneficiarse de ella. Este es un logro verbal mediado por una comunidad que continuamente hace al niño preguntas como, *¿Había un elefante en el zoológico?* La respuesta debe entenderse como una respuesta a los estímulos actuales, incluyendo eventos dentro del propio hablante generados por la pregunta, en combinación con una historia de condicionamiento anterior. El descuido de este proceso es aún más chocante cuando se recuerda que la mayoría de los enfoques educativo simplemente lo presuponen.

Entre los eventos que una persona puede describir después de un lapso de tiempo, particularmente en respuesta a preguntas, está su propia conducta. Gran parte de esta conducta es, por supuesto, verbal. Es capaz de recordar con razonable exactitud no sólo lo que *hizo* ayer, sino también lo que *dijo.* Además, generalmente es capaz de describir conductas encubiertas pasadas (p.ej., *Estuve a punto de decirle lo que pensaba de él*).

Respuestas a posibles conductas. La conducta encubierta es a veces simplemente una conducta débil. Podemos simplemente "pensar" *qué es una iguana* en lugar de "decirlo", ya sea porque la respuesta está mal condicionada (no estamos seguros de lo que es una iguana), el estímulo es poco claro o atípico (no podemos verla claramente entre las hojas), o porque la audiencia presente no suele reforzar respuestas de este tipo (no estamos seguros de que a nuestro oyente le importe). A veces la conducta encubierta es considerada como una conducta meramente incompleta o incipiente. La respuesta aún no ha alcanzado el punto en el que se hará evidente. Esto es más probable que ocurra con respecto a las respuestas "compuestas" más largas que se describirán en el capítulo 14. Las conductas encubiertas pueden ser también conductas fuertes que no pueden emitirse abiertamente porque no se dan las circunstancias adecuadas. Cuando estamos fuertemente inclinados a ir a esquiar, aunque no haya nieve, decimos *me gustaría ir a esquiar*. No es muy convincente argumentar que esa respuesta es simplemente una descripción del esquiar encubierto o de la conducta encubierta previa al esquí.

A veces esa respuesta consiste en conductas manifiestas asociadas al esquí, sacar los esquíes, ordenar el equipo, etc. A veces puede ser una descripción de las variables de las que la propia conducta de esquiar del hablante es función. Sigue existiendo la posibilidad de que sea una descripción de eventos privados que son concomitantes o precursores de la conducta encubierta. La respuesta puede ser el equivalente a *Esta es la forma en que estoy justo antes de ir a esquiar*, o *Esta es la forma en que estoy al ir a esquiar cuando hay nieve*. La conducta aparentemente descrita o a la que se hace referencia no tiene por qué estar ocurriendo en ese caso.

Respuestas a la conducta futura. Iré a esquiar mañana no es, por supuesto, literalmente una respuesta a la conducta futura. Con independencia de que interpretemos o no los eventos pasados como en los ejemplos anteriores, es obvio que los eventos futuros no tienen lugar en un análisis causal. Algunos ejemplos de este tipo pueden clasificarse como respuestas a conductas encubiertas (el hablante se observa a sí mismo participando en conductas que se harán manifiestas, si se da la ocasión adecuada) o a las condiciones concomitantes descritas en referencia a "conductas potenciales". Otros casos se incluyen en las clases siguientes.

Respuestas a las variables que controlan la conducta. A menudo podemos, aunque no siempre, describir las variables de las que nuestra conducta es función. *Estoy abriendo la ventana porque la habitación es demasiado cálida* especifica la condición aversiva que conduce a la acción descrita. Las respuestas a las variables que controlan la conducta verbal se tratan en los capítulos 12 y 13. Las descripciones aparentes de futuras conductas pueden explicarse de la misma manera si asumimos que una respuesta como *Iré a* esquiar *mañana* equivale en realidad a la afirmación *Las condiciones actuales, con respecto al clima, mi disponibilidad, y los planes que he hecho con mis amigos, conforman un conjunto de circunstancias bajo las cuales habitualmente voy a esquiar.*

Las respuestas a las variables suelen aparecer como declaraciones de "propósito" o "intención", como ya hemos visto. *Estoy buscando mis gafas* parece incorporar una respuesta al objeto mencionado en la conducta del hablante, pero ¿cómo puede un objeto con el que el hablante aún no está en contacto controlar una respuesta verbal? Dicha conducta debe considerarse equivalente a *Cuando me he comportado así en situaciones anteriores, he encontrado mis gafas y luego he dejado de comportarme así,* o *Han surgido circunstancias en las que me inclino a emitir cualquier conducta que anteriormente haya llevado a encontrar mis gafas; dicha conducta incluye la conducta de buscar en la que me encuentro.* No es un indefinido carácter intencional en la conducta en sí lo que el individuo está tactando, sino las variables que controlan la conducta de buscar. De manera similar, las respuestas a las variables de control a menudo incluyen las formas *debe* o *debería.* Algunos ejemplos de *debo ir* pueden ser traducidos *bajo estas circunstancias generalmente voy, si voy mi conducta será generosamente reforzada*, o *si voy me liberarán de la amenaza de ser censurado por no ir.*

Respuestas al nivel de probabilidad de conducta. Generalmente evaluamos la probabilidad de nuestras propias conductas con respuestas apropiadamente graduadas: *Seguro que iré, probablemente vaya*, y así sucesivamente. Podemos añadir una estimación de probabilidad a nuestras descripciones de conductas pasadas (*Claro que abrí la ventana*) y actuales (*espero poder abrir la ventana, aunque parece estar atascada*), o de potenciales conductas futuras (*creo que abriré la ventana*). Respuestas del mismo tipo se añaden frecuentemente a esas grandes unidades de conducta llamadas oraciones, cuya composición examinaremos en el capítulo 14. Tales enunciados pueden considerarse como descripciones de las características de las conductas en curso o de las variables que controlan las conductas. *Lo más probable es que vaya a esquiar* puede considerarse una evaluación de cualquiera de las conductas enumeradas anteriormente o de un conjunto actual de variables. En este último caso, otro observador con los mismos conocimientos podría hacer una predicción similar (*te apuesto a que irás a esquiar*) sin conocer la conducta encubierta.

No se trata de un tratamiento exhaustivo de las respuestas verbales que describen la conducta del hablante. El campo está casi inexplorado, posiblemente porque en casi todos los casos esa conducta está controlada en parte por estímulos privados. Algunos de los hechos más curiosos se refieren a los casos en que esa conducta es imposible: el individuo *no puede* describir su propia conducta, pasada, presente o futura, o las variables de las que es función[51]. Lo que se necesita es un análisis de las técnicas mediante las cuales la comunidad verbal establece conductas verbales a partir de tales hechos. Como veremos, esto es crucial para la producción de muestras más grandes de conducta verbal y especialmente para lo que llamamos pensamiento verbal. El estudio de estas prácticas podría permitir desarrollar una mejor "memoria de los acontecimientos pasados", mejores técnicas de observación para su uso futuro, mejores técnicas de recuerdo, una mejor manipulación de la propia conducta de resolución de problemas y un mejor uso práctico del pensamiento. También podría producir ventajas terapéuticas que coloquialmente describiríamos como un aumento de la conciencia o la comprensión de uno mismo.

Mientras no alcancemos una mejor comprensión de las variables que controlan las respuestas descriptivas en la conducta del hablante, podremos al menos aceptar el hecho de que tales respuestas se establecen en la mayoría de las comunidades verbales, que son útiles como fuente de datos en las ciencias sociales y, en particular, que pueden utilizarse para interpretar una parte sustancial del campo de la conducta verbal.

51 Ver el capítulo 18 en *Ciencia y conducta humana*, así como el capítulo 16 de este libro.

Capítulo 6

Condiciones especiales que afectan al control de estímulo

El reforzamiento generalizado es la clave del éxito del discurso práctico y científico. Somete la conducta del hablante más estrechamente al control del entorno actual y permite al oyente reaccionar a esa conducta con más éxito en lugar de estar en contacto directo con el entorno. Cuando la correspondencia con una situación estimulante se mantiene de forma estrecha, cuando las inferencias del oyente con respecto a la situación objetiva son más fiables, llamamos a la respuesta "objetiva", "válida", "verdadera" o "correcta".

El control de estímulo, sin embargo, nunca es perfecto. La conducta verbal probablemente nunca es completamente independiente de la condición de un hablante en particular. Pueden producirse cambios en las privaciones que subyacen en el reforzamiento generalizado. El estado de alerta del hablante puede variar entre la excitación extrema y el sueño. Puede verse afectado por variables emocionales que en otras situaciones son irrelevantes para su conducta verbal. Además de estas condiciones momentáneas, el control de estímulo puede verse distorsionado por ciertas consecuencias especiales que son suministradas por un oyente en particular o por los oyentes en general en circunstancias particulares. Cuando la relación de control está así deformada o distorsionada, llamamos a la respuesta "subjetiva", "prejuiciosa", "sesgada" o "ilusoria". Nos preocupará mucho aquí el efecto de tales consecuencias en la distorsión de los tactos, pero las conductas ecoicas, textuales e intraverbales característicamente reciben reforzamiento generalizado y pueden sufrir de la misma manera. Muchos de los ejemplos que se examinarán aquí podrían, de hecho, considerarse intraverbales.

CONDICIONES ESPECIALES DEL REFORZAMIENTO GENERALIZADO

La cantidad de reforzamiento concedida a la conducta verbal de un hablante particular varía de comunidad a comunidad y de ocasión a ocasión. Un niño criado en una familia que refuerza generosamente es probable que posea tal conducta con gran fuerza y hablará en casi cualquier ocasión. Un niño criado en ausencia de tal reforzamiento puede ser relativamente silencioso o taciturno. La diferencia puede llevar a un oyente que no esté familiarizado con la historia de reforzamiento de un hablante particular a tomar medidas inapropiadas. Puede sobrestimar la importancia de una situación determinada en la respuesta del hablante voluble y bien reforzado, y puede subestimar su importancia a partir de la conducta "estoica y silenciosa" de una persona reservada. Cuando se refuerza la conducta verbal por la cantidad (considérese el peso mítico de ciertos trabajos científicos o académicos), también puede estimarse incorrectamente la importancia del tema o la contribución real que supone. Un curioso ejemplo del reforzamiento por cantidad fue reportado por Lecky[52].

> Se dice que un monje que había llevado una vida de vicios fue salvado del infierno, porque se descubrió que sus pecados, aunque muy numerosos, sólo eran superados por las letras de un libro pesado y devoto que había escrito... Se libró muy a lo justo, ya que sólo había una letra contra la cual no se podía aducir ningún pecado, un ejemplo notable de las ventajas del estilo prolijo.

El reforzamiento generalizado recibido por el hablante puede variar según el tema o la forma de la respuesta. Las medidas especiales del reforzamiento "le dicen al hablante de qué vale la pena hablar". En un caso extremo puede predominar la conducta verbal apropiada para un solo tema. El escritor profesional está sujeto a fuertes reforzamientos especiales de este tipo. A menudo se ha señalado la tendencia a duplicar un libro exitoso. Del mismo modo, una anécdota o broma que ha sido particularmente aplaudida es probable que se cuente de nuevo, tal vez sólo encubiertamente al propio hablante cuando se vaya a dormir esa noche. Una vez más, las historias de los hablantes diferirán a este respecto, y el oyente debe "conocer a su hablante" si quiere tomar las medidas adecuadas.

52 Lecky, W. E. H., *History of European Morals*, ii (Londres, 1869), pág. 205.

El reforzamiento generalizado puede utilizarse deliberadamente para reforzar formas o temas particulares en la conducta verbal de un sujeto, como en el experimento de Greenspoon[1]. En una situación diseñada para parecerse a una entrevista o un experimento sobre hábitos verbales, el experimentador molda la conducta de su sujeto simplemente dando alguna ligera "señal de aprobación" supeditada a una propiedad seleccionada de la conducta. Por ejemplo, el experimentador sonríe o asiente con la cabeza cuando se emite un sustantivo plural. La frecuencia relativa de los sustantivos plurales aumenta entonces. Se puede inducir a un hablante a que haga hincapié en determinadas materias con la misma técnica, pero en este caso la aprobación puede actuar como un estímulo discriminativo más que como un reforzamiento. Si un nuevo conocido refuerza algunos tipos de conducta verbal y no otros, el hablante puede limitarse pronto a los tipos reforzados debido a discriminaciones anteriores. Esta es una explicación más plausible cuando una sola inclinación de cabeza o una sonrisa tiene el efecto en cuestión. No es una explicación si una discriminación anterior es improbable, como en el caso de las formas plurales. Además, una sonrisa o asentimiento no podría servir como estímulo discriminativo para liberar conductas dentro de una determinada categoría si el anterior reforzamiento diferencial de la categoría no hubiera sido efectivo.

El tacto distorsionado

Las medidas especiales de reforzamiento generalizado son más eficaces cuando conducen a una distorsión real del control de estímulo. En un caso menor, el hablante simplemente "estira los hechos". Sobreestima el tamaño de un pez que ha capturado o minimiza el peligro de un ataque enemigo. Una medida especial de reforzamiento generalizado le ha llevado a leer mal un punto en una escala de medida.

El control de estímulo no sólo se "estira" sino que se "inventa". La respuesta que ha recibido una medida especial de reforzamiento se emite en ausencia de las circunstancias en las que se refuerza de forma característica. Lo vemos en la conducta de los niños: una respuesta que ha sido recibida con entusiasmo en una ocasión se repite en otra ocasión

1 Greenspoon, J., *American Journal of Psychology, 68* (1955), 409-416. Ver también Mandler, George y Kaplan, W. K., *Science, 124* (1956), 582-583.

diferente e inapropiada. En una distorsión aún mayor, se emite una respuesta en circunstancias que normalmente controlan una respuesta incompatible. En este caso llamamos a la respuesta *mentira*.

La distorsión debida al reforzamiento generalizado diferencial puede rastrearse en la conducta del trovador o en la historia del arte de la ficción. El trovador comienza, digamos, contando las verdaderas hazañas heroicas. Ciertas partes de su relato reciben una aprobación especial porque interesan o halagan a sus oyentes. Un primer efecto es que estas partes sobrevivan en futuros relatos. Bajo el mismo reforzamiento diferencial comienza a estirar su informe; exagera el tamaño de la batalla y el heroísmo de los participantes (hipérbole). Finalmente, se separa del control de estímulo por completo, "describiendo" escenas que nunca ha observado o "reportando" historias que nunca ha escuchado. Como artista creativo, su conducta está ahora totalmente controlada por las contingencias de reforzamiento (algunas de las cuales, por supuesto, él mismo puede suministrar como su propio oyente).

Cuando la distorsión derivada de una medida especial de reforzamiento generalizado lleva al oyente a reaccionar ineficazmente a la conducta del hablante, el sistema social compuesto por el hablante y el oyente puede deteriorarse. El oyente puede omitir el reforzamiento por completo o incluso castigar al hablante. El sistema sólo es estable cuando la correspondencia con los estímulos de control no tiene importancia práctica para el oyente, como ocurre en la literatura. La conducta del artista literario sigue reforzándose porque el oyente o el lector, que en última instancia refuerza al hablante o al escritor, no reacciona de manera práctica. Mientras el lector distinga entre la ficción y la no ficción (y el escritor suele establecer recursos adecuados a tal efecto que se tratarán más adelante), no es explotado por la distorsión de la conducta verbal. Las personas impresionables que envían regalos a sus personajes favoritos de las tiras cómicas son una excepción. El arte de la ficción ha surgido de ciertos cambios en las prácticas de reforzamiento de las comunidades verbales. Ciertas formas estándar de conducta verbal, identificadas como tales, evocan sólo conducta no práctica en el lector. El escritor no tiene por qué respetar las circunstancias estimulantes habituales y, por lo tanto, su conducta puede modificarse libremente mediante efectos especiales de reforzador (véase el capítulo 16).

La liberación de la estimulación aversiva como forma de reforzamiento generalizado se utiliza a menudo en medida especial para producir conductas verbales con propiedades dadas. A menudo se obtiene una confesión cuando se impone un estímulo aversivo, o un estímulo aversivo condicionado en forma de amenaza, hasta que se haya dado una respuesta determinada. La objeción a este procedimiento (p.ej., en el diseño legal o gubernamental ilustrado) es precisamente que tiende a distorsionar el control de estímulo: la liberación suele depender de una respuesta independientemente de su correspondencia con "los hechos". El hablante puede exagerar una confesión, inventar una o confesar sólo una parte de una deserción real para obtener la liberación.

REFORZAMIENTO NO GENERALIZADO

El control de estímulo de los tactos puede verse perturbado por consecuencias que son más importantes para el hablante que el reforzamiento generalizado que se le suele conceder a su conducta. Éstas pueden clasificarse en función del efecto sobre el oyente.

Reforzamiento especial mediado por la conducta operante del oyente

La conducta verbal no tendría sentido si el oyente no hiciera más que reforzar al hablante para que la emita. La comunidad verbal mantiene la conducta del hablante por reforzamiento generalizado, pero un determinado oyente suele tomar medidas específicas con respecto a lo que se dice. Si la conducta del oyente es de reforzamiento para el hablante en su estado actual de privación o de estimulación aversiva, la conducta del hablante se verá afectada. Su relación con un estímulo controlador puede o no ser modificada. Considere, por ejemplo, el complejo tacto *Tengo hambre*. Esto se emite bajo el control de estímulo relevantes (generalmente privados). El hablante puede no recibir más que un reforzamiento generalizado, por ejemplo, si está participando en un experimento fisiológico. Pero la respuesta puede tener otro efecto en un oyente comprensivo que en seguida le ofrece comida. En la medida en que la operante adquiera fuerza debido al reforzamiento con comida, será controlada por las mismas variables que, digamos, "*Dame algo de comer*". Cuando un ama de casa dice *la cena está lista*, no por el reforzamiento generalizado característico de los tactos, sino principalmente porque sus oyentes se acercarán a la mesa, la respuesta es funcionalmente muy cercana al mando *¡Ven a cenar!* Para el oyente que no tiene hambre o que no responde viniendo a cenar (p.ej., cuando el hablante es un chef y el oyente el dueño de un restaurante), *¡La cena está lista!* se refuerza característicamente sólo cuando corresponde a un estado de cosas particular. Es entonces un tacto "puro". Un resultado común es una mezcla de relaciones de control características de ambos tactos y mando. Podríamos hablar en tal caso de un "tacto impuro".

La acción que emprende un oyente con respecto a una respuesta verbal suele ser más importante para el hablante que el reforzamiento generalizado. La conducta del hablante alerta y maduro suele estar estrechamente relacionada con efectos particulares. El reforzamiento generalizado es más obvio y útil en el condicionamiento original de la conducta verbal. En cierta medida, la comunidad verbal continúa con ese reforzamiento en la vida madura del hablante, pero en cualquier ocasión particular el hablante se preocupa más por "dar a conocer algo al oyente", es decir, la fuerza de su conducta está determinada principalmente por la conducta que el oyente exhibirá con respecto a un determinado estado de cosas. A largo plazo, una gran variedad de efectos especiales sobre los oyentes especiales puede tener el mismo resultado que un reforzamiento generalizado sostenido, y puede mantenerse el control ejercido por la situación estimulante actual. Pero es más probable que el efecto especial ponga a conducta bajo el control de variables especiales.

Una forma de conducta que tiene el efecto de "hacer saber al oyente", en el sentido de llevarlo a tomar una acción específica, es la acción de "anunciar". El hablante puede anunciar la presencia de un zorro en un bosquecillo o de la Dama X en una corte real y producir la acción apropiada en cada caso. El anuncio difiere de la descripción en que la forma de la acción que el oyente debe tomar ya está determinada. Un anuncio "llama la atención del oyente" sobre un estímulo que luego tiene su propio efecto. Los tactos de este tipo van a veces precedidos de mandos que especifican la acción que permitirá controlar un determinado estímulo. El anuncio de la presencia de una persona importante puede estar precedido por la expresión completa de sus títulos a modo de mando (*¡He aquí al Señor Verdugo Supremo de Titipú!*[2]). En tal ocasión el oyente tomará acciones

2 N. del E.: referencia a la famosa línea de la opereta *The Mikado* de Gilbert y Sullivan (1885).

apropiadas hacia el Señor Verdugo Supremo en ausencia de descripciones más detalladas por parte del hablante. De manera similar, *Mira el globo, Huele el bacón*, o *Escucha la lluvia caer sobre el tejado*, son tactos en forma de anuncios precedidos por tendencias a realizar la actividad sensorial necesaria que pondrá al oyente en contacto con el estímulo mismo.

El término "comunicación" también sugiere que el hablante está controlado por una situación estimulante y se ve especialmente reforzado por la acción que el oyente realiza con respecto a ella. El término no se aplica al mando ni a la conducta ecoica, textual o intraverbal y no se aplica con demasiada facilidad al tacto que resulta del reforzamiento generalizado. Veremos en la Parte III que también hay casos en los que tanto el hablante como el oyente están, por así decirlo, en posesión de los mismos hechos, y por lo tanto en los que no se comunica nada.

Las conductas especiales por parte del oyente, como una medida especial de reforzamiento generalizado, pueden distorsionar el control de estímulo ejercido por un punto en una escala continua. Una cara de reloj con las manecillas a las dos menos cuarto suele dar la respuesta a las *dos menos cuarto*, pero puede que no lo haga cuando la conducta del oyente se refuerce más si el hablante emite una respuesta diferente. Si el hablante insta al oyente a que se dé prisa, por ejemplo, dirá Son *casi las dos, una* respuesta que, sólo con el reforzamiento generalizado, se evocaría con un ajuste diferente de las agujas. Sin embargo, si el hablante está instando al oyente a actuar más deliberadamente, puede responder al mismo estímulo con *Es sólo un poco después de la una y media*. (Julieta distorsionó otro tipo de reloj cuando detuvo a Romeo insistiendo en que es *el ruiseñor y no la alondra*.)

Cuando las consecuencias especiales producen una ruptura completa con el estímulo, decimos que la respuesta es inventada o "inventada". Supongamos que un niño pequeño ha perdido un centavo, que emite la respuesta "perdí *mi centavo*", y que, como resultado, un oyente le da un centavo. Esta acción especial refuerza la respuesta, posiblemente hasta tal punto que se emitirá de nuevo cuando no se haya perdido ningún centavo. La conducta especial del oyente, que nunca ha tenido importancia para el hablante, puede llegar a serlo y generar una conducta similar. Por ejemplo, podemos decir que *la cena está lista* para interrumpir una conversación que ha tomado un giro peligroso, o para jugar una broma. El niño de Esopo que gritó "*¡Lobo!*" suministra el estereotipo clásico. En cada uno de estos casos, la misma conducta por parte del oyente podría haberse logrado con un mando (*¡Dame un centavo!*, *¡Deja la habitación!*, o ¡Ven corriendo*!*). El tacto distorsionado es temporalmente más efectivo porque juega con una mayor tendencia por parte del oyente a responder apropiadamente. La utilidad de los tactos distorsionados es sólo temporal, sin embargo, porque el sistema social compuesto por el hablante y el oyente se deteriora rápidamente. La comunidad deja de dar al niño un centavo y puede incluso castigarlo por mentir; el bromista es condenado al ostracismo; y el niño se encuentra indefenso cuando por fin aparece un lobo.

Las consecuencias aversivas suelen tener un efecto más inmediato que el reforzamiento basado en los estados de privación. Es especialmente probable que el control de estímulo de un tacto se distorsione cuando la respuesta se emite para evitar o escapar de las consecuencias aversivas. Un testigo comprado se comporta verbalmente con respecto a las contingencias de reforzamiento establecidas por quien ejerce el soborno; los hechos descritos en un testimonio fidedigno, que de otro modo estaría en control, pueden tener poca relación con la conducta del testigo.

Reforzamiento especial de la conducta emocional del oyente

Entre los importantes efectos especiales de la conducta verbal están las reacciones emocionales del oyente. El oyente que ríe está dispuesto a actuar de manera que se refuerce positivamente, por ejemplo, puede pagar al hablante en el papel de animador o hacerle un favor. El vendedor le cuenta historias divertidas a su prospecto y es reforzado por la risa que sigue. El hablante lleva las buenas noticias con presteza y las repite frecuentemente debido a la disposición hacia el reforzamiento engendrada en su oyente. En otras ocasiones puede ser reforzado hiriendo a su oyente: puede soportar o repetir las malas noticias, o criticar o culpar al oyente, por la evidente incomodidad resultante. Puede ser reforzado para describir un accidente espantoso por el horror que engendra en su oyente, o para describir un evento obsceno porque el oyente se ruboriza o se excita sexualmente. El sarcasmo se llama sarcasmo sólo porque es mordaz. El científico puede publicar un resultado experimental un poco más rápido si trastorna la teoría de un rival. Todo esto es probable que ocurra en circunstancias en las que cualquier lesión infligida al oyente puede ser mostrada como un reforzador. (El porqué de tal evento se refuerza está más allá del campo de la propia conducta verbal).

Las respuestas emocionales del oyente no pueden, como hemos visto, explicar el reforzamiento de un mando; ni los *reflejos* emocionales, como reír o llorar, o las *disposiciones* emocionales, como aquellas en las que el individuo se mueve para atacar, huir, herir o "ser amable" con alguien, que encajan en el paradigma de la Figura 2 (pág. 89). Como hemos visto, los mandos que parecen especificar tales efectos (*¡Sé alegre!, ¡Oh, llora por Adonáis!, ¡Entonces ódiame cuando quieras!*[3]) son mágicos y deben ser explicados de manera especial. El método más fiable para generar una emoción es presentar un estímulo apropiado. Para hacer reír a alguien podemos hacerle cosquillas, sorprenderlo de forma agradable o emprender acciones risibles. El efecto es posiblemente incondicionado, es decir, puede que no dependa de su historia previa. Pero cuando conseguimos que alguien se ría contando una historia divertida, usamos estímulos condicionados según el clásico patrón pavloviano. Si un estímulo verbal acompaña frecuentemente a algún estado de cosas que es el estímulo incondicionado o previamente condicionado para una reacción emocional, el estímulo verbal eventualmente evoca esta reacción[4]. Así, si uno tiene miedo a las serpientes, y si la *serpiente del estímulo verbal* ha acompañado a veces a serpientes reales, el estímulo verbal por sí solo puede evocar una reacción emocional.

La reacción emocional suele ser un subproducto de alguna otra función verbal. El ambiente verbal no establece la respuesta *serpiente* principalmente para evocar tal reacción por parte del oyente. El emparejamiento de los estímulos que en última instancia genera la respuesta surge de contingencias relacionadas con conductas más prácticas. El hablante puede adquirir la respuesta *muerta* bajo el control de un estado biológico que tiene importancia práctica o teórica. La característica genérica que comparten un árbol muerto, un animal o un hombre muertos podría definirse con bastante precisión. Pero los objetos muertos se asocian frecuentemente con estímulos que evocan respuestas emocionales poderosas, aunque éstas no jueguen ningún papel en las contingencias establecidas por el ambiente verbal para esa forma de respuesta.

3 N. del E.: *Be gay!, O, weep for Adonais!, Then hate me when thou wilt!* De la elegía pastoril *Adonais* de Percy Bysshe Shelley (1792-1822).

4 *Ciencia y Conducta humana*, capítulo 4.

La reacción emocional que evoca un estímulo puede demostrar la extensión metafórica o metonímica del capítulo 5. En un conocido experimento, Diven[5] registró cambios en la resistencia de la piel de la mano producidos por la secreción refleja del sudor, que suele ser un rasgo observable de una reacción emocional. Diven utilizó una lista de palabras como estímulos verbales, y sus sujetos recibieron una descarga eléctrica cada vez que se producían ciertas palabras. Si una descarga seguía al estímulo de la palabra *granero*, la palabra producía finalmente una respuesta emocional, y esto se extendía a otras palabras rurales.

Las respuestas emocionales condicionadas a partes de una obra literaria suelen contribuir a un efecto que es en cierta medida independiente del "significado en prosa" de la obra. Se ha llegado incluso a sostener que el significado en prosa es útil sobre todo para mantener la conducta del lector o del oyente, de modo que puedan producirse respuestas emocionales a las distintas partes de la obra. En *Gerontología* de T. S. Eliot, por ejemplo, expresiones como "mes seco", "puertas calientes", "casa en ruinas", "espacios ventosos", "cerebro seco", "estación seca" tienen un efecto general independiente de su orden o de cualquier disposición sintáctica del poema. Los adjetivos "modifican" mucho más que los sustantivos que los siguen. Una mera lista de palabras tiene algo del mismo efecto, aunque probablemente no induzca al lector a seguir leyendo. Se ha reconocido a menudo la posibilidad de que la poesía pueda ser efectiva de manera emocional, aunque de otra manera no tenga sentido. Así escribe A. E. Housman[6]:

> Incluso Shakespeare, que tenía tanto que decir, a veces vertía su poesía más hermosa sin decir nada[7].
>
> *Quita esos labios que arteros*
> *juráronme tierna fe,*
> *y esos ojos, dos luceros,*
> *a cuyos rayos cegué.*
> *Mas devuélveme aquel beso*
> *que te di:*
> *Iba en él mi amor impreso*
> *¡Ay! no en ti.*
>
> No tiene sentido; pero es arrobadora poesía.

5 Diven, Kenneth, *Journal of Psychology*, *3* (1937), 291-308.

6 Housman, A. E., *The Name and Nature of Poetry* (Cambridge, 1945).

7 N. del E.: de *Medida por Medida*, Acto 4, Escena 1, traducción de Jaime Clark.

Este es el tipo de significado que sobrevive a la confusión cuando se mezcla el contenido de textos literarios. Un ejemplo temprano lo ofrece Lord Chesterfield en este pasaje preparado para su hijo[8]:

> Life consider cheat a when 't'is all I
> Hope the fool'd deceit men yet with favor
> Repay will tomorrow trust on think and
> Falser former day tomorrow's than the
> Worse lies blest be shall when and we says it
> Hope new some possess'd cuts off with we what.[9]

Sugiere el mismo período en la literatura inglesa e incluso algo de su tema a pesar de la confusión. Términos como "tramposo", *"tonto",* *"engaño", "falsificador",* y *peor aún,* tienen un efecto aparte de cualquier significado en prosa. Como dice Joseph Conrad, al describir un ejemplo en *Lord Jim*, "... el poder de las frases no tiene nada que ver con su sentido o la lógica de su construcción".

En parte debido a la naturaleza de las reacciones emocionales y en parte porque no entran explícitamente en contingencias de reforzamiento, es posible que el oyente no pueda identificar el estímulo o la propiedad del estímulo que genera tal efecto. Al escuchar un discurso sostenido o al leer un texto sostenido, pueden surgir y desaparecer reacciones emocionales mal definidas sin que ello dé lugar a comentarios o análisis. La siguiente cita de un cuaderno ofrece un ejemplo:

> Mientras trabajaba en mi escritorio noté un estado de ánimo sostenido de leve molestia, pero no pude detectar de inmediato la causa. Eventualmente descubrí que había escrito la palabra *Lacking* tal manera que la *L* sugería una *H* y la *a* una *o*. La palabra se parecía mucho al apellido *Hocking*, con el que estaba familiarizado, principalmente en relación con un libro que no había sido de mi agrado.

8 N. del E.: Chesterfield mezcla las palabras del poema de Dryden (Chesterfield, *Letters, Sentences and Maxims*, Burt Company Publishers, 1846, pág. 77), como ejercicio para que su hijo recomponga el original (aportado por Skinner en la siguiente nota). Dada la dificultad de hacer una traducción afortunada preservamos los textos en inglés.

9 When I consider life, 't'is all a cheat
Yet fool'd with hope men favor the deceit
Trust on and think tomorrow will repay.
Tomorrow's falser than the former day.
Worse lies it says, and when we shall be blest
With some new hope, cuts off what we possess'd.
John Dryden, *Aurenzebe*

La respuesta emocional fue evocada por el estímulo verbal visual, a pesar de que no se dio al mismo tiempo una respuesta textual correspondiente (*Hocking*) y, de hecho, no pudo darse hasta que se emprendió una búsqueda especial de estímulos.

Es el entorno excepcional que establece conductas autodescriptivas con respecto a tales eventos. Marcel Proust[10] fue el producto introspectivo de tal ambiente y ha registrado ampliamente su búsqueda de los estímulos precisos que generan reacciones emocionales y la historia anterior que les dio su poder. El lector de Proust es, por lo tanto, más propenso a notar respuestas pasajeras y a hacer algún esfuerzo para explicarlas. Sin embargo, en general la respuesta se produce antes de que se pueda identificar el estímulo apropiado, y ciertamente sin reconocimiento por parte del oyente o lector de la historia anterior responsable de ella. Las reacciones emocionales que suscitan los nombres propios están implicadas en el olvido "freudiano" y tienen como consecuencia especial el trabajar a favor o en contra del proceso de nominación cuando se da un nombre a un nuevo objeto o persona. Al probar si "nos gusta" un nombre o si es apropiado en tales circunstancias, presumiblemente estamos probando respuestas condicionadas del tipo actual. Esas respuestas se tienen en cuenta al dar nombres a productos o actores y actrices a fin de fomentar el apoyo o el patrocinio público.

Dado que la respuesta emocional del oyente puede ejecutarse sin apoyo externo, y dado que no tiene consecuencias prácticas que puedan estar relacionadas con las circunstancias físicas del hablante, no decimos que tales reacciones del oyente sean "correctas" o "incorrectas". Veremos en un momento que estos términos suelen funcionar para reforzar o castigar la conducta, verbal o de otro tipo; pero las reacciones emocionales no pueden ser modificadas por el reforzamiento de la operante. En la medida en que el *hablante* ha sido condicionado por los efectos emocionales que ha logrado, podemos señalar una conexión funcional entre su conducta y la conducta emocional del oyente. Pero tales reacciones pueden ocurrir independientemente de las fuentes de la conducta del hablante, e incluso pueden ser generadas por producciones totalmente accidentales de estímulos verbales.

Los estímulos emocionales no sólo provocan respuestas, sino que establecen disposiciones de comportamiento que constituyen una parte más práctica del campo de la emoción[11]. El resultado es un cambio

10 Proust, M., *A la recherche du temps perdu* (París, 1914-1928).

11 *Ciencia y conducta humana,* Capítulo 10.

en la probabilidad de que el organismo se comporte de una manera determinada, y este cambio puede o no ir acompañado de las respuestas glandulares y del músculo liso que se consideran clásicamente como la emoción. Los casos importantes son las disposiciones para reaccionar favorable o desfavorablemente hacia el hablante o alguna otra persona. Los estímulos verbales pueden generar no sólo el patrón reflejo emocional de la ira, sino la ira como una predisposición para atacar a alguien. Los estímulos verbales no tienen originalmente tal efecto; el efecto se adquiere según el paradigma clásico de condicionamiento.

A menudo se ha señalado que los términos concretos suelen tener mayores efectos emocionales que los abstractos. La diferencia es que el término concreto, en el sentido de una respuesta bajo el control de un estímulo particular, es más probable que coincida con los estímulos emocionales efectivos. El término abstracto, al estar controlado por una propiedad de una gran clase de acontecimientos, no es probable que se vea afectado por ningún otro acontecimiento frecuentemente correlacionado con esa propiedad. Por la misma razón, es probable que el término concreto genere "visión condicionada", es decir, que evoque "imágenes"[12]. El término abstracto controlado por una propiedad común a un gran número de eventos no es probable que se asocie con un estímulo apropiado para un solo acto de ver.

Las respuestas emocionales no implican una sincronización precisa. Tienden a ser lentas y duraderas. El efecto de un estímulo verbal en la generación de conductas emocionales es relativamente independiente del tiempo y rara vez conduce a la fatiga.

Las reacciones emocionales no siempre están controladas por formas específicas y diferenciadas de respuesta. Uno puede reaccionar emocionalmente a un estímulo verbal simplemente porque posee la propiedad de ser verbal. "Escucho el sonido de las palabras; su sentido se disuelve en el aire antes de llegar a mi oído"[13]. En otras circunstancias el lenguaje puede tener un efecto emocional porque es apropiado para una comunidad verbal dada. Una persona sola en una tierra extranjera puede reaccionar con profunda emoción a cualquier vocalización en su lengua materna. Las propiedades de la conducta verbal que surgen de la condición emocional o motivacional del hablante también pueden

12 *Ibídem*, capítulo 17.

13 Milton, *Samson Agonistes*.

despertar respuestas apropiadas. La manera fácil o seria, el estilo descuidado o preciso, el tono de voz pendenciero o tranquilizador pueden tener efectos en esta categoría, independientemente de la forma de la respuesta emitida. Los efectos pueden ser en ciertos casos incompatibles, como señala Tolstoi al describir a un personaje que habló con " voz quejumbrosa e irritada, que contrastaba con la intención halagadora de las palabras que pronunciaba"[14].

Aunque las consecuencias especiales de este tipo no tienen por qué perturbar la precisión del control de estímulo, es especialmente probable que lo hagan. El escritor de la broma se toma libertades con los hechos para lograr una mayor respuesta emocional. El elogio justificado es probable que ceda a la adulación, la culpa a la calumnia. La historia divertida se convierte en una parodia, y el relato del accidente se vuelve más horrible al ser rememorado. Cuando el efecto emocional en el oyente es la única consecuencia importante, el control de estímulo puede ser abandonado efectivamente, como en la literatura. Los efectos emocionales sobre el lector son un factor importante en la producción de poemas líricos, así como en otros tipos de poesía, obras de teatro, cuentos y novelas. En el crecimiento de la comunidad verbal, la importancia de la conducta práctica (operante) se reduce al mínimo. La conducta emocional del lector o del oyente es la mayor parte de lo que sobrevive.

La fuerza de las reacciones del oyente

El efecto de un estímulo verbal dado variará con muchas cosas. Las características físicas del estímulo, ya sea que esté claro y dentro de ciertos límites de velocidad, son importantes. También lo es la experiencia pasada del oyente con respecto a patrones similares: escuchamos atentamente a hablantes previamente interesantes y a ciertos tonos de voz. El anunciante se esfuerza por un texto que se asemeje a los textos que han demostrado ser más reforzantes. Una sola palabra que salga de una conversación hasta ahora ignorada puede convertirnos de inmediato en ávidos oyentes. Por el contrario, dejamos de escuchar a alguien que habla de forma poco inteligible, o aburrida, o sin lograr ningún efecto claro, como dejamos de leer un libro mal impreso o aburrido. Un discurso o un capítulo demasiado

14 Tolstoi, L., *War and Peace* (Modern Library Edition), pág. 108.

largo, aunque sea suficientemente interesante, puede engendrar fatiga, de la cual la conducta del lector se recuperará durante un período de "tiempo muerto".

Con respecto a un hablante en particular, la conducta del oyente es también una función de lo que se llama "creencia". Podemos definir esto en términos de fuerza de respuesta. Nuestra creencia de que hay queso en la nevera es una función de, o idéntica a, nuestra tendencia a ir a la nevera cuando estamos hambrientos de queso, siendo las demás cosas iguales. Nuestra creencia de que hay una mesa sustancial frente a nosotros varía con nuestra tendencia a alcanzarla, colocar cosas sobre ella, y así sucesivamente. Si acabamos de pasar un tiempo en una casa de espejos en un parque de atracciones, nuestra creencia en este simple hecho puede ser sacudida, así como nuestra creencia en el queso puede ser rápidamente disipada por una nevera vacía. Nuestra creencia en lo que alguien nos dice es similarmente una función de, o idéntica a, nuestra tendencia a actuar sobre los estímulos verbales que él proporciona. Si siempre hemos tenido éxito al responder con respecto a su conducta verbal, nuestra creencia será fuerte. Si una respuesta dada está estrictamente bajo el control de estímulo con poca o ninguna extensión metafórica y ninguna impureza en la relación tacto, y si el hablante indica claramente estas condiciones (véase el capítulo 12), reaccionaremos con la máxima fuerza. En este sentido "tomamos su palabra" implícitamente. No importa si es o no un especialista. Creemos que el experto nos lo dirá *todo*, pero el no experto está igualmente creído si las especificaciones anteriores se mantienen, ya que simplemente dejará de hablar cuando no sepa de qué está hablando.

Varios recursos utilizados profesionalmente para aumentar la confianza de un oyente (p.ej., por vendedores o terapeutas) pueden analizarse en estos términos. El terapeuta puede comenzar con una serie de afirmaciones que son tan obviamente verdaderas que la conducta del oyente se refuerza fuertemente. Más tarde se obtiene una fuerte reacción a afirmaciones que de otro modo habrían dado poca o ninguna respuesta. La hipnosis no es por el momento muy bien entendida, pero parece ejemplificar una "creencia" elevada en el sentido actual. El mundo se reduce durante un tiempo a estímulos verbales que controlan prácticamente por completo al sujeto hipnotizado. La conducta característica de los oyentes aparece en una forma dramáticamente intensificada. La reacción fuertemente localizada a los estímulos verbales en la hipnosis es similar a la absorción en un libro. Macaulay afirmó en su última enfermedad que un libro interesante actuaba como analgésico.

Hasta cierto punto, las mismas condiciones de "creencia" rigen un simple reflejo condicionado. Cuando el cocinero anuncia la cena... el oyente puede responder de dos maneras. Salivando o respondiendo de otra manera con una glándula o músculo liso, demuestra el condicionamiento Pavloviano. Al ir a la mesa y sentarse, demuestra una operante discriminada que se ha reforzado en ocasiones anteriores de tipo similar. Su creencia en el cocinero, en el sentido de la fuerza de cualquier tipo de reacción, se verá influenciada por las propiedades de la respuesta *Cena*. Si el cocinero ha quemado la carne o ha permitido que el soufflé caiga y por lo tanto dice *"¡Cena!"* con una voz inusualmente débil o vacilante, el oyente puede caminar hacia la mesa con menos presteza y con la boca más seca.

Las reacciones del oyente pueden intensificarse mediante ciertos recursos retóricos. Los estímulos verbales repetidos suelen suscitar respuestas emocionales condicionadas más potentes (véase la repetición de Dickens de *"La pequeña Nell estaba muerta"*[15]) y es más probable que provoquen conducta operante. La emisión de más de una respuesta con un efecto determinado actúa como una repetición directa. El mando *No lo hagas más; es suficiente; para ya* es probable que sea más eficaz que *detente*, simplemente porque acumula estímulos que tienen el mismo efecto. También es común la disposición de varios estímulos verbales para generar efectos de sorpresa, contraste, *crescendo*. o *diminuendo*. Los estímulos verbales onomatopéyicos complementan la respuesta normal del oyente ofreciendo estímulos no verbales fragmentarios que generan la misma respuesta. Los jeroglíficos y pictogramas evocan al lector no sólo como estímulos verbales, sino también como imágenes no verbales. Una respuesta verbal larga describe un objeto grande más eficazmente que uno breve. Esta correspondencia entre la respuesta y la cosa se lleva a un extremo caprichoso en *Alicia en el país de las maravillas*, cuando el cuento del ratón se imprime en forma de cola de ratón. El oyente o lector reacciona a menudo a lo que podemos llamar el carácter de una respuesta verbal, y esto puede coincidir con el carácter del tema; la conducta pomposa puede ser especialmente eficaz para describir acontecimientos pomposos, la expresión desordenada puede ser particularmente apta para

15 N. del E.: en referencia al pasaje de *The Old Curiosity Shop* en el que la frase se repite en cinco ocasiones.

describir un estado de cosas desordenado. La palabra rara es un nombre eficaz para el pájaro raro. Lo que el crítico describe como "adecuar el sonido al sentido" parece ser el esfuerzo del poeta por crear respuestas verbales que tienen algo del carácter de la cosa descrita.

Otros aspectos que refuerzan la Conducta del oyente

El discurso de las personas en estados de ánimo extremos se altera de forma característica y puede tener un efecto especial en el oyente por esta razón. Podemos llorar en respuesta a *Oh, llorad por Adonáis*, no porque podamos llorar cuando nos lo piden, o porque los estímulos verbales que acompañan al verso sean efectivos como tactos impuros, o porque las palabras se lean en un tono de voz apesadumbrado, sino simplemente porque observamos que una persona con una mentalidad lógica ha recurrido a un tipo de respuesta que normalmente evitaría, sugiriendo así la profundidad de su desesperación. Cuando T. S. Eliot escribe

> Porque el tuyo es
> Porque la vida es
> Porque tuya es la[16]

sugiere debilidad, agotamiento o falta de convicción. Algo del mismo efecto se produce accidentalmente cuando se lee en voz alta desde una copia ilegible, donde las pausas pueden sugerir debilidad por parte del escritor más que del lector.

Todos estos efectos sobre el oyente o el lector tienen efectos de retorno sobre el hablante o el escritor y explican varias propiedades de su conducta. Muchos recursos retóricos, como las propiedades de la conducta del escritor, deben ser explicados en términos del reforzamiento diferencial que surge del efecto sobre el lector.

Escuchar o leer a menudo requiere una conducta preliminar, como coger un teléfono, poner un disco de voz en un fonógrafo, ir a una conferencia, acercarse a alguien que habla en un grupo, recoger una revista o comprar un libro. Las consecuencias reforzantes de estas conductas son generalmente verbales: compramos un libro para poder leerlo. En última instancia, asistimos sólo a ciertos tipos de conferencias,

16 N. del E.: parte del poema *Ash Wednesday* (1930).

prestamos atención sólo a ciertos conversadores, y compramos sólo ciertos tipos de libros, porque sólo estas conductas preliminares son reforzadas.

La función de un poema para evocar una fuerte respuesta emocional no debe confundirse con su función de reforzar al lector para que tome el poema y lo lea. La reacción emocional tiene lugar en el acto, pero la evidencia del condicionamiento se retrasa hasta que observamos una tendencia continua o creciente a leer poemas similares. Reforzar al lector de esta manera puede ser de primera importancia para el autor practicante. Construye una obra literaria no sólo para evocar ciertas respuestas en el lector, sino para garantizar una medida de reforzamiento para la lectura. Ciertos temas, aunque poderosos, son "un mal negocio", mientras que otros, posiblemente de escaso mérito literario, mejoran la venta de libros posteriores. Una parte apreciable de la conducta verbal no puede ser contabilizada sin tener en cuenta sus efectos en hacer que el oyente preste atención, en hacer que el lector siga leyendo, etc.

Las consecuencias que están diseñadas para aumentar la frecuencia de la conducta (en lugar de alterar su relación con las variables de control) son los reforzadores verbales comunes *¡Bien!*, *¡Mal!*, *¡Correcto!* o *¡Incorrecto!* Cuando alguien ejecuta una respuesta que deseamos preservar o fortalecer, decimos *¡Bien!* o *¡Correcto!* y normalmente intentamos que esta respuesta dependa lo más posible de la conducta. El *Sí* tiene una función similar. Un oyente demasiado solícito puede emitir un flujo constante de *síes, m-m, uhhuh,* asentimientos, arqueamiento sorpresivo de las cejas, y así sucesivamente. Los aplausos son verbales según nuestra definición y su uso para aumentar la frecuencia de aparición de la conducta se ve en su parentesco con, por ejemplo, el *bis* musical[17]. Muchas interjecciones que han sido difíciles de clasificar en la gramática son respuestas reforzantes o punitivas. Cuando decimos que las interjecciones "muestran placer o disgusto, aprobación o censura", pasamos por alto el hecho de que están condicionadas a la conducta de un hablante y no servirían de nada si no lo estuvieran. Aunque alguien pueda exclamar *¡Bah!* cuando algo que él mismo ha emprendido sale mal, esto debe ser considerado como una extensión mágica de los casos en los que la respuesta, supeditada a la conducta de otra persona, tiene alguna posibilidad de modificar esa conducta en el futuro. Lo mismo ocurre

17 A veces se establece un mando explícito para el aplauso. El maestro de ceremonias apelando a su audiencia *¡Démosle una merecida ovación a la dama!* haciéndose eco del *nunc plaudite* de los actores romanos.

con las exclamaciones de placer. Aunque estas respuestas se asocian con frecuencia con estados emocionales y pueden combinarse en una forma de causalidad múltiple con gritos incondicionados, en última instancia se refuerzan porque producen cambios en la conducta de las personas (posiblemente incluyendo al propio hablante).

REFORZAMIENTO ESPECIAL MEDIADO POR LOS EFECTOS SOBRE EL PROPIO HABLANTE

Un hecho importante sobre la conducta verbal es que el hablante y el oyente pueden residir dentro de la misma piel. El hablante se escucha a sí mismo, y el escritor lee lo que él mismo ha escrito. Tal autoestimulación a menudo evoca más conducta-ecoica, textual o intraverbal-pero "hablar con uno mismo" tiene otra función. Una persona habla consigo misma, como lo hace con otro oyente o con la comunidad verbal en general, debido al reforzamiento que recibe. No parece haber manera de que un individuo solitario pueda generar o mantener un repertorio verbal, pero cuando una comunidad ha establecido una conducta verbal a través de los métodos habituales y ha condicionado simultáneamente al hablante como oyente, el hablante puede hablar consigo mismo y seguirá haciéndolo en ausencia de un nuevo reforzamiento de la comunidad. Puede haber una mezcla de tal reforzamiento automático cuando se presume que uno está hablando o escribiendo a otros. El hablante que está particularmente bajo la influencia de sí mismo como oyente se describe a veces como egocéntrico o "le encanta oírse hablar".

El reforzamiento automático puede moldear la conducta del hablante. Cuando, como oyente, una persona adquiere respuestas discriminativas a las formas verbales, puede reforzarse para las formas estándar y extinguir la conducta desviada. Reforzar los sonidos en el entorno del niño proporciona el reforzamiento automático de las formas vocales. Tales sonidos no necesitan ser verbales; el niño se refuerza automáticamente cuando duplica los sonidos de aviones, tranvías, automóviles, aspiradoras, pájaros, perros, gatos, etc. Pero entre los sonidos que se vuelven importantes están las respuestas verbales de sus padres y otros. El niño puede entonces reforzar automáticamente su ejecución de patrones vocales que más tarde se convertirán en parte de su conducta verbal. En esta etapa el niño se asemeja a un loro, que también se refuerza automáticamente cuando sus producciones vocales coinciden con algo que se escucha en el entorno. Un efecto similar puede conducir a una forma especial de habla o a formas particulares de respuesta características de la conducta de otros. El efecto se llama a menudo identificación, pero no tenemos necesidad de apelar a un proceso especial aquí. El oyente suele encontrar ciertos hablantes particularmente reforzadores, ya sea porque lo que se dice es reforzante, o porque los hablantes se refuerzan de otras maneras. Padres, superiores, personas de prestigio y amigos cercanos son ejemplos. Dado que, por una razón u otra, a menudo es un reforzador escuchar a esas personas hablar, es automáticamente un reforzador hablar *como ellos hablan*, con una entonación particular, manierismo o vocabulario favorito. Es probable que los términos característicos del repertorio de adultos sean utilizados por los niños con especial frecuencia cuando se adquieren por primera vez. No se trata de una conducta ecoica, porque la respuesta prestada no se emite en la relación temporal adecuada con el estímulo verbal. El préstamo se produce debido al reforzamiento automático generado por el hablante como resultado de su anterior condicionamiento como oyente.

La conducta que adquiere sus propiedades formales por reforzamiento automático puede apartarse de las normas de la comunidad. El hablante y el oyente en la misma piel pueden sufrir el tipo de cambio que se observa durante un período de tiempo mucho más largo en la historia de un ambiente verbal. Las respuestas pueden carecer de precisión y pueden aparecer formas modificadas. Esto es evidente en el tipo de escritura con la que se lleva un cuaderno personal en comparación con la escritura con la que se escriben cartas. Es más probable que el cuaderno muestre signos de palabras o abreviaturas idiosincrásicas, sin mencionar las formas de las letras. Las respuestas estándar pueden caer bajo un control de estímulo cada vez más inusuales. Las formas gramaticales desviadas pueden pasar desapercibidas. Las respuestas ambiguas no son ambiguas para *este oyente*. El hablante que se ve afectado principalmente por sus propias respuestas como oyente tiende a preocuparse por temas y términos favoritos, con alusiones literarias que tienen valor de prestigio, con historias que el propio hablante encuentra divertidas o interesantes, y así sucesivamente.

La conducta verbal "autista" puede compararse con la del músico que toca para sí mismo. En igualdad de condiciones, toca música que, como oyente, encuentra reforzante. En otras palabras, "toca lo que le gusta", así como el hablante que se refuerza a sí mismo "dice lo que le gusta". El jugador de dados *llama* los puntos que desea antes de que los dados se hayan detenido; su respuesta puede ser un mando mágico, pero también es una forma de escuchar buenas noticias lo antes posible. El padre que encuentra reforzante que sus hijos sean alabados, los alaba él mismo. El nostálgico que se refuerza con descripciones de escenas antiguas construye tales descripciones él mismo. El individuo excitado sexualmente es automáticamente reforzado por sus propias discusiones sobre el sexo. La persona vanidosa se refuerza al oír o ver su nombre, y él mismo lo repite o escribe frecuentemente. La jactancia es una forma de "oír cosas buenas dichas sobre uno mismo". La persona hambrienta puede hablar de comida si el efecto neto de hacerlo es reforzante. Una frase acertada, compuesta, quizás, por primera vez, puede repetirse por su efecto de reforzador inmediato... "'y la plata es un metal incorruptible en el que se puede confiar por siempre mantener su valor...' 'un metal incorruptible', repitió, como si la idea le hubiera dado un profundo placer"[18].

Podemos decir que la conducta verbal tiende a ser emitida si describe una condición que es o sería un reforzador para el hablante. La distorsión del control de estímulo por medio de esos efectos es ampliamente tolerada en algunas comunidades verbales y fuertemente suprimida en otras. En *A Passage to India*, E. M. Forster ha descrito muchos ejemplos de conducta verbal distorsionada por el deseo del hablante, pero aceptable dentro de su comunidad verbal. En dicha novela, el Dr. Aziz, al mostrar a su huésped inglés unas antiguas cuevas poco memorables, decía estar "bastante seguro de que pronto veremos algunas inscripciones antiguas interesantes", pero sólo quería decir que deseaba que las hubiera. En otro caso, cuando le preguntaron, "¿Está usted casado?", Aziz respondió, "Sí, de hecho, venga a conocer a mi esposa", ya que le parecía mejor tener a su esposa viva por un momento, "aunque había muerto hacía algún tiempo".

EL CASTIGO DE LA CONDUCTA VERBAL

La conducta verbal puede ir seguida de un tipo de consecuencia llamada aversión o castigo. Todavía no hemos considerado esto porque el castigo no produce ni mantiene ningún tipo de operante verbal, pero debe incluirse entre los efectos especiales que modifican la conducta ya establecidos a través del reforzamiento positivo.

18 Conrad, Joseph, *Nostromo,* pág. 300.

El castigo no debe confundirse con el uso de la estimulación aversiva para generar evitación o escape. Se utiliza el mismo tipo de estímulos, pero en el castigo se supedita a una respuesta en la misma relación temporal que el reforzamiento positivo. El resultado es complejo y no es necesario describir aquí todas sus características[19]. La suposición de que una consecuencia punitiva simplemente invierte el efecto de una consecuencia reforzante no ha sobrevivido al análisis experimental. No hay pruebas de que el castigo reduzca en última instancia la tendencia a responder. Su efecto principal es convertir la conducta, o las circunstancias en que ésta se produce característicamente, en un estímulo aversivo condicionado. Cualquier conducta que reduzca tal estímulo -como cualquier conducta que sea incompatible con la conducta castigada o la desplace de otro modo, ya sea en sus etapas incipientes o finales- se refuerza automáticamente. Al castigar una respuesta, entonces, automáticamente proveemos el reforzamiento de las respuestas que son incompatibles con ella. El resultado principal explica una de las propiedades más importantes de la conducta verbal, como veremos en el capítulo 15. Mientras tanto, podemos observar simplemente el efecto de castigar las consecuencias sobre la fuerza de las operantes verbales relacionadas.

La conducta verbal es, por supuesto, frecuentemente castigada. La comunidad que hasta ahora ha reforzado una respuesta puede cambiar sus prácticas. Es más probable que una comunidad diferente castigue, posiblemente induciendo todas las manifestaciones de la "xenoglosofobia"[20]. A veces todo el repertorio del hablante se ve afectado, y la conducta incompatible se opone entonces al efecto del reforzamiento generalizado. Sin embargo, por lo general, el castigo es un efecto especial que altera sólo una parte del repertorio.

Cuando deseamos debilitar o eliminar una respuesta, podemos usar un estímulo verbal vergonzante como *¡Mal!*, *¡Mal hecho*! o *¡No!* Los niños son frecuentemente castigados por una conducta verbal con nalgadas o con la amenaza de nalgadas. En algunas culturas, un castigo simbólico consiste en lavarse la boca con agua y jabón. En la antigüedad, el portador de malas noticias estaba en peligro de ser asesinado. Cuando ya no se toleran los castigos físicos, a menudo se recurre a la retirada de las condiciones asociadas al reforzamiento positivo, o a la amenaza de

19 Ver *Ciencia y conducta humana,* Capítulo 12.

20 N. del E.: miedo a hablar en una lengua extranjera.

dicha retirada. Se le quitan los privilegios y se le niega la aprobación o el afecto. Algunas formas de conducta verbal se encuentran con el castigo o el ridículo, otras con la crítica. Muchos acontecimientos que constituyen un castigo efectivo no están explícitamente dispuestos como tales, ya que la conducta verbal puede ir seguida de consecuencias adventicias desagradables, incluidos los efectos generados en el propio hablante como oyente.

Un curioso castigo social es en sí mismo verbal: uno puede castigar simplemente permaneciendo en silencio cuando la ocasión exige hablar. El incómodo silencio de las relaciones sociales parece ser un subproducto de usos más específicos de aversión. La conducta verbal normalmente adquiere propiedades de reforzador positivo. Un alegre *¡Buenos días!* o incluso el más casual saludo descarta la posibilidad de toda una clase de acciones aversivas y puede ser reforzante para quien lo da. Por lo tanto, podemos castigarlo omitiendo la respuesta al saludo. Lo hacemos desairando a alguien, negándonos a responder, o más sutilmente, simplemente *dejando de responder* a una pregunta o comentar un comentario. A veces se castiga a los escolares con el "silencio". Una acción disciplinaria similar en un sindicato fue reportada recientemente en los periódicos ingleses[21]. Otras formas de castigo verbal incluyen comentarios crípticos, desconcertantes y poco claros.

Si no se castiga directamente una respuesta verbal, se puede proporcionar un estímulo de advertencia en presencia del cual se castigan frecuentemente las respuestas verbales. Un *ah-ah* o *vaya vaya* puede no amenazar con castigo, pero revela que el castigo puede ocurrir en cualquier momento.

Un efecto sobre la conducta verbal, ya sea directo o indirecto, es una reducción del nivel de energía. La respuesta castigada es posteriormente simplemente murmurada o susurrada. También puede convertirse en encubierta o silenciosa, o ser "olvidada" en el sentido de reprimida, como veremos más adelante. La conducta castigada también puede ser emitida lentamente o de forma vacilante. No se trata de la lentitud de la conducta débil que resulta, por ejemplo, de un condicionamiento inadecuado o de estímulos poco claros, sino de una velocidad mínima que evita la acumulación de efectos desagradables. La mera vacilación toma una forma

21 N. del E.: en la huelga del transporte de 1955 en Reino Unido, algunos líderes sindicales conminaron a los trabajadores a que se abstuvieran de discutir públicamente disensiones internas a fin de mantener un frente unido.

más aguda en algunos tipos de tartamudeo. Los espasmos más violentos del tartamudo se deben posiblemente al castigo y a la incoordinación resultante de los cambios relativos en el nivel de energía y la velocidad. Además de las características de ejecución, el castigo reduce la frecuencia relativa de una respuesta, en parte porque las respuestas caen al nivel encubierto y escapan a la observación, y en parte porque las formas de desplazamiento tienen prioridad.

Los efectos del castigo sobre las conductas verbales parecen mostrar generalización. Si se castiga una respuesta, el efecto se siente sobre respuestas similares o respuestas en circunstancias similares. El empleado del gobierno que debe mantener secretos de estado o militares bajo la pena de un castigo severo puede ver afectado todo su repertorio verbal. El secretismo puede llegar a afectar todo lo que hacen. El escritor novel puede volverse bastante improductivo si es criticado con demasiada frecuencia. Un niño severamente castigado por una conducta verbal puede caer en el mutismo.

Además de este debilitamiento general de la conducta verbal, debemos apelar a las consecuencias punitivas para explicar ciertas condiciones de fuerza. Por ejemplo, podríamos tener que demostrar que una operante es fuerte porque reduce la estimulación aversiva condicionada. La conducta castigada que no es verbal puede ser relevante. Así pues, una "racionalización" es una respuesta verbal que describe otras conductas, posiblemente no verbales, del hablante de manera que sean menos susceptibles de ser castigadas.

Manipulamos las contingencias de castigo con fines prácticos al evocar la conducta verbal. Al hacer que un criminal confiese, por ejemplo, un soborno es una consecuencia de reforzamiento especial diseñada para superar los efectos del castigo. Conceder la inmunidad es una reducción directa de las consecuencias del castigo. Cuando no se puede conceder la inmunidad, un interrogador hábil puede trabajar primero para obtener una respuesta que no sea en sí misma muy punible ("¿Dónde se deshizo del arma?"), puede sugerir que la conducta en cuestión está extendida y es condonada, y así sucesivamente. La confesión religiosa y las técnicas psicoterapéuticas de liberación a veces siguen patrones similares. El perdón es la reducción de un estímulo o amenaza aversiva condicionada *después* de que se haya dado la respuesta.

EL LECTOR

Las respuestas del oyente que establecen y mantienen la conducta del hablante en todas las relaciones de control que hemos estado examinando se corresponden con las del lector que eventualmente modifica la conducta del escritor. Las consecuencias especiales de este capítulo indican varias propiedades de la conducta del lector que no tienen una contrapartida importante en el oyente. El lector suele comenzar, aunque no necesariamente, con la *conducta textual* del capítulo 4; sus respuestas se hacen bajo el control de estímulo visuales. Puede entonces reaccionar a su propia conducta textual como oyente. No es necesario que lo haga. Al leer en voz alta a los niños no se puede reaccionar más allá de la etapa meramente textual, y al leer en voz alta en una lengua apenas familiar, uno puede llegar a estar tan preocupado por la pronunciación que descuide todas las demás funciones de lector o de auto-escucha. Por otra parte, pueden predominar las respuestas no textuales. La conducta textual como tal puede no ser evidente en el lector avanzado, ni siquiera para el propio lector, aunque tiende a surgir en forma conspicua cuando lee un texto al que es difícil responder de otra manera. La etapa en la que se reacciona a una respuesta textual como estímulo verbal puede observarse en los niños o en el lector adulto que está aprendiendo a leer material impreso en un alfabeto fonético. Tanto el niño como el lector adulto emiten respuestas vocales bajo el control del texto y luego responden a los estímulos verbales autogenerados. La respuesta que se da como auto-escucha se retrasa un poco y es claramente una respuesta al estímulo auditivo solamente.

Las respuestas no textuales del lector pueden llegar a hacerse directamente al texto impreso, y pueden estar condicionadas en ausencia de conducta textual. Así, los niños pueden reaccionar apropiadamente a las cartas que leen *"Corre, Siéntate, Aplaude"*, etc., sin hacer conducta vocal. Normalmente, sin embargo, las reacciones del lector son primero una consecuencia de la conducta textual y luego una actividad colateral en la que las respuestas textuales están en cortocircuito. Reaccionamos a muchos signos, como *SILENCIO* en una biblioteca o *BARBERÍA* en un escaparate, tomando las medidas adecuadas sin necesariamente comprometerse con la conducta textual. Reaccionaríamos esencialmente de la misma manera a la imagen de una persona con un dedo en los labios y una espiral roja y blanca giratoria, respectivamente.

Estos ejemplos nos recuerdan el hecho de que la conducta del oyente no es esencialmente verbal. El oyente reacciona a un estímulo verbal, ya sea con reflejos condicionados o con una conducta de operante discriminada, ya que reacciona a cualquier característica del entorno. Las respuestas emocionales condicionadas al estímulo visual MUERTE se asemejan a las de cualquier estímulo asociado a la muerte en las prácticas de una comunidad (como una corona funeraria o una lápida) o cualquier acompañamiento natural de la muerte (como la aparición de un cadáver). La operante fetal ejecutada con respecto al mismo estímulo se asemeja a la conducta controlada por estímulos no verbales que entran en las mismas contingencias. Las propiedades pertinentes de los estímulos, el proceso de inducción de estos, el efecto del "contexto", etc., no son esencialmente problemas verbales.

Dado que en la ortografía inglesa existen formas alternativas de representar los sonidos del habla, es posible construir un texto que evoca: 1) una respuesta textual que genera estímulos vocales a los que, como oyente, el lector responde de una manera y 2) respuestas directas de muy distinta índole. El siguiente fragmento de un "poema", si se lee en voz alta a una velocidad y nivel de energía constantes, ofrecerá un estímulo verbal bastante eficaz a la mayoría de los oyentes. Lo haría para el lector si no respondiera directamente al texto con otras respuestas de cortocircuito. Las respuestas en competencia hacen casi imposible que el lector se escuche a sí mismo y reaccione apropiadamente (la pronunciación de varias consonantes es incorrecta, pero la persona queda relativamente aclarada si la persona que lee el poema en voz alta tiene menos probabilidades de entenderlo que otro oyente).

Thus it ease lep't bean ethers know we man till.
Coal dance eye lent was thick wrist ill lair,
Why lone least are lie tanned a sing gull ant earn
Broke thug loom. A long thud rear erode
Ash abbey fig your maid it sigh lent weigh,
Sea king sum shell turn ear. Atlas teas topped
Tune ah cup honest rangers dark end o'er.
Up stare sub right league low wing lamb pup eared.
A mow meant air reap awe such ear eek all,
A doe run bard, thick lass puff rend leach ear...

Y aquí la traducción, para quien no pueda salvar el cortocircuito del poema fonético:

The city slept beneath her snowy mantle.
Cold and silent was the crystal air,
While only star light and a single lantern
Broke the gloom. Along the dreary road
A shabby figure made its silent way
Seeking some shelter near. At last he stopped
To knock upon a stranger's darkened door.
Upstairs a brightly glowing lamp appeared.
A momentary pause, a cheery call,
A door unbarred, the clasp of friendly cheer...[22]

22 N. del E.: En la poesía fonética el efecto del mensaje subyacente puede no ser percibido por el lector (no así por el oyente si es leída a cierto ritmo). Algo similar ocurre con el calambur español (*¡Ave! César de Roma*, A veces arde Roma; *Su majestad escoja*, Su majestad es coja; etc.). Sobra decir que el poema de James A. Green utilizado aquí por Skinner no es traducible preservando el efecto deseado por el autor, por lo que dejamos el original.

Capítulo 7

La audiencia

La conducta verbal suele ocurrir sólo en presencia de un oyente. Cuando el hablante está hablando consigo mismo, por supuesto, el oyente estará casi siempre presente. Pero cuando no es así, se puede demostrar una relación bastante simple: mientras un oyente esté presente, la conducta verbal se observará siempre que otras condiciones sean favorables. Si el oyente se aleja o desaparece, la conducta cesa. Así, dejamos de hablar cuando descubrimos que se ha cortado la comunicación telefónica, o cuando un ruido ensordecedor interfiere con la comunicación cara a cara. Si el oyente regresa, la conducta verbal comienza de nuevo. Cuando se presenta una situación que genera una fuerte conducta verbal, el hablante suele permanecer en silencio hasta que aparece un oyente. Las excepciones a esta regla, como ya hemos visto en el mando extendido, siguen el principio de la generalización de estímulo. En condiciones de gran fuerza, se pueden emitir conductas verbales en ausencia de un oyente.

El oyente, como parte esencial de la situación en la que se observa la conducta verbal, es de nuevo un estímulo discriminativo. Es parte de una ocasión en la que la conducta verbal se refuerza, y por lo tanto se convierte en parte de la ocasión que controla la fuerza de la conducta. Esta función debe distinguirse de la acción del oyente en el reforzamiento de la conducta. En la medida en que el oyente estimula al hablante antes de la emisión de la conducta verbal, podemos hablar de él como la audiencia. Una audiencia, entonces, es un estímulo discriminativo en cuya presencia la conducta verbal se refuerza característicamente y en cuya presencia, por lo tanto, es característicamente fuerte. Los estímulos discriminativos se convierten a su vez en reforzantes, y esto se confirma por el efecto de reforzador de la aparición de una audiencia. La mayoría de los repertorios contienen mandos que especifican la apariencia o la atención de la audiencia, como el vulgar *¡Oye!* o *¡Escucha!* la expresión autoritaria *¡Atención!*... u otra como *"¡Amigos!"*...

A diferencia de los estímulos discriminativos que controlan las operantes tacto, ecoica, textual e intraverbal, una audiencia suele ser una condición antecedente para el reforzamiento de un gran grupo de respuestas y, por lo tanto, llega a afectar la fuerza de dicha agrupación de respuestas. Diferentes audiencias controlan diferentes subdivisiones del repertorio del hablante (este control se ejerce siempre en concierto con los estímulos que determinan formas más específicas de respuesta; la causalidad múltiple de las conductas verbales se describirá en el capítulo 9).

Las audiencias que controlan las mayores subdivisiones de un repertorio verbal son las comunidades que establecen las contingencias de reforzamiento de los llamados "idiomas": inglés, francés, chino, etc. En una comunidad verbal china, sólo ciertas formas de respuesta son efectivas; como audiencia, cualquier miembro o grupo de miembros de esta comunidad constituye la ocasión para la emisión de formas llamadas "chinas". En el hablante bilingüe, la parte china de un repertorio será más fuerte en tal ocasión que en una comunidad apropiada para otra parte, como el inglés.

Dentro de una comunidad monolingüe, muchas jergas, argots, cantos y vocabularios técnicos son controlados por audiencias especiales. Cuando estos tratan de temas especiales, no necesitan representar el control de una audiencia. Así, muchos objetos que se encuentran en un barco de vela no suelen encontrarse en otros lugares. La jerga de la navegación es en este caso una subdivisión de un repertorio aislado sólo porque la ocasión en la que es apropiado está aislada. Pero cuando un ingeniero habla de la baja resistencia a la tracción de un cordón de zapato desgastado, está hablando en un lenguaje apropiado para una audiencia especial y no de un estado de cosas especial. En algunos idiomas (p.ej., el japonés), ciertas formas de respuesta son reforzadas diferencialmente por oyentes que pertenecen a diferentes clases sociales o por oyentes que tienen diferentes relaciones con el hablante. Cada clase o relación define así una audiencia especial que controla esas formas. El *babytalk*, o habla dirigida a los bebés, con la que nos dirigimos a los niños o ellos a nosotros es un repertorio bajo el control de una audiencia especial. Tal repertorio es reforzado en la primera infancia por oyentes indulgentes, pero puede sobrevivir entre amigos hasta la edad adulta, como en el *Journal to Stella* de Jonathan Swift con sus *oo*, *zis*, e *im*. Hay subdivisiones especiales de la comunidad que también refuerzan diferencialmente los vocabularios librescos, pedantes, literarios, arcaicos, polisílabos y corteses, y por lo tanto requieren de audiencias en presencia de las cuales estas formas son particularmente fuertes. No hay que olvidar por completo las audiencias animales. Mandamos la desaparición de un gato con *¡Chape!,* aunque compartimos nuestro propio lenguaje con los perros (*¡Fuera!* o *¡Entra en casa!*).

Al analizar estos efectos de una audiencia para determinar la subdivisión particular de un repertorio verbal, asumimos que por lo menos dos respuestas alternativas están disponibles en una situación dada, aparte de la variable de la audiencia. La audiencia selecciona un conjunto de respuestas sobre otras. Cuando sólo hay un conjunto, no necesitamos apelar a la audiencia excepto como determinante de todo o nada de la conducta o el silencio verbal.

La audiencia que moldea un determinado conjunto de respuestas, frente a otro posible conjunto del mismo repertorio, plantea una cuestión importante en la teoría semántica. El francés de una palabra francesa no parece *referirse* a ninguna propiedad de lo que se habla. La relación funcional entre una respuesta y la audiencia no se ajusta a los esquemas de referencia habituales y a menudo se omite en los análisis semánticos. La variable audiencia actúa siempre en concierto con al menos otra variable, que determina más específicamente la forma de la respuesta. En la conducta de alguien que habla tanto español como alemán, un determinado objeto más una audiencia hispanohablante evoca la respuesta *pan*, mientras que el mismo objeto ante una audiencia de habla alemana evoca la respuesta *brot*. Otro objeto evoca las respuestas *agua* y *wasser*, respectivamente. Para la mayoría de los fines semánticos, la diferencia entre *pan* y *agua* es mayor que la diferencia entre el *pan* y *brot*. Por lo tanto, la noción de referencia se aplica sólo a la relación que distingue *pan* de *agua*. La diferencia, sin embargo, estriba simplemente en que la variable que controla *pan* en lugar de *agua,* o *brot* en lugar de *wasser*, es específica de estas respuestas, mientras que la variable que controla *pan* en lugar de *brot* controla un gran grupo de respuestas. El tipo de control es el mismo.

La variable de la audiencia es importante para interpretar la noción tradicional de "proposición". Si definimos una proposición como "algo que puede ser dicho en cualquier idioma", entonces en lugar de tratar de identificar el "algo", podemos preguntarnos por qué hay diferentes idiomas. La respuesta es que las diferentes contingencias de reforzamiento que implican un estado de cosas único son mantenidas por diferentes comunidades verbales. Una proposición no es "libre de expresarse en cualquiera de muchas formas", ya que la forma viene determinada por otras variables, entre ellas la audiencia.

Si hubiera una sola comunidad verbal estándar y consistente, una proposición podría ser, aunque quizás no felizmente, identificada con "la respuesta que la expresa". Cuando hay muchas comunidades diferentes y tantos públicos diferentes, el "algo" común a todas las "expresiones" alternativas resultantes no puede identificarse con una forma verbal. El único factor común se encuentra entre las variables controladoras. El argumento de que una idea debe existir en alguna forma no verbal, ya que puede expresarse de muchas maneras diferentes - ya sea dentro de un mismo idioma o en diferentes idiomas - puede ser respondido de la misma manera. No existe una verdadera sinonimia en el sentido de una elección de formas diferentes. Cuando se han tenido en cuenta todas las características de la cosa descrita y cuando se ha especificado la audiencia, se determina la forma de respuesta.

Una tercera función de la audiencia es seleccionar un tema. Los oyentes difieren en la medida en que refuerzan diferentes tipos de operante verbal y, en particular, varias clases de respuestas intraverbales y tactos. Dada la existencia de un solo hablante con una historia y una situación actual específicas, la audiencia determinará no sólo si se produce una conducta verbal o la subdivisión del idioma en que se produce, sino también qué tipos de respuestas se dan y "de qué se habla". Algunos públicos son adecuados para la conducta en forma de mandos, otros claramente no lo son. Otros refuerzan ciertas clases de intraverbales y tactos, no porque la forma de respuesta sea peculiar de un idioma determinado, sino por lo que podríamos llamar, a grandes rasgos, conexiones temáticas. El oyente está interesado en ciertos temas y no en otros. Además, al tratar cualquier tema determinado, los oyentes difieren en la medida en que toleran y siguen reforzando las distorsiones en la situación de estímulo resultantes de la extensión metafórica o de las contingencias especiales de reforzador examinadas en el capítulo anterior. Algunos públicos son la ocasión de un discurso "imaginativo" y altamente metafórico diseñado para lograr efectos emocionales más que para guiar la conducta práctica del oyente. El escritor creativo está bajo el control de este tipo de audiencia (Capítulo 16).

Las dimensiones físicas de una audiencia

Los estímulos verbales que controlan las conductas ecoicas, textuales e intraverbales suelen ser fácilmente identificables. Muchas de las propiedades de los objetos que sirven de estímulo en tactos también tienen dimensiones físicas sustanciales, aunque, como hemos visto, las propiedades que controlan las extensiones y abstracciones metafóricas pueden ser sutiles. Aun así, buscamos alguna propiedad definida que se correlacione con el control de la respuesta en un hablante determinado. La audiencia presenta un problema más difícil de dimensiones. A través de la inducción de estímulo, una amplia gama de "audiencias" puede ser efectiva. Hablamos con extraños, con personas dormidas o muertas, posiblemente con maniquíes de tiendas de ropa vistos con poca luz, con animales, particularmente si se parecen a las personas, y así sucesivamente. Pero la tendencia a hacerlo suele ser leve.

Una audiencia efectiva es difícil de identificar. La presencia o ausencia de una persona no es suficiente. ¿Puede escuchar lo que usted dice, está prestando atención, entiende su idioma, es una audiencia apropiada para un repertorio particular? Estas preguntas a menudo no pueden ser respondidas señalando las propiedades físicas de una audiencia. El control que un individuo determinado ejerce sobre el hablante es producto de una historia posiblemente larga en la que se ha establecido su *carácter de audiencia*. Esto no significa que cada nuevo conocido se convierta en audiencia sólo a través de un largo proceso, ya que la audiencia como estímulo discriminativo muestra el principio de inducción de estímulo[1]. El repertorio con el que es más probable que nos dirijamos a alguien que acabamos de conocer depende de su parecido con aquellos que han reforzado nuestra conducta verbal en ocasiones pasadas. Salvo en condiciones de fuerza extrema, no es probable que una audiencia inapropiada evoque una respuesta. La precisión del control de la audiencia ejercida por alguien que recién conocemos continúa creciendo a medida

1 N. del E.: nótese que Skinner usaba el término *inducción* en el sentido contemporáneo de *generalización*.

que se emite y refuerza la conducta verbal. A veces el crecimiento es en la otra dirección. Puede resultar algo chocante encontrar que alguien que se parece mucho a un oyente conocido no se parece en nada a él en sus prácticas de reforzamiento. Como audiencia, sin embargo, puede continuar controlando la conducta apropiada para el oyente familiar durante mucho tiempo. El efecto de una variable de audiencia débil es evidente al hablar por teléfono. La estimulación frecuente del oyente es necesaria para apoyar la conducta verbal con suficiente fuerza. *¿Estás ahí?* es un mando para tal estimulación.

El carácter de la audiencia está a veces marcado por uniformes especiales u otros signos. Así pues, en una convención puede funcionar una insignia especial llevada por los miembros de un comité local para indicar que a esa persona se pueden dirigir con éxito las preguntas sobre la organización del evento. Los empleados de una tienda que llevan un tipo especial de ropa también sirven más satisfactoriamente como audiencia a sus clientes. En una tienda en la que los dependientes se visten como clientes (digamos en un clima en el que los clientes entran en la tienda sin abrigos ni sombreros), el cliente puede dirigir una pregunta sobre la mercancía con una evidente inquietud debido a la incertidumbre de la variable audiencia. El héroe de *Le Rouge et le Noir de* Stendhal, Julien Sorel, fue empleado por un hombre de estatus social superior que, sin embargo, a veces aceptaba a su empleado como un igual. Para reducir la confusión derivada de la ambigüedad de Sorel como espectador, su empleador le proporcionó un traje especial apropiado para su posición social superior. En las ocasiones en las que Julien debía ser hablado como un igual, llevaba este traje. Cuando aparecía con otras ropas, se dirigían a él como a un empleado.

La debilidad de la representación física de una determinada audiencia presenta un problema tanto práctico como teórico. Este tipo de variable es notoriamente deficiente. Nos sentimos incómodos en presencia de alguien que acabamos de conocer, especialmente si no es como la gente que conocemos, porque aún no ha reforzado nuestra conducta verbal y no encontramos conducta con adecuada fuerza. Incluso cuando hablamos a una audiencia bien definida, es fácil mezclar los repertorios, utilizar palabras extranjeras en lugar de palabras nativas, introducir términos técnicos en un relato casual, mezclar dialectos o términos apropiados para diferentes grupos, etc.

La audiencia distante. El reforzamiento de la escritura de cartas (o de dictar un mensaje grabado para ser enviado a alguien) es, como hemos visto, diferido y por lo tanto es probable que sea débil. Estamos menos inclinados a escribir a un amigo que a hablar con él si aparece de repente. Cualquier estímulo discriminativo asociado a un reforzamiento diferido sería débil si no fuera por otra razón, pero en el caso de la escritura de cartas no hay ningún estímulo fuerte actual que sirva en lugar de la presencia del propio individuo. ¿Qué es lo que controla los repertorios y los temas de una carta? No sirve de nada apelar a las "imágenes mentales" de la persona a la que se escribe, ya que deberíamos tener el mismo problema para explicar lo que causa las imágenes. "Ver a una persona" es una actividad que se relaciona con hablar con ella. Ambas pueden ser ejecutadas en su ausencia, especialmente en condiciones de fuerza excepcional[2]. No tenemos ninguna razón para argumentar que una es la causa de la otra. No hablamos con una persona porque la vemos o la vemos porque hablamos con ella. Cuando tal persona no está presente, el acontecimiento o circunstancia que "le trae claramente a la mente" también puede fortalecer la conducta verbal bajo su control como audiencia. Un trozo de música favorito, un episodio en el que estaría interesado, o una carta suya puede "recordarnos a él". Podemos lograr algo comparable a su presencia física poniendo un saludo al principio de la carta. Los escritores de cartas frecuentemente recurren a imágenes o recuerdos colocados de forma conspicua ante ellos en el momento de escribir. Una vez comenzada la carta, se crea un sustituto para una variable de audiencia más específica, como veremos en un momento.

LA AUDIENCIA NEGATIVA

En ausencia de una audiencia la probabilidad de conducta verbal es baja. Pero puede ser baja también en presencia de un tipo de oyente que debe ser señalado como una "ocasión para no responder". Se trata del oyente que, al menos en ciertas condiciones, no refuerza la conducta verbal de la manera acostumbrada. Un ejemplo es el de una audiencia ordinaria en circunstancias muy ruidosas o que distraen: el hablante cuyas observaciones han generado sonoras risas o protestas violentas espera al silencio antes de continuar. Un murciélago revoloteando puede destruir

2 *Ciencia y conducta humana*, Capítulo 17.

el carácter de audiencia de una sala llena de gente atenta. Una persona que se conoce por primera vez, pero que resulta ser sorda o no estar familiarizada con el lenguaje del hablante, o simplemente no responde a la conducta verbal que es fuerte en el momento, pierde rápidamente cualquier carácter de audiencia que haya podido tomar prestado de personas similares mediante la inducción de estímulo.

Podemos distinguir, sin embargo, entre el oyente que simplemente no refuerza la conducta verbal y el oyente que ciertamente la castiga. Una audiencia en presencia de la cual se castiga la conducta verbal puede ser llamada "audiencia negativa". Los reyes, los altos funcionarios del gobierno, los poderosos ejecutivos de negocios y otros pueden convertirse en eficaces audiencias negativas en este sentido. En su presencia un hablante responde a las preguntas y, de lo contrario, habla sólo si se le habla. Los padres y otros adultos a veces constituyen tales audiencias para los niños que deben ser "vistos y no oídos". Los personajes en el escenario también son ejemplos. Es cierto que los niños pueden participar en un espectáculo de títeres hablando con los personajes, advirtiéndoles, dándoles consejos, etc., mientras que la audiencia adulta se ve impedida de participar de manera similar por castigos bien conocidos, como el ridículo o el mando *¡Schhh!* El ingenuo Sir Roger de Coverley[3], que no estaba acostumbrado a asistir al teatro, seguía siendo un niño en este sentido. Sin embargo, el hecho de que todos los públicos posean alguna de estas conductas se demuestra en aquellos casos en los que, bajo extrema presión, se advierte o aconseja a un personaje en el escenario. En un misterio de asesinato en el que un personaje compasivo estaba eliminando apresuradamente cualquier huella dactilar que pudiera haber dejado en la escena, pero que pasaba por alto un par de tijeras que había manejado de forma conspicua, una sibilancia muy notable surgía de la audiencia en cada representación, ya que la palabra *tijera era susurrada* por mucha gente.

Algunos públicos negativos controlan sólo una parte del repertorio del hablante. Una comunidad que habla exclusivamente en francés no sólo no refuerza el repertorio inglés del visitante bilingüe, sino que puede llegar a castigarlo. El niño termina por aprender que el "pequeño idioma" de su hogar no sólo es ineficaz en el mundo en general, sino que es castigado con el ridículo. El mundo en general se convierte así en una

3 N. del E.: en referencia al personaje creado por Joseph Addison y Richard Steele para *The Spectator* (Londres, 1711-1712) y que pretendía emular el lugar común de la afabilidad e ingenuidad rurales.

audiencia negativa efectiva para el "pequeño lenguaje". El argot, el patois, la jerga y la dicción poética suelen tener sus audiencias tanto negativas como positivas. También hay audiencias negativas para los temas. La conducta verbal relativa al oyente o a personas importantes para él puede ser recibida con avidez. Aprendemos a no mencionar ciertos temas o eventos. Con algunos oyentes llegamos a evitar los mandos o a usar mandos disfrazadas en su lugar. El castigo también suele depender del alcance del control de estímulo. Un determinado oyente puede constituir una audiencia negativa para tactos metafóricos, exageraciones o mentiras.

Entre los efectos del castigo excesivo o inconsistente se encuentran muchos síntomas neuróticos, incluyendo la "represión" de algunas áreas de conducta verbal. A menudo es necesario que el psicoterapeuta se establezca como audiencia no punitiva. La conducta del paciente que se permite que quede impune es casi exclusivamente verbal. Si se produce el cambio requerido en el control de la audiencia, el paciente puede emitir conducta previamente castigada, incluyendo conducta que puede parecer que ha olvidado. (Véase el capítulo 16.)

EL HABLANTE COMO SU PROPIA AUDIENCIA

La gente a menudo habla consigo misma. Esto puede observarse cuando la conducta vocal es manifiesta, ya sea porque todavía no ha sido "reprimida" hasta el nivel de encubrimiento (véanse los capítulos 15 y 19) o ha vuelto al nivel manifiesto en condiciones de retroalimentación limitada (capítulo 16). En tales casos, y probablemente cuando habla con otros, el hablante reacciona como oyente de su propia conducta. En la medida en que se refuerza automáticamente, debe considerarse como un oyente que afecta a la fuerza de las partes pertinentes de su conducta. A primera vista, puede parecer que no podemos demostrar el efecto de tal audiencia de la manera habitual, es decir, quitándolo o presentándolo mientras observamos las diferencias en la cantidad de conducta verbal, el repertorio exhibido, los temas especiales seleccionados, etc. Sin embargo, el hablante se retira efectivamente como su propia audiencia en ciertas condiciones de habla o escritura "automática" (Capítulo 16), y entonces surgen respuestas para las cuales el propio hablante constituye una audiencia negativa. Adquiere esta función cuando, como resultado de un condicionamiento especial por parte de la comunidad, su propia conducta se ha vuelto aversiva. Cuando el castigo automático resultante conduce a la "represión", el individuo actúa como si no escuchara su propio discurso o no leyera su propia escritura. Podemos alentar la supresión de la auto-oficialidad previniendo o reduciendo la retroalimentación normal de la conducta verbal.

Otros auto-objetivos se describen en el lenguaje tradicional como "yoes" o "personalidades"[4]. El individuo habla consigo mismo en el sentido de que un sistema de respuestas en su conducta actúa sobre otro. Su conducta verbal depende de qué "yo que escucha" es dominante. El dramático soliloquio a menudo sugiere una discusión entre varios hablantes en lugar de una vinculación intraverbal en un solo repertorio.

La conducta verbal controlada principalmente por el yo como audiencia puede mostrar cambios progresivos. El escritor de diarios se ve afectado por el continuo reforzamiento automático, y el control que ejerce sobre sí mismo puede ser más agudo. La probabilidad de escribir puede aumentar y pueden surgir repertorios o temas especiales. Sin embargo, puede ser digno de mención el grado en que un hablante es su propia audiencia, aun cuando no cambie. La importancia relativa de esta audiencia especial puede observarse cuando, al hablar con otros, el hablante es relativamente insensible a las condiciones de una audiencia externa, cuando, por ejemplo, habla en condiciones en las que no puede ser oído o sólo puede ser oído con dificultad o sigue hablando, aunque la audiencia externa se haya alejado o se ocupe claramente de otros asuntos. El autohablante[5] será relativamente insensible a la lengua o sublenguas más eficaces en otra audiencia: es decir, se referirá a personas, lugares y acontecimientos con los que sólo él mismo está familiarizado, utilizará pronombres que no tengan antecedentes y podrá omitir pasos en un argumento que le resulten evidentes. No hablará necesariamente con claridad y puede repetirse con frecuencia. Se montará en sus propios hobbies, hablará con nostalgia de su propia historia, e insistirá en hablar de temas favoritos con expresiones de mascotas. En todo esto observamos una insensibilidad a las audiencias externas positivas o negativas y podemos concluir que el individuo está principalmente hablando consigo mismo.

4 *Ciencia y conducta humana*, Capítulo 18.

5 N. del E.: entiéndase hablante como propio oyente.

OTRAS VARIABLES QUE TIENEN UN EFECTO DE AUDIENCIA

El tipo de control ejercido por la audiencia se desprende de nuestra simple contingencia de reforzamiento de tres términos. Cualquier condición estimulante en la que se refuerza la conducta verbal eventualmente adquiere algún control sobre su fuerza. El oyente, al estar necesariamente involucrado en el reforzamiento (incluso cuando el oyente es el propio hablante), constituye, como audiencia, una variable que altera la fuerza de todas las conductas verbales del hablante o de repertorios especiales definidos por la forma de respuesta o por "temas" como variables de control.

Otros estímulos pueden ocupar la misma posición en el paradigma de tres términos. Pueden diferir de la audiencia en no estar estrechamente involucrados en el reforzamiento, pero el proceso de discriminación no depende de ninguna conexión "real" o "funcional". Si la conducta verbal se refuerza de forma característica, por ejemplo, en un lugar determinado, el propio lugar puede adquirir control. Así, podemos observar un cambio inmediato en el nivel de nuestra conducta verbal al entrar en un comedor, una sala de club u otro lugar donde hablamos habitualmente. Hay lugares, por ejemplo, iglesias y bibliotecas, que funcionan como públicos negativos. En tales lugares podemos ser conscientes de un bajo nivel de conducta verbal, aunque pueda surgir una circunstancia que en otro lugar podría generar un resultado considerable. Lugares que son bastante inusuales pueden no compartir nada de este carácter de audiencia a través de la inducción de estímulo, y podemos informar en tales circunstancias que nos quedamos sin palabras. Los lugares pueden desarrollar un control especial para las subdivisiones de un repertorio que llamamos idiomas. El "pequeño lenguaje" puede ser controlado tanto por el hogar como por la gente del hogar. El hablante bilingüe que habla un idioma en su trabajo y otro en su casa puede hablar consigo mismo en el idioma apropiado en cada lugar. De la misma manera, un lugar puede controlar específicamente la conducta verbal apropiada para un tema determinado. Es más probable que el científico hable en su laboratorio que en cualquier otro lugar.

El efecto de audiencia de un mero lugar ha sido explotado por escritores profesionales, que sufren la particular desventaja de una audiencia diferida y mal definida. Anthony Trollope[6] recomendaba y seguía escrupulosamente la práctica de escribir en el mismo lugar a la misma hora todos los días. En tales circunstancias, uno puede comenzar a escribir más rápidamente, escribir con mayor facilidad, asumir un lenguaje determinado y tratar de manera más eficiente con un tema dado que cuando se realiza la misma actividad cambiando de lugar. Algunos escritores han preferido escribir en la cama, otros frente a un fuego rugiente. Se dice que Buffon solo podía escribir bien cuando estaba elegantemente vestido y rodeado de sirvientes en su casa de campo. El escritor de cartas puede encontrar un sustituto adecuado a la presencia de la persona a quien se dirige si escribe en el mismo lugar, con los mismos materiales, a la misma hora del día, y preferiblemente todos los días, ya que estas circunstancias adquieren control sobre la conducta apropiada a un determinado destinatario.

La conducta verbal en sí misma se convierte en una variable de este tipo. Como las respuestas rara vez se producen de forma individual, las partes iniciales de un segmento de conducta generan estímulos en el momento de la emisión de las partes posteriores. Cuando el control de estímulo se establece específicamente, como en el caso de enseñar a un niño a recitar un verso, la contingencia de reforzamiento es explícita, y se controla una respuesta única. La respuesta intraverbal estricta no es un ejemplo de la relación con la audiencia, y las tendencias intraverbales generales reveladas en la prueba de asociación de palabras, y presumiblemente debidas al uso contiguo, pueden considerarse también como el mero promedio de muchas relaciones conflictivas. No obstante, algunas características de un idioma pueden, como resultado de un discurso sostenido, adquirir el control de la audiencia. Del hecho evidente de que tendemos a hablar en un idioma durante períodos de tiempo considerables se desprende que las respuestas en inglés tienden a reforzarse en presencia de la estimulación suministrada por otras respuestas en inglés, mientras que las respuestas en francés tienden a reforzarse en presencia de la estimulación suministrada por otras respuestas en francés. Cuando hablamos en francés, tendemos a seguir haciéndolo. El bilingüe hábil, al tomar prestada una expresión más apropiada de un segundo idioma, puede encontrarse continuando en el segundo idioma.

6 Trollope, A., *Autobiography*. Su precepto: *nulla dies sine linea* (ningún día sin [escribir] una línea).

El control ejercido por el lenguaje es especialmente claro cuando una audiencia cambia repentinamente del inglés al francés. Excepto para los bilingües muy competentes, un simple cambio en el oyente que puede estar presente no provoca un cambio completo en las probabilidades de los repertorios. El repertorio apropiado se hace disponible gradualmente a medida que la conducta progresa. Parte de ello puede deberse a respuestas autoecoicas e intraverbales explícitas, pero también es posible que se desarrolle gradualmente una condición general muy parecida a la de una audiencia. La conducta intraverbal es principalmente eficaz a nivel de la unidad de operante, pero las operantes francesas también se refuerzan característicamente en presencia de la francofonía general del habla reciente construida a partir de un conjunto particular de sonidos del habla. Por lo tanto, a medida que se comienza y se continúa hablando en francés, se va reconstruyendo lentamente una condición característica en la que la conducta francesa se refuerza y en presencia de la cual es de mayor fuerza. Del mismo modo, en la escritura de cartas, la ausencia de la persona a la que se dirige o de cualquier lugar característico en el que se escriben las cartas puede compensarse con los primeros párrafos de la carta. Lo que sigue es en parte conducta textual e intraverbal que comprende un repertorio especial cuya probabilidad se eleva por la parte inicial de la carta como se elevaría por la aparición de la persona a la que se dirige.

La conducta textual a menudo depende del efecto de audiencia de la conducta anterior o del propio texto. Cuando el inglés prevalece, leemos *ALSO* como el inglés *also*; cuando lo hace el alemán, leemos el mismo texto que el alemán *also*. Un texto fragmentario puede leerse "en inglés" o en algún otro idioma dependiendo de las características posiblemente superficiales del texto, como ciertos conjuntos de letras recurrentes. Un anuncio que comienza con el texto: *I.E.S. LAMPS RELIEVE*... puede conducir a un intento fallido de leerlo en francés, con *I.E.S.* evocando el artículo *les*. Así, al hablar en francés se emite una forma de respuesta francesa no sólo por la presencia de una audiencia determinada o de alguna situación que funciona con efecto de audiencia, sino por las respuestas francesas adyacentes que actúan como estímulos de control.

El efecto del contexto en la promoción de la selección de una forma de respuesta en la que podría servir otra forma verbal ejemplifica la causalidad múltiple que siempre implica la variable de la audiencia y que se examinará más adelante en el capítulo 9. Hemos visto que no hay verdaderos sinónimos, ya que cuando se han especificado todas las variables no queda ninguna elección de términos. Sin embargo, una de las dos formas alternativas puede ser evocada por una parte de una situación determinada en función del resto de esa situación. Las conductas verbales adyacentes pueden ser pertinentes. Así, en un ejemplo familiar, hablamos de peces tanto como una forma de alimento al tratar las prácticas de la Cuaresma como una clase de vertebrados. Así, hablamos de cerdos en el contexto de una granja, o en un contexto culinario. Podemos referirnos a un grupo de animales como un banco al hablar de peces y como un rebaño al hablar de ganado. Hay muchos otros términos que varían entre especies de animales a pesar de expresar características comunes. Tenemos, podríamos decir, diferentes idiomas para hablar de diferentes animales. Hablando en el idioma del lobo, decimos que todos los miembros de una *jauría* tienen *pelaje*, mientras que, hablando en el de la oveja, decimos que todos los miembros de un *rebaño* tienen *vellón*[7]. Los pequeños grupos de respuestas, entre los que pueden seleccionarse otras variables, se refuerzan a veces de manera diferencial para fines especiales, como veremos en el capítulo 10. Por ejemplo, el mando *Dame el nombre de un presidente de EEUU* proporciona un estímulo intraverbal para una pequeña familia de respuestas (los nombres de los presidentes) entre las que una variable posiblemente trivial especificará elección dentro de esa familia. La asignación de un tema para un ensayo tiene algo del mismo efecto, y el escritor puede aumentar el alcance y la coherencia de su propia conducta encontrando un título exitoso y manteniéndolo claramente ante él. Aunque el proceso aquí es probablemente idéntico al que establece una audiencia como variable de control, no sería adecuado ampliar la noción de audiencia para abarcar esos casos o utilizar la noción de operante intraverbal para abarcar todos los efectos de la audiencia.

7 N. del E.: se han ajustado los términos para dar sentido a este pasaje en español.

Capítulo 8

La operante verbal como unidad de análisis

Los seis tipos de relaciones funcionales en conducta verbal definidos hasta ahora pueden resumirse como sigue.

En el mando, una determinada forma de respuesta que característicamente produce un determinado reforzamiento varía en fuerza con el estado de privación o de estimulación aversiva apropiado para ese reforzamiento. Ningún estímulo previo determina la forma específica de respuesta.

En las conductas *ecoicas, textuales* e *intraverbales*, la respuesta está determinada por un estímulo verbal-auditivo previo en el primer caso, escrito o impreso en el segundo, y de cualquiera de estos tipos en el tercero. El control se concentra en el estímulo generalizando el reforzamiento. En la conducta ecoica y textual existe una correspondencia punto a punto entre las propiedades del estímulo y la respuesta, lo que hace posible un repertorio de unidades mínimas. No existe un repertorio comparable de unidades intraverbales, ya que las relaciones de control son generalmente superpuestas, conflictivas y, por lo general, débiles.

En los *tactos*, el estímulo que controla la forma de respuesta suele ser no verbal. El control de estímulo se enfatiza generalizando el reforzamiento. El control es compartido por todas las propiedades del estímulo, y un estímulo nuevo que posea una o más de las mismas propiedades puede ser eficaz. Las respuestas controladas por algunas propiedades de un estímulo pueden mostrar una extensión genérica, metafórica, metonímica o solecista. Sin embargo, mediante un procedimiento especial de reforzamiento diferencial, el control puede limitarse a una propiedad o grupo de propiedades en abstracción.

Ciertas consecuencias especiales pueden afectar a la relación con los tactos. Una medida especial de reforzamiento generalizado puede alterar la extensión o la precisión del control de estímulo, y es aún más probable que esto ocurra como resultado de los efectos especiales sobre el oyente relacionados con condiciones específicas de privación o estimulación aversiva en el hablante.

La audiencia es un estímulo previo, generalmente no verbal, que controla grupos de respuestas. Cuando dos o más respuestas están bajo el control del mismo estímulo, la audiencia actúa seleccionando una de ellas. El repertorio bajo el control de la audiencia puede ser un lenguaje, una jerga, un canto o alguna subdivisión funcional menos definida de la conducta del hablante.

Estas relaciones funcionales son útiles en primer lugar como un mero esquema clasificatorio, funcionando en este sentido algo así como los esquemas clasificatorios de la gramática. No es una clasificación de formas de respuesta, ya que no podemos decir por la forma solamente en qué clase cae una respuesta. *Fuego* puede ser: (1) un mando dirigido a un pelotón de fusilamiento, (2) un tacto para una deflagración, (3) una respuesta intraverbal al estímulo *Preparados, apunten*..., (4) una respuesta ecoica, o (5) textual a los estímulos verbales apropiados. Es posible que las propiedades formales de la respuesta vocal, especialmente su entonación, sugieran un tipo de variable controladora, pero no se puede hacer un análisis a partir de esas pruebas internas solamente. Para clasificar la conducta de manera efectiva, debemos conocer las circunstancias en las que se emite. (Esto también es cierto para las clasificaciones gramaticales tradicionales, a pesar de los muchos esfuerzos por establecer sistemas puramente formales. La práctica gramatical estándar cuando se enfrenta a un registro de conducta verbal es reconstruir un estado de control plausible).

Las contingencias de reforzamiento que surgen de las relaciones entre el hablante y el oyente también dan cuenta de otras distinciones en la gramática, la sintaxis y el vocabulario profano. Así como podríamos clasificar los mandos como órdenes, peticiones, consejos, etc., apelando a diferentes aspectos de la conducta del oyente, así el tacto puede clasificarse como mencionar, anunciar, proclamar, declarar, nombrar, etc. El vocabulario profano tiene términos que no son vinculantes en cuanto al tipo de conducta (*pronunciar, decir, comentar*), que distinguen estados de fuerza (*insistir, asegurar, dudar, adivinar*), y que se refieren a organizaciones sutiles entre hablante y oyente (*alegar, avalar, hablar, reclamar, negar, jurar, protestar, promulgar, confirmar, confesar, chismorrear, revelar, mentir, abordar, denunciar, prometer, apostar, reconocer, conceder, admitir, suplicar*). Estas distinciones suelen atribuirse a la "intención" del hablante o a algún otro estado o actividad psicológica. Podemos definir subclases de este tipo apelando a las mismas contingencias de reforzamiento que caracterizan a los principales tipos de operante verbal. No tenemos ninguna razón, sin embargo, para entrar en tal detalle aquí.

La clasificación no es un fin en sí mismo. Aunque se puede demostrar que cualquier caso de conducta verbal es una función de las variables de una o más de estas clases, hay otros aspectos que deben tratarse. Tal formulación nos permite aplicar a las conductas verbales conceptos y leyes que surgen de un análisis más general. Sin embargo, antes de pasar a esta ampliación del análisis, convendrá considerar algunos otros aspectos de la clasificación de las conductas verbales y algunos problemas tradicionales que plantea.

LA "MISMA PALABRA" EN DIFERENTES TIPOS DE CONDUCTA VERBAL

Tradicionalmente se diría que la misma palabra puede aparecer en todos los tipos de operantes verbales. Así, la palabra *nieve* puede aparecer como un mando, un tacto, o una respuesta ecoica, textual o intraverbal. También se dice que una palabra aparece en forma vocal o escrita. Además, como hemos señalado, es característico de la teoría semántica tratar del hablante y el oyente al mismo tiempo, y decir que la respuesta de uno contiene la misma palabra como estímulo para el otro. La práctica tradicional podría llevarnos a buscar una nueva unidad de análisis (algún elemento común en nuestros diferentes tipos o modos de conducta verbal o en la conducta del hablante y del oyente) y a suponer que el individuo adquiere espontáneamente un tipo de conducta en el curso de la adquisición de otro. Veamos si la suposición tradicional está justificada y si podemos establecer cualquier concepto con la misma generalidad.

La misma forma de respuesta en diferentes operantes verbales

En la terminología del significado, decimos que la palabra *muñeca* se utiliza en un momento "para pedir una muñeca" y en otro "para describir o referirse a una muñeca". Sin embargo, cuando la respuesta

¡Muñeca! ha sido adquirida como un mando, no esperamos que el niño posea espontáneamente un tacto correspondiente de forma similar. Si encontramos ambos tipos de operantes en el repertorio del niño, debemos contabilizarlos por separado. Esto parece dificultar la tarea de explicar la conducta verbal, pero la ventaja que parece obtenerse con el concepto tradicional de la palabra *muñeca* se ve compensada por el problema que queda de explicar cómo un niño puede aprender a utilizar una palabra tanto para "expresar un deseo" como para "describir un objeto". La formulación total no se ha simplificado; sólo se ha pospuesto una parte de la tarea. Si hemos de aceptar la plena responsabilidad de dar cuenta de la conducta verbal, debemos afrontar el hecho de que la *muñeca* mando y la *muñeca* tacto implican relaciones funcionales separadas que sólo pueden explicarse descubriendo todas las variables relevantes.

En la contabilidad de tales casos no debemos cometer el error de explicar demasiado. Precisamente la misma forma de respuesta se encuentra rara vez, si es que se encuentra, en dos operantes. El hábil logopeda[1] detectará diferencias entre el *fuego* como mando y el *fuego* como tacto. Además, no todas las formas existen en ambos tipos de respuesta. Por ejemplo, parece que no hay tactos correspondientes para los mandos *¡Psst!*, *¡Oh!* y *¡Mira!*, y veremos que esto también es cierto para una clase de respuestas que se tratarán en el capítulo 12. Las respuestas cuyas propiedades sutiles de estímulo tactos pueden no producirse nunca en forma de mando, o por lo menos sólo en circunstancias en las que se puede considerar que los mandos incluyen una forma de especificación que no está muy alejada del tacto.

Sin embargo, una respuesta verbal de una forma determinada a veces parece pasar fácilmente de un tipo de operante a otro. El hablante suele comenzar con un tacto y luego parece poseer un mando correspondiente. El niño en una juguetería, incapaz de identificar un juguete en particular, pregunta *¿Qué es eso?* y se le dice *Una pizarra magnética*. Este es un estímulo para una respuesta *ecoica*, del tipo que se suele usar para reforzar la respuesta como tacto. Pero el niño inmediatamente dice *¡Cómprame una pizarra magnética!* Nunca ha sido reforzado para esta respuesta de la manera requerida para construir un mando. ¿Representa esto el origen espontáneo de tal operante? El adulto se compromete en una conducta similar cuando, en un país extranjero, consulta un diccionario para evocar

1 N. del E.: fonoaudiólogo, terapeuta del lenguaje.

una respuesta textual que, emitida en presencia de un vendedor, produce un resultado particular. El comprador hace lo mismo consultando su propio memorándum de artículos a comprar. Pero tal conducta tiene una historia bastante compleja. El mando no surge espontáneamente, sino sólo con la ayuda de una conducta adecuada de transcripción o traducción. El niño que "no sabe el nombre de un juguete" puede compararse con un carpintero que sostiene un clavo en su lugar cuando su martillo está fuera de su alcance. Una respuesta verbal dirigida a su aprendiz produce la presentación del martillo. Tal conducta se construye poco a poco. La conducta de "pedir la palabra necesaria para pedir el juguete" es un mando reforzado (y que especifica su reforzador) por la conducta auditiva del oyente quien, al ser *ecoicado*[2], presentará el juguete. Una vez que esto ha sucedido, la respuesta existe como un mando independiente porque ha sido reforzada como tal. La respuesta general *¿Qué es eso?* también se refuerza y será más fuerte en ocasiones posteriores. Es este tipo de situación la que fomenta la noción de la palabra como herramienta o instrumento, pero la analogía es de poca ayuda para formular el caso. En última instancia no es más sencillo afirmar que "el niño descubre cuál es la palabra para el juguete y luego la usa para pedir el juguete".

Es posible que todos los mandos que se refuerzan con la producción de objetos u otros estados de cosas se interpreten como mandos de la conducta del oyente y el tacto del objeto o estado de cosas a producir. Las clasificaciones de las respuestas sólo son útiles para separar varios tipos de relaciones de control, y algunas respuestas pueden mostrar características tanto de mando como de tacto. En cualquier caso, hay que conocer la historia de una forma particular de respuesta y de todas las variables que han adquirido el control de esta.

Una conexión puede surgir del hecho de que los acontecimientos que refuerzan un mando a menudo se parecen a los estímulos discriminativos que controlan a un tacto. La leche que un niño obtiene con *leche* como mando se parece a la leche que controla la respuesta *leche* como tacto en respuesta a la pregunta *¿Qué es eso?* Esto puede facilitar la adquisición de cualquier operante que se adquiera en segundo lugar. Uno podría establecer *¡leche!* como mando a través del reforzamiento con la leche como un estímulo táctil, gustativo y olfativo alimentando al niño sólo con un biberón opaco. Al mismo tiempo, se podría establecer un tacto de la

2 N. del E.: cursivas añadidas.

misma forma a la estimulación visual de la leche en un vaso transparente. En estas circunstancias un niño presumiblemente no mostraría ninguna tendencia a transferir la respuesta de un tipo de operante a otro.

Otro posible puente puede surgir del hecho de que la presencia del objeto reforzante es una condición óptima para el reforzamiento. Así, la presencia de la leche constituye en parte la ocasión óptima en la que el mando *¡leche!* será reforzado. Aunque la respuesta sigue siendo un mando y está principalmente bajo el control de la condición de privación, la presencia de la leche como estímulo discriminativo no es del todo irrelevante. El mando será más probable que ocurra en presencia de la leche. Este es un paso hacia la producción de un tacto que presumiblemente facilitaría el control eventual de la respuesta de tal estímulo bajo un reforzamiento generalizado.

Si no hay un desarrollo espontáneo de un tipo de operante como resultado de la creación de otro, entonces el único problema que surge de la presencia de la misma forma en operantes de diferentes tipos es un problema relativo a la comunidad verbal. La "palabra" como unidad de análisis es apropiada para las prácticas de la *comunidad y no* la conducta del hablante individual.

Las operantes ecoicas y textuales no presentan problemas similares, en parte porque la forma de la respuesta está más determinada por el repertorio mínimo de cada zona. Si acertamos al suponer que el hablante que posee una respuesta textual también posee una respuesta ecoica de igual topografía, es sólo porque la conducta ecoica se adquiere casi inevitablemente antes que la textual. La transferencia en la otra dirección nunca se reclama; poder hacer la ecoica de una respuesta no es garantía de que una respuesta similar sea evocada por un texto. Tampoco se suele alegar que, por ser capaz de leer o repetir correctamente una palabra, se pueda utilizar correctamente en un mando o tacto. La única otra cuestión importante se refiere a la conducta intraverbal, que suele ser tan similar al tacto que se supone una transferencia espontánea de un tipo a otro. Por ejemplo, se suele argumentar que una respuesta adquirida intraverbalmente al estudiar un libro de texto está disponible automáticamente como tacto con respecto al tema del texto. Pero un análisis similar probablemente mostraría que esto no es cierto, y la suposición bien puede explicar la debilidad de muchas prácticas educativas.

La condición patológica de la conducta verbal llamada afasia a menudo pone de relieve diferencias funcionales que son difíciles de comprender en los términos de la explicación tradicional. El afásico puede no ser capaz de nombrar un objeto, aunque emitirá el nombre inmediatamente al mandarlo; o puede ser capaz de nombrar un objeto, aunque no puede repetir el nombre de otra persona o leerlo de un texto como alguna vez pudo hacerlo. Pero es sólo la teoría tradicional la que hace esto sorprendente. El afásico ha perdido algunas de las relaciones funcionales que controlan su conducta verbal. Una respuesta de una forma determinada puede ya no estar bajo el control de una relación funcional, aunque sigue estando bajo el control de otra.

Por muy útil que sea el concepto de palabra para analizar las prácticas de reforzamiento de una comunidad verbal, no representa una unidad funcional en la conducta del hablante individual. Debemos aceptar la responsabilidad de dar una explicación independiente de cómo las respuestas de la misma forma aparecen en diferentes tipos de operantes.

La misma respuesta en diferentes medios

La noción de que la "misma palabra" puede ser escrita o hablada podría llevarnos a decir que la misma respuesta verbal puede darse en diferentes medios. Pero hablar y escribir son obviamente diferentes tipos de conducta, que utilizan diferentes partes del cuerpo de diferentes maneras. Donde podríamos parafrasear "la misma palabra utilizada de diferentes maneras" como "la misma respuesta en diferentes tipos de operante", aquí debemos intentar salvar la brecha entre la conducta hablada y la escrita, ya sea señalando algo común a las ocasiones en que se producen las conductas o entre los efectos que tienen sobre el oyente y el lector. Pero las variables de control comunes, que actúan ya sea antes de la conducta en la ocasión estimulante o después de la conducta como parte del evento llamado reforzamiento, no nos permitirán pasar de una forma de respuesta a la otra. Las dos formas de conducta deben ser condicionadas por separado.

Sin embargo, hay otra posibilidad. Toda persona alfabetizada posee conductas transcriptivas a través de las cuales pasa rápidamente de una respuesta en un medio a una respuesta correspondiente en otro. El hecho de que la posibilidad de conversión contribuya a la noción de "la misma respuesta en diferentes medios" se apoya en el hecho de que no es tan probable que la apelemos en un idioma que utiliza jeroglíficos. Aquí el proceso transcriptivo carece de la correspondencia punto a punto del repertorio mínimo de la escritura o lectura fonética. Además, el jeroglífico, con sus vestigios supervivientes de la construcción de modelos, tiene una afinidad más estrecha con la ocasión de la respuesta que con la respuesta misma.

No se discute, por supuesto, que, dada la forma hablada, uno entonces "conoce" lo escrito. Tampoco se implica que por cada forma escrita haya una correspondiente hablada, y viceversa. Estos pueden ser considerados como defectos de transcripción. La mayoría de los alfabetos son sólo aproximadamente fonéticos, y por lo tanto la escritura es sólo aproximadamente transcriptiva. La mayoría de los idiomas escritos contienen muchas formas que son esencialmente ideogramas o logografías, es decir, respuestas escritas que están bajo el control directo de estímulos (generalmente) no verbales pero que corresponden a unidades relativamente grandes de conducta vocal sin una mínima correspondencia fonética. En algunos casos, la respuesta escrita no está controlada por la forma de la respuesta vocal únicamente (como podría ser el caso de la conducta del taquígrafo hábil), sino por su relación con las variables de control. Por lo tanto, la respuesta vocal *en segundo lugar* conduce a la respuesta escrita *en segundo lugar* sólo cuando la respuesta vocal se hace a un número ordinal, no cuando se hace a una unidad en la esfera de un reloj.

A veces parece implícito que la forma hablada *es* la palabra y que la respuesta escrita es simplemente una forma de representarla. Esto simplemente hace que el proceso transcriptivo sea unilateral. Pero no tenemos ninguna razón para asumir que existe un medio básico de conducta verbal. Es probable que una forma de respuesta sea aprendida primero por un hablante determinado y puede permanecer tan fuerte que ocurra primero en cualquier ocasión, pero el inglés escrito, por ejemplo, se establece aparte de cualquier conducta vocal en los sordomudos, y podría continuar como un lenguaje completo por derecho propio en una comunidad de sordomudos. Incluso cuando existe un paralelismo vocal, a menudo es evidente que las partes de un repertorio escrito siguen siendo primordiales. Los vocabularios separados de habla y escritura son la regla más que la excepción. Algunas partes de las conductas matemáticas son predominantemente escritas, y las correspondientes respuestas vocales suelen ser de naturaleza textual, al menos para algunos matemáticos.

Dado que se trata de diferentes musculaturas, la conducta verbal escrita y hablada puede ser ejecutada al mismo tiempo. Cuando se habla en voz alta y al mismo tiempo se escribe "lo mismo", la última conducta puede considerarse como una transcripción de la primera o la conducta vocal como "lectura" de la segunda. Puede detectarse un orden explícito de ocurrencia -digamos, de la vocal a la escrita-, pero los errores revelan a veces la superficialidad de este control. En uno de esos casos, la respuesta *Una segunda variable* se emitió vocalmente mientras que *Una cierta variable* se escribió aproximadamente de manera simultánea. Si las dos respuestas hubieran seguido las reglas de la transcripción, cualquier posibilidad de control independiente podría haber sido insospechada, pero evidentemente había una relación intraverbal separada que controlaba la respuesta escrita, aunque mostraba correspondencias transcriptivas en el patrón de tensión, el sonido de la consonante inicial y el sonido *n* en la segunda sílaba.

Aunque los repertorios de habla y escritura se adquieren por separado y pueden exhibirse simultáneamente, la pregunta sigue siendo si los reforzamientos en una zona pueden tener un efecto en la otra. Por ejemplo, ¿un niño que ha aprendido a escribir y que ha adquirido el mando vocal *¡Agua!* a través del reforzamiento con agua, demostrará espontáneamente el mando escrita *¡Agua!* sin ningún condicionamiento específico de la respuesta escrita? Algo así parece claro en la transferencia radical a la conducta escrita que ocurre cuando la conducta vocal es por cualquier razón imposible - por ejemplo, cuando el aparato vocal del hablante se lesiona o cuando el oyente está fuera del alcance de la estimulación auditiva. Pero es difícil interpretar esto mientras no se pueda descartar la conducta transcriptiva. Es muy posible que un niño que ha aprendido a escribir sólo en el sentido de copiar otra escritura no pueda hacer esta transferencia, o que el niño que ha aprendido a escribir a partir de un dictado también deba aprender a "transcribir su propio dictado". Un niño puede muy bien aprender a escribir, pero nunca se le puede "ocurrir" dejar una nota a alguien a quien no puede esperar a ver o recurrir a la forma escrita cuando la conducta vocal es de otra manera impracticable o sería castigada. Tradicionalmente se diría que el niño debe aprender a *usar la escritura, así como* aprender a escribir. Pero "el uso de la escritura" plantea todos los problemas actuales.

Cuando la conducta escrita se ha modificado sustancialmente a través del reforzamiento, se puede observar un cambio en el repertorio vocal correspondiente. Por ejemplo, se puede adquirir un repertorio particularmente eficaz con respecto a alguien con quien nos carteamos y que no hayamos visto nunca. Cuando conocemos en persona por vez primera a nuestro amigo epistolar y este se convierte en audiencia de nuestra conducta vocal, el efecto del anterior reforzamiento diferencial será aparente, aunque puede no ser tan grande como si nuestro amigo por correspondencia hubiera siempre sido audiencia de nuestra conducta vocal. En cualquier caso, el ejemplo no presenta ninguna dificultad a menos que pueda demostrarse que el repertorio escrito era totalmente autónomo, como podría haber sido el caso en una correspondencia entre personas sordomudas. Las respuestas vocales o subvocales deben descartarse como precursoras o concomitantes de la conducta del redactor de cartas o como la propia conducta del lector de cartas antes de que sea necesario suponer la modificación independiente del repertorio vocal.

Podemos explicar las aparentes transferencias a otros medios de la misma manera. Señalar una palabra en un diccionario es una forma de conducta verbal que frecuentemente parece surgir sin un condicionamiento especial cuando la conducta vocal es por cualquier razón ineficaz. Por lo tanto, podemos señalar un signo que lee *SILENCIO para evitar* que alguien hable en una sala de lectura donde una respuesta vocal sería inapropiada. Podemos ordenar una comida marcando los artículos apropiados en una lista que luego se envía a la cocina. Tal conducta presupone que tanto el "hablante" como el "oyente" pueden leer. También presupone ciertas respuestas verbales por parte del hablante que tienen la función de la conducta transcriptiva del capítulo 4. Las etapas separadas pueden no ser a menudo fáciles de observar. Cuando se ordena una comida comprobando una lista, alguien puede comenzar emitiendo conducta textual (posiblemente inaudible), es decir, lee la lista. Algunas de sus respuestas complementan las respuestas latentes en forma de mandos. La lista "sondea" su repertorio de mandos en la forma que se describe en el capítulo 10. El individuo observa esto cuando descubre "lo que quiere pedir". La comprobación de los elementos apropiados de la lista es otro paso que presumiblemente debe ser aprendido por separado.

Estas etapas son obvias cuando los dos mecanismos están en pieles diferentes. A lee el menú a B, y las respuestas de B son ahora ecoicas en lugar de textuales. Algunas de ellas complementan las respuestas latentes en forma de mandos. B o bien repite todas las respuestas de A y demuestra alguna fuerza especial repitiendo algunas con una energía especial, o bien puede repetir en voz alta sólo aquellas respuestas que son particularmente fuertes. Él mismo puede comentar sobre la fuerza especial de ciertos artículos diciendo *Eso es lo que quiero*, o A puede hacer esto por él (como cuando A es un padre y B un niño pequeño).

El proceso de aprender a apuntar es a veces bastante explícito. Aprendemos a "señalar" presionando el botón del timbre de la puerta frente al nombre de un amigo en el vestíbulo de una casa de apartamentos. Apuntamos al nombre de una pieza musical que queremos oír pulsando el botón opuesto a ese nombre en una rocola. Apuntamos a los números en orden de serie al marcar un teléfono. Una respuesta textual audible puede ser detectada a menudo en estos casos, pero una respuesta autónoma de apuntamiento puede ser establecida. No hay ningún problema en explicar la conducta verbal de señalar objetos o los modelos imperfectos de objetos llamados imágenes, y rara vez, si acaso, se afirma que esa conducta se deriva espontáneamente del establecimiento de otras formas verbales. (Las posibilidades aquí se ven en el funcionamiento de diferentes tipos de máquinas expendedoras. Empujamos un émbolo para señalar: a) el artículo deseado (visto a través de una ventana), b) una muestra del artículo deseado (también visto a través de una ventana), c) una imagen del artículo deseado (una forma de iconografía), o d) el nombre impreso. Sólo en este último caso debemos considerar las conductas verbales paralelas de otro tipo).

El control funcional independiente de la conducta en dos o más medios se demuestra de nuevo en la conducta de los afásicos. La conducta vocal puede perderse mientras la conducta escrita sobrevive, o viceversa, cuando el defecto no se debe a la parálisis de los mecanismos de respuesta apropiados. A veces ambos repertorios sobreviven, aunque uno sea más lento o menos preciso que el otro. Esto es desconcertante desde el punto de vista tradicional, en el que se considera que la conducta verbal es el uso del lenguaje aparte de cualquier medio particular. Lo que se ha dañado en la afasia es claramente el control funcional de la conducta, y el daño respeta las líneas de control.

Aunque sería difícil probar que los cambios en una respuesta en un medio provocan cambios en las respuestas en otro medio sólo a través de la mediación de procesos de traducción o transcripción, al menos no se ha probado lo contrario. Las conexiones funcionales entre dos medios deben especificarse y analizarse cuidadosamente al contabilizar los casos particulares, y el punto de vista tradicional no ofrece ninguna ayuda para simplificar este análisis.

La misma respuesta hablada o escuchada

Aunque las teorías semánticas frecuentemente asumen que el significado es el mismo para el hablante y el oyente, los procesos a través de los cuales una persona se convierte en oyente difieren, como hemos visto, de aquellos a través de los cuales se convierte en hablante. Al adquirir un repertorio verbal el hablante no se convierte necesariamente en oyente, y al adquirir la conducta característica de un oyente no se convierte espontáneamente en hablante. Después de "aprender el significado de una palabra" como oyente, no se puede entonces "usarla" como hablante, o viceversa. En general se reconocen grandes diferencias en el tamaño y la composición de los repertorios de habla y de escucha. Dado que las respuestas del hablante se convierten en los estímulos verbales del oyente, las respuestas y los estímulos tienen formas similares. Además, algunas de las condiciones en las que una persona habla son relevantes para el efecto de su conducta sobre el oyente. Pero estos son hechos sobre las prácticas de una comunidad verbal y deben ser explicados en términos del significado más amplio de la conducta verbal. No sugieren ningún proceso en el hablante que se derive de su posición como oyente, o viceversa, excepto a través de los canales explícitos identificados en un análisis conductual. (También en este caso el afásico revela a menudo la importancia de insistir en estas distinciones. El hecho de que el individuo pueda perder su poder de hablar, pero siga siendo un oyente efectivo sólo es desconcertante si hemos asumido que un proceso especial de "comprensión del significado de una palabra" es común tanto para el hablante como para el oyente).

La misma respuesta en diferentes idiomas

Es posible "decir lo mismo" en diferentes idiomas (p.ej., en francés e inglés, en jerga técnica y no técnica, o en expresiones sinónimas en el mismo idioma) en el sentido de que un mismo estado de cosas dará lugar a diferentes respuestas en presencia de diferentes públicos o contextos.

Esto no significa, por supuesto, que habiendo adquirido una respuesta en un idioma poseamos automáticamente la forma correspondiente que dice lo mismo en otro idioma. Pero cuando se han adquirido por separado respuestas adecuadas a dos idiomas, surgen ciertos problemas. Habiendo "aprendido algo" en francés, ¿el hablante bilingüe "lo sabe" en inglés? ¿O puede el científico describir al lego algo de lo que ha hablado anteriormente sólo con un repertorio técnico? Si es así, ¿qué es este "algo" que, por así decirlo, parece crear conducta en un segundo idioma sin los procesos habituales de condicionamiento explícito?

No todos los tipos de operante presentan este problema. En las conductas ecoicas y textuales, los repertorios mínimos bastan para salvar la brecha entre todos los sublenguajes del mismo sistema fonético u ortográfico. Habiendo mejorado nuestra habilidad para repetir o escribir en una subdivisión de un repertorio, no nos sorprende encontrar una mejora comparable en otras subdivisiones. Sin embargo, cuando se trata de diferentes sistemas ortográficos, un cambio en una subdivisión puede en realidad obstaculizar más que ayudar en la otra. La ampliación de la práctica de la lectura o la repetición del francés puede aumentar los errores de lectura o de repetición del inglés.

Los casos importantes son aquellos en los que no hay repertorios mínimos comunes a los dos idiomas. Habiendo aprendido a ordenar con las consecuencias más satisfactorias en un restaurante determinado, podemos transferir este "conocimiento" a otro idioma al ordenar de un camarero diferente. Habiendo leído un libro en francés, podemos dar lo esencial de él en inglés, o habiendo adquirido la tabla de multiplicar en inglés, encontramos la posibilidad de multiplicar en francés. Un caso especial es la sustitución "errónea" de un sinónimo al recordar un poema u otro pasaje.

Muchos de esos casos pueden ser traducciones directas que sólo son posibles mediante la adquisición previa de un repertorio intraverbal establecido explícitamente para este fin. También es posible que, aunque normalmente sólo se emite una respuesta bajo el control de una variable determinada, muchas respuestas se fortalecen característicamente por ella, y ese fortalecimiento puede no carecer de un efecto futuro. Hemos visto, por ejemplo, que la palabra estímulo en un experimento de asociación de palabras tiene un efecto demostrable sobre muchas palabras dadas como respuesta. El lector puede emitir una sola respuesta textual a cada palabra impresa de un pasaje, no obstante, muchas respuestas intraverbales colaterales pueden fortalecerse. Muchas de esas respuestas intraverbales pertenecen a los repertorios de traducción ya considerados. En una ocasión posterior, algún cambio en la variable de la audiencia o alguna fuente auxiliar de fuerza puede producir el recuerdo de una respuesta intraverbal en lugar de la respuesta textual que se emitió realmente en la ocasión anterior.

La explicación completa de este proceso depende de las variables colaterales que se examinarán en los capítulos siguientes, pero aquí se puede dar un ejemplo. Una joven que había aprendido a cantar una canción que contenía la frase *Corre, corre, corre, con todas tus fuerzas*[3], la cantó más tarde como *Marcha, marcha, marcha, con todas tus fuerzas.* Este es el tipo de recuerdo erróneo que sugiere que lo que aprendió en primer lugar fue la "idea", y que podría expresarla de otra manera más tarde. Pero una clara conexión intraverbal entre *corre* y *marcha* ha sido establecida por su comunidad verbal. (En este caso particular había otras variables que podrían haber fortalecido *trota.* La canción se llamaba *Viento de marzo*, y la niña estaba acostumbrada a desfilar mientras la cantaba). No es tan difícil explicar cómo un "hecho" aprendido en un idioma puede ser afirmado en otro. Un hablante que observa a una niña con un vestido rojo y describe el vestido como *rojo* puede más tarde, cuando es interrogado por una persona de habla francesa, responder *robe rouge.* No es necesario suponer que se trata de una traducción intraverbal, o que la respuesta en el idioma original es esencial para la posterior respuesta en francés. El hablante puede no hacer ningún comentario al ver el vestido y, sin embargo, informar correctamente en una fecha posterior en cualquiera de los dos idiomas.

La aparente transferencia de un idioma a otro puede deberse al hecho de que las respuestas en dos idiomas pueden tener el mismo efecto en el oyente. Como el hablante es a menudo su propio oyente, puede construir una respuesta verbal que tenga un efecto particular sobre sí mismo. La respuesta *Marcha, marcha, marcha, con todas sus fuerzas,* probablemente tuvo el mismo efecto sobre la niña que la respuesta original. El hecho de que todo el pasaje "tuviera sentido" y, de hecho, el "mismo sentido" que el original, fue con casi total seguridad relevante, no sólo para poner fin a la fuga de recuerdos (véase más abajo), sino posiblemente para reforzar el

3 N. del E.: de la canción tradicional infantil *The Gingerbread Man.*

recuerdo en sí. La niña se enfrentaba a la tarea de construir una respuesta verbal que se ajustara a ciertas especificaciones (véase la Parte V). Una conexión intraverbal concebible entre *correr* y *gotear*, establecida a través de relaciones comunes al contexto de grifos[4] podría haber generado la respuesta errónea *gotea, gotea, gotea, con todas sus fuerzas.* No obstante, las variables contextuales presentes favorecerían *marcha* sobre *gotea*, respuesta esta última que no superaría el test de la niña como su propio oyente. Al dar lo esencial de lo que uno ha leído en un libro o escuchado a otra persona describir, en el mismo o en otro idioma, el hablante a menudo se preocupa por generar conductas que tengan el mismo efecto sobre él mismo y se corregirá si falla. Así como el maestro experto adquiere un conjunto de paráfrasis que utiliza para "hacer aclarar una cuestión a su clase", el hablante adquiere paráfrasis especiales que encuentra útiles para aclararse una determinada cuestión a sí mismo. Al leer material técnico desconocido, pueden elaborarse paráfrasis sencillas para tales fines, de la misma manera que al leer material difícil en otro idioma se puede recurrir a respuestas mediadoras de traducción para los términos difíciles. Cuando se le pide a uno que interprete un pasaje escuchado en otro idioma, la respuesta más simple puede no ser la traducción sino la construcción de otro conjunto de respuestas que tengan el mismo efecto.

No debemos pasar por alto la posibilidad de que la conducta verbal en un idioma pueda dar lugar a acontecimientos privados dentro del individuo que luego puede describir en otro idioma. La *conducta no verbal encubierta* a menudo se produce en la resolución de problemas, en la creación de obras de arte, en el autocontrol y en la manipulación de variables que afectan a la propia conducta. El jugador de ajedrez puede "pensar" en su próxima jugada en ausencia de un tablero de ajedrez, y su conducta al hacerlo puede ser o no verbal. Cuando no lo es, puede sin embargo describir la jugada, presumiblemente como si se hiciera en un tablero de ajedrez real. Las operaciones matemáticas de un tipo simple no necesitan ser verbales. Frente a un problema verbal en aritmética, alguien podría simplemente "ver" una escala de números y sumar avanzando un número determinado de pasos a lo largo de ella. El resultado puede ser leído como si hubiera manipulado una escala física. Un aparato mecánico puede diseñarse de manera no verbal sin el apoyo de eventos ambientales, y el resultado puede describirse como si el inventor hubiera

4 N. del E.: por ejemplo, grifo con agua *corriente*, grifo que *gotea*.

dibujado el aparato en papel o construido un modelo de trabajo. Estos acontecimientos privados plantean problemas difíciles en el análisis de la conducta en el marco de una ciencia natural,[5] pero podemos dar al menos alguna indicación de los diferentes tipos de variables que conducen al pensamiento no verbal y que, por lo tanto, pueden intervenir en la transferencia de un lenguaje a otro.

PROPIEDADES DINÁMICAS

Una relación funcional es más que una mera conexión. Los estímulos que controlan una respuesta verbal no sólo determinan su forma y, por tanto, proporcionan un equivalente para el significado, sino que aumentan la probabilidad de que se emita la respuesta. Otras variables que tienen el mismo efecto son el reforzamiento, la privación, la estimulación aversiva y ciertas condiciones emocionales. Todos estos son acontecimientos manipulables independientemente y, por lo tanto, difieren de manera importante de las ideas, tensiones, habilidades, facultades, motivos y conceptos similares que se utilizan a menudo para explicar la conducta verbal. Una ventaja es que ahora podemos pasar de una clasificación de operantes verbales, en la que nuestro principal interés es similar al de la teoría semántica o la gramática, a los complejos procesos que tradicionalmente se describirían como "uso del lenguaje". En particular, tenemos que analizar los efectos de las combinaciones de variables, la composición de muestras más grandes de conductas verbales, y las actividades que suelen llamarse pensamiento verbal. Al reconocer la naturaleza conductual de las relaciones hasta ahora tratadas, hemos preparado el terreno para estos fenómenos más complicados y podemos tratarlos con los mismos principios y leyes. Sin embargo, antes de ampliar nuestra investigación, será necesario considerar otras condiciones que afectan a la fuerza de la conducta verbal en su conjunto, así como ciertos procesos en los campos del condicionamiento, la motivación y la emoción a los que la conducta verbal, simplemente como parte de la conducta total del organismo humano, está sujeta. Este es también un lugar adecuado en el que plantear la cuestión de qué es lo que pone fin a la conducta verbal.

5 *Ciencia y conducta humana,* Capítulo 17.

La fuerza de la conducta verbal como un todo

Algunas variables refuerzan la conducta verbal sin respetar la forma. La atención del oyente como un reforzador es un ejemplo. Cualquier conducta verbal que evoca la atención se refuerza aparte de otras acciones específicas del oyente. Los mandos que especifican este reforzamiento incluyen el relativamente informal *¡Ejem!* que puede llamar la atención simplemente porque es un antecedente común de conducta verbal que surge de la práctica de aclarar la garganta antes de hablar, y las respuestas que se emiten al final de las oraciones sólo con el fin de "mantener la atención", como *... y ...*, o *... de modo que ...* o *... quiero decir....* Sin embargo, aquí no se trata de formas específicas tan reforzadas, sino más bien del hecho de que cualquier conducta verbal es probable que sea fuerte a causa de tales consecuencias.

Se puede hacer una distinción entre mantener la atención y el no ceder la palabra a otros. En este último caso, la conducta verbal es fuerte porque impide que otra persona hable. Los ejemplos que acabamos de dar pueden tener este efecto, así como el mando explícito... *¡Espera un minuto, no he terminado!* Tal conducta puede ocurrir cuando el hablante tiene efectivamente algo que decir; pero es probable que sea generalizada, de modo que el hablante continúa hablando principalmente para evitar que otro lo haga. Un ejemplo formalizado de ello es el filibusterismo, en el que las normas del procedimiento parlamentario hacen explícito el efecto de reforzamiento. Aquí no hay mando comparable; la única manera de mantener la palabra es seguir hablando. El "contenido" de quien realiza esta práctica suele demostrar el efecto principal de esa variable: se emite una conducta que sería demasiado débil para producirse en otras circunstancias.

No ceder la palabra es un ejemplo de conducta bajo control aversivo. El reforzamiento del filibusterismo es evitar la acción legislativa por parte de la oposición. Otra condición aversiva que se evita con la conducta verbal sin respeto a la forma es simplemente el silencio. Hay muchas situaciones, como vimos en el capítulo 6, en las que el silencio se utiliza como castigo y, por lo tanto, conviene evitar cualquier silencio que pueda interpretarse como un castigo. Ciertas respuestas estándar (comentarios sobre el tiempo, la salud del oyente, etc.) muestran una frecuencia relativamente alta, principalmente porque evitan el silencio. La amenaza del silencio conduce por un lado a gruñidos, murmullos, dobladillos, etc. sin forma, y por otro a una mayor probabilidad de que se emita *cualquier* tipo de conducta verbal.

Un tipo de silencio que es aversivo para el oyente, aunque no se utiliza como castigo, es la interrupción de un discurso sostenido. El hablante puede estar distraído, olvidadizo o confundido. La fuerza de la condición aversiva acumulada en el silencio resultante se muestra en la energía de la respuesta que finalmente se hace disponible. Cuando un hablante olvida un nombre, puede ocurrir algo parecido a lo siguiente: *Me encontré con un amigo suyo ayer con el nombre de ... m-m-m-, uh, le conozco perfectamente bien uh... Jones! ¡Jones! Eso es, Jones.* La inusual fuerza indicada por la fuerza y la repetición de la respuesta *Jones* puede ser desconcertante a primera vista, ya que la respuesta se recuerda sólo después de la demora y por lo tanto debe haber sido *débil.* Pero la discrepancia se explica por la creciente presión aversiva que se acumula durante el silencio que interrumpe la frase. Mientras tanto, *m-m-m, uh*, y *lo sé perfectamente.*

Un caso especial de evitación del silencio es el estancamiento en el que las respuestas explícitas empiezan alargarse en el tiempo. El trovador tiene algunos versos de rescate o estribillos cuya función principal es permitirle recordar u organizar el material que se emitirá a continuación. Se ha demostrado que algunas de las líneas de reserva de Homero probablemente sirvieron para este propósito[6]. Hemos visto cómo la conducta ecoica permite al estudiante detenerse para obtener una respuesta (Capítulo 4); el mismo efecto puede lograrse con las respuestas de la cepa (*Ahora déjeme pensar, quiere decir...*, etc.) o con el discurso murmurado, relativamente sin forma, que trae una solicitud de repetición después de la cual puede haber una respuesta de forma más aguda. El comediante de televisión suele tener en reserva algún material verbal para utilizarlo en caso de que su programa termine antes de la hora señalada, ya que el experimentado profesor tiene en reserva un material similar para completar la hora cuando su conferencia ha ido demasiado rápido. Pero aparte de las respuestas explícitas reforzadas a través de estas consecuencias, tales ocasiones probablemente fortalezcan cualquier forma de conducta verbal.

6 Parry, Milman, "Homer and Hugo: I. The Singer's Rest in Greek and Southslavic Heroic Song," *T.A.P.A.*, *46* (1935).

Otro logro de la conducta verbal que es relativamente independiente de la forma es la ocultación o supresión de otras actividades. Un ejemplo explícito es el patrón del mago, que puede alejar al observador de un movimiento esencial. Un ejemplo menos estandarizado es la observación de Freud de que un paciente puede hablar de una cosa para evitar hablar de algo más desagradable. Por esta razón se pueden obtener respuestas explícitas, pero las mismas consecuencias tienden a reforzar cualquier conducta independientemente de la forma.

Conducta continúa sin mucho respeto para formarse en condiciones más triviales de aversión. El hablante suele terminar una frase, aunque esté claro por la conducta del oyente que ha dejado claro su punto. Termina la frase para evitar las consecuencias desagradables que se han producido en otros casos en los que el final era importante. La presión para completar un marco metafórico, aunque no se refuerce ninguna respuesta metafórica en este momento se señaló en el capítulo 5. Al comenzar una frase *Él era tan cordial como...*, el hablante se compromete a una conclusión que puede ser de otra manera indeterminada. A menudo se dispone de frases comunes (*... como se puede imaginar*), pero todas las conductas verbales pueden gozar de una probabilidad ligeramente mayor en ese momento. La conducta también se emite simplemente porque es verbal en el suministro de ejemplos, como en la discusión de la conducta verbal, en el suministro de una muestra de la propia escritura para ser analizada, en el dibujo de material impreso cuando se hace una foto de un periódico o revista, o en la prueba de un sistema de megafonía. En todas estas circunstancias suelen darse respuestas estándar (véase la fórmula del técnico para probar un micrófono), pero es probable que la conducta también sea fuerte sin respetar la forma específica.

Los efectos de esas variables son bien conocidos. Cuando no se produce una respuesta de la población, la conducta suele ser débil en cuanto a su nivel de energía y casi sin forma. El hablante que obviamente ha hecho su punto termina arrastrándose en un murmullo casi inaudible. Para mantener la atención o para ganar tiempo, el hablante puede recurrir a la voz no formada o al *m... m...* nasal. Se producen sonidos vocales, pero falta la conducta del resto del aparato del habla que normalmente los moldea.

Un segundo efecto es la emisión de conducta vacía, trivial o tonta. Mucho de esto se estandariza, como en fórmulas como "*Ahora, veamos*" o "*Quiero decir*". La charla y la charla ociosa pueden sufrir un condicionamiento explícito porque tienen este efecto. Al llenar un silencio embarazoso, es particularmente probable que nuestra conducta no tenga importancia. Como Stendhal comentó, *Le nombre des sottises que j'ai dites depuis deux ans pour ne pas me taire me met au désespoir quand j'y songe*[7].

Un tercer resultado posible es que las conductas verbales emitidas en tales circunstancias sean inexactas, no gramaticales en el sentido del Capítulo 13, o sujetas a las distorsiones formales del Capítulo 11. Un tipo de distorsión bajo tal presión se ejemplifica con la conocida historia de la nariz del Sr. Morgan[8]. La conducta fortalecida sin respeto a la forma es probable que esté determinada por otras variables en la historia del individuo y por lo tanto se considera "reveladora". Los psicoanalistas están acostumbrados a prestar especial atención a las conductas verbales emitidas en tales circunstancias. Este principio subyace en el análisis de las obras literarias. El escritor creativo se ve reforzado por muchas cosas, entre ellas el dinero, el prestigio y diversas formas de autoestimulación. Algunas de ellas pueden depender de respuestas particulares, pero hay una gran cantidad de reforzamientos generalizados para las conductas verbales simplemente como tales. El escritor está, por supuesto, bajo muchos tipos de control externo actual, pero la presión de producir conductas verbales simplemente como tales da rienda suelta a las variables de su historia. Las obras literarias pueden entonces ser analizadas por la información que proporcionan en relación con tales historias.

El material comparable del escritor no profesional se obtiene a través de varios tipos de Test de Apercepción Temática en los que la conducta verbal se refuerza con independencia de la forma, quizás a través de una reducción de la estimulación aversiva similar a la suministrada por los directos mandos *Di algo* o *Escribe algo*. En tales pruebas el universo de respuestas disponibles puede limitarse presentando imágenes, música, olores, etc., para ser "escritas". El objetivo de la prueba es generar conductas sin respeto a la forma para que las variables que controlan la forma tengan la oportunidad de percibirse. Las respuestas disponibles

7 Stendhal, *De l'amour* (Editions Hypérion), pág. 42. N. del E.: *Me desespero al pensar el número de tonterías que he dicho estos últimos dos años por no quedarme callado.*

8 Una mujer que invitó a J. P. Morgan a almorzar advirtió a su joven hija que no mencionara su prominente nariz. El resultado imprevisto fue que la niña se sentó durante el almuerzo mirando la nariz del Sr. Morgan. Cuando la situación se hizo insoportable, la madre despidió a la niña de la mesa e intentó cubrir su vergüenza con un comentario precipitado. Tomando la jarra de crema, dijo: "Sr. Morgan, ¿se pone crema en la nariz?" La mujer ha sido identificada frecuentemente, aunque por error, con la esposa del Sr. Dwight Morrow. *N. del E.:* Elizabeth Cutter Morrow (1873-1955), esposa del citado senador.

están restringidas de manera diferente por el "Sumador verbal" en el que se emplea un estímulo aversivo leve similar. El modus operandi de tales pruebas se examina en el capítulo 10.

La falta de control formal se acentúa con los reforzamientos que dependen de la velocidad de respuesta. Tales contingencias surgen en la recitación o discusión en el aula: el estudiante que responde primero es reforzado diferencialmente al obtener crédito por la respuesta. El estudiante demasiado ansioso es probable que empiece con un *uh ... uh sin* forma o con frases dilatorias y, en igualdad de condiciones, con una mayor probabilidad de una respuesta errónea. La misma contingencia se ve en el trabajo cuando dos hablantes han dejado de hablar en una discusión animada y luego comienzan a hablar al mismo tiempo. Esto sucede tan a menudo que empezar juntos no siempre puede ser una coincidencia. La conducta verbal encubierta está en marcha en ambos hablantes, aunque no es lo suficientemente fuerte para ser emitida audiblemente. Alguna ligera indicación de que el otro hablante se está embarcando en una respuesta suministra una contingencia temporal adicional que lleva cualquier respuesta disponible al nivel audible. Es probable que la conducta así generada sea frecuentemente no formada, trivial, inexacta o distorsionada.

PROCESOS CONDUCTUALES GENERALES RELEVANTES A LA CONDUCTA VERBAL

Condicionamiento operante

El proceso de condicionamiento operante desempeña naturalmente un papel importante en la conducta definida en términos de la forma especial en que logra sus efectos. El reforzamiento diferencial moldea todas las formas verbales, y cuando un estímulo previo entra en la contingencia, el reforzamiento es responsable de su control resultante. Las contingencias apropiadas del reforzamiento definen los repertorios de las conductas ecoicas, textuales e intraverbales y ponen a las conductas verbales bajo el control del entorno no verbal. El reforzamiento diferencial agudiza este control en abstracción.

Se acostumbra a enfatizar la *velocidad* a la que se producen tales cambios y a registrar cada caso en una "curva de aprendizaje". El proceso de aprendizaje es un efecto aparente del reforzamiento, y los problemas prácticos de la educación hacen que la tasa de adquisición de conducta verbal sea importante. Sin embargo, la conducta compleja se adquiere a diferentes velocidades no por grandes diferencias en el efecto del reforzamiento, sino por las interacciones entre las respuestas y los estímulos. No existe una "situación típica" que dé lugar a una curva general de aprendizaje.

Al destacar el efecto del reforzamiento operante en el establecimiento de un repertorio verbal, es fácil pasar por alto el hecho de que el reforzamiento sigue siendo eficaz después de la adquisición de la conducta. La disponibilidad de la conducta, su probabilidad o fuerza, depende de si los reforzamientos *siguen siendo eficaces* y según qué horarios[9]. Cuando los reforzamientos son abundantes, es probable que el individuo se llame enérgico, entusiasta, interesado o, en el caso de la conducta verbal, voluble o hablador. Cuando los reforzamientos son escasos, es probable que se le llame flemático, poco inspirado, letárgico, aburrido, desanimado, o, en el caso de la conducta verbal, taciturno o silencioso. Estas diferencias suelen considerarse motivacionales, pero en la medida en que se deben a diferencias en las cantidades o los horarios del reforzamiento, pueden distinguirse de los efectos de los cambios en el nivel de privación o de estimulación aversiva.

El reforzamiento de la conducta verbal a través de la mediación de un oyente implica ciertas condiciones que tienen efectos importantes sobre las propiedades dinámicas de la conducta. Por ejemplo, no hay relación entre la energía de la conducta y la magnitud del efecto logrado. A veces gritamos para conseguir una acción, pero un susurro tendrá el mismo efecto en otras circunstancias. El alcance del reforzamiento depende de la energía de la conducta del *oyente*, pero sólo indirectamente, si es que lo hace, de la del *hablante*. Esto no es cierto en el caso de las conductas no verbales. Un golpe más fuerte hace que un clavo se aleje más. La distinción pierde importancia a medida que la ciencia desarrolla sistemas de energía almacenada a través de los cuales la conducta humana adquiere un poder y un control cada vez mayor. (Es posible que la creencia en la magia verbal, el poder especial de las palabras, disminuya por la misma razón. La máquina es el enemigo de la palabra).

9 Ferster, C. B., y Skinner, B. F., Schedules *of Reinforcement* (Fundación B. F. Skinner, 1997).

La conducta verbal también suele ser muy rápida, superando ampliamente la velocidad de la conducta no verbal con la misma variedad de formas y consecuencias. El límite parece depender de la masa de la musculatura que se pone en movimiento. Hablar es más rápido que gesticular, y un medio externo, como escribir o escribir a máquina o hacer señales de humo, impone una penalización. La velocidad también es fomentada por el rápido encadenamiento en serie de la conducta, que es posible porque el hablante no tiene que esperar la reacción física del oyente en cada etapa. Amplios segmentos de conducta verbal se refuerzan sólo cuando se completan. Una ventaja de la velocidad es que los patrones temporales se vuelven compactos y por lo tanto más efectivos para un oyente o para el propio hablante. Esta ventaja se pierde cuando nos vemos obligados a hablar muy despacio o a escuchar a un hablante lento. En pocas palabras, debemos hablar rápido para poder decir grandes pensamientos.

Otra consecuencia es que el reforzamiento de la conducta verbal no es inevitable o ni siquiera está cerca de serlo. La conducta práctica no verbal suele tener un efecto inmediato y cierto. Tocamos lo que alcanzamos, subimos escaleras con una velocidad que es siempre la misma para un determinado ritmo de paso, y así sucesivamente. No siempre encontramos lo que buscamos, pero al menos encontramos el lugar en el que buscamos. Las excepciones son las situaciones ambiguas, como en una casa de espejos en un parque de atracciones, que son tan inusuales que resultan entretenidas. En la conducta verbal, la excepción es la regla. Un efecto depende de la presencia y actividad de un organismo reforzante cuya conducta no es inevitable o a menudo predecible. Como resultado, la conducta verbal recibe un reforzamiento intermitente, y este hecho tiene muchas consecuencias importantes. Por ejemplo, nos comportamos verbalmente con mucha menos seguridad que de forma no verbal, pero nos perturban menos los fracasos ocasionales.

Dado que el organismo reforzante necesita tiempo, incluso la mediación más rápida introducirá un retraso suficiente para reducir la fuerza de la conducta del hablante. Los retrasos más largos llevan a una debilidad extrema. El reforzamiento final de la conducta escrita puede retrasarse durante días, semanas o años, y las conductas de este tipo pueden tener poca fuerza. Inmediatamente le contamos todas las noticias a un viejo amigo cuando lo vemos, quizás con gran emoción, aunque no le hayamos escrito recientemente. Hablar es, por supuesto, más fácil, pero también se refuerza más rápidamente, y esta última condición puede ser la más importante. La "abulia" de la mayoría de los escritores profesionales es legendaria; la del escritor fracasado que no recibe ningún reforzamiento no es tan conocida.

Algo que compensa los efectos debilitantes del reforzamiento intermitente o retardado es el hecho de que los efectos de la conducta verbal pueden multiplicarse al exponer muchos oídos a las mismas ondas sonoras o muchos ojos a la misma página. Incluso sin la ayuda de los instrumentos modernos, la conducta verbal puede llegar durante siglos o a miles de oyentes o lectores al mismo tiempo. El escritor puede no ser reforzado a menudo o inmediatamente, pero su reforzamiento neto puede ser grande. La condición final de la fuerza será determinada por todos los factores en un caso dado. La diferencia entre la conducta verbal y no verbal a este respecto se reduce a medida que la tecnología amplía y extiende el alcance de esta última.

Extinción

Si el individuo pasa de una comunidad verbal a otra o si la comunidad cambia sus prácticas, la conducta puede sufrir una extinción. Las respuestas se producen sin lograr el reforzamiento. Esto tiene el efecto de revertir el proceso provocado por el reforzamiento operante. Hay que distinguirlo de la pérdida de conducta verbal con el mero paso del tiempo (véase más adelante) y del castigo, que, como hemos visto, tiene un efecto más complejo.

La conducta verbal con respecto a otros oyentes se extingue cuando el hablante se encuentra entre desconocidos que no hablan su idioma o cuando queda aislado en compañía de una persona sorda. Su conducta verbal puede mostrar primero toda la fuerza resultante de un reforzamiento anterior, pero las respuestas se vuelven menos comunes, y eventualmente puede no mostrar ninguna conducta verbal abierta, excepto cuando esto se refuerza por sí mismo como su propio oyente. La extinción es un proceso mucho más común en su uso en el reforzamiento diferencial. Para moldear una forma de respuesta, debemos extinguir las respuestas de formas diferentes. Para moldear las relaciones de control con los estímulos, tenemos que extinguir las respuestas en presencia de otros estímulos. Esto es particularmente cierto en el caso de estrechar el control de estímulo en el proceso de abstracción.

Olvido

La diferencia entre la extinción y el olvido es en parte una diferencia en el proceso real. La conducta puede debilitarse con el paso del tiempo, aunque no se emitan respuestas. La presencia o ausencia de reforzamiento no es un problema. Cuando la conducta verbal se ha extinguido en presencia de una determinada audiencia, el hecho de que no se haya olvidado puede demostrarse si esta se produce ante una audiencia diferente. El olvido que se examina aquí debe distinguirse del olvido debido al castigo (capítulo 6), en el que puede faltar una respuesta en lo que parece ser una ocasión adecuada pero que se emite en otras ocasiones.

Una respuesta extinguida no se olvida, simplemente no se emite en las circunstancias en las que se ha extinguido. Esto se puede demostrar cambiando las circunstancias. Así, puede que ya no nos resulte reforzante contar un cuento que ha sido muy repetido, y puede parecer que desaparece completamente de nuestro repertorio, sólo para ser revivido por una nueva audiencia, o por la moderada presión aversiva de preguntas como *¿Cuál era ese cuento que solías contar?* La extinción produce un verdadero debilitamiento, mientras que el castigo o bien enmascara una respuesta con otra o, mediante la diferenciación[10], reduce la conducta a un nivel de energía en el que ya no genera el estímulo aversivo condicionado que lleva al hablante a hacer o decir algo más en su lugar.

La pérdida de la conducta verbal con el mero paso del tiempo ha sido objeto de estudios psicológicos de la memoria. Estos han sido generalmente confinados a la conducta intraverbal, en parte porque, por razones que veremos en un momento, la conducta intraverbal se pierde más rápidamente. Cuando no hay interferencia de formas similares de conducta o conducta apropiada para circunstancias similares, una operante bien establecida muestra muy poca pérdida en el tiempo. Al regresar a un entorno especial después de muchos años, podemos encontrar la mayor parte de la conducta verbal apropiada para él todavía intacta, siempre que se haya reforzado ampliamente en primer lugar.

Las operantes verbales que menos se olvidan son las ecoicas y las textuales. La posibilidad de falsificar tales conductas es muy rara vez considerada. Pero si podemos repetir una palabra que no hemos oído, o leer una palabra que no hemos visto en veinte años, es sólo porque hemos

10 N. del E.: entiéndase "moldeamiento".

leído y realizado ecoicas de muchas respuestas empleando los mismos repertorios mínimos durante esos veinte años. Es el repertorio mínimo lo que hace que el olvido sea tan improbable que a menudo se pasa por alto la posibilidad. Ahora bien, algo como un repertorio mínimo puede detectarse en el caso de los tactos. La relación de control entre un objeto específico y su nombre *común* está respaldada por todos los casos en que objetos similares conducen a cualquier tipo de tactos extendidos y por todas esas extensiones reforzadas por derecho propio y, por tanto, parte del repertorio estándar del hablante. Además, las partes separadas de algunas respuestas pueden encontrar apoyo individual en otras partes. Podemos mantener tal operante como *intratable* en fuerza suficiente para su uso ocasional debido al enorme número de otras respuestas que empiezan con in- que tienen que ver con la ausencia de una propiedad, el enorme número de respuestas que terminan en *-able* mostrando la misma fuerza adjetival, así como un número sustancial de respuestas (distraer, *tratar, extraer, tracción*) cuyas circunstancias comparten en común con la situación actual alguna característica de dibujar, o arreglárselas, o arrastrar.

El molesto olvido de los nombres propios puede explicarse en parte por la relativa infrecuencia del reforzamiento o por la frecuente interferencia de nombres similares o de ocasiones similares que tienen el mismo nombre. Pero los nombres propios son un tipo especial de tacto sólo porque normalmente no comparten un repertorio mínimo. Como hemos visto, los sistemas de memoria para la conservación de los nombres propios tratan a menudo de relacionar un nombre con el repertorio mínimo de los tactos comunes, por ejemplo, detectando alguna característica de una persona que pueda considerarse descrita por su nombre o alguna característica que evoca una respuesta que a su vez proporciona un estímulo intraverbal para su nombre.

Memoria verbal

En los estudios clásicos de la memoria la interferencia del uso normal de palabras conocidas se minimiza eligiendo estímulos y respuestas que son tan diferentes de la conducta típica como sea posible y por esta razón se utilizan palabras o sílabas llamadas "sin sentido". Las respuestas se generan primero como conductas ecoicas o textuales, pero se ponen bajo control intraverbal al hacer que algún tipo de reforzamiento generalizado dependa de la emisión de una respuesta particular en presencia de un estímulo particular. Ese reforzamiento a menudo no se identifica claramente, ni se aclara la correspondiente privación o estímulo aversivo.

El control que sobrevive después de un período de tiempo determinado o después de que se hayan adquirido otras respuestas similares o se hayan alterado otras condiciones se pone a prueba mediante medidas que están bastante relacionadas con la fuerza de la respuesta. Por ejemplo, cuando se ha acondicionado minuciosamente un conjunto de operantes intraverbales, el número de respuestas evocadas por estímulos apropiados en una fecha posterior se toma como medida de la fuerza de supervivencia. Se supone que en esta condición de fuerza fraccional los factores incidentales provocan el recuerdo de algunos miembros, pero no de otros. Es de suponer que cada conexión intraverbal se ha debilitado en la medida indicada por la relación del número de respuestas controladas antes y después del paso del tiempo. A veces el número de reforzamientos adicionales necesarios para poner todas las respuestas bajo el control de estímulo adecuados se compara con el número de reforzamientos necesarios para establecer la serie en primer lugar. Esos estudios son útiles, no tanto para permitirnos trazar la curva según la cual las conexiones intraverbales se debilitan con el paso del tiempo, sino para mostrar cómo las diversas operantes intraverbales interactúan entre sí para facilitar o interferir con el control de estímulo.

El control ejercido por la audiencia y por condiciones similares a esta y que facilitan la conducta verbal puede disminuir con el paso del tiempo, pero el efecto no suele ser marcado. Debe distinguirse de la pérdida de respuestas intraverbales y tactos propias de un campo especial. Olvidar un término técnico o no ser capaz de recordar un argumento especializado puede no deberse a un fallo de la audiencia técnica, aunque el efecto esta al hacer accesible un repertorio determinado probablemente disminuya con el tiempo.

Determinación de las contingencias

Las propiedades de una respuesta operante se especifican por la contingencia de reforzamiento, en el sentido de que sólo las respuestas que tienen ciertas propiedades logran el reforzamiento. Una respuesta puede mostrar propiedades superfluas, puede tener propiedades que no "necesita". Éstas suelen surgir por accidente en las primeras etapas del condicionamiento. Si una respuesta se ejecuta sistemáticamente con una propiedad determinada, también se refuerza sistemáticamente con esa propiedad, aunque la propiedad no sea requerida por el sistema de reforzamiento. Muchos de estos ejemplos se llamarían "supersticiosos". Las respuestas innecesarias o las propiedades de las respuestas se mantienen por medio de un reforzamiento fortuito, pero no por ello menos eficaz. Las formas de respuestas verbales pueden contener elementos no exigidos por la comunidad verbal y pueden persistir durante largos períodos de tiempo.

En general, sin embargo, una respuesta asume una forma cercana al mínimo que satisface una contingencia. Se hace tan corta y de estructura tan simple como sea posible. No siempre está claro *por qué* la forma cambia en esta dirección. El reforzamiento positivo neto es probablemente mayor para la respuesta más simple que satisface las contingencias, ya que tal respuesta evita el esfuerzo de ejecutar una forma más compleja.

A menudo observamos que una forma simple emerge precisamente porque una forma más compleja es castigada. Los redactores de titulares, los emisores de telegramas y los que deben escribir mensajes con materiales inadecuados evitan las respuestas largas, y su conducta verbal muestra las propiedades que se deben anotar en un momento. Lo mismo ocurre con los hablantes en los que la conducta vocal se ha convertido en un castigo automático, debido al dolor de garganta, por ejemplo, o al peligro de ser escuchados por una audiencia que se está castigando. Si el efecto relativamente mayor de la forma más compleja puede considerarse en general como una consecuencia aversiva muy leve pero eventualmente efectiva, se explica una tendencia hacia formas más simples.

Detectamos los efectos de una contingencia laxa a varios niveles. El cambio puede ocurrir al nivel de un sonido del habla, de una operante o de secuencias de operantes que se examinarán en la Parte IV. Hay que distinguir cuidadosamente entre los cambios que se producen en el *hablante individual*, debido a cambios posiblemente temporales en las demandas de una comunidad verbal, y los cambios en las *prácticas de reforzamiento de la comunidad en su conjunto*, que pueden desarrollarse a lo largo de generaciones. Estos últimos, que a menudo se denominan cambios en la *lengua*, parecen ser, en general, acumulaciones de ligeros cambios en la conducta de los hablantes individuales junto con los correspondientes cambios permanentes en las prácticas de reforzamiento de la comunidad. Si los oyentes de una generación refuerzan una ligera desviación del habla "estándar" hasta que esa desviación se convierte en estándar, entonces los oyentes de las generaciones posteriores pueden tolerar otras ligeras desviaciones. Es de suponer que no hay límite para los posibles cambios de forma en tal sistema, como sugiere la transición del latín al francés, por ejemplo.

El cambio en los criterios de reforzamiento responsables del deterioro de la forma se ejemplifica con la relajación general de los primeros reforzamientos educativos que se utilizan característicamente para moldear la conducta verbal. Quienes planifican el reforzamiento educativo se afanan por observar ciertas propiedades de respuesta que entran en las contingencias. Los sonidos se "pronuncian correctamente", se insiste en el patrón de la operante en todos sus detalles y se establecen secuencias intraverbales explícitas. Es posible que el ambiente verbal con que se encuentre el hablante posteriormente no respete estas contingencias. Su repertorio de sonidos del habla puede simplificarse y "descuidarse", sus *"t" pueden convertirse* en *"d"*, puede decir que *son* para *nosotros*, y así sucesivamente. No se deduce en absoluto que la dirección del deterioro será la misma en cada hablante, ya que el cambio está determinado en parte por la comunidad verbal. Por encima del nivel del sonido del habla se observan simplificaciones de operantes más grandes en la elipsis de sílabas no acentuadas, especialmente al principio o al final de las formas, en el recurso a apodos y otras expresiones "para abreviar", en la elipsis de una de dos o más sílabas idénticas (haplología), y así sucesivamente. Si la respuesta *foto* es tan efectiva como *fotografía*, es probable que la forma más corta sea más fuerte. Ligeros cambios en estas direcciones se acumulan históricamente en ejemplos bien conocidos de cambio lingüístico. El efecto en el hablante individual se describe con términos retóricos como "síncope" y "apócope".

Observamos el deterioro de los pasajes más largos en los casos descritos anteriormente en los que la longitud o la complejidad se castiga automáticamente. Es probable que las conductas verbales bajo presión de tiempo muestren telescopios, omisiones, una reducción en el rango de variación del tono, y así sucesivamente. El discurso memorizado que se deteriora cuando se relajan las contingencias queda ilustrado por conductas rituales de uso común, por ejemplo, murmurar *la verdad, toda la verdad y nada más que la verdad*. Las oraciones ritualistas están sujetas a este deterioro. En la Edad Media, los religiosos "farfullaban" al recitar oraciones religiosas y otros servicios a fin de concluirlos más rápidamente. "Dejaban fuera las sílabas al principio de las palabras, omitían la cesura o pausa entre versos... se saltaban las oraciones, murmuraban y balbuceaban"[11]. El posible castigo por estos lapsus se personificaba en un demonio especial (*Titivillus*) que se decía recogía "fallas y negligencias y sílabas y palabras" para ser usadas contra el culpable en una fecha posterior.

Todas estas tendencias hacia la forma deteriorada continuarán hasta que las contingencias de reforzamiento ya no se satisfagan. Cuando el reforzamiento educativo ha dado paso a las contingencias del discurso cotidiano, y en particular cuando éstas a su vez han dado paso al reforzamiento automático del hablante, el deterioro puede ser extenso. El punto en el que el reforzamiento ya no es posible o en el que, por el contrario, pueden producirse consecuencias desagradables no está determinado por la mera simplificación de la forma. Por ejemplo, en el curso del deterioro, una forma puede comenzar a parecerse a otra y producir un reforzamiento que no es pertinente para la condición actual del hablante. La forma de respuesta puede entonces elaborarse cuidadosamente a fin de evitar esa confusión. De hecho, la elaboración con el fin de multiplicar las formas distintivas de respuesta es posiblemente una tendencia más poderosa, y se opone obviamente al deterioro debido a las relajadas contingencias de reforzamiento.

Motivación

Cuando un individuo exhibe la conducta en un estado de fuerza sostenido, es común describirlo como "altamente motivado". Pero un estado de fuerza puede ser el resultado de muchos tipos diferentes de variables, y el término motivación no se aplica adecuadamente a todas ellas. Como acabamos de ver, la fuerza de la conducta puede variar entre extremos bastante amplios simplemente como resultado de las condiciones del reforzamiento, permaneciendo constantes otras variables, pero clasificarla con el efecto de los cambios en la privación, por ejemplo, es innecesario y confuso. El término se utilizará aquí como una clasificación sencilla de variables tales como la saciedad y la privación, la estimulación

11 Power, Eileen, *Medieval People* (Boston, 1929), pág. 83.

aversiva utilizada para generar conducta de evitación y escape, los efectos de ciertas drogas y ciertos procesos incontrolados de maduración o de envejecimiento en general.

La privación apropiada para un reforzamiento dado proporciona un medio para cambiar la fuerza de la conducta verbal. Podemos evocar una respuesta que ha sido reforzada con comida haciendo que el organismo tenga hambre, en igualdad de condiciones. Pero el reforzamiento generalizado destruye la posibilidad de control *a través de* privaciones específicas. Sólo los mandos y los tactos impuros permanecen al alcance de esta variable. Sin embargo, hay otras condiciones que afectan al nivel general de fuerza verbal, normalmente en concierto con el nivel de la conducta no verbal. La persona activa tiende a ser activa tanto verbalmente como no verbalmente, ya que la persona tranquila o satisfecha permanece tranquila en todos los sentidos. En esa condición especial llamada sueño, la mayoría de las conductas están a un bajo nivel y esto se aplica también a la conducta verbal. Los cambios cíclicos durante las horas de vigilia, que pueden o no estar correlacionados con la ingestión u otras actividades programadas del individuo, se observan tanto en la conducta verbal como en la no verbal. Es probable que un bebé que juega activamente también vocalice. En el niño mayor o el adulto, una probabilidad similar de conducta verbal se denomina "estado de ánimo parlanchín", pero ésta suele ser una condición en la que es probable que haya muchos tipos de conducta no verbal. Si no hay un oyente presente, o si no se ejerce un control adecuado sobre formas específicas de respuesta, el individuo puede cantar o tararear una melodía.

Las condiciones aversivas que generan conductas verbales como forma de evitación o escape suelen generalizarse a todas las conductas verbales sin respeto a la forma y también a las conductas no verbales. Las características de la persona compulsiva o impulsiva cambian en su conjunto a medida que cambia la estimulación aversiva.

Como cabría esperar, los escritores profesionales han mostrado interés en las condiciones que modifican la conducta verbal y han informado de muchos efectos interesantes. Algunos han encontrado que una caminata vigorosa es beneficiosa para la productividad verbal. Shelley afrimaba activarse verbalmente calentando su cabeza frente al fuego. Varias etapas de la digestión parecen relevantes para la productividad verbal, aunque no ha surgido ninguna regla general. Un escritor puede encontrarse más productivo antes del desayuno, otro después de una comida pesada. Se ha dicho que ciertos tipos de inanición parcial en el contexto de dietas u horarios especiales de alimentación son favorables (algunas de estas relaciones pueden no tener nada que ver con la privación; cuando comer está estrechamente asociado con la conducta social, gran parte de la cual es verbal, el control puede ser más apropiado para el tipo de variable descrita en el capítulo 7).

Ciertas drogas tienen efectos importantes sobre la conducta verbal. Los llamados "sueros de la verdad" parecen reducir la ansiedad o la estimulación aversiva condicionada que genera el castigo. La conducta se hace más probable al reducir sus efectos de castigo automático. El suero de la verdad original, el alcohol, ha sido ampliamente usado para el mismo propósito. A. E. Housman reporta[12] que una sola pinta de cerveza en el almuerzo tenía un efecto notable en su actividad poética. DeQuincy[13] y Coleridge[14] han descrito el efecto del láudano en la conducta verbal, y Aldous Huxley[15] ha relatado recientemente las virtudes del mezcal. J. M. Barrie[16] prefería la nicotina. Las drogas también afectan el modo de ejecución de la conducta verbal, hablada o escrita. El habla en estado de ebriedad (con sus sonidos distorsionados, sus explosivos cambios de velocidad y volumen) es fácilmente imitada y divertida para muchas audiencias, y ha sido ampliamente utilizada con fines dramáticos.

La edad es otra variable importante. El calendario madurativo de la conducta verbal en un ambiente verbal típico ha sido ampliamente estudiado. Se ha registrado la edad en la que un niño hace sonidos de voz por primera vez o adquiere por primera vez respuestas reconocibles bajo el control de una comunidad verbal y el crecimiento de diferentes tipos de respuestas verbales en su repertorio. En el otro extremo del continuo de la edad encontramos la conducta verbal de la senilidad: la lenta detención del habla bajo un control de estímulo defectuoso, las intraverbales "olvidadas", el divagar en intraverbales triviales y las autoecoicas, el reducido control de la audiencia que hace el habla irrelevante, la repetición sin control, etc.

Emoción

12 Housman, A. E., *The Name and Nature of Poetry* (Cambridge, 1945).

13 DeQuincy, T., *Confesiones de un consumidor inglés de opio* (Londres, 1899).

14 Coleridge, S. T., Nota en *Kubla Khan* (Londres, 1816).

15 Huxley, Aldous, *The Doors of Perception* (Nueva York, 1954).

16 Barrie, J. M., *My Lady Nicotine* (Londres, 1890).

Las condiciones que hacen que un organismo sea "emocional" nunca han sido estudiadas exhaustivamente ni siquiera clasificadas satisfactoriamente. Muchas de ellas están claramente relacionadas con el reforzamiento y con estados de privación y de estimulación aversiva. Así, los estímulos peligrosos o nocivos no sólo hacen posible el reforzamiento por evitación o escape, sino que generan condiciones emocionales en virtud de las cuales dicha conducta es más eficaz. Las condiciones de reforzamiento altamente favorables producen una reacción característica (como en "alegría"), así como la conducta sexual va acompañada de marcados cambios emocionales. La existencia de conductas fuertes que no pueden ejecutarse o, si se ejecutan, son repetidamente ineficaces, genera el patrón conocido como "frustración". Y así sucesivamente.

Los cambios corporales en las emociones que han sido más estudiados son las respuestas de las glándulas y los músculos lisos. Éstos se ocupan principalmente de la economía interna del organismo, aunque a veces producen "expresiones de emoción" tan visibles como llorar o palidecer. La musculatura vocal no suele activarse, aunque las respuestas vocales pueden modificarse, como cuando uno se "ahoga" en la ira o la pena. Estas "expresiones de emoción" pueden condicionarse según la fórmula Pavloviana: con el tiempo una respuesta puede ser provocada por un estímulo que originalmente era ineficaz pero que acompaña a otro que sí lo es. Tal condicionamiento no hace que la conducta sea verbal según nuestra definición. Si aprendieramos a "hacer llorar" por el efecto resultante de nuestra acción sobre alguien, el proceso ilustraría un condicionamiento operante y tendríamos que llamar a la conducta *verbal*. Pero es probable que tales intentos puedan lograrse solo indirectamente[17].

Un segundo tipo de expresión emocional involucra a los sistemas musculares con los que el organismo se relaciona con el mundo exterior. Las llamadas expresiones faciales son ejemplos, así como ciertas respuestas de todo el cuerpo como el estremecimiento o el temblor. El aparato vocal puede participar. Es probable que la entrada o expulsión violenta de aire de los pulmones produzca sonidos, como el "jadeo" sobresaltado, el gruñido de "asco" o los gritos que se escuchan en un dolor extremo. Si bien estos se suelen observar en condiciones emocionales extremas, también se producen cuando la inferencia de un efecto emocional es

17 *Ciencia y conducta humana*, pág. 114

engañosa. Así pues, el grito del paciente con epilepsia suele interpretarse como un grito de angustia y el primer grito del recién nacido como una queja por el hecho de haber nacido, pero es más probable que ambos sean simplemente subproductos del funcionamiento violento o espasmódico del aparato respiratorio. El llanto posterior del recién nacido parece ser un reflejo. Tanto el llanto vocal como el lagrimal, en la sorpresa, en el dolor, en la tristeza, etc., así como la curiosa conducta llamada risa son formas comparables que sobreviven en la vida adulta.

Este segundo tipo de "expresión emocional" puede parecer condicionado por el patrón Pavloviano. Una respuesta llega a ser evocada por un estímulo que originalmente no estaba bajo control. La patética mueca que acompaña a la primera libación de una medicina amarga se hace finalmente a la vista de la botella, y la risa de sorpresa originalmente evocada por un estímulo inesperado puede llegar a ser controlada por el giro inesperado de una historia cómica. Normalmente, en estos casos habrá ocurrido un condicionamiento operante. Esto es especialmente claro cuando la forma de tales respuestas sufre un cambio. Las expresiones faciales de emoción son peculiares de una cultura determinada. Hasta cierto punto, cada comunidad verbal tiene su propio grito de dolor (*¡Ay!*), sus propias formas de risa, sus propias expresiones verbales de desprecio (*¡Buuu!*), y así sucesivamente (las expresiones de desdén son a menudo relativamente informes, lo que indica que ninguna conducta bien formada, ya sea favorable o desfavorable, es fuerte en ese momento).

Es difícil establecer hasta qué punto las llamadas expresiones emocionales se convierten en verbales, es decir, adquieren una forma definida debido a las prácticas de reforzamiento de una comunidad. Puede ser un ligero cambio en un grito de dolor, o puede ser totalmente verbal si, en ausencia de dolor, se emite para refrenar a un dentista. Los estados extremos de dolor suelen dar lugar a formas más primitivas. Es posible que la mayoría de las respuestas de este tipo extraigan fuerza de al menos dos fuentes (Capítulo 9).

Las variables emocionales tienen otro efecto. Cuando "sentimos una emoción", alteramos las probabilidades de ciertos tipos de respuestas. Así, cuando hacemos enojar a alguien, aumentamos la probabilidad de su conducta abusiva, recriminativa o agresiva y disminuimos la probabilidad de conducta altruista o servicial. El efecto se asemeja al de un estado de privación o saciedad o una condición de estimulación aversiva. La única diferencia está en la composición de las clases de respuesta afectadas. El por qué un conjunto particular de respuestas que varían conjuntamente en función de la condición que hace que alguien se enoje debe explicarse en términos de sus consecuencias. Las conductas que se manifiestan en la ira son generalmente dañinas para los demás; sólo las conductas que dañan a X son fuertes cuando decimos que la persona está enojada con X. Hacemos una consideración similar al decir que alguien tiene ganas de comer dulces. Ambas conductas pueden ser generalizadas. A pesar de estar enojado con X, la persona puede mostrar agresión hacia Y. Análogamente, quien tiene hambre de dulces, podría ingerir otros alimentos.

Una forma de expresión emocional puede ser simplemente una mayor probabilidad de actuar de una manera determinada o de lograr un efecto determinado. Algunos ejemplos son verbales, aunque no vocales. Así, una postura amenazante y un puño cerrado son expresiones de ira como parte de la conducta de golpear. Las respuestas vocales que expresan ira de la misma manera incluyen mandos que especifican condiciones aversivas del oyente (p.ej., insultarle), tactos descriptivos del oyente que tienen efectos aversivos (p.ej., aplicarle adjetivos peyorativos), y respuestas que son directamente punitivas (*¡jah!* o risa sarcástica). Estas son más claramente "expresivas" que otras formas de conducta verbal que pueden ser igualmente castigadoras para el oyente, como al darle malas noticias o al plantear temas de conversación en los que no se siente a gusto. Como estas respuestas dependen de las historias individuales del hablante y del oyente, cualquier especificación objetiva de tales expresiones parece inútil. No obstante, cuando deducimos como una sola respuesta que "una persona está enfadada", implicamos que la respuesta es un miembro de una clase amplia, otros miembros de la cual se observarían en otras circunstancias. Suponemos además que su inclinación a comportarse de esta manera se debe a una situación estimulante específica como causa de su emoción. Es esta relación entre la conducta verbal y las variables emocionales la que interviene cuando, como en la composición de poesía lírica, el nivel de productividad se ve afectado sensiblemente por las circunstancias emocionales. Un gran amor, una gran pena o un gran odio pueden causar una "retahíla" de conducta verbal tenga un efecto sobre el oyente o el lector (actuando quizá también la misma persona como hablante o escritor) adecuado a la emoción.

Algunas características de la conducta verbal que a menudo se atribuyen a la emoción son propias de cualquier estado extremo de fuerza. Uno puede rebosar de alegría o quedarse mudo de sorpresa o silenciado por la pena, aunque pueden surgir estados comparables de la conducta por razones no emocionales. Las respuestas verbales estrechamente asociadas a esos estados emocionales suelen clasificarse como exclamaciones o interjecciones, una categoría o "parte del discurso" que nunca ha sido muy bien recibida por los gramáticos. J. H. Tooke lo llamó "la brutal interjección inarticulada, que no tiene nada que ver con el habla, y es sólo el miserable refugio de los que han enmudecido"[18]. Esas respuestas suelen ser breves, frecuentemente mal formadas, raramente inflexionadas, y suelen darse en situaciones "no comunicativas", como cuando se habla con uno mismo. Muchas de ellas se asocian, de hecho, con variables fuertes, en particular, en los ámbitos de la motivación y la emoción. No obstante, en todos estos casos puede detectarse una función explícita examinando las variables de control. Como vimos en el capítulo 3, algunas exclamaciones son mandos de atención *(¡Ejem!)*, para dirigir la conducta del oyente (*¡Eh!*), para solicitar una aclaración (*Eh... ¿qué?*), y así sucesivamente. Otras, como vimos en el capítulo 6, funcionan como reforzamientos (*¡Aaah!*), castigos (*¡Bah!*), o ayudan a restablecer la respuesta a condiciones pasadas similares (*¡Ah ah!*). La conexión con la emoción en todos estos casos es incidental.

La *forma* en que se ejecuta la conducta depende de su fuerza. Algunas emociones, como las condiciones extremas de privación o la estimulación aversiva, se caracterizan por la falta de coordinación de la conducta. El hablante puede tartamudear, pronunciar mal, cometer errores gramaticales, mostrar extensiones solecistas de los tactos y mostrar otros signos de estar "nervioso". Una tensión muscular excepcional en el aparato del habla puede aumentar el tono y el nivel de energía de la conducta. Pero todo esto puede ocurrir en ausencia de emoción.

Otra clase de respuestas verbales generadas por una condición emocional es la que describe la propia conducta del hablante. Una respuesta como "*estoy enojado*" rara vez se considera una expresión emocional. Los estímulos públicos o privados que controlan dicha respuesta pueden estar dentro de cualquiera de las clases que se acaban de enumerar (véase el comentario sobre la expresión *Tengo hambre* en el capítulo 5). Así, *estoy enojado* puede ser descriptivo de los cambios en las

18 Tooke, John Horne, *Diversions of Purley* (Edición de 1857), pág. 30.

glándulas y los músculos lisos estudiados en la fisiología de la emoción; puede ser un informe de una expresión facial (vista, quizás, en un espejo) o de un grito de ira, posiblemente moldeado por una comunidad particular, o de una inclinación a emitir tal grito; o puede ser una descripción de la propia inclinación del hablante a actuar agresivamente. La comunidad ha establecido la respuesta *"estoy enojado"* sobre la base de los aspectos observables de esa conducta u otros acompañamientos públicos, y el individuo maduro puede utilizar la expresión con cierta precisión cuando los estímulos de control son ahora privados.

Conducta verbal "dañada"

Los estragos de la edad pueden preverse por otros tipos de daños al organismo. Los efectos verbales de las lesiones cerebrales (p.ej., por heridas de guerra, tumores o hemorragias) se suelen tratar bajo el título de afasias. Como hemos señalado, los fenómenos son a menudo sorprendentes para quien ha aceptado las explicaciones tradicionales de la conducta verbal. Cuando alguien puede pronunciar una palabra "después" del médico, pero no puede usarla con fines prácticos, o no puede nombrar un objeto cuando se lo piden, pero pronto usa el nombre en otro contexto, o no puede "leer" pero puede seguir instrucciones escritas, o puede seguir instrucciones escritas sólo después de leerlas en voz alta, se establece dramáticamente una clasificación funcional de la conducta verbal.

Los cambios en las conductas verbales en su conjunto van desde la pérdida completa de todas las conductas (debido posiblemente, pero no necesariamente, a la anartria o a la parálisis del aparato del habla) hasta un estado hiperexcitable en el que las conductas se emiten rápida y continuamente, posiblemente durante días. En este último caso, como es habitual cuando la conducta verbal es fuerte por cualquier razón *general*, las variables de control pueden ser triviales: el habla puede ser superficial, agramatical, ilógica y mal formada. Algunos efectos pueden derivarse de los daños en los sistemas sensoriales, pero se puede comprobar que las conductas no verbales siguen estando bajo control sensorial. Así, aunque se puede demostrar que un hablante no es ciego, puede sufrir de "agnosia visual" (no puede identificar objetos o colores, aunque puede ser capaz de usarlos a nivel práctico). Hay defectos comparables en otras modalidades sensoriales. Éstos, por supuesto, afectarán de forma diferente a los distintos tipos de operante verbal; la conducta textual sufrirá en la agnosia visual (cuando se llama "alexia"), la conducta ecoica en la agnosia auditiva, y así sucesivamente. Pero los síntomas afásicos también parecen respetar nuestra clasificación por otras razones, que son en su mayoría de naturaleza motivacional.

Los fenómenos de la afasia son difíciles de resumir porque las conductas verbales pueden ser dañadas en múltiples facetas y de múltiples formas. Tal vez podamos arriesgarnos a generalizar que, aparte de los daños sensoriales y motores específicos, la afasia es una condición de menor probabilidad de respuesta. Los síntomas de la afasia son valiosos para enfatizar la propiedad de "dificultad" inherente a todos los tipos de operantes.

Los daños suelen ser más graves en las conductas verbales que reciben reforzamiento generalizado. El orden de los daños parece seguir el orden de "dificultad" deducible de la disponibilidad de un repertorio mínimo. Las conductas textuales y ecoicas suelen sobrevivir (a menos haya defectos sensoriales relevantes), mientras que las intraverbales y las tactos parecen ser las más vulnerables. Aunque podemos leer y hacer ecoicas de los nombres de las letras en voz alta, podríamos incurrir en errores al recitar el alfabeto. Las conexiones intraverbales triviales pueden perturbar el encadenamiento de las respuestas. Cuando no se puede emitir un simple tacto, la presión generalizada del silencio como condición aversiva puede hacer surgir una serie de respuestas relacionadas. El primer término de esa serie (y tal vez otros) no puede ser una intraverbal si no ha habido ningún estímulo verbal (al menos encubierto). En tales casos la respuesta debe considerarse como un tacto en extensión metonímica. Otros aspectos que requieran un grado similar de extensión del condicionamiento, pueden verse afectados de forma análoga: un segundo idioma puede perderse primero, y así sucesivamente.

La conducta verbal que se ha reforzado en relación con alguna condición especial de privación o estimulación aversiva (incluidos los efectos sobre otras personas que correspondan a diversas emociones) puede seguir siendo relativamente accesible. El mando y el tacto impuro pueden evocarse a menudo mediante la disposición de variables apropiadas. Por otra parte, es probable que la conducta que ha sido castigada sea relativamente débil (p.ej., puede ser difícil para el paciente repetir un enunciado falso).

Además de destacar la relativa facilidad o dificultad de diversos tipos de operantes verbales, el daño al organismo puede afectar a las actividades de segundo orden que se examinarán en la Parte IV. Las actividades gramaticales y sintácticas pueden ser excesivas y por lo general confusas (paragramatismo) o inexistentes (agramatismo). El paciente puede verse afectado por separado como hablante y oyente, y entre sus conductas de oyente algunas pueden estar afectadas y otras no. En los casos graves, todas las conductas de oyente desaparecen, en cuyo caso decimos que el paciente ya no comprende el habla escuchada. Toda la conducta propia del lector puede perderse, pero hay casos más leves en los que la conducta textual falta por completo o en parte, aunque el paciente pueda seguir correctamente las instrucciones escritas. Cuando las instrucciones sólo pueden seguirse si se pueden leer en voz alta y se pronuncian correctamente, parece que faltan las respuestas no verbales directas ante un texto, mientras que las respuestas al discurso oído sobreviven. Al leer el texto en voz alta el paciente puede generar los estímulos que necesita.

¿CUÁNDO CESA LA CONDUCTA VERBAL?

Aunque nos interesan especialmente las variables que generan y mantienen la conducta verbal, es útil considerar las condiciones en las que la conducta llega a su fin. A veces una respuesta verbal se emite varias veces, ya sea por efecto de una fuerza excepcional o porque proporciona su propio estímulo para la conducta ecoica, pero la regla más habitual es que se emita una sola vez. Evidentemente, la propia respuesta altera algunas de las variables que la controlan y, por lo tanto, cambia inmediatamente su propia probabilidad. ¿Cuáles son estas variables y cómo se modifican?

Una respuesta verbal puede cambiar el nivel de la privación asociada a aquella. El reforzamiento de un mando, por ejemplo, suele tener este efecto. La fuerza de la conducta puede no disminuir de inmediato. *Para el verdadero placer, dame un vaso de cerveza fría*, dice un hombre en un anuncio, aunque ya muestra un vaso en la mano. El niño pequeño que dirige el mando *¡mío!... ¡yo!...* a alguien que está distribuyendo regalos puede emitir una o más respuestas después de recibir su regalo. La disminución de la fuerza puede ser evidente en la energía que se desvanece de la respuesta, la última ocurrencia es simplemente murmurada. Más a menudo un reforzamiento produce una condición en la que se evoca otra conducta, y el mando no se repite debido a esta competencia.

Los estados de privación asociados al reforzamiento generalizado no pueden ser alterados de esta manera. El oyente puede reducir instantáneamente una amenaza u otra forma de estimulación aversiva como consecuencia de una respuesta única, pero un solo caso de reforzamiento generalizado *positivo* debe tener sólo un efecto saciante insignificante. Por lo tanto, el cambio provocado por esa conducta para evitar su propia repetición debe ser de otro tipo. Ya hemos visto que la comunidad no sigue reforzando los tactos excepto en ciertas ocasiones inusuales. También deja de reforzar más de una ocurrencia, ya sea de un tacto o de una ecoica, textual o intraverbal. Lo hace porque la función de la conducta verbal para el oyente se cumple normalmente con una sola ocurrencia de la conducta. Una vez que se ha emitido una respuesta de este tipo, establece automáticamente una condición en virtud de la cual, en vista de las prácticas de reforzamiento de la comunidad, no puede hacerse y reforzarse de nuevo. Este aspecto de las contingencias de reforzamiento de una comunidad puede no ser igualmente efectivo en la conducta de todos los hablantes. La persona habladora evidentemente no ha sido tocada por tal contingencia; la lacónica puede no repetir tanto como sería necesario para alcanzar un determinado efecto (estas características de la conducta verbal pueden deberse en parte a las prácticas defectuosas de la comunidad, aunque también ejemplifican otros efectos). En el sentido del capítulo 6, podríamos decir que un ejemplo de respuesta convierte al oyente de alguien que no sabe a alguien que sabe. El carácter de audiencia de un determinado oyente puede ser vago, pero un oyente al que ya hemos dirigido un tacto tiene escasa probabilidad de reforzar una segunda ocurrencia del mismo. Esto es especialmente así si el oyente deja claro su estatus con alguna respuesta como *"Sí, ya veo"* o *"¿En serio?"*. Al dar órdenes importantes (de cirujano a enfermera, de capitán a la tripulación, de camarero a chef) es una práctica común que el oyente repita la orden como una indicación de su nuevo estatus de audiencia. Si no lo hace, la orden se repite. A veces se exige a los alumnos que repitan las respuestas de los profesores por la misma razón.

Al hablar de una situación compleja o al presentar vivamente un argumento intraverbal, no siempre está claro que una sola respuesta haya tenido el efecto requerido, y las conductas verbales de este tipo tienden a ser muy repetitivas (también tienden a estar marcadas por respuestas interpuestas que esencialmente "mandan" la condición del oyente que podemos llamar "pillarlo" o "entenderlo", como en, *¡ya lo has pillado!*).

Una audiencia invisible alienta la repetición, ya sea escribiendo una carta, hablando improvisadamente en la televisión, o escribiendo un libro para el que no hay forma de predecir la reacción del lector. Un oyente desatento produce un discurso repetitivo. Las audiencias atípicas como bebés, perros, muñecas, etc., que pueden evocar la conducta por generalización de estímulo, no muestran efecto alguno de la acción del hablante, y la conducta es característicamente repetitiva (*Usted es un lindo muchachito, sí, lo es, sí, señor, es un lindo muchachito, ¿no? un lindo muchachito...*). El oyente que desea detener a un hablante repetitivo lo hace por una clara señal de que la conducta ha tenido un efecto, como diciendo *¡Sí, me lo dijiste!*, *¡No lo digas!* ... o *Sí, lo sé.*

La reacción del oyente que pone fin a la conducta verbal puede ser bastante específica. El hablante puede no detenerse si el oyente da algún otro tipo de reacción. Supongamos, por ejemplo, que un hablante emite una respuesta en voz alta en circunstancias en las que se exige silencio, y que la única respuesta del oyente es *¡Shh!* El hablante puede entonces *susurrar* la misma respuesta. Esto parece ser ilógico, ya que la primera respuesta fue obviamente escuchada, pero la reacción del oyente fue meramente a la intensidad de la respuesta y por lo tanto se repite.

Las contingencias establecidas por la comunidad para oponerse a la repetición afectan obviamente al uso de la frecuencia de respuesta como medida de la fuerza. Dado que las restricciones no se aplican necesariamente a las formas sinónimas de respuesta, las variables de fuerza pueden dar lugar a una especie de repetición con variación. Los niños no sólo repiten la misma forma, sino que a menudo emiten formas esencialmente sinónimas en un grupo temático. Veámos dos ejemplos de un niño de dos años: *Coinciden y se parecen igual* y *No he terminado ya aun todavía*. Los adultos suelen acatar las restricciones opuestas, pero somos culpables de un lapsus similar cuando, en respuesta a un solo estado de cosas, exclamamos *¡Bien! ¡Bien! ¡Excelente! ¡Más que bien!* Conrad fue sensible a esto en el hablante no nativo ofreciendo muchos casos ilustrativos, por ejemplo, *"Demasiado suficiente de Patusan", concluyó con energía*. El emparejamiento de sinónimos es un recurso literario común que aumenta la probabilidad de una respuesta efectiva por parte del lector además de eludir el tabú contra la repetición. Shakespeare tiene muchos ejemplos (*las ondas y flechas de la escandalosa fortuna*), así como la Biblia del Rey Jacobo (*No me reprendas en tu ira, ni me castigues en tu* *desagrado*). Es muy probable que la práctica se refuerce no sólo por la evitación de la repetición sino por una reacción más unívoca por parte del oyente bajo cualquier control común que posea tal grupo de estímulos. La repetición que se fomenta cuando se describe un estado de cosas difícil o complejo, o cuando se presenta un argumento difícil, suele adoptar este tipo de variación. Los tratados metafísicos se reducen a veces a una serie de variaciones sobre unas pocas respuestas elementales.

La conducta verbal, que es fuerte debido a algunas de las consecuencias especiales tratadas en el capítulo 6, además de la consecuencia especial de "hacer saber al oyente", llega a su fin por una reducción de los estados de privación pertinentes, como es la conducta en forma de mando. El niño que grita "*¡Lobo!*" se detiene cuando sus vecinos vienen corriendo. La conducta emocional del oyente no es sólo una consecuencia especial que no puede ser solicitada efectivamente con un mando, no siempre es obvia. Tampoco la condición subyacente cambia mucho por una sola respuesta. Rara vez nos conformamos con hacer reír o exprimir una lágrima. La conducta que tiene este tipo de efecto es característicamente repetitiva. También lo es la conducta con efectos más sutiles... *en el polvoriento rincón olvidado de una habitación olvidada,*[19] *algo que parecía hincharse y crecer e hincharse dentro de su pecho*[20]. Compare, del último autor, *El mundo puede ser malvado, cruel y estúpido, pero es paciente. En este punto no se me dirá nada. Es paciente; sé de lo que hablo; sostengo que el mundo es paciente*. Aquí, al igual que en el estribillo poético y en otros tipos de repetición retórica, los recursos estilísticos son posibles porque la comunidad verbal no castiga o no refuerza la repetición de una respuesta con la misma diligencia que el ambiente verbal práctico. La repetición también se fomenta porque las respuestas se producen en la comunidad verbal con menos fuerza.

La conducta verbal puede llegar a su fin simplemente porque unas pocas respuestas revelan el carácter de audiencia del oyente. Alguien a quien le hablamos por primera vez puede mostrar a través de sus primeras reacciones que es un ejemplo de una audiencia que no refuerza la conducta verbal (es sordo, por ejemplo, o no habla el idioma que estamos hablando). En tal caso, la conducta cesará mucho más rápidamente que a través del proceso de extinción (la extinción se da desde un inicio, por supuesto, al poner la conducta bajo el control negativo de tal audiencia).

19 Moore, George, *Confesiones de un joven* (Belvedere, 1901/2013).

20 Machen, Arthur, *La colina de los sueños* (Valdemar, 1927/2017).

No es necesario extinguir todo nuestro repertorio verbal cada vez que descubrimos a alguien que habla otro idioma.

La conducta verbal, que es efectiva sobretodo en el hablante mismo, concluye sólo cuando ha logrado un efecto. Cuando no se trata de una audiencia punitiva, o de un tipo de audiencia negativa, la conducta puede no llegar a su fin, como muestran a veces los diarios y cuadernos. El hablante que habla consigo mismo a través de otra persona no puede ser detenido por cuando el oyente putativo le indica que la conducta ha sido eficaz. La confesión puede requerir un oyente externo, pero a menudo es principalmente efectiva para el hablante mismo. Rousseau le dio a su lector una advertencia justa: *"Je sais bien que le lecteur n'a pas grand besoin de savoir tout cela, mais j'ai besoin, moi, de le lui dire"*[21]. La conducta verbal que surge principalmente de la ansiedad o de alguna otra condición aversiva del hablante que no se alivia eficazmente con la conducta puede ser repetitiva de una manera que la Reina en *Hamlet* describió como "protestar en exceso".

Es un caso feliz cuando el hablante que habla principalmente consigo mismo logra un efecto sobre sí mismo aproximadamente al mismo tiempo que sobre sus oyentes. El tipo de error más común conduce a la repetición, es decir, cuando el oyente externo puede haber alcanzado hace tiempo el cambio apropiado, mientras el hablante continúa hablando consigo mismo. Cuando el efecto en el hablante mismo ocurre antes que en el oyente externo, su conducta puede tildarse de lacónica. El oyente externo se habría beneficiado de la repetición y la amplificación.

Cuando hay una razón práctica para evitar el cese de la conducta verbal, se evitan las consecuencias de la terminación. El problema del escritor profesional es continuar reaccionando verbalmente. Muchos escritores consideran una buena regla el no hablar del material en el que están trabajando. Contar la trama de una novela o repasar los detalles de una escena debilita la conducta y dificulta al escritor la realización de su tarea. Del mismo modo, el entrevistador psicológico que está ansioso por mantener a su cliente hablando puede evitar cualquier indicación de que su conducta es efectiva, no sólo para evitar "moldear" la conducta de su cliente según líneas temáticas (véase el capítulo 6), sino para evitar ponerle fin aparentando estar de acuerdo o entenderlo.

21 Rousseau, J. J., *Confesiones*, Libro I. N. del E.: *Sé bien que el lector no tiene gran necesidad de saber todo esto, pero yo necesito decírselo.*

PERFECCIONAMIENTO DE LA DEFINICIÓN DE CONDUCTA VERBAL

Ahora que hemos examinado las variables de las que depende una respuesta verbal, será útil restringir nuestra definición excluyendo los casos de "hablar" que se ven reforzados por ciertos tipos de efectos sobre el oyente. La exclusión es arbitraria, pero ayuda a definir un campo de investigación que tiene ciertas propiedades unitarias.

Cuando el "oyente" mediador participa meramente en su papel de objeto físico, no hay razón para distinguir un campo especial. El boxeador o el médico sólo logran ciertos resultados "mediante la participación de otra persona", pero un corte en la mandíbula o una apendicectomía no se considera útil como algo verbal.

Decir que sólo nos interesa la conducta que tiene un efecto sobre la *conducta* de otro individuo no es suficiente, ya que la definición abarca todas las conductas sociales. El artista, por mencionar un ejemplo particular, se ve reforzado por los efectos que sus obras tienen sobre las personas (él mismo u otros) pero gran parte de su conducta es irrelevante aquí. Una restricción preliminar sería limitar el término verbal a los casos en que las respuestas del "oyente" han sido condicionadas. Podríamos entonces excluir la conducta de pintar cuidadosamente una representación de un paisaje como no verbal, aceptando al mismo tiempo el uso de un símbolo convencional en un cuadro como respuesta verbal. Pero el artista que pinta una madre y un hijo realistas para evocar reacciones apropiadas a tal tema apela a la conducta condicionada por parte de su audiencia, aunque su conducta no sería práctico describir su conducta como verbal. Si establecemos además la disposición de que el "oyente" debe responder de maneras que han sido condicionadas *precisamente para reforzar la conducta del hablante*, reducimos nuestro tema a lo que tradicionalmente se reconoce como el campo verbal.

Estas distinciones pueden ilustrarse considerando las diferentes maneras en que uno puede hacer que un caballo se desvíe. Cuando se utiliza la fuerza física (cuando el caballo es simplemente empujado hacia el lado); el resultado no refuerza al que empuja en virtud del movimiento del caballo como un organismo vivo. Uno podría empujar un caballo de juguete de la misma manera, y la conducta no tendría interés aquí. Si uno hace que el caballo se haga a un lado agitando un objeto que le cause pavor, o lo atrae a un lado sosteniendo un objeto nuevo, el efecto se logra provocando una conducta *incondicionada*. De manera similar, cuando uno espanta una mosca que se posa en la ensalada, la mosca se va debido a una característica respuesta incondicionada a un objeto en movimiento. Las técnicas y maniobras del torero tienen resultados bastante predecibles debido a las formas en que los toros tienden en general a comportarse, aunque en el ruedo se produce algún condicionamiento específico. Los publicistas y los especialistas en marketing ejercen un control similar sobre la conducta humana: el zumbido de escaparate de rebajas es un estímulo básicamente incondicionado que hace que atrae la mirada de los transeuntes. Aclarar la garganta o decir *¡Psst!* para llamar la atención puede ser efectivo por las mismas razones. Los estímulos condicionados también se utilizan. Un trozo de azúcar puede inducir al caballo a girar, principalmente porque el giro y el acercamiento a objetos similares ha producido reforzamiento por el contacto con el azúcar en la boca. No parece haber una buena razón para considerar el "uso" de tales estímulos como algo verbal, ya que las relaciones de control no presentan problemas especiales.

Cuando una persona participa de tal conducta de la siguiente forma requerimos de un análisis más profundo: cuando se da la vuelta al caballo se deja que las riendas toquen ligeramente la piel del cuello del animal. El toque de las riendas, lejos de ser un estímulo de miedo, no causa originalmente que el caballo gire la cabeza en una dirección determinada, y no ha habido ningún condicionamiento *incidental* como en el caso del terrón de azúcar. El caballo ha sido condicionado con respecto al toque de las riendas *especialmente para crear un medio de control*. Más concretamente, se ha sometido a ciertas contingencias que implican un toque en el cuello y el escape o la evitación de los estímulos aversivos producidos por el látigo o al apremiarle con el talón. Este condicionamiento especial confiere finalmente a la conducta del jinete propiedades de especial interés, ya que circunstancias similares en la historia del oyente dan lugar a importantes características de la conducta del hablante.

El condicionamiento especial del oyente es el quid de la cuestión. La conducta verbal está moldeada y sostenida por un ambiente verbal, por personas que responden a la conducta de ciertas maneras debido a las prácticas del grupo del que son miembros. Estas prácticas y la interacción resultante entre el hablante y el oyente dan lugar a los fenómenos que se examinan aquí bajo la rúbrica de conducta verbal.

Parte III

MÚLTIPLES VARIABLES

Capítulo 9

Causación múltiple

Dos hechos emergen de nuestro estudio de las relaciones funcionales básicas en la conducta verbal: (1) la fuerza de una sola respuesta puede ser, y suele ser, una función de más de una variable y (2) una sola variable suele afectar a más de una respuesta.

Ya se ha dado un ejemplo del primero: la respuesta fuego *fuego* puede ser un mando o un tacto. También puede ser una respuesta ecoica, textual o intraverbal (dado que la forma de las respuestas ecoicas y textuales está determinada por los estímulos verbales, casi siempre tienen la misma forma que otras operantes). No es necesario que la superposición formal sea completa. En un ejemplo que se examinará más adelante, encontraremos el *descuento de la respuesta* bajo el control de una variable y el disco fragmentado - bajo el control de otra.

Las pruebas de que una sola variable puede afectar la fuerza de muchas respuestas son igualmente buenas. Diferentes partes de la comunidad verbal, o la misma comunidad en diferentes ocasiones, pueden reforzar diferentes respuestas de la misma manera. El repertorio de los adultos contiene muchas mandos que varían con un estado de privación o de estimulación aversiva; cuando un hombre es privado de comida, no es simplemente el mando *¡Comida!* la que muestra una mayor probabilidad. Las prácticas de reforzamiento con respecto a las conductas intraverbales son aún más complejas. Así como una palabra de estímulo dada evocará un gran número de respuestas diferentes de una muestra de la población en general, también aumenta la probabilidad de emisión de muchas respuestas en un solo hablante. Muchas propiedades, cada una de las cuales controla un tacto abstracto, se presentan juntas en lo que llamamos una presentación de estímulo o una situación de estímulo, y a través de la extensión metafórica, metonímica o solecista, cada una de ellas puede fomentar la emisión de muchas otras. Sólo las conductas ecoicas y textuales no muestran una única variable en el control de muchas formas de respuesta

A veces se emiten varios miembros de un grupo de respuestas reforzadas por una sola variable. Ciertas expresiones idiomáticas consisten en pequeños grupos "temáticos" (*destino final, ambos dos, sano y salvo, subir arriba, protagonista principal, nexo de unión*[22]). Cuando la conducta verbal no es eficaz para alterar las circunstancias responsables de su fuerza, una respuesta puede ceder el paso a otra (especialmente cuando se castiga la repetición directa), y el grupo temático aparece como una especie de repetición con variación. Los grupos de respuestas bajo una variable común se reconocen formalmente bajo rúbricas tales como "actitud" u "opinión". Cuando utilizamos una medida de opinión para predecir la conducta, argumentamos que debido a que se ha dado una respuesta en un grupo temático, es probable que haya otras respuestas en el mismo grupo. No es necesario identificar las circunstancias en la historia y la condición actual del hablante que son responsables.

Un grupo temático es la contrapartida conductual de una propuesta. En la expresión "la misma cosa puede decirse de varias maneras", "la misma cosa" se refiere a un conjunto común de variables y "varias maneras" a un grupo temático de respuestas. A veces es más fácil predecir que un hombre "responderá en forma negativa" que decir que emitirá una respuesta particular, *por ejemplo, ¡Nunca!* porque las variables que controlan un grupo temático son sólo una parte de las que deben tenerse en cuenta para predecir una respuesta específica.

Ni el hecho de que una sola respuesta pueda ser controlada por más de una variable ni el hecho de que una variable pueda controlar más de una respuesta viola ningún principio del método científico. De ello no se desprende que una relación funcional específica no sea lícita, o que la conducta que se produzca en una situación determinada no esté plenamente determinada. Simplemente significa que debemos asegurarnos de tener en cuenta *todas las* variables pertinentes al hacer una predicción o al controlar las conductas.

22 N. del E.: usamos aquí pleonasmos adecuados al español.

Estos dos hechos hacen altamente probable que cualquier muestra de conducta verbal sea una función de muchas variables que operan al mismo tiempo. Cualquier respuesta bajo el control de una variable tiene muchas posibilidades de estar relacionada con otras variables también presentes. Ahora bien, es un principio bien establecido en las conductas no verbales que las fuentes de fuerza separadas son aditivas. (Dado que algunas variables *reducen* la fuerza de las conductas verbales, la adición debe ser algebraica). Como resultado, la causalidad múltiple produce muchos efectos verbales interesantes, incluyendo los del juego verbal, el ingenio, el estilo, los artificios de la poesía, las distorsiones formales, los deslices y muchas técnicas de pensamiento verbal.

Ya hemos apelado a la causalidad múltiple al tratar con la audiencia como una variable (Capítulo 7). Un gran grupo de respuestas tiene mayor fuerza en la presencia de una audiencia particular, y algún miembro de ese grupo tiene mayor fuerza en, digamos, la presencia de un objeto dado. El hablante emite la respuesta que es a la vez "apropiada para la audiencia" y "descriptiva del objeto". También hemos utilizado el principio para explicar ciertos efectos especiales en el capítulo 6. Un tacto bajo el control de un estímulo particular que también logra un efecto especial se da cuando el oyente tiene una mayor probabilidad de emisión. El tacto *leche*, que es fuerte en presencia de leche, es más probable que se emita cuando el hablante tiene sed de leche y se inclina a emitir el mando *¡leche!* Excepto cuando el control de estímulo se destruye por completo, como en la ficción o en la mentira, hay que tener en cuenta dos fuentes de fuerza.

Pasamos ahora a un tipo diferente de control múltiple, en el que las relaciones funcionales, establecidas por separado, se combinan posiblemente por primera vez en una ocasión determinada. Hay dos tipos de pruebas a considerar. En el estudio de la conducta verbal nos limitamos a menudo a los registros de la conducta del hablante o del escritor, donde se desconocen las condiciones en que se produjo la conducta. Esto suele ocurrir en el estudio crítico de los textos, en el análisis lingüístico de muestras de habla grabadas y en la explicación de la literatura o la escritura científica. Podemos reconstruir una probable historia verbal del hablante o del escritor, pero sólo en raras ocasiones se pueden comprobar directamente nuestras inferencias sobre las variables relevantes. No obstante, las inferencias son a menudo plausibles y el análisis resultante útil. Un tipo de información más directa se obtiene de la manipulación deliberada de las variables, en la que la conducta resultante se predice o se controla realmente.

En el presente capítulo, predomina el primero de estos dos tipos de pruebas. Las relaciones funcionales demostradas en la Parte II y la noción de causalidad múltiple se utilizan para interpretar los casos registrados de conducta verbal. Al juzgar la validez del análisis, el lector debe tener en cuenta la posibilidad de un tipo de información más directa que se examinará en el capítulo siguiente, en el que las variables que controlan las conductas verbales se manipulan directamente con fines prácticos.

MÚLTIPLES AUDIENCIAS

Además de la causalidad múltiple que se produce cuando una audiencia se combina con un tipo diferente de variable, tenemos que considerar múltiples públicos. El control ejercido por cada uno de los dos o más públicos se desarrolla en circunstancias apropiadas, y los públicos se producen entonces juntos, tal vez por primera vez.

En un caso relativamente trivial, dos o más públicos tienen el mismo efecto sobre la misma respuesta. La creciente fuerza verbal del orador callejero a medida que aumenta su audiencia es conmensurable a la intensificación de una sola variable. Un aumento similar de la magnitud de una audiencia negativa es responsable de la supresión completa de la conducta verbal en el "miedo escénico", si ese término puede extenderse a cualquier situación en la que un individuo se dirija a un gran número de personas, todas las cuales son potencialmente críticas o se refuerzan negativamente de alguna otra manera.

Las audiencias múltiples que controlan diferentes respuestas o la misma respuesta de diferentes maneras producen efectos más interesantes. Diferentes formas de respuesta son establecidas por diferentes comunidades verbales cuando el reforzamiento final, así como la situación externa excepto para la audiencia, es la misma. Los públicos que controlan por separado estas formas de respuesta se reúnen entonces. El efecto será una grave reducción del repertorio disponible si sólo las respuestas comunes a ambos públicos son fuertes. Por ejemplo, es "difícil" debatir un tema ante públicos técnicos y no técnicos al mismo tiempo. Podemos interpretar "difícil" de cualquiera de las dos maneras. Puede indicar la mera pobreza del repertorio disponible, como cuando nos cuesta hablar en un idioma con el que no estamos muy familiarizados. O bien puede referirse a las contingencias punitivas que probablemente se presentan en tal situación; el hablante es objeto de críticas por parte de una audiencia técnica si sus respuestas son inexactas o ineficaces y por parte de una audiencia lega si sus respuestas son oscuras o ininteligibles.

La presencia de una audiencia negativa sólo puede detectarse en combinación con una audiencia positiva, ya que su efecto se siente como una reducción de la fuerza de la conducta apropiada para este último. Las respuestas obscenas reforzadas por los compañeros de juego de un niño, por ejemplo, son castigadas por su familia. Mientras estas audiencias permanezcan separadas no puede surgir ninguna dificultad; pero ambas juntas presentan un dilema: las respuestas emitidas causarán tanto reforzamiento como castigo por las respectivas audiencias o si son omitidas podrán causar una pérdida de prestigio en alguna de ellas. Dos científicos pueden dejar de hablar en un ascensor lleno de gente si son sensibles a esta audiencia añadida que puede reaccionar a su conducta verbal considerándola un galimatías. Si la audiencia negativa no predomina, el resultado puede ser una pérdida de eficacia con respecto a la audiencia positiva. Cuando un hablante sedicioso ve a un policía acercarse a distancia, su conducta disminuye en fuerza a medida que la audiencia negativa se vuelve relativamente más importante, quizás eventualmente cayendo por debajo del nivel manifiesto. El estudiante que murmura una respuesta para que no sea lo suficientemente clara como para estar equivocado, muestra el efecto de una audiencia positiva (pidiendo *alguna* respuesta vocal) y una audiencia negativa, en la misma piel, más sensible a los detalles. A veces la combinación de audiencias positivas y negativas reduce el nivel de energía de la respuesta, de modo que sólo se ve afectada una audiencia, como en el caso de los susurros o el paso de notas subrepticiamente. La conducta asume un nivel de energía o una forma tal que sólo afecta a uno de los dos públicos. El "aparte" en el teatro es un recurso formalizado para hablar a una sola de las dos audiencias donde la audiencia excluida puede producir consecuencias punitivas.

En estos ejemplos se supone que una respuesta verbal es efectiva para dos audiencias de maneras diferentes. Cuando dos o más formas de respuesta son efectivas en la audiencia positiva, pero sólo una de ellas en la audiencia negativa, la forma que es efectiva sólo en la positiva surge cuando los dos públicos se presentan juntos. Los padres pueden hablar un idioma extranjero para evitar los efectos sobre sus hijos que actuarían como castigo para los padres. Esta es una de las funciones de los criptolectos o lenguas secretas. El ladrón en el Londres del siglo XVIII podía decir: "*Guárdalo, la cala está despierta*" y así advertir a su socio que una víctima prevista estaba en alerta, sin que la respuesta tenga efecto sobre los ingenuos transeúntes. Del mismo modo, podía informar a un amigo de que *El niño aplaudía a sus delatores, pero las trampas lo han deshuesado* con menos peligro de ser escuchado que si hubiera dicho *El bandolero puso espuelas al caballo, pero la policía lo atrapó*[1]. En una época era común que los médicos transmitieran instrucciones a los farmacéuticos a través del paciente en un lenguaje secreto que el paciente normalmente no podía entender. Así, las marcas

℞

Bicarbonato sódico	
Sacchari	ā ā 3ij
Spiritus amonii aromatici	nɳ xL
Aquae menthae piperitae q.s. ad	f ʒ viij

tienen un efecto sobre el farmacéutico similar al de *solución de menta*, pero esta última puede tener un efecto sobre el paciente que es aversivo para el médico. En una conocida historia de O. Henry, un telegrama fue compuesto en la jerga americana para que no pudiera ser descifrado por la policía sudamericana que lo interceptó, incluso con la ayuda de un diccionario. La jerga cambia tan rápido que el lector americano moderno quedaría igualmente confundido[2]. Los términos vagos en los que mantenemos una conversación íntima en un tranvía lleno de gente o en presencia de un sospechoso de espionaje también comprenden una especie de lenguaje secreto. Los términos que usamos tienen un efecto especial en la audiencia inmediata debido a otra información disponible sólo para él.

Una sola respuesta puede tener efectos diferentes en diferentes públicos. Un distinguido erudito solía reconocer las copias gratuitas de

1 Estos ejemplos son de Grose, F., A *Classical Dictionary of the Vulgar Tongue* (Londres, 1785).

2 N. del E.: omitimos el ejemplo no traducible al efecto del uso de hablas dialectales en rápida evolución. Por ejemplo, un hispanohablante actual tendría dificultad con la expresión del antiguo andaluz *una pejeta de ca pa'ncalá* (i.e., *una peseta de cal para encalar*).

los libros escribiendo inmediatamente al autor: *No perderé tiempo en leer el libro que tan amablemente me ha enviado*. Con respecto a la audiencia de la que el autor era miembro, esto era sinónimo de *Estoy ansioso por leer su libro* o *voy a leer su libro lo antes posible*. Con respecto a otra audiencia, de la que el propio erudito era miembro, era sinónimo de que *no voy a perder mi tiempo en esas cosas*. Varios tipos de ironía ejemplifican este tipo de audiencia múltiple. Sócrates alienta a un inocente recién llegado con una respuesta que tiene un efecto sobre el recién llegado (sinónimo de Estamos ansiosos *por escuchar lo que tienes que decir*) pero un efecto muy diferente sobre el grupo (sinónimo de Muéstranos *lo mal informado que estás*). En la ironía dramática, el dramaturgo pone en boca de un personaje un comentario que tiene un supuesto efecto sobre los personajes del escenario y un efecto muy diferente sobre los espectadores. Cuando Macbeth se asegura de su invencibilidad repitiendo la predicción de que saldrá ileso mientras Birnam Wood no venga a Dunsinane, tiene un efecto muy diferente sobre la audiencia, para el que la expresión ya no es sinónimo de lo imposible. El logro artístico en la ironía dramática requiere que el espectador responda hasta cierto punto como miembro de ambas audiencias.

En una forma de burla, la conducta del hablante parece estar bajo un fuerte control de una audiencia, pero es tan extravagante o escandalosa para una segunda audiencia que el control ejercido por el primero se considera espurio. Digamos que un crítico debe revisar una nueva obra de la esposa del editor de su periódico. Lo que dice está en parte determinado por la obra que ve, pero su efecto especial sobre su superior no es irrelevante. Recurriendo a los elogios, puede satisfacer esta última contingencia, pero salvando su reputación de crítico con sus colegas y con una parte de su audiencia que, al leer *entre líneas* su crítica, sacará una conclusión diferente sobre su reacción a la obra.

La fábula, la sátira y la alegoría se componen de respuestas emitidas con respecto a una audiencia, pero efectivas sobre otra de manera diferente. En el momento en que fue escrita, *Los viajes de Gulliver* tuvo efectos muy diferentes en los jóvenes y en el lector adulto socialmente sofisticado, aunque no fue escrita en un lenguaje secreto[3]. Como descripción de, digamos, una condición social perturbadora, una sátira puede ser

3 N. del E.: superficialmente un libro de aventuras, muchos pasajes pueden interpretarse en clave de crítica social (véase, por ejemplo, el absurdo de las disputas liliputienses como trasunto de la política británica).

considerada como una extensión metafórica o metonímica extrema. Una descripción más objetiva sería castigada, y por lo tanto las condiciones se hacen oportunas para la extensión metafórica. No obstante, la sátira no es una mera extensión metafórica; toma una forma apropiada para una audiencia específica. Muchos detalles pueden ser apropiados, por ejemplo, para una historia para niños e incapaces de ser explicados como extensión metafórica con respecto a la primera audiencia. Desde un punto de vista práctico, la parte de la sátira a una audiencia infantil actúa como una garantía adicional contra el castigo. Pero ambas audiencias son importantes para el efecto satírico. El escritor no habría escrito sólo para la segunda audiencia, y un miembro ingenuo de esa audiencia no entendería el significado de fondo. El lector que "aprecia la sátira" debe ser un miembro de ambas audiencias.

La alegoría se refiere habitualmente a dos o más públicos de los cuales ninguno es necesariamente negativo. *El Progreso del Peregrino* de Bunyan, como disquisición metafórica de preceptos morales, está dirigida a una audiencia que puede no requerir la forma alegórica, pero también es una historia de aventura personal y, como tal, está dirigida a una audiencia no interesada en los preceptos morales. La estrategia de la alegoría es inducir a la segunda audiencia a responder con la conducta apropiada a la primera. Los lectores pueden variar considerablemente en la medida en que son miembros de los dos públicos. Un niño, al leer la historia, puede estar poco afectado por los preceptos morales; un moralista, leyéndola como extensión metafórica, puede estar apenas conmovido por las personalidades y los episodios narrados.

La fábula, la sátira y la alegoría se parecen a la conducta del hablante que habla con alguien "a través" de un segundo oyente. El nivel de energía y otras características de la conducta verbal en, digamos, una sala de espera abarrotada, pueden indicar que el hablante también habla con aquellos que no pueden elegir sino oír. La técnica es útil con respecto a públicos potencialmente negativos. A veces es posible hablar con una persona de importancia real o ceremonial, con la que se le prohíbe hablar directamente, dirigiéndose a una segunda audiencia. Uno puede quejarse de la injusticia en presencia de un magistrado, pero sin hablar directamente con él. La segunda audiencia puede ser el propio hablante; la queja puede quedar murmurada sin dirigirse a nadie en particular. Un niño que ha sido castigado por caprichoso podría optar por decirse a sí mismo *Ojalá me dieran el caramelo* o *El caramelo está tan bueno*. En tal caso, una muñeca o un animal de compañía podrá servir como segunda audiencia.

MÚLTIPLES VARIABLES EN EL TACTO IMPURO

Con un reforzamiento cuidadosamente generalizado, el tipo de operante verbal llamado tacto se aproxima a la condición en que su forma está determinada por una sola variable. Pero en la medida en que es probable que la respuesta tenga un efecto especial en el oyente, varía en fuerza con los estados de privación o de estimulación aversiva asociados a ese efecto. El control de estímulo se reduce, como hemos visto, y en la pura ficción puede estar totalmente ausente. Entre estos dos extremos estamos necesariamente tratando con múltiples variables. El efecto especial de "hacer saber al oyente", en particular, induciéndole a comportarse de forma adecuada a un determinado estado de cosas, puede combinarse con un simple control de estímulo. La respuesta *Créame, es verdad* contiene un mando y un tacto. La función del mando de coaccionar al oyente para que reaccione "con mayor creencia" a los tactos puede ser llevada a cabo por una forma más urgente del tacto *(¡Es verdad!)* que debe ser atribuida a múltiples fuentes.

Una consecuencia especial puede afectar a la elección de formas que de otro modo serían sinónimas. La selección de un repertorio contra otro se asemeja al efecto de audiencias múltiples. Un cartel exhibido en una tienda de comestibles en el que se lee *Le ofrecemos nuestro servicio de peso de productos con balanzas que sin sistemas de muelles* sugiere que el autor estaba respondiendo a ciertas propiedades de las balanzas, pero también fue reforzado de manera diferencial para ciertas formas de respuesta asociadas a una cierta clase de hablantes o escritores. La misma condición de las balanzas podría haber evocado otras respuestas en ausencia de dicha consecuencia adicional, por ejemplo, *Usamos balanzas sin muelles*. Fowler[4] clasifica los efectos especiales que influyen en la elección de sinónimos bajo numerosas categorías: *dentífrico,* en lugar de *pasta de dientes,* sugiere afectación o refinamiento; *meticuloso,* en lugar de *exacto,* ejemplifica preferencia por la palabra larga; *taciturno,* en lugar de *triste*, por la palabra literaria; *chill-out,* en lugar de *relajante,* muestra predilección por el neologismo, y así sucesivamente[5].

4 Fowler, H. W., *Modern English Usage* (Londres, 1930).

5 N. del E.: según ejemplos adecuados al español.

CASTIGO EN LA CAUSALIDAD MÚLTIPLE

Las consecuencias negativas son tal vez más eficaces para determinar la elección de formas que de otro modo serían sinónimas. Como la mera dificultad de ejecución es un castigo inherente, se prefiere la respuesta corta a la larga (excepto cuando una consecuencia especial de la longitud es inminente, como en el "humor polisilábico" de Fowler). Por la misma razón, se puede preferir lo concreto a lo abstracto. Las respuestas a niveles más bajos de abstracción son relativamente más fuertes, en parte debido a que el reforzamiento es más frecuente, pero también en parte porque la extinción o el castigo es más común en la historia del término abstracto. La jerarquía de las abstracciones corresponde a una jerarquía de posibles consecuencias negativas, y la mayor probabilidad de la operante menos abstracta muestra el efecto de la variable adicional.

En el caso extremo, la conducta que se castiga automáticamente puede ser simplemente "olvidada" en el sentido freudiano. Los casos en los que hay "alguna razón para recordar" así como "alguna razón para olvidar" muestran la suma algebraica de variables que tienen efectos opuestos.

Una de las dos posibles respuestas se selecciona de manera diferencial porque la otra también es hasta cierto punto punitiva cuando el hablante utiliza una expresión "eufemística". La respuesta eufemística tiene menos efectos aversivos sobre el hablante, ya sea directa o indirectamente a través del oyente. El deslizamiento freudiano muestra el mismo efecto cuando, por ejemplo, un antiguo pretendiente llama a una mujer casada por su apellido de soltera porque el nombre de su marido le resulta desagradable. El efecto diferencial de una consecuencia similar se muestra en la respuesta que "evita herir los sentimientos del oyente". Un oficial, al encontrarse con un grupo de soldados durante una batalla, pregunta *¿Quién está a cargo aquí?* pero, como Tolstoi describe la escena de *Guerra y Paz*, quiere decir y se entiende como *¿Habéis caído en pánico?* Su pregunta exige ciertas respuestas verbales por parte del oyente relevantes para la condición del grupo sin sugerir cobardía o falta de disciplina.

Los castigos que son explícitamente dispuestos por la comunidad verbal tienen el mismo efecto. Cuando se ha emitido una respuesta, puede ser castigada si se emite de nuevo, por lo que las respuestas alternativas en el grupo temático son relativamente fuertes. Existe un efecto inverso. Cuando la conducta verbal se critica o se castiga de otra manera con frecuencia, las *primeras* respuestas pueden rechazarse en favor de otras (véase el capítulo 15). La primera respuesta (posiblemente encubierta) se castiga automáticamente, porque comparte una propiedad con las "primeras ideas" precipitadas, pero cualquier respuesta que sigue es fuerte porque comparte una propiedad de respuestas consideradas o mejoradas.

Al considerar la suma algebraica de los efectos del reforzamiento y el castigo no debemos pasar por alto el reforzamiento positivo de guardar silencio. El niño es aprobado por guardar silencio, y el hombre enojado es reforzado si su silencio hiere a alguien. Estas "fuerzas negativas" entran en los efectos combinados de múltiples variables cuando, por ejemplo, no hablamos con alguien con quien hemos tratado porque esto cancelaría nuestro logro de herir con el silencio.

TACTOS E INTRAVERBALES MÚLTIPLES

Un ejemplo de un doble tacto es el nombre propio que se ajusta bien a la persona nombrada[6]. En la Nominación (Capítulo 5) un nombre propio suele estar en control parcial de la persona o cosa a la que se aplica cuando se le "da" el nombre por primera vez. Cuando el nombre propio se ha reforzado de manera independiente, como lo será si describe su objeto o no, la relación original puede sobrevivir. La Sra. Coiler de Dickens "tenía una forma serpentina de acercarse... ciertamente era serpenteante y de lengua bífida"[7]. Su nombre es una respuesta que muestra una extensión nominativa similar a la metáfora y, al mismo tiempo, un "tacto apropiado", cuyo control habría sido el mismo si el nombre hubiera sido, digamos, la Sra. Smith. El efecto no requiere una nominación. Si conocemos a un hombre de pelo blanco llamado Mr. Leblanc, el "tacto común" hará más probable que le llamemos por su nombre, menos probable que olvidemos su nombre, y así sucesivamente.

Las intraverbales mixtas se ejemplifican con un número de teléfono o una matrícula de coche que contiene la secuencia *1, 2, 3, 4.* Uno puede aprender ese número más fácilmente debido a que contingencias previas han establecido la misma respuesta.

6 N. del E.: cf. *nomen est omen.*

7 N. del E.: nótese que en inglés *Coiler* hace referencia a una persona o cosa que se *enrolla,* en este caso como una serpiente, en referencia a este personaje de *Los papeles póstumos del club Pickwick.*

La combinación momentánea de dos tactos, dos intraverbales o un tacto y una intraverbal puede forzar la selección de una respuesta contra formas alternativas. A menudo es difícil probar las múltiples fuentes, pero los ejemplos son tan comunes que cualquiera que se haya molestado en observarlos apenas puede cuestionar la realidad del proceso. En una discusión de filosofía política la respuesta *Si tienes hambre suficiente, puedes tragarte cualquier cosa* podría haber contenido formas alternativas como *aceptar, creer* o *ser persuadido de*. La forma de *tragar* parece haber prevalecido ya sea por una conexión intraverbal con el *hambre* o como un tacto extendido descriptivo de la situación. El término es irrelevante a este respecto y podría tener un efecto confuso para el oyente. En la advertencia *Esos huevos de caramelo te harán incubar en la cama,* el sinónimo de enfermar (incubar en la cama), muestra aparentemente una conexión intraverbal entre el *huevo* e *incubar*, que es lo bastante poco común como para sugerir una fuente adicional de fuerza. Sin embargo, en la respuesta *Esas señales de no pasar prohíben el paso* sería difícil de demostrar múltiples fuentes de control para *prohíben*. A veces la prueba puede nos ser necesaria. Un joven que se quejaba de la comida que se servía en el comedor universitario insistió en que los estudiantes debían organizar una *dieta* para considerar el asunto. *Dieta* es un sinónimo tan inusual de *reunión* o *conferencia* que no necesitamos pruebas de la fuente adicional de fuerza[8] (tal vez la *Dieta de Worms* no era del todo irrelevante).

Todos estos ejemplos fueron hablados, pero el material escrito comparable es abundante. Una leyenda en una revista debajo de una foto de la cocina del Primer Ministro decía *Una mala comida cocinada aquí podría desabrir la historia británica*, donde *desabrir* es tan poco común como miembro del grupo temático, que incluiría *cambiar, perturbar, desviar* o *alterar*, como para indicar la ayuda auxiliar de la cocina prominentemente visible en el centro de la foto. En un anuncio que mostraba unos pocos compases de música con la leyenda "*Música notable*", la respuesta "*notable*" parece haber sido seleccionada por razones obvias del grupo temático *excepcional, distintivo, inusual* y *sobresaliente* y por la similitud con "nota musical". En ambos ejemplos, la fuente suplementaria podría haber sido un tacto de la imagen que lo acompaña,

8 N. del E.: en referencia al nombre que recibe el parlamento de varios países o al origen latino del término (*dies*, reunión). En la Dieta de Worms, convocada por Carlos V en la ciudad de Worms (1521), Lutero fue declarado hereje. Skinner sugiere sutilmente el paralelismo entre el dilema estudiantes-universidad y el de Lutero con el Sacro Imperio Romano Germánico.

pero, en general, los ejemplos de los textos tienden a ser intraverbales. Cuando un escritor que hablaba de la muerte de una famosa aviadora dice que la vuelta al *mundo iba a ser su última empresa de imperecedero recuerdo*, las dos últimas palabras, como sinónimo de *empresa seria*, tienen conexiones intraverbales adicionales con la muerte. Una inferencia razonable de múltiples fuentes parece justificarse en un ejemplo como *Una noche, con el barco cargado de dinamita, estalló una terrible tormenta* o *La mayoría de las teorías del lenguaje se detienen en este punto* (siendo especialmente fácil detenerse en un punto en el sentido gramatical).

A veces la fuente adicional de fuerza se combina con una variable que no controla una forma específica de respuesta. Al elegir un ejemplo de conducta verbal de la nada, es probable que revelemos una fuente auxiliar de fuerza que de otro modo sería demasiado débil para producir conducta verbal. No podemos emitir una serie aleatoria de números debido a los fuertes estímulos intraverbales generados por nuestra propia conducta, ni podemos crear palabras sin sentido puras. Incluso el mejor trabajo de Gertrude Stein, como veremos en los capítulos 14 y 15, muestra varios grupos temáticos que sugieren o proporcionan fuentes suplementarias triviales que, en el momento, eran lo suficientemente poderosas.

Los lapsus linguae a veces revelan intrusiones forzadas de respuestas que muestran una sola fuente de fuerza. Cuando Porcia afirma, *la mitad de mí [alma] es tuya, la otra tuya, mía quise decir*[9], el segundo uso de *tuya* es revelador y se debe a una fuente externa de fuerza y no a múltiples fuentes. Sin embargo, cuando la palabra intrusa se parece a la desplazada, hay múltiples fuentes fragmentarias del tipo que se tratarán en el próximo capítulo. No obstante, la respuesta intrusa no se distorsiona y se clasifica adecuadamente con el material presente. Se le pidió a un ministro que oficiara la boda de la hija de un amigo muy cercano que se casaba, para gran decepción de la familia, con un pretendiente de pocos medios. Al leer las líneas habituales que debía repetir el novio: *Con todos mis bienes mundanos, así yo te doto...*, sustituyó *mundanos* por *mermados*. Aquí hay una combinación de un fragmento de *mundanos* intraverbal o textual, mientras el resto de la respuesta obedece a otra variable. Un huésped que se veía obligado a mirar un libro de fotografías tomadas durante las vacaciones de verano de su anfitrión rompió un embarazoso silencio diciendo: *¡Qué bien lo habéis pesado!*

9 N. del E.: de *El mercader de Venecia*, Acto 3, Escena 2.

CAUSALIDAD MÚLTIPLE EN LA LITERATURA

La noción de licencia literaria, a la que ya hemos aludido, nos lleva a esperar interconexiones temáticas especialmente ricas en el arte literario. Cuando T. S. Eliot escribe

.... ¿Qué hará la araña,
suspender sus operaciones, ...

La *suspensión* parece estar determinada tanto por una variable que podría haber provocado una respuesta como *cese* o *desistimiento* como por una conexión intraverbal de *suspender* con *araña*. En el mismo poema, el verso[10]

The tiger springs in the new year

parece mostrar múltiples fuentes de control para *springs*, que no tiene relación intraverbal con *year*, pero sí con *tiger*[11].

Algunos de los mejores ejemplos de múltiples fuentes de fuerza son los juegos de palabras y otras formas ingeniosas de lenguaje. El efecto sobre el oyente o el lector (véase el capítulo siguiente) puede ser divertido o encantador, particularmente en un período en que el juego de palabras está de moda, o puede aliviar la sobria profundidad de la ironía dramática. Jesús presumiblemente no bromeaba cuando dijo *Tú eres Pedro* (*Tu es Petrus = Tú eres la piedra*) *y sobre esta roca construiré mi iglesia*. Tampoco lo hacía Shakespeare cuando escribió

Deban zagales y doncellas de oro,
cual deshollinadores, ir al polvo[12]

A veces se repite una respuesta, como si estuviera bajo el control de múltiples variables tomadas de una en una. Así, Otelo dice *Apaga la luz y luego apaga la luz*, respondiendo a variables separadas como si dijera *Apaga la vela y asfixia a Desdémona*.

10 N. del E.: nótese la polisemia de *springs* en el sentido de saltar o abalanzarse, por un lado, como nacer o desarrollarse, por otro.

11 Un *salto temporal* hubiera tenido una conexión intraverbal diferente con *año*.

12 N. del E.: de *Cimbelino*, Acto 4, Escena 2. *Golden lads and girls all must, / As chimney-sweepers, come to dust.*

Las conductas no verbales pueden, por supuesto, tener múltiples fuentes de fuerza. Por ejemplo, uno puede dar un portazo en parte para cerrar la puerta y en parte para causar un estruendo bajo la influencia de variables emocionales. Si el efecto emocional debe ser sentido por una segunda persona, las fuentes de fuerza son tanto verbales como no verbales. Un juego de palabras verbal pero no verbal lo hace el ejecutivo en su escritorio que rechaza una proposición girando el "pulgar hacia abajo" a la manera de un emperador romano en los juegos de gladiadores y, con la punta del pulgar, pulsando un botón para que se muestre a su visitante fuera de su oficina. El castigo es más fácil en la conducta verbal porque las formas de respuesta dependen menos del entorno.

El juego de palabras como forma de humor no está actualmente en boga. Su descrédito podría deberse al hecho de que bajo múltiples causas se hacen sentir fuentes triviales e irrelevantes. El juego de palabras irrelevante es una molestia. La diferencia entre los juegos de palabras buenos y malos parece ser sólo la diferencia en la relevancia de las variables. En un juego de palabras "descabellado" una fuente de fuerza normalmente no tendría efecto. Pero si la conducta debida a múltiples fuentes se refuerza especialmente (si el hablante es aplaudido por el juego de palabras, por ejemplo) la fuente débil podría tener una oportunidad. *Deshollinadores* en la cita de *Cimbelino* se trae a colación para alargar el verso hasta *polvo* como segunda fuente de fuerza; pese a ser *polvo* la principal fuente de fuerza de *deshollinadores*. En el ejemplo de *Otelo*, ambas fuentes de fuerza son relevantes a *apagar la luz*. Cuando el Dr. Johnson se ofreció a hacer un juego de palabras sobre cualquier sujeto y se sugirió "el Rey", inmediatamente respondió *el Rey no es un sujeto*[13]. Este juego de palabras es "bueno" en el sentido de que ambas fuentes de fuerza son relevantes. Dr. Johnson estaba entre aquellos que sentían que el juego de palabras era una de las "pequeñas excelencias de la conversación animada". Mucha gente ha tomado el punto de vista opuesto, aunque pocos han ido tan lejos como el personaje de Victor Hugo al decir: "*Le calembour est la fiente de l'esprit qui vole*[14]".

13 N. del E.: en el original, *subject* se refiere tanto a *tema* como a *súbdito* (*El Rey no es un súbdito*). Anécdota recogida en *The Life of Samuel Johnson* (1791) de James Boswell.

14 N. del E.: Literalemnte, *el juego de palabras es la deposición del espíritu que vuela*. Hugo sugiere que el juego de palabras, aunque ingenioso, no siempre es profundo, pero tiene su lugar en la creatividad verbal. La cita es de *Los Miserables*.

Hay usos literarios de la causalidad múltiple que son de un tipo más sutil. La importancia del "significado múltiple" ha sido ampliamente reconocida. Prescott trató el principio en *La mente poética*[15] y ha sido elaborado por Riding y Graves[16], por I. A. Richards[17] y por William Empson[18]. Estos escritores se han preocupado especialmente por los efectos sobre el lector que se analizarán en el siguiente capítulo. Riding y Graves, y Empson han destacado la contribución de las prácticas de puntuación menos rígidas. En el verso de Webster *Cubre su rostro; mis ojos huyen; murió joven,* la respuesta *mis ojos huyen* puede estar relacionada con la frase previa como sinónimo de *es demasiado bella ser contemplada,* a con la frase siguiente como sinónimo de *me aterra que muriese tan joven*. Antes era costumbre debatir qué significado tenía en mente el autor (es decir, qué fuente de fuerza controlaba la respuesta literaria), pero la doctrina del significado múltiple permite al crítico asumir que ambas fuentes son relevantes.

El libro de Empson contiene muchas paráfrasis ingeniosas que sugieren múltiples fuentes de control en la expresión lírica. Su "ambigüedad" se refiere al efecto sobre el lector, pero su análisis de los ejemplos puede interpretarse como una tentación de reconstruir algunas de las conexiones temáticas responsables de la conducta del poeta. Consideremos, por ejemplo, el fragmento de uno de los sonetos de Shakespeare

En esta época del año sobre mi cernidos
Cuando las hojas amarillean escasas o ninguna
Sobre ciegos árboles que se agitan ateridos,
Coros en ruinas, do una vez aves cantaron.

Coros en ruinas es una extensión metafórica que describe a los árboles. Empson señala las siguientes propiedades que podrían ser responsables de la extensión y sugiere que tal vez todas ellas están involucradas: (1) los coros son lugares en los que se canta, como lo eran los árboles en una estación anterior, (2) los niños del coro se sientan en una fila en bancos, y los pájaros en ramas, según una geometría básica, (3) los árboles y los

15 Prescott, F. C., *La mente poética* (Nueva York, 1926).

16 Riding, L. y Graves, R., *A Survey of Modern Poetry* (Londres, 1927).

17 Richards, I. A., *Practical Criticism* (Nueva York, 1929).

18 Empson, William, *Seven Types of Ambiguity* (Londres, 1930).

coros de las iglesias están hechos de madera, además los coros a menudo se tallan con motivos vegetales, (4) un coro en ruinas, como un árbol en otoño, ya no está encerrado en un refugio protector; las hojas del árbol sugieren el techo de la catedral, (5) las catedrales, al menos las góticas, son estructuralmente similares a un bosque de árboles altos, (6) las vidrieras y rosetones de una catedral se parecen a una flor y sus colores sugieren un bosque en verano, pero tanto el árbol como el coro están ahora desolados.

En otro tipo de "ambigüedad", Empson considera un ejemplo como *ese monstruo engañoso, mi trampa consumada*, donde *consumado* puede ser el equivalente de *exitoso* o *talentoso*. El doble significado sería irrelevante a menos que el contexto revelara candidatos probables para ambas fuentes.

Una importante fuente adicional de fuerza en la literatura surge de la historia literaria del escritor, y tiene que ver con la conducta del lector que comparte una historia similar. En la tragedia griega, por ejemplo, "tanto el diálogo como la letra están impregnados de asociaciones literarias que controlan la elección de las palabras"[19]. Esto no se refiere a referencias explícitas a otras obras literarias, sino a una especie de causalidad múltiple que actúa sobre el poeta en el momento escribir. Un ejemplo, de que el poeta era sin duda consciente, es el de T. S. Eliot

> La silla en la que se sentó, como un trono bruñido,
> Brillaba en el mármol, donde el cristal
> Mantenido por los estándares forjados con vides frutales...

que es una fusión de respuestas intraverbales, incluyendo patrones de acentuación, derivadas de la descripción de Shakespeare de Cleopatra[20] y material adicional que sirve como tema del poema de Eliot.

El hablante no tiene por qué ser consciente de una fuente adicional de fuerza, en el sentido del capítulo 5. Cuando una respuesta está bajo el control de un solo estímulo, normalmente puede identificar el estímulo y la relación de control al responder a una pregunta como *¿Por qué dijo eso?* Normalmente es consciente de lo que está hablando en el sentido de estar preparado para tal pregunta. Pero sólo en una comunidad verbal muy avanzada se plantean preguntas sobre múltiples fuentes de fuerza, que con frecuencia pasan desapercibidas. Es casi seguro que no

19 Pearson, A. C., *Verbal Scholarship and the Growth of Some Abstract Terms* (Cambridge, 1922).

20 La barcaza en la que se sentó, como un trono bruñido, / Se quemó en el agua. La cubierta era de oro batido". Antonio *y Cleopatra*, Acto II, Escena II.

se ha visto una fuente literaria en las líneas de Wordsworth *El espíritu profético que inspira el alma humana de la tierra universal soñando con las cosas venideras*, que casi seguro se toma prestado del *espíritu profético del amplio mundo soñando con las cosas venideras* de Shakespeare. Las respuestas intraverbales fragmentarias adquiridas al leer a Shakespeare deben haberse combinado con otras conductas actuales, pero el verso probablemente habría sido rechazado (capítulo 15) si este hecho hubiera sido claro. Las posibles razones por las que tal relación no estaba clara se tratan en el capítulo 16.

Para "probar" que una parte de una obra literaria ha sido prestada, no sólo debemos mostrar un pasaje similar en una obra que el autor podría haber leído, sino que debemos mostrar que la conducta no es probable por otras razones. Los ejemplos más obvios de préstamo son las intraverbales. Después de que un pasaje ha sido leído o, mejor dicho, memorizado, cualquier componente de respuesta tiende a sacar a relucir las respuestas vecinas. La conducta intraverbal puede aparecer cuando se describe una ocasión real. El estudio de Lowes sobre el *Antiguo Marino*[21] es especialmente convincente porque Coleridge no escribió a partir de una experiencia de primera mano en el mar. Sus descripciones deben haber sido intraverbales, si no eran directamente ecoicas o textuales. El préstamo de un argumento es, de la misma manera, más fácil de establecer como intraverbal si el argumento es inusual y por lo tanto no es probable que describa un evento real y si es complejo y por lo tanto no es probable que haya surgido de la casualidad. Las viejas tramas, las metáforas agotadas y los clichés son apenas más "prestados" que cualquier otra parte de un repertorio verbal. Las colocaciones inusuales, sin embargo, muestran el proceso intraverbal en acción.

Los préstamos suelen mostrar no sólo la combinación de múltiples fuentes de fuerza sino también una cierta distorsión de la forma, un proceso adicional que se examinará en el capítulo 11. Las parodias y travestis también muestran una fusión del material actual y las intraverbales generados por una obra literaria. Es probable que el resultado esté distorsionado. Las múltiples fuentes literarias son claras en los títulos prestados. El efecto importante es sobre el lector, pero también podemos considerar la conducta del autor en el momento de la nominación. Frente

21 Lowes, J. L., *The Road to Xanadu* (Boston, 1930).

a un libro cuyo título, *Un cuento contado por un idiota*[22], se considera apropiado, es probable que el autor haya elegido dicho título en lugar de un sinónimo libre de fuentes literarias debido a conexiones intraverbales adquiridas en la lectura de *Macbeth*.

Uno de los usos del arte literario es dar mayor fuerza a las respuestas que, si se hacen por otras razones, probablemente serían castigadas. La conducta de una doncella plantada cantando *Amor mío vuelve a mi* es por un lado un mando extendido y por el otro una secuencia intraverbal de respuestas adquiridas al aprender la canción. El fracaso nostálgico canción *Hogar en las montañas ... donde no hay palabras de desaliento* o el solitario joven cantando *Ojalá tuviera quien me amara* están igualmente afectados por la causalidad múltiple, donde las respuestas simples bajo el control de las mismas variables primarias tendrían más probabilidades de ser castigadas[23]. El cantante puede ser una molestia, pero no se le llama "lunático" o "cobarde" o "arrepentido de sí mismo".

La conducta que se refuerza con tales suplementos no tiene por qué ser evidente. La lectura silenciosa de las formas preferidas de arte verbal puede mostrar una causalidad múltiple similar, como veremos en el siguiente capítulo.

CONTRIBUCIONES FORMALES DE FUERZA

En muchos de estos ejemplos no importa si una fuente de fuerza debe clasificarse como tacto o como respuesta intraverbal. Parece sencillo agrupar tales variables bajo la rúbrica "temática". Dos respuestas están relacionadas temáticamente cuando están controladas por una variable común con respecto a la cual carecen de la correspondencia punto a punto (biunívoca) que se observa en las conductas ecoicas y textuales. Podemos referirnos a las fuentes que implican respuestas ecoicas y textuales como contribuciones "formales" a la fuerza. La diferencia importante se refiere a las mínimas relaciones de unidad disponibles en el caso formal.

Si un estímulo ecoico o textual actúa cuando una respuesta es fuerte por razones temáticas, la probabilidad de emisión aumenta. El estímulo suplementario puede simplemente hacer que el hablante pronuncie en

22 N. del E.: *Macbeth*, Acto 5, Escena 5.

23 N. del E.: Referencia a canciones de música folk americana del siglo XIX y principios del XX, en el primer caso *Home on the range*, en el segundo *I wish I had someone to love me*.

voz alta una respuesta que ya se ha producido subvocalmente. Con mayor frecuencia, la distinción abierta no está en cuestión. Así, un nombre olvidado que está "en la punta de la lengua" se recuerda instantáneamente (no sólo se lee) cuando se ve el nombre al echar un vistazo al material impreso. En una conversación ruidosa podemos oír por casualidad una respuesta verbal que es actualmente fuerte en nuestra propia conducta, y la respuesta puede entonces "ocurrírsenos" aunque de otro modo habría permanecido latente. Decimos que se nos ha "recordado" algo. Un ejemplo textual es el de un hombre que olvidó apagar un soldador eléctrico en el taller de su sótano y que, treinta y cuatro horas más tarde, al leer la palabra soldadura, inmediatamente saltó, fue al sótano y apagó el soldador. "Recordar el hierro" no era necesariamente verbal, pero el efecto del estímulo textual sugiere que alguna respuesta como *¡El soldador! ¡Olvidé apagarlo!* fue fortalecida. La respuesta podría haber ocurrido en cualquier momento durante las treinta y cuatro horas, pero el estímulo textual suministrado por el texto impreso resultó ser un suplemento necesario.

CONTRIBUCIONES FRAGMENTARIAS DE FUERZA DE FUENTES TEMÁTICAS Y FORMALES

Una variable puede controlar sólo una parte de la respuesta controlada por otra. En un ejemplo ya mencionado, la observación *se de una tienda donde se pueden comprar discos con discuento* muestra una variación inusual de *descuento*, aparentemente bajo la influencia de la variable *disco*, sin que *disco* y *descuento* lleguen a ser respuestas idénticas. La respuesta fragmentaria *lat* parece estar presente en *Las nuevas reglas para los pases laterales proporcionarán una menor latencia en el desarrollo de nuevas obras*. En el clásico juego de palabras *traduttori traditori* (*traductores son traidores*), las formas sólo tienen los fragmentos *trad-* y *-tor* en común y, por lo tanto, ambas formas deben emitirse. En otro juego de palabras clásico, *Barbari Barberini*[24] (los salvajes Barberini), las dos respuestas contienen sólo un fragmento común.

En muchos casos de la etimología popular, un elemento ecoico fragmentario (de un estímulo ecoico relativamente desconocido) es

24 Una referencia a la familia Barberini, que expropió monumentos públicos para su uso privado. La forma ampliada es *Quod non fecerunt barbari feceri Barberini.*

suficiente para evocar una respuesta de fuerza duradera, posiblemente en el sentido de un tacto. Cuando se emitió por primera vez el término *sparrowgrass* como sustituto *asparagus*, el primero parece haberse establecido como tacto (*hierba* con *brotes*) según una respuesta ecoica fragmentaria[25]. *Detect-thief* por *detective, beef-eaters* por *bouffetiers,* o *stunk* por *skunk* se prestan a explicaciones similares[26]. Estamos considerando, por supuesto, el origen de la etimología popular en la conducta de un hablante, no el uso de la forma establecida. Tendencias similares en muchos hablantes pueden, por supuesto, ser relevantes para la supervivencia de la forma en un ambiente verbal.

Las respuestas vocales no condicionadas a veces entran en una conducta verbal de causas múltiples. La forma de la respuesta *¡Ay!* se modifica por un ambiente verbal particular, pero un caso real puede ser en gran parte un grito de dolor informe. Una contribución similar ha sido reconocida en la tragedia griega cuando aparecen palabras que contienen el sonido del grito *âïaι*. Se ha sugerido[27] que una fuente similar estaría presente en los versos de Burns:

The wan moon is setting ayout the white wave.
And Time is setting with me, O.

Se dice que el oído sensible podrá captar la aliteración del sonido *i* del segundo verso como parte de un llanto de desesperación.

La evidencia del fortalecimiento de parte de un sinónimo a través de lo que podría llamarse conducta autoecoica aparece en la frecuente aparición de pares idiomáticos como desgaste*, wear and tear, high and dry, spick and span, rack and ruin*[28], y en refranes como *Haste makes waste*[29]. Aunque la mayoría de los hablantes las adquieren indudablemente como unidades por derecho propio, el segundo miembro del par rítmico o aliterado parece ser seleccionado en lugar de formas alternativas por

25 N. del E.: *espárrago* tiene un origen latino y es casual que en inglés la unión de palabras *sparrow* (brote) y *grass* (hierba) tengan similar fonética dando lugar al neologismo *sparrowgrass* que se considera sinónimo o variante del término original *asparagus*.

26 N. del E.: sería largo describir todas las referencias de estos neologismos que Skinner deja implícitas, hay numerosos ejercicios similares en español por autores como Borges o Aute (p.ej., animal-hada, poemigas, cajón desastre, etc.).

27 Rylands, George, *Words and Poetry* (Nueva York, 1928), pág. 53.

28 N. del E.: pares idiomáticos similares en español serían *hecho y derecho, sin oficio ni beneficio, de hoz y coz*, etc.

29 N. del E.: un equivalente en español, sería *quien tiene boca se equivoca* o *el que espera, desespera.*

un elemento ecoico que, sin embargo, es menos que la respuesta total. Algunas metáforas estándar, pero muertas, tales como *As bold as brass* o *As fit as fiddle* también parecen mostrar fuentes de fuerza ecoica. La evidencia mejora cuando el término afectado es, por otra parte, bastante inverosímil (*As pleased as Punch*[30]).

En el argot de rimas[31] una respuesta verbal es sustituida por otra con la que mantiene conexiones tanto temáticas como formales. Así, llamar al pelo de una niña *bonny fair* establece una conexión no sólo por medio de un tacto extendido (metonímico) o una respuesta intraverbal, sino que lleva la conexión ecoica parcial de la forma común *air*[32]. La expresión *cheese and kisses* en lugar de *the Mrs.* muestra una conexión intraverbal o metonímica similar, además de la superposición formal de la rima[33].

Los patrones rítmicos que se escuchan pueden establecer respuestas ecoicas fragmentarias que afectan a la elección de los sinónimos. Las respuestas están determinadas por múltiples fuentes, incluyendo el estímulo ecoico. "Su conversación habría sido diferente" dice Tolstoi a través de dos personajes de *Guerra y Paz*, "si no hubieran estado hablando mientras la canción sonaba... Me alegro, Dolokov dio una respuesta breve y aguda, acorde al ritmo de la melodía". El efecto es comparable al del "sumador verbal" descrito en el siguiente capítulo.

FORTALECIMIENTO FORMAL EN PROSA Y POESÍA

Al analizar el efecto de los suplementos formales internos sobre el estilo no podemos asumir que todos los casos de agrupación de sonidos ejemplifican múltiples fuentes de fuerza. Muchas ocurrencias surgirán del azar. En poesía, el mayor rigor de la forma facilita la prueba del funcionamiento de un proceso especial. Sin embargo, un análisis estadístico de los patrones formales en la poesía ha dado resultados sorprendentes.

El sonido de la poesía es uno de los elementos más importantes en el efecto sobre el oyente o el lector. Como un recurso puramente formal, a

30 N. del E.: literalmente, *tan contento como Punch*, en referencia a un conocido personaje de las obras de títeres, que aun así parece una elección improbable para tal solución idiomática.

31 Maurer, D. W., "Australian Rhyming Argot in the American Underworld", *American Speech*, *XIX* (1944), 183-195.

32 N. del E.: en referencia a la rima entre *hair* y *fair*.

33 N. del E.: Skinner usa este pareado popular del habla callejera *Cockney* originaria de Londres en la que palabras o frases se sustituyen por equivalentes que riman con el original.

veces se ha comparado con la música, pero el "significado" no suele ser omitido. Se ha argumentado que la difusión sonora es eficaz si el sonido "se ajusta al sentido", no como en la onomatopeya, sino mostrando la correspondencia en "carácter" entre la descripción y la cosa descrita. La causalidad múltiple de la conducta verbal hace posible otra interpretación.

El efecto de la causalidad múltiple formal en la literatura debe ser la falta de aleatoriedad en los sonidos de una selección determinada. Los sonidos deben agruparse en cierta medida en grupos o patrones. Alguna agrupación surgirá de las variables de las que la conducta es una función; cualquier respuesta, repetida por alguna característica de una situación o un estado de privación, perturbará el azar. Pero se suele pensar que los principales recursos de la poesía muestran relaciones formales más allá de las debidas al tema. Un poeta "utiliza la aliteración" en la medida en que su escritura muestra grupos de respuestas en las que las sílabas acentuadas comienzan con la misma consonante. Lo que se llama asonancia se infiere de una agrupación similar de sonidos vocálicos. Una rima suele incluir tanto la vocal como la consonante que sigue, generalmente al final de una frase, y el ritmo es una falta de aleatoriedad en los patrones de acentuación. (No es necesario que nos ocupemos aquí de propiedades formales más sutiles como la coincidencia de la longitud de la cláusula, ni es posible en la actualidad considerar provechosamente la conducta de componer grandes respuestas con propiedades formales complejas como los acrósticos o palíndromos).

La práctica habitual en la crítica literaria es demostrar esas propiedades formales de la poesía y la prosa señalando ejemplos. Hay una justificación para esto cuando consideramos el efecto sobre el lector o el oyente, de los cuales el crítico es un ejemplo. Pero antes de inferir cualquier proceso en la conducta del escritor, es necesario permitir que el patrón de su conducta verbal se espere del azar. En ningún caso, quizás, podemos decir que una aliteración u otra similitud formal se deba a un proceso especial, pero puede demostrarse un patrón general. La aliteración, por ejemplo, puede detectarse mediante un análisis estadístico de las disposiciones de las consonantes iniciales en una muestra razonablemente grande. La tendencia a la aliteración se muestra por la medida en que las consonantes iniciales de una determinada obra literaria no se distribuyen al azar. Aunque a menudo nos afectan los acontecimientos aleatorios, algunas de las cosas que pueden ocurrir al azar siguen siendo inesperadas. Las rachas de suerte en los juegos de azar pueden no ser más que episodios de una serie aleatoria, pero, posiblemente porque las exigencias del juego las hacen muy importantes, atraen la atención. La cantidad de aliteración que ocurre por casualidad es igualmente sorprendente. Si dividimos cualquier muestra de conducta verbal en palabras o sílabas, registramos cada parte en una ficha separada, y luego "componemos" un pasaje dibujando fichas de un sombrero en el que se han barajado bien, crearemos muchos ejemplos que se atribuirían sin duda a la aliteración por parte de un poeta.

Una frase como *Tres triestes tigres*[34] ocurre tan raramente por casualidad que probablemente tengamos razón al sospechar un proceso especial, y esto también es cierto en la poesía donde las respuestas aliteradas ocupan lugares especiales. En la poesía anglosajona, por ejemplo, tenemos que considerar las posibilidades, no sólo de que dos consonantes iniciales se produzcan cerca una de la otra, sino que se produzcan en ciertas posiciones del verso o estrofa. Sin embargo, en gran parte de lo que pensamos que es poesía aliterada, un análisis estadístico da poca evidencia de fortalecimiento formal. Cien de los sonetos de Shakespeare[35] se revisaron para determinar las principales sílabas acentuadas. Las consonantes iniciales de estas sílabas se tabularon y se calculó el número de versos que se esperaba contuvieran dos, tres o cuatro de las mismas consonantes iniciales. Comparando las frecuencias reales con las esperadas, la evidencia de un proceso explícito de aliteración en la conducta del poeta se redujo a lo siguiente:

> Aunque hay un número considerable de versos que contienen cuatro consonantes iniciales similares (p.ej., *Born on the bier with white and bristly beard*), no más de una vez en veinticinco sonetos, o en 350 versos, parece que Shakespeare ha añadido o alterado una palabra para cambiar un verso de tres consonantes similares por uno de cuatro, excepto en raras ocasiones en que repite una palabra entera, presumiblemente por razones temáticas. Hay muchos versos que contienen tres consonantes iniciales similares (p.ej., *Save that my soul's imaginary sight*), pero no hay pruebas de que Shakespeare haya hecho algún cambio para aumentar un verso de dos consonantes similares a uno de tres, más que una vez en veinticinco sonetos, excepto cuando repite una palabra entera. Hay muchos versos que contienen dos consonantes iniciales

34 N. del E.: *Peter Piper picked a peck of pickled peppers*, en el original.

35 Skinner, B. F., "The Alliteration in Shakespeare's Sonnets: A Study in Literary Behavior". *Psychological Record, 3* (1939), 186.. Reimpreso en el Registro *Acumulativo del autor: Edición definitiva* (Cambridge, MA: Fundación B. F. Skinner, 1999).

similares, pero son menos de los que se pueden esperar por azar. Teniendo en cuenta los pocos versos que se extienden a tres o cuatro ocurrencias, parece que en aproximadamente uno de cada tres sonetos Shakespeare *descartó* una palabra porque su consonante inicial ya había sido utilizada en el mismo verso[36].

Estas cifras no deben tomarse demasiado en serio, sobre todo porque no tenemos forma de evaluar las contribuciones formales y temáticas a la repetición de una palabra entera. Aun así, aportan una evidencia preliminar sobre un proceso especial en la conducta del poeta. Los sonetos siguen siendo, por supuesto, tan aliterativos como siempre lo han sido, con respecto a los patrones de sonido que afectan al lector u oyente, pero la prueba de un proceso aliterativo en forma de fortalecimiento formal fragmentario de las respuestas es aún inadecuada.

Un poeta como Swinburne podía escribir

El frágil fresco fuego del jovial junio flamea
De fronda a flor y de flor a fruta[37]

Aquí, la aliteración no sólo es evidente, sino que un análisis estadístico nos permite representarla en función de la distancia entre la primera y la segunda ocurrencia del mismo sonido. Un examen de cada par de sílabas adyacentes en un bloque de 500 líneas de *Atalanta en Calydon* mostró un exceso del 55 por ciento de pares similares sobre las frecuencias esperadas al azar. En los pares de sílabas separados por *una* sílaba intermedia, el exceso cae al 47%. Cuando intervienen *dos* sílabas, el exceso es del 32%, y cuando intervienen *tres*, del 20%. Todas estas cifras son estadísticamente significativas al demostrar un fortalecimiento fragmentario de una respuesta en cada par[38].

Se puede hacer un análisis similar para la asonancia, en el que se repiten los sonidos vocales en lugar de las consonantes. La prueba de un proceso especial que determina la ocurrencia de la *rima* se ve favorecida

36 Un estudio similar de veinticinco sonetos de Wordsworth's mostró un muy ligero exceso de líneas que contenían tres consonantes similares y una escasez más severa de líneas que contenían dos consonantes similares.

37 N. del E.: en el original, *The faint fresh flame of the young year flushes / From leaf to flower and flower to fruit.* Preservamos la aliteración en la traducción para la inteligibilidad de los ejemplos que siguen.

38 Un análisis de las primeras 500 líneas del *Preludio* de Wordsworth, similar a la tabulación de Swinburne, también dio una evidencia considerable de que Wordsworth había descartado las palabras aliteradas.

por el patrón temporal o espacial de la rima en verso. Hay muy pocas posibilidades de que el poeta emita la palabra que rima en la forma correcta en el momento adecuado por pura suerte. El ritmo tampoco requiere de una prueba estadística.

La conducta real del poeta al aceptar o rechazar una respuesta aliterada, asonante, rimada o rítmica implica algo más que el mero fortalecimiento de esta respuesta en su conducta y se tratará en el capítulo 15. Las técnicas que puede emplear para fomentar la aparición de respuestas con tales propiedades son otra cuestión que se tratará en el capítulo 17. Es demasiado tarde, por supuesto, para reconstruir el proceso de composición con alguna esperanza de exactitud. No sabemos el orden en que las partes de un poema fueron emitidas o escritas por primera vez, qué cambios se hicieron, cuántas oportunidades de conexiones temáticas se ofrecieron, o en qué orden podrían ser efectivas las fuentes autoecoicas u otras fuentes formales de fuerza. Cuando hay pruebas de un proceso como el demostrado en el uso de la aliteración de Swinburne, pueden señalarse, sin embargo, dos posibles interpretaciones. Puede darse una respuesta y constituir el estímulo de una respuesta fragmentaria autoecoica que haga más probable la aparición de otra respuesta que contenga el mismo fragmento. Por lo tanto, habiendo dicho *fuego* es más probable que digamos *flamea* en lugar de formas sinónimas, o si *flamea* fue escrito primero, es más probable que digamos *fuego* o lo ofrezcamos como un sustituto de una palabra rechazada. Por otra parte, tales casos pueden ser tactos mínimos, en el sentido del capítulo 5. El estímulo que evoca *fuego* como intraverbal o tacto puede actuar por separado sobre la *f-* inicial o el *-uego* final. En estas circunstancias, la respuesta *fuego* se produce con una alta probabilidad porque está compuesta por estos dos elementos, pero la separabilidad de los elementos es una posibilidad que hay que considerar y de la que encontraremos otras pruebas, en particular en el capítulo 11. Por lo tanto, aunque tal vez podríamos demostrar que no existe una conexión "significativa" entre el estado de cosas responsable de las respuestas *fuego* y *flamea*, hay algunas razones para creer que es más probable que *fuego* ocurra, digamos, en presencia de un fuego real que en otras ocasiones. La *f-* inicial no tiene por qué ser una unidad ecoica; puede estar controlada por las mismas circunstancias que producen *fuego* en su forma completa.

Una evidencia similar es suministrada por lo que se llama recuerdo parcial. Tal vez recordemos sólo que el nombre de un objeto comienza con *t* o rima con *caza*. Los casos son más comunes cuando se recuerda un nombre propio, en parte debido a la falta de un repertorio mínimo, pero no hay nada en el proceso que sea peculiar de los nombres propios. Una situación que no evoca adecuadamente una respuesta completa en forma de tacto puede evocar parte de la respuesta, tal vez en combinación con otros fragmentos. Decimos que un nombre que no podemos recordar "tiene una *a*" o "rima con una determinada palabra", sólo por una cierta sofisticación; un resultado más común es recordar otro nombre ("equivocado"). Se pueden dar dos ejemplos de la conducta de los niños pequeños. Una niña de cinco años, al presentarle una sopa de fideos (*noodles*) por segunda vez en su vida, los llamó *Yankee Doodles*, donde la fuerza separada del fragmento *-oodles* es evidente. Aunque la respuesta "*Yankee Doodle*" era fuerte por otras razones[39], su única conexión con la situación actual surgió del hecho de que la respuesta *noodles* habían sido reforzada previamente en una situación similar. Otro niño de diez años dijo *merry-go-around* (tiovivo) en lugar de *ferry*. La respuesta se emitió débilmente, sugiriendo que el niño "sabía que estaba equivocado" (véase el capítulo 15); no obstante, se hizo en circunstancias que, de haber sido más claras, habrían evocado *ferry*. El fortalecimiento por separado del fragmento *-erry* es evidente.

No existe un problema paralelo en la explicación de la fuente ecoica fragmentaria porque, como hemos visto, la conducta ecoica se establece como un repertorio mínimo o desarrolla tal repertorio como resultado del fortalecimiento independiente de respuestas más amplias. Demostramos la eficacia de un fragmento ecoico cuando le decimos a alguien *Dame una palabra que empiece por t,* o *Dime algo que rime con amigo.* Estos son mandos para la acción verbal, y las respuestas que generan muestran la combinación de una respuesta ecoica que cumple la condición del mando y la conducta determinada sin respeto a la forma bajo el control de variables incidentales en la situación.

En el ejemplo anterior, una persona más sofisticada podría haber informado simplemente de que el nombre tenía el sonido *-erry* en él, pero el recuerdo erróneo demuestra el funcionamiento separado de un tacto fragmentario tan claramente como la identificación del elemento.

39 N. del E.: *Yankee Doodles* es una canción popular infantil.

Normalmente la identificación es imposible. Si al tratar de recordar el nombre *Denman Ross*, recordamos a *Russell Sage*, puede ser imposible en ese momento (antes de que se haya recordado *Denman Ross*) señalar la pauta de acentuación y longitud pertinentes o el elemento importante *R_ss*[40].

Al recoger ejemplos de recuerdos erróneos o parciales, se tiende a señalar casos interesantes y a pasar por alto los triviales o los que parecen no tener "significado". No tenemos datos adecuados para mostrar la importancia relativa de las consonantes, vocales, posición, patrones de acentuación, etc. La búsqueda de esos datos se vería dificultada por las fuentes adicionales de fuerza generadas por la conducta del recordatorio. Por ejemplo, al tratar de recordar el nombre *Hale* de una lista de estudiantes, un profesor dijo primero *Dale*, luego *Day*, que era otro nombre de la misma lista. Luego dijo *Hale*. Parecería que la forma competidora *Dale* puede haber derivado la fuerza tanto de *Hale* como de *Day y* por lo tanto haber surgido primero. Al notar simplemente la similitud formal de *Hale* y *Dale*, perdemos la otra contribución de fuerza al último nombre. Una interferencia más extensa de este tipo generada por la conducta del recuerdo se reconoce cuando decimos que sigo *pensando en "X" pero no doy con ello.*

Múltiples fuentes de fuerza tienen un efecto familiar sobre el discurso sostenido. Tan pronto como alguien comienza a hablar o escribir, su propia conducta genera estímulos para respuestas ecoicas, textuales o intraverbales. Cuando estas se vuelven demasiado poderosas o cuando actúan en conjunto con variables débiles, el resultado puede ser perjudicial. Una contribución intraverbal demasiado poderosa puede convertir el discurso en una mera fuga de ideas. Una contribución formal demasiado poderosa la convertirá en un canto o un galimatías. La repetición autoecoica de una respuesta como miembro improbable de un grupo temático *diferente* suele ser confusa para el oyente o el lector[41]. Por otra parte, las múltiples fuentes de fuerza pueden contribuir a una cierta integración o solidez del discurso sostenido, y es probable que tengan un efecto en reforzante en el oyente (como veremos en el próximo capítulo) y por ende en el hablante.

40 En Woodworth, R. S., *Psychology* (Nueva York, 1934) se dan ejemplos interesantes del recuerdo erróneo de nombres propios.

41 Ver Fowler, *Uso del inglés moderno*, en "Repetición de palabras y sonidos": Dos usos accidentalmente similares, pero no paralelos de una palabra".

El principio de causalidad múltiple tiene su lugar en las formas más rigurosas de conducta verbal que se ven en la lógica y la ciencia. La comunidad lógica y científica se dedica a la eliminación de ambigüedades y equívocos, pero no ha eliminado del todo las extensiones metafóricas o incluso solecistas ni ha proporcionado salvaguardas contra la causalidad múltiple. Veremos más adelante que algunos de los mecanismos del pensamiento verbal implican necesariamente el fortalecimiento suplementario de las respuestas a través de variables colaterales. En cualquier caso, el lógico o científico está sujeto a las limitaciones que le impone su papel como organismo que se comporta, e incluso aquí debemos tener en cuenta la posibilidad de que existan fuentes múltiples.

Capítulo 10

Estimulación suplementaria

Una razón para tratar de mejorar el análisis de las conductas verbales en cuanto a ideas, significados, información, actitudes, opiniones, rasgos, habilidades, etc., es que esas variables, incluso cuando se definen de manera aceptable, tienen poca relevancia para el control práctico de las conductas verbales. Las descripciones formales de la lógica y la gramática no permiten una explicación real de la conducta verbal. Sin embargo, las variables y relaciones de control a las que se apela en este análisis pueden aplicarse al proceso de evocar conducta verbal. Como se sugiere en el capítulo anterior, dos o más de esas variables serán más eficaces para lograr este resultado que una por separado.

Supongamos que aceptamos la tarea práctica de evocar una respuesta dada en un hablante determinado en un momento dado. Para que el resultado sea importante, supongamos que se ha hecho una apuesta significativa: un sujeto hispanohablante, que no conoce el experimento, debe ser obligado a emitir una respuesta común como, por ejemplo, *lápiz*. Si somos razonablemente libres de disponer de las circunstancias externas a nuestro antojo, ¿qué deberíamos hacer? Obviamente la forma más rápida de ganar sería el mando: *por favor diga "lápiz".* La historia de la mayoría de los hispanohablantes con respecto a tal estímulo verbal produciría casi con seguridad el resultado deseado. Pero si se ha descartado este paso, tendremos que introducir otras variables características de otras operantes que tengan la misma forma de respuesta. Si la apuesta es considerable, probablemente introduciremos muchas de ellas a la vez para aumentar la probabilidad de repuesta al máximo.

Para reforzar un mando de esta forma, podríamos asegurarnos de que no hay ningún lápiz o instrumento de escritura disponible, y entonces entregaríamos a nuestro participante un cuaderno para dibujar a lápiz, ofreciéndole una generosa recompensa por la imagen reconocible de un gato. No hemos "creado la necesidad de un lápiz" en el sentido de generar un estado de privación, sino que hemos fortalecido la conducta que sólo puede ser ejecutada con un lápiz. En condiciones similares la respuesta *lápiz* ha sido reforzada frecuentemente y, por lo tanto, será más probable. Simultáneamente podríamos reforzar otras respuestas de la misma forma proporcionando estímulos ecoicos (un altavoz de fondo repite ocasionalmente "*lápiz*") y estímulos textuales (un cartel en la pared con la palabra *LÁPIZ*). Dispersamos otros estímulos verbales entre éstos para producir respuestas intraverbales: el altavoz dice ocasionalmente *la*... hay otras señales en la pared que dicen *LA*.... Creamos una ocasión para un tacto con la forma *lápiz* poniendo un lápiz muy grande o inusual en un lugar destacado y a la vista. Por ejemplo, lo pondremos sumergido a media agua en un gran acuario o pendiendo de un hilo cerca del techo de la habitación. En este ejemplo identificábamos a nuestro personaje-audiencia como un sujeto hispanohablante ya que se requiere el idioma para el ejercicio. En tales circunstancias es muy probable que nuestro sujeto diga *lápiz*.

Pero no solemos llegar a tales extremos al generar una respuesta. No obstante, nos interesa evocar la conducta verbal y las técnicas que hay disponibles se ilustran en este ejemplo. Al descubrir las variables independientes de las que la conducta verbal es función, ponemos la conducta bajo un control práctico. Las técnicas de control que utilizan la causalidad múltiple son aplicables siempre que queramos evocar una conducta ya existente con cierta fuerza.

CONTROL PRÁCTICO

Añadimos una variable suplementaria a las fuentes de fuerza existentes cuando, por ejemplo, es importante que alguien recuerde un nombre o un hecho, o que hable en un momento apropiado o "que se desahogue". No importa por qué la conducta no es lo suficientemente fuerte para ser emitida sin suplemento, dado que una respuesta puede estar simplemente mal condicionada, controlada por estímulos actualmente débiles, relacionada con estados de privación o estímulos aversivos moderados o débiles, desplazada por otras conductas como resultado de un castigo anterior o confundida por otras variables actuales. A veces, el problema consiste en hacer vocal la conducta previamente subvocal, pero generalmente se trata de evocar conductas que, de otro modo, no se emitirán, ni siquiera subvocalmente. No podemos tan sólo mandar la conducta requerida porque podemos no saber lo que es o porque no será efectiva si se debe enteramente a tal variable.

Los procesos de evocación suplementaria pueden clasificarse de la siguiente manera: cuando el operador puede identificar la respuesta a evocar (p.ej., cuando el sujeto ha olvidado una palabra que el operador conoce), el estímulo suplementario es una "ayuda[1]". Cuando el operador no conoce la respuesta, aunque ésta pueda ser igualmente especificada por otras circunstancias (p.ej., cuando ni el sujeto ni el operador conocen una palabra que, al ser descubierta, les permitirá a ambos localizar otra información en un diccionario), el suplemento es una "sondeo". El material empleado también puede dividirse según la distinción entre fortalecimiento formal y temático que se examina en el último capítulo. Hay que examinar, en primer lugar, las ayudas formales; en segundo, las ayudas temáticas; en tercer lugar, los sondeos formales; y, por último, los sondeos temáticos.

Ayudas formales

Ayudas ecoicas[2]. Aquí el apuntador en el ensayo de una obra de teatro sostiene el libro en su regazo y siempre es capaz de decir la siguiente línea como conducta textual. El actor en el escenario se comporta de forma intraverbal y sin unos apoyos tan sólidos. Cuando una conexión intraverbal es inadecuada, es decir, cuando el actor se olvida de una línea, el apuntador le facilita un estímulo ecoico *parcial*. Cuando el actor dice la línea, su conducta obtiene su fuerza de dos fuentes: el condicionamiento intraverbal original y la ayuda ecoica. Si el actor no sabe la línea, falta una fuente intraverbal y su respuesta al apuntador es, entonces, una conducta completamente ecoica y no resultado de condicionamiento intraverbal y ayuda ecoica. Los dos casos pueden

1 N. del E.: *prompt*, en el original.

2 N. del E.: *echoic prompt*, en el original.

distinguirse fácilmente en cuanto al tamaño del estímulo ecoico. Cuando el apuntador facilita algo menos que toda la línea (tal vez sólo unos pocos sonidos o una o dos palabras), la presencia de una fuente adicional responsable de la línea completa es evidente. Cuando la línea completa se da por el apuntador y el actor hace la ecoica correctamente, la evidencia de condicionamiento intraverbal desaparece. Aunque los apuntadores actúan habitualmente al inicio de una respuesta verbal, una ayuda ecoica puede ser efectiva siendo a veces suficiente un simple patrón de acentuación.

Las técnicas educativas que enfatizan la memorización de material verbal se basan, en gran medida, en el estímulo. La forma en que el niño de educación primaria adquiere conducta verbal no suele tener importancia para el maestro. Por ejemplo, se le dan al niño unos cuantos versos de un poema y se le dice que los "aprenda". De alguna manera poco comprendida que el niño suele descubrir por sí mismo, debe convertir las respuestas textuales en intraverbales. Entonces, el maestro pide al niño que recite el poema, lo premia si lo hace correctamente, y lo castiga si no puede recitarlo o lo hace incorrectamente. Para generar respuestas que puedan ser reforzadas, el maestro puede recurrir a una serie de ayudas. Un poema parcialmente aprendido es así evocado y reforzado. La conducta pasa finalmente de una serie de respuestas textuales a través de la conducta ecoica a un control intraverbal definitivo. La cantidad de ayudas necesarias en cualquier etapa depende de la fuerza que la conducta haya adquirido.

En lo que podríamos llamar una ayuda formal disfrazada, un estímulo ecoico se oculta dentro de una respuesta verbal mayor. Así, para evocar la respuesta *suma*, un estímulo disfrazado podría tomar la forma de: *Le aconsejo que aSUMA la situación.* Si el estímulo oculto es menos efectivo que el no *disfrazado* es porque no genera fácilmente una conducta ecoica. La ayuda no disfrazada no es sólo un estímulo formal para la conducta ecoica, sino que es esencialmente un mando, que equivale a *di "suma" y veremos si la respuesta no se te ocurre*. La ayuda disfrazada tiene un efecto similar si se enfatiza *SUMA* en *asuma* con una entonación e intensidad particulares.

Un uso similar de la ayuda ecoica es restringir la conducta del oyente a un pequeño número de respuestas entre las que se deja la determinación a otras variables. Un ejemplo trivial es el mando *Dame una rima para "azul"*. Un uso práctico más importante de la ayuda ecoica (o en el caso de un lector, la ayuda textual) se ejemplifica con el mando *¿Esto es verde o azul?* o *Responde "Sí" o "No". Las* respuestas a tales preguntas están bajo el control aversivo implícito en el mando, pero un pequeño repertorio ecoico se encuentra más allá de las contingencias aversivas. El mando *Repite después de mí...* es una ocasión en la que sólo se refuerza una forma específica de conducta ecoica.

La ayuda es tan común en las relaciones sociales que estamos especialmente inclinados a hacer ecoicas de cualquier estímulo verbal en condiciones en las que el estímulo es útil, aunque con frecuencia el resultado se pierde. Por ejemplo, alguien comienza diciendo: *He estado interesado últimamente en la situación en... mmm...* Cuando un oyente dice *Egipto*, el hablante hace la ecoica, pero se corrige a sí mismo: *Bueno, no, no Egipto... eh... estaba pensando en... Turquía.* Aquí la fuerza de Egipto se debe exclusivamente a la fuente ecoica. La frase incompleta del hablante y las condiciones generales del momento hacían muy probable una respuesta ecoica debido a las muchas ocasiones en las que dicha respuesta había servido como un útil estímulo formal.

Ayudas textuales. El hablante que sólo echa un vistazo a sus notas usa un texto que tiene el mismo efecto que la ayuda ecoica en el teatro. En televisión, en efecto, se utilizan teleprompters que presentan estímulos textuales fuera de la vista de la audiencia televisiva pero disponibles para el hablante. Si sólo se lee el material, la conducta no es estimulada, pero la función de tal estímulo es generalmente complementar la débil conducta intraverbal.

La publicidad usa tanto ayudas ecoicas como textuales. Un recurso bastante común es hacer que el nombre de un producto aparezca ante el cliente en una tienda. Un cartel en la puerta o en el mostrador de una tabaquería da el nombre de una marca de cigarrillos o el nombre seguido de *Por favor*, o tal vez la frase completa: *Me llevaré un paquete de Lucky, por favor.* El cartel es un suplemento textual que aumenta la probabilidad de que el cliente pida una marca concreta. Esa ayuda puede ser disfrazada mostrando una foto de alguien que da esta respuesta. Los mandos explícitos (Pedir *"Lucky"* o *decir "Lucky, por favor"*) no sólo proporcionan un estímulo suplementario para el nombre de un producto, sino que fijan algunas de las condiciones que en otras partes de la vida del hablante se asocian con el reforzamiento de la conducta ecoica. Una forma disfrazada del mando se ejemplifica al decir *llama a Philip Morris*[3], que puede funcionar como un mando para tabaco, aunque se disfraza como una respuesta diferente. La conducta de anunciar a voces la mercancía a la venta probablemente tiene un *efecto ecoico* comparable. El vendedor de cacahuetes en el partido de béisbol grita *¡Cacahuetes! ¡Palomitas de maíz!* no sólo para indicar que las tiene a la venta, sino para aumentar la probabilidad de que los clientes potenciales se expresen abiertamente y pidan cacahuetes y palomitas de maíz.

Por otro lado, las abreviaturas acaban convirtiéndose en estímulos textuales estándar que controlan las respuestas verbales en ausencia de una estricta correspondencia punto a punto (biunívoca), pero suelen comenzar como ayudas textuales. Las siglas *CÍA.* podrían evocar *compañía* si se ha dado un condicionamiento completo no relacionado con el hecho de que *CÍA.* es parte de *COMPAÑÍA (*de igual modo que *Señora* cae bajo el control del texto *Sra.).* Así, *CÍA.* controla la respuesta *compañía* en parte debido al repertorio textual, y probablemente surgió como una abreviatura porque así lo hizo. Un escritor, quizá apresurado, encontró que el *CÍA.* lograba el mismo efecto sobre sí mismo o sobre otro lector que la forma más larga.

Al igual que la ayuda ecoica, la mayoría de las abreviaturas son simplemente comienzos de respuestas estándar más largas, pero algunas pueden ser el principio y el final (*Sr.*) o muestras de letras o sonidos que cubren toda la respuesta (*Kg.*). Las iniciales en lugar de los nombres propios de personas (*FDR*[4]), ferrocarriles (*B&M*[5]) u organizaciones (*ONU) adquieren* el estatus de estímulos verbales completos por derecho propio, pero también funcionan como ayudas textuales, posiblemente como una fuente adicional de fuerza después de que se haya adquirido la respuesta independiente. Las abreviaturas e iniciales habladas también sirven como ayudas ecoicas, tanto antes de que se hayan establecido como estímulos verbales completos como posiblemente después en forma de estimulación suplementaria. Dado que las abreviaturas son principalmente recursos para evitar la labor de formas más largas, tienden a ocurrir en conductas verbales escritas.

3 N. del E.: aquí mando disfrazado para un paquete de tabaco en referencia al nombre del fundador de la conocida tabaquera.

4 N. del E.: por Franklin D. Roosevelt.

5 N. del E.: Boston & Maine Railroad.

Son menos comunes ahora que antes. Por ejemplo, en los manuscritos, debido a la invención de métodos más fáciles de producir estímulos verbales escritos.

Ayudas temáticas

Una ayuda temática es una fuente suplementaria de fuerza en forma de tacto o intraverbal. Se las conoce mejor como "indicios" o "pistas". Así, podemos animar a que nuestra anfitriona a ofrecer *más té...* ya sea mirando nuestra taza vacía, tomando visiblemente la última gota, u ofreciendo un estímulo intraverbal que contenga formas como *bebida, café,* etc. Se asume que la respuesta *¿Más té?* existe en cierta medida; si el estímulo suplementario es tan fuerte como para generar la conducta requerida por sí sola, la insinuación es demasiado amplia como para ser llamada ayuda.

A menudo, la ayuda temática funciona de manera similar a la ayuda formal. Si hemos acordado con alguien que planteará un tema de discusión en una reunión del comité y no lo ha hecho, podemos recurrir a la ayuda. Una ayuda formal sería una palabra susurrada o una palabra escrita en un bloc. Una ayuda temática consistiría en estímulos verbales que suelen evocan términos del tema de debate como respuestas intraverbales. Una ayuda temática puede estar oculta en otras conductas verbales menos evidentes que una formal, pero es menos probable que una temática determine conductas específicas por parte del oyente. Sin embargo, el tono de voz adecuado o la mirada de reojo pueden servir como sustitución de *¿No ibas a decir algo sobre tal o cual cosa?*

Las ayudas temáticas también son comunes en la educación. El profesor "dirige" una discusión o anima al estudiante a hablar de un tema determinado de una manera determinada principalmente a través de su uso. También se producen ayudas temáticas accidentales, como cuando se nos "recuerda un tema sobre el que teníamos intención de hablar". Podemos traducir una expresión elíptica de este tipo diciendo que "la conducta que existía con cierta fuerza recibe un suplemento accidental de contenidos temáticos relacionados".

En las condiciones en las que las ayudas han sido especialmente eficaces como (p.ej., cuando el oyente "busca una ayuda") el efecto puede depender de, por lo menos, dos respuestas unidas en una cadena. Un eslabón temático puede ir seguido de uno formal, o viceversa.

Para reforzar la respuesta *adición*, por ejemplo, el estímulo verbal *una determinada impresión de un libro* puede dar lugar a una serie de respuestas intraverbales, entre ellas *edición*, que puede actuar como ayuda formal para que la respuesta *adición* alcance suficiente fuerza.

SONDEOS FORMALES

Sondeos ecoicos. El estímulo ecoico puede no siempre evocar una respuesta equivalente. El estímulo en sí mismo puede ser poco claro, el hablante puede tener problemas de audición, el repertorio ecoico puede no estar bien condicionado, etc. El simple hecho de oír mal un estímulo verbal es algo normal, pero si el estímulo ecoico es débil, no se deduce que la respuesta sea de otro modo indeterminada. Simplemente es más probable que otras variables sean más efectivas como fuentes suplementarias de fuerza. Cuando tales variables son aparentes, decimos que el malentendido es "revelador" en el sentido freudiano. Así pues, si alguien oye mencionar su nombre en una conversación ruidosa cuando está claro que, de hecho, no hubo ningún estímulo verbal correspondiente, podemos preguntar qué otra variable podría haber sido responsable de esa escucha del nombre. Por ejemplo, un padre orgulloso oye muchas más palabras en el balbuceo de su hijo que su escéptico vecino. Un hecho relevante en la interpretación de tales casos es que lo que se escucha refuerza al que lo escucha. La estimulación ecoica fragmentaria se ha combinado con alguna otra variable para producir una respuesta verbal que no podría ser evocada por ninguna de las variables tomadas por separado.

En ocasiones, los patrones de sonido que son aún más deficientes como estímulos ecoicos servirán como variables suplementarias, especialmente si se repiten de forma rítmica. Dado que la debilidad del estímulo ecoico debe ser igualada por una fuerza especial de otra fuente, los ejemplos de este tipo son más claramente "reveladores". Y, de hecho, se han utilizado frecuentemente como recursos literarios. En *Guerra y paz* de Tolstoi, "le pareció al príncipe Andrey [de pie en la barandilla de un transbordador] que el chapoteo del agua repetía como un estribillo las palabras de Pierre: 'Es la verdad. Créelo'". Y Arnold Bennett, en los *Cuentos de viejas*, describe a una joven que huye de su casa en un vagón de tren: "Y luego el largo y constante golpeteo del tren sobre los rieles, mantenía el ritmo de una voz incontestable dentro de su pecho: '¿Por qué estás aquí? ¿Por qué estás aquí?'"

Una sola ocurrencia de tal patrón auditivo no vocal pocas veces evoca una respuesta verbal ecoica. El hecho de que los patrones repetidos rítmicamente lo hagan es un ejemplo de un proceso llamado "sumatorio", que observamos frecuentemente tanto en la conducta refleja como en la operante. Puede demostrarse en la conducta verbal de la siguiente manera. Llamar a alguien por su nombre puede ser ineficaz si la persona está a distancia o si el fondo es ruidoso o si está preocupado por otras conductas. Pero hay un nivel de intensidad en el que tal estímulo, ineficaz cuando se presenta una vez, será efectivo si se presenta rítmicamente a la misma intensidad varias veces. Si hablamos con alguien que está leyendo un periódico y no responde, es probable que volvamos a hablar en voz alta, pero también podemos lograr el mismo efecto hablando a la misma intensidad varias veces. Es esta suma de estímulos ineficaces la que evoca una respuesta parcialmente ecoica a un patrón de estímulos no vocales. Cuando el estímulo es eficaz mediante la suma, sigue siendo necesario en la mayoría de los casos que otras fuentes de estímulo estén presentes para determinar la forma precisa de respuesta.

Un sondeo ecoico basado en este principio es el llamado "sumador verbal". Consiste en una grabadora que repite un vago patrón de sonidos del habla a baja intensidad o contra un fondo ruidoso tan a menudo como sea necesario para evocar una respuesta. El material suena como fragmentos del habla natural que se escuchan a través de una pared. Por razones que se tratarán en el capítulo 15, el dispositivo evoca una conducta más fácilmente si se oculta al hablante la verdadera naturaleza de los patrones. En condiciones experimentales adecuadas, un sujeto generalmente oirá algo que se dice para cada patrón y la mayoría de los sujetos no requieren más de diez o quince presentaciones de cada estímulo. De hecho, se pueden recoger cientos de respuestas en unas pocas horas. Éstas guardan muy poca relación formal con los estímulos ecoicos (diferentes sujetos rara vez dan la misma respuesta) y, por lo tanto, es posible aventurar ciertas inferencias sobre otras variables. Las respuestas tienden a ser únicas en el sentido del capítulo 15 porque el sujeto sigue sin conocer las fuentes de control y suele estar convencido de que sólo repite lo que oye, aunque posiblemente con cierta inexactitud.

A continuación, se presenta una lista de las respuestas obtenidas de un sujeto en tal experimento[6].

6 Skinner, B. F. El sumador verbal y un método para el estudio del habla latente. *J Psychol 2* (1936), 71-107.

Cebada; ten cuidado con eso; no lo hagas; deletréalo; pégale una paliza; ¿cómo estás?; buenas noches; te sabes una parte; galleta; ten algo; dos cuatro uno ocho; estación de llamada; pepinillos agrios; cálmate; no te metas; vagabundo; hazlo otra vez; eres mío; la conocí; Mannheim vis-à-vis; Lita golpeó...; supera el salto principal; lo intentaste; te tiene; nunca te hace daño; Heidi; un Bilderbuch; sujetar uno; por qué lo has hecho; Tabelletuch (reportado sólo después de que la repetición se detuvo); si yo fuera tú; tienes la edad suficiente; has olvidado; quién eres; no podría imaginarme; cuál soy yo; América; podría seguir contigo; quién eres tú; volverás; no puedes... hacer eso; Dumas; no vayas allí; vigila mi margen; después de todo mi deber; vuela como una abeja;

Es posible identificar algunas de las variables no ecoicas que intervienen en la determinación de esas conductas. Dado que es imposible llevar a cabo tal experimento *en el vacío*, el entorno inmediato proporciona algunos estímulos de control. Después de ver al experimentador ajustar dos pequeñas perillas en el aparato, un sujeto informó de que el fonógrafo dijo: *¿Qué diales tocas?* Un reloj distante que marcaba la media hora llevó a un sujeto a decir *media hora*. Las condiciones de privación o estimulación aversiva asociadas con tal experimento también son relevantes y parecen explicar respuestas como *Llámalos más fuerte, Acércalos, Fuérzalos más fuerte,* y *Cuidado, te vas a dormir.*

Tan pronto como se han emitido unas pocas respuestas, comienzan a producirse respuestas autoecoicas y autointraverbales. La respuesta *Hire a bootblack* fue seguida inmediatamente por *Have a bluebook*. Las dos respuestas tienen el mismo patrón de acentuación, y las consonantes iniciales son las mismas, excepto por la inversión de *b* y *bl.* Además, *bootblack* y *bluebook* son palabras cuyas sílabas separadas son, a su vez, palabras independientes. Ambas terminan en *k* y contienen el elemento *boo*. Fuerza adicional puede proceder de la fuerte conexión intraverbal entre *black* y *blue*. Se observa un marcado fortalecimiento autoecoico en frecuentes rimas: *Blow that fuse up, No shoes up*; *Trial by another, Is he your brother?*; y *Over golden seas; there are men at ease.* Las múltiples fuentes a veces producen un tipo de ingenio verbal a veces dudoso. *Harry Goldman* fue seguido por *In a gold mine*, y las formas *higher* y *hire* se altervaron a lo largo de una larga serie de respuestas. Después de responder *Hace tres o cuatro años*, un sujeto dio la respuesta *Un artículo histórico*, y la yuxtaposición incongruente de *tres o cuatro años* e *histórico* puede explicar una respuesta posterior en el experimento *ligeramente histórico* que, en sí mismo puede ser una forma distorsionada de la expresión *ligeramente histérica,* común en aquel tiempo.

Las agrupaciones temáticas de respuestas sin fortalecimiento formal están ejemplificadas por *Dos cuatro uno ocho, Estación de llamadas* (telefónica); *La música te pasó, ¿cuál es el motivo?* (música); *Gran orquesta, Eres musical* (música); *amor de Dios, acércate a la tierra* (religión); *haz una parada completa, cámara lenta* (velocidad). El último par fue seguido por *Ir al cine*, y las tres respuestas, tomadas en conjunto, son una fuga de ideas en miniatura.

Las conexiones intraverbales entre algunas respuestas sucesivas sugieren patrones de conversación cotidiana: *¿Adónde vas? A casa como siempre; ¿Quién eres? No me lo podía imaginar. ¿Tomarás el té? Está bien, tocaré la campanilla. Tengo la vista puesta en la cuerda. ¿Qué ha hecho? Tiró de la cuerda. Te amo. ¿Me amas?*

Ocasionalmente hay pruebas de una secuencia intraverbal que no todas han sido evidentes. Un sujeto dio la respuesta *You are a peanut* (eres un cacahuete) durante un día del experimento y al día siguiente, *You are a peacock* (eres un pavo real). Es posible que la respuesta *You are a peacock* haya recordado la respuesta *You are a peanut*, mientras que respuestas verbales encubiertas adicionales hayan llevado a la pregunta *Are you a nut?*

La complejidad del entrelazamiento formal y temático de las respuestas sucesivas en ausencia de un "significado en prosa" es digna de mención por su aplicación al análisis de la poesía. Una serie de respuestas dadas por el sujeto responsable de la lista anterior proporciona un buen ejemplo.

ella no ha partido
no digas parto
márchate
oh, eres tú
tengo tu visado
ella no es más
no lo sabe
p-p-parte
vas a ir,
quién eres
vis a vis

Las semejanzas formales entre estas respuestas, que son independientes de la conexión temática; y por lo tanto, podrían considerarse como una especie de juego de palabras, se ven en: *parte, no digas parto,* y *visado, vis a vis*. Tanto la fuerza formal como la temática son evidentes en *partido, márchate, vas a ir...* y así sucesivamente. El entrelazamiento temático con la superposición formal se ve en *parte, se despide, te vas* y, quizás, *tienes tu visado*. El balbuceado *p-p-parte* (el sujeto informó de que la grabación parecía tartamudear) puede deberse a que, al transcribir la primera respuesta de la serie, el experimentador preguntó si el sujeto había dicho *parte* o *no partes.*

Se pueden evocar respuestas en niños pequeños con estímulos ecoicos vagos, pero el material está fuertemente determinado por las condiciones del experimento o, una vez que se han emitido unas pocas respuestas, por fuertes conexiones formales y temáticas. Una niña de cinco años dijo lo siguiente:

> *Tengo mi disco; tengo mi disco (hace ruido); mi disco hace mucho ruido, pero me gusta; estoy sentada en un taburete; tengo un bonito escritorio, sin embargo; Caramba, estoy escribiendo tan fuerte; Caramba, olvidé mi disco; ¿Quiénes son esas personas que llaman a mi puerta?; Caramba, mi escritorio es precioso y mi disco también; (creo que está cantando una bonita canción de un cuento de hadas); Caramba, ¿dónde está mi esposa? ¿Dónde está? Tiene a mi niña;*

seguido de otras 19 respuestas en un total de 10 minutos. Este participante precedió a casi todas las respuestas diciendo *creo que está diciendo...* Otra niña de cinco años dio la palabra *paloma* como primera respuesta, y prácticamente todas las respuestas posteriores fueron nombres de aves.

Dado que las fuentes de fuerza identificables no darán cuenta de la mayor parte de las formas de respuesta observadas en el experimento del sumador verbal, el resto debe atribuirse a otras variables de la historia del sujeto. Es precisamente al permitirnos inferir estas variables que el dispositivo tiene un uso clínico como "prueba proyectiva". Cuando las respuestas obtenidas de esta manera se dividen en grupos temáticos y se analiza su estructura gramatical, pueden aparecer predisposiciones verbales que no siempre pudieron descubrirse en la conducta normal del sujeto debido al proceso de edición que se abordará en el capítulo 15. En el experimento del sumador, a grandes rasgos, el sujeto no tiene por qué asumir la responsabilidad de lo que dice. Pero la cuestión de interés aquí es que tal recurso funciona. Al proporcionar un estímulo ecoico muy vago como fuente suplementaria de fuerza, se pueden evocar conductas verbales de forma indeterminada. Las relaciones misceláneas con otras variables, incluyendo el fortalecimiento interno ecoico e intraverbal, sirven meramente para confirmar la formulación.

El estímulo ecoico es como mínimo (y otras variables, por lo tanto, relativamente más importantes) en la conducta psicótica de "oír voces". La mala audición del discurso escuchado es un rasgo común. Las respuestas de los psicóticos al sumador verbal están relativamente libres del patrón del estímulo ecoico[7]. Al oír las voces no podemos suponer que no hay estímulo ecoico, ya que los ruidos generados por los procesos fisiológicos en el oyente pueden ser suficientes; y en muchos casos, esas alucinaciones parecen ser alentadas por estímulos externos, como el crujido de las hojas.

Sondeos textuales. Aunque un estímulo verbal textual es normalmente más estable que un ecoico, a menudo evoca respuestas que no exhiben la correspondencia punto a punto del repertorio textual. El profesor de la escuela primaria está familiarizado con este efecto. Pero, incluso los lectores que han desarrollado un repertorio textual extenso pueden *leer mal* cuando el estímulo textual es vago o muy breve. Al conducir un coche uno puede ver un estímulo textual "por el rabillo del ojo" o cuando pasa rápidamente. En el laboratorio, los estímulos textuales pueden presentarse durante fracciones de segundo con un tacómetro. En todas estas condiciones la respuesta textual puede ser controlada en parte por otras variables.

Una forma visual del sumador verbal basada en este proceso ha sido diseñada por W. K. Estes[8]. Se presentan patrones de letras por un breve lapso o fuera del foco de atención del sujeto, y a continuación se le pide que dé una respuesta textual. Un ejemplo de este protocolo es el siguiente:

> *Dejado conmigo; su esposa; cuéntame de; golpeado por el brazo; culpable del crimen; tomar este brazo; iluminar mi camino; bota planeada; alrededor de mi brazo; atravesar el brazo; sentir el dedo del pie; apretado en el brazo; atado en el brazo; en el costado; letra por la mano; en mi cabeza; real como lo hicieron; es estatua a mi izquierda; injerto en el costado; encontrado en su cabeza; disputa con; niña todo bien; correr colina abajo; gran hombre en el pozo.*

7 Rosenzweig, S., y Shakow, D., *Carácter y Persona, 8* (1940), 216-226.

8 Estes, W. K., *The Psychological Record, IV* (1940), 174-180.

Las respuestas autoecoicas y autointraverbales son nuevamente evidentes, así como las combinaciones de éstas en la causalidad múltiple.

Cuando al comienzo de una sesión experimental se permitió al sujeto ver un texto significativo, ostensiblemente como una muestra del material que se presentaría más tarde en circunstancias menos favorables, el tema de la muestra persistió brevemente, y aparentemente como resultado de sucesivas respuestas intraverbales más que de un "conjunto" permanente. La estructura gramatical de la muestra persistió durante un período de tiempo más largo. De esa manera, si la muestra era una pregunta, las siguientes seis u ocho respuestas tendían a ser preguntas.

Otros tipos de sondeos formales. Podemos generar conductas verbales con cualquiera de las variables que fortalecen las conductas sin respeto a la forma, o con cualquiera de esas variables en combinación con variables puramente formales. Así, podemos pedir a nuestro sujeto que componga una lista de palabras lo más rápidamente posible, que escriba un poema en un patrón sugerido, que escriba pasajes altamente aliterados usando unas determinadas consonantes iniciales, que escriba todas las palabras que se le ocurran comenzando con una letra dada o rimando con una palabra dada, y así sucesivamente. Estos casos serían sondeos en el sentido de que el material real obtenido no está bajo un poderoso control externo. Todo este material será "editado" por el hablante en el sentido que se aborda en el capítulo 15, ya que en contraste con el sumador verbal de forma auditiva o visual, el sujeto debe "asumir la responsabilidad" de las respuestas generadas.

Sondeos temáticos

Un ejemplo de un sondeo temático es la prueba de asociación de palabras de Jung[9]. En ella se presentan una serie de estímulos verbales al sujeto, a quien se le pide que informe de "la primera palabra que se le ocurra", excepto en el caso de respuestas formalmente determinadas. Los estímulos pueden ser vocales o escritos y las respuestas vocales o escritas, sin que eso afecte directamente a los resultados. Algunos aspectos de la conducta generada son significativos, aparte de las respuestas o las pruebas que ofrecen de múltiples fuentes de fuerza. Si el sujeto "bloquea" (es decir, no da una respuesta rápida), pueden inferirse conductas encubiertas,

9 Jung, C. G., *Studies in Word Association* (Londres, 1918).

que se examinará en el capítulo 15. También puede ser de interés que sus respuestas sean típicas de la comunidad verbal de la que es miembro, es decir, si muestran respuestas intraverbales "normales". Las respuestas reales (el "contenido" de la conducta) pueden revelar variables colaterales. Diferentes sujetos dan respuestas diferentes, presumiblemente debido a diferencias en su historia verbal o en las condiciones o circunstancias actuales. Niños y niñas dan respuestas diferentes, como hemos visto en el capítulo 4, al igual que los estudiantes de derecho frente a los de medicina. Las respuestas idiomáticas, especialmente a las palabras con valencia emocional, pueden ser especialmente útiles. Se observan relaciones autoecoicas o autointraverbales entre las respuestas sucesivas, así como la persistencia de relaciones gramaticales o sintácticas con la palabra usada como estímulo.

En una prueba ideada por John B. Carroll[10], las palabras clave se omiten en un pasaje de prosa, aunque se conservan las relaciones sintácticas. Aquí está el primer párrafo de tal prueba:

> El cielo estaba __________ mientras iba hacia el __________. En el camino
> (adjetivo) (sustantivo)
> conocí a Alison que parecía muy __________. __________ me habló
> (adjetivo) (pronombre)
> muy __________. La última vez que vi a Alison fue el día en que mi
> (adverbio)
> madre había __________, y esta reunión me trajo de vuelta a la
> (verbo)
> memoria el __________ evento. Pensar en ello me produjo un sentimiento
> (adjetivo)
> de __________ y me preguntaba si algo así podría volver a suceder.
> (nombre)

La estimulación intraverbal suministrada por el pasaje es algo menos específica que en la prueba de asociación de palabras. Aunque, una vez que se han introducido las respuestas en los espacios en blanco, funcionan de manera más importante para determinar otras respuestas.

El experimento de asociación de palabras evoca respuestas intraverbales, dado que los estímulos apropiados para tactos pueden

10 Carroll, John B., *Psychometrika, 6* (1941), 279-307.

cumplir una función similar. En el Test de Apercepción Temática[11] se le pide al sujeto que cuente una historia sobre una imagen o que escriba algo apropiado para determinada música, olores, sabores, etc. Al igual que en la prueba de asociación de palabras, algunas características de la conducta evocada no son pertinentes, pero tales pruebas ilustran el sondeo de la conducta mediante estímulos inadecuados en los que se infiere que la conducta es causada por la multiplicación y en los que, por lo tanto, a veces se pueden inferir fuentes adicionales de fuerza.

En comparación con el sondeo formal, tanto la prueba de asociación de palabras como en el citado Test de Apercepción Temática comienzan con estímulos bastante fuertes. El hecho de que sean temáticos sugiere que ejercerán un control relativamente poderoso. Pero las variables colaterales todavía tienen un alcance relativamente amplio. En la prueba de Rorschach, las "manchas de tinta" en blanco y negro o de color se seleccionan precisamente porque no evocan respuestas estándar con ninguna consistencia. La puntuación del Rorschach no pone de relieve el "contenido" de la conducta así generada, pero la prueba ilustra el uso de la causalidad múltiple en el sondeo de la conducta verbal. La eficacia de las pautas visuales vagas para evocar respuestas que, sintácticamente, nombran o describen las pautas o características de estas sólo puede explicarse en cuanto a fuentes colaterales de fuerza. Gran parte de ello puede atribuirse a los estímulos visuales en el sentido de que muchas de esas respuestas representan extensiones metafóricas o nominativas de tactos. Por consiguiente, el material es pertinente a las tendencias del sujeto a "ver" patrones de una forma determinada.

LA CUESTIÓN DE LA CONCIENCIA EN LOS SONDEOS FORMALES Y TEMÁTICOS

La utilidad clínica de una investigación temática depende de la medida en que el sujeto "desconozca" la acción de las variables colaterales. Cuando el sujeto "debe asumir la responsabilidad de lo que dice" es probable que edite su conducta de la manera que se tratará en el capítulo 15 y frustre el propósito de la prueba. Cuando la fuente personal de la conducta no se puede disfrazar fácilmente, como en la prueba de Rorschach, el material temático se minimiza en la "puntuación" a favor de otros aspectos de

11 Murray, H. A., *Explorations in Personality* (Nueva York, 1938).

la conducta. La sofisticación también puede llevar a la edición en otras pruebas. Quien comprende el sentido del Test de Apercepción Temática suele ser consciente de editar su conducta y puede, de hecho, ser incapaz de responder libremente. Cuando se revela la verdadera naturaleza del sumador verbal, la prueba cambia de significado clínico. La edición de la conducta generada no pone en duda la realidad de las fuentes de fuerza formales o temáticas o la causalidad múltiple de la conducta. Simplemente significa que estos procesos pueden quedar oscurecidos por una actividad adicional del hablante.

En el enfoque auditivo del sumador verbal, un prefacio estándar para cada respuesta puede ocurrir o estar implícito en las condiciones del experimento. Cuando la respuesta del sujeto es fuerte, puede preceder su informe con *"eso dice..."* o *"está diciendo..."*. Cuando su respuesta es más débil, puede preceder su informe con *"suena como si dijera X"*. Cuando el estímulo ecoico no es claramente verbal, como cuando se escucha el clic de las ruedas de un tren, el sujeto puede decir: *Cuando escucho las ruedas, me encuentro diciendo....* Sólo en una metáfora obvia el informe toma la forma de *Las ruedas están diciendo.* De manera similar, en la forma visual del sumador, las respuestas pueden estar precedidas por *"Dice..."*, *"Parece que dice..."*, *"Lo leo como..."*, o *"Para mí dice..."*. *Las* respuestas de este tipo, que se tratarán en el capítulo 12, son una descripción de la propia conducta del hablante o de las variables que controlan esa conducta, emitidas para calificar el efecto de la respuesta sobre el oyente.

Una serie similar de prefacios puede estar implícita en la respuesta al Rorschach. El sujeto puede estar diciendo esencialmente que *"Es un..."*, *"Parece un..."*, o *"Veo un...ahí"*. Hay expresiones paralelas cuando el hablante es consciente de que *ningún estímulo* es responsable de la conducta: *Escuché voces, vi palabras, las palabras pasaron por mi mente*, o *incluso con los ojos cerrados, vi un....* Podemos notar una peculiaridad de la forma vocal del sumador verbal. La expresión *"me dije a mí mismo"* no tiene un paralelo exacto con respecto a las respuestas a los estímulos visuales, verbales o de otro tipo. No decimos *que "me leí... a mí mismo"* o que *"vi... a mí mismo"* (no se trata, por supuesto, de la lectura silenciosa de un texto real). El término *visualizar* sugiere la noción, referida por el agente de esta acción, de organizar la estimulación visual para uno mismo. Pero, en una situación en la que el sonido del teléfono es altamente reforzante, quien cree oír el teléfono en el tintineo de un manojo de llaves, no describe el evento diciendo *me he llamado a mí mismo*. Uno puede hacer una conducta verbal "para uno mismo" porque el hablante puede ser su propio oyente.

FORTALECIMIENTO DE LA CONDUCTA VERBAL EN EL OYENTE

Los estímulos suplementarios desempeñan un papel importante, y a menudo descuidado, en la conducta del oyente (o lector). Los análisis tradicionales del "significado" suelen limitarse a las actividades del receptor de la conducta verbal que clasificamos aquí como reflejos condicionados, principalmente emocionales, o como operantes discriminadas. El hablante que responde a los estímulos verbales con conducta ecoica, textual o intraverbal es también un oyente y puede mostrar conducta de reflejos o operante, además de las respuestas verbales del capítulo 4. El uso práctico de los estímulos verbales como variables suplementarias (como estímulos formales o temáticos) nos permite analizar aún otro aspecto de la conducta del oyente o del lector.

A menudo, el hablante "hace que el oyente diga algo que de otra manera no diría". Tanto el hablante como el oyente están bajo el control de esencialmente las mismas variables. Están, por así decirlo, en posesión de los mismos hechos y no se "comunica" nada nuevo, pero el hablante genera conducta en el oyente para "aclararle algo", o "hacerle ver un punto", o "ayudarle a entender" un estado de cosas. En lugar de informar al oyente algo que sólo él ve, hace que el oyente "vea algo a su manera". Él "dice algo para" el oyente. El proceso se ejemplifica con un discurso científico o filosófico relativamente intelectual; y, por lo tanto, es quizás aún más sorprendente que pueda reducirse a un suplemento ecoico, textual o intraverbal.

Es fácil demostrar que el oyente dice o puede decir lo que el hablante está diciendo y que lo hace aproximadamente al mismo tiempo. El oyente no tiene problemas en dar una respuesta faltante cuando la conducta del hablante está momentáneamente oculta por un fuerte ruido o una interrupción en el circuito telefónico, así como el lector llena un pequeño trozo arrancado de una página. El oyente reacciona correctamente, aunque la conducta del hablante esté, por alguna razón, distorsionada (capítulo 11) y puede incluso no ser consciente de la distorsión. Él completa una frase para el hablante si su propia conducta es más rápida o si el hablante es, por alguna razón, interrumpido. Se une al hablante para emitir una palabra o frase importante. Incluso cuando no emite la respuesta, puede reconocer su participación diciendo: "Me quitó las palabras de la boca".

Si tanto el hablante como el oyente poseen el mismo repertorio verbal, puede parecer que no tiene mucho sentido un episodio de habla de ese tipo, pero en los casos que son lo suficientemente útiles como para reforzar al oyente (y, por lo tanto, generalmente refuerzan indirectamente al hablante), las respuestas del hablante son, por alguna razón, ligeramente más fuertes. Es posible que el oyente no haya estado tan bien condicionado o que lo haya olvidado en cierta medida. Cuando, en una visita al zoológico, el hablante proporciona el nombre de un animal que el oyente posee, pero con una fuerza inadecuada, no está "instruyendo" al oyente en el sentido que se analizará en el capítulo 14 porque no crea una nueva relación funcional. Simplemente añade una fuente suplementaria de fuerza suficiente para evocar una respuesta.

El hecho de que la respuesta en este ejemplo haya sido de suficiente fuerza en ocasiones anteriores no es esencial. Dos personas pueden poseer el mismo conjunto de respuestas a un conjunto muy complejo de variables (p.ej., en el manejo de una situación política difícil), pero si una de ellas muestra una motivación más poderosa, por ejemplo, una "composición" más activa (en el sentido del capítulo 14), o un "pensamiento" más extenso (en el sentido de la parte V), se convierte en hablante y el otro en oyente. El hablante caracteriza la situación de una manera que el oyente adopta inmediatamente porque él mismo ha estado a punto de dar la misma respuesta. Un caso similar se produce cuando un oyente "ve" inmediatamente que una metáfora es apta porque las propiedades responsables de la extensión en la conducta del hablante también han sido en cierta medida eficaces para él. Una vez más, dos personas que trabajan juntas en un problema de álgebra pueden acercarse a la solución por el mismo camino, habiendo tenido historias intraverbales similares, pero el que emite la solución primero se convierte en el hablante. El otro es un oyente bien preparado, afectado casi con la misma intensidad por las mismas variables de control.

En este importante efecto sobre el oyente, la conducta del hablante puede considerarse como un estímulo sumatorio *óptimo*. Debido a que coincide con la conducta del oyente en todos los detalles, generalmente sólo se requiere una presentación de estímulo, aunque a veces pueden necesitarse repeticiones antes de que el oyente entienda la cuestión. El paralelismo con el sumador aclara varias características del proceso. El hablante y el oyente no emiten las respuestas simultáneamente, y el tiempo necesario para la respuesta ecoica puede ser del orden de una fracción de segundo. Sólo hay un acto verbal por parte del oyente, y que contiene la respuesta ecoica y la respuesta ya existente en cierta fuerza. Por lo general, es subaudible y, por lo tanto, difícil de examinar. El *lector* suele participar de una manera más obvia; puede ser más consciente de su propia conducta verbal subaudible, posiblemente porque, a diferencia del acto comparable por parte del oyente, no se confunde con el estímulo verbal.

En cualquier caso, la conducta del hablante no se ha visto afectada por la conducta apropiada del oyente, ni depende de ella. El hablante puede hablar, aunque su oyente no muestre ninguna reacción o dé una respuesta errónea. Análogamente, el oyente puede reaccionar de manera apropiada, aunque el estímulo verbal se genere en circunstancias irrelevantes. El efecto complementario del estímulo verbal es también independiente de una función útil actual. En un caso, el oyente puede ser descrito como "diciendo algo más con las mismas palabras". Cuando Lord Jim de Joseph Conrad estaba siendo llevado fuera de la escena de su juicio, escuchó a alguien diciendo *Mira ese chuco miserable.* El hablante estaba respondiendo a un perro que vagaba entre la multitud, pero Jim lo tomó como una referencia a sí mismo. No vio al perro y por lo tanto su respuesta no se apoyaba en esa fuente de control, pero una conducta similar con respecto a sí mismo era fuerte por otras razones. El nombre general para esto es "eiségesis". Un excelente ejemplo, señalado por Upton Sinclair y citado por Ogden y Richards[12], se debe a Lyman Abbott.

> *Jesús no dijo "No os hagáis tesoros en la tierra". Dijo: "No os hagáis tesoros en la tierra donde la polilla y el polvo corrompen y donde los ladrones se abren paso y roban". Y ningún americano sensato lo hace. La polilla y el polvo no llegan a los pozos de petróleo del señor Rockefeller, y los ladrones no suelen entrar y robar un ferrocarril. Lo que Jesús condenó fue la acumulación de riqueza.*

12 Ogden, C. K., y Richards, I. A., *The Meaning of Meaning* (New York, 1923).

Una especie de eiségesis fragmentaria es responsable de la dificultad del lector que comienza a decir algo con las primeras palabras de un pasaje con una entonación que no se adapta al sentido de la frase teniendo por ello dificultades para seguir. Malinterpreta el comienzo de una frase y se siente impotente cuando intenta seguir el texto. Fowler[13] llama a esto "falso aroma". El proceso también se tuerce en el malentendido. Un ejemplo es la infeliz experiencia de un joven galán que había hecho todo lo posible por bailar con una maestra en un baile del instituto. La maestra se detuvo en medio del baile y sacó a la joven de la pista, exclamando "*¡Estoy un poco cansada!*". A lo que el joven respondió: *¡No me pareció que estuvieras pasada!*[14]

Un caso extremo de coincidencia de diversas variables de control es lo que George Moore llamó "eco-augurio": "palabras oídas en algún lugar inesperado que encajan sorprendentemente en otra situación de especial dificultad"[15]. Aquí, el estado de fuerza simultáneo tanto en el hablante como en el oyente se debe a la casualidad y, como suele ocurrir con el azar, el oyente puede quedar especialmente impresionado e incluso actuar sobre la respuesta atribuyendo una creencia especial. Un comentario escuchado que tenga algún parecido con el nombre de un caballo de carreras se toma como una "revelación". Algo de esta misma superstición está implícito en la frase "*hablando del rey de Roma*", que es apropiada cuando alguien aparece *después* de que su nombre haya sido mencionado. El mismo efecto se siente cuando un objeto aparece poco después de ser nombrado.

Cuando las mismas variables afectan la conducta tanto del hablante como del oyente, la medida en que se dice lo mismo es crucial. No disfrutamos escuchando a alguien decir lo que nosotros mismos también tendemos a decir con fuerza. Si un conferenciante dice lo que hemos estado "diciendo todo el tiempo", no nos ayuda ni nos complace. Los comentarios obvios no son útiles ni agradables, ni tampoco lo son las dosis excesivas de lugares comunes, historias conocidas, etc. Podríamos haber dicho lo mismo nosotros mismos y no lo hicimos por no haber una ocasión en la que la conducta fuera reforzada. En el otro extremo, no podemos usar y no nos "gusta" la conducta que no tiene un paralelo apreciable en nuestro

13 Fowler, H. W., *Modern English Usage* (Londres, 1930).

14 N. del E.: aproximamos la intención de Skinner aquí sustituyendo el par *out-stout* con *cansada-pasada.*

15 Moore, G., *Confesiones de un joven* (Nueva York, 1901).

repertorio. La discusión de un detalle oculto, la presentación de un tema totalmente desconocido, las alusiones literarias no reconocidas, las metáforas inverosímiles, las secuencias intraverbales que no se derivan de los usos próximos a nuestra experiencia, por no hablar de las formas verbales totalmente desconocidas, no tienen valor y son aburridas. Ante algunas respuestas de este tipo podemos decir *no lo entiendo*, en el sentido de que *no digo cosas así*. En estos casos, podemos simplemente no dar ninguna respuesta y llegado el caso dejar de escuchar. Las mismas condiciones rigen para la conducta no verbal. No nos ayuda que nos muestren cómo hacer algo que ya podemos hacer, y podemos objetar intensamente a que nos lo muestren. Por otro lado, también nos oponemos a que se nos muestre cómo hacer algo con lo que nunca tenemos éxito o no tenemos interés en hacer. Entre estos extremos el hablante puede ser de considerable ayuda y se le busca porque proporciona estímulos que nos permiten realizar conductas útiles. Somos reforzados especialmente por hablantes y escritores que dicen lo que estamos *casi listos* para decir nosotros mismos; que diríamos toman las palabras "de la punta de nuestra lengua". Es significativo que llamemos a estos escritores o hablantes "estimulantes". Esto no significa que nos hagan la boca agua o que nos conduzcan a determinadas acciones prácticas, simplemente nos hacen pensar, es decir, nos hacen comportarnos verbalmente con respecto a algún estado de cosas.

También encontramos útil, aunque momentáneamente algo menos reforzante, una respuesta verbal por parte de un hablante que nosotros seamos poco propensos a emitir. Si hemos estado desconcertados por una situación compleja y alguien de repente hace un comentario que es apropiado, podemos hablar con la ayuda de este suplemento casi como si nosotros mismos hubiéramos llegado a la misma conclusión. Del mismo modo, la buena metáfora o el comentario apropiado puede no estar en la lengua del oyente, aunque se acepta inmediatamente debido a otras fuentes de fuerza considerables. El oyente puede rechazar atribuirse la autoría y exclamar *¿Por qué no se me ocurrió a mí antes?* pero debe haber "pensado en ello" hasta cierto punto si lo aceptó inmediatamente como una metáfora efectiva o como comentario realmente apto. Un estímulo meramente ecoico no sería valioso o reforzador porque no nos llevaría a "entender algo".

El hablante y el oyente serán más parecidos si no sólo hablan el mismo idioma, sino también los mismos sublenguajes. Un vocabulario común tiene ventajas, no sólo a nivel de palabras concretas sino en las respuestas funcionalmente unitarias más grandes que "dicen algo". Ligeras diferencias en las formas preferidas interferirán con el efecto sumativo, aunque el oyente pueda reaccionar apropiadamente de otras maneras. Las tendencias intraverbales similares son útiles, en concreto en el orden de las respuestas y la adición de etiquetas gramaticales que se examinarán en el capítulo 13. Por ejemplo, un inglés deficiente puede no complementar eficazmente la conducta del oyente que habla bien el inglés, aunque cumpla suficientemente bien las demás funciones de los estímulos verbales. Aproximadamente la misma velocidad de pronunciación es importante. Nos quedamos atrás de un hablante rápido y nos impacientamos con otro lento, lo que plantea un problema especial para el hablante lento o el tartamudo. La duración de la respuesta también es un factor. Siendo constantes otras variables, cuanto más largo sea un estímulo verbal, menos probable será encontrar un patrón correspondiente en la conducta del oyente. También es importante que el estímulo sea vocal o escrito, ya que puede haber diferencias considerables en la sensibilidad a las fuentes de fuerza suplementarias en una u otra modalidad.

CORRESPONDENCIAS TEMÁTICAS ENTRE EL HABLANTE Y EL OYENTE

Los temas de la literatura han sido bastante analizados, especialmente en el marco del psicoanálisis. La "personalidad" del escritor se refleja en lo que escribe en la medida en la que la conducta desde la que juzgamos tanto la personalidad como la conducta literaria sean funciones de las mismas variables presentes en la historia del escritor. Antes de Freud no se reconocía con tanta frecuencia que la relación entre una obra literaria y el *lector* es en parte del mismo tipo. Podemos disfrutar de un poema o un libro simplemente por las reacciones tratadas en el capítulo 6, pero es probable que nuestro disfrute provenga en mayor medida del hecho de que la obra literaria dice lo que nosotros, el lector, tendemos a decir. La literatura permite al lector comportarse verbalmente de manera apropiada. El amante sólo tiene que leer o recitar los sonetos de Elizabeth Barrett Browning para hablar como un amante de una manera sencilla y efectiva. Así como la doncella plantada tiene una razón especial para cantar "Amante, vuelve a mí"[16], el lector que está enamorado puede verse especialmente afectado por una novela sobre alguien enamorado cuya conducta verbal, transcrita como parte de la "conversación", proporciona el mismo tipo de estímulo auxiliar.

Entre las razones por las que el lector no habla sin ayuda textual está la falta de oportunidad, en concreto por la falta de una audiencia apropiada. Bajo fuertes estados de privación alguien puede hablar consigo mismo sin ninguna otra audiencia, pero la lectura de un texto para sí mismo no está bajo el control de una motivación extrema. Otra razón común es que el lector es menos enérgico verbalmente, o menos dotado e imaginativo. Es más fácil emitir la conducta de otra persona utilizando ayuda textual, que realizar la misma conducta sin ayuda. El psicoanálisis ha destacado otra razón. Algunas formas de conducta verbal (relacionadas, por ejemplo, con el sexo o acciones agresivas) son frecuentemente castigadas en la vida cotidiana, mientras que las mismas formas de conducta generadas por un texto no reciben castigo. Así, se puede castigar por un ataque verbal a un padre o hermano, aunque no por la lectura de tal ataque en una novela. Para Freud, la conducta "reprimida" por el castigo se liberaba mediante la "identificación" con un personaje de una novela, pero los hechos pueden representarse sin utilizar el esquema conceptual freudiano[17].

Aunque los castigos se asocian generalmente a las prácticas éticas del grupo, algunos motivos son relativamente triviales. La repetición excesiva es un ejemplo. Uno puede quejarse de un amor perdido sólo unas pocas veces antes de que se imponga algún tipo de castigo, pero puede cantar una canción de amor muchas veces o leer muchas obras de literatura sobre el mismo tema sin correr un riesgo comparable. Algunos de los recursos empleados por el hablante o el escritor para escapar del castigo se tratarán en la Parte V. En la medida en la que el lector dice estrictamente lo que el escritor ha dicho, aplicaremos al lector el mismo análisis.

La implicación personal tanto del escritor como del lector en una obra literaria ha dado lugar a muchos análisis de los temas de la literatura según sistemas particulares de psicología personal. Los

16 N. del E.: en referencia al poema *Amor verdadero*, de la misma autora.

17 *Ciencia y conducta humana,* Capítulo 24.

psicoanalistas han analizado cientos de obras literarias ya sea para ejemplificar los principios del psicoanálisis o para demostrar una correspondencia entre la biografía del escritor y los temas de sus obras. Los detalles de estas correspondencias son de interés sólo con respecto a un sistema particular de psicología personal. Los temas que son más importantes y por qué lo son, son cuestiones independientes de los procesos verbales que conducen a su expresión en la literatura.

El lector busca otras obras de un escritor determinado u otra literatura de un tipo determinado debido al reforzamiento que ha recibido. El reforzamiento depende de su conducta verbal. La correspondencia temática entre un lector y una obra literaria es probable que implique una coincidencia de variables en los campos de la motivación y la emoción. La universalidad de una obra literaria se refiere al número de lectores potenciales que se inclinan a decir lo mismo, al menos en alguna medida. El escritor que busca la universalidad tratará de emparejar fuertes repertorios verbales latentes. El éxito de un libro es una indicación del número de personas que poseen un determinado tipo de conducta verbal con la suficiente fuerza. Pero los libros que son "universales" tienen menos probabilidades de ser los "favoritos" y coincidir con mayor precisión con las idiosincrasias de un lector particular. Gordon Allport[18] ha señalado que las autobiografías parecen ser especialmente interesantes porque satisfacen el amor propio del lector. Podríamos traducir esto diciendo que la mayoría de la gente tiene una fuerte fobia a hablar de sí mismos y que sólo las autobiografías o las novelas escritas en primera persona proporcionan el complemento verbal apropiado.

La ambigüedad, en el sentido de Empson[19], debería aumentar las posibilidades de una combinación exitosa entre el lector y la obra literaria. Si al menos dos conjuntos de variables son responsables de la conducta del escritor, es más probable que el lector comparta al menos un conjunto. En general, la causalidad múltiple en la conducta del hablante o del escritor tiene otro efecto más apropiado sobre el oyente o el lector, como veremos en un momento.

18 Allport, G. W., "The Use of Personal Documents in Science", *Social Science Research Council Bulletin, 49* (1942), pág. 78.

19 Empson, W., *Seven Types of Ambiguity* (Londres, 1930).

Correspondencia entre las conductas de hablante y oyente

El hablante o el escritor pueden actuar sobre el oyente o el lector a fin de aumentar la probabilidad de que una respuesta posterior alcance un adecuado encaje. Una novela logra uno de sus principales efectos preparando al lector para unirse a las observaciones de sus personajes. Las novelas con "mucha conversación" son especialmente efectivas en este sentido. Cuando leemos una descripción de una acción no verbal, o una cita indirecta, nuestra conducta verbal no se complementa con precisión con los estímulos textuales, pero cuando leemos la conversación, el suplemento textual tiene más probabilidades de ser eficaz. Los grandes escritores de personajes preparan al lector de tal manera que un determinado comentario resulte inevitable. Los requisitos para una buena combinación son entonces ideales y la "identificación" es fácil. Un efecto similar se logra en el teatro, donde se prepara al espectador para que responda de formas que son reforzadas por un suplemento ecoico mientras escucha a un personaje hablar.

La creación de una conducta verbal similar en el oyente o el lector se reconoce como un objetivo explícito. Cuando un oyente "está de acuerdo" o "concurre", puede tomar varias medidas prácticas que son importantes para el hablante, pero primero debe "decir lo mismo". *Estoy en general de acuerdo se* puede traducir como *también digo*. Se puede pensar que el mismo objetivo es crear, reforzar o cambiar una "opinión", que puede definirse como un grupo temático de respuestas emitidas con respecto a un determinado estado de control. El hablante revela su interés en que el oyente responda de manera adecuada cuando emite el mando: *Diga a sí mismo...*, seguido de la respuesta verbal particular que desea fortalecer. A continuación, podrá comprobar su éxito preguntando "*¿No lo cree?*" o "*¿No lo diría?*". También puede tratar de crear una espuria sensación de fuerza con respuestas frecuentes como "*Por supuesto*" o "*Naturalmente*". Si estas son repetidas por el oyente, contribuirán a ocultar el hecho de que una respuesta dada es tal vez casi totalmente ecoica y por lo tanto no es lógica o natural.

El hablante o el escritor también puede optar por recursos retóricos, y uno de los más comunes es la repetición. Como muestra el sumador verbal, un estímulo repetido puede finalmente ser efectivo, incluso si su poder de sumar es originalmente leve. Los niños suelen reaccionar cada vez más apropiadamente a repetidas narraciones de un cuento y pueden insistir en una repetición precisa. Cuando la simple repetición tiene efectos colaterales indeseables, el hablante retóricamente inclinado debe disimular la repetición. Los fragmentos de la respuesta requerida, especialmente ciertas palabras clave, se distribuyen en otras frases. La retórica clásica tenía nombres para muchos recursos en los que las respuestas repetidas se entrelazaban con otro material con fines ornamentales o persuasivos. La simple repetición se denominaba "epanalepsis". La repetición de una palabra o cláusula después de otra materia se denominaba "epístrofe". Una doble repetición al principio y al final de cláusulas sucesivas se denominaba "simploc". La repetición de una palabra en un marco sintáctico diferente se denominaba "políptoton", y así sucesivamente.

La creación de una correspondencia entre la conducta del oyente y el hablante suele ser útil para otros fines. Un suplemento ecoico o textual prepara al oyente para decir lo mismo, pero no "motu proprio". Las variables que intervienen en los tactos e intraverbales pueden utilizarse con más justificación: cuando el hablante produce una conducta apropiada al destacar los aspectos importantes de una situación, o cuando reorganiza diversas características para obtener afirmaciones más claras, puede estar reforzando una conducta útil en el oyente. El oyente finalmente acepta, si es que lo hace, acorde a buenas razones. La situación común en la que el hablante utiliza preparativos intraverbales[20], como presentar datos, describiendo casos, etc., es justificable también en este sentido. Un venerable ejemplo es el de la fábula o parábola, en la que se cuenta una historia para crear una fuerte disposición a unirse al hablante cuando se alcanza la moraleja. Un episodio de una tragedia griega prepara a la audiencia para estar de acuerdo con el resumen del coro. Pero estos preparativos "temáticos" también pueden ser espurios, como cuando el acuerdo con una proposición final se hace más probable mediante el uso de materiales temáticos totalmente irrelevantes.

Comprensión

Se puede decir que el oyente entiende a un hablante si se comporta de manera apropiada. La conducta puede ser una respuesta emocional condicionada, pero cuando, por ejemplo, el oyente se ruboriza al mencionar un error social, se puede decir que ha entendido lo que se dijo

20 N. del E.: *intraverbal preparations*, en el original.

en la medida en que su reacción fue apropiada al evento original. Una observación en un idioma que no "entiende", no le afectaría de la misma manera. Un estímulo verbal que es la ocasión de una acción exitosa se entiende de la misma manera: el oyente entiende en la medida en que tiende a actuar de manera apropiada. Veremos que se comprende una "instrucción" (capítulo 14) en la medida en la que la conducta del oyente muestra un cambio apropiado. Todas estas son formas en las que se dice que "entendemos un idioma"; respondemos de acuerdo con la exposición previa a ciertas contingencias de un ambiente verbal.

Pero hay otro proceso funcionando cuando entendemos o llegamos a entender un comentario sobre algo que nos es familiar. En un sentido trivial "entender" es "*ser capaz de decir lo mismo*". Este es el sentido en el que decimos que podemos o no escuchar a través de un teléfono con ruido de fondo o interferencias. Los científicos que estudian las condiciones de la comunicación vocal suelen aceptar un replanteamiento exacto como prueba de que se ha entendido una respuesta vocal. Esto es posiblemente algo más que una respuesta puramente ecoica, ya sea como mímica auditiva o como una reproducción de los sonidos del habla convencional. Probablemente, el oyente dice *lo entiendo* sólo cuando puede emitir las conductas correspondientes; y en el caso de respuestas del lenguaje, ante estímulos no verbales o intraverbales.

Los mejores ejemplos de esto están en el campo del discurso científico y filosófico. Supongamos que empezamos a leer un artículo bastante difícil, respondemos correctamente a todas las palabras que contiene, en lo que respecta a sus significados de diccionario, y estamos familiarizados con lo que se habla. Aun así, puede que no entendamos el documento. Decimos que no "lo entendemos" o no "vemos a dónde quiere llegar el escritor" o por qué dice lo que dice. Lo que queremos decir es que no nos encontramos respondiendo de la misma manera. El papel no complementa la conducta verbal en nosotros que existe en cualquier fuerza considerable. Tenemos cada una de las respuestas en el sentido de que forma parte de nuestro repertorio verbal, pero no tendemos a emitirla en las mismas circunstancias que el autor del documento. Este sentido de la comprensión está de acuerdo con el uso de la palabra por parte de los profanos. Entendemos todo lo que nosotros mismos decimos con respecto al mismo estado de las cosas. No entendemos lo que no decimos. *Entendemos mal* cuando decimos *otra cosa* con las mismas palabras, es decir, cuando nos comportamos de una manera determinada obedeciendo a diferentes variables.

Supongamos que volvemos a repasar el artículo, como ciertamente deberemos hacer para entenderlo. ¿Qué procesos explicarán los cambios que tienen lugar? Las secuencias intraverbales establecidas durante la primera lectura tendrán un efecto: el artículo será ahora familiar. Hasta cierto punto, tenderemos a decir las mismas cosas. Sólo a través de este proceso podríamos memorizar el artículo. Pero eso no sería suficiente, ya que todavía podríamos decir que no lo entendemos, aunque probablemente deberíamos decir que ahora lo entendemos en cierta medida. Otros procesos deben tener lugar si queremos entender el punto de vista del escritor. Es probable que se den instrucciones en el sentido especial que se tratará en el capítulo 14. Algunas frases del documento presentarán dos o más estímulos verbales juntos que funcionen como definición. El cambio resultante en nuestra conducta se sentirá cuando estas respuestas se produzcan por separado en otra parte del texto. Otras frases, mediante relaciones de predicción, producirán otras transferencias de respuesta al aumentar nuestro "conocimiento". Nuestra conducta seguirá alterándose en lecturas posteriores en la dirección de una mayor comprensión llegando a ser nuestro uso más cercano al del escritor. También habrá un efecto similar al del sumador verbal: "llegaremos a comprender" el texto a medida que vayamos dando respuestas textuales adecuadas que complementen las respuestas dadas por otras razones; y en un caso ideal, mejores incluso. Las tendencias temáticas que se deberían establecer, emitiendo tactos o intraverbales adecuados, se manifiestan a través de la repetición y finalmente, se hacen "por sí solas" con o sin suplemento ecoico o textual. El proceso es obvio cuando escuchamos una sutil metáfora muchas veces antes de ver que es apropiada. También es evidente cuando tratamos de descifrar una mala escritura, un estímulo vocal mal articulado o un pasaje en un lenguaje sólo parcialmente familiar. Nuestro único recurso en tales casos es releer o volver a escuchar hasta que nos encontremos haciendo una respuesta "plausible", es decir, una respuesta bajo el control de otras variables. El resultado de la simple relectura es que llegamos a hacer respuestas no simplemente como conducta textual sino por otras razones.

Un comentario o un texto es relativamente fácil de entender si el oyente o el lector recibe ayuda de secuencias intraverbales incidentales. Un texto muy reelaborado puede carecer del flujo de intraverbales que se encuentra en la primera versión. Un estilo como el de Conrad suele ser difícil porque una palabra, correcta por sí misma en una determinada acepción, puede carecer de apoyo intraverbal, posiblemente en este caso porque Conrad utilizaba un segundo idioma.

El análisis de un pasaje, como en la crítica literaria, se hace más difícil por el mismo proceso que hace que el pasaje sea más fácil de entender. Cuando el crítico ha releído muchas veces un poema o una novela, ya no es capaz de reaccionar como un lector ingenuo. Ya no es capaz de juzgarlo, por lo que en su efecto original es como una obra de arte. Lo que tiene que decir al respecto sólo puede ser entendido por aquellos que están dispuestos a releerlo con la suficiente frecuencia como para generar el mismo conjunto de condiciones.

Un oyente puede entender un comentario en un idioma que no habla, pero es menos probable que su comprensión incluya su tendencia a "decírselo a sí mismo". El proceso de llegar a entender y familiarizarse con el comentario puede ser conspicuo. Puede haber una etapa intermedia en la que el oyente puede compartir la reacción de Alicia en *Jabberwocky*: "De alguna manera parece que me llena la cabeza de ideas, sólo que no sé exactamente cuáles son"[21].

Entiendo, como el más casual *veo*, describe la fuerza de una respuesta verbal con respecto a las fuentes de esa fuerza. Las condiciones exactas en las que se emite no se especifican fácilmente (véase el capítulo 12). Un *entiendo* puede no ser una mera descripción de fuerza, como en *estoy seguro* y *sé*, ni de una correspondencia con la conducta del hablante, como en *estoy de acuerdo*. Requiere una sutil distinción entre las variables responsables de la conducta del oyente. El oyente puede decir *entiendo* sólo después de que ha identificado las variables principales que fueron efectivas en llevarle a hacer la misma respuesta. En concreto, debe estar seguro de que no ha "entendido" debido a técnicas espurias de retórica o estilo que han creado predisposiciones para responder a través de recursos irrelevantes.

En resumen, uno de los principales efectos de la conducta verbal es el fortalecimiento de la conducta correspondiente en el oyente. El estímulo verbal no ofrece la información disponible sólo para el hablante debido

21 N. del E.: referencia a *Alicia en el país de las maravillas*.

a su punto de vista especial ni crea una nueva conducta en el oyente. En cambio, aclara y refuerza la conducta que ya ha estado disponible en algún grado. Esto suele ser en beneficio del oyente, pero puede tener efectos indirectos en el moldeamiento y mantenimiento de la conducta del hablante. Aprendemos a hablar para ser entendidos.

El proceso es especialmente importante cuando uno está hablando consigo mismo. En lo que respecta a la comunicación o la instrucción, hablar consigo mismo sería ocioso, si no patológico, ya que la conducta verbal apenas es productiva cuando tanto el hablante como el oyente están dentro de una sola piel. Pero el efecto complementario sobre el oyente puede ser importante. El alcance total de ello sólo puede apreciarse cuando hemos considerado algunos de los logros especiales de la conducta verbal en el campo del pensamiento (Parte V).

Trucos de fuerza

Además de promover la "comprensión", el hablante (o el escritor) puede estar interesado en alterar la fuerza de la conducta del oyente (o del lector) por otras razones. Incluso puede ser importante debilitar su respuesta, o hacerla para sí antes de que esté listo para compartirla. El hablante es más efectivo si simula las características verbales del oyente lo mejor posible, en lo que la retórica clásica llamó "esquema retórico". Al anticiparse a las objeciones ("prolepsis") o responder a objeciones imaginarias ("antipófora"), el hablante reduce la tendencia del oyente a emitir respuestas que puedan provocar desacuerdos o malentendidos. En la técnica algo diferente del anticlímax, se hace aparecer una respuesta débil contrastándola con material verbal fuerte.

Otra técnica consiste en dejar que el oyente haga una respuesta clave completamente por su cuenta. Este es de hecho el único recurso del hablante que ha preparado su caso en exceso y ha acumulado conducta más allá del punto en que su respuesta será recibida como útil. A menudo, se suprime una frase trillada porque la respuesta completa resultaría demasiado preparada para el oyente. Podemos decir *una palabra al sabio,* pero omitirla *es suficiente* porque su apoyo intraverbal es demasiado fuerte. Del mismo modo, cuando se supone que el oyente tiene la respuesta a una "pregunta retórica", parte del efecto de que se perderá si el escritor la proporciona. En la alusión, insinuación e implicación, la fuerza de una respuesta se eleva hasta el punto en el que puede dejarse con seguridad al oyente. El hablante puede interrumpir una frase en el momento en que el lector pueda completarla, la llamada técnica de la "aposiopesis". En la "paralepsis", el hablante pretende pasar por alto material que el oyente puede presumiblemente decir por sí mismo, pero su declaración contiene la conducta en cuestión como una ayuda ligeramente disfrazada. El "final sorpresa", como en el tipo de relato corto asociado con De Maupassant[22], consigue su efecto reforzando una respuesta que se deja al lector emitir sin ayuda textual. El efecto es mayor si la respuesta nunca se hace de verdad. Algo se pierde cuando el lector ingenuo completa la frase: *¿Las joyas eran falsas? Porqué entonces la pobre mujer estuvo pagando por reemplazarlas todos esos años para nada.*

Otra técnica consiste en que el escritor produzca un pasaje tan débil que el lector es impelido a emitir una forma más fuerte, o que el hablante haga una afirmación tan contraria a la evidencia que el lector se vea forzado a negarla o corregirla, o que la afirmación sea tan ridícula que el lector deba protestar. En la ironía o el sarcasmo, por ejemplo, se hace una afirmación que es falsa o contraria a una afirmación verdadera: una molesta dificultad es descrita con el adjetivo *agradable* y un ataque personal es respondido con *Muy amable de su parte*. En la subestimación o "meiosis", el escritor dice menos de lo que el lector está dispuesto a decir. Las divertidas transposiciones de términos (*plumas de caballo*), las disparatadas fugas de ideas, los "oxímorons" (*el gentil arte del asesinato*), o el epigrama wildeano en el que una respuesta cuidadosamente preparada es reemplazada por su opuesto, juegan con el hecho de que *no* es probable que el lector emita la conducta. Se le lleva a emitir una respuesta que se sorprende al oírse a sí mismo. Algo parecido se logra en una *reductio ad absurdum*, donde por lo que parecen ser pasos lógicos, el lector llega momentáneamente a una proposición sin sentido. Al reconsiderar las premisas, va más allá del proceso actual. Hay varios juegos en los que los niños inducen a sus compañeros a emitir conductas verbales que se sorprenden cuando las dicen. Por ejemplo, se le puede decir a un niño que lea las siguientes palabras rápida y repetidamente,

bell-lie-mud-um

sólo para encontrarse a sí mismo diciendo *I'm a dumbbell*[23].

22 N. del E.: Guy de Maupassant (1850-1893), escritor y periodista francés.

23 N. del E.: Se traduciría por *Soy idiota.*

ESTILO

La preparación previa de las respuestas del oyente o del lector entra en lo que se denomina estilo. No nos ocuparemos aquí del estilo del ser humano en general, ya que todos tenemos idiosincrasias de conducta verbal que son más o menos útiles y que refuerzan a los demás. El estilo que, según Walter Pater, es "una cierta manera absoluta y única de expresar una cosa, en toda su intensidad y color" representa un intento de tratar el problema como una cuestión de expresión con éxito. Las diversas formas de expresión serán más o menos exactas, más o menos difíciles de entender, y podremos elegir entre los estilos sobre esa base. La mayoría de las formas en las que el escritor con estilo actúa sobre el lector deben ser clasificadas como casos del presente proceso. El escritor juega al gato y al ratón con la fuerza verbal del lector construyéndolo, dejándolo caer, manteniéndolo en suspenso (como en una frase periódica), o agotándolo de repente con un comentario adecuado. La "palabra exacta" no es la que expresa bien una cosa, ya que el lector no suele tener una prueba independiente de ello, si no la que se adapta exactamente a las tendencias verbales actuales del lector. Si éstas se deben a la misma cosa, mucho mejor; pero es más frecuente que se den otras razones para esta coincidencia. La *palabra exacta* no es la palabra que mejor describe algo fuera del contexto, sino aquella para la que estamos óptimamente preparados considerando todos los precedentes. La preparación es, en gran parte, una cuestión de tendencias intraverbales. La disposición del lector a responder debe alcanzar un valor crítico al momento de recibir una palabra, esto explica la importancia del tiempo en el estilo, por qué perdemos el hilo cuando se nos interrumpe o por qué no podemos comenzar en medio de un párrafo y obtener el efecto de estilo deseado, aunque el contenido esté perfectamente claro.

Muchos trucos estilísticos se demuestran más fácilmente en los recursos poéticos de la rima, el ritmo, la aliteración y la asonancia. La causación múltiple que produce estos efectos en la conducta del poeta se transmite al oyente o al lector como un reforzamiento fragmentario mediante respuestas ecoicas o textuales. El lector ya está preparado, por ejemplo, para emitir el segundo de un par de palabras que riman debido a una respuesta textual fragmentaria (o autoecoica) al primer miembro. Al escuchar este pareado:

And other strains of woe which now seem woe
Compared with loss of thee will not seem so

la respuesta ecoica a *so* se combina con un fragmento ecoico del *woe* precedente. *So* no sólo está determinado temáticamente por el precedente *will not seem*, también está formalmente determinado[24]. Esta preparación puede demostrarse pidiendo al lector que complete versos en los que se ha omitido la última palabra. Prácticamente todos los lectores de estos versos

Quién hubiera tal ventura sobre las aguas del mar
Como hubo el infante Arnaldos la mañana de San ____.

podrán añadir la palabra *Juan* con rima asonante con *mar* con la preparación temática aportada por "la mañana de San"[25]. Aunque la "bondad" de la poesía depende de muchas cosas, se suele condenar la preparación excesiva de la palabra que rima, así como las rimas que son inverosímiles en el sentido de que tienen conexiones temáticas improbables, o términos que pertenecen a una tradición literaria más antigua y, por lo tanto, no logran el efecto esperado.

La contribución ecoica de la primera de un par de rimas sería efectiva independientemente de la posición de la segunda, pero el "tipo de rima" aumenta el efecto a través de un recurso intraverbal especial. El lector inveterado de poesía desarrolla una discriminación temporal que hace que la contribución ecoica sea mayor en un punto concreto. Por ejemplo, el especialista en Alexander Pope logra un efecto de rima que se escapa a quien lee a Pope por primera vez. El repertorio verbal del especialista contiene un conjunto característico de líneas esquemáticas en las últimas sílabas. Sería más o menos el mismo repertorio intraverbal lo que hace posible que el especialista produzca versos que riman con facilidad.

En la aliteración y la asonancia, la primera ocurrencia de un sonido aporta cierta fuerza a la respuesta que sigue y que, por lo tanto, el lector puede decir en cierta medida "por su cuenta". El fortalecimiento avanzado debido al ritmo es bastante vago y no predispone mucho al lector a hacer

24 N. del E.: "will not seem so" tiene un carácter formulaico, de ahí la determinación temática. Skinner hace referencia a la rima con *foe* al afirmar la determinación formal de *so*.

25 N. del E.: tomamos prestado del romancero castellano con el mismo efecto que los versos de John Milton usados por Skinner en el original: *And so sepulchred in such pomp dost lie / That kings for such a tomb would wish to________.*

una sola respuesta. Por lo tanto, el estímulo rítmico debe ser repetido, como en el sumador verbal. Un ejemplo del patrón de acentuación ˘- hace poco para fortalecer las respuestas con patrones similares, pero varias repeticiones ˘- ˘- ˘- pueden establecer una tendencia tan fuerte que una respuesta que no muestre este patrón de acentuación se hace poco probable. La aliteración, la asonancia y la rima mejoran con la repetición, pero no la necesitan.

Una preparación temática paralela muestra el lado del lector de múltiples significados. Debido a las variables entrelazadas en la conducta del escritor, es posible que el lector se vea afectado por al menos una de las fuentes de fuerza, pero existen múltiples fuentes para el lector con conductas similares. El lector puede encontrar el nombre descriptivo de la señora Coiler o del coronel Bully[26] tan útil como el del escritor. Cuando el segundo de un par de palabras que riman toma alguna medida de fuerza del material temático que lo precede, decimos que es una respuesta apropiada o que "tiene sentido". Si se añade un fragmento textual de la primera palabra que rima, tres variables contribuyen a la conducta del lector cuando lee la segunda palabra que rima. Al leer las líneas de T. S. Eliot anotadas en el capítulo 9.

The tiger springs in the new year

la preparación para *new year* a partir de la respuesta intraverbal *springs* se añade a la preparación temática de todo el pasaje. La respuesta textual en el momento en el que se lee el poema es la tercera fuente de fuerza.

No todas las respuestas que muestran múltiples variaciones preparan al lector *de antemano*. Así, la respuesta *Corta este nudo intrinsicado* puede ser fuerte en el lector por la misma razón que en Shakespeare[27], ya que fuentes separadas de las formas *intrincado* e *intrínseco* se mezclan y pueden ser descubiertas en el texto. La conducta resultante no se construye paso a paso como en los recursos formales de la poesía. Un escritor como James Joyce construye predisposiciones temáticas de la misma manera que un poeta construye predisposiciones formales. Los análisis que se han hecho de *Ulises* y *Finnegans Wake* revelan hasta qué punto muchas fuentes temáticas afectan

26 N. del E.: en el sentido de *abusón, chulo, matón*. Véanse ejemplos del recurso, por ejemplo, en los personajes *Doña Perfecta* o *Rubín* de Galdós.

27 N. del E.: *Antony and Cleopatra*, Acto V, Escena II.

a la conducta del escritor. Estas obras también revelan la relativa debilidad del juego verbal temático. El soporte intraverbal suele depender de historias verbales similares en el escritor y el lector que pueden no estar presentes; mientras que el poeta, al trabajar con la complementación formal, puede contar con los repertorios ecoicos o textuales apropiados.

La preparación formal del oyente o lector, que se desarrolla a medida que se escucha o lee un poema, plantea un problema inveterado en la crítica literaria. Se supone que, por lo general y acorde con las concepciones tradicionales de la conducta verbal, sólo hay dos elementos en una obra literaria: la forma y el significado. Algunas obras, en concreto los poemas, parecen ser agradables por su forma: su sonido es agradable y pueden disfrutarse en este sentido incluso por quien no conoce el idioma. Las obras literarias también son agradables por su significado: describen cosas que son hermosas o interesantes. Pero obviamente hay algo más en la buena escritura, algo que no está lejos del ingenio o el juego verbal. Se ha argumentado que hay una sutil conexión entre la forma y el significado, pero una posibilidad es que tenga que ver con la forma en la que la conducta de un lector ha sido preparada y activada a través del texto. Se ha hecho una distinción paralela[28] entre la *melopoeia* o el arte musical de la literatura; la *fanopoeia* o el arte de las imágenes y los significados; y la *logopoeia,* el uso artístico de la disposición del lector a emitir palabras. En la logopoeia, el escritor utiliza patrones fuertes que surgen de la historia verbal del lector y construye otros sobre la marcha. La línea de Joyce *Wring out the clothes, wring in the dewin (Exprime la ropa, exprime el rocío)* toma fuerza de la secuencia intraverbal latente *Ring out the old, ring in the new (Exprime lo viejo, exprime lo nuevo),* así como del elemento temático presente de mujeres que lavan la ropa al aire libre. La línea puede ser o no musical, puede o no evocar respuestas emocionales o prácticas, pero claramente manipula la fuerza verbal. Es este juego verbal el que refuerza al lector y, por lo tanto, indirectamente al escritor.

ESTIMULACIÓN SUPLEMENTARIA Y HUMOR VERBAL

La logopeia es más obvia en el juego verbal o en la frase ingeniosa. El efecto de reforzamiento de un estilo inteligente es difícil de analizar; y normalmente se informa de nuestro deleite y lo demostramos volviendo al

28 Véase, por ejemplo, Ezra Pound, *How to Read* (Toulon, 1932).

mismo escritor para obtener más del mismo estímulo. Pero la risa generada en el juego verbal es más objetiva. Las risas pueden ser contadas e incluso, como en el caso de una audiencia televisiva, medidas en decibelios. Cada uno de los efectos literarios ya descritos tiene un paralelo en el campo del humor, donde la respuesta del oyente o lector puede ser seguida más de cerca.

Hay muchas razones por las que las personas ríen y no todas son relevantes aquí. Incluso en el campo verbal, algunas conductas pueden ser risibles sólo porque son torpes, sorprendentes o divertidas. La tartamudez, el habla gangosa, o los dialectos marcados han sido recursos comunes en la escritura humorística. Las distorsiones de la lengua tratadas en el siguiente capítulo suelen ser risibles. La conducta verbal también es divertida cuando describe un episodio divertido. Tales efectos en el oyente han sido tratados en el capítulo 6. Sin embargo, el efecto del ingenio como forma de juego verbal requiere de la conducta verbal del oyente. La evocación suplementaria de cualquier respuesta débil suele ser graciosa. Un rasgo trivial de una situación de estímulo puede ser responsable de una tenue extensión metafórica, como en la clásica anécdota sobre el dentista que, al reparar su coche, agarra con firmeza una bujía con unos alicates y dice *esto te va a doler un poco*. Las secuencias intraverbales inverosímiles y la conexión laxa de ideas casi sin sentido suelen ser divertidas, mientras que muchas incongruencias son graciosas. El clásico *bull statement* ofrece un ejemplo[29]. El intercambio:

> Soldado: Atrapé a un tártaro.
> Sargento: Tráelo.
> Soldado: No puedo.
> Sargento: Entonces venga usted mismo.
> Soldado: No me deja.

es divertido, posiblemente, no porque no tenga lógica, sino porque *no me deja* es una afirmación muy débil cuando viene seguida de *lo he atrapado*. Describimos la condición del lector diciendo que no "espera" la respuesta.

Las múltiples variables producen resultados divertidos no porque sean múltiples, sino porque el suplemento fomenta una tenue fuente de fuerza. El recorte de periódico[30]:

29 N. del E.: podríamos traducir *bull statement* como afirmación ilógica o absurda con connotaciones humorísticas. La *greguería* de Gómez de la Serna es un concepto próximo en el contexto hispanohablante.

30 N. del E.: el giro humorístico es a duras penas preservado en la traducción. Nótese que en el original se escriben idénticamente "abogado de Fértil" (municipio de Minnesota) y "abogado fértil" (*Fertile attorney*).

> Fértil, Minnesota, 27 de junio. Henry L. Gaylord, de 83 años, abogado de Fértil, es padre de un saludable mozalbete, su decimoctavo hijo...

es divertido debido al remoto suplemento temático.

El ingenio que depende de un truco de fuerza es demasiado sutil para ser reconstruido con facilidad. Cuando un tranvía se detuvo con un chillido que podía ser escrito con:

un transeúnte silbó:

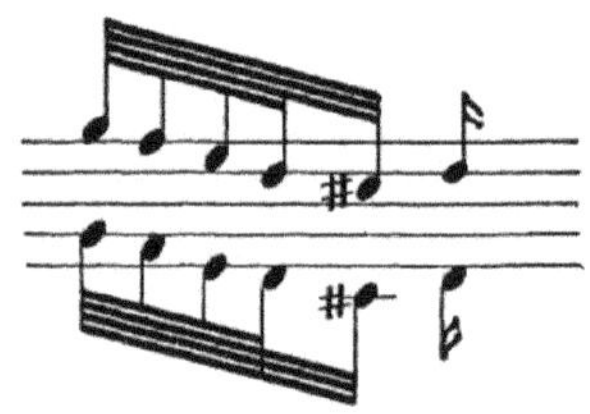

Su compañero, también familiarizado con la *Tocata y Fuga en Re Menor* de Bach, lo encontró divertido por una tendencia similar, *e igualmente improbable*, a completar la frase. Las tendencias muy débiles definen el humor "absurdo": cuando una orquesta en un concierto al aire libre comenzó a tocar *El vuelo del abejorro* de Rimsky-Korsakov, un oyente comenzó a espantar a una abeja imaginaria. Estos ejemplos están al margen del campo verbal. El "hablante" emite una respuesta muy débil que complementa una respuesta imitativa en el "oyente" que era demasiado débil para aparecer sin ayuda. Si no hubiera existido una tendencia paralela en la conducta del oyente, los resultados no habrían sido divertidos. La introspección, la subestimación y el "descartar[31]" la conducta del oyente con una observación sorprendente son técnicas habituales tanto humorísticas como de estilo. La importancia de la fuerza de la respuesta del oyente se muestra en la posibilidad de "estropear" una broma o comentario ingenioso emitiendo una respuesta clave demasiado pronto durante la narración.

Los recursos de la poesía son todos divertidos cuando las contribuciones de fuerza se encuentran dentro de los límites adecuados. Normalmente, la rima no es divertida, pero si es exagerada puede serlo. Las rimas polisilábicas son probablemente exageradas en este sentido y apenas pueden ser usadas en la poesía seria. W. S. Gilbert, siguiendo

31 N. del E.: entiéndase contraponer una respuesta inesperada a la conducta probable del oyente.

el distinguido precedente de las *Leyendas de Ingoldsby*, sacó el máximo provecho de este tipo de humor[32]:

> I know the Kings of England and I quote the fights historical
> From Marathon to Waterloo in order categorical.
> I'm very well acquainted, too, with matters mathematical,
> I understand equations, both simple and quadratical ...[33]

La distorsión producida por una rima demasiado fuerte, como en el efecto Ogden Nash (véase el capítulo 11), es casi siempre divertida. Los ritmos excesivos y la aliteración se han convertido en parte del humor popular: *Juan junta juncos junto a la zanja*[34]. El estudio rítmico de la poesía presenta muchas oportunidades para jugar con la fuerza de una respuesta. Un retraso forzado antes de alcanzar una respuesta fuerte, como en la indebidamente prolongada última línea de un soneto, que suele ser humorístico.

Aunque el fortalecimiento suplementario de las respuestas verbales débiles parece reforzarse y explicar muchas frases ingeniosas, así como el éxito de las personas ingeniosas, no debemos pasar por alto una función más seria. Freud ha subrayado el hecho de que las respuestas ingeniosas suelen, por un lado, reforzar automáticamente al hablante y, por otro, ser castigadas por el oyente o la comunidad. El humor se ocupa de temas tabúes, como el sexo, y por tener efectos aversivos para el oyente o para los demás. Freud sostuvo que el ingenio permite "liberar" las respuestas reprimidas, pero se puede afirmar que la respuesta que recibe apoyo suplementario es débil debido al castigo. Ambas interpretaciones pasan por alto un punto importante. Consideremos el ingenioso comentario de una inglesa que había ayudado a Napoleón III cuando estaba exiliado en Inglaterra y a quien él ignoró después de regresar al trono. En un

32 N. del E.: sobre rimas complejas en el contexto de lenguas romances, véase, Pardo, A. (2014). Variantes de la rima. *Rhythmica: Revista Española de Métrica Comparada, 8*, 143-169. https://doi.org/10.5944/rhythmica.13098

33 N. del E.: nótese la transcripción fonética:
I know the Kings of England and I quote the fights historical
/ˈaɪ nəʊ ðə kɪŋz əv ˈɪŋglənd ənd aɪ kwəʊt ðə faɪts hɪˈstɒrɪkl̩/
From Marathon to Waterloo in order categorical.
/frəm ˈmærəθən tə ˈwɔːtəluː ɪn ˈɔːdə ˌkætɪˈgɒrɪkl̩/
I'm very well acquainted, too, with matters mathematical,
/aɪm ˈvɛri wɛl əˈkweɪntɪd tuː wɪð ˈmætəz ˌmæθəˈmætɪkl̩/
I understand equations, both simple and quadratical ...
/aɪ ˌʌndəˈstænd ɪˈkweɪʒənz bəʊθ ˈsɪmpl̩ ənd kwəˈdrætɪkl̩/

34 N. del E: *Peter Piper picked a peck of pickled peppers*, en el original.

encuentro fortuito, le preguntó casualmente: *¿Se queda mucho tiempo en París?* a lo que ella respondió: *¿Y usted, señor?* La naturaleza agresiva de la observación sin duda explicaba gran parte de su fuerza y la función del ingenio era hacer impune la respuesta agresiva. Pero no basta decir que el hablante podía apelar al "significado inofensivo" con una atenuación legalista (*mi comentario eras solo parte de una conversación de cortesía e irreflexiva*) cuando el "significado agresivo" obvio para ambos (*Puede que no estés mucho tiempo en el trono o que pronto vuelvas a estar en Inglaterra, pidiéndome ayuda*). Más bien tenemos que apelar a una característica particular de la comunidad verbal ingeniosa. Así como la comunidad verbal tolera débiles determinantes de fuerza, la comunidad ingeniosa exige un *quid pro quo* por una conducta de otro modo ofensiva. Es casi como si la comunidad estuviera de acuerdo: Puedes ser agresivo *siempre que* también seas divertido. Esta es ahora una práctica establecida, pero podemos buscar sus orígenes en el hecho bien conocido de que lo divertido es generalmente sólo una pequeña medida de lo molesto y que un evento es menos molesto si se toma con sentido del humor. La persona ingeniosa puede ser agresiva u ofensiva de alguna manera induciendo al oyente a reírse de ello.

ROMPECABEZAS Y JUEGOS

Muchos juegos verbales y rompecabezas parecen ser efectivos simplemente como complejas disposiciones de sondeos y ayudas. Un acertijo o enigma suele ser más que una simple pregunta, ya que la respuesta mostrará inusuales fuentes de fuerza. Muchos acertijos simplemente exigen una respuesta metafórica que se refuerza por esa sola razón[35]:

> Allá en los prados el rebaño bermellón
> Dadles paja, la devoran,
> Dadles agua y morirán.

A veces se dan dos o más ayudas temáticas y la respuesta debe ser una sola respuesta intraverbal a ambas. Las ayudas formales son comunes. Un elemento formal se da si hay ayudas temáticas para cada sílaba por separado y también para la respuesta en su conjunto, ya que cualquier parte de la solución proporciona entonces una ayuda formal para otra parte.

35 Taylor, Archer, English *Riddles from Oral Tradition* (Berkeley, Calif., 1951). La respuesta es *el fuego*.

Las charadas son adivinanzas que utilizan estímulos no verbales como ayudas temáticas. El inicio de la solución comienza principalmente con tactos metafóricos o de otro tipo. Se "interpretan" ayudas separadas para cada sílaba y para toda la respuesta. En una versión, la respuesta es un pasaje corto y familiar. Cada palabra se "representa" mientras que la respuesta en su conjunto se supone que tiene cierta fuerza de reposo.

Muchos acertijos no se preguntan para obtener una respuesta, sino simplemente para preparar el escenario a fin de apoyar el ingenio de la respuesta del que pregunta. No es probable que nadie responda a: *¿Cuál es la diferencia entre un gato y una coma?* Diciendo *Un gato trae sus garras al final de sus patas, mientras que una coma trae una pausa al final de una frase.* La estimulación intraverbal suministrada por *gato* y *coma* es inadecuada para tal respuesta. Sin embargo, alguien que se esfuerce en dar una respuesta es un oyente ideal en el momento en que quien pregunta da la respuesta. Las charadas difíciles, y en concreto aquellas con respuestas que implican juegos de palabras que son exagerados, también están diseñadas para subrayar el ingenio de la respuesta de quien pregunta en lugar de evocar la respuesta en el oyente.

El crucigrama consiste en un patrón de cuadrados que restringe las propiedades formales de las respuestas emitidas en la solución. Un grupo de definiciones suministra estímulos intraverbales para que las respuestas se introduzcan en filas y columnas. A medida que se resuelve el crucigrama, se generan estímulos formales por las letras en común por las palabras ausentes que intersectan con las ya añadidas. Las respuestas intraverbales más difíciles adquieren una fuerza formal suplementaria. Así, el estímulo intraverbal "un dicho" puede ser ineficaz hasta que se haya compuesto la ayuda formal P R _ _ E _ B _ _, en el que encajaría la respuesta PROVERBIO reforzando al solucionador. En los crucigramas difíciles (en particular los populares en Inglaterra), a menudo se puede llegar a respuestas útiles sólo a través de cadenas de respuestas intraverbales o ecoicas.

El complejo *doble acróstico* propuesto por Elizabeth Kingsley comienza con un conjunto de definiciones que sirven como estímulos intraverbales para respuestas de una longitud determinada. Las letras que componen las respuestas a éstas se redistribuyen en una serie de espacios que representan las letras de un pasaje corto de un libro o poema, como en un criptograma. Los estímulos formales parciales generados por los estímulos intraverbales más fáciles conducen a terminaciones provisionales de partes del pasaje. Las letras añadidas en el proceso ofrecen suplementos formales para las respuestas intraverbales que satisfacen las definiciones que quedan. Las letras iniciales de las palabras definidas dan el autor y el título de la obra de la que se tomó el pasaje. Estas respuestas pueden surgir ya sea por el creciente reconocimiento del pasaje, en cuyo caso son intraverbales, o por el número cada vez mayor de letras iniciales, en cuyo caso surgen por una ayuda formal.

En el juego de anagramas, un grupo de letras debe ser reorganizado hasta que el texto para una respuesta verbal estándar sea compuesto. Cuando un grupo de letras se identifica como el anagrama de "el nombre de un animal", por ejemplo, se añade una variable temática.

Un simple rompecabezas relacionado con los anagramas, en el que las respuestas son generadas por ayudas tanto temáticas como formales, es la pirámide de las palabras. En esta se da o se adivina una sola letra. Las letras se añaden una a una para componer una serie de palabras que deben satisfacer un conjunto de definiciones. El solucionador está sujeto a la estimulación formal ofrecida por las letras ya obtenidas en una etapa determinada y a la estimulación temática suministrada por una definición.

Un rompecabezas similar es ilustrado a continuación. Todos los espacios en blanco en la pareado deben completarse usando el mismo grupo de letras reordenadas en diferentes patrones[36].

Come, waiter, fill the ______ until the ______ run over.
Today we ______ upon this ______, tomorrow ______ for Dover.

Excepto por la especificación de que deben usarse las mismas letras para cada espacio en blanco, el rompecabezas contiene sólo estímulos temáticos. Pero los estímulos formales contribuyen a la solución. Una respuesta intraverbal en cualquiera de los espacios en blanco proporciona una estimulación formal que, en combinación con otro material intraverbal, puede (si es correcta la respuesta) reforzar una respuesta adecuada a otro espacio en blanco. Dado que la estimulación temática es relativamente débil, esto puede requerir varios ensayos. La conducta del solucionador al intentar, rechazar, reordenar, etc., debe clasificarse adecuadamente acorde a lo dicho en el capítulo 15.

36 N. del E.: versión resuelta:
Come, waiter, fill the canter *until the* recant *run over.*
Today we trance *upon this nectar, tomorrow* canter *for Dover.*

La "fuerza de reposo" de un pasaje familiar (p.ej., un proverbio o refrán) se utiliza en un juego en el que cada miembro de un grupo da una frase que contiene una palabra del pasaje. Cabe señalar que las palabras pueden o no aparecer en orden. Suele ser necesario repetir muchas veces esta ayuda formal disfrazada para evocar el pasaje en cuestión. Una respuesta "fácil" es un pasaje para el que se dispone de una fuerza considerable.

El juego de "Categorías" utiliza tanto material temático como formal. El jugador debe escribir varios nombres de flores, ciudades, animales, etc., comenzando con una letra seleccionada arbitrariamente. La "categoría" es una ayuda intraverbal que se combina con la ayuda textual aportada por la letra inicial y que permite evocar las respuesta requeridas.

Los materiales formales y temáticos se comparten casi por igual en otro juego que tiene un efecto particularmente cercano al de las frases ingeniosas o juegos de palabras. Se da una definición para una respuesta compuesta de dos palabras que deben rimar. Si, por ejemplo, ante la definición *marinero moreno*, el jugador debe realizar una respuesta intraverbal a *marinero* o *moreno* para obtener estimulación formal que, en combinación con la respuesta intraverbal a la palabra restante, llegue a completar la solución. En este caso, podría ser *marino ambarino*, que adopta el rol de autoecoica suplementaria además de intraverbal de *moreno*. El juego suele ser eficaz debido a la sorprendente velocidad con que la definición evoca una respuesta única y compleja.

Algunos juegos solo incluyen ayudas temáticas. En el conocido juego de las "Veinte preguntas", las respuestas tipo sí o no a las preguntas provisionales crean una serie de estímulos intraverbales que reducen progresivamente el universo del discurso. Si la primera pregunta revela que la solución es un animal, las siguientes preguntas están relacionadas temáticamente con animales. Finalmente, una respuesta está determinada de manera única por los estímulos así generados. Varias formas de juego requieren la identificación de una persona ficticia o histórica. Cuando se da la primera letra del nombre, una pequeña fuente formal es eficaz para reducir el universo del discurso. Cada pregunta y respuesta crea otros estímulos intraverbales que reducen progresivamente el número de posibilidades.

En otro juego, una persona debe ser identificada a partir de las respuestas a las preguntas que requieren extensiones metafóricas o metonímicas inverosímiles. Las respuestas a preguntas como, "*¿Qué música le recuerda* *a…?"* o "*¿Qué flor podría llevar o interesarle a…?"* pueden proporcionar estímulos intraverbales que se combinan para determinar el nombre. Una variación consiste en determinar la ocupación de una persona desconocida a partir de una serie de pistas humorísticas. Se le dice al jugador que X es "un empaquetador muy habilidoso", o que es "la última persona cuyos servicios quisieras recibir", y así sucesivamente. A partir de esto se debe identificar a *X* como un enterrador.

En un juego que suele llamarse "La tetera", se cuenta una historia en la que una sola palabra aparece frecuentemente, pero la palabra es reemplazada por la expresión *tetera.* En cada ocurrencia se generan fuentes intraverbales que al final determinan la palabra por la que se ha sustituido *tetera.*

Los juegos y rompecabezas que cuentan sólo con material formal no son comunes. En la conocida "escalera de palabras" el jugador debe construir una serie de anagramas, cada uno de los cuales difiere del anterior en sólo una letra, pero produce otra palabra específica en un número determinado de pasos. Por ejemplo, para llegar a *ojo* desde *ere* se requieren tres pasos. Una solución sería:

ERE-ORE-ORO-OJO

No hay determinantes temáticos como tales, pero la especificación de que cada paso debe consistir en una palabra reconocible va un poco más allá de la simple manipulación formal.

Los trucos formales como los palíndromos pueden explotar múltiples fuentes de fuerza, pero sólo indirectamente y, por lo general, sólo con la ayuda de la conducta manipuladora que veremos en la Parte V. Parte del "deleite" de un buen palíndromo (p.ej., *Dábale arroz a la zorra el abad*) puede atribuirse a la fuerza formal de la conducta de deletrearlo hacia atrás derivada de la conducta de deletrearlo hacia adelante, pero evidentemente hay mucho más en juego. Sólo mediante un procedimiento de comprobación muy complejo podemos establecer el hermoso entrelazamiento formal de la frase latina[37]

Sator arepo teret opera rotas

37 N. del E.: palíndromo latino de origen incierto, sus versiones más antiguas datan del siglo I antes de nuestra era. Una traducción más lírica ha sido: *El creador sostiene con habilidad los ciclos de la vida.*

donde la primera palabra se compone de las cinco iniciales de cada palabra, la segunda de las cinco letras en segunda posición de cada palabra, la tercera de las cinco terceras letras, y así sucesivamente, y donde la frase es también un palíndromo. Una posible traducción sería: *Me detengo en mi trabajo; el sembrador desgastará sus ruedas*. La palabra central puede que sea *tenet* y *arepo* podría ser un nombre propio: *El sembrador Arepo sostiene* (tenet) *o desgasta* (teret) *las ruedas con su trabajo.*

Capítulo 11

Nuevas combinaciones de respuestas fragmentarias

El funcionamiento de dos o más variables en la causalidad múltiple de la conducta verbal es obvia cuando la conducta se compone de fragmentos de respuestas. Cuando dos operantes tienen aproximadamente la misma fuerza al mismo tiempo, sus respuestas parecen mezclarse o fusionarse en una sola forma nueva, y a menudo se distorsiona. Este tipo de material no sólo complementa el análisis de la causalidad múltiple de los capítulos 9 y 10, sino que nos dice algo más sobre el control de todas las formas verbales. Así, unidades de respuesta fragmentarias o mínimas aparecen bajo una nueva luz.

No todas las formas nuevas o distorsionadas de conducta son recombinaciones de respuestas fragmentarias. La *ejecución* defectuosa de la conducta verbal, como en la disartria, el ceceo, la escritura en espejo, o la afasia motora, generalmente no es relevante. La tartamudez, el balbuceo y la escritura "neurótica" pueden estar relacionadas con variables suplementarias, pero como se ha estudiado no contribuyen a nuestro conocimiento del proceso actual. Tampoco nos preocupan por el momento las nuevas formas de respuesta resultantes de un error en los procesos de composición que se examinarán en la Parte IV. La intrusión de una respuesta totalmente irrelevante en una conducta verbal en curso también se examina más apropiadamente en otra parte (capítulos 15 y 16).

Una respuesta compuesta de fragmentos bajo el control de variables separadas puede no llegar a observarse si el hablante o el escritor la rechaza en el proceso de edición. El hecho de que la mayoría de los ejemplos que se han de considerar son vocales no significa necesariamente que las conductas vocales sean más vulnerables a la fragmentación, por el contrario esta ofrece menos oportunidades de edición. Por otra parte, aunque la conducta escrita deja un registro más permanente y proporciona una "retroalimentación" menos evanescente al escritor, la estimulación visual puede interrumpirse más fácilmente que la auditiva. Por lo tanto, es más fácil reducir la retroalimentación de la conducta escrita para producir las condiciones especiales de edición, como las de la escritura automática, que se analizan en el capítulo 16. En tales condiciones, las respuestas fusionadas o combinadas son tan comunes en la escritura como en la forma oral.

Las recombinaciones de los fragmentos de respuesta suelen dar lugar a expresiones sin sentido e interrumpen o perturban el discurso. Por esta razón, el oyente acaba aprendiendo a descartarlos o ignorarlos, así como, excepto en casos inusuales, ignora el tartamudeo, ciertas repeticiones afectadas, y así sucesivamente. Una teoría psicológica puede invertir el proceso. Cuando, por ejemplo, las respuestas distorsionadas o los lapsus linguae se consideran "reveladores", se observan y se recogen, como ha ocurrido bajo el influjo de Freud. Será, no obstante, una observación selectiva si sólo se registran aquellos casos que son posiblemente reveladores. Análogamente, los deslices que se han recogido por su relación con el origen de las formas lingüísticas o con el cambio lingüístico tienden a limitarse a los casos que resultan efectivos y por tanto sobreviven. Los deslices o distorsiones graciosas son también una muestra sesgada. Al analizar los procesos normales pertinentes debemos descartar las ocurrencias creadas por la manipulación habitual de respuestas fragmentarias, debido específicamente a sus consecuencias estilísticas, ingeniosas o divertidas. Distorsiones como "*jeje-moto*" (describiendo una comedia) y "*Reno-vado*" (describiendo a alguien que ha obtenido un divorcio en Reno) no representan los mismos procesos que la recombinación espontánea de fragmentos de respuestas.

Sería necesario un estudio cuidadoso de grandes muestras de discurso grabado para determinar la frecuencia relativa de los diferentes tipos de recombinación fragmentaria y el alcance de dicha recombinación en el discurso normal. Parte del siguiente material proviene de artículos y libros sobre conductas verbales distorsionadas lapsus linguae. La mayor parte se deriva de observaciones casuales. No se ha dado importancia a las formas distorsionadas que, por ser efectivas para el oyente, pueden llegar a formar parte de un lenguaje establecido, ni a las distorsiones que son reveladoras o divertidas. No obstante, la observación casual es necesariamente selectiva.

Las condiciones necesarias para la producción de una mezcla fueron descritas por Lewis Carroll en el Prefacio de *La Caza del Snark*[1],

> *... Toma las dos palabras "humoso" y "furioso". Decide que dirás ambas palabras, pero deja sin resolver cuál dirás primero. Ahora abre la boca y habla. Si tus pensamientos se inclinan un poco hacia "humoso", dirás "humoso, furioso"; si se vuelven, aunque sea por un pelo, hacia "furioso", dirás "furioso, humoso"; pero si tienes un raro don y una mente perfectamente equilibrada, dirás "frumoso".*

Dado que por el momento no tenemos medidas cuantitativas de la fuerza verbal lo suficientemente delicadas como para detectar mentes perfectamente equilibradas, no podemos estar seguros de que dos respuestas deban tener la misma fuerza para mezclarse en una forma distorsionada. Sin embargo, podemos estar de acuerdo en que si las fuerzas fueran muy diferentes, una respuesta se emitiría en su totalidad antes que la otra.

Las condiciones en que se recombinan las respuestas fragmentarias son algo más fáciles de identificar. Las respuestas que están mal condicionadas están presumiblemente más sujetas a la fragmentación. Las recombinaciones son frecuentes en las conductas de niños pequeños y en los adultos que aprenden un nuevo idioma. Un repertorio bien establecido puede sufrir recombinaciones en condiciones de enfermedad o fatiga o como efecto de ciertas drogas, de las cuales el alcohol es la más conocida. La fuerte competencia entre conductas, como cuando el hablante "presta poca atención a lo que dice", tiene un efecto similar. El habla que se emite bajo una fuerte presión aversiva o en función de alguna de las variables que fortalecen la conducta sin respetar la forma (capítulo 8) tiende a sufrir este tipo de distorsión. Estas variables pueden actuar directamente sobre el proceso de fusión o sobre la conducta de editar, rechazar o alentar tales productos.

Las respuestas recombinadas han atraído la atención por muchas razones. Sobre ello nos ocupamos de tres apectos: 1) los tipos de operantes que contribuyen a la fragmentación, 2) la geometría o

1 N. del E.: hay una edición en español de Desván de Antigüedades. La traducción aquí mostrada es propia.

mecánica del reordenamiento de los fragmentos, y 3) el posible efecto de las formas resultantes sobre el oyente, incluido el hablante cuando ejerce simultáneamente de oyente.

MECÁNICA DE LA MEZCLA

Las mezclas[2] pueden estudiarse como meras formas de respuesta, aparte de las variables de control. Una respuesta puede contener aproximadamente partes iguales de las respuestas contribuyentes o puede predominar una respuesta. Cuando hablábamos de *intrincado* e *intrínseco* se representan en cantidades aproximadamente iguales en el *intrínsicado* de Shakespeare, como lo son *girar* y *vagar* en el *givagar* del mismo autor[3]. Pero en *vlog*, que es una mezcla de *video*, y *la blog,* la segunda fuente contribuye, en gran medida, a la mayor parte de la forma resultante, minetras que en *elucubrar* (de *lucum* y *laborare*), el patrón es el opuesto[4]. Por lo general, en una palabra compuesta una respuesta contribuye la primera parte de la mezcla y otra la segunda, como cuando *gira* y *sol* hacen *girasol.* Las formas combinadas suelen contener un importante elemento común, como lo es *azul* para los adjetivos verbosos *azulado*, *azulino* y *azuloso*. Un elemento común más pequeño se ve en *domótica* que combina *domus* y *automática*[5]. Algunas respuestas fusionadas son recombinaciones de sílabas que posiblemente tengan un carácter independiente como respuestas autónomas. Así pues, la respuesta *radiotelescopio* es una recombinación de los elementos *radio* y *telescopio*.

Aunque la hibridación de términos se suele abordar sólo a nivel de palabra, quizás un resultado más común es la fusión de respuestas más grandes que contienen varias palabras. La mezcla de frases es tan común en el habla infantil que normalmente se pasa por alto. Una niña de dos años y medio que había adquirido las respuestas *"error"* y *"equivocarse"* dijo *"errquivocarse"* en una ocasión en la que alguien falló al atrapar una pelota que ella había lanzado. Esta respuesta probablemente no habría sido emitida por un adulto debido a la violación de los patrones gramaticales al

2 N. del E.: en español podríamos decir palábras híbridas o compuestas.

3 N. del E.: en referencia al neologismo shakespereano que aparece en la muerte de Desdémona en *Otello.*

4 N. del E.: adaptamos ejemplos al español en todo este pasaje.

5 N. del E.: a diferencia del inglés, este tipo de palabras compuestas con elementos comunes son infrecuentes en español, incluso palabras compuestas en las que la fusión podría ser probable no siempre se da elipsis haplológica (p.ej., *lavavajillas* y no *lavajillas*).

uso. Los siguientes ejemplos pueden distinguirse de la distorsión debida a un error en el proceso de composición por el hecho de que en cada caso pueden identificarse dos respuestas mayores que inducen la distorsión:

a favor con (a favor de, de acuerdo con)
estás en la razón (tienes razón, estás en lo cierto)
una buena obra de trabajo (un buen trabajo, una buena obra de arte)
dar por defecto (dar por hecho, por defecto)
fin de fiesta de clausura (fin de fiesta, ceremonia de clausura)
pelar manitas (hacer manitas, pelar la pava)
a duros pelos (por los pelos, a duras penas)
un hito de inflexión en su carrera (un hito, un punto de inflexión)
pasa a los mejor pintados (pasa en las mejores familias, le puede pasar al más pintado)
a pala porrillo (a punta pala, a porrillo)
poner los pelos de gallina (poner los pelos de punta, poner la piel de gallina)
poner el toro sobre la mesa (poner el asunto sobre la mesa, tomar el toro por los cuernos)

Si éstas se producen con mayor frecuencia que las mezclas de palabras sueltas, posiblemente se deba a que es menos probable que el hablante las rechace en el proceso de edición.

Las mezclas de frases son la causa de muchos sutiles malapropismos. A continuación, se presentan ejemplos de conducta escrita y vocal que han escapado al proceso de edición. En un cartel en un restaurante se decía "*Tenemos celo de nuestra reputación*", *celo* parece haber surgido de dos fuentes que podrían haber llevado por separado a "*Somos celosos de nuestra reputación*", por un lado, y a "*Mostramos celo por mantener nuestra reputación*", por otro. En un informe de una comisión, la frase "*Nos asedió el concertar entrevistas*", la palabra *asedió* parece haber surgido de dos fuentes que podrían haber llevado por separado a: "*Nos suplicaron que concertáramos entrevistas*", por un lado, y a "*Fuimos asediados por personas que solicitaban entrevistas*", por otro. En *Can You Forgive Her,* Trollope escribe[6]: *No pudo abstenerse de hacerlo*, donde *abstenerse* parece ser una mezcla de *abstenerse de hacerlo* y *contenerse de hacerlo*. Una aparente mezcla de dos frases que no serían detectables en el habla vocal ocurre

6 Trollope, A., *Can You Forgive Her* (Londres, 1864), II, pág. 156. .

en el prólogo de una obra[7] escrita por C. M. Dodgson (Lewis Carroll), que comienza: *Damas y caballeros, parece frío rígido*, donde *rígido* y *frío* sugeriría fuentes de fuerza menos mórbidas. La fusión verbosa de frases la vemos, por ejemplo, en el antes mencionado *un hito de inflexión en su carrera* (*por un hito* y *un punto de inflexión*)

La causalidad múltiple es responsable de la mezcla formal en la que intervienen elementos por debajo del nivel fonético. *Cuchichear* parece ser una mezcla de *hablar* y *susurrar*, acompañada de una respuesta onomatopéyica que funciona tanto como tacto convencional y como imitación de un sonido, como cuando la palabra *silbar* se pronuncia de manera que suena especialmente sibilante. Numerosas fuentes de fuerza pueden ser responsables de pequeñas distorsiones de la forma en la conducta escrita. Esto suele ser cierto en la escritura jeroglífica o pictórica, en la que las respuestas convencionales se combinan con el repertorio figurativo del artista. La fusión de una respuesta convencional y un elemento pictórico se utiliza, a veces, en los libros infantiles, por ejemplo, en la impresión de la palabra "*alto*" en letras muy altas y delgadas. Se ha señalado que los matemáticos suelen mostrar su oficio en su escritura cambiando las formas de las letras para que se parezcan a símbolos matemáticos, como hacen los músicos para que se parezcan a las notas los silencios y otras marcas musicales. En un análisis objetivo en el que las respuestas debían indicarse con una *D* o una *O*, las respuestas a menudo adoptaban una forma mixta que no podía ser reconocida por el instructor ni como una *D* ni como una *O, presumiblemente* porque ambas respuestas eran igualmente fuertes (es decir, el estudiante no conocía la respuesta). Mezclamos un patrón de acentuación y una respuesta verbal cuando examinamos intensamente un renglón de texto. Mezclamos el patrón de entonación de una respuesta con los sonidos del habla de otra cuando lidiamos con una interrupción continuando la conducta verbal en progreso de una manera que sería apropiada para la respuesta *Por favor, pueden guardar silencio*. El autor de *A Few French words* estaba ejemplificando una mezcla de *pocas* y la conducta de capitalizar apropiada a la palabra que seguía. La mala ortografía puede ser una especie de mezcla. La frase *Perspiration oozed from his pours*[8] muestra múltiples fuentes para *pours* que se perderían (o posiblemente no existirían) en una respuesta vocal.

7 Dodgson, C. M., *Logical Nonsense* (New York, 1934), pág. 159.

8 N. del E.: la ortografía correcta sería *Perspiration oozed from his pores* (la sudoración segregada por sus poros), no obstante, *pours* (verter, un líquido) y *pores* (poros) tienen idéntica pronunciación.

En la mayoría de los ejemplos que se han dado, las respuestas combinadas son formas alternativas adecuadas para una sola ocasión. Normalmente sólo aparecería una respuesta. En la combinación haplológica[9], los fragmentos de combinación son partes de una respuesta mayor que tiene cierta probabilidad de ser emitida. La mezcla resulta de la omisión de materiales intermedios. A veces este tipo de combinación origina nuevas palabras, como en *esnob* (por *sine nobilitas*), *usted* (por *vuesa merced*), o *cabizbajo* (por *cabeza baja*). Estos casos ilustran la combinación de formas de respuesta que tienen fuentes de fuerza separadas. Esto no es cierto para los ejemplos estándar de síncopa[10]. Distorsiones como *buen* por *bueno* o *indepe* por *independentista*, etc. son apócopes aceptados o emergentes, e ilustran la omisión de elementos, pero no la fusión de múltiples formas. Por la misma razón, una categoría separada es necesaria para las llamadas "braquilogías" en las que simplemente se omiten uno o más elementos en una respuesta mayor. La respuesta *De acuerdo* no es una mezcla de frases sino el residuo de una respuesta más larga (*Estoy de acuerdo con lo que has dicho*) parte de la cual ha sido omitida. También pueden distinguirse las haplologías humorísticas de aquellas genuinas, como en *poemiga* por *poema* y *miga*.

F. L. Wells[11], en *Linguistic Lapses*, sugirió una clasificación de los lapsus linguae como de asimilación regresiva y progresiva, regresivos disimulados, metáteticos, de omisión y de sustitución. Los términos regresivo y progresivo se refieren al orden secuencial normal de las formas en combinación (un ejemplo de lapsus de asimilación regresiva sería decir *cachalote* en lugar de *chocolate*), pero muchos lapsus implican respuestas que normalmente no se producen en ningún orden particular, y el orden en sí parece ser menos importante que el hecho de que dos respuestas sean fuertes al mismo tiempo. La metátesis se refiere a un desplazamiento recíproco que se examinará más adelante. Los de omisión incluirían muchos de los ejemplos que se acaban de dar y los de sustitución, una distorsión intrusiva que también veremos más adelante.

9 N. del E.: aquella en la que la sílaba o sonido común es objeto de elipsis.

10 N. del E.: en los que la pérdida de material se da en una sola forma (p.ej., *navidad* por *natividad*).

11 Wells, F. L., *Archives of Philosophy, Psychology and Scientific Methods*, No. 6 (Nueva York, 1906).

FUENTES DE LOS FRAGMENTOS QUE ENTRAN EN RECOMBINACIÓN

Es probable que dos respuestas sean fuertes al mismo tiempo si ambas son funciones de la misma variable. Un lapsus puede combinar dos o más tactos bajo el control del mismo estímulo, por ejemplo, *coro* por *oro* y *caro*. Diferentes aspectos del mismo estímulo pueden evocar diferentes respuestas, pero rara vez parecen mezclarse. Cuando una sola propiedad es vaga, dos o más respuestas que no son sinónimas pueden reforzarse. La forma *taquillón* podría haberse originado en circunstancias en que un tamaño determinado no era lo suficientemente grande como para evocar la voz *taca* o lo suficientemente pequeño como para evocar *taquilla*. La respuesta *creo que se graduó con cumma* parece indicar una incertidumbre entre haberse graduado *summa cum laude* o *cum laude*. Las propiedades ligeramente diferentes de un mismo estímulo generan los componentes de palabras inventadas lúdicamente como *animal-hada*, así como la conducta del niño pequeño que informó *Esquimos eat slobber*[12]. Algunas etimologías populares son reordenamientos de fragmentos. Hay evidencia interna de la fuente intraverbal que explica ciertos lapsi como ocurre en la siguiente frase de un recorte de periódico: *Rompiendo el cristal con una silla, se subió a una ventana y se agarró al borde exterior del alfeizar con la punta de sus dudos hasta que tres detectives le convencieron para que saltara*[13]. Posiblemente sea relevante que las letras en *dudos* coincidan en gran medida en *dedos*.

Muchas mezclas muestran la interacción de tactos e intraverbales o dos o más intraverbales. Un niño, al recitar los días de la semana diciendo *jueves, viernes, sébado* mezcla *sábado* y *seis*, debido a la influencia intraverbal del sexto elemento en ambas series y la similitud formal entre *sábado* y *seis*. El erróneo recuerdo de *Vano e inglorioso Milton* parece fusionar el pasaje original *Mudo e inglorioso Milton*[14] y la palabra *vanagloria*. El recuerdo erróneo de la canción infantil *en la granja de mi tío, I-A, I-I-A,* parece mostrar al menos dos fuentes intraverbales: la versión correcta *I-A, I-A-O*

12 N. del E: literalmente, *los esquimales comen babas*, confundiendo *slobber* (saliva, baba) por *lobster* (cigala).

13 N. del E.: adaptación del original preservando las fuentes de control temáticas (*fingerprint-detective* frente a *convencer-dudar*) y formales (*fingertip-fingerprint* frente a *dudos-dedos*). En el original, *Breaking the glass with a chair he climbed through a window and clung to the sill by his fingerprints until three detectives called on him to jump.*

14 N. del E.: del poema *Elegy Written in a Country Churchyard* (1751) del poeta inglés Thomas Gray. Nótese que la palabra *inglorioso* no está reconocida por la RAE, que la considera una voz del habla popular. La traducción es original.

y *IIA*, las siglas del Instituto Internacional de Agricultura[15]. Alguien que copia la frase *Hay dos conjuntos de condiciones preexistentes que nos dan el caso adulto* y escribe *resultado del caso* en lugar de *caso adulto*, muestra fuerza temática de *preexistente* y *dan* sobre *resultado*. La respuesta escrita *uso populario* parece contener una combinación de *popular* y *vocabulario* como sinónimo de *uso*.

Los malapropismos suelen ser mezclas que contienen material de fuentes temáticas adyacentes. La Sra. Malaprop[16] es víctima de un aluvión de respuestas intraverbales que componen un tema con connotaciones gramaticales como el siguiente:

> Hace mucho tiempo dispuse mis *conjunciones* positivas en ella, y no volví a pensar más en este *sujeto*. Desde entonces dispuse la *preposición* de Sir Anthony ante ella; pero, lamento decir que parece decidida a *declinar* cada *partícula* que le sugiero (cursivas añadidas).

Las mezclas intraverbales múltiples incluyen casos en los que una respuesta se distorsiona por la anticipación de una respuesta posterior. Cuando un actor aficionado lee una línea como *Cecere-Cecilia, por favor escucha y ponte seria*, parece que el lapsus *Cecilia* y el adjetivo *seria* se han enredado. *La rata gorda y negra* emitido como la *La rata magra* y las respuestas con corrección entre paréntesis, *El señor de Béjar* (en lugar de *Huelma*) *que baje* y *Muchas casas* (en lugar de *casos*) *presentados por el Dr. Masa*, serían ejemplos adicionales[17].

Los estímulos ecoicos y textuales pueden aportar fragmentos si los estímulos adecuados se producen en el momento oportuno. En una conversación en la que participaban varias personas, un hablante iba a decir *Cuando te dieron a luz*, pero al oír a otro hablante decir *nacimiento,* dijo en su lugar *Cuando te nacieron*. En una discusión similar, *la gota que colmó el vaso* se convirtió en *la puntilla que colmó el vaso* por la relación intraverbal entre el dicho original y *dar la puntilla*. Alguien que marcó el número de teléfono de un tal Sr. Brenner, oyó al que comunicante decir *Linwood al habla,* a lo que respondió *me gustaría hablar con el Sr. Brenwood*. Alguien lee el titular de periódico *el mercurio sube a 30 grados*

15 N. del E.: usamos la versión en castellano de *Old MacDonald Had a Farm* y reemplazamos por conveniencia las siglas CIO (Congress of Industrial Organizations) por IIA (Instituto Internacional de Agricultura).

16 Sheridan, *Los Rivales*, Acto III, Escena 3.

17 N. del E.: según adaptaciones inteligibles en español.

después de haberse barajado descensos en el noroeste sustituyendo *barajado* por *bajado*, por ser esta una respuesta más característica a *mercurio* en presencia de la respuesta textual *barajado*.

Las tendencias autoecoicas y autotranscriptivas pueden producir distorsiones perseverantes (*murmurar*). Las mezclas de formas sinónimas pueden atribuirse a una mezcla de audiencias o a una debilidad del control de la audiencia. En ocasiones esto es obvio. Una canción que empieza en alemán *Morgen rot* y en inglés *Morning red* fue cantada *Morgen red*.

Cuando oímos o leemos algo de forma errada con frecuencia mostramos recombinación de fragmentos, una de cuyas fuentes es el estímulo ecoico o textual que se "oye" o se "lee mal". Un simple error, es decir, una respuesta ecoica o textual bajo un control de estímulo inadecuado, no tiene por qué mostrar otra fuente de fuerza, sin embargo, ante un estímulo ambiguo como los presentados por el sumador verbal lo que "se escucha", por ejemplo, cuando se cree oír el propio nombre, puede llevarnos a inferir una fuente especial de fuerza. Lo mismo ocurre al escuchar el propio nombre cuando en realidad alguien ha dicho otro.

En los errores de audición no siempre está claro que la forma distorsionada sea la conducta ecoica del oyente en lugar de "lo que oye" y luego se reporta, pero en el caso análogo de una respuesta textual, la respuesta suele ser más fácil de identificar. Cuando la fuente auxiliar de fuerza es clara, podemos decir que la respuesta es "reveladora" en el sentido freudiano. Así, después de haber escapado por poco de un grave accidente, un automovilista se sorprendió al ver un cartel que decía "10 KM PARA LA MUERTE". Al examinarlo más de cerca, verificó que el cartel decía "10 KM PARA VALVERDE". Las configuraciones geométricas gruesas son a menudo relevantes. Poco después de leer acerca muerte de Bernard DeVoto[18], un conocido se sorprendió al ver el nombre *DeVoto* en letras cromadas en relieve en un automóvil que pasaba. Un vistazo más cercano reveló *DeSoto* con la inesperada intromisión de una gran "V"[19]:

Una reorganización geométrica general de los fragmentos de un estímulo textual más una fuerte contribución intraverbal queda ilustrada en la lectura de las palabras *El extraño idilio* como *El extraño caso del Dr. Jekyll y Mr. Hyde* por parte de alguien que había leído el libro de Stevenson

18 N. del E.: historiador y ensayista americano ganador del premio Pullitzer (1897-1955).

19 N. del E.: referencia al distintivo de algunos DeSoto tal y como se muestra en la imagen. Los DeSoto fueron fabricados por Chrysler Corporation entre 1928 y 1961. Crédito fotográfico: John Puddephatt, Leeds, Reino Unido (licencia CC BY-SA 2.0).

recientemente. Variables más triviales son aparentemente responsables de la reordenación en la lectura del cartel de carretera *Sahara Coal* como *Scarlet O'Hara*, o *Butternut Coffee* como *Peanut Butter Coffee*[20].

El recuerdo erróneo de un poema es el equivalente intraverbal de oírlo o leerlo incorrectamente. La fusión del material incorrectamente recordado con las respuestas a las variables actuales, bajo una causalidad múltiple, crea formas novedosas. A veces, las variables colaterales que suministran fragmentos son obvias. En el erróneo *Dele pimienta a su hijo y pellízquele si estornuda* en el que *dele pimienta* es la lectura errada de *hable impaciente* en el pasaje original, posiblemente debido a la relación intreverbal entre *pimienta* y *estornuda*[21] (compárese con el ejemplo de *Corre, corre, corre* en el capítulo 9).

Tal vez el tipo de distorsión más conocido sea el trabalenguas, una frase o frases que puede ser pronunciada correctamente sólo lentamente o con gran esfuerzo (p.ej., El cielo está enladrillado, ¿quién lo desenladrillará? El desenladrillador que lo desenladrille, buen desenladrillador será). El estímulo real puede ser ecoico (cuando se pide a alguien que repita tal frase), textual (cuando se pide a alguien que la lea) o intraverbal (cuando el hablante la ha memorizado). La forma original de estimulación no es importante porque las numerosas fuentes que conducen a la distorsión surgen de la conducta como un suplemento autoecóico.

20 N. del E.: referencias a la empresa minera *Sahara Coal Company Inc.* (Harrisburg, Illinois), y a la marca de café *Butternut* (Omaha, Nebraska).

21 N. del E.: Adaptación del pasaje de *Alicia en el país de las maravillas: Speak roughly to your little boy and beat him when he sneezes*, que a su vez parece ser una parodia del poema *Speak Gently* de David Bates (1809-1870).

La momentánea tendencia autoecoica en el trabalenguas es responsable de otras distorsiones. Una niña, que pasaba las vacaciones en el campo, le explicaba a una nueva amiga: *Tengo una muñeca más linda que me dejé en la cindad*. La misma niña también se refirió una vez a su *libro de bolsillo* como *librillo de bolsillo*. El presidente de una plataforma contra los juegos de azar comenzó a explicar un nuevo programa con las palabras: *Nuestro viejo eslogan era "Los salones de juego no logran amedrentarnos"; nuestro nuevo eslogran...*

Entre las múltiples fuentes de fuerza que producen distorsión se encuentran ciertas variables "negativas", es decir, variables que operan para suprimir partes de una respuesta y, por lo tanto, para fomentar la aparición de otros fragmentos. El efecto del castigo al facilitar la recombinación de fragmentos se da como parte del proceso de edición que se examinará en el capítulo 15, pero algo de ese contenido es pertinente en este caso. En la respuesta *Conocí a esa persona gentilmente* la edición ha suprimido la repetición de *persona* (*conocí a esa persona personalmente*) y ha dado lugar a un sustituto característico (*gente*). Procesos similares de edición pueden explicar la respuesta distorsionada *pawl pearing*[22], escrita al describir un aparato que contiene un *pawl bearing* (rodamiento de trinquete). La distorsión podría ser un ejemplo simple de fortalecimiento autoecoico, pero hay varias formas en que la respuesta *ball bearing* (rodamiento de bolas), cuyo efecto parece presente en este caso, podría haber afectado el resultado. Hay dialectos del inglés, particularmente entre personas que originalmente hablaban alemán, en los que la *b* es muda. En concreto, *pall pearing* sería la forma fonética germano-americana de *ball bearing*. Al aprender a imitar dicho dialecto, se aprende a sustituir la *b* muda por una *p* en todos los casos. La edición necesaria para evitar llamar *ball bearing*, como tal sin usar la forma *pawl bearing* puede haber continuado en vigor para producir el cambio de la segunda *b* a *p*. La distorsión perseverante (p.ej., escribir *ration* en lugar de *ratio* después de haber escrito *ración*, o escribir *enclavo* en lugar de *esclavo* después de haber escrito *enclave*) posiblemente no sea sino el efecto de las tendencias autoecoicas o autotranscriptivas responsables de la aliteración, pero no debe pasarse por alto la posibilidad de que estos errores puedan revelar procesos de sustitución editorial.

22 N. del E.: entiéndase distorsión causada por el control autoecoico ejercido por *ball bearing* (rodamiento de bolas).

LOS RESULTADOS DE LA RECOMBINACIÓN

Los fragmentos recombinados de las respuestas suelen no tener sentido. Una forma de respuesta totalmente nueva e ineficaz emerge o, si el hablante ve a tiempo que se trata de un sinsentido, la forma recombinada cesa en emitirse antes incluso de que se complete. Lo que puede parecer tartamudeo es, a veces, el comienzo de un fragmento en recombinación. En respuesta a la pregunta *¿Qué hora es?* alguien miró su reloj, que mostraba las manecillas a las 5:16, comenzó a responder diciendo *cinco y diecisie...* y se corrigió continuando *cinco y dieciséis.* Es posible que la respuesta *cinco y diecisiete* fuera una mezcla de *cinco y dieciséis* y *cinco y diecisiete*, quizás apoyada por estar la respuesta bajo el impreciso control de estímulo de la posición del minutero. Análogamente, vemos que una respuesta sin sentido es editada cuando se rompe la respuesta *riduc-* para corregirse por *ridículo.*

A veces la recombinación da lugar a una forma estándar de respuesta que, sin embargo, puede ser inapropiada. Así, fragmentos de *herejía* y *sentencia* pueden componer *herencia*, que no tendría sentido bajo las circunstancias o podría dar lugar a una respuesta confusa. Otros ejemplos serían *tablado* por *teléfono* y *cableado* o *porvenir* por *por qué venir*. Es muy posible que las formas típicas *herencia*, *tablado* o *porvenir* contribuyan a la recombinación, actuando en este sentido como una tercera fuente de fuerza. La forma distorsionada contiene secuencias intraverbales que han sido establecidas anteriormente por diversos reforzamientos.

Ocasionalmente, los fragmentos pueden recombinarse para producir una forma estándar atribuible a una variable presente. El el caso de una joven que durante una cita romántica al notarse indispuesta exclama *¡Estoy caliente!* podemos considerar que la forma típica *caliente* es una mezcla de otras formas típicas como *calentura* o *acalorada*, pero no podemos descartar que *caliente* como tal tenga también cierto nivel de fuerza. Habría pocas dudas sobre la variable colateral responsable de una mezcla de frases referida por Brill[23]. Un invitado que se sintió algo ofendido por la frugal ágape al que había sido invitado comenzó a hablar de una figura política y concluyó diciendo *Pero, con él siempre puedes llegar a un justo entrante*, que fue corregido apresuradamente por un *justo entente.*

23 La traducción de Brill de Freud, S., *Psychopathology of Everyday Life* (Pelican Books, 1938).

Ocasionalmente, se permite que una respuesta, aunque sea vista como un neologismo tanto por el hablante como por el oyente, se mantenga y pueda ser eficaz. Esto es especialmente cierto en el caso cuando se mezclan frases. En una discusión acalorada, puede permitirse una frase como *Esta es una violación a fuego frío de los derechos humanos,* aunque *a fuego frío* parece ser una recombinación de *a sangre fría* y *a sangre y fuego* (obsérvese que la expresión *a fuego frío* es también típica en ciertos contextos, por ejemplo en el culinario).

La mezcla atrae más atención cuando ofrece una nueva respuesta. Sólo tardíamente en la historia de la lengua inglesa la combinación de *fog* (niebla) y *smoke* (humo) se ha vuelto lo suficientemente común como para generar *smog* (calima), una respuesta que ahora se considera estándar y útil. Es posible que la respuesta ya no represente la recombinación de fragmentos, aunque probablemente adquiera fuerza por su similitud formal con los términos que la compusieron originalmente.

Los acompañamientos normales de las respuestas fragmentarias que entran en una recombinación no suelen emitirse, aunque a veces aparecen. Cuando el estímulo textual *un indudable mito de la metrología* se lee como *un indudable hito de la mitología*, tenemos que notar no sólo el desplazamiento de *mito* por *hito*, sino la combinación de *mito* con el fragmento común *ología* para producir *mitología*. Los ejemplos en los que todos los fragmentos encuentran su lugar en nuevas combinaciones nos son harto conocidos. Un niño de seis años al recibir una lección de historia decía *manta tonta* (en lugar de *monta tanto*), un periodista siguiendo un caso judiciál escribió *El fiscal está apunto de zallar su defisión* (en lugar de *fallar su decisión*), o, al proponer un brindis, un anfitrión presentó a *Hoobert Herver* (en lugar de *Herbert Hoover*)[24].

Estas llamadas metátesis,[25] cuando producen patrones efectivos aunque irrelevantes, recuerdan a veces al Reverendo W. A. Spooner (1844-1930) director del New College en la Universidad de Oxford afamado por su talento con las recombinaciones de formas estándar. Aunque se le atribuyen divertidos ejemplos sin sentido (*many thinkle peep so, I believe*[26]), fue más conocido por los ejemplos en los que los

24 N. del E.: no sin dificultad, y por motivos obvios, estos ejemplos han sido adaptados al español, con alguna ayuda de del Viso, S. (2002). Los lapsus linguae como fuente de datos en el estudio de la producción del lenguaje: un corpus de errores en castellano. *Anuario de Psicología, 33*(3),355-384.

25 N. del E.: en español, y en sentido estricto, la metátesis sería el intercambio de fonemas dentro de palabras como *axfisia* en lugar de *asfixia* o *cocretas* por *croquetas*.

26 N. del E.: por *many people think so I believe* (mucha gente lo piensa, creo). La metátesis, aunque divertida, no tiene sentido como apunta Skinner.

fragmentos recombinados daban lugar a formas típicas (*the queer old Dean,* y *to London on the town drain*[27]).

EFECTOS CREATIVOS Y ESTILÍSTICOS

El juego de palabras que distorsiona la forma puede ser fácilmente relacionado con múltiples fuentes de fuerza. Los casos más absurdos suelen aparecer sólo cuando la edición es débil (Capítulo 16) y se requiere una mayor habilidad en el manejo de los problemas de construcción de la oración (Capítulo 14). Aquí sólo se trata de la producción del material con el que se hacen los juegos de palabras. Cuando un velero que ha costado más de lo que el propietario puede pagar se llama *Prodigio*, reconocemos un conflicto personal en las dos fuentes relevantes: *Prodigio* y *Pródigo*. Tampoco estamos perdidos al explicar la conclusión de una carta dirigida a una amante que ha rechazado al escritor[28]:

> ...porque sois, con la mayor "aboración", la criatura más divina, vuestro más apasionado admirador, "aborador" y esclavo, Jonathan Wilde[29].

Una ingeniosa mezcla de frases, *Lo que le pasa a Maine, le pasará a Vermont*, fue reivindicada por varios escritores después de las elecciones presidenciales de 1936, en la que sólo dos estados, Maine y Vermont, votaron por el candidato republicano. Las circunstancias eran óptimas, ya que la frase original, *Lo que le pase a Maine, le pasará a la nación* hasta entonces había sido un aforismo familiar adecuado para muhas elecciones, y varios tactos e intraverbales existentes contenían *Maine* y *Vermont*.

Cuando una distorsión humorística adquiere vigencia en una comunidad verbal, ya no tiene por qué representar el proceso actual. En un tiempo estuvo de moda que los jóvenes utilizaran distorsiones de nombres geográficos en lugar de expresiones convencionales. Al despedirse de alguien, el hablante podría decir *Hasta Oporto*, en lugar de *Hasta pronto*. Aunque tal respuesta puede seguir teniendo algo de su efecto original en el oyente y puede representar un estado especial de edición por parte del hablante, cada caso no muestra el proceso de fusión.

27 N. del E: *the queer old Dean* (el viejo y peculiar rector) por *the queen old dear* (la vieja y querida reina); *to London on the town drain* (a Londes por las cloacas) por *to London on the down train* (a Londres en tren).

28 *Historia del difunto Sr. J. Wilde el Grande*, Libro III, Capítulo 6, por Henry Fielding.

29 N. del E.: se enredan "adorar" (*adore*) y "aborrecer" (*abhor*).

Es un chiste "malo" debido a la irrelevancia de la respuesta geográfica, aunque hay una falsa relevancia si la práctica está de moda.

En un ejemplo original de una mezcla de frases, y en el que se tardó muy poco tiempo en llegar a la respuesta ingeniosa, se observó un préstamo intraverbal del soneto de Keats que termina:

Como cuando con ojos de águila el robusto Cortés
y sus hombres miraron fijamente al Pacífico
se interpelaron con salvaje sopesar
silenciosos, ante los picos de Darién.

Según esta anécdota, un joven describió una vez a un eminente lógico un episodio que había ocurrido durante una caminata a lo largo de una sección de la costa de Maine. Había emergido de entre unos árboles para encontrarse de pie sobre una gran roca sobre la orilla del mar, con el oleaje golpeando debajo de él. *Allí estaba yo*, dijo *mirando al mar, en silencio en un pico de Darién. De repente sentí que la roca debajo de mí comenzó a moverse...* El lógico inmediatamente exclamó: *¡Me imagino tu salvaje sorpresa!* La fusión intraverbal del fragmento *salvaje sopesar* y el tacto convencional *¡Me imagino tu sorpresa!* debe haber ocurrido en cuestión de uno o dos segundos.

Hemos visto que las rimas inverosímiles, especialmente las que implican varias sílabas, tienen algo del efecto humorístico de la metáfora inverosímil evocada en la causalidad múltiple. Cuando las fuentes formales de fuerza producen una distorsión total, no hay duda del proceso subyacente. En un tipo de verso ligero popularizado por Ogden Nash, el poeta parece estar invuido de múltiples fuentes del tipo responsable de la rima normal.

Cuando me llama un perro
no esperro[30].

La poesía escrita antes de la estandarización de la ortografía a menudo parece acusar este efecto al estilo de Ogden Nash. Por ejemplo, en los versos[31]

30 N. del E.: en el original, *If called by a panther / Don't anther.*

31 N. del E.: conservamos el sentido de Skinner con estos versos del romance de Abenamar. En el original Skinner usaba los versos de *The Vanity of Human Wishes* de Samuel Johnson (1749), *For gain, not glory, wing'd his roving flight, / And grew immortal in his own despight*

que mentira no dijese, que era grande villanía:
por tanto, pregunta, rey, que la verdad te diría.

El diría parece al lector moderno estar mal escrito a través de una poderosa tendencia autotranscriptiva por coincidir con la forma anterior *villanía*.

Ceder a las fuerzas de la distorsión es característico de cierto tipo de humor disparatado, como en ciertas citas de S. J. Perelman[32]: *La acacia que quiero acariciar, quiero decir, arraigar*[33]. También es un ingrediente del humor televisivo; la pregunta, *¿Te gustan las películas de Frank Keen?* evoca la respuesta, *¿de Frank quién?*

Las múltiples fuentes de la conducta del escritor serio producen formas distorsionadas, como sugieren algunos de los ejemplos de mezclas o recombinaciones de fragmentos ya dados. Algunos de los ejemplos analizados por Empson implican distorsión[34], aunque los cambios en la pronunciación o la ortografía, o ambos, pueden ocultar este hecho. Así, al analizar el verso

En la vasta muerte y en medio de la noche

Empson argumenta que *vasta (vast)* puede ser determinado por fuentes que por separado habrían evocado *desperdicio (waste)* y *cintura (waist)*. Algunas de las respuestas que Coleridge tomó prestadas al componer el *Ancient Mariner* (ver Capítulo 9) entraron en la mezcla de frases. El material prestado podría ser simplemente el ritmo o la cadencia de un pasaje, más algunos términos clave, o un marco gramatical sobre el que se dispusieron otras respuestas actuales.

A veces es plausible argumentar que se ha conservado un marco gramatical de material intraverbal anterior, aunque todas las formas importantes han sido reemplazadas. La inusual fuerza necesaria para mantener unido un marco de este tipo puede estar disponible en un material completamente memorizado. Así, los paradigmas gramaticales suelen proporcionar una especie de fondo sobre el que *se tocan* nuevos temas, como en el poema leído en el juicio de la Sota de Corazones en

32 N. del E.: S. J. Perelman (1904-1978), guionista y humorista americano.

33 N. del E.: en el original, *The hickory I've been lickory for, I mean the hickory I've been looking for.*

34 Véase el capítulo 9.

Alicia en el País de las Maravillas. Tanto Gertrude Stein como James Joyce utilizaron los paradigmas gramaticales de la misma manera.

Un préstamo literario más obvio con distorsión es la paráfrasis o parodia. El que una parodia sea divertida depende del grado de contribución del pasaje parodiado y de si la recombinación resultante de los fragmentos es divertida por otras razones. El uso de conexiones intraverbales de obras literarias anteriores ha sido elevado a la posición de una filosofía de la composición, en concreto por Ezra Pound y T. S. Eliot. Las líneas de Eliot[35]

Pero a mi espalda de tanto en tanto siento
un sonido de cornetas y motores, que trajera
a la Sra. Porter hasta Sweeney en primavera...

contienen respuestas determinadas por otras partes del poema y por las circunstancias en las que fue escrito, pero también fragmentos de otros dos poemas: el de Andrew Marvell

Pero a mi espalda siempre siento
el carro alado del tiempo en vuelo presto...

y el de Day, parte del *Parlamento de las abejas*:

Un ruido de cornetas y de caza, que trajera
a Actaeon hasta Diana en primavera.

Otro tipo de mezcla que incluye secuencias intraverbales adquiridas de obras literarias es la escritura imitativa. Robert Louis Stevenson abogó por el uso deliberado de material verbal prestado para aprender a escribir. Al jugar a ser "copista", el joven Stevenson saca a relucir su escaso repertorio con patrones de respuesta característicos de un autor ya afamado. La imitación intraverbal[36] puede servir de sondeo para

35 N. del E.: del poema *The Waste Land* (1922), *But at my back from time to time I hear / The sound of horns and motors, which shall bring / Sweeney to Mrs. Porter in the spring.* El fragmento de Andrew Marvell (1621-1678) es parte del poema publicado póstumamente *To His Coy Mistress* (1681), *But at my back I always hear / Time's winged chariot hurrying near. The Parliament of Bees* del dramaturgo inglés John Day (1574–1638?) fue publicado en 1641, *A noise of horns and hunting, which shall bring / Actaeon to Diana in the spring.* Todas las traducciones son originales.

36 N. del E.: Skinner utiliza la expresión *intraverbal aping* en referencia a la habilidad de imitación superficial de ciertos simios.

elevar conductas fragmentarias por encima de la fuerza necesaria para la emisión. Otro fortalecimiento, posiblemente permanente, puede derivarse del reforzamiento automático (capítulo 6). Aparte de la cuestión de su modo de funcionamiento, la práctica representa una mezcla de respuestas fragmentarias de dos fuentes: la fuente literaria de los marcos o secuencias intraverbales y las variables que controlan la conducta verbal posiblemente original en el escritor.

Finnegans Wake, de James Joyce[37], es y puede seguir siendo el ejemplo clásico de recombinación de fragmentos verbales prestados de otros autores, incluyendo marcos intraverbales extendidos. En

> ¿No dispone acaso de siete damas con las que casarse, cada una con siete pegas, y cada pega de siete colores, y cada color con un trino propio,
> *Hadn't he seven dams to wive him, and every dam had her seven crutches, and every crutch had its seven hues, and each hue had a differing cry,*

varios temas locales y secuencias intraverbales estándar se combinan con el marco intraverbal de la canción infantil *As I was going to St. Ives*[38].

En otro conocido pasaje, a través de una serie de juegos de palabras y fusiones temáticas, Joyce cuenta dos historias al mismo tiempo, una de Nuvoletta, una niña que sube por encima de unas barandillas y cae al vacío, y otra de una gota de lluvia precipitada desde una nube y que cae en un río. Algunas de las respuestas que cuentan ambas historias a la vez son las siguientes:

> Entonces Nuvoletta reflexionó por última vez...
> *Then Nuvoletta reflected for the last time ...*

(Nuvoletta *pensó* y la nube *brilló,* en referencia a la reflexión de la luz)

37 N. del E.: en las citas Joyce que siguen presentamos una traducciones de compromiso que pretenden conservar la lógica del hilo argumental de Skinner, siempre acompañadas del original.

38 N. del E.: En una de sus versiones más populares:
As I was going to St Ives,
I met a man with seven wives,
Each wife had seven sacks,
Each sack had seven cats,
Each cat had seven kits:
Kits, cats, sacks, and wives,
How many were there going to St Ives?

> ... recogió miríadas de pensamientos dispersos en uno, y canceló sus desvelos
> *... she made up all her myriads of drifting minds in one, she cancelled all her engauzements.*

(Nuvoletta redujo sus planes a uno solo; las partículas *veladas*, en el sentido de difusas, se combinaron en una gota)

> Escaló sobre los rieles
> *She climbed over the bannistars*

(*rieles* en el sentido de los barrotes de metal de la barandilla y, para la nube, en el sentido de estrellas que *rielan* o brillan)

> ... el ligero vestido de luz aleteó. Desapareció.
> *... A light dress fluttered. She was gone.*

(*vestido ligero* para la niña, *vestido de luz* para la nube)

> Y en el río que fue arroyo... allá calló el llanto... llantaño
> *And into the river that had been a stream... there fell a tear... a leaptear...*

(se toma fuerza de la forma típica "antaño", que puede tener una conexión con tristeza o nostalgia, tomando algo de fuerza de la rima con "salto", del tema anterior).

> Pero el río tropezó con ella poco a poco, murmullo que ríe en su corazón arroyado.
> *But the river tripped on her by and by, lapping as though her heart was brook.*

(Este pasaje tiene fuentes notablemente complejas, algunas de las cuales mencionamos. *Murmullo* y *arroyado* están temática y formalmente conectados con *río*. Por otra parte, "en su corazón arroyado" es una distorsión de "en su corazón roto". Se puede inferir una fuente intraverbal entre *lloro* y *murmullo* desplazada por una distorsión de *río* como *ríe*. Un río que ríe actúa como si tuviera el corazón de la niña, es decir, de un *río-niño* o *arroyo* (cf., río pequeño). Esta mezcla sorprendente de llanto con risa, de ser tanto viejo como joven, es adecuada a todo el pasaje.

LA DISTORSIÓN FORMAL Y LA OPERANTE DE LA UNIDAD

Las operantes verbales fragmentarias que pueden discernirse implícitas en los repertorios mínimos de las conductas ecoicas y textuales, y los fragmentos de tactos y de conductas intraverbales pueden estar bajo un control funcional diferenciado, aunque no siempre muestren unidades mínimas comparables. Una conducta intraverbal o tacto de magnitud superior puede ser reforzada en su conjunto cuando está compuesta de partes separables que también se refuerzan independientemente. Los hechos adicionales de causalidad múltiple presentados en el capítulo 9, el *modus operandi* de los recursos prácticos tratados en el capítulo 10 y la autonomía funcional de las respuestas fragmentarias que forman recombinaciones vistas en este capítulo amplían las pruebas sobre cuáles son las unidades mínimas de conducta verbal.

Samuel Butler enfatizó la causalidad múltiple de su propia conducta verbal en el prefacio de la segunda edición de *Erewhon*[39]:

> *Se podría decir que mis errores pueden haber sido por designio ya sea o no deliberado, por ignorancia o por un desliz de la pluma; pero, ciertamente, en estos tiempos se tacharía de insensible imponer fines a la ilimitada amplitud de la verdad, y será más razonable suponer que estas tres posibles causas de mi error hayan tenido su parte en el aparente desliz.*

39 N. del E.: Con ingeniosa ironía Butler sugiere tres posibles fuentes de control del error y quizá también de la futilidad de sobreanalizar dichas causas. Nótese que en estas líneas Butler contestaba a la carta de un lector que le interpela por sus errores gramaticales al citar en latín.

Parte IV

MANIPULACIÓN DE LA CONDUCTA VERBAL

Capítulo 12

El Autoclítico

En los capítulos anteriores, se han presentado las conductas verbales como un repertorio de respuestas, algunas de ellas mínimas, y otras complejas pero susceptibles de fracturarse, que existen en varios estados de fuerza bajo el control de variables del entorno y la historia del hablante. Puede parecer que no se ha tenido en cuenta al propio hablante. No hemos tenido que suponer que hay alguien que "sabe lo que dice" o "quiere decir" o "cómo decirlo".

Convertir al hablante en un espectador interesado es la dirección en la que se moverá, en primer lugar, un análisis de la conducta. Como agente causal responsable de la estructura y el carácter de la conducta verbal, el hablante se ve amenazado por las relaciones causales identificadas en el curso de un análisis científico. Siempre que demostramos que una variable ejerce un control funcional sobre una respuesta, reducimos la supuesta contribución de cualquier agente interno. Por ejemplo, si podemos demostrar que la aparición de una respuesta se debe a la presencia de un estímulo de propiedades específicas, entonces no es necesario decir que el hablante está utilizando la respuesta para describir el estímulo. Si, por otro lado, podemos demostrar que una respuesta es más fuerte cuando privamos al individuo de alimentos, entonces no es necesario decir que un hablante utiliza la respuesta para describir o revelar su necesidad. Si se puede demostrar que la extensión metafórica tiene lugar porque una propiedad de un estímulo concreto ha adquirido el control sobre una respuesta, no necesitamos decir que un hablante ha inventado una figura retórica para expresar una similitud percibida entre dos estímulos. Continuando con esto, si se puede demostrar que una audiencia refuerza una subdivisión particular de un repertorio verbal, no es necesario decir que un hablante elige palabras apropiadas para su audiencia. Incluso si consideramos cada uno de estos pares de declaraciones como traducciones intercambiables, en las que se supone que todos los términos son definibles por referencia a la conducta, el lugar del hablante está muy reducido u oculto en el primero de cada par.

Pero no nos hemos deshecho del hablante. Hay respuestas verbales que aún deben ser contabilizadas, por ejemplo, respuestas como *si, como, por lo tanto*, y *algunas*. Muchas de los cuales sugieren claramente el comportamiento de un sistema de dirección, organización, evaluación, selección y producción. Estos son términos tan problemáticos en la elaboración de las correspondencias semánticas que se explican por referencia a la "intención" del hablante, sus "actitudes propositivas", y así sucesivamente. Aún no hemos demostrado ninguna superioridad al tratarlos.

El aspecto de la conducta verbal llamado "afirmación" también queda por considerar. La operante verbal es una unidad viva, en contraste con el signo o símbolo del lógico o la palabra o frase del lingüista, pero no explica plenamente el carácter activo de la conducta verbal. Podemos demostrar que una silla como estímulo aumenta la probabilidad de, y tal vez evoca, la respuesta *silla*, pero no podemos por esta razón decir que la respuesta "afirma la existencia de la silla". La mera emisión de una respuesta, no importa cuán dinámica sea, no servirá como sustituto de la afirmación y no dará cuenta de respuestas como "*es*" o "*está*" en muchas oraciones.

Tampoco hemos abordado aún el orden que debe observarse en grandes muestras de conducta verbal u otras pruebas de lo que podría llamarse "composición deliberada". Cierto orden entre las respuestas verbales puede surgir de sus fuerzas relativas, de los vínculos intraverbales y de órdenes correspondientes en el entorno y la historia del hablante, pero el diseño más amplio evidente en la mayoría de las conductas verbales no puede explicarse de esta manera.

Se puede decir que las operantes verbales que hemos examinado son la materia prima con la que se fabrica la conducta verbal sostenida. ¿Pero, quién es el fabricante? No podemos responder satisfactoriamente a esta pregunta señalando una subdivisión especial del hablante como un yo controlador o personalidad porque no se lograría así una explicación definitiva. Todavía tendríamos que explicar la conducta de tal "hablante" y nuestro problema sólo se haría más difícil porque *ese* hablante es inaccesible. El orden, el diseño y la composición "deliberada" son características observables de las conductas verbales que pueden estudiarse con mayor eficacia con los instrumentos de análisis que ya tenemos en nuestro poder. ¿Cuáles son los datos reales y qué se puede hacer con ellos?

Las propiedades importantes de la conducta verbal que quedan por estudiar se refieren a las disposiciones especiales de las respuestas[1]. Parte de la conducta de un organismo se convierte a su vez en una de las variables que controlan otra parte. Hay al menos dos sistemas de respuestas, uno basado en el otro y el nivel superior sólo puede entenderse en términos de sus relaciones con el inferior. La noción de un yo interior es un esfuerzo por representar el hecho de que cuando la conducta se compone de esta manera, el sistema superior parece guiar o alterar al inferior. Pero el sistema de control también es una conducta. El hablante puede "saber lo que dice" en el sentido de que "conoce" cualquier parte o característica del entorno. Parte de su conducta (la "conocida") sirve como variable de control de otras partes ("conocer"). Tales "actitudes propositivas" como la afirmación, la negación y la cuantificación, el diseño logrado a través de la revisión y el rechazo o la emisión de respuestas, la generación de cantidades de conductas verbales meramente como tales y las manipulaciones altamente complejas del pensamiento verbal pueden todos, como veremos, ser analizados en términos de conducta que es evocada por o actúa sobre otras conductas del hablante.

El hablante es el organismo que se ocupa de o ejecuta la conducta verbal. También es un "locus", un lugar en el que varias variables se unen en una confluencia única para producir un logro que es también igualmente único.

AUTOCLÍTICO DESCRIPTIVO

El hablante puede adquirir una conducta verbal descriptiva de su conducta. Aunque la comunidad sólo puede establecer dicho repertorio basando sus contingencias de reforzamiento en comportamientos observables, el hablante acaba exhibiéndolo bajo el control de acontecimientos

1 El capítulo 18 de *Ciencia y Conducta Humana* es relevante a esta cuestión.

privados. La conducta así descrita puede ser verbal: el hablante puede hablar de sí mismo hablando. Puede describir las respuestas que ha hecho, está haciendo o hará. Por ejemplo, puede decir *dije "cara"* o *ahora digo "cara"* o *diré "cara"*. También puede describir el estado de fuerza de tal respuesta, así como sus relaciones de control. Al hacerlo, puede usar cualquiera de los vocabularios diseñados para la descripción de la conducta verbal, incluyendo aquel en el que está escrito el presente libro. Los eventos disponibles para él como estímulo consisten en los productos de su conducta como hablante. Puede oírse a sí mismo o reaccionar a los estímulos privados asociados con la conducta vocal, posiblemente de forma encubierta o incluso incipiente. En un caso más obvio, puede leer lo que ha escrito. Ya se ha recurrido a la autoestimulación al hablar de la conducta autoecoica, autotextual y autointraverbal, así como de ciertos efectos del hablante actuando como su propio oyente y audiencia. Tal estimulación también puede asumir el control de la operante verbal llamada "tacto".

Las contingencias necesarias para las conductas autodescriptivas son establecidas por la comunidad cuando tiene motivos para preguntar "¿Qué dijiste?", "¿Dijiste eso?", "¿Por qué dijiste eso?", y así sucesivamente, ya que las respuestas son útiles de muchas maneras. Es poco probable que esas conductas surjan en ausencia de un reforzamiento explícito; de hecho, sigue siendo poco común, aunque la comunidad las fomente. Como señala[2] Russell:

> *Cuando ves un objeto negro y dices "esto es negro", por lo general no te das cuenta de que dices estas palabras: sabes que la cosa es negra, pero no sabes que estás diciendo que lo es.*

Aunque es posible que ese "conocimiento" no sea verbal, las contingencias que generan una respuesta a las respuestas verbales son poco probables en ausencia de reforzamiento social. Es la importancia de nuestro comportamiento para los demás lo que acaba siendo importante para nosotros, como hemos visto.

La posibilidad de que podamos controlar nuestro propio comportamiento verbal, incluidas sus relaciones funcionales, no requiere de un tratamiento especial. Podemos estudiar y describir lo que dijimos o

2 Russell, Bertrand, *An Inquiry into Meaning and Truth* (New York, 1940), pág. 72.

escribimos ayer, así como lo que alguien dijo o escribió en otro momento. Es cierto que estamos en un punto de ventaja especial al describir nuestra conducta actual o potencial, pero también podemos describir la conducta actual o potencial de cualquier persona sobre la que tengamos información similar. El tipo de conducta autodescriptiva que necesita más estudio surge de un efecto especial en el oyente. La explicación definitiva de cualquier tipo de conducta verbal depende de la acción que el oyente tome con respecto a ella. Una acción efectiva requiere un estímulo verbal que sea "inteligible" en el sentido de fuerte y claro, y que se mantenga en una relación razonablemente estable con las condiciones en las que se emite. Cuando preguntamos "¿Lo viste o alguien te lo dijo?", estamos pidiendo más información sobre las relaciones de control. Esencialmente estamos preguntando: "¿Fue su respuesta un tacto, una ecoica o una intraverbal a la conducta verbal de otra persona?". Debido a que las relaciones de control son tan importantes, los entornos verbales bien desarrollados animan al hablante a emitir respuestas colaterales que las describan. Estas respuestas son, en cierto sentido, similares a otras tactos descriptivos de la conducta del hablante (en el momento presente o en otro momento) o incluso, de la conducta verbal de otra persona. Pero el efecto inmediato sobre el oyente al modificar su reacción a la conducta que acompañan establece un patrón distintivo. Nos referiremos a tales respuestas, cuando se asocian con otras conductas verbales efectivas sobre el mismo oyente al mismo tiempo, como "autoclítico descriptivo". El término "autoclítico" pretende denotar la conducta que se basa o depende de otra conducta verbal.

Un tipo de autoclítico descriptivo informa al oyente del tipo de operante verbal que acompaña. Si el hablante está leyendo un periódico y comenta *al parecer va a llover*, el *al parecer* informa al oyente de que *va a llover* se emite como una respuesta textual. La conducta que se adquiere como conducta textual o ecoica, pero que se retiene y se emite como intraverbal, a menudo es precedida por *he leído* o *he oído* o, sin indicar la fuente original, *recuerdo* o *me ha hecho recordar*. Un mando es más claramente efectivo, como tal si está precedido por *exijo* o *te quería preguntar*, y varias clases de tactos están precedidas por te lo estoy diciendo, declaro (un estado de guerra), observo (que él está ausente hoy), eso es una verdadera (p.ej., vergüenza), y declarar (p.ej., os declaro marido y mujer). *Recuerdo que* indica un tacto (o respuesta intraverbal) realizado ante un estímulo que ya no está presente. *Recuerdo que* es más probable que indique la acción de un estímulo *verbal anterior*. En cada caso, el autoclítico que describe la conducta del hablante podría omitirse, pero la respuesta sería menos eficaz para el oyente.

Otro grupo de autoclíticos describe el estado de fuerza de una respuesta. *Estimo, creo, imagino,* y *supongo* todos indican que la respuesta no ha sido suficientemente condicionada o parte de estimulación insuficiente. *No puedo decir, dudo en decir,* y *estoy tentado de añadir* sugieren otras fuentes de debilidad. *Propongo, sugiero* y *aventuro* reconocen la naturaleza provisional de la respuesta que sigue. Una controvertida autoclítica de debilidad, a la que volveremos en el capítulo 19, *creo*, condiciona la fuerza de la respuesta que sigue, y por lo tanto indirectamente la adecuación de las variables responsables de ella. Otras variaciones incluyen *conozco, aseguro, insisto, juro, prometo, diré,* entre otras. Todos estos autoclíticos de fuerza podrían ser omitidos sin cambiar la *naturaleza* del efecto sobre el oyente, pero hacen ese efecto más preciso permitiendo al oyente modificar la acción apropiada en consecuencia.

Otro grupo de autoclíticos describe las relaciones entre una respuesta y otra conducta verbal del hablante o del oyente, u otras circunstancias en las que se emite la conducta. Ejemplos importantes son: *estoy de acuerdo, confieso, espero, admito, infiero, preveo, me atrevo a decir, debo decir, puedo decir, respondo* o *quiero decir.* Todos ellos permiten al oyente relacionar la respuesta que sigue con otros aspectos de la situación actual y, por lo tanto, reaccionar a ella de manera más eficiente y exitosa. Otro autoclítico controvertido es *me gustaría.* Cuando la respuesta que sigue especifica la conducta del oyente (*me gustaría que me dijeses lo que quieres*), tiene el efecto de un mando suavizado equivalente a *¿Me dices lo que quieres?* o *podría preguntarle lo que quiere*. Cuando la respuesta que sigue describe meramente una condición (*me gustaría que fuera primavera otra vez*), el autoclítico sugiere un mando extendido o mágico similar a *¡Oh! Quién estuviera en Inglaterra ahora que es abril*[3].

Otro grupo de autoclíticos descriptivos indican la condición emocional o motivacional del hablante, pero afectan al oyente no tanto en la modificación de su reacción a la respuesta asociada como en el énfasis de su relación personal con el hablante. Ejemplos de ello son: *me*

3 N. del E.: del poema *Home-Thoughts from Abroad* (1845) de Robert Browning (1812-1889), *O, to be in England / Now that April's there.*

alegra decir, lamento informarle, siento decir, y *debo decirle* (p.ej., *que no estoy de acuerdo con usted*).

Es tan importante para el oyente tener alguna indicación de las fuentes de la conducta del hablante que en muchas comunidades se considera una buena costumbre comenzar a hablar con un autoclítico de este tipo. A veces, el carácter de la conducta del hablante es obvio y no se necesita un autoclítico; pero para "entablar" una conversación en lo que podríamos llamar circunstancias neutrales, casi siempre se requiere un autoclítico descriptivo: *Dicen, me recuerda,* o *escuché el otro día* (*sobre un nuevo proyecto...*).

Casi todos estos ejemplos contienen palabras que se refieren a la conducta verbal, como *decir, repetir, admitir,* etc. Todos ellos son aplicables a las conductas de otros hablantes y a las conductas del propio hablante cuando no cumplen una función autoclítica. Por ejemplo, todos pueden describir la conducta pasada del hablante o la conducta del hablante con respecto a otros oyentes. En *dudé en decir que podría suspender el examen* la respuesta *dudé en decir* no aclara o modifica la reacción del oyente a la ocurrencia original de *podría suspender el examen*. Esto podría ser cierto incluso en tiempo presente. *Estoy dispuesto a decir que usted pasará el primer examen, pero dudo en afirmar que pasará el segundo* (*y esto le dará una idea de mi grado de incertidumbre*) puede que no muestre el efecto autoclítico de *dudo en afirmar* ya que no es más que un informe de un estado de cosas poco influido por la posible reacción del oyente.

Los autoclíticos negativos califican o cancelan la respuesta a la que acompañan, pero sugieren que la respuesta es fuerte por alguna razón, como, por ejemplo, que ha sido realizada por otra persona. Incluso, el simple autoclítico negativo *creo que no ha ido* es más intenso que *no creo que haya ido*, ya que es característico, como respuesta, en circunstancias en las que alguien puede haber afirmado *él ha ido*. Algunos autoclíticos sugieren que la respuesta a la que acompañan no es fuerte, sino simplemente exagerada. Por ejemplo: *yo no iría tan lejos diciendo que..., no lo llamaría* (*ingenuo*), *no estoy diciendo que sea* (*serio*)[4]. La referencia a otras fuentes de la respuesta es más explícita en *no recuerdo* o *no lo admito*.

Ejemplos de autoclítico que indican que el hablante no está emitiendo la respuesta que lo acompaña incluyen *dudo* y *niego*. Las formas negativas

4 N. del E.: el autoclítico de negación puede detraer de la intensidad en sentido contrario al esperado más si cabe en español (p.ej., "¡anda que no!", "¡no ni nada!").

de éstas (*no dudo, no puedo negar*) indican que la respuesta acompañante es afirmada por el hablante, a pesar de ser puesta en duda por otras circunstancias.

El autoclítico negativo funciona a veces en relación con el proceso de edición para *permitir* que el hablante dé una respuesta, aunque en las circunstancias actuales podría ser ligeramente castigada. Por lo tanto, *supongo que no tendrá una cerilla* oculta el más directo *¿me puede dar una cerilla?*, que a su vez es en una forma más suave del mando, *¡la cerilla por favor! No tendría ni que decírtelo...* en el que se asume la fuerza de la conducta del oyente y parece no haber castigo contingente a ser demasiado directo. Un recurso similar es describir la conducta propia con respecto a otro oyente: *a veces me digo a mí mismo* o *a veces le digo a mi esposa*, pese a que el efecto no es informar al oyente de los hábitos verbales propios, sino hacerle oír la respuesta que sigue. En cierto grado, todos estos recursos son equivalentes al autoclítico *me gustaría preguntar, me gustaría mencionar* o *me gustaría decir*.

Aunque la mayoría de los autoclíticos suelen ir seguidos de frases, también pueden ir acompañados de formas pronominales que las sustituyen (como *eso, ello, lo, la; lo niego,* o *creo que sí*) o de respuestas únicas cuya posición en un discurso más extenso es clara (*digo sí, voto no*).

Los autoclíticos que no describen el tipo, fuerza o manera de una respuesta, sino que simplemente indican que la respuesta se está emitiendo, pueden cumplir varias funciones. El casi idiomático *Para mí que...* o *Te digo yo que...*, son esencialmente mandos para obtener la atención del oyente, comparables a *Presta atención a lo que voy a decir*. Son un anuncio de que el hablante se está preparando para hablar. A veces, pueden ir acompañados de un gesto y esencialmente señalan que lo que se dice es dicho sólo por el hablante. Los pronombres *yo* o *mi* se omiten en muchos casos: *A mi modo de ver, en mi opinión*. Por otra parte, un autoclítico puede indicar que lo que se dice no es meramente la contribución del hablante, sino que ya cuenta con el acuerdo del oyente o de otras personas (*Ellos dicen, Podría decirse que, Usted podría decir, Usted convendrá conmigo en que, Por así decirlo, Se puede decir, Es verdad que, Como mi esposa siempre dice*). Formas negativas podrían ser, *espero que no pienses que, no querrás decir que*, etc. La deferencia al oyente se indica con "*Permítame decir*", "*Permítame preguntar*", "*Podría sugerir*", "*Podría parecerle*", "*Sin querer contradecir*", "*Aunque sin duda tiene razón, no obstante...*". La anticipación de la conducta verbal del oyente se indica en "*Usted bien podría objetar*", "*Alguien podría decir*", "*A lo que podríamos responder*", "*Podríamos decir*", "*Usted se inclinará a responder*" o "*Me imagino que estáis pensando*".

Algunos autoclíticos indican al oyente que lo que se va a decir debe tener el mismo efecto que lo que se acaba de decir (*es decir, en otras palabras, quiero decir...*). Otro autoclítico común indica que lo que va a seguir está en una relación subordinada a lo que se ha dicho (*por ejemplo, así, por lo tanto*).

Como en algunos de estos ejemplos, el hablante puede no ser mencionado específicamente. Los adverbios o adjetivos que "modifican" la respuesta que acompañan y que son claramente autoclíticos en su función como en el caso de *felizmente, seriamente, afortunadamente,* y *no es necesario decir. Por así decirlo* o *digamos que* indican que la expresión que acompaña es inusual o tal vez no debe tomarse al pie de la letra, mientras que *podríamos usar el término* indica que la respuesta que acompaña es un neologismo o, irónicamente, muy conocida. Una fuente intraverbal se indica al comenzar diciendo *A propósito del transporte de verduras*, y una audiencia restringida si comenzamos diciendo *Entre tú y yo*. La función autoclítica también puede ser apoyada por una expresión determinada del ceño o por el tono de voz. Cierto tipo de risa nerviosa tiene una función autoclítica, equivalente a *te lo digo, pero no creas que por eso* (p.ej., *dejo de valorar tu esfuerzo*).

A veces se hace una distinción entre un lenguaje que habla de cosas y un lenguaje que habla de lenguaje. Esta es esencialmente la distinción de Carnap entre el lenguaje de los objetos y el metalenguaje[5]. Sin embargo, esta no es la distinción que lleva el término autoclítico. Una vez que la conducta verbal se ha producido y se ha convertido en uno de los objetos del mundo físico, se puede describir como cualquier otro objeto. No tenemos ninguna razón para distinguir el vocabulario o sintaxis especial con la que se hace esto. Las formas de respuesta utilizadas en las expresiones autoclíticas también se utilizan en la descripción de la conducta verbal como un objeto, y esto hace que la distinción autoclítica sea difícil. Sin embargo, es una distinción extremadamente importante, como veremos a continuación. Ortográficamente, cancelamos la función autoclítica con comillas o cursivas. *Yo digo que tiene razón* contiene una autoclítica[6].

5 Carnap, Rudolph, *Logical Syntax of Language* (New York, 1934).

6 N. del E.: entiéndase aquí "yo digo" con función de énfasis, similar a "para mí que tiene razón".

Puede que *tiene razón* pueda ser eficaz como tal, pero al acompañamiento de *Yo digo que* especifica un efecto actual especial sobre el oyente. El hablante le *dice al oyente* algo sobre su conducta verbal actual, pero puede no tener interés como tal, si el oyente reacciona solo a *tiene razón* en la situación descrita.

En la cita indirecta *yo dije que tiene razón*, *yo dije* no es estrictamente un autoclítico, aunque podría ocurrir como tal. Una prueba sencilla consistiría en preguntar si la respuesta podría ocurrir de la misma manera en una declaración que describa, por ejemplo, la conducta verbal pasada. *Yo dije "tiene razón"* es idéntico en todos los sentidos a *Yo digo "tiene razón"*, excepto por el momento en que se da la observación de *tiene razón*. La cita indirecta *Yo dije que tenía razón*, con el cambio de tiempo de ambos verbos, revela la función no autoclítica de la versión equivalente *Yo digo "tiene razón"* en tiempo presente. Esto puede parecer rizar el rizo, pero un solo ejemplo basta para mostrar lo importante que puede ser a veces hacerlo. La respuesta *Es cierto que estaba ausente* contiene un autoclítico (*Es cierto que*) que modifica el efecto del acompañante *estaba ausente,* indicando que se emite a pesar de las variables que tienden a suprimirlo. En este sentido, es bastante cercano a *admito que*. Pero *cierto* se da ante otras circunstancias importantes. Como se refiere a conducta verbal, no puede tratarse del lenguaje primario u objetual, como mostró Tarski por primera vez. En términos de Carnap, se trataría de metalenguaje. Pero el metalenguaje no es necesariamente autoclítico, aunque comparte los mismos términos y puede contener respuestas que tienen una función autoclítica. La frase *Mi comentario "estaba ausente" es cierta* es diferente de *Es verdad que estaba ausente*. La primera está diseñada para lograr un efecto en el oyente relacionado con la verdad de una frase, mientras que la segunda está diseñada para lograr un efecto en el oyente relacionado con la ausencia del hablante. La distinción es más clara en circunstancias menos controvertidas. La frase *Admito que estuve ausente* es autoclítica, pero la frase *"estuve ausente"* es una admisión no sólo autoclítica, sino que cumple una función diferente. Del mismo modo, la frase *dudo en decir que es un mentiroso* tiene una función autoclítica al modificar el efecto en el oyente de la respuesta *es un mentiroso*, mientras que *dudó al decir "es un mentiroso"* tiene un efecto en el oyente en relación con la conducta del hablante. (Como veremos en un momento, el tratamiento que da Bertrand Russell a la distinción entre lenguaje primario y secundario está más cerca de la distinción entre conducta autoclítica y no autoclítica que de la distinción de Carnap entre lenguaje objetal y metalenguaje).

Los lógicos se han interesado en los lenguajes que describen el lenguaje en parte para resolver ciertas paradojas. Por ejemplo, consideremos la paradoja heterológica en la que algunas palabras parecen describirse a sí mismas. Por ejemplo, *corto* es una palabra relativamente corta y la palabra *esdrújula* es esdrújula. Se llama a tales palabras autológicas. Por el contrario, la palabra *francés* no es una palabra francesa y la palabra *infinitesimal* no es una palabra especialmente pequeña. Tales palabras se conocen como heterológicas. Entonces, la palabra *autológica* es en sí misma autológica pues se describe a sí misma. Sin embargo, ¿es la palabra *heterológico* heterológica? Si la respuesta es "no", entonces "heterológico" es una palabra autológica. Esto lleva a una contradicción, porque en este caso "heterológico" no se describe a sí misma y por tanto debería ser una palabra heterológica. Pero si la respuesta es "sí", entonces "heterológico" es una palabra heterológica, lo que también lleva a una contradicción, porque si "heterológico" se describe a sí misma, entonces sería autológica. Este asunto no tiene nada que ver con la conducta autoclítica. La dificultad surge al afirmar que una palabra puede describirse a sí misma. Ninguna palabra describe nada y en el mejor de los casos, se "usa para describir algo", pero hemos visto que incluso esta expresión tiene sus dificultades. En un análisis de la conducta verbal, deberíamos proceder de una manera similar a la siguiente. Consideremos un pequeño universo de palabras impresas, tales como *CORTO, INFINITESIMAL, INGLÉS* y *FRANCÉS*, y asumamos que un hablante posee tanto respuestas textuales como tactos. Entonces, con respecto a algunos de estos estímulos verbales, las respuestas textuales y los tactos tienen la misma forma. Uno puede leer las grafías que componen *CORTO* diciendo *corto* y uno puede describirlas diciendo *corto*. Uno puede leer las grafías que componen *FRANCÉS* diciendo *francés*, mientras que otro las describe diciendo *español* (en el sentido de que FRANCÉS es una palabra del idioma español).

Sin embargo, esto no elimina la paradoja heterológica. Hay ciertos tactos relacionados con las conductas verbales que describen no sólo la forma sino relaciones con variables de control. Por ejemplo, una palabra es "apropiada" no sólo con respecto a su forma sino también en relación con una situación. Si bien podemos leer la palabra *APROPIADA* diciendo *apropiada*, no podemos llamarla apropiada sin saber algo más sobre ella. Por lo tanto, se puede decir que palabras *autológicas* y *heterológicas* son palabras de este tipo. Quien sabe leer, puede leer ambas diciendo *autológica* y *heterológica*, pero no puede describirlas con estos términos sin conocer las circunstancias en las que se producen.

MANDOS AL OYENTE

La función autoclítica comienza a surgir con mayor claridad cuando se especifica una acción más concreta por parte del oyente. La función autoclítica comienza a funcionar como un mando. El moderado *llamo a* puede, bajo ciertas circunstancias, ser reemplazado por el más ceremonial *¡damas y caballeros demos una calurosa bienvenida a...!* El mando generalizado *¡atención!* puede ser considerado como la intensificación de la función mando de lo que le sigue. Un tacto fuerte puede ser precedido bajo ciertas circunstancias por "*En ese caso...*". El idiomático "*yo digo*", como ya hemos señalado, similar a "*escucha*" o "*mírame*", que tienen la forma de mandos, como "*hazme caso*", "*ten en cuenta que*", "*toma* (*como ejemplo*)", o "*piénsalo de esta manera*". La puntuación es un mecanismo autoclítico y, a veces, se utiliza en el discurso vocal con una función claramente autoclítica. Las respuestas *abro comillas* y *cierro comillas,* insertadas cerca de una palabra que quizás también se pronuncia con una entonación especial, modifica claramente la reacción del oyente, y una frase que termina con "*¡y punto!*" podría también haber terminado con el autoclítico "*Eso es todo lo que tengo que decir, haz lo que quieras*".

Algunos mandos ordenan al oyente que construya una conducta verbal adicional y que reaccione a ella como si hubiera sido emitida por el hablante. El uso de "*igualmente*" en lugar de una frase repetida es un ejemplo. La etiqueta "*...y viceversa*" ordena al oyente construir una frase en la que los términos principales se invierten y obligándole a reaccionar a ella como si el hablante la hubiera emitido también.

Una clase especial de respuestas que no especifican la acción del oyente, pero que tienen una función similar en iniciar, detener o alterar sus reacciones, son difíciles de parafrasear y casi imposibles de traducir a otro idioma. También es probable que sean utilizadas por diferentes hablantes en diferente medida y quizá con efectos algo distintos. Ejemplo de ello son *y ahora qué, qué le vamos a hacer, no me digas,* o *ahí lo llevas,* que tiene un efecto similar a *ahora, reacciona ante esto, por favor.*

Un tipo de mando más formal para el oyente consiste en especificar ciertas conductas en el pensamiento verbal (capítulo 19): "*Asumamos que...*", "*si X es igual a...*", "*Consideremos la ecuación...*", y así sucesivamente.

AUTOCLÍTICO DE CALIFICACIÓN

El descriptivo autoclítico indica algo de las circunstancias en las que se emite una respuesta o algo de la condición del hablante, incluyendo la fuerza de su conducta verbal. Son mandos algo más explícitos para el oyente que se refieren al problema práctico de hacer efectiva una respuesta sobre él, aunque no alteren la naturaleza de su reacción. Puede reaccionar de manera más positiva o dubitativa, pero la acción que emprende no cambia porque el autoclítico no califica la relación entre la respuesta que acompaña a la reacción y un estado de cosas determinado. Un grupo muy importante de respuestas, que han sido objeto de un extenso análisis lógico y lingüístico, cumplen esta función autoclítica de calificar a los tactos de tal manera que se modifica la intensidad o la dirección de la conducta del oyente.

Negación

Posiblemente el ejemplo más analizado es el del *no*. ¿Cuál es el referente de esta respuesta (o de sus formas derivadas, tales como *ni, nunca, nada* o *tampoco*)? En un análisis lógico o lingüístico, se podría decir que el referente de la *no lluvia* sería la ausencia de lluvia, pero esto es claramente imposible en una descripción causal. Si la ausencia de lluvia evoca esta respuesta, ¿por qué no emitimos una avalancha de respuestas bajo el control de las ausencias de miles de otras cosas? La solución tradicional, que parece aplicarse aquí, es que en aquellas ocasiones en las que decimos *NO está lloviendo* debería haber alguna razón para decir *está lloviendo*[7]. Russell piensa que la razón es siempre verbal. Alguien pregunta *¿Está lloviendo?* y nosotros respondemos *No, no está lloviendo.* "Así", dice Russell, "las proposiciones negativas surgen cuando somos estimulados por una palabra, pero no por lo que usualmente estimula la palabra"[8].

7 N. del E.: por ejemplo, se nos ha preguntado *¿Está lloviendo?*, hay pronóstico de lluvia, se requiere de tiempo despejado para emprender una actividad, etc.

8 Russell, *op. cit.*, pág. 62.

Pero el estímulo que controla la respuesta a la cual se le añade una negación es habitualmente no verbal. La *lluvia* puede ser una respuesta a un estímulo similar, por ejemplo, unas pocas gotas de un aspersor de césped más allá de un seto. La respuesta *Está lloviendo* muestra, por lo tanto, extensiones genéricas o metafóricas. O un acompañamiento común de la lluvia (p.ej., un cielo con nubarrones) puede evocar la respuesta como un ejemplo de metonimia. La naturaleza extendida de los tactos es sugerida por la respuesta alternativa más común *Parece como que fuera a llover* (ver abajo). Otras respuestas a las que se añade la negación pueden ser intraverbales; alguna contigüidad irrelevante de uso ha reforzado una respuesta que, de no ser matizada, tendría un efecto inapropiado sobre el oyente. En cada caso, se emite una respuesta con cierta fuerza, pero se emite en circunstancias en las que no es reforzada como tacto por la comunidad verbal y puede incluso ser castigada. Esta condición adicional, actuando sobre el hablante, es la ocasión para añadir el *no* autoclítico.

El efecto del *no* es claro cuando se emite como un mando que especifica el cese de la conducta no verbal por parte del oyente. Observamos que alguien está a punto de realizar un acto peligroso y gritamos "*¡No!*". Un cantante pierde una nota alta por un medio tono y gritamos también "*¡No!*". Decimos "*¡No!*" a los niños para detener actos no deseados, por ejemplo, cuando manipulan un objeto frágil. Por una especie de extensión mágica, también emitimos el mando cuando es demasiado tarde y el objeto se ha hecho añicos. La respuesta se extiende naturalmente a los actos verbales. Un niño dice "*Dos y dos son cinco*" y decimos "*¡No!*". Esto no detiene la respuesta dada, pero puede prevenir su repetición y permitir así una respuesta correcta. También puede funcionar como castigo, como hemos visto. Bajo las mismas circunstancias, podríamos expandir el mando a la forma "*¡No digas eso!*". Como veremos en el capítulo 19, la negación es a veces es un mando para nuestra propia conducta como oyentes, como cuando cogemos un cigarrillo o un caramelo, y decimos "*¡No!*" y detenemos la acción. Hacemos lo mismo con respecto a nuestra conducta verbal, como en la respuesta: "*Fue durante la administración del presidente Roosevelt... no, Truman...*" donde el *no* sirve, por así decirlo, para detener o cancelar la respuesta *Roosevelt* y despejar el camino para *Truman*.

La respuesta se adquiere a partir de las prácticas de reforzamiento de la comunidad verbal. Primero, el niño escucha "*¡No!*" como la ocasión en la que alguna actividad actual debe ser detenida si se va a recibir un reforzamiento positivo o se va a evitar la estimulación aversiva. Cuando más tarde el niño realiza la misma actividad, recrea una ocasión en la que la respuesta "*¡No!*" es fuerte. En tales ocasiones, es probable que reciba reforzamiento generalizado para la respuesta verbal. Si, como resultado de su propio *¡No!*, el niño deja de comportarse de esa manera, el hablante puede ser automáticamente reforzado por la reducción de la estimulación aversiva condicionada. Una niña de dos años había aprendido a no tocar objetos ante cuya manipulación sus padres, en lugar de decir "*¡No!*", simplemente sacudían sus cabezas. La niña adquirió la conducta de acercarse a un objeto prohibido, iniciar el acto de alcanzarlo, detenerse y sacudir la cabeza[9]. El movimiento de la cabeza fue transferido a su propia conducta verbal precisamente como se transfiere el "*No*".

Más tarde, la conducta de decir "*No*" se extiende a las respuestas verbales. Si el niño se encuentra diciendo "*Rojo*" *en* circunstancias en las que la respuesta es característicamente seguida por el "*No*" del oyente, él mismo dice "*¡No!*". Esto puede servir, en primer lugar, como una corrección después de la emisión real de una respuesta, pero más tarde puede acompañar a una respuesta como un autoclítico genuino. Debido a las prácticas de estandarización de la comunidad verbal, una respuesta como "*Rojo-no*" o "*No-rojo*" asume la forma "*No es rojo*". En un ejemplo similar al anteriormente citado, el niño emitiría una respuesta: "*Esto es mío*" en circunstancias inapropiadas acompañándola con un movimiento de cabeza. La respuesta combinada sería equivalente a "*Esto no es mío*". (Los estímulos que continúan fortaleciendo *rojo* y que, por lo tanto, siguen produciendo la versión modificada *No es rojo* serán solo situaciones que guardan alguna similitud con el rojo como estímulo. El azul no sólo no evocará *rojo*, sino que tampoco evocará *no es rojo*. Un rojo anaranjado podría, sin embargo, hacerlo. La estimulación verbal adicional, por ejemplo, la ayuda ecoica *rojo*, podría evocar la respuesta *No es rojo* en presencia de un objeto azul).

La respuesta *no*, como ejemplo de autoclítico calificativo, tiene la fuerza de un mando. Puede ser traducido aproximadamente como "*No actúes sobre esta respuesta como un tacto no extendido*". La respuesta se asocia íntimamente con la respuesta que califica, pero su independencia

9 N. del E.: como en otros ejemplos, en este caso aun diríamos que la conducta es verbal pese a que la mediación verbal es del propio hablante actuando como su propio oyente.

permanente, lo que es obvio cuando se usa en términos absolutos como en los ejemplos anteriores. El hecho de que "no se refiera a una propiedad de un estado de cosas, sino más bien a una respuesta hecha a un estado de cosas" puede demostrarse considerando tres ejemplos: a) *Juan está enfermo*, b) *Juan no está bien*, c) *"Juan está bien" es falso*[10]. Aunque estas tres respuestas pueden emitirse con respecto a la misma situación en lo que respecta a Juan, no son ejemplos de la misma respuesta, y sólo una de ellas, la b), contiene un autoclítico. Las tres difieren en sus efectos momentáneos sobre el oyente (e indirectamente sobre el hablante) y también en las circunstancias colaterales que las generan. En el caso a), "*enfermo*" se refiere a una propiedad observable de un estímulo, al igual que *alto* o *habilidoso*; b) puede ser evocado por el mismo estado de cosas, pero implica que también hay una tendencia a decir "*bien*". La tendencia a evitar *mal* podría ser suficiente. Por ejemplo, si el hablante ha asegurado previamente al oyente que Juan no estaba enfermo, por lo que el hecho de que *Juan esté enfermo* tiene efectos de castigo específicos; o quizá alguien podría haber dicho que *Juan está bien*. (El autoclítico *no* tiene funciones ligeramente diferentes en los dos casos, sirviendo en un caso como *Admito que me equivoqué al decir que Juan estaría bien* y como *niego que Juan esté bien* en el otro. La respuesta (c) se emite cuando el hablante está tratando la respuesta verbal *Jones está bien* como algo objetivo. Él mismo o el oyente pueden haber enunciado la frase, o puede ser un simple rumor. Nada en la conducta del oyente con respecto a Juan o a su enfermedad tiene que ser importante para el hablante en este momento. Un oyente que ha estado actuando bajo la suposición de que Juan *está* bien podría cambiar sus planes al escuchar la respuesta *"Juan está bien" es falso* y, bajo circunstancias muy excepcionales, el hablante podría emitir tal respuesta debido a este efecto sobre el oyente, pero las circunstancias en las que las tres respuestas se hacen normalmente permiten una distinción útil.

Se pueden combinar los autoclíticos descriptivos y calificativos, y puede darse más de un caso de cualquiera de ellos en una sola respuesta, dado que las distinciones suelen ser de carácter práctico. Así, *es cierto que no es guapo* y *no es cierto que sea guapo* son respuestas diferentes hechas bajo circunstancias diferentes. No tenemos motivos para analizar o parafrasear estos casos en mayor detalle.

10 Véase un análisis similar en Quine, W. V., *Journal of Philosophy, 39* (1942), 68-71. El autoclítico *está*, que se analizará más adelante, no es objeto de la presente discusión.

Ciertas variaciones estándar de la negación pueden haberse adquirido como respuestas unitarias y pueden no indicar ninguna actividad autoclítica en ciertos casos[11]. *(Él) no está nada bien* puede funcionar como una respuesta estándar bajo el control de un determinado estado de cosas, que también podría controlar *Su salud está empeorando*. Este ejemplo podría aun llevar implícita "una falta de voluntad de decir *enfermo*", aunque ello no es esencial. Si, al comentar el rendimiento de una actuación, decimos *¡No está mal, no está mal!*, en lugar de *¡Bien, bien!* mostramos una tendencia remanente a decir *mal*. Además, de las formas estándar de respuesta que contienen *no*, hay muchas secuencias intraverbales que son responsables de respuestas en las que una función autoclítica es muy leve o inexistente. La negación es quizás tan rara como la extensión metafórica o metonímica genuina. En concreto, los afijos que sirven una función autoclítica tienden a asimilarse en formas estándar[12]. Una situación *desafiante* es un tipo de situación y la respuesta *desafío* puede darse ante variables diferentes a la ausencia de fe o confianza[13]. La respuesta debe haberse originado en circunstancias, que aún pueden darse, en las que el hablante expresaba tener fe o confianza (*fidere*) y a la que añadió *des-* con función autoclítica de negación. Al final, la respuesta es controlada, no solo por la ausencia de fe, sino por cualquier situación difícil.

Aserción

Así como *el "No"* puede detener al oyente, el "*Sí*" *le anima* a continuar. *¡No!* sirve como castigo, mientras que *¡Sí!* sirve como reforzamiento positivo. Así como el *¡No!* cancela una declaración (*¿Votas a X? ¡No!*), el *¡Sí! la* enfatiza (*¿Votas a X? ¡Sí!*). No obstante, el "*Sí*" preserva su individualidad sólo si aparece en posición "absoluta"[14]. Su función autoclítica se cumple en muestras más grandes de conducta verbal por medio de respuestas fragmentarias que son difíciles de interpretar porque también cumplen

11 N. del E.: aquí Skinner parece sugerir que cuando la negación está integrada en una respuesta unitaria (p.ej., a nivel de frase o fórmula estándar), no tendría sentido considerar la negación como autoclítico, ya que este requiere de la alteración de una operante principal. Así, en tal caso, no cabría desagregar las dos operantes. El pasaje original hace referencia a *not* como variación de *no*, al no existir tal distinción equivalente en español, usamos el término genérico *negación*.

12 N. del E.: en español, con frecuencia en forma de prefijos negativos como *des-*, *in-*, o *a-*.

13 N. del E.: este ejemplo ha sido adaptado.

14 N. del E.: entiéndase como frase mínima.

otras funciones. La relación de *sí, lo haré* con un simple *sí* es evidente en la combinación común *sí, lo haré.* Su función como autoclítico descriptivo se muestra comparando ejemplos como *creo que es José* y *ES José.* La primera respuesta sugiere debilidad con el autoclítico descriptivo *creo,* mientras que la segunda sugiere fuerza con el énfasis sugerido por *es.* La simple función asertiva de *es* suele quedar clara cuando ocurre en respuestas como *es* o *hay* (*"es un antiguo marino"* o *"hay alguien que te espera"*).

Pero *es* o *está,* como otros autoclíticos de afirmación, cumple otras funciones. Por ejemplo, *es* o *está* están controlados parcialmente por las características temporales del estímulo (indican el tiempo presente). Las dos funciones pueden separarse. La fuerza asertiva es común a "*es*" y "*fue*" o "está" y "*estaba*", pero diferentes aspectos temporales del estímulo controlan una u otra forma en cada caso. Si alguien dice *estaba lloviendo* y nosotros respondemos *ESTÁ lloviendo,* nuestra respuesta afirma a que está lloviendo *AHORA.* Enfatizamos el *está* para describir un aspecto temporal. Pero cuando alguien dice *No está lloviendo* y respondemos *Sí, está lloviendo,* lo enfatizamos como podríamos hacerlo con el coloquial *y tanto que* (*Y tanto que está lloviendo*) para resaltar la función autoclítica. Ambas formas tienen un efecto similar a *realmente* (*¡Realmente está lloviendo!*), o *por supuesto* (*¡Por supuesto que está lloviendo!*), entre otros autoclíticos descriptivos ya mencionados.

Aunque la respuesta *está* es una función de otras variables, algunas de las cuales aún no hemos tratado, el componente autoclítico actúa sobre el oyente para fortalecer su reacción a la respuesta que acompaña. El autoclítico asertivo o afirmativo conmina al oyente a aceptar un determinado estado de cosas. Por lo tanto, debe ser clasificado como un tipo especial de mando, tal y como sugeríamos para el autoclítico de negación. Cualquier condición colateral que pueda debilitar la respuesta del oyente (p.ej., una negación por parte de otra persona o un conjunto de circunstancias dudosas) lleva al hablante a intensificar el autoclítico asertivo. Los niños, menos limitados por los paradigmas gramaticales intraverbales que se señalan en el capítulo 13, utilizan *es* o *está* en su función puramente asertiva en lo que podríamos llamar una contradicción antifonal[15], por ejemplo, en (A): *¡Él es así!* (B): *¡No lo es!*

15 N. del E.: La *contradicción antifonal* podría interpretarse como una contradicción expresada de manera alternante. Parece describir una situación en la que se hacen sucesivamente dos afirmaciones opuestas o contradictorias.

(A): *¡Sí es!* (B): *¡No es!* (A) *¡Es!* Tal conducta puede permanecer en fuerza incluso después de que la respuesta que se afirmó y negó alternativamente haya sido olvidada.

A veces, se dice que la palabra es inanimada pero que el lenguaje cobra vida en la oración. Las palabras por sí mismas no dicen nada siendo la oración la que afirma. Esta distinción difiere de la aquí presentada. Las respuestas primarias a las que se añade un autoclítico asertivo no son de ninguna manera inertes, dado que son operantes verbales que resultan de una historia de reforzamiento y que existen en determinados estados de fuerza. En circunstancias adecuadas, las respuestas se producen sin matización autoclítica. Esto lo reconoce Russell[16], quien afirma que, en el lenguaje de los objetos, "cada palabra es una afirmación", pero este uso del término tiende a confundir dos funciones. Russell sostiene que la afirmación de la palabra única es diferente de la afirmación del lenguaje secundario porque no tiene antítesis, pero se trata de un recurso lógico que no tiene un paralelo cercano en un análisis funcional. A través de las contingencias de reforzamiento (analizadas en la Parte II), la comunidad verbal hace probable que en determinadas circunstancias el hablante emita formas específicas de respuesta. Hasta aquí la "afirmación de la palabra". Cualquier ocurrencia dada de tal respuesta es de poca importancia para el oyente en ausencia de detalles adicionales sobre las circunstancias bajo las cuales fue emitida. Si sé que alguien ha dicho *lobo* y nada más, la respuesta será de muy poca utilidad. El hablante puede estar pidiendo ayuda, describiendo un animal en el zoológico, leyendo una señal, repitiendo lo que ha escuchado, o completando la frase *Caperucita y el...* Un autoclítico agudizará el efecto indicando algunas de las fuentes de fuerza, así como el grado de dicha fuerza. El autoclítico asertivo tiene la función de indicar que la respuesta se emite como tacto o, en determinadas circunstancias, como intraverbal, mientras que no concurran otras operantes verbales. El mando no tiene por qué serlo, debido a las contingencias de reforzamiento que son responsables de este, y en la conducta ecoica y textual las condiciones importantes para el oyente son las que prevalecían cuando el estímulo ecoico o textual fue producido por otra persona. El autoclítico asertivo también indica que se han respetado ciertos límites del control de estímulo, en el caso presente de que la respuesta no se haga meramente a la imagen de un lobo, una criatura parecida a un lobo, una

16 Russell, *op. cit.*, pág. 92.

sombra, etc. La situación se describe con más detalle en la predicación y en la construcción de frases más elaboradas, como veremos en los capítulos siguientes.

Otro tipo de autoclítico afecta a la reacción del oyente al indicar el tipo o grado de extensión de un tacto. Cuando respondemos a un estímulo novedoso con una respuesta bajo el control de la propiedad contingente, aunque el estímulo sea por lo demás inusual, indicamos la extensión con autoclíticos como *parecido a* o *como* (*Es parecido a una silla* o *Es como marrón*). Cabe señalar la adecuación de este uso a la *extensión genérica*. Tal autoclítico afirma la presencia de una silla o del color marrón, pero califica la afirmación de tal manera que el oyente está preparado para un caso inusual. La extensión del tacto a lo largo de un continuo de intensidad o magnitud se indica mediante múltiples usos coloquiales: *Es bastante duro* o *Es un poco pesado*. Cuando la extensión es metafórica, usamos autoclíticos como el prefijo *quasi-*, la fórmula comparativa *ser como,* o el sufijo adverbial *-mente*. Así, *una aparición quasifantasmal* sugiere al oyente que la aparición no es realmente un fantasma. *Es como un león* sugiere que la propiedad que lleva a la respuesta *león* no es la categoría zoológica literal al término. En *brillante como el sol, como* califica a *sol,* pero no a *brillante*. Lo que se está describiendo *es* brillante, pero es meramente *como* el sol y no es el sol mismo.

Hay autoclíticos que sugieren otros tipos de enfoque. Cuando la correspondencia con un estímulo apropiado es resultado del azar, es probable que se utilice un autoclítico de probabilidad como *puede* que, como verbo, hace referencia a "la capacidad de acción del sujeto". Sin embargo, en la función autoclítica que nos ocupa, *puede* tiene una acepción probabilística, como en *Puede que no venga*, con función similar a *Quizá no venga*[17]. El autoclítico descriptivo que indica el estado de fuerza de la conducta del hablante también puede desplazarse para indicar la probabilidad del acontecimiento descrito. *Es verdaderamente noble* puede interpretarse como equivalente a *Verdaderamente, es noble*, o incluso equivalente a *yo digo* o *afirmo que es noble*[18], en el que se hace hincapié en la inclinación del hablante a emitir la respuesta *noble* con respecto al tema en cuestión. También puede sugerir más directamente

17 N. del E.: nótese que en español los instrumentos autoclíticos de probabilidad y condicionalidad no son equiparables a los del inglés (cf., *puede* vs. *happen*) y que *quizá* no está emparentado etimológicamente con *puede*, como si ocurre entre *happen* y *perhaps*.

18 N. de. E.: asumiendo el carácter enfático *yo digo*.

la razón por la que el hablante está tan inclinado, es decir, destacando los aspectos de la conducta del sujeto que son característicos de la nobleza. Es la distinción entre *De verdad, él es noble* y *Él es noble de verdad.* Respuestas tales como *probablemente, seguramente, tal vez, indudablemente, verdaderamente, etc.* atendiendo a si el efecto en el oyente está relacionado con las inclinaciones del hablante o con las propiedades de los estímulos responsables de estas inclinaciones.

CUANTIFICACIÓN DEL AUTOCLÍTICO

Un autoclítico afecta al oyente indicando una propiedad de la conducta del hablante o las circunstancias responsables de esa propiedad. La distinción es importante en la interpretación del proceso lógico presente en la conducta verbal. Por ejemplo, en un análisis lógico o lingüístico de la respuesta *Todos los cisnes son blancos* puede ser admisible decir que *todos* se refiere a, o modifica *los cisnes.* Sin embargo, en un uso científico de la conducta verbal, no podemos suponer que nadie responda nunca a todos los cisnes. En el mejor de los casos, alguien puede responder a todos los cisnes de su historia personal. Al describir tal historia, *todo* equivaldría más acertadamente a *hasta donde he observado.* Como autoclítico no "modifica" *los cisnes,* sino toda la frase. De manera similar, *algunos* equivaldría a *A veces es posible decir que (los cisnes son blancos)* y *ningún* a *nunca puede decirse que (los cisnes sean blancos).* La lógica se ocupa de las interrelaciones entre autoclíticos, generalmente sin respetar la conducta verbal primaria a la que se aplican, es decir, no se ocupa de los cisnes, sino de la oración. Por el momento, sólo nos interesa señalar que *todos, algunos* y *ningún* tienen efectos autoclíticos en la modificación de la reacción del oyente a las respuestas que acompañan. La predicción no es esencial. Si, después de examinar un aviario, alguien afirma *Todos los cisnes (son blancos), todos* denota la medida en que su respuesta *cisne* es aplicable a la situación[19]. Si dice *Algunos cisnes* o *Ningún cisne* informa de diferentes grados. Los problemas de cuantificación surgen en la predicación, como veremos, porque debe indicarse al oyente la medida en que se dan dos o más respuestas a las propiedades al estímulo, así como el grado de su asociación.

19 N. del E.: entiéndase, *todos los cisnes de este aviario.*

Como en todo autoclítico, cuando muchas respuestas que implican formas de cuantificación se adquieren como unidades, no asumimos necesariamente una actividad autoclítica inmediata. *¿Me das un poco de mantequilla?* es un mando oculto que produce un efecto especial, en el que *un poco de* funciona sustituyendo a una especificación más concreta de cantidad. *¿Me das un kilo de mantequilla?* produce una consecuencia diferente, pese a que ambas pueden emitirse sin una actividad autoclítica específica.

Dos autoclíticos de cuantificación comunes son los artículos *a* y *el*, que funcionan para estrechar la reacción del oyente indicando la relación entre una respuesta y el estímulo controlador. Las circunstancias en las que decimos *libro* son diferentes de aquellas en las que decimos *el libro* y ambas son diferentes de las circunstancias en las que decimos *un libro*. Todas estas diferencias pueden ser importantes para el oyente.

A veces, añadimos autoclíticos a la conducta verbal de otro hablante: enfatizamos lo que ha dicho diciendo *¡es verdad!*, lo matizamos diciendo *tal vez*, o lo negamos diciendo *no*. Todas estas son formas que también aplicamos a nuestra conducta. Una forma especial de autoclítico asertivo usado con respecto a otro hablante es la modificación de *es* en la forma *Que así sea* o en el hebreo *Amén*.

El autoclítico no puede ocurrir en ausencia de cualquier otra conducta verbal. No decimos *casi, tal vez, algunos* o *los* de forma aislada. Sólo cuando las operantes verbales del tipo tratado en la Parte II se han establecido con fuerza, responderá el hablante a contingencias adicionales que establecen la conducta autoclítica.

Aunque el autoclítico se establece por la comunidad verbal por ser útil para el oyente, no hay que olvidar que el hablante es también oyente y que puede encontrar su conducta autoclítica útil. Por ejemplo, el autoclítico tienen un efecto importante sobre el pensamiento verbal, como veremos en el capítulo 19.

Capítulo 13

Gramática y sintaxis como procesos autoclíticos

Una extensión de la fórmula autoclítica nos permite tratar algunas de las respuestas verbales restantes (p.ej., *debería, de, pero, tan... como*) y ciertos fragmentos de respuestas que se producen en las "inflexiones", así como el orden en que las respuestas aparecen en muestras más grandes de conducta verbal. Tradicionalmente, estas respuestas forman parte de la gramática y la sintaxis. No es parte de nuestro plan analizar en detalle las prácticas gramaticales y sintácticas, pero es necesario señalar la naturaleza de tales prácticas.

Los análisis puramente formales de la gramática y la sintaxis (en los que, por ejemplo, las partes de la oración se definen en términos de propiedades formales, incluida la frecuencia o el orden de asociación con otras partes así definidas) son de escaso interés aquí cuando la *forma* de la conducta verbal se estudia en ausencia de sus variables de control. Las opiniones tradicionales de la gramática y la sintaxis, en lo que respecta al "estudio de las relaciones de las ideas comprendidas en un pensamiento", tal vez se aproximen más a nuestro interés actual, pero una vez más podemos sacar poco partido del enfoque tradicional. Actualmente se reconoce ampliamente que la combinación de gramática y lógica ha sido desafortunada para ambos campos. Los rasgos accidentales de la gramática griega y latina dejaron su huella en el pensamiento lógico durante muchos siglos, y la lógica tuvo el desafortunado efecto de sugerir la racionalización de la gramática en cuanto a procesos de pensamiento. Podemos hacer un nuevo acercamiento a ambos campos analizando las actividades conductuales presentes en la emisión de grandes muestras de conducta verbal. Además, mientras consideramos las operantes verbales y las actividades que constituyen la materia de la gramática, estableceremos las bases para un enfoque del pensamiento verbal.

Los autoclíticos tratados en el capítulo anterior describen, califican o comentan la conducta verbal y, por lo tanto, aclaran o alteran su efecto sobre el oyente. Algunas respuestas que también "modifican" la conducta verbal no tienen una función tan obvia. No se producen salvo cuando acompañan a otras conductas verbales (careciendo de significado por sí solas) y su función autoclítica suele estar implícita. Ejemplos de ello son las respuestas tradicionalmente denominadas preposiciones, conjunciones y artículos, así como algunas respuestas fragmentarias empleadas en la inflexión[20]. Muchas de ellas sirven de tacto, pero también tienen una importante función autoclítica.

La manipulación de la conducta verbal, en concreto la agrupación y el orden de las respuestas, también es autoclítica. Las respuestas no pueden agruparse u ordenarse hasta que se han producido o, al menos, hasta que están a punto de producirse; y el proceso de ponerlas en orden tiene un efecto autoclítico sobre el oyente. Algunas de las conductas pertinentes, como la puntuación, tienen las dimensiones de una *respuesta verbal*, pero no siempre es así. En general, los recursos autoclíticos son intercambiables y un efecto determinado puede lograrse de diferentes maneras.

La función autoclítica de la gramática y la sintaxis debe distinguirse de sus otras funciones. En *el niño corre*, la desinencia *-e* es en parte un tacto fragmentario bajo el control de aspectos concretos de una situación dada. Las propiedades relevantes son sutiles e incluyen: (1) la naturaleza de correr como una *actividad* más que como un objeto o propiedad de un objeto; (2) la singularidad de qué o quién está corriendo; y (3) el locus temporal de la actividad en el momento presente. En un análisis del control de estímulo de la desinencia *-e*, difícilmente podrá mejorarse la tradicional definición de que denota un "verbo en tercera persona del singular en tiempo presente". Sin embargo, puede ser útil distinguir entre la función referencial y la autoclítica. El hecho de que la desinencia *-e* final denota aserción fue señalado en el capítulo anterior. Queda por tratar otra función autoclítica.

El ordenamiento y la agrupación de las respuestas también tienen varias funciones. En primer lugar, los sonidos del habla se ordenan como parte del patrón de respuestas. Aparte del espectro de los sonidos del

20 N. del E.: cambios morfológicos de una palabra según sus accidentes gramaticales o de dependencia.

habla, la única dimensión de la conducta verbal es temporal y el orden es, por lo tanto, una propiedad importante. *Pito* y *tipo* son respuestas diferentes, al igual que *lavado* y *dávalo* o *endivia* y *envidia*. En segundo lugar, las respuestas verbales pueden ordenarse para que correspondan al orden de los estímulos pertinentes. Al describir un combate de boxeo, las respuestas de un locutor se sitúan en una relación temporal bastante simple con los acontecimientos descritos. Las tres respuestas *Veni, vidi, vici* ocurren en ese orden por una buena razón[21]. En tercer lugar, el orden puede ser resultado del orden de la estimulación *verbal* que afecta a la conducta del hablante. Un "hilo de pensamiento" en el contexto de la libre asociación sigue el orden en el que los estímulos verbales evocan otras respuestas verbales. Al recitar un pasaje largo, el orden se debe también a una conexión intraverbal similar. En cuarto lugar, el orden puede atribuirse a la relativa fuerza de las respuestas en el repertorio actual del hablante. En igualdad de condiciones, la respuesta fuerte se produce primero. Por último, tenemos que señalar el orden retórico. En la respuesta *A dios gracias* la posición de *A dios* puede ser en parte una función de la fuerza relativa causada por la posición[22]; el patrón retórico ha sido diseñado para producir un efecto especial sobre el oyente. La frase periódica es un recurso bien conocido en el que se mantiene una palabra importante hasta que el oyente o el lector está completamente preparado para ella, como se ha visto en el capítulo 10.

AUTOCLÍTICO RELACIONAL

Una función autoclítica adicional de una etiqueta gramatical como la *e* final en *corre* es la de indicar una "concordancia" en número entre sujeto y verbo. En nuestro ejemplo, la *-e* indica que el objeto descrito como *el niño* posee la propiedad de correr. El hecho de que el niño y el acto de correr vayan juntos y que no sean respuestas aisladas que ocurren juntas accidentalmente se hace evidente para el oyente gracias al recurso gramatical. En la respuesta *Los niños corren*, *-os* funciona como tacto mínimo, pero también sirve como un autoclítico relacional por su "concordancia" con la forma del verbo. En *La escopeta del niño,*

21 Las violaciones de este principio se clasifican en la retórica como "histerología" o "histerón proterón", inversiones en el orden que "transmite el significado" en oposición al orden meramente convencional o autoclítico.

22 N. del E.: sustituimos aquí por un sencillo hiperbatón acorde con el español.

del, a diferencia de *de los*, es un tacto mínimo que indica singularidad, pero también sirve la función autoclítica de denotar "posesión". Es el niño quien posee la escopeta (la concordancia de género, número, y caso entre el sustantivo y el adjetivo en un idioma como el latín son también ejemplos de autoclítico relacional).

Las inflexiones adecuadas a un determinado "modo" rara vez intervienen en el autoclítico relacional. El modo suele ser un mero recurso para clasificar los tipos de operantes. Como hemos visto, los imperativos y los interrogantes son dos clases de mandos. A veces, el modo también se refiere a la fuerza de una respuesta (indicativa *frente a* subjuntiva) y puede incluso sugerir la condición responsable de la diferencia. Así, el subjuntivo a veces puede usarse para describir mandos que "expresan deseos", pero la respuesta *puede que vaya* como declaración de la probabilidad de un hecho, contiene un autoclítico de fuerza comparable al autoclítico descriptivo en *Es probable que vaya*. Usamos el modo como un autoclítico descriptivo que especifica una condición causal cuando decimos que un subjuntivo particular implica una condición "contraria a los hechos".

Incluso dentro de un mismo idioma, hay una considerable libertad para intercambiar recursos. La posesión puede ser indicada por una etiqueta, como acabamos de ver, o por una frase preposicional (*La escopeta del niño*). Las etiquetas que indican la pertenencia conjunta del sustantivo y el verbo necesitan algún apoyo de la agrupación. Las respuestas no pueden estar muy separadas porque la etiqueta puede ser débil y no permitirá una separación tan amplia de sujeto y predicado como, por ejemplo, el latín.

En latín, el orden y la agrupación sirven particularmente como autoclítica relacional, y se utilizan principalmente con fines retóricos. Los efectos retóricos basados en el orden superan con creces todo lo posible en inglés, donde el orden y la agrupación se han agotado para los propósitos autoclíticos logrados en latín por las etiquetas. Robert Bridges ha comentado acerca del uso del orden en latín de la siguiente manera[23]:

> ... un ejemplo de la segunda colección de la Oración Vespertina del Libro de Oración [de la Iglesia de Inglaterra]: "Give unto Thy servants that peace which the world cannot give[24]" ... es una traducción ... del latín *da servis tuis illam quam mundus dare non potest pacem*. ¡El inglés es bueno [dice Bridges],

23 Citado por Logan Pearsall Smith, *Milton y sus críticos modernos* (Londres, 1940)

24 N. del E.: Da a tus siervos la paz que el mundo no puede dar.

pero el orden artístico de las palabras latinas, que en inglés sería un desorden ininteligible, ayuda y refuerza el significado sin la más mínima oscuridad, y las palabras se agrupan en una especie de delicado paso de baile, en lugar de como una "marcha militar"!

PREDICACIÓN

El predicado se efectúa mediante un autoclítico relacional al que se ha añadido un autoclítico asertivo. Digamos que un solo objeto evoca los dos tactos *chocolate* y *bueno*. Estos pueden hacerse por separado (*¡Chocolate!* y *¡Bueno!*) bajo circunstancias que nos llevan a clasificar las respuestas como "enunciados" separados o como una especie de enunciado doble (*¡Chocolate! ¡Bueno!*). La fuente común de las dos respuestas, el hecho de que se hagan ante el mismo objeto, puede ser indicada por el autoclítico relacional de orden. *Buen chocolate* es apropiado solo para un único tipo de situación y es una respuesta al buen chocolate. No muestra ni afirmación ni predicación *El chocolate es bueno* muestra una autoclítica relacional de orden y agrupación y también contiene una autoclítica asertiva. En conjunto, esto lo convierte en una predicación. La función autoclítica asertiva y relacional de la predicación fue sugerida por Thomas Hobbes de esta manera: "Tal vez lo que llamamos *juicio* no sea otra cosa sino la composición o la unión de *dos nombres de objetos o modos* mediante el verbo *ES* "[1].

La predicación puede implicar más de dos términos en cuyo caso el autoclítico relacional se vuelve especialmente importante. La frase *El muchacho regenta la tienda* está bajo el control de una situación de estímulo extremadamente compleja, la mayoría de cuyas características pueden ser importantes para el oyente. La autoclítica relacional de orden conlleva una pesada carga: a grandes rasgos, debe quedar claro que es el muchacho quien actúa en relación a la tienda y no al revés. Así como el orden de los elementos en una predicación de dos términos puede invertirse con sólo una mínima transgresión al orden estándar, una inversión en el caso de una respuesta de tres términos podría ser desastrosa. "Bueno está el chocolate" es admisible siendo una respuesta concebible si se pretende un efecto retórico sobre el oyente, o se da ante un poderoso estímulo ecoico o temático. No obstante, "La tienda regenta al muchacho" no se refuerza

1 Citado por Lee, I. J., *Language Habits in Human Affairs* (Nueva York, 1941).

cuando es evocada por la misma situación que produce el orden original. En una lengua que emplea el etiquetado en lugar de la agrupación y la ordenación, un cambio de orden puede no ser problemático[2].

CONDUCTA AUTOCLÍTICA RELACIONAL

No basta con señalar la presencia de formas autoclíticas en un idioma. ¿Cuáles son los procesos que conducen a su emisión? Aquí también debemos hacer una distinción entre los propósitos de un análisis lingüístico o gramatical y un análisis de la conducta verbal. Una propiedad muy importante de la operante verbal tratada en la Parte II es su tamaño. Sólo tenemos que demostrar una contingencia unitaria de reforzamiento para sugerir la función unitaria de una parte de la conducta verbal. A menudo, la parte no corresponde a una unidad léxica o gramatical. Aunque *niño* y *sombrero* pueden, en ocasiones apropiadas, ser simples tactos, no se deduce de ello que *el sombrero del niño* sea, por lo tanto, una expresión compuesta, pudiendo, por el contrario, tener una unidad funcional simple. En la respuesta *el libro que está en la mesa,* el sintagma *en la mesa* puede tener el mismo control dinámico ejercido por una propiedad del medio ambiente ejemplificada por la respuesta *rojo* en *el libro rojo*. De hecho, toda la expresión *el libro que está en la mesa* o *el libro rojo* puede funcionar como una unidad. La conducta del cocinero de un campamento cuando grita *¡Rancho!* es funcionalmente unitaria a la respuesta *¡Comida!* o al sonido de un gran triángulo de metal. No necesitamos analizar los procesos gramaticales o sintácticos para explicar esta conducta. *¡Agua va!* puede ser equivalente a *¡Hay agua cayendo de lo alto!* y sería ocioso especular sobre la función del fragmento *va* o *alto* en la conducta del hablante. Podemos imaginar una situación en la que la respuesta *¡Hay agua cayendo de lo alto!* requeriría de un análisis gramatical, aunque ello sería poco probable en el caso de *¡Agua va!* En general, a medida que la conducta verbal se desarrolla en el hablante individual, las respuestas cada vez más grandes adquieren unidad funcional y no siempre tenemos que especular sobre la acción autoclítica cuando una respuesta parece incluir una forma autoclítica. También parece razonable suponer que, a medida que un ambiente verbal se desarrolla históricamente, refuerza unidades

2 N. del E.: ejemplos obvios de idiomas que usan la ordenación con efecto autoclítico son el inglés o el español; el japonés, finés o hindi son ejemplos de idiomas que usan el etiquetado.

cada vez más grandes. Por lo menos, el entorno debe estar preparado para reforzar las unidades más grandes como unidades antes de que se produzca el proceso paralelo en el desarrollo del hablante individual.

Estamos ante algo menos definido que la conducta autoclítica relacional propiamente dicha cuando un "marco" autoclítico parcialmente condicionado se combinan con respuestas apropiadas a una situación específica. Por ejemplo, después de haber respondido a la presentación de muchos pares de objetos con conductas como *el sombrero y el zapato* o *la pistola y el sombrero*, el hablante puede hacer que la respuesta sea *el niño y la bicicleta* en una ocasión novedosa. Si ha adquirido una serie de respuestas como *la pistola del niño, el zapato del niño* y *el sombrero del niño*, podemos suponer que el marco parcial _______*del niño* estará dispuesto a ser recombinado con otras respuestas. La primera vez que el niño adquiere una bicicleta, el hablante puede componer una nueva unidad (p.ej., *la bicicleta del niño*), y no se trataría simplemente de la emisión de dos respuestas adquiridas por separado. El proceso se asemeja a la causalidad múltiple del capítulo 9. Los aspectos relacionales de la situación refuerzan un marco y las características específicas de la situación refuerzan las respuestas que se ajustan a él.

La autoclítica relacional específica se entiende más fácilmente cuando la situación es compleja y se refuerzan varias operantes verbales. Si los rasgos separados de una situación evocan respuestas apropiadas en un orden determinado sólo por la fuerza relativa, el resultado será probablemente un galimatías. La conducta efectiva exige, por decirlo en términos generales, que se elija una primera respuesta apropiada y que las demás respuestas se relacionen con ésta y entre sí con una autoclítica apropiada. Si, cuando se han emitido una o dos respuestas, se generan respuestas intraverbales, éstas deben tenerse en cuenta y se debe añadir una autoclítica relacional apropiada al componer la muestra mayor.

La práctica estándar da prioridad a los objetos sobre la acción y a las propiedades individuales sobre los objetos. Existe una probabilidad considerable de que un objeto destacado en una situación evoque la primera respuesta o, si ese objeto tiene una propiedad destacada que esta también refuerce una respuesta y que esta última se emita primero. Cabe señalar que las etiquetas gramaticales aún deben ser añadidas. Los tipos de estímulos llamados cosas u objetos suelen evocar respuestas con etiquetas apropiadas a los sustantivos, mientras que los tipos de estímulos llamados acciones suelen evocar respuestas con etiquetas propias de los verbos. Esto no es en absoluto inevitable. Se ha señalado que, aunque solemos decir *El gato maúlla*, también podríamos decir *El maullido gatea*[3]. En última instancia, la distinción carece de sentido. Sólo las conjugamos porque las palabras que se refieren a la acción suelen llevar distinciones de tiempo, persona, etc., y sólo las declinamos porque las palabras que se refieren a las cosas necesitan "concordar" con los adjetivos que las describen, o necesitan ser designadas como actuando o siendo objetos de la acción, etc. Y es sólo por las prácticas gramaticales y sintácticas de la conjugación y la declinación que llamamos a las respuestas verbos y sustantivos, respectivamente. El hablante responde a una propiedad común de la situación y le da una etiqueta. Esto altera el estatus de, y las prácticas gramaticales disponibles relativas a, las respuestas que permanecen. Si la primera respuesta ha sido etiquetada como un sustantivo, un patrón intraverbal fragmentario proporcionará la etiqueta apropiada para el verbo que sigue.

El papel que juega la convención se muestra en la diferencia entre los titulares de los periódicos ingleses y americanos. Cuando un rey muere, dos aspectos de la situación, el rey y la muerte, controlan respuestas intensas. En los titulares ingleses, se acostumbra a informar de una acción con un sustantivo si es posible, y el titular diría *Death of the King* (Muerte del Rey). En Estados Unidos se conserva la forma verbal para la acción y se da prioridad a la respuesta a un objeto o, en este caso, a una persona. El titular comparable diría: *King Dies* (Rey muere).

En el capítulo 3 vimos que un mando puede especificar un reforzamiento final (a menudo un estado u objeto) o la conducta del oyente para mediar ese reforzamiento. En la respuesta *Haz un tweet, post* es un sustantivo. En la respuesta *¡Tweet!* es quizás todavía un sustantivo. Pero en el informal *¡Twittéame!*[4] se ha convertido en un verbo, comparable a los verbos presentes en *Allanar el terreno* o *Airear la habitación*. En un lenguaje con una inflexión más marcada, la respuesta comenzaría a recoger etiquetas apropiadas a los verbos al pasar del objeto a la acción.

Ante un cielo azul, el angloparlante no duda en poner las respuestas en el orden *the blue sky* (el azul cielo), mientras que el francófono no duda en poner sus respuestas en el orden *le ciel bleu* (el cielo azul). Al indicar el

3 Gardiner, A. H., *The Theory of Speech and Language* (Oxford, 1932).

4 N. del E.: obviamente una licencia por no ser traducible literalmente el original.

acuerdo en el género, el escritor francés añade una tranquilidad bastante innecesaria de que es el cielo el que es azul y no otra cosa que pueda haber sido mencionada. Se trata de un patrón establecido más que de un acto explícito de composición y en ocasiones, cuando el proceso sale mal, ello puede resultar evidente. *El París francés* fue emitido como un error cuando se quería decir *El francés de París,* presumiblemente porque *París* es normalmente un *sustantivo* y, por lo tanto, tiene prioridad; mientras que *francés* es normalmente un *adjetivo* y, como tal, ocupa el segundo lugar[5].

El control inicial ejercido por una propiedad de la situación que habitualmente evoca una primera respuesta puede estar sujeto a muchas influencias perturbadoras, como las consecuencias especiales del orden retórico o los rastros de fortalecimiento formal y temático que surgen de conductas anteriores. Cuando se invierte un verso de manera que la palabra que rima cae al final, se hace una contribución formal esquelética de fuerza a un orden particular de respuestas.

En circunstancias complejas, la primera respuesta evocada puede resultar poco satisfactoria o totalmente infructuosa en la generación de nuevo material. El hablante debe comenzar de nuevo si quiere completar con éxito una muestra más grande de conducta verbal. Gran parte del acto de reescribir un pasaje consiste en probar diferentes comienzos, en el sentido de responder a diferentes aspectos de la situación y añadir diferentes etiquetas gramaticales. En la frase *Antes de que el reforzamiento de una respuesta verbal pueda efectuarse, se debe elicitar la respuesta*, la acción que evoca la respuesta *reforzar* queda sujeta al control del verbo[6] dando lugar a la adición de una etiqueta (*-miento*) adecuada a la sustantivación [de *reforzar*]. Ello fuerza al resto de la conducta a una forma algo inusual. La respuesta redundante *se pueda efectuar* era necesaria para compensar la acción perdida diciendo *reforzamiento* en lugar de *reforzar*. A continuación, la respuesta es refundida como *Antes de que una respuesta verbal pueda ser reforzada, la respuesta debe ser elicitada*. Esta variación contiene una desafortunada repetición de *respuesta* que no mejora mucho con su sustitución por un pronombre[7]. Otra mejora se produjo

5 N. del E.: esta oración se ha revertido ya que en español es el sustantivo y no el adjetivo el que tiene prioridad, eliminamos la cita a *Los cuentos de Canterbury*, por ser irrelevante al texto traducido.

6 N. del E.: *efectuar*

7 N. del E.: en esta traducción se trataría del pronombre demostrativo *esta*.

al descartar *Antes* como autoclítico relacional explícito que se refiere a la relación temporal entre los dos eventos y permitir que el orden temporal de las respuestas produzca el mismo efecto: *Una respuesta debe ser elicitada para ser reforzada* (por razones que se aclararán en el capítulo siguiente, la apelación al orden puede hacerse explícita añadiendo, de manera significativa, la respuesta *a fin de que*: *Una respuesta debe ser elicitada a fin de que sea reforzada*). Para mantener la noción de reforzamiento en una posición prominente, una nueva versión podría formularse como: *Para ser reforzada, la respuesta debe ser elicitada.* La fuerza que previamente se atribuía a *antes* puede recuperarse añadiendo *primero*: *Para ser reforzada, la respuesta debe primero ser elicitada.* Es difícil reconstruir los materiales que originalmente conforman la frase, pero la forma "telegráfica" *Elicita respuesta, luego refuerza* probablemente los incluye todos. La relación temporal requerida representada por *luego* puede expresarse de forma más general con un autoclítico diferente: *No elicitamos, no reforzamos.* Este ejemplo muestra el alcance y el carácter hasta cierto punto arbitrario de la actividad autoclítica consistente en "añadir la gramática".

Ocasionalmente, una muestra de conducta verbal sugiere gramáticas alternativas que serían más aceptables para el lector. En un pasaje de una historia de detectives *Saben que soy demasiado para ellos con mi buena racha común de sentido decidido y determinación*, las respuestas *bueno, común, racha, decidido, sentido* y *determinación* podrían haberse dispuesto en varios otros órdenes, algunos de los cuales podrían estar más cerca de una expresión estándar[8]. La frase *entonces descubrió con atónita estupefacción...*, de un relato de Sinclair Lewis, nos sugiere que puede haber un orden alternativo en el que *atónita* se relacione con el sujeto y no con *estupefacción*: *entonces lo descubrió, atónito de estupefacción.* La cita de Shakespeare, *enfermizo por con la pálida sombra de pensamientos*[9], podría haber asumido fácilmente otros órdenes en los que el acto referenciado podría estar *ensombrecido con pensamientos* y, por tanto, *enfermizo y pálido.* Alguien que comienza una frase con *De hecho...* probablemente ha estado cerca de hacerlo con *Lo cierto es que...*

El efecto de una etiqueta gramatical puede llevar a la preparación de otra mediante una especie de respuesta intraverbal esquelética que se ve claramente

8 N. del E.: Quizá, *Saben que soy demasiado para ellos con mi sentido común y decidida determinación.* La frase original está tomada de *The Big Sleep* de Raymond Chandler (1939).

9 N. del E.: *sicklied o'er with the pale cast of thought* de *Hamlet*, Acto 3, Escena 1.

cuando el proceso falla dando lugar a errores gramaticales. En el ejemplo *Él iría conmigo si yo tendría tiempo* la conexión intraverbal entre *iría* y *tendría* ha superado la relación entre *yo* y *tuviera*[10]. En la frase escrita apresuradamente en un examen *La parálisis aumentan rápidamente...* la *s* final en [el sustantivo singular] *parálisis* ha controlado la forma plural del verbo debido a que *-s* es una terminación común de los plurales.

Cuando una frase va bien encaminada, con el etiquetado irrevocablemente establecido, suelen quedar ciertos restos de respuestas que deben incorporarse en último término. A veces, es necesario generar nuevas respuestas para llenar los vacíos, pero aparte de esto, los materiales disponibles deben estar dispuestos en algún tipo de orden. Varias figuras retóricas o "tropos" se refieren a soluciones más o menos aceptables. La "tmesis", el "anástrofe" o el "hipérbaton" se refieren a órdenes inusuales de respuestas que, en un lenguaje que utiliza el orden con fines autoclíticos, pueden causar un determinado impacto. Al decir *la jeri (aprenderá) gonza siguiente: / fulgores, arrogar, joven, presiente,* en lugar de *aprenderá la jerigonza siguiente...*, la fuerza indebida de *jerigonza* se interpone a la respuesta *aprenderá*. En el ejemplo clásico *más blanca piel esa suya que la nieve*, la fuerza especial de *más blanca piel*, determinada en parte por el autoclítico relacional de agrupamiento, rompe la expresión metafórica *más blanca que la nieve*, quedando los fragmentos supervivientes en la parte final[11].

AUTOCLÍTICOS MANIPULATIVOS

Un extraordinario libro escrito a finales del siglo XVIII por John Horne Tooke es la mejor introducción al autoclítico que queda por considerar[12]. Tooke sostenía que los "dos grandes propósitos del discurso" se cumplen mediante dos tipos de palabras; reconocía a los sustantivos y los verbos como "necesarios para la comunicación". Diríamos que con ello hace referencia al control de estímulo de la conducta verbal en el patrón de los tactos. La distinción gramatical entre sustantivo y verbo es, como hemos visto, arbitraria e innecesaria en lo que se refiere a la referencia.

10 N. del E.: ejemplo propuesto al ser el original intraducible.

11 N. del E.: estos ejemplos de tmesis e hipérbaton reemplazan a los de anástrofe e hipérbaton del original (nótese que la anástrofe rara vez es un elemento creativo en el español). La tmesis es de Francisco de Quevedo (*Receta para hacer soledades en un día*, escrito hacia 1613). El hipérbaton es una variación del que Skinner toma de Shakespeare (*Romeo y Julieta*, Acto 2, Escena 4).

12 Tooke, John Horne, ΕΠΕΑ ΠΤΕΡΟΕΝΤΑ: *The Diversions of Purley* (Londres. 1857).

Todas las demás palabras las consideraba "abreviaturas" empleadas en favor de la fluidez. Esta noción está representada en el título griego de su libro ΕΠΕΑ ΠΤΕΡΟΕΝΤΑ (*"palabras aladas"*). Para Tooke el término "abreviatura" llevaba algo del significado de "decir mucho más de lo que parece decir". Ello era de importancia para el autor, ya que pretendía revelar los significados ocultos de estas palabras. El término también parece haberse referido a un proceso histórico en el que las formas más antiguas y generalmente mucho más largas han ido modificándose gradualmente hacia formas más contraídas. El método de Tooke era demostrar la función de una abreviatura mediante una apelación a la etimología, área de la que fue un adelantado especialista, si bien no infalible. No obstante, él mismo señaló que la etimología no era esencial para su argumento central.

Al desarrollar las abreviaturas de manera que su función se reconociera más fácilmente es necesario encontrar expresiones equivalentes aceptables de un tipo más obvio. El hecho de que muchas de las palabras que analizó hayan revelado tales formas expandidas en su historia etimológica se antoja alentador.

Tooke no parece haber percibido las implicaciones generales de su trabajo. No entendió la visión moderna de que algunas partes del lenguaje tratan sobre otras partes del lenguaje, y que sus abreviaturas eran simplemente términos que tenían que ver con la manipulación de sustantivos y verbos que él reconocía como implicados fundamentalmente en la comunicación[13].

Las palabras que Tooke analizó tienen que ver con las respuestas a situaciones bastante complejas en las que el lector se ve obligado a ordenar y reflexionar sobre sus reacciones de la manera más eficiente. Así, la palabra *pero*, que se deriva etimológicamente de *per hoc* (por esto)[14],

13 Sin duda fue influenciado por las discusiones contemporáneas sobre las partes de la oración, pero al tratar de reducir las preposiciones, conjunciones, partículas, etc., a sustantivos y verbos tendió a oscurecer su función especial. Vale la pena reproducir una muestra de las *The Diversions of Purley* que muestra su interés por la interpretación de la función del habla en boga en aquel tiempo.
Primero [Harris] define una *palabra* como un "sonido significativo". Luego define las *conjunciones* como palabras (es decir, *sonidos significativos*) y afirma que están "desprovistas de significado". Después permite que tengan "cierto significado". Pero este tipo de significado es "oscuro" (es decir, un significado desconocido) ... No contento con estas inconsistencias, que a un hombre menos erudito le parecerían notables a todas luces, el Sr. Harris va más allá y añade que son un "tipo de entidades intermedias" (se refiere quizá a intermedias entre la significación y la no significación) y "que comparten los atributos de ambas" (es decir, de entidades con y sin significación) y "llegan a vincular a ambas" (es decir, vinculan la significación y la no significación).

14 N. del E.: En el original Skinner usa el ejemplo analizado por Tooke the *but*, que derivaría de *be out*. Hacemos una interpretación tratando de mantener la inteligibilidad del texto en español y continuamos este enfoque en todo el pasaje de Tooke a excepción de la cita textual sobre la preposición *through*.

aboca al oyente a excluir algo o hacer una excepción (*Todos salieron, pero Enrique se quedó en la habitación* cuya versión "ampliada" podría ser *Todos salieron exceptuando a Enrique que permaneció en la habitación*). Aquí, *pero* reemplaza a un verbo. Además, *pero* puede ser sustituido por *y* con sólo una pérdida de énfasis en la oposición entre salir y quedarse. En otros casos, sin embargo, esta sustitución daría lugar a frases equívocas[15].

La respuesta *y* insta al oyente a añadir a lo que ya se ha dicho, ya sea una sola respuesta la que se añade (*Esto es tuyo* y *mío*) o una frase (*Esto es para ti* y *esto es para mí*).

El *Si* condicional, siguiendo otro ejemplo, podría proceder de *Sīc* significando *así* o *de esta manera*[16]. No es difícil imaginar como la versión latina de *Con buen tiempo, así iremos mañana*, pudo evolucionar a *Si hace buen tiempo, iremos mañana*. La relación lógica *si-entonces* plantea otros problemas. *Si ves a un hombre sincero, entonces ves a uno feliz* podría parafrasearse como *Si puedes decir "sincero", puedes decir "feliz".* La forma equivalente *Todos los hombres sinceros son felices* contiene el autoclítico de cantidad *todos* en lugar de *si*. Ambos se refieren a respuestas verbales, pero de una manera engañosa. Nadie puede emitir un tacto en respuesta a todos los hombres sinceros o a todas las ocurrencias de la palabra *sincero*. La afirmación se refiere a las propiedades definitorias de los estímulos que controlan las respuestas *feliz* y *sincero*, o a alguna relación entre ellas.

(Tooke se ocupa de explicar la fuerza de ciertas palabras conocidas, en particular las preposiciones y conjunciones. No tiene nada que decir sobre la función manipulativa del autoclítico cuando se alcanza mediante la agrupación, el orden, o la conjugación. La expresión *Si tuviéramos suficiente espacio y tiempo, lo conseguiríamos* puede mantenerse prescindiendo del *si* autoclítico haciendo un cambio de conjugación: *Teniendo suficiente espacio y tiempo, lo conseguiríamos*[17]).

En un ejemplo bastante diferente, podemos dejar que el propio Tooke presente el caso de la preposición inglesa *through* (a través de).

15 N. del E.: como en casos en los que la conjunción adversativa es esencial para el efecto autoclítico de oposición (p.ej., Este lugar es bonito, *pero* está muy lejos de mi casa).

16 N. del E.: procedemos aquí con un nuevo análisis tookeano, relativamente libre de un término del castellano. Nótese que *Sīc* en latín clásico podría traducirse como *así* con un uso adverbial (p.ej., *Sīc agitur*, así se hace), lo que es compatible con la opinión de Tooke de que las palabras evolucionan hacia voces más breves y tienen un vínculo ostensivo más obvio, evolucionando después hacia la abstracción. Por cierto que la obra de Tooke nunca fue traducida al español, ni nos consta que existan análisis tookeanos del español.

17 N. del E.: este mismo efecto en inglés se consigue mediante un autoclítico de orden (*If we had enough...* vs. *Had we enough...*). Skinner no avisa que un cambio en conjugación pudiera reemplazar el *si* condicional, añadiéndose aquí como algo característico del español.

> Pero, ¿de qué objeto real es *through* el nombre?... De uno muy común, de hecho. Porque, así como la preposición peculiar al francés *chez* no es otra que el sustantivo italiano *Casa* o *Ca*, también lo es la preposición inglesa *Thorough*, *Thourough*, *Through*, o *Thru*, que no es otra que el sustantivo gótico 𐌰𐌻𐍀𐌺𐌰, o el teutónico *Thuruh*: y, como ellas, significa *puerta, portón, pasaje*... Después de haber visto de qué manera el sustantivo *casa* se convirtió en preposición en el francés, no se sorprenderán al ver que *puerta* se convirtió en la preposición *through* (a través de) en inglés.[18]

El objetivo de un análisis "tookeano" no es llegar a una paráfrasis lógicamente equivalente ni reducir todas las expresiones a un mínimo de términos lógicos. Se trata simplemente de volver a una forma de respuesta que tenga un efecto más fácilmente identificable en el oyente. La paráfrasis convierte una breve respuesta de función oculta en un equivalente más largo, explícito y, por así decirlo, más ampuloso. En general, las modernas tendencias lingüísticas y lógicas apoyan el análisis de Tooke. El análisis de Sapir[19] de la palabra *for* (para) está en el espíritu "tookeano", así como la muy reveladora *Lógica Elemental* de W. V. Quine, donde se analizan[20] minuciosamente muchos autoclíticos de alcance. Tanto Sapir como Quine se ocupan de un análisis empírico de la función de la conducta verbal. Debemos, no obstante, hacer una distinción entre las explicaciones a las que llegan en última instancia y el análisis propuesto en esta obra.

Lo que le faltaba a Tooke era una concepción de la conducta como tal. Todavía estaba bajo la influencia del empirismo británico y, eso a pesar de hacer una heroica declaración de independencia de la gramática. Se acercó más a la posición aquí presentada cuando escribió:

> El asunto de la mente, en lo que se refiere al lenguaje, me parece muy simple. No se extiende más allá de recibir impresiones, es decir, tener sensaciones o sentimientos. Sus llamadas operaciones son meramente las operaciones del lenguaje. Una consideración de las *Ideas*, o de la *Mente*, o de las *Cosas* (relativas a las Partes del Habla), no nos llevará más allá de los *Sustantivos*: es decir, los signos de esas impresiones, o los nombres de las ideas. La otra

18 Tooke, *op. cit.*, pág. 180. Podríamos analizar un caso dado como *El perro atravesó el seto* diciendo que la relación entre el perro que va y el seto se caracteriza por emitir una respuesta común, *la puerta*, estrechamente asociada a una relación similar. La respuesta bajo el control de la relación puede sufrir cambios históricos que no tienen por qué afectar a la misma respuesta controlada en otro lugar por el estímulo genérico original.

19 Sapir, Edward, *Language* (Nueva York, 1921).

20 Quine, W. V., *Elementary Logic* (Boston, 1941).

> parte de la palabra, el *Verbo*, debe ser tenida en cuenta a partir del carácter necesario de su uso en la comunicación. Es de hecho la comunicación en sí misma: y por lo tanto bien denominada *Pñµa Dictum*[21]. Ya que el verbo es *QUOD loquimur*; el Sustantivo, *DE QUO*[22].

Aquí, luchando contra un enorme peso de la tradición, Tooke está hablando de conducta verbal. Ha "desactivado" los desconcertantes términos que no pueden ser explicados como palabras objeto o mediante la apelación a imágenes (términos que clasificaríamos aquí como autoclíticos) y ha descubierto que son verbos. Esto lo lleva a una importante generalización que podríamos parafrasear de esta manera: algunas respuestas verbales son evocadas por estados de cosas externos. Tooke quiere llamar a estos sustantivos. Otras respuestas forman parte de la comunicación en sí misma, ya que afectan al oyente y no tienen ninguna función más allá de este efecto. Tooke quiere llamar a este segundo tipo verbos. Escribiendo hace más de ciento cincuenta años, quizás no tenía otra alternativa; hoy es posible una nueva formulación.

Muchos casos de conducta verbal que contienen autoclíticos gramaticales o sintácticos pueden no representar la verdadera actividad autoclítica. En realidad, no le decimos al oyente que deje algo al margen cuando decimos *He leído todos menos dos de los capítulos*. La respuesta *todos menos dos* es frecuentemente una forma estándar controlada por una situación estándar. Una expresión alternativa habría sido *Todavía tengo que leer los dos últimos capítulos*. Sólo en ocasiones realmente nuevas se le pide al oyente especialmente con un mando que modifique su conducta. Pero estas ocasiones de hecho también se dan y la actividad autoclítica explícita del hablante en la manipulación de su conducta debe ser tenida en cuenta como una importante función verbal. En el siguiente capítulo se describirán otras actividades de este tipo junto con un resumen de su efecto sobre el oyente.

21 N. del E.: literalmente, *todo lo que se dice*.

22 N. del E.: podría traducirse como, el verbo es lo que decimos, y el sustantivo es aquello sobre lo que lo hacemos.

Capítulo 14

La composición y sus efectos

Aquí nos ocuparemos de lo que Emerson llamó "entremezclar, ligar, articular y clasificar" las palabras. El hablante no sólo emite las respuestas verbales que son apropiadas para una situación determinada o para su propia condición, sino también aclara, organiza y manipula tal conducta. Su actividad es autoclítica porque depende de la reserva de respuestas verbales que tenga disponibles.

La explicación última de la conducta autoclítica se encuentra en el efecto que ésta posee sobre el oyente, incluyendo al hablante mismo. En general, las reacciones del oyente en cuestión son aquellas que pueden estar equivocadas, o sea: aquellas que pueden no ser efectivas para tratar el ambiente que es responsable de la conducta del hablante. Gran parte de la conducta emocional e imaginativa del oyente (y del lector) tiene poco que ver con la gramática y la sintaxis. Una palabra obscena logra su efecto sin importar su localización ni su gramática. Lo mismo ocurre con la mayor parte de las palabras que dan un carácter emocional al lenguaje. T. S. Eliot decía que la función del significado inmediato de un poema consistía en inducir al lector a que siguiera leyendo en forma tal que pudieran presentarse los efectos colaterales que no dependen del significad inmediato del poema. La poesía puede ser completamente antigramatical en lo que respecta a su efecto, pero el lector rara vez leerá dicha parte en forma aislada; él debe ser llevado por el significado inmediato del texto.

El comportamiento autoclítico se refiere a la acción práctica, o a las respuestas del oyente que dependen de la correspondencia que existe entre la conducta verbal y un estado de cosas estimulante. La mezcla confusa de los elementos de la poesía, como sucede en el ejemplo que tomamos de Lord Chesterfield en el capítulo 6, destruye tanto el orden autoclítico como el efecto de las respuestas autoclíticas. El "significado" que se destruye es el significado que hace que el poema pueda ser correcto o equivocado, es decir: el significado con respecto al cual el lector puede emprender una acción efectiva, aunque sea meramente verbal. Los "significados" que sobreviven son respuestas condicionadas emocionales y connotativas, incluyendo las que eran apropiadas para la escritura y los versos didácticos en el siglo XVII.

Generalmente, a los segmentos mayores de la conducta verbal que resultan de la actividad autoclítica se les llama oraciones. Se suele decir que la oración, y no la palabra, es la unidad del habla, pero no hay razón para usar el concepto de oración con el fin de obtener una unidad de conducta verbal más activa que la palabra. La conducta verbal generalmente es activa, sin tener en cuenta su tamaño ni su complejidad. Tampoco la "afirmación" autoclítica que vimos en el capítulo 12, ni el "juicio" que analizamos en el capítulo 13, requieren un término nuevo. Se han hecho intentos para definir una oración en función de lo que dice. El *Concise Oxford Dictionary* da la siguiente definición: "conjunto de palabras completo en sí mismo que contiene sujeto y predicado (uno u otro, parte de uno u otro o de ambos, que a veces se omiten por la elipsis) y que implica una afirmación, pregunta u orden". Nótese que la respuesta verbal en cuanto tal (o el registro que deja) no es afirmación, pregunta ni orden, sino que simplemente las "implica". Esto sugiere que la oración es la expresión de una idea o proposición. En forma característica, se dice que una oración es completa sólo si el "pensamiento" es completo, etc. Pero mientras podemos encontrar criterios para las propiedades de una oración, posiblemente en los efectos que posee sobre el oyente con respecto a un estado de cosas determinado, la definición no nos ayuda a explicar cómo se emiten las oraciones.

Algunas oraciones sencillas simplemente se generan añadiendo autoclíticos a las operantes verbales ya disponibles. Supongamos que el hablante observa a una persona hambrienta, y que hay un oyente que está interesado en la gente hambrienta, esto es: quien refuerza a los hablantes que le hablan de la gente hambrienta o que hacen cosas acerca de las personas hambrientas, son indirectamente reforzantes para el hablante. Las propiedades principales de la situación fortalecen las respuestas *gente* y *hambre*. En español deficiente, el hablante puede decir simplemente *persona hambreada* a manera de anuncio (suponiendo una predisposición especial por parte del oyente) o *persona con hambre* como un juicio rudimentario. Con base en la tendencia que tienen los pronombres a presentarse en los juicios, el hablante pudo decir *Aquél tiene hambre.* Un hablante con mayor conocimiento del idioma puede usar el autoclítico afirmativo *está: El hombre está hambriento.* Sin embargo, aún necesitamos un autoclítico designativo. La respuesta *El hombre está hambriento* puede ser una generalización completa, pero la especificidad de la presente situación se puede indicar mediante la aplicación del autoclítico *ese.* Así, la forma completa *Ese hombre tiene hambre* actúa en forma óptima sobre el supuesto oyente.

Sin embargo, cuando se expresa una oración no ocurre nada tan explícito como esto. Algunas oraciones son respuestas estándar que se emiten ante situaciones comparables a los versos bien memorizados, máximas o exclamaciones. Otras están cerca de ser "formas" esqueléticas completas sobre las cuales se pueden colocar una o dos respuestas. En general, recibimos refuerzo al emitir oraciones completas y castigo por las expresiones o fragmentarias, y las variables que sólo fortalecen pocas respuestas tienden a evocar oraciones completas a través de la causación múltiple. Este caso se presenta claramente cuando no existen fuentes externas de fuerza para las respuestas que se añaden. Por ejemplo, si apenas hemos oído los estímulos verbales *persona y hambre* en este orden, y si la situación requiere una respuesta ecoica (si nos preguntan *¿Qué dijo él?)* es más probable que contestemos *La persona* (o *alguna persona)* *tiene hambre.* En forma semejante, al recordar una prosa o un verso mal memorizados será más probable que emitamos oraciones completas, pero equivocadas, que solamente los fragmentos que recordamos en realidad. Los préstamos literarios aparecen como oraciones completas cuando en realidad sólo se tomaron algunas palabras.

La comunidad verbal responsable de las distinciones que se efectúan por medio de diversos tipos de autoclíticos, genera esta tendencia a responder en unidades más grandes. Algunas oraciones son algo más que simples respuestas claves sobre formas esqueléticas fuertes, o que respuestas fragmentarias que se completaron bajo presión para producir unidades totales. Un conjunto de variables puede ser tan inusitado o tan complejo que la conducta verbal anterior del hablante no proporciona una pauta estándar apropiada. Entonces, el hablante debe manipular sus respuestas con la ayuda de autoclíticos especiales. La creación que resulta de segmentos mayores de conducta verbal es una actividad que podemos llamar composición. La aserción y la predicación no son necesariamente composición, porque, aunque suelen participar de la organización de la conducta verbal ante configuraciones complejas de variables, no caracterizan por sí mismas ni la unidad más amplia ni el estado particular de cosas que les da origen.

La sola evidencia formal no muestra si las oraciones han sido compuestas. Las oraciones memorizadas que se emiten como simples secuencias intraverbales, aquellas que se reproducen como conducta textual o ecoica o las combinaciones de algunas respuestas claves con pautas que se han retenido, no son compuestas en este sentido. La "unidad" que reconocemos en la mayor parte de las oraciones puede tener cierta base en la unidad de los "hechos" descritos o de las "ideas" expresadas; pero gran parte de ello es convencional.

Las respuestas evocadas por una situación son esencialmente antigramaticales hasta que se tratan autoclíticamente. Tales respuestas pueden estar ya ordenadas o terminadas debido a otras consideraciones, o a las unidades estándar que no requieren terminación especial en el presente caso. Algunas veces la conducta se emite en forma esencialmente no gramatical. El habla apresurada, en la cual no hay tiempo para proporcionar autoclíticos, no siempre es completamente ordenada y puede carecer de terminaciones gramaticales. Es posible que al componer un telegrama no tengamos la capacidad para proporcionar los autoclíticos, a pesar de que el orden sea abierto. Frecuentemente la falta de espacio en los encabezados periodísticos elimina los autoclíticos. Un dolor de mandíbula tiene el mismo efecto. Un idioma mal hablado se parece a la forma latente del lenguaje, debido a que la mayoría de los autoclíticos no se adquieren en los primeros estadios del aprendizaje de una lengua. Sólo algunos autoclíticos encuentran su sentido en el lenguaje del señor Jingle, en *Los papeles póstumos del club Pickwick:*

> Played a match once—single wicket— friend the Colonel—Sir Thomas Blazo—who should get the greatest number of runs—won the toss—first innings—seven o'clock A.M.—six natives to look out—went in; kept in—heat intense—natives all fainted—taken away—...[23]

23 N. del T.: Una vez jugó una partida—criquet rudimentario—amigo el coronel—Sir Thomas Blazo debería lograr el mayor número de tiros—ganó la apuesta—primeras entradas—siete de la mañana—seis nativos miraban—entró, lo retuvocalo intenso—todos los nativos se acobardaron—lo llevaron lejos— .

Aquí, el orden está determinado principalmente por el orden original de los eventos, son pocos los autoclíticos afirmativos y manipulativos, y los ajustes de la conducta son mínimos para el oyente.

Como ocurre con los autoclíticos relaciónales y manipulativos en general, existen grandes posibilidades de aplicar la gramática y la sintaxis al material latente. Supongamos que un oyente está principalmente interesado en el "hecho" de que "Sam rented a leaky boat" (Sam rentó un bote agujereado). Las respuestas "en bruto" son: *rent* (rentar), *boat* (bote), *teak* (agujero) y *Sam.* Si el inglés del hablante es deficiente, las relaciones importantes pueden llevarse a cabo mediante la aplicación de los autoclíticos de orden y agrupación: *Sam rent boat—boat leak.* Si añadimos la terminación *ed* al verbo to *rent* y a la palabra *leak* le agregamos la partícula y, como un tacto mínimo que indica el "tiempo pasado", y si agregamos también los artículos *a* (un) y *the* (el) para que cumplan con la función de calificar a *boat,* digamos, al responder a la pregunta *¿Qué bote?,* obtendremos la respuesta: *Sam rented a boat; the boat leaked* (Sam alquiló un bote; el bote hace agua). Otros autoclíticos manipulativos, incluyendo la puntuación, por lo menos producen otras siete versiones.

Los pronombres son autoclíticos cuando tienen antecedentes en la conducta verbal misma. Tanto las abreviaturas de Tooke como los pronombres que tienen funciones autoclíticas, se usan para "avisar", como en la respuesta *He rented a boat. It leaked* (Él rentó un bote; el bote hace agua). Cuando se pone énfasis en las dos partes de la conducta, se le proporciona al lector cierta ayuda adicional, por ejemplo: *He rented a boat, but it leaked* (Él alquiló un bote, pero el bote hacía agua). Si la forma *it* se reemplazara por *which* —lo cual sería una función autoclítica más fuerte para enlazar la frase en que aparece la palabra *leak* a aquélla en que aparece *rent*— tendríamos *He rented a boat, which leaked* (Él alquiló un bote, el cual hacía agua). La relación que se muestra formalmente por medio de las formas *and* y *but* debe tratarse mediante otros autoclíticos (como *más aún,* o *sin embargo).* Una relación aún más cercana se sugiere al eliminar la coma: *He rented a boat which leaked* (Él rentó un bote el cual hacía agua). Finalmente, eliminando la posibilidad de que se presente algún equivalente de *but* o *that,* podemos evitar el pronombre usando el instrumento tendremos: *Él alquiló un bote* relaciona adjetivo y nombre (se logra agregando una terminación al verbo *leak,* para dar la forma *leaky*) para lograr la expresión *He rented a leaky boat* (Él rentó un bote agujereado).

Todos los cambios que se pueden efectuar en las cuatro operantes verbales del ejemplo anterior difícilmente pueden ser comparadas con las posibilidades que se encuentran en la conducta verbal más compleja. Consideremos, por ejemplo, la siguiente oración: *In its long apprenticeship to theological dogma, classical humanism has created a type of philosophy which is inimical to the temper of scientific inquiry* (En este largo aprendizaje del dogma teológico, el humanismo clásico ha creado un tipo de filosofía que es hostil para el temperamento de la investigación científica). Posiblemente aquí existan sólo tres respuestas básicas: *humanism* (humanismo), *opposition* (oposición) y *science* (ciencia). Si expresamos estas formas en inglés defectuoso, diría:

Humanism oppose science (Humanismo se opone a ciencia). Pero sería mejor señalar que *oppose* es el resultado de una asociación con *theology,* y que *dogma* y *philosophy* que se refieren al humanismo teológico se oponen a *inquiry* (investigación) que alude a la ciencia. Con este material se pueden formar un gran número de oraciones dependiendo del empleo de autoclíticos menores *El humanismo clásico se opone a la ciencia porque se fundamenta en el dogma teológico; El dogma teológico ha impuesto en el humanismo clásico una filosofía que se opone a la investigación científica, etc.).* Si se retienen las mismas operantes básicas y los autoclíticos tienen la misma fuerza, todas estas oraciones "dirán la misma cosa".

La mayor parte de los errores en la construcción de oraciones que se tratan en los libros de gramática y sintaxis ilustran la debilidad de la actividad autoclítica: un pronombre sugiere una relación con una respuesta no relacionada; los autoclíticos se usan en exceso *(Él vio que él había encontrado que cuando él llegó a su destino* o *Tal vez puede que él quizá se haya ido, o Negó que no lo hubiera dicho,* en la cual sobra el *no),* o no concuerdan *(Estoy seguro de que él tal vez fue),* etc. Todos estos son problemas relativamente refinados. El hablante joven encuentra dificultades más burdas. Tomemos dos ejemplos de una niña de dos años de edad: *¿Por qué pusiste leche y café en la junta taza?* (en lugar de... en la misma taza) o, después de que la niña ha oído la expresión

"Te compraré un animal grande, tan grande como lo desees", es posible que emita la expresión: *Compraré un animal grande, grande como tú eres.* Por desgracia, tales debilidades nunca se superan por completo. Aquí tenemos algunos ejemplos tomados del lenguaje cotidiano de un adulto. *¿Qué asunto de él es este? El propio curso de tus mismas ideas. Si para nada* *más que para hablar. Allá, arriba de la mesa. ¿Cómo tu nombre empieza? Cosas de los papeles en que están. Un guapo grupo de muchachos.*

Las contingencias especiales que se encuentran dentro de las oraciones completas a menudo necesitan del rastreo del material adicional, para lograr un resultado aceptable. (Dónde y cómo se encuentra ese material adicional, lo trataremos en el capítulo 17.)

Así, la propaganda de radio y televisión nos ofrece un buen ejemplo de composición que necesita que se den elementos adicionales. Por lo general, lo único que se le pide a los que escriben los anuncios es que emitan el nombre del producto junto con dos o tres adjetivos relevantes cierto número de veces durante corto tiempo.

De esta forma, es preciso que las oraciones compuestas contengan el nombre y los adjetivos, aunque el resto del material no esté determinado. Al completar los marcos metafóricos en el capítulo 5, ya hemos tratado una tarea similar. Allí se empezaba a hacer una comparación, aunque no se había sugerido ninguna respuesta que la satisficiera. El hablante ingenioso no sólo logra producir respuestas que tienen múltiples fuentes de fuerza importantes, sino también compone oraciones en las que tales respuestas parecen estar en su elemento. Para hacer esto, es preciso encontrar material verbal adicional.

ANÁLISIS DE LOS SEGMENTOS DE LA CONDUCTA VERBAL

En forma más o menos especulativa, podemos reconstruir el proceso de composición analizando un segmento de conducta en: 1. sus operantes esenciales; 2. las intraverbales que pueden surgir de esas operantes en el proceso de emisión (que con frecuencia componen grupos temáticos de respuestas), y 3. el marco de referencia autoclítico. En un conocido pasaje de la biblia, en la versión del Rey James, podemos aislar la respuesta *bendito* que se coloca en oposición a *ungodly* (impío), *sinner* (pecador) y *scornful* (desdeñoso). Un segundo grupo temático no relacionado contiene tres respuestas *walketh* (anda), *standeth* (se levanta) y *sitteth* (se sienta), cada una de las cuales tiene su pareja intraverbal: *councel* (consejo), *way* (camino) y *seat* (asiento). El pasaje dice lo siguiente: *Blesséd is the man that walketh not in the council of the ungodly, ño standeth in the way of sinners, ñor sitteth in the seat of the scornful* (Bendito es aquel que no sigue el consejo del impío, el que no sigue el camino de los pecadores, y el que no ocupa el lugar del desdeñoso). La fuerza de este pasaje se debe en gran parte a la preparación temática que se intensifica firmemente al integrar a los miembros de los grupos temáticos.

Los conjuntos de respuestas pueden reorganizarse autoclíticamente, aunque los autoclíticos relaciónales y manipulativos no satisfagan sus propósitos normales. En otras palabras, puede no haber relación alguna de afirmación o juicio entre las operantes básicas o entre sus grupos intraverbales. Gertrude Stein nos ofrece un rico conjunto de ejemplos:

> Seat a knife near a cage and very near a decision and more nearly a timely working cat and scissors. Do this temporarily and make no more mistake in standing. Spread it all and arrange the White place, does this show in the house, does it not show in the green that is not necessary for that color does it not even show in the explanation and singularly not at all stationary.[1]

El pasaje anterior contiene principalmente una serie de mandos: *Seata...* (Coloque una. . .), *do* (haga) *make* (haga), etc., los cuales van seguidos por tres preguntas o mandos para la acción verbal: *does this show* (haga esta exposición), *does it not show* (no la muestre), *does not even show* (tampoco la muestre). El resto del pasaje puede dividirse en varios grupos temáticos: *a) near, very near, more nearly; b) timely, temporarily; c) seat, standing, stationary; d) knife, scissors; é) white, green, color.* Probablemente ciertas ayudas formales fueron efectivos. Existen cuatro palabras con el sufijo *ly,* dos que terminan en *ary* y sólo un caso en que aparece la partícula *ari* dentro de una palabra. A manera de otro ejemplo a partir del cual podemos tratar de inferir algunos de los procesos involucrados en la composición, consideremos el siguiente soneto de Shakespeare:

> Th'expense of Spirit in a waste of shame
> Is lust in action, and till action, lust
> Is perjured, murd'rous, bloody, full of blame,
> Savage, extreme, rude, cruel, not to trust,
> Enjoyed no sooner but despiséd straight,
> Past reason hunted, and no sooner had

1 N. del T.: Coloque una navaja cerca de una jaula, muy cerca de ella una decisión, y más cerca todavía un gato y unas tijeras. Haga esto temporalmente y no cometa el error de levantarse. Revuélvalo todo y póngalo en el espacio en blanco; haga esta exposición en la casa; no lo muestre en verde que no se necesita ese color, tampoco lo muestre en la explicación y en forma singular de ninguna manera estacionaria.

Past reason hated, as a swallowed bait,
On purpose laid to make the taker mad;
Mad in pursuit and in possesion so;
Had, having, and in quest to have, extreme;
A bliss in proof, and proved a very woe;
Before, a joy proposed; behind, a dream.
All this the world well knows; yet none knows well
To shun the heaven that leads men to this hell.[2]

Aquí la actividad autoclítica principal consiste en destacar un conjunto de opuestos que se encuentran resumidos en la oposición entre *heaven* (cielo) y *hell* (infierno), cuyo eco se encuentra en *enjoyed* (goza) *despiséd* (desdeña) y en *hunted-hated* (buscadaodiada). En el mismo lado de *hell está lust* (lujuria) que se asocia a cuatro grupos temáticos: *a) waste* (desolación), *shame* (vergüenza), *expense, full of blame* (llena de culpa); *b) perjured* (perjura), *not to trust* (inconfiable); *c) murderous* (aniquiladora), *bloody* (sangrienta), *savage* (salvaje), *cruel* (cruel), y *d) extreme* (extrema), *rude* (ruda). En el lado de *heaven* tenemos *bliss* (dicha) y *joy* (alegría). Otro conjunto de opuestos se relaciona con el paso del tiempo: *in action-till action* (en acción-hasta la acción); *no sooner-straight* (sin ventaja-continuamente); *in pursuit-in possesion* (al perseguir-al-poseer); *had-having* (tuvotiene); *before-behind* (antes-detrás). La moraleja se introduce con una tercera proposición, aquella que existe entre *world well knows* (el mundo bien sabe) y *none knows well* (nadie sabe bien). De este material, así como de las fuentes formales de fuerza tomadas de la experiencia del escritor en su trabajo con sonetos tradicionales y de las fuentes formales generadas en el soneto mismo, parece haber sido compuesto el anterior soneto. Es posible efectuar muchas variaciones autoclíticas sobre el material de una línea determinada. La primera línea; un ejemplo podría

2 N. del T.: La traducción literal de este soneto sería la siguiente:
El dispendio del espíritu en la desolación de la vergüenza
Es la lujuria en acción, y hasta la acción, lujuria
Es perjura, aniquiladora, sangrienta, llena de culpa,
Salvaje, extrema, niela, cruel, inconfiable,
No goza la ventaja, sino al candor desdeña,
En busca de una razón pasada, y ninguna ventaja tuvo
Odiada razón pasada, como haber tragado anzuelo,
A propósito postrado para enfurecer al conquistador;
Furioso al perseguir y poseer así;
Tuvo, tiene y busca tener, fin;
La dicha al probar y confirmar una gran prosperidad;
Antes, propuso la alegría; detrás, un sueño.
Todo esto bien lo sabe el mundo; mas aún nadie sabe
huir del paraíso que conduce al hombre a este infierno.

ser el siguiente: *A waste of spirit in the expense of shame, A shameful and expensive waste of spirit, o A shamefully and expensively wasted spirit.* La selección final está muy influida por la pauta esquelética de énfasis del pentámetro yámbico.

Como último ejemplo, consideremos el siguiente pasaje que se ha tomado de los *Cuadernos* de Thoreau:[3]

> Cuando me paro al pie de la colina que está detrás de las tierras de J. Hosmer y miro las praderas que colindan al oeste con Acton y veo que las granjas, pocas y solitarias, de las que me separa casi media milla, en esos grandes campos rodeados de espesos bosques, que parecen estar lejos del mundo, donde los niños tienen que ir muy lejos para asistir a la escuela; el campo inactivo, sempiterno, estoico y envejecido, se encuentra tan lejos de la oficina de correo donde llega el periódico semanal, del lugar en que la recién casada no puede vivir de soledad, y el joven depende de su caballo para vivir en sociedad; veo la casa de J. Hosmer adonde regresa con su esposa decepcionado de la vida en la ciudad y me paro en el camino de Tarbell, camino que él solo no puede abrir; para la mayor parte de los caminantes el mundo del invierno se reduce a viajar cubriéndose de la nieve y a enclaustrar todas las primaveras sin recuerdos; un lugar en el que el viejo, a quien no queda mucha vida por delante, piensa que puede esforzarse en enmohecer, mientras que el joven se consume al acercarse a la oficina del correo y al Liceo, se siente inquieto y resuelve ir a California porque la estación está a una milla de distancia (al oír a la distancia el ruido de carretas piensa que el mundo gira y lo abandona); un lugar donde conejos y perdices se multiplican, y las ratas almizcleras son muchas más que nunca, y ninguno de los hijos de los campesinos quiere ser como sus padres, y los manzanos se descomponen, y las goteras son más numerosas que las casas, y los caminos están cubiertos de líquenes, y las viejas solteronas que han esperado en vano veinte años mudarse al pueblo buscan vender su casa jamás pintada ni enyesada, ni por dentro ni por fuera, con su nunca terminado cuarto. Tierras de las que hace mucho despojaron a los indios y hoy se expulsa a los granjeros, tierras que fueron bosques y ahora son trigales, ayer trigales hoy pastizales; viviendas que sólo aquellos Arnoldos de la soledad, esos vagos de los bosques, el tahonero y el carnicero visitan, y de ellos, cuando menos este último penetra para escoger el ternero del año, tras lo cual la vaca muge; lugares a los que el aldeano nunca se aventura, sino en época de zarzamoras, y si no lo hace él, ¿quién irá? Un lugar en el que los hombres despiden olor al ron que han metido de contrabando en una jarra

3 Shepard, O. *The Heart of Thoreau's Journals* (Boston, 1927).

para aliviar su desgracia y su soledad; donde las lechuzas ofrecen su serenata nocturna. Parado allá, al ver tales cosas, no puedo comprender a esta joven y esperanzada América, famosa en todo el mundo por su actividad y su espíritu de empresa, y ésta es la parte más densamente poblada y yanqui de todas.

El marco autoclítico del pasaje comienza con la descripción que hace el autor de las circunstancias en las cuales habla: *Me paro, miro,* etc. Termina con el autoclítico *no puedo comprender* (que tal vez podríamos traducir como: *No me encuentro diciendo o no puedo decir).* Thoreau no puede afirmar dos grupos temáticos incompatibles. El primero de ellos puede dividirse en varios subgrupos (soledad y desolación) *casas a media milla de distancia, poco, solitario, grandes campos, bosques, fuera del mundo, la escuela está lejos, soledad, caballos para vivir en sociedad, viajar cubriéndose de la nieve, la estación a una milla, sólo van el carnicero y el tahonero* (pasividad) *quieto, aletargado, primaveras enclaustradas sin recuerdos;* (desgracia y desesperación) *hombres que huelen a ron, desgracia, acongojado, envejecido, desesperación, viejos que enmohecen, jóvenes que se van a la oficina de correo y al liceo, el mundo que se va y lo deja, los hijos que no desean ser campesinos, viejas solteronas que quieren vender, vacas que mugen por sus terneros;* (decadencia del tiempo) *campo que envejece, manzanos descompuestos, caminos cubiertos de líquenes, granjas arruinadas, bosques que se vuelven campos, campos que se vuelven pastizales, indios que se fueron, conejos, perdices y ratas almizcleras que se multiplican, lechuzas que dan su serenata.* El otro grupo temático, que Thoreau encuentra imposible emitir en las mismas circunstancias, consiste en *joven y esperanzada América, famosa por su actividad y su espíritu de empresa, más poblada y más yanqui.*[4]

Al analizar una muestra de conducta verbal escrita no podemos, claro está, identificar el orden real en el cual una respuesta evocó a otra. Por ejemplo, no podemos decir cuál de las dos respuestas relacionadas intraverbalmente fue el estímulo y cuál la respuesta. El material pudo haberse trabajado extensivamente y algunas fuentes intraverbales pudieron haberse perdido. En pocas palabras, carecemos de la información necesaria para algo diferente a una interpretación superficial. Sin embargo, una falla temática o autoclítica puede sugerir alguna noción del proceso complejo de la composición.

4 Thoreau era consciente de su inclinación por las paradojas aparentes. En la entrada de su diario, de 2 de septiembre de 1854, escribió: "Mis faltas son: las paradojas (decir justo lo contrario), un estilo que puede ser imitado".

ARTICULACIONES MAYORES

Además de la parte de la composición que se refiere a las relaciones autoclíticas que se establecen entre las partes de un segmento importante de conducta verbal, tenemos que considerar el difícil problema que enfrenta el hablante o escritor al trabajar dentro de límites dimensionales estrechos. La conducta verbal vocal posee sólo una dimensión importante: el tiempo. Dentro de esta dimensión el hablante tiene que describir escenas multidimensionales o episodios, así como presentar argumentos complejos. Con este fin el hablante o escritor puede usar autoclíticos manipulativos que unen respuestas remotas, digresiones temporales de señales, que sirven para retomar el hilo, etc. Ejemplos de esto son: *Incidentalmente, a propósito, entretanto, volveremos a eso en un momento, pero primero, entre paréntesis, para regresar por un momento.* Algunas veces la respuesta se repite después de haber emitido otra conducta con el fin de retomarla para emplearla en relación a otras respuestas, esto sucede al emplear la figura clásica llamada "anadiplosis": *Él conserva sus cualidades a pesar de los golpes de la fortuna; golpes que no se podrían evitar ni prever, aunque se usara la máxima prudencia.* Los pronombres especiales que se refieren a la conducta verbal cumplen una función similar, por ejemplo: *el anterior, el último,* o *qué,* como en la expresión *¿Qué dijo él?*

En la retórica clásica se han identificado y clasificado diversos ordenamientos inusitados de palabras. En la "hipalage" el adjetivo puede modificar un nombre inapropiado: *quienes se precipitaron como leones a la tormentosa masacre* (frase tomada de E. E. Cummings). En el "hipérbaton" las palabras fuera de orden sin que sugieran necesariamente otras relaciones, como sucede en el ya citado ejemplo: *esa piel suya, más blanca que la nieve.* En la "anástrofe" simplemente se invierte el orden normal de las palabras: *el campo sobre.* Cualquier efecto de refuerzo demostrable que tenga el pasaje sobre el oyente puede tomarse en consideración para explicar el uso de tales instrumentos, pero como una característica común de las obras literarias, podemos tomarlas para mostrar la forma en que las circunstancias de la composición literaria alteran los procesos normales. Entre ellas el efecto del fortalecimiento formal es obvio: de los ejemplos que acabamos de dar, el primero pudo haberse aumentado por la aliteración de *como leones,* el segundo por el hecho de que el orden normal no produciría los resultados deseados, y el tercero porque al invertir el orden de las palabras se logra la rima.

El "quiasma" puede mostrar el efecto de un intraverbal fuerte. En la expresión inglesa *A Boston man and a woman from New Bedford* (Un hombre de Boston y una mujer que viene de New Bedford), la conexión intraverbal entre *man* y *woman* podría haber invertido el orden normal y dar como resultado *A Boston man and a New Bedford woman.* No debemos, claro está, decir que el hablante —o más posiblemente el escritor— "cambió el orden para lograr el efecto". Dadas ciertas variables formales suplementarias, el orden inusitado tiene grandes probabilidades de ser emitido. (Si "el autor trató varios órdenes y seleccionó uno de ellos debido a sus efectos, ya sea sobre sí mismo o sobre otra persona", al hacerlo su conducta pasará a formar parte del tipo que se tratará en el capítulo 15.) La frecuencia de órdenes inusitados, no necesariamente efectivos, en la literatura es otra indicación de los criterios laxos de la comunidad literaria. Es probable que aparezcan órdenes inusitados, ilógicos o confusos (y que no se corrijan) debido al ambiente verbal especial del mundo de las letras.

El orden de las partes de una oración ha sido tema de gran especulación. Se ha señalado que el orden de la escritura china es inverso del que se coloca en un sobre; el término más general va seguido de tina sucesión más específica de respuestas. Las oraciones han sido caracterizadas como un ejercicio de "corrección progresiva"; se emite una respuesta y luego se corrigen sus posibles errores. Sin embargo, tendríamos poca razón al suponer que todas las oraciones muestran tal proceso, o que estén diseñadas para cumplir una función general cualquiera. En la oración las operantes originales se deben a variables complejas y cambiantes, y muchas otras respuestas se fortalecen tan pronto como se comienza la oración. Posteriormente, el hablante puede encontrarse con respuestas inusitadas que de una u otra forma deben ser incorporadas a la oración, o con lagunas que debe llenar buscando nuevo material. Es difícil valorar honradamente el resultado de todas estas actividades dándoles un nombre especial que podría llevarnos a implicar un solo proceso.

La conducta verbal escrita puede ser bidimensional o, rara vez, tridimensional. Las tablas, listas, cuadros, índices, etc., son instrumentos verbales en los cuales la organización autoclítica se realiza en el espacio. En el campo de la química, en la tabla periódica de los elementos las relaciones espaciales sirven para representar la vecindad de los elementos, la identificación del peso atómico, las propiedades comunes de los subgrupos (por ejemplo, de las llamadas tierras raras), y así sucesivamente. Estas relaciones solamente podrían expresarse vocalmente mediante el uso intenso de autoclíticos de articulación.

Las propiedades espaciales de las formas pictóricas de la escritura son, claro está, bastante obvias. Ocasionalmente puede introducirse un elemento pictórico en la escritura fonética. En el siguiente poema, escrito por E. E. Cummings, la respuesta *slowliest* (lo más despacio) se enlaza con una respuesta más compleja, y el poema completo transcurre lentamente debido a que el lector hace ligeras pausas al final de cada línea.

    un
    der fog
    ‘s
    touch
slo
    ings
    fin
    gering
    s
wli
    whichs
    turn
    in
    to whose
est
    people
    be
    come
    un[5]

AUTOCLÍTICOS DE COMPOSICIÓN

Algunas respuestas autoclíticas llevan al lector u oyente a componer conducta verbal que tenga propiedades específicas. La respuesta *viceversa* equivale a decir *cambie el orden y reaccione.* En la oración *Eso se trata en el capítulo tercero o cuarto, o en ambos,* la palabra *ambos* lleva al oyente a combinar las respuestas separadas que la preceden en una oración o frase adicional. La respuesta *Y así sucesivamente* lleva al oyente a añadir nuevas

5 N. del E.: Las cursivas son nuestras.

respuestas de la misma clase a voluntad. *Digamos, por ejemplo, Inglaterra,* es un mando que lleva a emitir una reacción ante un tema determinado. Un acto especial de articulación se logra mediante las formas *más bien* o *por otra parte,* las cuales preparan al oyente para la respuesta contraria.

La "puntuación" de la conducta verbal escrita tal vez sea el mejor ejemplo de conducta autoclítica compositiva. Ella satisface nuestros criterios porque no se puede presentar sino hasta que haya conducta primaria disponible para ser puntuada; además, la puntuación amplia, aclara y modifica el efecto de los escritos sobre el lector. En parte, corresponde a las pautas temporales y de entonación en la conducta verbal vocal, pautas que también deben considerarse como autoclíticas. La puntuación se "lee" en tales pautas.

La separatividad de las operantes verbales se muestra por las pautas ligeras en la conducta vocal, así como por los espacios que se conservan entre las palabras al escribir. En cierta forma, los modelos estándar convencionales enmascaran la evidencia de unidad de las partes de una expresión. Como una sola operante, es probable que un pasaje memorizado, en la conducta vocal, aparezca unido; pero, excepto cuando la unión o confluencia se usa caprichosa o literariamente para sugerir la unidad de la respuesta, se separa en forma convencional cuando se escribe. Las comas, los puntos y comas, puntos, las mayúsculas que se emplean al comienzo de las oraciones, etc., corresponden a pausas más marcadas del lenguaje que separan segmentos mayores de conducta.

Algunos signos de puntuación cumplen una función autoclítica menor al indicar el tipo de operante (los signos de interrogación y admiración marcan clases especiales de mandos), o la relación de control que se establece. (En español los nombres propios se escriben con mayúsculas, mientras que en alemán las llevan todos los nombres). Obviamente, las comillas se asocian al autoclítico *él dijo.* El efecto se presenta en forma vocal por la entonación y el ritmo. La coma posee una función refinada equivalente a la del autoclítico *como sigue.* El apóstrofo,[6] en sus dos formas posesivas *'sos,'* es un autoclítico relacional que no tiene paralelo vocal. Los paréntesis tienen una característica casi pictórica que consiste en separar una respuesta de otra, las mismas características tienen los guiones, que se usan, sea como equivalente del paréntesis, sea como signo para separar las palabras.

6 N. del E.: Cabe hacer notar que el empleo del apóstrofo ha caído en desuso en nuestro idioma, aunque el habla popular lo sigue conservando. Actualmente sólo se considera válido cuando se emplea con propósitos literarios.

DIFERENCIAS EN LA DENSIDAD DE LOS AUTOCLÍTICOS

La medida en que las comunidades alientan el uso de autoclíticos varía mucho en un rango muy amplio. La literatura inglesa ha presentado periodos en los cuales las oraciones eran largas e intensamente articuladas, y otros periodos en los que se dejaba al lector la tarea de proporcionar las relaciones que existían entre las respuestas. Hemingway y Proust difieren en cuanto a la densidad de los autoclíticos que emplean, tanto como Mr. Jingle difiere inglés estándar.

Las subdivisiones especiales de una comunidad verbal dada pueden actuar como audiencias separadas para determinar el nivel de la conducta autoclítica, como veremos en el capítulo 16. Además de las prácticas de la comunidad, el hablante individual puede emplear o evitar el uso de autoclíticos por razones personales. Por ejemplo, es característico de la persona tímida o conservadora matizar todo aquello que dice con el fin de evitar posibles equívocos. Hemos visto también que las condiciones del momento pueden influir en la densidad de los autoclíticos cuando, por ejemplo, no hay tiempo o espacio más que para las operantes básicas.

CONDICIONAMIENTO DE LA CONDUCTA DEL OYENTE

En la conducta del oyente (o lector), como la hemos examinado hasta ahora, los estímulos verbales evocan respuestas apropiadas para algunas de las variables que han afectado al hablante. Éstas pueden ser reflejos condicionados de tipo pavloviano, u operantes discriminativas. El oyente reacciona ante el estímulo con reflejos condicionados, generalmente de carácter emocional, o ejecutando las acciones apropiadas para un estado de cosas determinado. El autoclítico de afirmación hace que tal acción sea más probable. Los autoclíticos relaciónales, especialmente cuando se combinan con una afirmación para producir un juicio, tienen un efecto diferente y muy importante. Como no involucran ninguna actividad inmediata de parte del oyente (aunque las respuestas de otra clase, que ya indicamos, pueden ocurrir en forma concurrente), el cambio lo detectamos sólo en su conducta *futura*.

Condicionamiento respondiente

En un experimento estándar sobre reflejos condicionados, una respuesta glandular —digamos, el sudor de la palma de la mano (el "reflejo galvánico de la piel")— se condiciona presentando repetidamente un estímulo neutral —digamos, el sonido de una campana— aproximadamente en forma simultánea con un estímulo incondicionado, como un choque eléctrico relativamente fuerte. A la larga, el sonido previamente neutral de la campana llega a evocar una respuesta que en cierta forma es similar a la que evoca el solo choque eléctrico Claro está, podemos sustituir un estímulo verbal —digamos, la palabra *choque*— por la campana. El resultado será más predecible si proporcionamos una ampliación autoclítica como la siguiente: *Cuando yo diga "choque", usted va a sentir esto.* Entonces, la conducta *futura* del oyente con respecto al estímulo verbal *choque* será cambiada. El estímulo verbal *choque* evocará las respuestas apropiadas ante un choque eléctrico inminente.

Cuando la palabra choque se ha vuelto un estímulo condicionado efectivo, puede parearse a otro estímulo verbal en una situación que sea totalmente verbal. Al decir Cuando yo diga "tres" usted recibirá un choque eléctrico, cambiamos la conducta futura del oyente con respecto a los estímulos Uno, dos, tres. En otra variación de este asunto el apareamiento de estímulos verbales puede evocar un estímulo no verbal que posteriormente será efectivo. Al decir *Cuando oiga una campana sentirá un choque eléctrico,* construimos una respuesta futura ante la campana. Aquí el nuevo estímulo es no verbal, como en el ejemplo original de la campana y el choque, pero la respuesta que se ha emitido ante tal estímulo ha sido establecida sin usar ni la campana ni el choque eléctrico en la situación de condicionamiento.

Este efecto es de fundamental importancia en el campo de las emociones debido a que sigue la pauta del reflejo condicionado. Ejemplos de esto en la vida diaria son abundantes. Si *X* es una persona que nos hace tener una gran reacción emocional, entonces la afirmación *X te va a llamar pronto por teléfono,* alterará nuestra respuesta subsiguiente ante el sonido del teléfono. La simple yuxtaposición de respuestas verbales tiene este efecto. El gobierno tiene cuidado de asociar los nombres de sus héroes nacionales únicamente con aquellos anuncios de prensa que generen reacciones emocionales favorables, y los publicistas muestran la misma preocupación por los nombres de sus productos. Un cuento o poema puede producir reacciones emocionales fuertes ante los nombres propios, totalmente dentro del marco de referencia verbal del cuento o poema, por medio de un apareamiento parecido de estímulos. Esto puede hacerse simplemente con el fin de lograr efectos literarios de carácter emocional, o con fines propagandísticos. En el siguiente pasaje, tomado de *El retrato del artista adolescente,* de Joyce, genera una respuesta emocional ante la palabra *eternidad:*

> ¡Para toda la eternidad! No por un año, ni por un siglo, ni por una era, sino para siempre. Tratad de representaros la horrible significación de estas palabras. Vosotros habréis visto frecuentemente las arenas de una playa. ¡Qué diminutos son los granillos de la arena! ¡Y cuántos de estos granillos hacen falta para formar un puñadito que un niño abarca con la mano en el juego! Pues imaginad ahora una montaña de esta arena de más de un millón de millas de altura, que alcanzara desde la tierra hasta los cielos empíreos, de más de un millón de millas de ancho, tal que se extendiera hasta el espacio más remoto y de más de un millón de millas de espesor; e imaginad esta enorme masa de innumerables partículas de arena, multiplicada tantas veces como hojas hay en el bosque, gotas de agua en el enorme océano, plumas en los pájaros, escamas en el pez, pelos en los animales y átomos en la vasta extensión de los aires. E imaginad que al cabo de un millón de años viniera una avecilla a la montaña y se llevara en el pico un solo granillo de arena. ¿Cuántos millones de millones de centurias transcurrirían antes que la avecilla hubiese transportado ni tan siquiera un pie cuadrado de la arena de la montaña, y cuántos siglos de siglos de edades tendrían que transcurrir antes de que la hubiese transportado toda? Y, sin embargo, al final de tan enorme periodo de tiempo ni aun siquiera un solo instante de la eternidad podría decirse que había transcurrido. Al final de todos esos billones y trillones de años, la eternidad apenas sí habría empezado.[7]

Al apilar las palabras que se refieren a periodos y las que describen cosas que ocurren en grandes números, el estímulo verbal *eternidad* (que es muy difícil de definir ostensivamente) recibe un poder que luego puede usarse en frases como *una eternidad de dicha* o *una eternidad de sufrimiento,* con fines de control religioso.

7 J. Joyce, *El retrato del artista adolescente.* Pomaire (Buenos Aires, Argentina), pág. 17.

EL CONDICIONAMIENTO DE ESTÍMULOS DISCRIMINATIVOS

El estímulo verbal *Cuando yo diga "tres", ¡márchate!,* puede no tener un efecto inmediato que se pueda calificar como respuesta, pero cambia la conducta del oyente con respecto al estímulo *Tres.* Aquí no nos interesa la respuesta condicionada que se evoca, como en el ejemplo anterior, sino la conducta operante de "marcharse" evocada por el estímulo discriminativo *tres.* En un ejemplo ligeramente diferente, se cambia el efecto posterior de un estímulo no verbal. Así, la expresión *Cuando él fuego se apague, cierra la estufa* lleva a la emisión de una conducta posterior que está bajo el control de un estímulo no verbal que surge de la condición del fuego. Ambos ejemplos son lo que podríamos llamar mandos condicionados; la conducta mandada se lleva bajo el control de un estímulo futuro. Sin embargo, un tacto puede proveer un estímulo discriminativo para la conducta operante. Al decir *Cuando diga "ya está la sopa", la cena estará lista,* damos al estímulo verbal *ya está la sopa* la misma función discriminativa de *la cena estará lista.* El mismo control se extiende a un estímulo no verbal al decir *Cuando la tetera pite, el té estará listo.*

Algunos otros efectos que un estímulo verbal compuesto puede tener sobre el oyente incluyen algunas de las propiedades más sutiles y, al mismo tiempo, más importantes del comportamiento humano. Alí Baba ve a un ladrón parado frente a una puerta, lo oye decir "Ábrete Sésamo" y ve que la puerta se abre. Sin embargo, aquí no se observa ningún efecto inmediato sobre Alí Baba como oyente, pero más tarde, solo frente a la puerta, dice "¡Ábrete Sésamo!" Decir que él ha "descubierto cómo se abre la puerta" es elíptico. Ahora él posee la conducta que abrirá la puerta, y es probable que esta conducta se presente cada vez que una puerta abierta sea reforzante. Pero al joven Alí Baba le tuvieron que haber enseñado a ejecutar respuestas imitativas y cuándo hacerlo. Ya hemos visto este proceso en la adquisición de la conducta ecoica, y hemos visto también cómo esto puede estrecharse en forma tal, que el niño repita ecoicamente sólo cuando tiene probabilidades de ser reforzado por hacerlo. Pero el ejemplo actual no es conducta ecoica, aunque pueden presentarse respuestas ecoicas encubiertas. Alí Baba adquiere un mando útil simplemente al oír que alguien emite una respuesta en la misma forma, cuando este evento va seguido por una puerta abierta reforzante.

Con la ayuda de autoclíticos proporcionamos este tipo de conducta a un oyente determinado. Así, Alí Baba le podría explicar a un camarada: *Para abrir la puerta, di "¡Ábrete Sésamo!"* o *Si deseas abrir la puerta, di "¡Ábrete Sésamo!"* Estas explicaciones sólo serán efectivas si el nuevo oyente posee un repertorio ecoico y si ha sido condicionado a responder apropiadamente a los marcos autoclíticos *Si..., di...*

En la misma forma puede adquirirse un tacto. Así, oímos que a un hombre lo llaman *Jones* y responde apropiadamente a este "vocativo". Como resultado, también podemos dirigirnos a él diciéndole *Jones* o, más tarde contestar a la pregunta *¿Quién estuvo aquí?* con la respuesta *Jones,* o señalarlo cuando se nos pregunta *¿Cuál de ellos es Jones?* Pero no todo esto se presenta en el hablante u oyente ingenuo; en él, esto es el producto final de un largo proceso de condicionamiento verbal. El niño que oye a alguien a quien se le llama *Jones* muchas veces, no por ello dice

Jones estuvo aquí, ni lo señala para contestar a la pregunta *¿Cuál de ellos es Jones?* Todos estos estadios se desarrollan mediante el uso de autoclíticos. Una "presentación" es una especie de autoclítico que permite al oyente responder en ciertas formas ante un nombre propio. La expresión *Este es el señor Jones* contiene el autoclítico *es,* el cual hace que la oración sea más efectiva que la simple emisión de la respuesta *Jones* en presencia de dicha persona. Un autoclítico más explícito es la forma *Lo llaman Jones. Llámame Ismael* es equivalente de *Mi nombre es Ismael* o de *Yo soy Ismael.*

La definición ostensiva opera mediante el mismo proceso. Cuando observamos que alguien manipula los objetos al tiempo que los nombra, aprendemos los nombres de tales objetos sin la ayuda de autoclíticos. Así, al ver que alguien trabaja con aparatos eléctricos al tiempo que describe la conducta que está ejecutando podemos "aprender el nombre de" un enchufe, por ejemplo. La misma correlación de eventos verbales y no verbales más el autoclítico se presenta en la definición ostensiva *Este es un enchufe.* El efecto sobre el oyente no sirve únicamente para establecer la palabra *enchufe* como un tacto apropiado, sino para establecer la conducta no verbal en respuesta a estímulos similares, por ejemplo, el comportarse adecuadamente cuando se emita el mando *Por favor páseme un enchufe.*

La definición puramente verbal parece utilizar el mismo proceso. Así, la oración *Un ánfora es una vasija griega que tiene dos manijas,* posee al menos tres efectos sobre el oyente. Como resultado de haber oído esta respuesta el oyente puede: 1. Decir *ánfora* cuando se le pregunta *¿Cómo* *se le llama a una vasija griega que tiene dos manijas?*; 2. decir *Es una vasija griega que tiene dos manijas* cuando se le pregunta *¿Qué es un ánfora?*, y 3. Señalar apropiadamente el objeto que requiere la pregunta *¿Cuál de éstas es un ánfora?* De nuevo diremos que éstos no son los resultados que se presentan espontáneamente en el hablante ingenuo, sino que son el producto de una larga historia de condicionamiento verbal. La educación se preocupa en gran medida por establecer el comportamiento necesario para que ocurran tales cambios.

Una traducción interlineal posee el mismo efecto de una definición, como ocurre con las difíciles traducciones de los llamados "vocabularios". Al ver yuxtapuestas una palabra francesa y otra inglesa (con el autoclítico implícito *quiere decir*) el lector adquiere, aunque quizá en forma inefectiva, la conducta apropiada como: 1. lector del término en el nuevo idioma, y 2. como hablante del término en el nuevo idioma.

La ventaja que se logra con el uso de autoclíticos específico es una indicación de los procesos verbales adicionales que tienen este efecto sobre el oyente. Volviendo a uno de los ejemplos que implican condicionamiento simple, cuando llevamos a un sujeto ingenuo al laboratorio y le presentamos en forma pareada la campana y el choque eléctrico, puede llevarle cierto tiempo "aprender la conexión", como decíamos antes. Podemos lograr un resultado más rápido diciéndole: *Cuando oiga la campana, recibirá un choque eléctrico.* Esta expresión contiene las importantes referencias autoclíticas *Cuando* y *entonces.* En cierto sentido, los autoclíticos hacen que el oyente responda en determinada forma. La expresión *Cuando diga su nombre, responda "Presente"* es un mando comparable a *Diga "Presente"*, excepto por el hecho de que el oyente retiene su respuesta hasta que se satisface la condición *Cuando* la cláusula. Esto no pude ocurrir hasta que tales cláusulas se han vuelto efectivas en la conducta verbal del oyente como resultado de un proceso largo y difícil. Este proceso no es tan oscuro. Entendemos la forma en la que un niño, como miembro de un grupo, llega a responder ante un mando sólo cuando éste se le une a su nombre. Originalmente existe cierta tendencia a levantarse de la silla cada vez que se oye el estímulo verbal *Levántese,* pero finalmente el niño se levanta únicamente cuando oye que se dice *Car-Utos, levántese.* Este hecho apenas difiere de la respuesta que se emite ante el mand condicionado *Si usted se llama Carlitos, levántese.* Este es sólo un paso posterior al mando condicionado de la clase *Cuando usted reciba la respuesta, levántese.*

Debido a la instrucción condicionada *Cuando usted reciba la respuesta...*, el niño sólo responde apropiadamente si la función discriminativa que consiste en recibir la contestación controla la respuesta de pararse.

Lo que podríamos denominar como tacto condicionado opera mediante el mismo proceso. El estímulo verbal *Cuando la luz esté encendida, la puerta estará sin llave* afecta al oyente en la medida en que se lleva la conducta apropiada para una puerta sin llave bajo el control de la luz como estímulo discriminativo. El marco autoclítico podría intercambiarse por una forma más obvia: *"Luz encendida" significa "puerta sin llave"*, la cual puede ser extendida para que aparezca la forma: *Responda a la luz encendida como respondería ante él estímulo verbal "La puerta está sin llave"*.

Una de las funciones del juicio consiste en facilitar la transferencia de la respuesta de un término a otro, o de un objeto a otro. Un letrero, colocado en un teléfono, que diga *No funciona* tiene un efecto claro sobre el lector: no use el teléfono. Si al lector se le dice *El teléfono no está funcionando* (por ejemplo, cuando no está frente al teléfono), la unión de dos estímulos verbales *teléfono* y *no funciona* con el autoclítico *está* posee el mismo efecto: el individuo no se acerca al teléfono ni emite ningún tipo de conducta apropiada para usar el teléfono. Si este es el resultado de ocasiones anteriores en las cuales un estado de cosas similar se ha asociado con el mismo estímulo verbal, la respuesta total *El teléfono no está funcionando actúa* como una unidad. Pero para que tal respuesta sea primeramente efectiva, es preciso que *no funciona* se haya convertido antes en un estímulo verbal importante, posiblemente en respuestas tales como *La radio no funciona* o *El auto no funciona*. La respuesta *El teléfono* también debe haber sido efectiva en combinaciones como *El teléfono está sonando* o *El teléfono está ocupado*. El estímulo verbal *El teléfono no funciona,* cuando se oye por primera vez, lleva a la conducta que originalmente estaba controlada por el estímulo *no funciona,* bajo el control del estímulo *teléfono* y del estímulo no verbal proporcionado por el teléfono mismo. Como resultado de haber oído esta respuesta el hablante no sólo no usa el teléfono, sino que le puede advertir a una tercera persona que no está funcionando. En forma similar, cuando decimos *Esa clase de hongo es venenosa* alteramos efectivamente la conducta del oyente al llevar bajo el control de una clase específica de hongos toda conducta que originalmente estuvo controlada por los venenos. El efecto sobre el oyente es verbal si él luego se limita a repetir lo que ha oído, o dice que el hongo es venenoso. El efecto es práctico y no verbal si el oyente evita comer esa clase de hongos y se asegura de que las demás personas también lo evitarán.

INSTRUCCIÓN Y CONOCIMIENTO

En el caso anterior, el cambio que se realiza en la conducta del oyente se denomina apropiadamente "instrucción". Este es uno de los sentidos con el que se utiliza el término en las instituciones educativas. El estudiante llega a emitir ciertas clases de respuestas, tanto verbales como no verbales, debido a los estímulos verbales que se presentan bajo circunstancias específicas. Las conferencias, las demostraciones, los textos, y los experimentos, son formas que sirven para aumentar los repertorios verbales y no verbales del oyente o del observador, por medio de procesos de esta clase. En el campo de la historia, el efecto es casi exclusivamente una modificación del comportamiento *verbal* futuro del estudiante, y gran parte de este cambio en su conducta como hablante se lleva a cabo en forma de secuencias intraverbales. En las ciencias prácticas, un efecto más importante podría ser el establecimiento de formas no verbales de respuesta.

Tradicionalmente, el efecto inmediato se describe diciendo que el lector "sabe algo que no sabía antes". Para volver a un ejemplo que ya tratamos en el capítulo 5, podríamos decir que el resultado más importante de oír a alguien que dice *zorro,* bajo circunstancias en las que se evidencia como tacto o cuando se presenta con el respaldo autoclítico de *Hay un ...,* es que el oyente ahora "sabe que hay un lobo en los alrededores". Pero ¿qué queremos decir con "sabe"? ¿En qué sentido nuestro oyente "sabe" el nombre de Jones, del enchufe, o que el teléfono no funciona? El término "sabe" se refiere a una condición hipotética intermediaria que sólo se puede detectar más tarde. Decimos que se sabe que el teléfono no funciona incluso antes de que se presente la conducta apropiada para los teléfonos que no funcionan. Se dice que sabemos que la persona se llama Jones antes de que presentemos la conducta apropiada para el hombre que tiene tal nombre. Pero este uso del término no se limita a los cambios producidos verbalmente; podemos descubrir que un teléfono no funciona tratando de usarlo, como podemos descubrir que hay un zorro en los alrededores al ver a uno. En la medida en que los dos tipos de cambios son los mismos, podemos decir que el hecho de haber afirmado que hay un zorro en los alrededores tiene el mismo efecto que ver uno, en la misma forma en que decir que el teléfono no funciona tiene el mismo efecto que la acción de descubrir esto tratando de usarlo. En ambos casos es la conducta potencial a la que llamamos conocimiento. (Un estímulo verbal puede hacer que el oyente "vea" la cosa descrita por medio de una especie condicionada de ver[8] y, a menudo, esto se ha identificado con el "conocimiento". Sin embargo, tal condición no siempre se obtiene cuando se aplica el término conocimiento. Podemos inferir que el ver condicionado, cuando ocurre, nos proporciona otra similitud entre los casos verbales y no verbales.)

Pero ¿no existe allí efecto inmediato? El lector de una novela puede no hacer nada en lo que respecta a lo que ha leído. Los cambios en su conducta futura —como los cambios de actitud que se generan por medio de una novela propagandística— son fortuitos; pero el efecto inmediato no está compuesto totalmente de reacciones condicionadas y discriminativas ante los estímulos verbales separados. En alguna medida el lector se comporta con respecto a la descripción de una escena nueva con conductas nuevas, en la misma forma en que lo haría al estar ante la escena misma. La descripción está "compuesta" de ingredientes verbales separados, en la misma forma en que la escena está compuesta de eventos separados y la reacción de uno ante la descripción de la escena y la escena misma en parte está determinada por la forma en que se unen los eventos en este caso. Cuando Dickens informa que el pequeño Nell está muerto, la reacción emocional del lector no sólo está compuesta de los reflejos condicionados evocados por *Nell* y *muerto.* Este problema es algo más que verbal. Reaccionamos ante la muerte de un perrito con algo más que con las respuestas condicionadas ante el perro y ante la muerte.

Se dice que el conocimiento, más que la conducta de conocer, se *comunica* en cada episodio del habla. En cierta forma, la noción de comunicación es más apropiada aquí que en los efectos que tiene sobre el oyente, efectos ya tratados anteriormente en los capítulos 5 y 6. Si embargo, sigue siendo una metáfora engañosa. Consideremos el "hecho" de que hay oro en Klondike. Se puede decir que una persona conoce esto en forma no verbal si, cuando necesita oro, va a Klondike. La evidencia más

8 *Ciencia y conducta humana,* capítulo 17.

común de este conocimiento es que la persona dice *Hay oro en Klondike.* La respuesta verbal pudo haber surgido de un acto de composición en Klondike, o bien puede ser ecoica o textual (posiblemente llevada de manera intraverbal) si fue tomada de la conducta de otra persona. La respuesta puede ser valiosa simplemente en cuanto tal, para e hablante o para otra persona, si produce un cambio oportuno en la conducta de alguien que necesita oro. La respuesta *Hay oro en Klondike* altera la conducta que se relaciona con el *hecho* de que lo hay, pero esto no es más que la circunstancia estimulante original responsable del acoplamiento autoclítico de las respuestas *oro* y *Klondike.* El hecho, como tal, no se trasmite de un hablante a otro. Lo que "se vuelve común" para el oyente y el hablante (para utilizar la etimología del término *comunicar)* es una respuesta verbal o la tendencia resultante no verbal (ir a Klondike cuando el oro sea reforzante).

La noción de comunicación se pierde, como vimos en el capítulo 10, cuando hablante y oyente poseen "los mismos hechos" o, con mayor precisión, "la misma conducta". La concepción tradicional del lenguaje le llevaría a uno a creer que en tal caso predominaría el silencio total, sin embargo, quizá veamos que gran parte del discurso científico y filosófico es de esta clase. En el capítulo 19 trataremos el extraordinariamente importante efecto de la autoinstrución.

Al comparar las conductas del hablante y del oyente en un caso determinado, debe notarse también que el comportamiento de uno es relativamente independiente del comportamiento del otro. Un hablante puede instruir al oyente, aunque no posea el "conocimiento" impartido. Alterando un ejemplo clásico,[9] cuando el Padre Tal le dice a un grupo de personas que el primer individuo que se confesó con él era un asesino y luego entra el señor *Y* y dice que el señor *X* fue la primera persona que se confesó con el Padre Tal, el cambio originado en la conducta del grupo con respecto al señor *X* (ante quien se muestra la conducta apropiada para un asesino) puede no presentarse en el señor *Y.* La diferencia entre una pauta mayor de conducta verbal establecida y el primer caso de la composición de tal pauta, tampoco necesita aplicarse ni al hablante ni al oyente. Una respuesta que el hablante compone con dificultad en una pauta que luego se presenta por primera vez en su conducta, puede resultar

9 Thackeray, "On Being Found Out", en *Roundabout Papers,* lo llama "cuento viejo".

ser un estímulo estándar ante el cual el oyente reacciona sin ejemplificar el proceso de instrucción. Por otra parte, un cliché burdo emitido por el hablante puede alterar profundamente la conducta del oyente. Esto puede suceder incluso cuando el hablante es su propio oyente, como se observa cuando "repentinamente se ve el significado de" una máxima escrita. E este caso, una cadena intraverbal bien establecida —digamos, *La prisa conduce a la ruina*— llega a volverse repentinamente efectiva al inducir al oyente que está inclinado a evitar la ruina, a que evite también la prisa.

CONDICIONES LIMITANTES DE LA INSTRUCCIÓN DEL OYENTE

Además de los factores acostumbrados que afectan la conducta del oyente (tales como la claridad del estímulo verbal o la medida de condicionamiento de las respuestas separadas), la instrucción exitosa está sujeta a varias condiciones. Una de ellas es el "prestigio" del hablante o la "creencia" del oyente en lo que se está diciendo. El oyente reacciona ante el comportamiento de un hablante dado en una medida que está determinada por las consecuencias de las reacciones anteriores. El hablante puede producir confianza o creencia diciendo muchas cosas obviamente verdaderas, fáciles de confirmar o utilizando instrumentos retóricos. Al oyente se le instruye mediante la repetición, la ayuda, y técnicas de sondeo, ya comentadas en el capítulo 10, y mediante su habilidad en el uso de autoclíticos, lo cual es de particular importancia aquí, como los siguientes: *Usted estará de acuerdo ..., No es necesario decir..., Claro está...,* etc. Los mandos son otros autoclíticos importantes, ante los cuales el oyente reacciona en formas que surgen de las contingencias previamente establecidas por el hablante, o por otro como él. El hablante responde a una definición *(Llamemos tacto a este tipo de operante) o* a un mando o tacto condicionado *(Si el número resultante es menor de 2000, trate otra vez)* como responde a cualquier orden. En parte, la enseñanza efectiva depende de la habilidad del maestro para generar relaciones de prestigio que hagan efectivos a sus mandos en esta clase de instrucción.

El comportamiento, a menudo dramático, del oyente en estado de hipnosis es un caso extremo de instrucción. Las técnicas para inducir el estado hipnótico abundan en mandos y las sugestiones hipnóticas generalmente tienen esa misma forma. Si le damos a un sujeto hipnotizado un papel y le decimos *Este es un paraguas,* él transfiere lo que llamaríamos conducta hacia el paraguas a ese papel. Nuestra respuesta es una clase de definición o instrucción exagerada: *Actúa como si esto fuera un paraguas.* Si entonces le decimos *Está lloviendo,* el sujeto puede transferir su conducta de día lluvioso a la escena presente y quizá sostenga el papel como sostendría el paraguas. (Estas afirmaciones son, ni más ni menos, una *explicación* de la hipnosis, mientras las afirmaciones anteriores lo son de la conducta verbal; aquéllas simplemente clasifican las instrucciones verbales de acuerdo con las contingencias verbales más generales. Los procedimientos hipnóticos intensifican el control verbal para excluir otras formas de estimulación. Los resultados excepcionales que se obtienen bajo el estado hipnótico no difieren en su clase de la conducta normal del oyente.)

La instrucción verbal se ve limitada por la medida que demanda el cambio. Conforme se hace más compleja una respuesta verbal, se llega a un punto en el cual el oyente es incapaz de actuar adecuadamente. Los lógicos presentan buenos ejemplos de esto. El oyente puede indicar el tipo de instrucción que ha recibido, diciendo *Cierto* ante la afirmación *París es la capital de Francia* o *Es cierto que "París es la capital de Francia".* El oyente que ha recibido tal instrucción también puede responder apropiadamente a *Es falso decir: "París es la capital de Francia es falso";* puede serle difícil responder, al menos de manera inmediata, a las configuraciones más complejas de estos autoclíticos, lo cual no es más sorprendente que la presencia de cualquier falla al responder ante instrucciones complejas. El oyente que responde correctamente a la expresión *Coloque la mano derecha sobre la oreja izquierda,* puede mostrar signos de confusión al responder a la siguiente:

Coloque la mano izquierda sobre la oreja derecha, la mano derecha sobre la nariz, cierre el ojo izquierdo y mueva hacia adelante el pie derecho. La propiedad de las palabras *derecha e izquierda* depende del orden y la cercanía de los términos y, hasta cierto punto, la conducta resultante se desbarata. En ciertas formas de afasia semántica la capacidad del individuo para mantener pautas incluso de tamaño normal se deteriora, y el rango de velocidad efectiva se restringe.

En parte, el grado de instrucción que se presenta puede ser un asunto de la instrucción que se necesita. Un experto entiende fácilmente al novicio porque debe hacer muy pocos cambios en su propia conducta. Las cosas comunes se entienden con mayor facilidad que las novedosas. *"Malheur a qui invente en parlant."*[10] El tiempo de que dispone el oyente para ejecutar la conducta que se le enseña también afecta el grado de su capacidad para ejecutarla. En este sentido, el material de difícil comprensión puede entenderse si se presenta lentamente. En este aspecto los estímulos verbales escritos tienen una gran ventaja sobre la conducta vocal debido a que el lector puede controlar el valor de la presentación. Casi cualquier material que implique instrucción se vuelve ininteligible en este sentido si se presenta (o se lee) demasiado rápido, aunque tal material sigue siendo inteligible en el sentido en que cualquiera de sus partes puede repetirse ecoicamente en forma correcta. Las pruebas de velocidad de lectura miden la velocidad óptima con la que pueden producirse esta clase de cambios.

La "dificultad" que presenta un estímulo verbal (digamos un texto) obviamente puede significar muchas cosas: su claridad, la familiaridad de los términos que contiene, la fuerza complementaria que genera con los estímulos ecoicos, textuales e intraverbales, y la densidad y naturaleza de sus autoclíticos. A estos factores podemos añadir las clases de cambios que tal estímulo verbal pretende producir en la conducta del lector u oyente.

10 Atribuido a *Faublas* de Stendhal, en *Le rouge et le noir. Une idee un peu vive y a l'air d'une grossiéreté, tant on y est accoutumé aux mots sans relief. Malheur á qui invente en parlant!* (Una idea expresada con viveza puede parecer una grosería; tan acostumbrados estamos a las palabras planas. ¡Ay de aquel que invente al hablar!)

Parte V

PRODUCCIÓN DE LA CONDUCTA VERBAL

Capítulo 15

Autoedición

Las respuestas verbales son descritas y manipuladas por el hablante mediante el empleo de autoclíticos que aumentan y agudizan el efecto que tienen sobre el oyente. Con frecuencia tales respuestas se examinan por el efecto que poseen sobre el hablante o sobre el futuro oyente y luego se rechazan o aprueban, según sea el caso. Este proceso de "edición" es una actividad adicional del hablante.

EL RECHAZO DE LA CONDUCTA VERBAL

Una respuesta que ha sido emitida en forma descubierta puede recordarse o revocarse por medio de una respuesta adicional. El registro externo de la conducta verbal *escrita* puede afectar al "hablante" antes de que llegue a algún "oyente" y puede tacharse, borrarse, corregirse, o destruirse. El escritor ha reaccionado ante su propia conducta, y la ha rechazado. Este proceso ha sido de gran interés para los críticos literarios. Ridley,[11] después de un cuidadoso examen de los manuscritos de Keats, llegó a la conclusión de que "la mayoría de las correcciones de Keats fueron hechas en el momento de la composición; descartaba una palabra incluso antes de terminar de escribirla completamente". Cuando un escritor presenta su trabajo tal cual lo ha escrito, sin rechazar (*revoke*) nada, puede resultar necesario distinguir entre el acto de permitir que el texto llegue hasta el lector, y la conducta original de escribirlo.

La "edición" comparable de la conducta *vocal* es más efímera y, por tanto, de más difícil descripción. Retener el lenguaje audible parecería

11 Ridley, M. R. *Keats' Craftsmanship: A Study in Poetic Development* (Oxford, 1933).

no ser más que no emitirlo. Sin embargo, puede detectarse cierto comportamiento de restricción, como morderse la lengua, los labios o taparse la boca con la mano. En casos extremos, ha habido gente que en realidad se ha mordido la lengua para evitar comprometerse al emitir conducta verbal que podría ser perjudicial para ellos mismos o para otras personas.[12]Este acto es efectivo, claro está, solamente en una persona inculta. El rechazo formal a hablar, como en la corte o en un comité legislativo, se conoce como contumacia.

Si una respuesta vocal no se ha oído, puede "rechazarse" simplemente no repitiéndola cuando se nos pide que la repitamos. La respuesta se ha tachado, por decirlo así. Una respuesta que ya ha llegado al oyente puede "retirarse" utilizando el autoclítico manipulativo apropiado. En una oficina o en la corte, el hablante puede rechazar algunas palabras diciéndole al taquígrafo *tache eso,* simplemente. En la vida cotidiana, el hablante puede decirle al oyente *olvídalo* u *omítelo.* El hablante puede añadir un *No* tardío o proporcionar una versión corregida que comience con un autoclítico como *Lo que yo quiero decir...*[13] Cuando Falstaff, furioso con el Príncipe Hal, dice *Dios salve a su gracia, debo decir Majestad, porque gracia no tiene usted ninguna,* la respuesta *Gracia,* como parte de una secuencia intraverbal común, posee un efecto automático incongruente sobre el hablante que entonces la rechaza y la sustituye por *Majestad* que es igualmente común, pero que está libre del efecto colateral. El rechazo formalizado de la conducta verbal se observa en las retractaciones y rectificaciones.

La conducta subvocal puede, claro está, ser rechazada antes de emitirse en forma audible. Como veremos dentro de un momento, esta es una de sus ventajas. Antes de ofrecer su conducta al oyente externo, el hablante

12 W. E. H. Lecky, *A History of Europan Moráis* II, pág. 296, cita a Plutarco en *De garrulitate,* y a Plinio el viejo en *Historia naturalis,* xxxiv 19, al referirse a un cortesano que evidentemente hizo esto para evitar revelar la conspiración de un amigo

13 Desde el punto de vista de la teoría funcional del significado, ¿cómo es posible que alguna vez alguien "diga lo que no quiere decir", o que no diga lo que quiere decir? La expresión autoclítica *Eso no es lo que quise decir* puede explicarse fácilmente cuando el oyente ha reaccionado en forma inadecuada, como si hubiera oído otra respuesta. La expresión *Quise decir brillante en el sentido de luminosidad, no en el de piedra preciosa,* constituye una especificación más amplia de las variables responsables de la conducta del hablante que probablemente tiene un efecto más adecuado sobre el oyente. Pero no es probable que el hablante se malinterprete a sí mismo en este sentido. Cuando el hablante descubre que no ha dicho lo que quería está desempeñando el papel de auto-escucha. Su desliz verbal, por ejemplo, le llega en forma sorpresiva y, entonces, informa que "quiso decir" otra palabra. Ahora bien, cuando una situación difícil o sutil solamente ejerce un control de estímulo tenue, aunque las condiciones generales de fuerza produzcan conducta verbal, el hablante puede comentar las inexactitudes de su propia conducta diciendo, por ejemplo, *Eso no es exactamente lo que yo quise decir.* Aquí, el hablante reacciona ante, y hace comentarios de, lo apropiado de su conducta ante ciertas variables de control.

la prueba en sí mismo. Cuando existen razones poderosas para emitir una respuesta, el retiro inadecuado de ella puede producir susurros o tartamudeos y conducta vacilante de baja energía y velocidad. Cuando queremos dar a entender algo mediante el simple movimiento de labios ("*lipspeaking*"), a alguien que está lejos o separado de nosotros por un cristal grueso, nos comportamos con los labios como si estuviéramos hablando, y las vocalizaciones pueden detenerse inadecuadamente; algunas palabras pueden vocalizarse o los movimientos exagerados de los labios pueden ir acompañados de una vocalización sostenida de bajo nivel de energía y con poco o ningún cambio de entonación. Algunas veces es posible observar la conducta audible, como en el proceso de producción de efectos imprevistos, que pasa al nivel subaudible, como sucede cuando uno se dedica a contar una anécdota desatinada y luego la deja sin terminar. La expresión "hacer que alguien se trague sus palabras" no es una metáfora demasiado alejada de la realidad. El comportamiento que no se ha probado subvocalmente a menudo es tan aversivo para los demás que el hablante que se ha negado a tal prueba puede ser obligado a "parar y pensar" antes de hablar.

Gran parte de la autoestimulación necesaria en la descripción autoclítica y en la composición de la conducta verbal, parece presentarse incluso antes de la emisión subaudible. Tanto en la conducta escrita como en la vocal, los cambios se presentan impulsivamente y son tan rápidos que no podemos atribuirlos razonablemente a la revisión de formas encubiertas. Algunas veces esta clase de edición también va acompañada de movimientos físicos de auto-restricción, como sucede al morderse la lengua o al alejar la pluma del papel. Evidentemente la estimulación asociada a la producción de la conducta verbal es suficiente para posibilitar que uno rechace una respuesta antes de que haya adquirido su forma final. Este tema es difícil, porque tiene todas las desventajas de la estimulación privada.[14]

¿Por qué se rechaza la conducta?

Generalmente el hablante rechaza una respuesta porque ha sido castigada antes. Como vimos en el capítulo 6, el castigo no debilita directamente el comportamiento; simplemente fortalece formas incompatibles." Un niño adquiere una respuesta obscena en la escuela, la emite en casa y es

14 *Ciencia y conducta humana*, capítulo 12.

castigado por ello. El efecto no consiste en reducir la probabilidad de esa respuesta, sino convertirla en un estímulo aversivo condicionado, lo mismo que a las circunstancias bajo las cuales es probable que se emita. Cuando la respuesta se fortalece nuevamente hasta el punto de llegar a emitirse, genera estimulación aversiva (la "amenaza" de castigo).

Esta consecuencia especial altera la fuerza aparente de la operante verbal, pero al generar la clase de conducta que llamamos rechazo muestra otro efecto distinguible. El hecho de rechazar una respuesta reduce la estimulación aversiva condicionada generada por ella y es reforzante por tal razón. A tal conducta se le clasifica como escape o como evitación, dependiendo de si la estimulación aversiva incondicionada se ha presentado o no. Ponerse la mano sobre la boca para prevenir una respuesta descubierta es una forma evidente de evitación, lo mismo que decir una cosa en lugar de otra. "Retractarse" es una forma de escape.

Además de establecer la conducta de evitación o escape, la estimulación condicionada generada por el castigo tiene un efecto emocional. No nos limitamos a "retirar" una respuesta castigable o a dejarla "en la punta de la lengua", sino que también experimentamos una reacción de miedo o de culpa. Como dice Conrad en *Lord Jim: Yo... tenía temor de hablar, el mismo tipo de temor que uno experimenta cuando un movimiento puede hacerlo perder el equilibrio.* Al reducir los aspectos aversivos de la situación podemos, al mismo tiempo, reducir la reacción emocional, lo cual puede ser un reforzamiento adicional. Pero la emoción (sea que la "sintamos" o no) no es esencial para el rechazo; por una parte, es demasiado lenta para producir rápida e impulsivamente alguna edición subvocal. (Al entrar en conflicto con las variables emocionales o motivacionales, de las cuales la respuesta es una función, la emoción puede alterar la fuerza de la respuesta castigada.)

Si los efectos aversivos evitan la emisión de la respuesta aun en forma subvocal, no es necesario que se presenten los subproductos emocionales del castigo. Esto es lo que los psicólogos freudianos llaman represión "exitosa". La respuesta castigada nunca alcanza el estadio en el que genera la pauta emocional de ansiedad y, por tanto, la represión exitosa es menos problemática que otra forma menos efectiva de represión. También tiene más éxito desde el punto de vista de quien castiga, porque tal tipo de represión puede eliminar la conducta objetable del repertorio sin crear efectos secundarios peligrosos; pero si en este estadio no hay estimulación aversiva condicionada, posiblemente tampoco exista acto de abstención alguno que debamos considerar aquí.

El efecto del castigo que se presenta al reducir la frecuencia de las respuestas castigadas por medio de una clase de edición, puede demostrarse en los organismos inferiores. En un experimento de demostración, a un palomo se le enseña a "nombrar" cuatro colores picoteando palabras impresas. Si el área coloreada es roja, el palomo hambriento será reforzado con alimento por picotear la palabra *rojo,* si el color es amarillo, será reforzado por picotear la palabra *amarillo,* y lo mismo se hace para el azul y el verde. Bajo tales condiciones el palomo recibe refuerzo una de cada cuatro ocasiones, en promedio, sin tener en cuenta el color y, por tanto, la acción de "nombrar" se desarrolla muy lentamente, si es que se presenta. Hay dos formas de resolver este problema. Al palomo se le puede forzar a "mirar" el color antes de responder al nombre apropiado: por ejemplo, los nombres impresos pueden mantenerse fuera de su vista hasta que el palomo picotea el área de color. Esta práctica garantiza un estímulo fuerte justo antes de emitir la respuesta ante el nombre, y así se desarrolla rápidamente el control de estímulo. Otra técnica consiste en castigar las respuestas erróneas. Cuando el palomo picotea la palabra correcta se le da comida, pero cuando picotea la palabra incorrecta se apaga el aparato y se obliga al palomo a esperar unos minutos antes de que emita otra respuesta. Este ligero castigo posee un efecto dramático. El palomo comienza a vacilar al picotear el nombre y luego comienza a mirar el color antes de responder a la palabra. Su ejecución mejora muchísimo. Aquí, el castigo mejora la relación entre la respuesta y sus variables de control, de modo que la edición termina por ser innecesaria.

¿Por qué se castiga la conducta verbal?

La conducta verbal puede ser objetable para el oyente, simplemente porque la considera ruidosa. Por esta razón el castigo generalmente conduce la conducta verbal de los niños hasta el nivel encubierto. Con frecuencia, cuando la comunidad se ha asegurado de que el niño posee un repertorio verbal efectivo, tal comunidad no presenta mayor interés en lo que el niño dice. Se sigue un periodo durante el cual "los niños deben ser vistos, pero no oídos", y con frecuencia se invoca el castigo para lograrlo. La comunidad verbal suprime tanto la inutilidad de los tactos de los estímulos comunes, la conducta intraverbal que tiene la forma de charla intrascendente, las secuencias ilógicas de ideas, como las frecuentes secuencias intraverbales que por ser idiosincrásicas son difíciles de seguir. No se trata de que las contingencias que establecen la conducta ecoica establezcan tales respuestas para todos los estímulos verbales; y el niño puede necesitar el castigo por repetir más que por contestar una pregunta, o por las repeticiones excesivas. Tan pronto como al niño se le enseña a leer, se le enseña a hacerlo en silencio, y frecuentemente se le castiga si lo hace en voz alta. Hasta cierto punto, en las bibliotecas, iglesias, en los teatros, etc., a la gente se le castiga por la emisión de conducta verbal, no importa cuál sea su forma.

Ciertas propiedades de las respuestas son aversivas para otras personas y es probable que sean castigadas. Entre estas propiedades se encuentran: la voz demasiado alta, los tonos ásperos, los silbidos excesivos, la aliteración frecuente, el hablar cantando, y la ejecución defectuosa como la mala ortografía, el tartamudeo o el hablar en forma incompleta.

Con frecuencia se castiga la conducta verbal por causa de un *control de estímulo* deficiente. El condicionamiento inadecuado, el olvido, las interacciones entre respuestas similares en cierta forma y muchas otras condiciones, pueden llevar a la "palabra equivocada" —a mandos y tactos, y respuestas ecoicas, textuales e intraverbales, que no satisfacen las contingencias de refuerzo de la comunidad.

Asimismo, el control deficiente del tacto impuro (mentir, exagerar, dar por hecho lo que uno desea que suceda, etc.) invoca castigo en la mayor parte de las comunidades. Es probable que la conducta que debe su fuerza principalmente a sus efectos sobre el hablante mismo, ya que él se está "hablando a sí mismo", sea castigada por los demás. Lo mismo sucede con el habla "ilógica", las secuencias intraverbales forzadas y las respuestas intraverbales irrelevantes llamadas "fuga de ideas", especialmente cuando se trata de comunidades verbales prácticas o científicas. El resultante "temor a hablar de cosas sin sentido"[15] plantea problemas especiales para las técnicas psicoanalíticas. Las respuestas tomadas sin permiso de la conducta verbal de otras personas, como en el caso del plagio, también producen castigo.

Generalmente la conducta verbal se castiga —aunque sea sólo por su inefectividad— cuando está bajo un *control de audiencia* inadecuado. Tanto las expresiones vulgares como las muy elegantes son castigadas

15 Freud, S. *Basic Writings* (Modera Library), pág. 718.

si se dicen en el ambiente opuesto. Generalmente algunas respuestas se castigan —las obscenidades, las blasfemias, etc.—, pero evidentemente no por las comunidades verbales que las establecen. En general, el cambio de un grupo verbal a otro alienta el castigo. El hijo de una familia de inmigrantes, por ejemplo, encuentra que el lenguaje que se habla en su casa produce ridículo o consecuencias desfavorables fuera del hogar. La mayor parte de los niños experimentan un cambio similar con respecto al "lenguaje infantil" de la guardería. Aquí, las expresiones familiares que son apropiadas para los compañeros del niño, son castigadas cuando se emiten ante sus superiores. La debilidad en el control de audiencia puede ser un problema de forma o de tema —lo cual se ejemplifica en el primer caso por el excesivo préstamo de palabras de otro idioma; en el último, por revelar secretos comerciales o gubernamentales, o por "chismear" o "delatar"—. Las respuestas demasiado obvias, comunes o simples, o simplemente aquellas que son repetidas con demasiada frecuencia por el hablante, también son castigadas por la comunidad porque reflejan una falta de sensibilidad para con la audiencia.

Si la conducta verbal tiene consecuencias de castigo para el oyente, tal conducta puede ser castigada, en cierta forma, como retribución. La referencia a un estado doloroso que "hiere los sentimientos del oyente" es una especie de "mala violación" que se revoca si genera autoestimulación aversiva a tiempo. Una vez emitida tal conducta, puede dejar al hablante con una reacción emocional condicionada de culpa. La rapidez con la que la "mala violación" se retira contrasta con la insensibilidad con que el hablante puede continuar para herir los sentimientos del oyente con críticas, u oprimiéndolo con mandos repetidos. En tales casos, el castigo que regresa al hablante parece ser considerable *(¡Por Dios deja de alegar!)*, y parece serlo en mucho mayor medida que cualquier demostración de "sentimientos heridos" después de una observación carente de tacto. Cuando es así, debemos concluir que herir al oyente con críticas y sermones no produce castigo para el hablante. Por el contrario, parecería ser una forma especial de reforzamiento positivo, apropiado para la condición emocional llamada agresión.

La conducta verbal puede ser automáticamente auto-castigada. Los nombres de las personas que no nos agradan y las respuestas apropiadas para avergonzarlos, así como los episodios peligrosos o inquietantes, generan consecuencias punitivas en el mismo proceso de su emisión.

Obviamente, si se le pide a un hablante (especialmente un niño o una persona supersticiosa) que emita una oración en la que el nombre de su amada, por ejemplo, va acompañado de adjetivos insultantes, o en la que se le condena en forma elaborada, tal hablante rechazará o modificará su respuesta. La respuesta no se emitirá o, si se emite, será revocada rápidamente mediante el uso de un autoclítico como *No quise decir eso,* y la respuesta mostrará claros signos de ansiedad generados por la estimulación aversiva automáticamente condicionada. En forma similar, puede ser difícil lograr que un niño bendiga a un enemigo o que lo describa con términos afectuosos o positivos.

Cuando una respuesta "pone algo en evidencia", se presenta una forma sutil de castigo, como sucede cuando se estropea el sentido de una broma presentando la palabra clave demasiado pronto, cuando se revela el sentido oculto de la propaganda, o cuando se revela la trama de un ensayo en forma tan fácil que el resto se torna superfluo. Cuando por otras razones la conducta verbal del hablante lo expone al castigo, también se censura tal conducta; por ejemplo, cuando un pecado o crimen se confiesa o revela inadvertidamente. A partir de Freud, particularmente, se ha dicho que una respuesta puede ser castigada porque expone la forma en que actúan las variables objetables. Nuestra respuesta difícilmente será aprobada si preguntamos a un amigo por la salud de sus hijos, al tiempo que vemos pasar un conjunto de cerdos ante nosotros. La elección de temas del escritor puede estar sujeta a consecuencias punitivas por parte de los críticos influenciados por el psicoanálisis. Pero si el escritor posterior a Freud posee una razón adicional para pesar sus palabras, el cambio es de grado. Es posible que las "revelaciones" demasiado grandes hayan sido la base para la edición. En *The Last Chronicle of Barset,* de Anthony Trollope, publicada en 1866-1867, Grace Crawley recibió una propuesta de matrimonio escrita por el Mayor Grantly, pero debido a los problemas y a los infortunios de su padre, ella tiene que rechazar la propuesta e inhibir sus propios sentimientos. Ella contestó así a la propuesta:

> "Yo sé que un caballero no se debe casar con una muchacha si al hacerlo se hiere a sí mismo o a su familia, sé también que, si tuviera que casarme bajo estas circunstancias sería infeliz en lo venidero, aunque yo amara al hombre profundamente y con todo mi corazón." La muchacha había pensado escribir estas palabras al principio, pero hacerlo habría sido la expresión inconsciente

de su propio afecto, y las palabras habrían estado escritas sin ningún deseo de transmitir al pretendiente tal expresión. Pero al leer las palabras ella descubrió su significado latente y escribió todo de nuevo.[1]

Los efectos del castigo

Ocultación de la identidad del hablante. En un grupo el hablante puede *murmurar* su desacuerdo, o protestar o *chiflar* su desaprobación. Tales respuestas no emplean claramente el aparato del habla, y no es fácil rastrear los sonidos hasta su fuente (el *cuchicheo* es una modificación diferente de la respuesta porque involucra audiencias múltiples). La carta anónima es la contraparte escrita de la murmuración o del chiflado, pero puede asumir muchas formas. En todos estos casos el hablante evita el castigo. Una técnica relacionada con lo anterior consiste en dejar un manuscrito para que sea leído o publicado en forma póstuma. En los testamentos de los romanos se presentan con gran frecuencia comentarios hirientes sobre las personas públicas y sobre los asuntos de Estado.

Regreso al nivel encubierto. Como veremos en el capítulo 19, existen muchas razones por las que la conducta cae por debajo del nivel de alcance o energía, nivel en el cual no afecta al mundo circundante, pero la mayor parte de la conducta se encubre simplemente porque sería castigada si fuera descubierta. El hablante se habla a sí mismo con el fin de evitar el castigo mediado por el ambiente externo. Generalmente los niños hablan en voz alta hasta que se les castiga por hacerlo, y los adultos que se caracterizan por su resistencia al castigo —por ejemplo, ciertos tipos de psicóticos— también lo hacen.

Hablar consigo mismo. Las contingencias de castigo acostumbradas permiten ciertos modos de evitación o escape en los que la conducta realmente se emite. La conducta puede ser descubierta, pero oculta para oyente o lector. Uno puede hablar en voz alta cuando está solo, o uno puede guardar un diario siempre que lo mantenga bajo llave. Si la conducta descubierta se escribe en clave, puede restringirse al autor en tanto única audiencia. Samuel Pepys no pudo escapar por completo de varias formas sutiles de castigo que lo amenazaban ni hablando en forma encubierta ni guardando un diario bajo llave; entonces se dedicó a escribir en una forma que no se pudo descifrar durante años.

1 Trollope, A. *The Last Chronicle of Barset* (Everyman's Edition), pág. 324.

El lenguaje disfrazado. El castigo que se debe a la forma de la respuesta puede generar otras técnicas de evitación. La historia de dos monjas que compraron un asno y encontraron que la única palabra que hacía que el animal caminara era una palabra obscena, nos ilustra uno de estos métodos. Para fortuna de las monjas, tal palabra estaba compuesta de dos sílabas, ninguna de las cuales era objetable por sí misma. Las monjas resolvieron el problema mediante una adecuada división del trabajo: la una decía la primera sílaba y la otra la segunda. Cuando un eco tiene un tiempo corto de reverberación y puede escucharse la repetición de las dos últimas (o de la última) sílabas, es posible emplear otra técnica de evitación. Erasmo utilizó dicha técnica en forma ingeniosa: "Él utiliza dos veces formas parecidas a **ὀνος** (*/'o.nos/*, palabra griega para *asno)* a manera de eco, primero para *eruditionis* y luego para *Cicerone*".[2] Los acrósticos nos ejemplifican otra forma de evitación; el amante tímido oculta el nombre de su amada, quizá, en las letras iniciales de un poema.[3] Es posible encontrar otras formas de evitación utilizando audiencias múltiples, como en la sátira (capítulo 9). Aquí nos encontramos a un paso del uso de la metáfora o del simbolismo, instrumento estudiado detalladamente por Freud. En general, la conducta simbólica carece de las propiedades punitivas de la contraparte no simbólica, pero mantiene las propiedades que son positivamente reforzantes.

Los autoclíticos de edición

Todos los efectos hasta ahora enumerados pueden ser considerados como el resultado inmediato de la acción combinada de consecuencias positivas y negativas de la conducta. *t* No necesitamos suponer que el hablante haga ningún esfuerzo deliberado para evitar el castigo. Bajo condiciones en que prevalecen con secuencias tanto aversivas como reforzantes, ciertas formas de comportamiento se presentan relativamente fuertes como resultado de la suma algebraica. Sin embargo, con frecuencia el hablante sólo alcanza estas formas después de que la conducta castigable ha llegado, al menos, a un estadio incipiente de desarrollo, y ha sido rechazada. (La forma en que el hablante encuentra la conducta que continúa siendo razonablemente

2 Hudson, W. H., citado en las notas de Leonard Dean sobre Erasmo, *The Praise of Folly* (University Classics, Chicago, 1946).

3 Un himno ceremonial, escrito por un estudiante de Harvard que se iba a graduar, resultó, después de publicarse, ser un acróstico de burla. Las letras iniciales de las estrofas de cuatro líneas formaban un comentario escatológico sobre todos los himnos ceremoniales.

apropiada para la situación, y que no necesite ser rechazada, es algo que se tratará en el capítulo 17.) Cuando ha ocurrido así, el castigo ha hecho algo más que generar una "fuerza negativa" que va a ser valorada en la causación múltiple.

Una forma de edición que involucra un proceso obvio de análisis y revisión consiste en emitir la respuesta, pero calificándola con un autoclítico que reduce la amenaza del castigo. Sin embargo, al haber rechazado una respuesta por ser dañina para el oyente, podemos emitirla posteriormente si la hacemos preceder del autoclítico *Si yo fuera más agresivo, diría que...* Muchos autoclíticos expresan la fe del hablante en que se le va a absolver: Espero *que no la emprenda contra mí, si le digo que... Si usted me perdona la expresión...* etc. La composición de los autoclíticos que matizan la expresión, pone de manifiesto que el hablante es sensible a la posibilidad de consecuencias aversivas y que este es un instrumento poderoso para describir gráficamente los caracteres. En el *Dr. Thorne,* de Trollope, el doctor acaba de decir: "No sé si usted puede llegar a ser cortés con Thumble. Yo no podría". A lo cual contesta el señor Roberts: "Yo no estoy completamente seguro de que la descortesía no sea más eficaz". Podemos reconstruir una serie de respuestas, desde la más atrevida hasta la más vacilante, en la siguiente forma:

a) La descortesía es más eficaz (cuando se usa).
b) La descortesía podría ser más eficaz (si se usara).
c) Digo que la descortesía podría ser más eficaz (pero puedo estar equivocado).
d) No digo que la descortesía no fuera más eficaz.
e) No digo con seguridad (no estoy tan seguro) de que la descortesía no sea más eficaz.

El instrumento retórico llamado "paraleipsis" consiste en emitir una respuesta junto con un autoclítico que afirma que la respuesta no se está emitiendo: *No voy a mencionar la incoherencia manifiesta en lo que mi oponente acaba de decir.* Otro instrumento es el supuesto desliz verbal. En la campaña presidencial de Estados Unidos de 1952, se intentó asociar al candidato demócrata, Adlai Stevenson, con Alger Hiss, quien había sido convicto de perjurio al testificar en una investigación sobre comunismo. El hablante republicano pretendió tener un *lapsus linguae* hablando de Stevenson *Alger.*

Una respuesta que puede ser ligeramente castigada —porque es ligeramente inexacta o inapropiada para una comunidad verbal determinada, por ejemplo— a menudo se emite con el autocrítico de "risa nerviosa", el cual indica al oyente que el hablante ha sentido el efecto de castigo, pero que, a pesar de todo, está respondiendo. La gente insegura puede calificar la mayor parte de sus afirmaciones, al menos con respecto a los oyentes potencialmente punitivos, con una risilla nerviosa que funciona como autoclítico.

Algunas veces la respuesta que se "sabe equivocada" se emite con una entonación descolorida o con baja o mal modulada energía. Cuando varias personas están tratando de recordar un nombre, uno puede, "sin esperanza", emitir una respuesta obviamente incorrecta.

Ocasionalmente los niños emiten respuestas erróneas de esta forma, especialmente cuando se deben a fuentes de fuerza obviamente fragmentadas. En el ejemplo del capítulo 9, el niño que había visto por primera vez un transbordador (*ferry-boat*) no había adquirido un tacto bien definido con respecto al bote, por lo cual se refería a la embarcación designándola como "carrusel" (*merry-go round*) indicando claramente que la expresión era incorrecta.

Al describir este efecto del castigo, expresiones tales como retener, soltar, permitir, reprimir, rechazar, etc., generalmente son figurativas. No siempre podemos señalar una actividad especial del individuo que limite físicamente la conducta verbal, la empuje, o la suelte. Lo que generalmente sucede es que una respuesta incompatible desplaza a la respuesta castigada, y el efecto neto del castigo es proporcionar el reforzamiento de las formas de respuesta incompatibles. Algunas veces se utiliza este principio para explicar la fuerza de la conducta verbal cuando no hay otra explicación: la conducta es fuerte porque desplaza a las respuestas castigables. Esta es la explicación del paciente que está en terapia y que habla excesivamente de un tema para evitar otro, pero el proceso se reconoció mucho antes de Freud. *Adolph,* héroe de Benjamín Constant, informó que al aumentar la tensión entre él y su amante *"nous parlions d'amour de peur de nous parler d'autre chose"* (hablamos de amor por miedo a hablar de otra cosa).

Como ya hemos visto (capítulo 6), algunas veces es necesario considerar el "no hacer nada como una respuesta si posee consecuencias reforzantes identificables. Pero no hacer nada es obviamente incompatible con la conducta castigable, y entre las consecuencias de "no hablar" con frecuencia encontramos la evitación del castigo. Sin embargo, existe una distinción, si bien tenue, entre recompensar a un niño por guardar silencio, y castigarlo por hablar; en el segundo caso el castigo sirve para que se dé el reforzamiento automático de guardar silencio. En el "desaire" *(snubbing)*, una persona castiga a otra rehusándose a dirigirle la palabra. El efecto del desaire es muy cercano al del insulto, pero las dos conductas deben describirse como "no hablar" en un caso, y "hablar" en el otro. Cuando un niño castiga a sus padres guardando silencio, puede prorrumpir en un habla desordenada si se presenta un acontecimiento excitante, pero esto castiga automáticamente al niño haciéndole perder la ventaja que había ganado al castigar a sus padres por medio del silencio. Uno puede continuar en silencio para desairar a un conocido con el fin de evitar el castigo que se genera automáticamente por la pérdida de la ventaja que se había ganado con el desaire.

Los diversos efectos del castigo no parecen justificar el uso extensivo de esta técnica para reducir la fuerza de las respuestas verbales. Si el castigo se administra con la suficiente habilidad como para producir la "represión exitosa", el resultado puede ser satisfactorio y, en general, habrá una considerable ganancia si el castigo genera el proceso de edición, mediante el cual la conducta verbal se emite "deliberadamente". Esto es especialmente cierto con respecto a las consecuencias prácticas de la conducta verbal que se tratarán en el capítulo 18. Podemos observar el valor de la "deliberación" en el experimento del palomo que aprende a "nombrar" los colores. La ejecución del hablante humano también se mejora por medio de un castigo ligero. Si todas nuestras respuestas verbales fueran invariablemente reforzadas, uno podría ocuparse casi de manera incesante en emitir conducta verbal. Una simple reducción en la frecuencia relativa del reforzamiento[4] reduciría esta actividad, pero probablemente no a un nivel razonable. El proceso de extinción, tal como se emplea en la discriminación, lleva a la conducta verbal bajo un control de estímulo apropiado, pero las condiciones bajo las cuales se refuerza la conducta verbal son tan amplias y confusas, que probablemente se necesite algo más. El proceso de edición generado por el castigo aumenta en gran medida la adecuación de la conducta verbal a todos los aspectos de una ocasión determinada, incluyendo la audiencia.

4 Ferster, C. B. y Skinner, B. F. *Schedules of Reinforcement* (B. F. Skinner Foundation, 1997).

Sin embargo, desafortunadamente las consecuencias no siempre son tan felices. El tartamudeo, el mutismo, la parálisis en el escenario, la confusión emocional y el bajo nivel general de conducta verbal con la pérdida de todas sus ventajas, son formas que pueden seguir al castigo. Las consecuencias más suaves son bien conocidas. Frecuentemente sucede que el simple rechazo de la primera respuesta da lugar a la aparición de una segunda cuya forma es objetable. Es posible que un hablante que ha sido castigado por no pronunciar la *s* final de algunas palabras, muestre tendencia a agregar tal letra a palabras que no la deben llevar. En el capítulo 11 se encontró que el rechazo de las formas repetitivas lleva a formular neologismos distorsionados. En un cartel proporcionado por una compañía de seguros, la siguiente frase resultó ser demasiado fuerte. *Por favor coloque este aviso en su garage con el fin de lograr su cooperación en la disminución de accidentes de automóviles,* mientras que una versión común parece haber sido rechazada (por ejemplo, una que terminara en *ayúdenos a evitar accidentes automovilísticos).*

CONSECUENCIAS POSITIVAS QUE CONDUCEN A LA EMISIÓN DE UNA RESPUESTA VERBAL

El reforzamiento automático de la conducta verbal también juega un papel importante en el proceso de edición. Si la prueba subvocal simplemente revela que una respuesta no genera estimulación aversiva condicionada, la respuesta se "descarga". Pero tal prueba puede tener un efecto positivo que alienta la emisión descubierta de la respuesta. Esto tendrá importancia si la respuesta encubierta es débil debido a que está mal condicionada, a que ha sido extinguida, a que el hablante está fatigado o enfermo, o debido a que la situación de control, incluyendo la audiencia, no es clara, etc. Si se refuerza al hablante a nivel encubierto, su respuesta adquiere fuerza adicional y puede emitirse en forma descubierta.

La "prueba de edición" es un caso oportuno. Una persona que, fundamentalmente como oyente o lector, ha adquirido un segundo idioma y luego empieza a hablarlo, durante largo tiempo se convierte en una persona más discriminativa como oyente, que como hablante. Como hablante, produce las respuestas en el nuevo idioma con cierta dificultad, pero, como oyente distingue fácilmente entre las formas o pautas efectivas y no efectivas. Esto le lleva a rechazar los errores, pero un resultado que no debemos perder de vista es que las respuestas correctas se refuerzan. Al hablar nuestra propia lengua ante condiciones nuevas o confusas, puede darse un reforzamiento comparable al de la conducta efectiva. Los autoclíticos, las terminaciones gramaticales y su ordenación, el orden retórico, etc., pueden ser probados subvocalmente y los casos exitosos pueden reforzarse hasta el punto de ser emitidos en forma descubierta. Al repasar el comportamiento al nivel encubierto, por primera vez uno puede "ver lo que tiene que decir, y juzgar si vale la pena decirlo".

Muchas otras consecuencias positivas entran en juego cuando la conducta verbal se produce con el fin de satisfacer ciertas especificaciones (véase el capítulo 17). Un ejemplo común, pero no necesariamente verbal, es la imitación de la conducta de otra persona. Quien no es buen mimo posee un repertorio imitativo inadecuado; sin embargo, puede ser capaz de distinguir una buena imitación de una que no lo es. Su único recurso es emitir una serie variada de respuestas y seleccionar aquellas que tienen el efecto apropiado sobre él mismo. Aunque los malos intentos se castigan en forma automática, la mejoría se logra principalmente por el reforzamiento que reciben los buenos intentos. Por supuesto, el paralelo verbal de la mímica es la conducta ecoica. Tanto en la adquisición original de un repertorio verbal, y posiblemente mucho después, como en la adquisición de un nuevo idioma, la conducta ecoica del hablante se desarrolla más tarde que su conducta como oyente. Esto posibilita el reforzamiento automático que tratamos en el capítulo 4, y a la vez proporciona un reforzamiento momentáneo que puede afectar el resultado de la revisión que se efectúa para corregir correcciones. Los efectos especiales que presentamos en el capítulo 6, también pueden alterar la fuerza de la conducta en el reforzamiento momentáneo.

EL PROCESO DE EDICIÓN

Aunque los manuscritos originales proporcionan cierta información acerca de la conducta escrita, la edición encubierta de la conducta vocal no es fácil de observar. Sin embargo, es frecuente que se presenten evidencias externas —por ejemplo, el tiempo requerido por el proceso de revisión—, y el hablante puede describir, al menos, parte del proceso con comentarios autocríticos cuando la conducta se emite finalmente. El proceso general parece ser el siguiente. La producción de la conducta verbal "en bruto", siguiendo los principios que esbozamos en las partes ir y III, es lo primero que se presenta. Luego vienen las respuestas o actividades autoclíticas (parte IV). La conducta resultante puede no alcanzar de inmediato al oyente definitivo. Debido a que otras de sus conductas han sido castigadas, el hablante o escritor retiene la nueva conducta mientras la revisa. En el acto de revisión se presentan cambios que llevan al rechazo, a la emisión de una forma competente o a la emisión completa. Es frecuente que el proceso quede inconcluso hasta que el hablante recurre a otras actividades con el fin de producir formas alternativas de respuesta (capítulo 17).

Las funciones del hablante en la producción y edición del material en bruto de su conducta verbal, sugieren la distinción _ tradicional entre composición extática y euplástica. La primera carece por completo de edición; mientras que la segunda es el resultado de un trabajo minuciosamente elaborado. Algunas veces estas funciones son ventajosamente separadas en cuanto al tiempo en que se presentan. Bajo condiciones relajadas de edición, las cuales exploraremos en el próximo capítulo, el escritor puede encontrar más efectivo producir grandes cantidades de conducta para luego rehacer este material bajo condiciones totalmente diferentes. Podemos encontrar una separación comparable en cuanto al tiempo, toda vez que el escritor reinventa el material que ha soñado, como se dice que hacía R. L. Stevenson. Las drogas que favorecen la emisión de conducta verbal actúan principalmente sobre la fase extática. Tácito decía que los alemanes tomaban sus decisiones por la noche, cuando habían bebido, y las llevaban a cabo el día siguiente, cuando estaban sobrios. Algo similar hace el poeta que, en la fase de éxtasis, produce material que más tarde reelabora en forma considerable.

Algunas veces las dos actividades se llevan a cabo bajo diferentes pieles. La forma en que Talleyrand acostumbraba a preparar sus trabajos de gobierno es un ejemplo de esto. Talleyrand

> limit himself to giving to his aides a general idea of the document they were to write. He might indícate certain expressions to be inserted in the text which was to submitted to him, and for his part that was about all. When the work was brought to him, he read it carefully. If he was not fully satisfied he refolded the paper and, handing it back to the writer, said either *That's*

not it, or *That's not it, yet* or, possibly, *That's not quite it* whith no further explanation. It was up to the writer to guess how he might achieve the ultímate triumph: *That's it.*[5]

5 N. del T.: Talleyrand se "limitaba a dar a sus ayudantes una idea general del documento que iban a escribir. Él podía indicarles ciertas expresiones que deberían incluir en el texto que tenían que entregarle, y eso era todo cuanto tenía que decirles. Cuando le llevaban el trabajo lo leía cuidadosamente; si no quedaba del todo satisfecho doblaba el papel y, al tiempo que lo regresaba a su autor, decía, sin mayores explicaciones, *Así no es, Aún no está bien* o *No está del todo bien.* Era difícil para el escritor adivinar la forma en que podía lograr el triunfo definitivo, la aprobación: *Así está bien*". Fragmento tomado de: Lacour-Gayet, G. *Talleyrand, 1754-1838* (París, 1930).

Capítulo 16

Condiciones especiales de la autoedición

La conducta verbal no siempre está sujeta a la revisión que hemos tratado en el capítulo demasiado poderosas como para esperar a la edición. Una respuesta puede "soltarse abruptamente" y, posteriormente, el hablante dirá *No pude evitar decir que...* Sin embargo, la conducta de fuerza más moderada también puede permanecer sin edición debido a muchas razones que ahora examinaremos.

Retroalimentación defectuosa

Si la edición va a efectuarse, el hablante debe reaccionar como oyente ante su propia conducta; si no puede hacerlo, no podrá corregirse. Cuando la conducta se ejecuta con rapidez, ya sea porque es muy fuerte o porque la velocidad ha sido reforzada diferencialmente (compárese al estudiante que contesta una pregunta rápidamente con el fin de ser el primero en contestarla), la respuesta afecta al oyente tan pronto como al hablante mismo. El hablante no puede evitar la respuesta, aunque más tarde la pueda rechazar. El desliz que no se "capta" pero que se "ve" tan pronto como se emite, es característico del habla rápida.

La retroalimentación *(feedback)* de la propia conducta del hablante puede interrumpirse físicamente. Las personas sordas tienen mayor probabilidad de hablar en voz alta, particularmente cuando están solas, porque para ellas es más difícil distinguir entre la conducta descubierta y la encubierta, sobre las cuales se basa el castigo. La sordera circunstancial puede tener el mismo efecto. Los peinadores están familiarizados con algunos ejemplos. El "salón" de belleza ha revivido el uso etimológico del término en forma muy curiosa. Un tipo de secador de cabello estimula al cliente con lo que se denomina técnicamente "ruido blanco". La afluencia sonora del aire caliente que se utiliza para secar el cabello enmascara efectivamente los estímulos auditivos. Cuando la autoestimulación se previene en esta efectiva forma, el cliente, ocasionalmente, empezará a hablar en voz alta ante la extrañeza de los demás clientes a quienes no ha afectado el secador. Generalmente la conducta escrita se retroalimenta como un estímulo visual, pero el autor puede escribir en la oscuridad o no mirar lo que está escribiendo. Generalmente esta condición alienta la "escritura automática", la cual describiremos más adelante. Los movimientos del señalador que sigue las letras marcadas en la superficie de una "Ouija" o que forma palabras a partir de las letras del alfabeto, pueden deberse a ligeras respuestas inconscientes del operador mismo. Cuando dos personas colocan sus manos sobre el señalador es fácil que una persona atribuya los movimientos de la Ouija a la otra.

Autoobservación defectuosa

Aun cuando la estimulación revertida no esté ausente, y aunque haya tiempo para responder a ella, es posible que el hablante no responda. El hablante no corrige porque, digámoslo así, "no sabe lo que está diciendo". La estimulación generada por la propia conducta del hablante, sea pública o privada, simplemente no ha sido efectiva. El desliz oral no sólo puede pasar inadvertido, sino incluso puede negarse su emisión cuando se señala posteriormente. Esto no es demasiado sorprendente para nosotros, ya que sólo una pequeña parte de los estímulos que chocan con el organismo evocan respuestas, sean verbales o de otra clase. Sin embargo, las contingencias de refuerzo también hacen su parte. Ciertos ambientes verbales no exigen gran cantidad de conducta autodescriptiva, mientras que otros producen la persona "introspectiva" que todos conocemos. Contingencias similares pueden explicar las diferencias que se observan en el proceso de edición. En un ambiente relativamente permisivo, la estimulación generada por la conducta del hablante no es lo suficientemente aversiva como para que lleve a la edición. Generalmente, cuando la falla de edición se debe a la falta de tales contingencias, no decimos que el hablante *no puede* describir su propio comportamiento porque, cuando se introducen las contingencias adecuadas, normalmente lo hace.

En tales condiciones el hablante generalmente acepta la edición como "lo que realmente quiso decir". Ocasionalmente su propia conducta posterior proporciona estímulos adicionales que llevan a una edición tardía. La repetición de una respuesta que ha surgido como un desliz inadvertido puede tener este efecto: *En el norte tenemos a un dirigente de origen humilde como Lee; en el sur, un hombre como Lee; quiero decir, en el norte tenemos a un dirigente de origen humilde como Lincoln...* En este ejemplo, la respuesta errónea *Lee* pasa inadvertida hasta que se emite por segunda vez la misma respuesta bajo condiciones correctas. El hecho de que el hablante encuentre la respuesta ya fortalecida a partir de las fuentes autoecoicas, parece actuar como complemento suficiente para generar la retractación.

Tal vez se permiten más los errores textuales que los errores hablados. En una ocasión, un psicólogo había preparado una lista de nombres de personas importantes que los estudiantes tenían que colocar en orden histórico. La pregunta era: *Who followed whom?* (¿Quién siguió a quién?). El nombre de Hume estaba en la lista. Una hora después de haber preparado la pregunta, se le ocurrió al psicólogo que podría hacer más vivo el examen con el juego de palabras *Who followed Hume?* (¿Quién siguió a Hume?). Al regresar al manuscrito encontró que ya había escrito *Whom* como *Hume.* Otro ejemplo que procede del mismo psicólogo, alude a confusiones en la escritura. AI redactar un artículo que se refería especialmente ciertos a experimentos realizados en monos antropoides, el psicólogo se quejaba de las formas desorganizadas y oportunistas con que se enfrentaban los problemas de la ciencia del comportamiento. Escribió: *En vez de una campaña organizada, tales investigaciones parecen contentarse con una especie de guerra de gorilas.* Más tarde, un colega le preguntó si la expresión "guerra de gorilas" era apropiada para un artículo científico, pero el autor no había notado la confusión ni las múltiples variables que la habían causado.

Los errores de escritura y de impresión son el resultado de una deficiente edición, pero, a excepción de cuando muestran la operación de otras variables, son de poco interés. La edición de un conocido libro de psicoanálisis contiene este pasaje: *The father's action* (in coitus) *may be construed as sadistic the posture perhaps being associated with fighting... This sadistic conception of coitus may affect later martial relationships* (La acción del padre [en el coito] puede considerarse como sádica; quizá la postura se asocie con la lucha. . . Esta concepción sádica del coito puede afectar posteriormente las relaciones marciales). Los autores pudieron haber permitido la forma errónea *martial,* en lugar de la adecuada *marital, debido a la conexión temática con fighting.*

Respuestas defectuosas a las variables de control

Tal vez sea más común para el hablante responder a su propia *conducta* que a las variables que la controlan. La relación con las variables de control puede ser tenue u oscura, o puede no ser observada porque el castigo se ha hecho contingente sobre ellas. Las personas acostumbradas a explicar su conducta pueden expresar su extrañeza diciendo *No puedo entender lo que me hizo decir eso.* Sin embargo, es frecuente que las explicaciones no sean necesarias. La mayor parte de los deslices freudianos dejan de lado la variable de control, más que la conducta misma. El fenómeno se conoció antes de Freud. Trollope describe muchos de estos casos. En *The Last Chronicle of Barset,*[6] por ejemplo, la dominante señora Proudly había desaparecido repentinamente, dejando a su esposo gobernar su propia casa por primera vez.

> Ahora podía tener [su maleta de cartas] donde quisiera; en su cuarto, o dejarla intacta en la mesa del desayuno hasta que él fuera a recogerla. Al pensar en esto dijo: "Bendito sea el nombre del Señor", pero no se detuvo a analizar lo que estaba diciendo.

Es más común que las variables de control pasen inadvertidas en los préstamos literarios. Generalmente un escritor posee extensos repertorios verbales generados por la lectura de otros escritores. Tales repertorios se rechazan o se emiten sólo con los autoclíticos apropiados que reconocen la fuente original. Si suponemos que el escritor conoce la fuente, pero, por no mencionarla, hace pasar la conducta como suya, el resultado se denomina plagio.

Es muy probable que se soslayen las variables de control cuando entran en la causación múltiple. Ya hemos advertido la forma en que puede usarse el test proyectivo para evocar la conducta verbal que tiene menos probabilidades de ser corregida por el hablante, debido a que él no

6 Trollope, A. *The Last Chronicle of Barset* (Everyman's Edition), pág. 248.

reconoce la localización de las variables de control. En el sumador verbal, por ejemplo, es menos probable que el sujeto corrija su conducta si cree que está repitiendo en forma relativamente exacta lo que está oyendo. La repetición tiene menos probabilidad de ser castigada que la conducta emitida por el sujeto con respecto a otras variables.

Dos movimientos intelectuales de la cultura occidental son los que han aumentado en gran medida la sensibilidad del individuo ante las variables de control, mediante el reforzamiento de la conducta que describe tales variables y el castigo de su ausencia. Uno de ellos es el movimiento literario del autoanálisis, cuyo punto culminante se encuentra en los escritos de Marcel Proust. Como resultado de este movimiento, el lector llega a buscar las causas de los sentimientos pasajeros, de los recuerdos caprichosos o de la conducta verbal fragmentaria. Poco después de leer las palabras *gutt percha* (gutapercha), el autor se encontró repitiendo *With love's light wings did I o'erleap these walls*[7] *y* recordó que provenía de un fragmento de *Romeo y Julieta,* pero parecía no haber razón alguna para recordar tal fragmento. Sólo después de una minuciosa investigación descubrió que la palabra que debió haber usado era *o'erpech* y no *o'verleap.* Si no hubiera sido por la influencia de Proust, esta remota relación causal habría pasado inadvertida.

El otro movimiento cultural es, claro está, el psicoanálisis. Las interpretaciones de Freud al revelar los deslices y otras conductas anómalas de la vida diaria, forzaron al hablante a reaccionar de manera más sensible ante las variables que se pueden inferir de su conducta y, como vimos en el capítulo anterior, a rechazar las respuestas que revelaran variables objetables. Es posible que hoy Samuel Butler no desahogaría en forma tan obvia la aversión que sentía por su padre, como lo hizo al escribir él en el que la figura paterna adopta un papel tan desfavorable, tampoco Lewis Carroll torturaría a los niños con el tormento verbal llamado *Alicia en el país de las maravillas.* En la descripción causal tenemos que explicar las causas por las que se emite una conducta de esta clase. El comportamiento, sea literario o no, es fuerte por razones que al menos pueden sugerirse, aunque no se prueben; si se corrige o no es otro asunto.

7 N. del E.: La traducción libre de este fragmento sería: *Con las alas brillantes de amor volé sobre esos muros.* Y si a tal fragmento se le cambia la forma *o'erleap* por *o'erperch,* la traducción quedaría así: *Con las alas brillantes de amor me posé sobre esos muros.*

El estímulo está entre las variables que controlan la conducta ante la cual uno puede ser incapaz de responder. Un estímulo puede ser lo suficientemente efectivo como para evocar una respuesta, aunque la relación entre los dos (estímulo y respuesta) no pueda identificarse. Cuando decimos *No sé por qué, pero él me recuerda algo,* estamos diciendo en esencia: *Cuando lo veo me encuentro diciendo "algo", pero no puedo identificar los elementos que controlan su apariencia.* En la misma forma, no siempre podemos rastrear los pasos intraverbales que nos han llevado a la solución de un problema o al recuerdo de la línea de un verso.

Conducta verbal "automática"

La incapacidad para responder a nuestra propia conducta verbal, o a las variables de control, es más notoria bajo ciertas condiciones del organismo, entre las cuales el sueño es el ejemplo más común. En ocasiones mucha gente habla mientras está dormida, pero tal conducta no afecta al hablante como oyente y, por tanto, no se corrige. En el trance, espontáneo o inducido mediante hipnosis, se presentan condiciones similares. Bajo tales condiciones, denominamos "automática" a la conducta verbal que se presenta. El caso más común es la escritura automática, en la cual es fácil evitar que el sujeto sea estimulado por su propio comportamiento, y cuyos resultados están más a la mano para ser analizados; pero también es posible el habla automática. Es frecuente que la escritura automática espontánea sugiera un escape de fuerzas reprimidas muy poderosas. Un estudiante que había tenido éxito en un pequeño colegio universitario, en contacto estrecho con sus compañeros de la facultad, ingresó a una escuela universitaria de graduados; en ella encontró que las cosas eran mucho más difíciles y que los profesores eran por completo indiferentes a sus problemas. Al asistir a una conferencia particularmente difícil, el estudiante dejó de tomar notas y, en forma muy lenta, llenó la página de su cuaderno con gran cantidad de garabatos infantiles que decían: *No puedo seguir, por favor, quiero regresar.* Al final de la conferencia miró la página y exclamó *¡Mira lo que hice!* Por supuesto, lo que había escrito en forma automática habría sido rechazado antes de emitido bajo condiciones "normales". Sin embargo, el castigo que se recibe por la escritura automática no siempre es evidente. Hadamard[8] informa que,

8 Hadamar J. *The Psychology of Invention in the Mathemaiical Field* (Princeton, 1945).

durante la enseñanza secundaria, al enfrentarse a una tarea que no le interesaba, se sorprendió escribiendo en la parte superior de su cuaderno: *Matemáticas,* que era el nombre de su asignatura favorita. La respuesta era fuerte, pero no porque no pudiera ser emitida en otro lugar. En estado hipnótico la escritura puede no afectar al escritor, en su papel de lector, y frecuentemente asume formas que podrían ser rechazadas en estado de vigilia como potencialmente castigables. También se puede interrumpir la retroalimentación que procede del brazo que está escribiendo, aunque el individuo no esté fuera de contacto con otros elementos del ambiente. En un experimento psicológico efectuado en la Universidad de Harvard, Gertrude Stein y León M. Solomons lograron producir escritura automática permitiendo que el sujeto ejecutara los movimientos de la escritura en forma impensada, mientras se dedicaba a otras actividades como la lectura, por ejemplo. En otro lugar [9]ya hemos señalado que las producciones automáticas que se encontraron cuando Gertrude Stein hizo el papel de sujeto en el experimento, tienen mucho parecido a algunas de sus obras literarias posteriores. Por ejemplo, observemos el siguiente pasaje automático:

> Por tanto, allí no hay forma posible de evitar lo que he dicho y, si esto no lo cree la gente a la que has hablado, no será posible que evitemos que la gente a la que has hablado tan locuazmente...

Este fragmento guarda cierta semejanza con otro que hemos analizado, y que empezaba así: *Seat a knife near a cage* (coloque una navaja cerca de una jaula).

El hecho de que la persona que escribe automáticamente termine por sorprenderse de lo que ha escrito, sugiere claramente que no estaba siendo estimulada por lo que escribía en el momento de hacerlo. Como resultado de ello, es frecuente que la escritura automática sea antigramatical, infantil, obscena, desordenada o trivial. Todos estos elementos habrían llevado a rechazar la conducta en la escritura normal.

Sin embargo, la escritura automática frecuentemente está bien *compuesta.* Debe estar disponible la autoestimulación que se necesita para cumplir las funciones autoclíticas que señalamos en la parte IV. Parece ser que lo que falta es la autoestimulación que se asocia con el castigo.

9 Skinner, B. F. "Has Gertrude Stein a Secret?" *Atlantic Monthly* (Enero de 1943), reimpreso en *Cumulative Record* (ed. rev.) 1961, Nueva York: Appleton-Century-Crofts.

Pero hay condiciones en las cuales se reduce la autoestimulación, y por tanto la edición es deficiente, implican un deterioro en la composición. El "delirio" casi podría ser definido como conducta sin corregir. En la enfermedad o en estados de gran cansancio, la conducta verbal tiene menos probabilidades de ser corregida, no sólo porque no está bien caracterizada, sino porque las funciones de edición también se han debilitado. Ciertas drogas que tienen el efecto de evitar la ansiedad que se asocia con la conducta punitiva, como el alcohol y el llamado "suero de la verdad", también producen parte del mismo efecto y, por consecuencia, reducen la tendencia a suprimir las respuestas.

Parte de la patología de la conducta verbal puede involucrar la edición. El paciente afásico puede ser incapaz de suprimir una respuesta inapropiada, aunque le sea obvio que se trata de algo inapropiado. En la palilalia (mencionada en el capítulo 4) existe una incapacidad similar para reprimir la conducta, a pesar de sus claras propiedades punitivas. Un paciente con graves trastornos fisiológicos puede hablar continuamente durante días. La conducta verbal sin restricción también es común en el periodo postepiléptico.[10] Lo que aún no está bien claro es si la conducta es tan fuerte como para controlar la edición, o si es deficiente el proceso de supresión.

HABLANTE Y OYENTE COMO "PERSONALIDADES SEPARADAS"

Cuando no se ha presentado la retroalimentación de la conducta verbal en el momento de su emisión y cuando el hablante o escritor se encuentra con las evidencias de dicha conducta, es probable que la atribuya a otra persona. El hablante no sólo no recuerda haberla producido, sino que el material sin corregir puede ser tan extraño u objetable que le será irreconocible. En *Great*

Expectations, de Dickens, Joe el herrero, hizo una copla para la lápida de una tumba:

> "I made it", said Joe, "my own self. I made it in a moment. It was like striking out a horseshoe complete, in a single blow... Couldn't credit my own ed-to tell you the truth, hardly believed it *were* my own ed".[11]

10 Rooset, J. "Synthetic Conceptions of Neuropsychology". *Science Monthly* (Nueva York), 1941, *53,* págs. 417-426.

11 N. del T.: "Lo hice —dijo Joe— por mí mismo. Lo hice en un momento. Fue como clavar una herradura completa de un solo golpe... No podía reconocer mi propio obra; a decir verdad, difícilmente podía creer que fuera mi propia obra".

En forma semejante, de Keats se dice que:

> that he has often not been aware of the beauty of some thought or expression until after he has composed and written it down. It has then struck him with astonishment-and seemed rather the production of another person than his own... Such was Keats' sensation of astonishment and pleasure when he had produced the lines "His white melodies" and so on.[12]

Cuando la evidencia de la participación personal es innegable, existe la tendencia de atribuirle el trabajo a fuerzas sobrenaturales. Los oráculos griegos y romanos, que con frecuencia parecían hablar en estado de trance similar al estado en que se produce la escritura automática, eran aceptados como la voz de los dioses. Con frecuencia los poetas suponen que están poseídos por dioses o demonios. El médium espiritista de nuestros días afirma que su voz es la de una persona muerta. También es corriente oír que las grandes obras religiosas han sido dictadas por Dios.

En obras que no son claramente proféticas ni reveladoras, el carácter sobrenatural del otro hablante es claramente una figura del habla. Los escritores, desde el más grandioso hasta el más prosaico, han dicho que sienten que otra persona está escribiendo por ellos. De tiempo en tiempo se ha puesto de moda "invocar" a la Musa al comienzo de una obra literaria; esto es, invocar a l personalidad creadora, pedirle que aparezca y actúe. A menudo se dice que un poema sale del aire ya preparado, o al menos de algún lugar desconocido, y a veces esto sorprende al escritor. Así, George Russell (AE),[13] escribe:

> ...To me it was only after long reverie that a song would come as a bird might fly to us out of the vast hollows of the air. . . There was always an element of the unexpected in the poetry itself, for it broke in upon and deflected the

12 ...era frecuente que no estuviera consciente de la belleza de algunos de sus pensamientos o expresiones, sino hasta después de que los había compuesto y anotado. Entonces lo sorprendían, y le parecía que eran obra de otra persona y no de él mismo. Esta fue la sensación de sorpresa y placer que experimentó Keats cuando escribió el verso "Sus blancas melodías", etc. Woodhouse, citado por C. I. Finney en *The Evolution of Keats' Poetry,* II, pág. 532. Tomado de un manuscrito de la Lowell Collection, en Harvard College Library.

13 N. del T.: Sólo después de una larga ensoñación me surgía un canto, como un ave que llegara volando desde la infinidad del aire. . . Siempre ha existido el elemento de lo inesperado en la poesía misma, ya que sale y se aparta del curso normal de la conciencia. Me sorprendería ver surgir de mi interior palabras que al combinarse me parecieran bellas, tanto como me habría sorprendido el haber visto brotar repentinamente un lirio acuático desde las profundidades de un lago y brillar en sus oscuras superficies. A menudo, las palabras parecen precipitarse desde las profundidades más recónditas de la conciencia, y parecen estar moldeadas mediante un proceso artístico que tiene muy poco que ver con el funcionamiento del cerebro. Russell, G. Song *and Its Fountains* (Londres, 1932).

normal current o consciousness. I would be as surprised at the arising within me of words which in their combination seemed beautiful to me as I would have been if a waterlily had blossomed suddenly from the bottom of a tarn to make a shining on its dark surfaces. The words often would rush swiftly from hidden depths of consciousness and be fashioned by an art with which the working brain had but little to do.

A. E. Housman[14] describe esencialmente el mismo proceso, pero en términos menos imaginativos, como sigue:

Having drunk a pint of beer at luncheon—beer is a sedative to the brain, and my afternoons are the least intellectual portion of my life—I would go out for a walk of two or three hours. As I went along, thinking of nothing in particular, only looking at things around me and following the progress of the seasons, there would flow into my mind, with sudden and unaccountable emotion, sometimes a line or two of verse, sometimes a whole stanza at once, accompanied, not preceded, by a vague notion of the poem which they were destined to form part of. Then there would usually be a lull of an hour or so, then perhaps the spring would bubble up again. I say bubble up, because, so far as I could make out, the source of the suggestions thus proffered to the brain was an abyss which I have already had occasion to mention, the pit of the stomach. When I got home I wrote them down, leaving gaps, and hoping that further inspiration might be forthcoming another day.

Incluso un novelista relativamente ordinario como Galsworthy[15] dio parte de un fenómeno similar:

I sink into my morning chair, a blotter on my knee, the last words or deed of

14 N. del T.: Después de beber una pinta de cerveza en el almuerzo —la cerveza es un sedante para el cerebro, y las tardes son la parte menos intelectual de mi existencia—, salía a caminar durante dos o tres horas. Al caminar no pensaba nada en especial, sólo miraba las cosas que me rodeaban y seguía el curso de las estaciones, con emoción repentina e inexplicable sentía que algo fluía dentro de mi mente; algunas veces era una línea, quizá dos, de un verso, otras era una estrofa completa, no precedida, de una noción vaga del poema del cual formaría parte. Y digo bulliría porque, hasta donde puedo comprender, la fuente de sugerencias así propuesta al cerebro procedía de un abismo que ya tuve ocasión de mencionar, el foso del estómago. Al llegar a casa anoto las ideas, dejo espacios, con la esperanza de que otro día me llegue la inspiración. Housman, A. E. *The Ñame and Nature of Poetry* (Cambridge, 1945.).

15 N. del T.: Me hundo en la silla mañanera con el cuaderno sobre las rodillas, con las últimas palabras o hazañas de algún personaje ante mis ojos, la pluma en la mano, la pipa en la boca y vacía la cabeza. Me siento. No intento nada; no espero ni anhelo nada. Repentinamente, mi pluma registra un movimiento o una expre sión. Cuando la lectura me sorprende a través de sus sorpresas, éstas parecían surgir de lo que pasó antes y ser el preámbulo de un posible futuro. Galsworthy, J. *The Creation of Character in Literature,* Romanes Lecture (Oxford, 1931).

> some character in ink before my eyes, a pen in my hand, a pipe in my mouth, and nothing in my head. I sit. I don't intend; I don't expect, I don't even hope. . . Suddenly, my pen jots down a movement or remark... When the result is read through it surprises me by seeming to come out of what went before, and by ministering to some sort of possible future.

Prescott, en *The Poetic Mind,*[16] ha recogido muchos de estos casos. Algunos de ellos son tratados místicamente por quienes los describen; otros (por ejemplo, Goethe) lo hacen en forma naturalista en el lenguaje del sonambulismo. Con frecuencia el "otro escritor" recibe un nombre u otra personificación, a menudo en forma caprichosa o figurativa, pero esto es tan común que indica una tendencia sustancial a hacerlo. George Eliot habló del "no yo" que tomaba posesión de ella. Alfred de Musset dijo que escribir y escuchar era "como si una persona desconocida le estuviera hablando al oído". James M. Barrie le dio el nombre de McConnachie a su "mitad escritora". Milton se refirió a una patrona celestial que le dictaba sus poemas.

Con frecuencia, la contribución que hace el "otro yo" implica imperfecciones que deben sujetarse a una posterior edición, debido a que es el resultado de la disminución de las exigencias de edición. El éxtasis algunas veces hace las paces con el elemento euplástico. Como mencionó Robert Graves:

> Many poets of my acquaintance have. . . observed that on laying down their pens after the first excitement of composition they feel the same sort of surprise that a man finds on waking from a "fugue", they discover that they have done a piece of work of which they never suspected they were capable; but at the same time they discover a number of trifling surface defects which were invisible before.[17]

Incluso el trabajo del "soñador" Stevenson necesita ser retocado:

16 Prescott, F. C. *The Poetic Mind* (Nueva York, 1926), pág. 34.

17 N. del T.: Muchos poetas que conozco han... observado que al abandonar sus plumas después de su primera excitación en la composición de una obra, experimentan el mismo tipo de sorpresa que experimenta un hombre al despertar de una "amnesia temporal". Es decir, ellos descubren que han producido parte de una obra en la que nunca pensaron poder ser capaces; pero al mismo tiempo descubren un gran número de defectos que nunca habían notado.

> The stories must now be trimmed and pared and set upon all fours, they must run from a beginning to an end and fit (after a manner) with the laws of life: the pleasure in a word had become a business; and that not only for the dreamer but for the little people of his theatre... These understood the change as well as he. When he lay down, he no longer sought amusement, but printable and profitable tales.[18]

Durante un tiempo se acostumbraba, al realizar estudios clínicos sobre resultados similares a los anteriores, identificar diversas "personalidades" dentro de un mismo individuo. La obra de Morton Prince, *The Dissociation of a Personality,* es un ejemplo clásico. Una paciente, la "señorita Beauchamp", primero escribe bajo hipnosis y más tarde espontáneamente con la personalidad de una mujer más joven y socialmente desadaptada llamada "Sally". Las producciones verbales de Sally son infantiles, a veces con mala ortografía, y sus preocupaciones son temas sencillos, como el resentimiento debido a la represión, el gusto que siente por los dulces y por un tal señor W. J. El hecho de que la señorita Beauchamp no fuera estimulada por su conducta —que, digámoslo así, no la "notó" cuando la emitió— parece relacionarse con el hecho de que tal conducta habría generado estimulación aversiva condicionada acompañada de los estados emocionales de culpa o ansiedad. Ella se habría castigado a sí misma por "notar" su conducta. En el sentido de que ella no la había notado, su conducta se denomina "automática". El término es poco afortunado porque sugiere la ausencia de un autor, más que la de un crítico.

La conducta verbal se presenta frecuentemente en los sueños. Como escribió Dickens: "El lenguaje ocupa un lugar de gran importancia en los sueños. Pienso que cuando estamos despiertos, la cabeza está llena de palabras".[19] La descripción que hace Coleridge de la composición del Kubla Khan en un sueño inducido por el opio es bastante conocida. El alter ego de Robert Louis Stevenson, como hemos hecho notar antes, frecuentemente trabajaba mientras Stevenson dormía; la mayor parte de *El doctor Jeckyll y el señor Hyde,* por ejemplo, primero se presentó en

18 N. del T.: Ahora las historias deben ser ordenadas, reducidas y determinadas; deben ir de principio a fin y encajar (según el modelo) con las leyes de la vida: en una palabra, el placer se ha convertido en negocio; y no sólo para el soñador, sino también para la pequeña gente de su teatro… Ellos entendían los cambios tanto como él. Cuando el soñador se entrega no busca diversión alguna, sino crear historias provechosas que merezcan ser impresas.

19 *Nonesuch Dickens,* xii. Carta al doctor Stone, pág. 269

sueños. Aunque lo que hemos hablado en sueños se puede corregir cuando estamos despiertos (como ocurre cuando no lo contamos a otros), la producción original está relativamente libre de los efectos del castigo y, en este sentido, se parece a la escritura automática. Las funciones de hablar y de oír, por decirlo así, se asignan a personalidades diferentes. El soñador es el oyente. En general, los sueños se "gozan" más que se "producen". El llamado "trabajo durante el sueño" lo hace otra persona y, por tanto, el "oyente" no es amenazado.

El "otro yo" al que el hablante real de conducta verbal puede no ser imaginario, aunque se identifique en forma errónea. En el experimento realizado con el sumador verbal, la respuesta es atribuida al disco o al hablante que lo grabó. Al oír mal, se atribuye la respuesta al hablante que alcanzó a oír. Brill[20] nos presenta un caso curioso. La observación que da una paciente a su médico

Do not give me any big bilis; I cannot swallow them (no me dé ninguna cuenta grande; no puedo soportarlas), se analiza como indicador de preocupaciones económicas. Como la *p* y la *b* sólo se diferencian por su pronunciación, y como el *big* previo explicaría fácilmente el desliz *bills,* es difícil probar tal contribución específica. Más aún, es posible que la mujer realmente dijera *pills* y que el desliz lo cometiera el médico al entender mal, posiblemente debido a la fuerza complementaria resultante del miedo a que le acusaran de estar cobrando demasiado. Si este fuera el caso, el médico evitaría exitosamente el reconocimiento punitivo de tal posibilidad, atribuyendo el desliz a su paciente.

LA EDICIÓN ANTE AUDIENCIAS ESPECIALES

Las tradiciones y costumbres de edición que prevalecen en una comunidad verbal son parcialmente responsables de la conducta verbal que presentan sus miembros. El individuo reticente o lacónico difiere del voluble o efusivo, al menos en parte, debido a las diferencias en las consecuencias de su conducta verbal. Dentro de una comunidad dada un hablante mostrará varios grados de edición, en presencia de diversas audiencias especiales. Como veremos en el siguiente capítulo, este hecho lo utiliza el mismo hablante al alentar su propia conducta verbal cuando

20 Brill, A. A., en la traducción de Freud, *Psychopathology of Everyday Life* (Pelican Books), pág. 70.

selecciona una audiencia favorable. Aquí nos ocupamos simplemente de ciertas audiencias que se distinguen por la medida en que el hablante puede liberarse de la costumbre de editar su conducta verbal.

Cuando un hablante hace las veces de su propia audiencia, está relativamente libre de la amenaza de castigo. La conducta subvocal se corrige con menor precisión que la vocal, y el hablante tiene mayor libertad para hablarse a sí mismo que de dirigirse a los demás. Es más probable que los diarios que se escriben sólo para el propio autor sean más francos e íntimos. Sin embargo, incluso cuando uno habla consigo mismo, no está completamente liberado del castigo que otros le propinan a su comportamiento. La "conciencia" judeo-cristiana, al igual que el superego freudiano, representa un mecanismo interno de control que se ocupa del autocastigo automático que está condicionado por los castigos que impone la sociedad. El control ejercido por el yo como audiencia puede reducirse si el hablante desarrolla una discriminación más exacta entre esta audiencia y las demás. Tal discriminación se desarrolla cuando el hablante privado se mantiene libre de las consecuencias aversivas externas, aunque el lenguaje público esté sujeto a castigo.

El "confidente" es una audiencia no punitiva; cualquier persona simpática a quien podemos hablar con menos temor de ser castigados de lo que seríamos si nos dirigiéramos a otro oyente. En este sentido, es el psicoterapeuta quien se establece como confidente por lo general. A partir de este mismo punto de vista, ya hemos interpretado en otro lugar[21] los efectos que tiene una audiencia no punitiva sobre la conducta verbal y no verbal del paciente. Las audiencias permisivas alientan la asociación libre ("libre" del castigo que normalmente reciben las intraverbales ilógicas o excesivas).

Generalmente los niños castigan la conducta verbal en forma menos drástica que los adultos. Algunas veces las respuestas, sin sentido pueden tolerarse, como sucede, por ejemplo, cuando dos niños se dedican a "tontear". En los adultos la conducta verbal humorística se alienta si el oyente está dispuesto a reír. Los libros y artículos humorísticos se dirigen a esta clase de lectores. Una clase de licencia, semejante a la licencia poética, permite la emisión de conducta que, en otras circunstancias, sería corregida por el autor. Las distorsiones registradas por Ogden Nash y S. J. Perelman (capítulo 11) ejemplifican uno de los efectos del bajo nivel de edición de

21 *Ciencia y conducta humana,* capítulo 24.

la escritura humorística. Fowler[22] alista otro tipo de efectos bajo los que él llamó "errores sarcásticos" (por ejemplo, una respuesta textual incorrecta *[Eyetalian]* que se emite, aunque sería castigable en otras circunstancias), de "etimología popular" (respuestas textuales falsas, por ejemplo, decir *eufórico* en vez de *eufónico),* "Latín sarcástico" (secuencias intraverbales irrelevantes tomadas del latín, por ejemplo, *hocus-pocus),* "correcciones latinas incongruentes" *(Omnium Gatherum),* y muchas otras.

En las cortes, el bufón del rey sacaba provecho de una audiencia indulgente. Como vimos en el capítulo 7, generalmente un rey es una audiencia negativa en cuya presencia casi todas las formas de conducta verbal se castigan. Sin embargo, al bufón se le permitía hablar sin que recibiera castigo. Como un efecto característico de la audiencia no punitiva, en ocasiones su comportamiento se tornaba agresivo u obsceno, o bien presentaba otras características que normalmente serían castigadas. El hecho de que el bufón no estaba completamente libre de la amenaza del castigo, se muestra por el hecho de que recurría con frecuencia al humor, en el cual una observación es castigable sólo con respecto a una de dos o más variables de control. Como hemos visto, en sentido más bien legal tal observación permite que el hablante escape del castigo al negar la relevancia de la variable con respecto a la cual la respuesta es ofensiva y al apelar al control exclusivo de una fuente inofensiva.

La audiencia literaria

El mundo de la literatura muestra ciertas características reforzantes especiales que alientan un bajo nivel de edición. Los efectos de la literatura sobre el lector, en general no dependen de que se mantenga la correspondencia entre la conducta del autor y determinado estado de cosas. El lector no toma acciones prácticas, por tanto, no lo estamos orientando mal, y no hace esfuerzos para mantener al escritor bajo un estricto control de estímulo. Es preciso distinguir varios resultados de esto.

En primer lugar, la conducta literaria se caracteriza por su "licencia"; abunda en magia verbal, variables triviales de control y efectos múltiples. Por esta razón, como hemos visto, es una fuente excelente de ejemplos acerca de efectos comportamentales sutiles. También es rica en

22 Fowler, H. W. *Modern English Usage*, pág. 164.

metáforas, no sólo en figuras coloridas que explican gran parte de la conducta emotiva e imaginativa del lector, sino en aquellas extensiones genéricas y metafóricas forzadas que son semi-intelectuales en su efecto, pero que no se tolerarían dentro de los cánones más estrictos de la ciencia. En los escritos científicos sólo se tolera una modesta extensión metafórica. La gigantesca metáfora de Coleridge *The Birth of Time and Nature by the Polarization of the Chaos* (El nacimiento del tiempo y de la naturaleza de la polarización del caos), lleva al problema de la creación de un orden natural hasta un principio familiar ejemplificado, quizá, por los pedazos de hierro que se polarizan cerca de un imán. Como idea creadora, este pensamiento tuvo realmente poca potencialidad; fue un pensamiento literario más que científico. Lo mismo podemos decir de la extensión que hizo Stendhal de la noción de cristalización para describir un estadio del desarrollo del amor. Pero quizá no exista ninguna diferencia en cuanto a clase entre la metáfora literaria y la científica. La distinción consiste en saber en qué tan forzada ha sido la metáfora, porque la comunidad científica ha aprendido que las metáforas forzadas no son productivas para lograr otra conducta verbal útil ni para dirigir la acción efectiva.

La literatura también es el mundo de los símbolos. Una respuesta simbólica es metafórica; pero donde la metáfora es útil debido a que se carece de una respuesta no metafórica, surge la respuesta simbólica debido a que una respuesta no simbólica está sujeta al castigo. El símbolo representa la selección de una respuesta a partir de un grupo temático en el que otras respuestas se debilitaron debido a las "fuentes negativas de fuerza". Cuando un objeto se describe con un término simbólico, generalmente se encuentra que los tactos alternativos, sean extendidos o de otra clase, están sujetos al castigo, ya sea por su forma, o porque se emiten junto con un estímulo particular. El surgimiento de la forma simbólica se sigue de la dinámica de la causación múltiple y no necesita representar ningún proceso especial de composición o de edición. Lo que el ambiente literario puede ofrecer es una tolerancia de los símbolos similar a la de las metáforas "intelectuales" forzadas. Como el mundo literario permite el lenguaje altamente metafórico, el individuo puede hablar acerca de situaciones en las que gran parte de su repertorio verbal permanece inaccesible debido al castigo.

Además de las respuestas de fuerza trivial o de las metáforas y símbolos forzados, el ambiente literario tolera la conducta verbal que se organiza en torno a temas poderosos; por otra parte, tal conducta se impediría no necesariamente por el castigo previo, sino simplemente porque se carecería de la ocasión para que se pudiera presentar.

El desarrollo de las comunidades literarias, como audiencias tolerantes y no punitivas, puede rastrearse en el crecimiento de las formas del arte literario. De vez en cuando se descubren nuevos instrumentos literarios que posibilitan al autor evitar corregir su conducta. Con el descubrimiento de la novela que presenta el flujo de la conciencia, por ejemplo, las pautas de conducta que normalmente serían rechazadas, podrían emitirse libremente en el terreno de la gramática, la lógica, la elegancia o el orden (como en la asociación libre). La novela escrita en forma de una serie de cartas fue un descubrimiento anterior que tiene un efecto similar debido a que las cartas quedan relativamente sin edición y sin estructuración.

La historia de la literatura también muestra la presencia de formas especiales de escritura, tales como la fábula, la alegoría o la sátira, que evitan la censura u otras formas de castigo utilizando variables múltiples. El folleto político escrito en forma de cuento infantil tal vez no engaña a nadie de los que no se dejan engañar por el ingenio agresivo, pero permite que el escritor se ocupe en presentar conducta verbal que en caso contrario tendría que ser suprimida. El simbolismo freudiano ha sido explotado por muchos escritores para lograr el mismo efecto.

La novela de caracteres fue un descubrimiento literario que permitió la emisión de conducta verbal no castigada. Cuando un escritor cuenta la historia de un personaje, sucede que es capaz de dedicarse a emitir conducta extensiva en boca de su personaje, pero si tal conducta la hubiera emitido el autor mismo, le llevado a un castigo posiblemente severo. Si la naturaleza autobiográfica del personaje es demasiado clara, no es posible, claro está, que el autor escape completamente del castigo. Este mecanismo es útil con respecto a variables que no son "reveladoras". El autor que está escribiendo una novela tiene mayor libertad para comportarse en muchas formas (generalmente verbales) que no presentaría en la vida diaria. Quizá la mayoría de las veces que el escritor encuentra al personaje que mejor le sirve para sus propósitos, interviene el elemento de lo inesperado. También el *lector* puede usar al personaje de la novela con propósitos similares, lo cual es generalmente el resultado de un accidente afortunado. Como hemos visto, la "conversación" en una novela generalmente es premiada porque corresponde más directamente a la conducta complementaria del escritor y del lector. En la novela moderna, el autor puede presentar diversas "personalidades", en el sentido de grupos de respuestas organizadas en función de emociones, estados motivacionales o historias ambientales. El diálogo platónico permite al autor subdividir varias "líneas de pensamiento" y aliviarse de cada una de ellas con el nombre apropiado.

El efecto que tiene el ambiente literario al permitir la emisión de conducta que muestra fuertes temas personales, ha llevado al "análisis" de centenares de obras literarias, la mayor parte de los cuales se encuentran dentro del marco de referencia del psicoanálisis. Se han realizado esfuerzos para mostrar que los grandes temas literarios son los grandes temas de la vida, que el personaje del escritor explica su obra, y que la obra literaria revela el carácter del autor. Por el momento no tenemos razón alguna para tratar estos temas o "pautas arquetípicas"[23] detalladamente.

El efecto que tiene el ambiente literario en la promoción de emisión de conducta no corregida, posee un paralelo en la conducta del lector. El texto es un mundo en el cual uno se comporta con el mínimo de esfuerzo, no sólo debido a las ayudas y sondeos que ya se trataron en el capítulo 10, o a que el libro "apropiado" para que un lector determinado fortalezca la conducta que es fuerte en él, sino porque la conducta puede emitirse sin ser corregida. Uno puede leer muchas cosas que por otras razones no diría, sin sentirse culpable. El libro mismo y el acto de leer constituyen una situación de tolerancia en la cual la conducta verbal se emite libremente.

No todas las diferencias en la efusividad verbal son, claro está, atribuibles a las diferencias en el grado de edición característico de una cultura o individuo determinados. Corinne, la heroína de la obra de Madame de Staël, difiere mucho de su contraparte contemporánea en lo referente a la conducta verbal descubierta. Antes de abandonar su amada Roma, posiblemente para siempre, Corinne pasa toda la noche yendo de una parte a otra de la ciudad pregonando sentidos adioses a cada parte. Probablemente hoy una mujer del mismo nivel de educación evitaría tales "escenas", e incluso tal vez se dedicaría a asuntos triviales con el fin de evitar todas las verbalizaciones en el momento de partir. Pero no es correcto decir que la Corinne de nuestros días posea toda la conducta

23 Bodkin, M. *Archetypal Patterns in Poetry* (Londres, 1934).

de su antecesora en forma latente, ni que la diferencia sea *sólo* de edición. La Corinne de Madame de Staël fue extensamente reforzada por su conducta verbal, no sólo por su conversación en el salón, sino también por las improvisaciones; composiciones literarias extemporáneas que a veces se componían a partir de un tema arbitrariamente asignado. Por tanto, no sólo es una diferencia en la cantidad momentánea de edición o en la historia previa del proceso de edición, sino fundamentalmente en la medida en la cual los dos ambientes refuerzan diferencialmente la conducta que tiene una forma determinada.

La noción de "descarga"

Con frecuencia se dice que las audiencias literaria y humorística sirven para "descargar" la conducta verbal de los efectos de la edición o de la represión que, en última instancia, son atribuibles al castigo. La conducta verbal puede ser fuerte (debido a una historia de reforzamiento poderoso, por ejemplo, o a deprivación extrema) aunque haya sido castigada, pero no se emite. Metafóricamente decimos que tal conducta se desplazó, eliminó, suprimió o reprimió. Decir que una respuesta que se emitió a pesar de tal historia —por ejemplo, una respuesta verbal que surge sin edición— se ha "escapado o evadido de la censura", o que ha sido "descargada", es sólo una extensión modesta de la metáfora. La extensión mayor describe la conducta antes de descargarse como "acorralada o estancada". El material reprimido puede o no llegar hasta el punto de aparecer, pero en cualquier caso causa problemas. "Rómpete corazón, porque tengo que contener mi lengua". Con frecuencia se considera que la meta de la psicoterapia es la descarga de conducta reprimida y problemática, lo que en cierta forma es análogo a la acción de quitar un tumor, drenar una herida infectada o administrar un purgante.

Un amigo querido puede cumplir las funciones de un psiquiatra. Como dijo Daniel Defoe en *Molí Flanders,*

> A secret of moment should always have a confidant, a bosom friend, to whom we may communicate the joy of it, or the grief of it, be it which it will, or will be a double weight upon the spirits.[24]

Sólo en esta forma podemos evitar las consecuencias objetables de la conducta reprimida.

24 N. del T.: Un secreto momentáneo siempre debe contar con un confidente, un amigo querido, a quien comunicar la alegría del mismo, o su tristeza, sea lo que sea, o de lo contrario será una doble carga para el espíritu.*)*

> Men of the greatest and best qualities in other ways... have not been able to bear the weight of a secret joy or of a secret sorrow, but have been obliged to disclose it even for the mere giving vent to themselves . . . and such people, had they struggled longer with the oppression, would certainly have told it in their sleep.[25]

Defoe sugiere una técnica para prevenir la ocurrencia de conducta castigada, técnica que consiste en emitir tal conducta bajo circunstancias no punibles. Él describe el caso de un ladrón que había tenido que encerrarse bajo llave para que nadie lo oyera revelar sus actividades mientras hablaba durante el sueño (esta es una técnica de auto-control comparable al acto de ponerse la mano sobre la boca). Pero si el ladrón "le hubiera contado todos los detalles. . . a cualquier amigo, a otro ladrón o a su patrón. . . entonces todo le habría salido bien, y él habría podido dormir tan tranquilo como los demás".

La metáfora de represión y descarga es desafortunada porque al fusionar los procesos en uno, los tergiversa. Los principales hechos pueden alistarse de la siguiente forma:

1. Los estadios incipientes de conducta que han sido castigados producen estímulos aversivos y, posiblemente, el efecto emocional acompañante denominado ansiedad, y el hablante escapa de ellos y evita el castigo "haciendo otra cosa", incluyendo tercamente el no hacer nada. Sin embargo, la conducta desplazada sigue siendo fuerte, y por ello surgirá de nuevo en presencia de una audiencia no punitiva —por ejemplo, al hablar al psicoterapeuta o al escribir un diario o un cuento— o entrará en la determinación múltiple del comportamiento —como sucede al fortalecer las respuestas que se dan ante los estímulos textuales de un libro, ante los estímulos ecoicos de una obra de teatro o ante el componente de un juego de palabras u otro caso de "doble sentido". Sin embargo, no necesitamos suponer que el desplazamiento haya aumentado la fuerza de la respuesta.

2. Con frecuencia sucede que la conducta emitida cambia las condiciones responsables de su fuerza (capítulo 8). Por supuesto, la conducta no emitida no puede hacer esto. Como las condiciones que

25 N del T.: Los grandes hombres y de mejores cualidades... no han sido capaces de guardar el peso de una alegría o tristeza secretas, sino que han tenido que luchar incluso para romper sus propias ataduras... y si tales personas hubieran luchado más tiempo contra la opresión, seguramente habrían revelado en sueños su secreto.

fortalecen la conducta verbal son frecuentemente aversivas, el individuo que posea conducta verbal fuerte puede "hacer algo sobre eso". Por ejemplo, si la conducta fuerte no se emite porque no existe audiencia alguna, el hablante puede actuar para conseguirla, tal vez por medio de mandos. Si la conducta no se emite debido a la edición, el individuo puede "buscar" una forma de respuesta que no sea castigada y que, sin embargo, altere la situación para reducir la fuerza de ambas formas. Si la conducta no se emite porque no es apropiada para la situación, el individuo puede "buscar" una respuesta en la misma forma en que busca un nombre olvidado. Pero esto no quiere decir que la emisión final se deba a algún proceso especial, mental o conductual, que no se incluya entre aquellos que se analizarán en el resto de la parte V.

3. Debido al castigo, es frecuente que los estadios incipientes de conducta produzcan estímulos aversivos condicionados que evocan reacciones emocionales, principalmente ansiedad. El castigo de la conducta fuerte puede dar como resultado estímulos aversivos automáticos repetidos que mantienen una ansiedad crónica. Esto tiene dos posibles consecuencias importantes: *a)* las respuestas reforzadas por la reducción parcial de esa estimulación pueden ser aversivas para el individuo o para los demás —por ejemplo, pueden agotar su fuerza o "fastidiar" a los demás—; *b)* la reacción emocional crónica puede llevar a síntomas "psicosomáticos". En cualquiera de los dos casos se dice que la persona está enferma. En la terapia, la reversión del efecto del castigo puede reducir la molesta evitación o escape de *a,* o la condición patológica de *b.*

4. Algunas veces el cambio va acompañado de la presentación repentina de conducta verbal fuerte. Centenares de páginas de escritura automática pueden ir seguidas de un "alivio" psicológico. Parecería que el paciente se hubiera "vaciado", que hubiera "sacado algo de su pecho". En la analogía de la catarsis se dice que el proceso de vaciarse es responsable de la "curación". Se ha dicho que varias neurosis, por no mencionar las psicosis, se alivian por medio de la logorrea exhaustiva. Pero de esto no se sigue que si se "habla a fondo" se produzca alivio, sino que es la incapacidad de hablar lo que ha producido el problema. Como pasa en todas las terapias cuyo objetivo es llevar al paciente a que hable de sus problemas, la relación causal no es clara. Siempre que la conducta verbal lleve a la saciedad, o que produzca cambios en cualquiera de las variables responsables de su fortalecimiento anterior, tal vez pueda decirse que ha producido una

mejoría. Pero si el lento establecimiento terapéutico de una audiencia no punitiva ha reducido el efecto punitivo automático de la conducta incipiente (y con él, el de los estímulos posiblemente responsables de la ansiedad crónica), entonces el surgimiento de conducta verbal vigorosa y prolongada puede ser el *efecto* de la "curación", más que la *causa.* La noción de catarsis, fortalecida por la analogía médica, oscurece esta posibilidad. Todo hablante tiende a emitir conducta verbal fuerte. Como sugirió Samuel Butler, el poeta escribe un poema como la gallina pone un nuevo; ambos se pueden sentir mejor después de hacerlo.

La noción de "escape" posee otra implicación metafórica peligrosa. Con frecuencia es más fácil mandar un estado de cosas, que hacerlo uno mismo. Quienes emplean a otras personas para que les trabajen, lo hacen con frecuencia. En el mando mágico sucede que frecuentemente la respuesta verbal es *la única* conducta disponible. Pero el hecho de que la conducta verbal, si está disponible y posee gran fuerza relativa, predomine sobre la no verbal, no nos permite describirla como escape. Cuando una persona hambrienta habla de comida cuando el amante pretende hablar con su amada o cuando un cobarde enfurece y fantasea con que va a reprender a su enemigo, se emiten las respuestas verbales porque no hay disponibles otras conductas que estén bajo el mismo control motivacional poderoso. Pero esto es el resultado de un proceso especial de sublimación o la búsqueda de una forma para resolver una dificultad práctica, más que una simple situación de prepotencia. Es posible que si Dostoievski escribiera un libro que tratara del odio hacia el padre por parte de sus hijos, presentara la oportunidad para que se emitieran muchas respuestas que eran fuertes en él con respecto a su propio padre; en la misma forma, también es posible que el lector de su libro se conmoviera mucho si encontrara en esos pasajes la oportunidad para emitir una conducta similar que en otras circunstancias sería censurada. Pero, aunque tal conducta sirva para escapar del castigo, se emite simplemente porque es la conducta disponible más fuerte se tiene; no es una forma inventada de escape.

El castigo que no conduce al escape puede generar una revuelta o una resistencia terca.[26] La conducta verbal puede mostrar una oposición bohemia a conformarse o un rompimiento completo con las entidades punitivas que se observan en el individuo psicótico. Es probable que tanto

26 *Ciencia y conducta humana,* capítulo 24.

la conducta verbal del bohemio como la del psicótico, se preocupen del material castigable; digamos que tal material es obsceno o blasfemo. La conducta verbal "normal" puede tener el efecto principal de sorprender al lector o, en otra forma, cortar el castigo en una escala menor si el castigo que generalmente conduce a la edición y al rechazo se ha orientado mal.

Capítulo 17

El autofortalecimiento de la conducta verbal

En los procesos de composición y edición, el hablante organiza, matiza, retira o emite la conducta verbal que ya existe con cierta fuerza en su repertorio. Gran parte de la conducta emitida ante cualquier ocasión "simplemente se da"; surge de los cambios ambientales del momento y de otra conducta verbal que esté ocurriendo. Ahora tenemos que considerar ciertas actividades específicas que tienen el efecto de fortalecer las respuestas que se presentan en la conducta del hablante y, por tanto, de aumentar el suministro de conducta que se va a componer y corregir. Por el momento nos limitaremos a los procedimientos que el hablante emplea para aumentar la disponibilidad del comportamiento que ya existe con cierta fuerza. Las técnicas involucran la mayor parte de las variables que hemos revisado hasta este momento. Una persona controla su propia conducta, sea verbal o de otra clase, como controla la de las demás personas.[27]

Hay ocasiones en las cuales decimos que el hablante "necesita una respuesta verbal". Las circunstancias pueden ser incompletas, como ocurre cuando las variables que fortalecen la conducta sin tener en cuenta su forma necesitan de fuentes complementarias de fuerza. Las contingencias presentes se podrían satisfacer prácticamente con cualquier respuesta, siempre que fuera verbal, pero ninguna respuesta posee suficiente fuerza. Así, al encontrar algo que decir para llenar una pausa embarazosa, tratamos de encontrar un estímulo cualquiera (generalmente el clima es lo que está siempre disponible) y respondemos a él. El proceso de "búsqueda" es la clase de actividad que nos interesa en este momento.

27 *Ciencia y conducta humana*, capítulo 15.

Otras ocasiones importantes para buscar, hacen algo más que fortalecer la conducta verbal sin tener en cuenta su forma. Se necesita una respuesta con propiedades más específicas. Hay, por así decirlo, especificaciones previas que la respuesta debe llenar, aunque tales especificaciones no son suficientes para determinar su forma. Cuando alguien señala un objeto y pregunta *¿Qué es esto?,* podemos carecer de una respuesta apropiada. El hablante "nunca ha sabido el nombre de ese objeto" y, si va a contestar, debe hacer lo que corresponde para adquirir nueva conducta verbal. Sin embargo, es posible que la respuesta apropiada se haya adquirido, pero también es posible que sea demasiado débil como para emitirse; por ejemplo, si el hablante sencillamente "ha olvidado el nombre". La "especificación" de la respuesta que busca el hablante, es que sea reforzada apropiadamente como el nombre del objeto. El hablante será capaz de juzgar si la respuesta, una vez emitida, satisface la especificación, porque la conducta del oyente está más disponible que la del hablante; aunque el hablante no pueda emitir una respuesta apropiada, como oyente puede reforzarla si es "correcta".

Los procedimientos que se emplean para encontrar una respuesta, también son útiles cuando la respuesta puede emitirse, aunque con fuerza insuficiente, para justificar un autoclítico fuerte; por ejemplo, cuando el hablante "sabe el nombre", pero "no está seguro de que sea correcto". En este caso, las técnicas importantes aumentarán la fuerza hasta que la respuesta pueda emitirse con un autoclítico como *Yo sé.*

El tacto puede ser débil por otras razones; quizá no se haya olvidado, sino que se aprendió en forma inadecuada. Al ordenar una comida en un idioma extranjero con el que estamos poco familiarizados, por ejemplo, podemos necesitar recurrir a formas especiales de fortalecimiento de conducta, como sucede, por ejemplo, al consultar el estímulo textual de un diccionario. El tacto también puede ser débil cuando el estímulo es inadecuado: el hablante podría conocer la respuesta si tuviera más información acerca del estímulo. En un caso muy importante, por ejemplo, al comentar acerca de una situación muy confusa, el estímulo es tan complejo que ningún tacto apropiado es fuerte.

Generalmente las respuestas intraverbales son débiles debido al condicionamiento inadecuado, al olvido o a los estímulos oscuros. Es posible que el hablante necesite dedicarse a actividades suplementarias para encontrar términos equivalentes en otro idioma, para reclamar un poema, o para repetir las tablas matemáticas. Las respuestas ecoicas y textuales rara vez se "olvidan", pero pueden debilitarse por otras razones. Algunas de las técnicas que se utilizan con el fin de "captar lo que alguien dijo", para "descifrar un texto escasamente legible" o para responder ante un estímulo verbal remoto, funcionan directamente para fortalecer las respuestas débiles. Como ejemplo de lo anterior, es posible que nos hayan pedido que compremos algo, pero que "no podamos recordar qué es lo que se nos pidió". Dentro de ciertos límites temporales, la conducta requerida puede ser ecoica, pero será débil debido a que el estímulo es remoto. La conducta autoecoica que consiste en recordar lo que uno estuvo a punto de decir, nos proporciona un caso común. Por supuesto, los procedimientos relevantes pueden llevar implícita la manipulación de las variables que originalmente evocaron la respuesta en forma encubierta; pero también se pueden usar para fortalecer una respuesta autoecoica remota. (A veces es difícil, especialmente en condiciones patológicas como el síndrome de Korsakoff, repetir o recordar lo que uno realmente ha dicho en forma descubierta.) Un caso textual paralelo a éste, consiste en recordar lo que uno ha leído recientemente. El escritor se enfrenta a muchos problemas de esta clase cuando "pesca al vuelo" una idea o cuando tiene que completar la conducta verbal que está a medio formar.

La pertinencia de las mismas técnicas se mantiene incluso cuando el hablante no reconoce la respuesta como "correcta" una vez que la encuentra. La adecuación con las especificaciones debe probarse externamente. Cuando se ha emitido una respuesta, el hablante, u otra persona, la acepta sólo en relación con otras variables. Al encontrar una rima, por ejemplo, la especificación consiste en que la respuesta rime y a la vez satisfaga las otras variables temáticas implícitas en el verso. Las pautas aliterativas y enfáticas proporcionan especificaciones semejantes. En ocasiones el hablante "busca" una respuesta alternativa que sea menos extraña, menos difícil o menos castigable en algún otro sentido. El tartamudo evita las pautas difíciles y debe encontrarles reemplazo. Retiramos una respuesta cuando es ofensiva para la audiencia presente, y debemos buscar una alternativa inofensiva. Un poeta retira el término literal y debe buscar uno metafórico.

Frecuentemente las especificaciones se relacionan con la composición. Las respuestas fragmentarias disponibles deben darse dentro de una oración aceptable, y el término humorístico debe colocarse en un marco sintáctico. El escritor con práctica o el humorista, pueden basarse en tales marcos, mientras que el principiante puede tener que recurrir a la fórmula: *Uno podría decir algo acerca de...*

TÉCNICAS

Manipulación de estímulos

Cuando el hablante es incapaz de nombrar un objeto correctamente o cuando no puede describirlo en forma apropiada, puede encontrar de utilidad mejorar su contacto con dicho objeto. El individuo puede tener una mejor visión del objeto, siempre que se presente en mejores condiciones; puede ampliar el estímulo, posiblemente con los instrumentos ópticos apropiados, y puede mirarlo en forma repetida o estudiarlo durante cierto tiempo. En esta forma el individuo crea la oportunidad para que aparezcan las respuestas favorables, sean metafóricas o de otra clase, que ya estaban en su repertorio. El comprador que pierde la capacidad de responder adecuadamente debido a que olvidó lo que vino a comprar, puede encontrar útil observar los objetos que están en los estantes y en el mostrador. Existen disponibles procedimientos similares para las respuestas intraverbales débiles. Miramos más de cerca el estímulo verbal, leemos varias veces el pasaje en cuestión, a diferentes velocidades, en voz alta, etc.

Autoayudas. Los estímulos verbales se usan con frecuencia como ayudas formales. Un comprador puede buscar el estímulo verbal apropiado, mirando la lista de cosas que tiene que comprar. El memorándum es un estímulo verbal que se construye para su uso futuro.

Los autoayudas formales explícitos se producen por medio de instrumentos nemotécnicos. Un poema adquirido como conducta intraverbal, puede dar ayudas formales para una lista de respuestas de menor fuerza. El estudiante de medicina puede aprenderse mejor los nervios craneales en el orden correcto, si ha aprendido la copla que dice *On old Olympus' piney top...* Así, un diccionario de rimas proporciona ayudas formales fragmentarias para los versos: la rima apropiada surge como resultado de la fuerza formal del diccionario, así como de la fuerza temática del poema. Usamos una ayuda autoecoica para fortalecer la conducta textual cuando, al buscar un nombre en una directorio telefónico, lo repetimos al leer la lista. Esto puede tener el efecto colateral de prevenir dar respuestas textuales a otros nombres que puedan causar confusión, pero en realidad su efecto fundamental es, aumentar la probabilidad de que leamos el nombre apropiado, posiblemente "con el rabillo del ojo".

Las autoayudas temáticas son comunes para todo el mundo. Facilitamos el recuerdo de una palabra repitiendo sinónimos o palabras casi sinónimas, con la esperanza de que una relación intraverbal proporcionará la fuerza necesaria. Podemos tratar de recordar un nombre olvidado respondiendo a los estímulos no verbales pertinentes: *¡Oh!, ¿cómo se llama él? Lo encontré en tal y tal lugar; está estudiando micología.* Podemos repetir la línea de un verso que antecede a la línea que hemos olvidado, con el fin de aumentar las tendencias intraverbales débiles por medio de un efecto sumatorio. Resolvemos problemas verbales yendo repetidamente sobre el material pertinente. Releemos lo que hemos descrito con el fin de tener elementos para volver a empezar; para reconstruir la "idea" que se nos había escapado repetimos el material verbal o de otra clase que fue responsable de ella originalmente.

Autosondeos. Un sondeo no verbal que generalmente usa el hablante para alentar su propia conducta verbal, es una bola de cristal u otra fuente de estímulos visuales vagos. Los adivinos emplean tales instrumentos para lograr su efecto sobre el oyente. Es más fácil que aceptemos a un mirando algo —tal vez sólo lo que ve con los ojos cerrados— porque esto sugiere la presencia d cierta variable *externa,* y no *sólo* variables como las que se controlan por la simple ficción.

Pero el adivinador puede encontrar que la bola de cristal le sirve para reducir el trabajo de invención verbal. Los sondeos auditivos cumplen una función similar a la de los oráculos y profetas, incluyendo cantos rituales y conjuros, que funcionan como el sumador verbal.

Los autosondeos verbales se ejemplifican por las pautas que presentan las hojas del té, las cartas del Tarot, los datos astronómicos y numerológicos, y varios signos y presagios. Cuando una pauta corresponde ampliamente a respuestas verbales que ya posean cierta fuerza, funciona como un sondeo y se "lee" un augurio particular. Cuando el emperador Augusto envejeció, un rayo que presentaba la forma C, de *CÉSAR,* cayó sobre una estatua con su efigie. El presagio se leyó en la siguiente forma: *Él vivirá sólo 100 (C) días y será deificado* (AESAR = *Dios,* en idioma etrusco).

Los estímulos verbales estándar pueden permutarse y combinarse en forma aleatoria o sistemática. Algunos escritores profesionales crean argumentos y personajes nuevos permutando y combinando términos que describen características personales, relaciones y episodios, a menudo con ayuda de instrumentos mecánicos. Una lista de diez ocupaciones (por ejemplo, *carnicero, vendedor de seguros, escritor)*, diez rasgos (por ejemplo, *optimista, terco, excitable)* y die preocupaciones centrales (por ejemplo, *dinero, niños, deportes)*, producirá miles de "personajes diferentes", por ejemplo, "un carnicero excitable interesado en los niños". Las relaciones personales y el material episódico pueden generarse de la misma manera. Los resultados son incompletos (esto es, solamente "sugestivos"), pero se usan como sondeos para producir otra conductas en el repertorio del escritor. Algo de esta clase se presenta al escribir ficción menos mecánica. Así, una conversación fragmentaria apenas oída puede establecer el desarrollo de un personaje completo. Consideramos "bueno" el producto —o sea, admiramos o reforzamos al escritor en cualquier otra forma— en proporción inversa a la contribución del sondeo. Una producción totalmente mecánica no da "crédito" a nadie.

La retórica clásica ha identificado ciertas prácticas de reorganización para producir material verbal. Aunque generalmente las figuras y tropos retóricos se toman en cuenta por los efectos que poseen sobre el lector, muchos son fórmulas para producir conducta en el hablante. El nuevo material puede generarse si las partes de una oración se repiten en orden inverso:

> Pensamos que estaba muerta cuando dormía
> y que dormía cuando estaba muerta.

Si el orden invertido sirve como sondeo útil al evocar la conducta que por otras razones es fuerte (si "tiene sentido"), el efecto puede llevar al autor a hacer otras inversiones explícitas. Se escribe una oración, se invierten sus elementos y, si el resultado "dice algo", se libera; de lo contrario, se rechaza. La práctica no sólo proporciona material verbal adicional, sino que además la contribución múltiple de la segunda parte sugiere humor o estilo. M. Dupin, de Edgar Alian Poe, dijo cínicamente: "La generalidad de la gente considera como profundo sólo aquello que sugiere contracciones mordaces de la idea general".[28] Oscar Wilde era asiduo a esta costumbre:

28 Poe, E. A. *The Mistery of Marie Roget, and Other Tales.*

> The amount of women in London who flirt whit their own husbands is perfectly scandalous. It looks so bad. It is simply washing one's clean linen in public.[29]

Entre los instrumentos que alientan la producción de conducta verbal mediante la manipulación de estímulos, debemos incluir una lista de remoción de distracciones. Si la conducta verbal es débil o no se presenta porque "uno no puede oír sus propios pensamientos", el remedio es escapar al silencio. El escritor que busca la soledad está alentando su propia conducta verbal mediante la eliminación de los estímulos incompatibles.

El cambio de la audiencia en una variable. El hablante o escritor puede fortalecer su conducta verbal cuando encuentra una audiencia apropiada para determinado tema o repertorio (esto no debe confundirse con hallar una audiencia en cuya presencia la conducta que ya es fuerte pueda emitirse de forma *manifiesta*). Así, un hablante que ha sido "inhibido" en exceso debido a que ha recibido castigo por dar respuestas blasfemas, obscenas o ilógicas, puede encontrar un confidente u otra audiencia con respecto a la cual pueda presentar de manera franca tal conducta. Si en tales circunstancias no aparecen consecuencias punitivas, la estimulación aversiva condicionada se extinguirá. Como hemos visto, éste es el elemento central de uno de los procedimientos del psicoanálisis[30].

Es probable que el autor sufra de falta de claridad en cuanto a la audiencia como variable de control, pero con frecuencia puede compensar esto encontrando un lector u oyente que lo refuerce inmediatamente. Una audiencia efectiva no sólo refuerza selectivamente clases particulares de conducta, sino que eleva la fuerza de la conducta en general. Algunas veces éste parece ser el único recurso del escritor que sufra la "abulia" de la extinción. Un escritor que encuentra difícil "poner sus pensamientos en el papel", puede ser capaz de emitir esta conducta en presencia de una audiencia favorable. Lo anterior se puede ejemplificar por la forma poco común en que el lógico Wittgenstein produjo uno de sus manuscritos. En él decía que cuatro o cinco de sus alumnos preferidos

> se reunían con Wittgenstein dos veces por semana (algunas veces con mayor frecuencia) para parlamentar durante dos o tres horas. La primera parte de la reunión se dedicaba a preguntas que los alumnos formulaban; después

29 En Inglaterra, la cantidad de mujeres que coquetean con sus propios maridos es escandalosa. Da muy mala apariencia. Es como lavar en público las sabanas limpia. Wilde, Oscar, *The Importance of Being Ernest.* Cf. J. Marouzeau, "Diré «non»", *Mélanges de Linguistique offerts a Charles Bally* (Genova, 1939).

30 N. del E.: Skinner parece referirse a la asociación libre sin censura alguna por parte del analista.

> de esto, Wittgenstein dictaba, sin alejarse mucho del tema de las preguntas anteriores, y trataba de conectar, en la medida de lo posible, cada dictado con la pregunta previa. Entonces, alguno de los alumnos mecanografiaba el dictado y lo entregaba a Wittgenstein para que lo corrigiera. Después, el material dictado revisado se mimeografiaba y circulaba de manera limitada.[1]

En esta forma se evocaba y señalaba en forma permanente la conducta verbal que era muy débil para emitirse en relación con los lectores finales del libro.

El hablante, o el escritor, puede manipular otras condiciones de una audiencia favorable. La relación que se establece entre el hablante o escritor, y el oyente o lector, se puede destacar por medio de elementos externos. El traje minuciosamente trabajado del bufón, no está muy lejos de la toga y la capa ni del atuendo del oficinista. Un "papel" u otra "condición de edición" favorable, se construye físicamente. Cuando un escritor busca formas de escritura adecuadas para él (por ejemplo, al intentar escribir cuentos para niños, sátiras, novelas del tipo corriente del pensamiento, etc.), está tratando con tipos particulares de audiencia en el sentido más amplio del término.

Como hemos visto, Trollope construyó un ambiente que funcionaba como audiencia, el cual era apropiado para la emisión y el reforzamiento de una clase particular de conducta verbal. Él sólo tenía que entrar a ese ambiente para fortalecer su conducta. Las variables que funcionan como audiencia y que tienen dimensione físicas menos claras no son tan forzadas. Generalmente el escritor debe "entrar en calor", debe escribir algo que sirva como estímulo discriminativo asociado con el reforzamiento de otra conducta verbal. Frecuentemente la primera parte de un parágrafo, de un capítulo o de un libro, es la más difícil de todas; pero una vez que se ha escrito una parte considerable, queda a disposición del escritor una variable que funciona como audiencia para fortalecer conductas similares. Este sólo es un caso más general del cambio a un repertorio especial en el que uno trabaja en un idioma, jerga o estilo particular.

Todas las variables de audiencia aumentan su control con el paso del tiempo. El principio de Trollope *nulla dies sine linea,* no logra todo su efecto en forma inmediata. Con facilidad creciente un novelista "cae" en el papel de un personaje conforme avanza en la novela. El cambio se

1 Fragmento tomado de un manuscrito de circulación privada

parece a la creciente facilidad con que un sujeto hipnotizado entra en trance. En los experimentos de Gertrude Stein sobre escritura automática, ella encontró que era cada vez más fácil responder verbalmente bajo las condiciones experimentales que había establecido.

Algunas veces es importante eliminar las variables de audiencia, como eliminamos lo estímulos que nos distraen. La mayor frecuencia y la mayor fuerza de la conducta encubierta, se deben directamente a consecuencias atribuibles a una audiencia especial. En la misma forma en que hay hablantes que necesitan una audiencia óptima para obtener sus mejores logros verbales, también hay otros que sólo son verbalmente productivos cuando están escribiendo en soledad y para ellos mismos. La soledad no sólo implica libertad de distracciones, sino que es una condición en la cual el yo es una audiencia importante.

Cambios en el nivel de edición

Un hablante, o con mayor frecuencia un escritor, puede alentar su propia conducta verbal "cayendo en" una condición especial de edición. Los trances hipnóticos autoinducidos posiblemente son casos extremos. Un ejemplo más común es "tener disposición de ánimo" para escribir. Pero en todo caso, ninguno de los dos ejemplos se entiende bien. Es preciso construir las variables pertinentes, y a menudo es suficiente una muestra de conducta apropiada para la situación. Cuando dos niños tratan de lograr el estado anímico de "inocencia" que tuvieron otro día, generalmente tratan de repetir conductas tontas, sea verbales o de otra clase. Algo similar puede suceder cuando un adulto logra el estado de ánimo necesario para producir cosas jocosas o divertidas; esto es, dar rienda suelta a fuentes múltiples de fuerza, provocar expresiones sin corregir, distorsionadas o no gramaticales, etc. Una clase de expresión, que se lee en parte como francés y en parte como inglés, se ha denominado "francés fracturado". Por ejemplo, la frase *femme de ménage* puede traducirse como *woman of my own age* (mujer de mi misma edad). Para alguien que esté bajo control de variables de audiencia bien definidas, es difícil producir tal material, y alguien que sólo hable inglés o francés, tampoco podrá producirlo. Tiene más éxito el hablante cuya conducta textual en respuesta al francés impreso, no se encuentra bajo un control exacto de audiencia. Tal persona no siempre "fractura" el idioma, pero si se le pide que dé nuevos ejemplos puede "caer" en el estado de ánimo apropiado para hacerlo. Parte de esto es la construcción de un control de audiencias mixtas. Los pasos pueden incluir la revisión de ejemplos anteriores, la lectura del francés como si fuera inglés, etc. Pero es igualmente necesario que se relajen las condiciones de la autoedición.

Producción mecánica de la conducta verbal

El azar o la manipulación sistemática de letras o palabras puede crear un producto semejante al registro de la conducta verbal. Podemos leer tal producto o reaccionar ante él en otra forma como si fuera un texto, siempre que se aproxime a un patrón estándar.

Sin embargo, ésta no es una forma muy eficaz de producir "conducta verbal". Si un mono golpeara en orden fortuito las teclas de una máquina de escribir podría, si fuera inmortal, producir finalmente todos los trabajos que están en el Museo Británico, por ejemplo, pero el resultado sería inútil si no existiera un lector que dispusiera también de tiempo indefinido, alguien que seleccionara las partes del producto que satisficieran ciertas especificaciones. Cuando las reorganizaciones mecánicas se usan como ayudas o como sondeos, como sucede al generar material temático para escribir historias, el producto final es conducta verbal completa; pero si el único proceso de "composición" fuera la reorganización, la conducta no necesitaría análisis. Una oración revuelta es un universo limitado de respuestas movibles, pero la conducta de reorganizar las palabras hasta lograr una frase completa que "tenga sentido", se parece a la solución de rompecabezas pictóricos y no necesita ser analizada como verbal. Muchas de las técnicas del criptoanálisis también quedan fuera de nuestro campo de estudio, aunque el mensaje decodificado es verbal.

La "conducta verbal" distorsionada (por ejemplo, la que se emite con fines humorísticos) puede producirse alterando la configuración normal de las respuestas o las letras o palabras impresas, como registros de respuestas. Se pueden producir espoonerismos y latín vulgar reorganizando mecánicamente las consonantes iniciales o, con gran habilidad, en el acto mismo de emisión de conducta verbal.

La "conducta verbal" también puede generarse mediante la reorganización mecánica d variables. En un conocido juego, las palabras impresas en las fichas se sacan para llenar los espacios blancos del texto;

el resultado de este juego puede resultar entretenido para el niño, en determinada etapa de su desarrollo, aunque, como ya hemos visto, el acto de llenar los espacios blancos no sea verbal. Los espacios pueden llenarse nombrando al azar los objetos que se encuentren en cualquier orden, es decir, seleccionando al azar las respuestas a partir de un conjunto de variables que controlan las respuestas verbales. Es posible generar "conducta verbal" nueva manipulando tales variables. En ocasiones los niños componen "conducta verbal" absurda mediante el cambio forzado de variables. Un niño puede romper el intraverbal *Pedro y Pablo subieron la...* y buscar el estímulo para un tacto no relacionado como *bicicleta.* Los comediantes, mediante una reorganización igualmente mecánica de las variables de control, generan una sarta de conclusiones equivocadas o de fugas de ideas toscas.

El cambio de variables motivacionales y emocionales

Con el fin de fortalecer su propia conducta verbal, el hablante ocasionalmente manipula los niveles de deprivación y saciedad. Puede usar cualquiera de las relaciones de control que ya estudiamos en el capítulo 8. Los regímenes ascéticos se han recomendado por los efectos que tienen sobre la productividad verbal; entre tales efectos podemos nombrar varias dietas (especialmente vegetarianas), la deprivación sexual y la deprivación social que resulta del aislamiento personal o del hermetismo. Una persona también puede producir condiciones aversivas de las que sólo puede escapar dedicándose a la conducta verbal; por ejemplo, aceptando una invitación a hablar o una regalías anticipadas. La conducta generada es la apropiada para las contingencias de evitación o escape: el hombre escribe lo que sea necesario para evitar devolver el dinero de las regalías, o para evitar la desaprobación contingente de una conferencia mal preparada. Algo menos específico es la autoestimulación aversiva de la vergüenza o de la culpa de la cual el hablante escapa sólo respondiendo verbalmente. El hablante puede forzar su propia conducta verbal participando en una conversación, aunque no tenga nada que decir y por tanto arriesgándose a la amenaza de castigo que es contingente sobre una observación incompleta. En sí misma, tal estimulación aversiva no producirá conducta verbal útil, pero el efecto puede sumarse al de las variables pertinentes.

Las variables emocionales también pueden ser manipuladas. Una persona puede aumentar la probabilidad de responder una carta releyéndola y, por tanto, generando la disposición emocional apropiada; digamos, consolar al autor de la carta o atacarlo. Tal persona puede revisar la terrible conducta de los opositores a su partido al hacer la composición de un discurso político. Puede dar un paseo bajo la lluvia, oír música o leer literatura emocionante, con el fin de lograr el estado de ánimo apropiado para un tipo particular de composición. Amenazado con una escena de terror, el individuo puede cobrar valor ante la situación planteada por la escena dándole energía a sus palabras.

El uso de drogas para controlar la propia conducta verbal tiene una larga historia, como sugieren las referencias del capítulo 8. Las condiciones fisiológicas que se manipulan por esta misma razón, incluyen las enfermedades autoinducidas de la "cruda" o "resaca" y la indigestión, así como el cansancio físico extremo. Se ha dicho que la buena salud y los ejercicios vigorosos favorecen otras clases de conducta verbal. En cada caso la práctica apropiada está determinada por la naturaleza de la conducta que se va a producir y por otras variables que se encuentran en la historia previa del hablante.

Incubación

Los denominados procesos inconscientes de pensamiento han recibido atención considerable, especialmente desde que Poincaré enfatizó el *insight* repentino en el pensamiento matemático. Poincaré decía que la iluminación ocasional era el "signo manifiesto de una actividad inconsciente muy prolongada anterior al trabajo".[2] Este punto de vista está obviamente relacionado con las doctrinas que para explicar la conducta verbal suponen que existe un creador interno. Como nosotros no necesitamos un concepto explicativo de esta clase para el caso de la conducta verbal, "consciente", no tenemos razón para dar una explicación similar del proceso de pensamiento interno en el caso de la conducta verbal inconsciente. Se supone que la conducta verbal de un matemático, como la de cualquier otra persona, es una función de las variables que se encuentran en el ambiente externo y en otras partes de su propia conducta.

2 Poincaré, H. *Mathematical Creation,* traducido al inglés por G. Bruce Halstead en *The Fundations of Science* (Nueva York, 1913).

Las descripciones de iluminaciones repentinas siempre se caracterizan por el trabajo consciente anterior, de la categoría que se describirá en el siguiente capítulo. El hecho de que este trabajo no lleve inmediatamente a la "idea" iluminadora, no significa que se necesite más trabajo para lograrlo; puede bastar con la reclasificación de las variables. Generalmente las respuestas verbales débiles poseen latencias prolongadas. Aunque no podemos comprobar que la conducta verbal inconsciente no ocurre durante el periodo de incubación, en ese momento no hay razón alguna para pensar que lo hace.

Lo importante de estas observaciones es la relevancia del periodo de incubación. Ciertos instrumentos prácticos que sirven para alentar la emisión de conducta verbal consisten en fijar tales periodos de incubación. Un pensador hábil sabe cuándo descansar para permitir que las variables se organicen en configuraciones posiblemente más favorables. Al hacer frente a situaciones más complejas, nuestro pensador puede llegar a la conducta verbal más adecuada "consultando el problema con la almohada". En forma más inmediata, el pensador puede alentar la emisión de conducta verbal haciendo otra cosa en forma breve o, digamos, pensando en otro asunto. Tal conducta se logra cuando el vigilante hábil adquiere el empleo de su visión periférica al mirar algo que se encuentra en condiciones de baja iluminación.

Algunas veces una variable rival, como aquellas que desaparecen durante el periodo de incubación, puede ser tratada directamente. Algunas veces una respuesta prepotente interfiere en forma obvia la conducta verbal apropiada. Al intentar recordar un nombre, por ejemplo, el hablante puede emitir repetidamente el nombre equivocado y comentar: *Pienso en tal y tal, pero obviamente ése no es.* Retener las respuestas que están interfiriendo es una clase de edición especial que algunas veces se describe como "poner la mente en blanco". (La instrucción de "no pensar en nada", se presenta con gran frecuencia en parte de las sugestiones hipnóticas.) Es posible que el hablante aprenda a "poner la mente en blanco" mediante la adquisición de la "no respuesta" como una operante específica. La conducta que se describe como "pensar en otra cosa" se puede identificar más fácilmente. La máxima de "Souriau" recomienda: *"Pour inventer il fant penser á cote"* (para inventar, se debe pensar en todos los aspectos), Stendhal.

PRODUCCIÓN Y EDICIÓN

Las técnicas que utiliza el hablante para alentar su propia conducta verbal generalmente están íntimamente vinculadas al proceso de edición. Es probable que la mayor parte de lo que se produce por medio de la manipulación de las variables se retenga o se revoque, porque no concuerda con las especificaciones. Aunque uno puede aprender a hablar con clichés mediante la construcción de una "audiencia" apropiada para este lenguaje especial —como se hace al escribir parte de una obra de teatro para un personaje que hablará en clichés—, generalmente se necesita emitir muchas respuestas apropiadas para una situación determinada, así como retener todas las que no sean lo suficientemente conocidas. A la inversa, para escribir sin emplear clichés puede resultar necesario retener o revocar muchas respuestas antes de que aparezca una de ellas. En forma similar, para escribir en el papel de un personaje exigente, puede resultar necesario retener o revocar todas las formas suavizadas de mandos. Por otra parte, si se desea ser menos exigente puede resultar necesario retener o revocar los mandos directos. Es posible que uno necesite examinar el número de respuestas intraverbales para encontrar un juego de palabras apropiado, como puede ser necesario examinar el número de respuestas para encontrar una que logre efecto especial sobre el lector. El hablante o escritor alterna la producción con la edición y, por tanto, toda la conducta aceptable está sujeta a la "composición" de que hablamos en el capítulo 14.

Jules Romains, en el sexto volumen de su obra *Men of Good Will,*[3] nos ofrece una convincente descripción de la forma en que un escritor alienta su propia conducta verbal. Un anciano poeta, Strigelius, no ha sido muy reforzado por su conducta de poeta, y encuentra que sus recursos poéticos se están secando. Entonces, resuelve intentar un proceso relativamente mecánico de composición; selecciona al azar parejas de palabras de un diccionario hasta que logra un par *(lección* y *cenotafio)* que le sirven como sondeo verbal para sugerir el tema de *La lección del cenotafio.* Luego recurre a los procesos de asociación libre, a "poner la mente en blanco", a tomar frases que se desvanecen en el aire, a ayudarse formalmente

3 Romains, J. *Men of Good Will,* vol. 6, *The Depths and the Heights.* La traducción inglesa de este capítulo, hecha por Gerard Hopkins, es esencialmente un nuevo texto, escrito para ilustrar la misma cuestión, ya que era imposible traducir al inglés el capítulo original del francés debido a la falta de correspondencias intraverbales entre los dos idiomas.

con patrones enfáticos (*te ta te te ta*) y sílabas rítmicas, o se ayuda temáticamente enumerando grupos de intraverbales. A la larga llega a un poema de diez líneas, el cual se compone de fragmentos que deben haber sido parte del repertorio verbal de Strigelius, excepción hecha de las dos palabras seleccionadas que pusieron la conducta en movimiento, pero la pauta última del poema se crea por los procesos alternos de producción y edición.

LA CONSTRUCCIÓN DE NUEVAS RESPUESTAS VERBALES

Las técnicas anteriores carecerían de poder si las conductas que permanecen en el repertorio del hablante o escritor, sin tener en cuenta su fuerza, no pudieran satisfacer un conjunto de especificaciones determinado. En este caso, se necesitarían nuevas respuestas. No basta pedirle a alguien que escriba una historia acerca de un tema determinado si la conducta que se relaciona con dicho tema está ausente. Si éste fuera el caso, el escritor debe empezar por adquirir la conducta apropiada. Puede construir una serie de tactos nuevos extendiendo su experiencia. Así, el reportero "mira las condiciones" de determinado campo, el investigador " recoge los datos", el explorador descubre un país o grupo nuevo de gente, y el científico realiza un experimento. Todas estas actividades traen nuevas respuestas verbales al individuo. También el escritor puede adquirir nueva conducta intraverbal mediante la lectura de un libro o el estudio de un texto. Cuando leemos para adquirir conocimiento o información, generalmente lo hacemos con el único objeto de obtener la conducta verbal resultante.

Las respuestas verbales apropiadas para los estímulos que no se presentan durante demasiado tiempo, se adquieren en una forma especial. Uno puede responder con la palabra *libro* ante un libro real que está sobre la mesa, cuando alguien nos pregunta. *¿Qué hay sobre la mesa?,* pero la respuesta tiene una probabilidad ligeramente menor de que se dé ante la pregunta *¿Qué habla sobre la mesa hace un momento?,* si el libro se retiró y se ocultó. En este caso decimos que no "notamos el libro". Sin embargo, es posible hacer un análisis más técnico de esto. En el primer caso, la pregunta puede evocar una respuesta de observación agudizando el efecto del libro en cuanto estímulo, lo cual no es posible en el segundo caso. Sin embargo, si la segunda pregunta se repite con frecuencia, y especialmente si las otras variables son poderosas, uno puede dedicarse explícitamente a observar la conducta antes de hacer preguntas. Uno comienza a "notar objetos y puede hacer preguntas acerca de ellos". Así, el estudiante que debe informar lo que ha visto en un viaje, se comporta en forma diferente de como lo haría el viajero causal. La conducta intraverbal que se emite ante estímulos pasados es favorecida por una "observación cercana" similar a la anterior. El estudiante "estudia" un texto y, al hacerlo, su conducta difiere de la simple lectura en la medida en que se establece la conducta intraverbal.

El reforzamiento explícito de la conducta de "observar" apenas empieza a estudiarse en forma experimental, y especialmente en organismos inferiores.[4] Sin embargo, hemos aprendido lo suficiente sobre esto como para justificar ciertas distinciones. Cualquier conducta es reforzada si aclara o intensifica en cualquier otra forma el efecto del estímulo que cumple una importante función discriminativa. De esta forma, dar la vuelta a la lámpara para poder leer, enfocar la imagen de la televisión y limpiar el polvo de un viejo libro para ver su portada, son ejemplos de la conducta de observar que involucran la manipulación de objetos externos. Mirar hacia un objeto, enfocarlo, mover la cabeza para reducir el brillo, etc., son actividades que poseen efectos similares, pero solamente toma parte en ellas el cuerpo del observador. La sutil actividad de prestar atención, que posee el mismo efecto, es más difícil de observar.

Las contingencias de reforzamiento de la conducta verbal a menudo se extienden durante largos periodos. Así, se manda un enviado a un país extranjero para que observe los eventos que están ocurriendo y los describa a su regreso. Es posible que tales contingencias tengan éxito al desarrollar un control de estímulo remoto, quizá mediante el reforzamiento automático de la conducta de observar. El enviado visitará sitios donde ocurren los acontecimientos importantes, se sentará cerca de algunas personas para oír lo que hablan, etc.; en esta forma genera o facilita la conducta verbal manipulando estímulos.

Sin embargo, los estímulos distantes son variables débiles y las contingencias que los involucran generalmente refuerzan la conducta que consiste en "llenar los vacíos". El estímulo distante puede representarse en una forma que sobreviva hasta que se emita la respuesta. Las fotografías y los mapas permiten emitir un tacto ante un estímulo inmediato que

4 Sin embargo, véase a Holland, J. G., *Science, 125,* (1957), págs. 348-350.

satisface las contingencias implícitas en el estímulo remoto. Las respuestas verbales pueden ser registradas inmediatamente en forma de notas o marcas; las contingencias últimas se satisfacen por la conducta textual (cuando se leen las notas o marcas) o por tactos de larga distancia que se complementan con ayudas textuales (cuando los eventos se describen con ayuda de notas).

El abismo puede salvarse en otras formas. Mediante la memorización inmediata de una serie de tactos, el hablante puede describir posteriormente la escena con la conducta intraverbal que así formó. El abismo se salva gracias a alguna propiedad de la última situación que provoca la respuesta verbal evocando la secuencia intraverbal. Los lapsos breves de tiempo con frecuencia se salvan estableciendo cadenas autoecoicas, como sucede al llevar un número telefónico que se ha sacado del directorio al teléfono, repitiéndolo hasta que comenzamos a marcarlo.

Capítulo 18

Conducta verbal científica y lógica

La comunidad literaria que analizamos en el capítulo 16 surgió con el descubrimiento e invención de contingencias que dieron a la conducta verbal una amplitud mayor, enfatizando sus consecuencias no prácticas. La conducta del escritor no se verifica al compararla con el ambiente inmediato y, por tanto, las consecuencias especiales que tratamos en el capítulo 16, así como la multiplicación de variables que analizamos en la parte ni, pueden desviarse un poco. Pero la mayor parte de la conducta verbal se relaciona con la acción efectiva. Cuando un hablante describe, identifica o presenta cierta situación con exactitud aumenta la probabilidad de que el oyente actúe apropiadamente con respecto a tal situación, y cuando el oyente busca una extensión de sus propias capacidades en el oyente, un contacto con eventos distantes o una caracterización exacta de una situación problema, la conducta del hablante será más útil para él si el control ambiental no ha sido alterado por otras variables. Esta: es la distinción entre hecho y fantasía, entre verdad y ficción,

Wahrhe.it y *Dichtung.* En forma similar, cuando un hablante re-1construye intraverbalmente direcciones, reglas de conducta y "leyes de pensamiento", aumenta la probabilidad de que tenga éxito su comportamiento práctico, ético o intelectual, respectivamente, y tal éxito dependerá de la "pureza" de las relaciones de control.

En la historia de la lógica y de la ciencia podemos rastrear el desarrollo de una comunidad verbal cuyo interés fundamental es la conducta verbal que contribuye a la acción exitosa. La conducta mantenida por tal comunidad, difiere de los instrumentos empleados para mantenerla, como el discurso efectivo difiere de las reglas de sus propias reglas, por ejemplo.

Esto último (los cánones, leyes y prescripciones de la metodología científica que ayudan a definir términos, a formar oraciones, a probarlas por su consistencia interna, para determinar su verdadero valor, etc.), surge relativamente tarde en la historia de la conducta verbal lógica y científica. Primero estudiaremos las características de esta conducta como tal, y entonces las costumbres de la comunidad podrán explicarse en términos de sus logros especiales.

AGUDIZACIÓN DEL CONTROL DE ESTÍMULO

Estímulos no verbales

La comunidad científica alienta el control de estímulo exacto, bajo el cual un objeto o una de sus propiedades se identifica o caracteriza en forma tal, que la acción verbal será más efectiva.

Tal control de estímulo condiciona las respuestas bajo circunstancias favorables, en las cuales generalmente podemos manipular las propiedades relevantes e irrelevantes de los estímulos. Para ordenar las relaciones de control irrelevantes, el control de estímulo establece nuevas formas de respuesta como el reemplazo arbitrario del vocabulario cotidiano, no únicamente el vocabulario especial de la ciencia, sino también gráficas, modelos, tablas y otras formas de "representar las propiedades de la naturaleza". Estos términos son verbales de acuerdo con nuestra definición: representar una ecuación en coordenadas cartesianas, construir un modelo tridimensional de una molécula compleja y ajustar el indicador de un cuadrante, son respuestas verbales que proporcionan "textos" a los "lectores" científicos, textos que con frecuencia corresponden a sus estímulos pertinentes en uno o más sistemas dimensionales. (Señalar en una gráfica, modelo o escala, o "leerlo" para otro oyente, también son respuestas verbales comparables al acto de señalar una palabra en una lista, o a leer un texto.)

La comunidad lógica y científica agudiza el control discriminativo de las respuestas verbales con esquemas de clasificación. El científico llama roedor a una rata no sólo porque ha adquirido el nombre científico para una clase especial de animal, sino porque su conducta verbal está controlada por una propiedad genérica que la comunidad científica ha señalado estableciendo una operante de clasificación.

En la práctica científica se toleran las extensiones genéricas, pero las extensiones metafóricas, metonímicas y solecistas generalmente se extinguen o se castigan. Es posible, sin embargo, que se presenten extensiones metafóricas, pero la propiedad de control se enfatiza rápidamente por medio de contingencias adicionales que convierten la respuesta en una abstracción, o la metáfora pierde su naturaleza metafórica debido a la llegada de estímulos adicionales de control. Así, es probable que la teoría molecular de los gases haya comenzado como una metáfora, en el sentido en que la presión a que se sometía la pared de un recipiente era descrita con los términos con que se designaba una pared que era golpeada por pequeños guijarros Finalmente se removieron otras clases de evidencia, o redujeron considerablemente la naturaleza metafórica de los términos.

Al eliminar los efectos de otras consecuencias de la conducta verbal, las contingencias establecidas por la comunidad científica actúan para evitar la exageración o la minimización, la mala representación, la mentira y la ficción. Las variables de audiencia se aclaran especificando e "universo del discurso" como subdivisión del repertorio que va a emplearse, del cual se excluyen específicamente los términos que sean apropiados a otras audiencias. La conducta verbal científica es más efectiva cuando está libre de las fuentes múltiples de fuerza; y el humor, el ingenio, el estilo, los instrumentos poéticos, las recombinaciones fragmentarias y las distorsiones de forma, cuando no se castigan, la comunidad científica las deja sin reforzar.

Al oyente se le describe la naturaleza del control de estímulo con los autoclíticos apropiados. Los escritos científicos y lógicos contienen muchas descripciones de la conducta del hablante *(Observamos que... Los autores concluyen que. . .)*, frecuentes caracterizaciones o especificaciones *(Es cierto que. . .*, proba*blemente..., es posible que...)* y autoclíticos que cuantifican y describen el rango de aplicación de una respuesta *(Algunos, ninguno, todos, nada,* etc.). Gran parte de esto está implícito en las afirmaciones científicas. Los autoclíticos adicionales del juicio le dicen al lector cómo relacionar las partes diferentes de los estímulos verbales que acompañan.

Las contingencias de reforzamiento que crean un repertorio científico especial y que agudizan su control de estímulo, proporcionan una clase de conducta que sirve al oyente como: 1. *Estímulo discriminativo* óptimamente efectivo para evocar cualquier conducta que ya pueda poseer con respecto a una situación, y 2. una fuente útil de *instrucciones* para alterar su conducta con respecto a situaciones nuevas.

Estímulos verbales

La comunidad lógica y científica, en respuesta a los estímulos *verbales,* también agudiza y restringe la conducta verbal. Un ejemplo obvio de lo anterior, nos lo proporciona la afirmación de la exactitud de las conductas ecoica y textual; es importante saber qué fue lo que en realidad se dijo, ya sea en forma vocal o escrita. Sin embargo, generalmente las prácticas se diseñan para aclarar la relación que existe entre una respuesta verbal que se emite ante un estímulo verbal, y l circunstancias *no verbales* responsables de ella. A la comunidad le interesa regresar al estado de cosas original y evitar cualquier distorsión que se deba a las cadenas verbales intermedias. Por ejemplo, sin un hablante emite un tacto que en las costumbres de la comunidad está controlado por uno de dos estímulos muy diferentes (por ejemplo, si el hablante dice *cuarto,* tal respuesta puede referirse a un orden numérico determinado, o a una habitación), y si un segundo hablante responde a esto en forma ecoica (o textual si la primera respuesta fue escrita), su oyente puede emprender una acción con respecto a una situación equivocada. El hablante original estaría en posición de dar autoclíticos útiles —por ejemplo, emitir un sinónimo que normalmente esté bajo el control de uno solo de los estímulos, o aclarar su afirmación diciendo. *Yo quise decir "ligero" en el sentido de "poco peso"*—, pero no estaría en contacto con el oyente para quien es importante la distinción y puede no ser afectado por las contingencias que generan los autoclíticos. La comunidad lógica y científica impide que el hablante que describe la conducta encuentre calificadores apropiados. En otras palabras, el lógico o científico se encuentra bajo especial presión cuando tiene que responder en forma ecoica o textual a la conducta verbal de otro hablante, ya que tiene que "asegurarse de su sentido". Esta presión se ejerce por medio de las contingencias de refuerzo que generan algo más que la simple conducta ecoica o textual. (Cuando el hablante y el oyente están en la misma piel, uno puede responder "erróneamente" a la conducta verbal del otro. Los afásicos nos proporcionan ejemplos extremos de esto; sus "procesos de pensamiento se extravían cuando una respuesta intraverbal trivial produce un "cambio de significado" a la mitad del discurso, pero este efecto también le ocurre al hablante normal, especialmente cuando la conducta es escrita y su acción como lector se demora en forma tal que el hablante "olvida lo que quería decir".)

La comunidad lógica y científica elimina las respuestas intraverbales que interfieren en el "proceso lógico de pensamiento". Sells describió parte de lo anterior en su estudio sobre el "efecto de atmósfera".[5] La comunidad verbal se defiende en muchas formas de las respuestas colaterales confusas o equivocadas que se emiten ante los estímulos verbales. Los vocabularios científicos especiales (usados en determinado "universo del discurso") están relativamente libres de la respuestas que están bajo otras clases de control de estímulo; esto es, libres de relaciones intraverbales superfluas. Los símbolos que aparecen con tanta frecuencia en las conductas lógica y científica (a menudo en reemplazo de términos del vocabulario cotidiano), son especialmente importantes para eliminar las respuestas no deseadas, ecoicas, textuales e intraverbales.

Los lógicos y científicos poseen extensos repertorios de conducta intraverbal, pero tales repertorios están compuestos de elementos que poseen resultados satisfactorios prácticos comprobados. La adquisición de definiciones, hechos memorizados, tablas de constantes, etc., constituye una parte fundamental del entrenamiento de un científico, en la medida que se refiere al aprendizaje del uso adecuado de definiciones escritas o impresas, de hechos, tablas, u otros estímulos verbales que han sido compuestos especialmente para que las respuestas textuales útiles puedan ser emitidas en ocasiones apropiadas.

Las reglas del pensamiento lógico y matemático, las leyes del pensamiento, las formas de silogismos, etc., poseen un uso relacionado. La diferencia que existe entre la estructura lógica de una oración y los términos particulares que se presentan en ella, es la misma que existe entre las respuestas autoclíticas (especialmente los marcos gramaticales que analizamos en el capítulo 14) y las operantes verbales. Al dedicarse a la emisión de conducta verbal lógica y científica, el hablante adquiere lentamente secuencias intraverbales esqueléticas que se combinan con las respuestas apropiadas para una ocasión determinada. En la misma forma en que el poeta que ha escrito muchos pentámetros yámbicos encuentra fácil "pensar" en esa métrica, el lógico que ha emitido muchas respuestas

5 Sells, S. B. *Archives of Psychology, 29,* (1936), núm. 200.

estructuradas, en forma lógica, encuentra fácil componer otras con la misma pauta. Nuestro hablante recibe ayuda por el hecho de que las operantes fragmentarias o esqueléticas se combinan con otras respuestas en la causación múltiple, y también porque las respuestas que no poseen la pauta acostumbrada se rechazan rápidamente por ser raras y extrañas.

Las costumbres que limitan las respuestas emitidas ante estímulos verbales reciben apoyo de los autoclíticos apropiados, con los cuales el hablante representa la naturaleza del control de su conducta. El papel que desempeñan los estímulos verbales se aclara haciendo referencia a las "autoridades" y considerando sus afirmaciones como hechos *(El descubrimiento de Harvey de la circulación de la sangre aclaró que...)* y leyes *(De la segunda ley de Newton se sigue que...),* así como axiomas o definiciones previamente descritos *(...lo que es verdad por definición).*

CONSTRUCCIÓN DE NUEVA CONDUCTA VERBAL

La comunidad verbal lógica y científica ha acumulado lentamente un conjunto de técnicas para construir conducta verbal efectiva. El hablante pasa de un conjunto de respuestas a otro que posiblemente es más útil.[6] Puede emitir finalmente lo que parece ser un tacto o respuesta intraverbal, por ejemplo, para la cual no haya estímulos verbales apropiados inmediatos, pero que, a pesar de esto, lleve a la acción efectiva. Las costumbres que producen esto parecen haber sido descubrimientos empíricos; no siempre tienen éxito, pero el crecimiento de la comunidad verbal científica y lógica ha extendido en gran medida sus probabilidades de éxito.

El acto de contar nos proporciona un ejemplo familiar de construcción de una respuesta verbal. Cuando un hablante dice *cuatro* en respuesta a cuatro personas sentadas en torno a una mesa, su respuesta puede estar controlada directamente por una propiedad de la situación, tal como las *personas,* o *sentarse.* Pero si dice *cuatro* después de revisar una docena de cuartos, algunos de los cuales están ocupados, su respuesta no es un simple tacto; es el resultado del uso especial de una cadena intraverbal, *uno, dos, tres, cuatro,* en la cual (debido a que "aprendió a contar") ha

6 La "composición de enunciados", de la cual se dice que se ocupa la lógica, no debe confundirse con la "composición" que analizamos en el capítulo 14. Lo que estamos tratando es el proceso actual de construcción.

emitido una respuesta en la secuencia cada vez que ha visto a una persona, y ahora nos dice cuál fue la última respuesta emitida. Una respuesta como *cien* siempre se construye, sea en esta forma, si está controlada por la conducta de contar cien objetos, o por medio de otras operaciones. Las matemáticas se interesan en gran parte por la conducta verbal que se construye mediante proceso de contar o el derivativo.

Respuestas manipuladoras

Aunque la noción de palabra como algo que "usa" el hablante ha tenido resultados desafortunados, los registros o trazos de las respuestas verbales pueden tratarse como objetos independientes. Mediante la manipulación mecánica de tales objetos podemos construir conducta verbal útil. Aun cuando las respuestas no se presentan en forma escrita, la conducta es evidentemente "manipulada" en el mismo sentido. Con el fin de limitarse uno mismo al empleo de términos que caigan dentro de un universo limitado del discurso, o para emplear sólo un conjunto particular de axiomas, por ejemplo, el lógico o el científico generalmente presentan una lista de respuestas en forma escrita. Su conducta verbal subsiguiente es reforzada por él mismo o por otros, sólo si la respuesta que emite puede también emitirse en forma de respuesta textual ante los estímulos de dicha lista. También se puede emplear una lista de reglas, en el sentido de actividades permisibles para construir nuevas respuestas. Las reglas declaratorias por las que se rige un corte judicial limitan la conducta verbal de los testigos; las reglas del ajedrez limitan los movimientos de las piezas; las reglas lógicas poseen un efecto comparable en el lógico. Construir una lista de éstas, consultarla, impedirse a sí mismo la emisión de respuestas que no se incluyen en dicha lista, etc., son conductas extremadamente complejas y la comunidad verbal debe condicionarlas laboriosamente. Tanto la conducta como los problemas especiales que de ella surgen, son similares a los que se trataron al hablar de la edición en el capítulo 15.

La sustitución de términos nos ilustra la manipulación productiva de las respuestas verbales. Si las palabras se escriben en pedazos de papel, y si los pedazos mutuamente reemplazables se marcan con este fin, entonces el acto de sustitución consiste simplemente en remover un pedazo y reemplazarlo por el sustituto apropiado. Tachar un conjunto de marcas que se encuentran en una hoja de papel y anotar otro conjunto, es un ejemplo común de esto. Incluso cuando el acto es más difícil de observar, se supone que ocurre por las mismas razones y con las mismas consecuencias. Escribir una expresión "con una estructura lógica equivalente", trasponer, fraccionar o introducir valores a una ecuación, son otros ejemplos de la manipulación de respuestas verbales.

Muchos problemas de semántica y de lógica deductiva se refieren a las reglas para la sustitución de términos. Esto se manifiesta en las discusiones de sinónimos, pero muchas otras clases de respuestas —los autoclíticos cuantificadores, por ejemplo— también pueden especificar que se pueden sustituir al decir *The three blind mice all ron after the farmer's wife* (Los tres ratones ciegos corrieron tras la esposa del granjero), la respuesta *all* puede ser un tacto comparable a la respuesta rápida del niño pequeño: *All gone* (literalmente: todos fueron). En cambio, decir *Todos los ratones son mamíferos* no puede ser un tacto, porque nadie ha observado nunca a "todos los ratones". Enfatizar la función autoclítica cambiando la respuesta anterior por *Siempre que se diga "ratón" se puede decir "mamífero",* no resuelve el problema porque nadie ha observado todos los casos en los cuales es posible decir "ratón". En cambio, la respuesta se construye a partir de las definiciones de *ratón y de mamífero,* así como de una regla unilateral para la sustitución derivada de éstas.

Generalmente, el producto de la manipulación de términos es un estímulo textual (una nueva ecuación, por ejemplo, o una nueva forma de expresión) que posteriormente puede llevar a otra conducta. Algunas veces la expresión nueva "resuelve el problema", en otras, se corresponde con un enunciado anterior de una hipótesis o teoría (este efecto puede indicarse con el autoclítico *Q.E.D.*[1]), y en otras simplemente lleva a la acción efectiva, posiblemente no verbal. El hecho d que se pueda reaccionar ante la conducta que se presenta en esta forma como si fuera un tacto o una respuesta intraverbal, o una muestra mayor de la misma naturaleza, es parte del descubrimiento empírico de la comunidad lógica y científica. La conducta de reaccionar en esta forma ante tal comportamiento también debe estar condicionada por la comunidad.

En algunos experimentos efectuados por Moore y Anderson[2] se condicionó explícitamente la conducta verbal lógica. En tales

1 N. del E.: *Quod Erat Demonstrandum*, para denotar que se ha finalizado una prueba lógica.

2 Moore, O. K. y Anderson, S. B. *Journal of Psychoiogy, 38,* (1954), 151-160

experimentos fueron entrenados algunos sujetos ingenuos para que resolvieran problemas de cálculo proposicional. A uno de los sujetos se le dieron ciertas premisas, ciertas reglas de transformación y una conclusión a la cual llegar. En todos los estadios su conducta consistía simplemente en especificar una regla; hacer uso de un número, digamos, o señalarlo en forma escrita. El resultado de la aplicación de la regla se dio de inmediato, y entonces el individuo especificó otra regla. (El sujeto podría haber llegado al resultado de cada aplicación por medio del uso de otras reglas.) Se encontró que era posible crear manipuladores hábiles de cálculo proposicional, aunque la relevancia del procedimiento para la conducta práctica continuara oscura, es decir, aunque el sujeto no "supiera el significado" de las operaciones que realizó. En la misma forma un niño puede aprender una jugada de ajedrez.

Generalmente la construcción de nuevo material verbal se describa mediante el uso de los autoclíticos apropiados. Éstos incluyen comentarios literales como *sustituya o transporte,* lo mismo que mandos explícitos sobre el oyente que tienen el objeto de alentar una acción partícula *(Sea X igual al número de ladrillos que una persona puede cargar en un día).* Es frecuente que se indiquen ciertos autoclíticos relaciónales y de cuantificación, muchos de los cuales son ampliamente conocidos, aunque se utilizan más estrictamente en el discurso lógico y científico.

Los autoclíticos que señalan la naturaleza construida de las respuestas que acompañan son *Por tanto y se sigue que...*

Confirmación

Con frecuencia debe "confirmarse" la conducta verbal nueva que ha sido construida. Sin embargo, el proceso no se limita a las oraciones construidas. Cuando generamos variables adicionales para aumentar la probabilidad de una respuesta, la confirmamos. Así, nuestra suposición de que algo que hemos visto a la distancia es un telescopio, se confirma acercándonos al objeto hasta que la respuesta débil *Creo que es un telescopio,* se reemplaza por la respuesta fuerte *Sé que es un telescopio.* En forma semejante, nuestra suposición de que un objeto con el cual no estamos familiarizados es una *especie* de telescopio, se confirma cuando encontramos que puede usarse como tal. Al usarlo como tal exitosamente, damos estimulación adicional al tacto inextendido *telescopio.*

Con frecuencia confirmamos una respuesta cuando se encuentran variables que controlan una forma similar de respuesta en algún tipo de operante. Así, confirmamos nuestra suposición de que un animal en el zoológico es un lémur, mediante la lectura del letrero de la jaula; al hacerlo, añadimos una respuesta textual a un tacto débil. (Sin duda también nos beneficiamos de las "instrucciones" que nos dan; no "suponemos" más, aunque no estemos viendo el letrero.) En cambio, si le preguntamos a un empleado, la respuesta complementaria será ecoica. Cuando confirmamos el recuerdo que tenemos de un hecho "buscándolo" en la enciclopedia, añadimos una respuesta textual; cuando lo confirmamos preguntándole a una autoridad en la materia, añadimos una respuesta ecoica. La confirmación de nuevas respuestas verbales construidas mediante los procedimientos de la conducta verbal lógica y científica, tiene importancia cuando la nueva respuesta nunca se ha tenido como un tacto o intraverbal. La importancia de la confirmación aumenta con la longitud de la serie de pasos que se toman en el proceso de construcción, debido a que la respuesta generada se emite en forma cada vez más vacilante conforme aumenta la posibilidad de error.

Es útil mantener la distinción que existe entre la confirmación de un tacto y de una intraverbal. Si tenemos que colocar algo en una de dos cajas marcadas con *A* y *B,* y si luego de mirar la caja *B* decimos *No es en B,* estamos diciendo *Es en A.* Esto tiene la forma de un tacto complejo, como podría emitirse después de mirar en *A,* pero se llega por medio de la construcción. Para referirnos al proceso podemos usar un autoclítico *(Por tanto, concluí que era en A,* o *Debe ser en A)*, también lo podemos emplear para indicar alguna debilidad que permanece *(Probablemente es en A).* Confirmamos la respuesta construida generando el estímulo adecuado para el tacto comparable, es decir, buscando en *A.* Confirmamos las respuestas para los estímulos *verbales* cuando completamos un crucigrama. Nuestra suposición de la pertinencia de un sinónimo para una palabra clave dada en el crucigrama (una respuesta intraverbal), se confirma mediante la demostración de que satisface las especificaciones (o sea que nos permite dar la respuesta textual ante ella) de las letras en los espacios. Por otra parte, los estímulos verbales fragmentarios generados por las palabras que se cruzan pueden servir como ayudas formales para una respuesta tentativa, la cual se confirma posteriormente por la respuesta intraverbal que se emite ante el estímulo dado.

Las respuestas construidas a partir de la conducta lógica y científica se confirman también, ya sea como tactos o como intraverbales. Una serie de manipulaciones verbales acerca de las órbitas de los planetas conocidos puede llevar a la afirmación de la posición y tamaño de un planeta hipotético. Con la ayuda de un telescopio, una respuesta de esta forma puede emitirse como tacto. Posteriormente, el astrónomo podrá emitir una oración como: *Hay un planeta de tal tamaño en tal y tal sitio del espacio,* la cual tiene al menos dos fuentes de fuerza: los datos de observación con respecto a los cuales la respuesta es un tacto, y los cálculos con que se construye una respuesta comparable. Sin embargo, cuando no es posible la confirmación mediante el acto de encontrar el estímulo adecuado para un tacto determinado, las construcciones adicionales pueden dar fuerza adicional. Cuando una respuesta se construye en otra forma se "prueba" una proposición, mientras una teoría que se basa en varios puntos de evidencia verbal, pero en ningún caso se encuentra un tacto comparable. La teoría de la evolución no puede confirmarse mediante un conjunto de tactos emitidos ante eventos reales que se efectuaron en un pasado remoto, sino que un solo conjunto de respuesta verbales que parecen ser tactos emitidos ante tales eventos, se hace más probables, y se fortalecen, por diversos tipos de elaboraciones basadas en respuestas verbales que se han dado en geología, paleontología, genética, etc. Sólo un evento actual de la misma naturaleza (por ejemplo, la aparición o producción de una nueva especie en las circunstancias apropiadas) podría generar un tacto de la misma forma, y convertiría en hecho la teoría en tal sentido.

Al probar una teoría deductivamente se invierten las posiciones de la especificación y de la búsqueda. La manipulación lógica y científica es, entonces, un ejemplo de la construcción de conducta previamente especificada. Al afirmar una hipótesis o teoría, establecemos una especificación completa de la conducta verbal que se va a construir. Por supuesto, las hipótesis y teorías no surgen espontáneamente; con frecuencia son tactos extendidos o intraverbales débiles. Se requiere conducta verbal que posea la misma forma, pero que esté controlada por circunstancias más sustanciales y posiblemente más remotas. Así, si comenzamos con un tacto compuesto (por ejemplo, la descripción de la órbita de un planeta), nuestra tarea es llegar a conducta verbal comparable mediante la manipulación de las respuestas disponibles que se refieran a las otras órbitas y planetas, según un conjunto de reglas determinado.

Si tenemos éxito, confirmamos la utilidad de las respuestas y reglas que hemos usado, entre las cuales puede haber axiomas, postulados, hipótesis y teorías.

El siguiente ejemplo servirá para resumir el proceso de confirmación. Supongamos que alguien dice *Ese libro tiene cuatrocientas páginas.* Basado en tal respuesta, el oyente puede actuar con máxima confianza si se trata de un tacto real; si el hablante ha mirado la última página del libro y encuentra que tiene el número 400 (su respuesta es más que textual porque "leer" el número de la última página brinda la ocasión para que la respuesta sea reforzada por la comunidad), o si ha contado las páginas y se encuentra diciendo *cuatrocientos* a la última página. La medida en que el oyente considera la respuesta como verdadera, válida o correcta, está gobernada por la medida en que las respuestas comparables dadas por el mismo hablante han sido útiles anteriormente.

Sin embargo, en realidad la respuesta puede ser de otra clase. Si el hablante simplemente ha notado el grueso del libro, o lo ha levantado con la mano se trata de un tacto vago llamado suposición; si simplemente está repitiendo lo que oyó, se trata de una respuesta ecoica; si simplemente lo está leyendo, es una respuesta textual; si nuestro hablante ha oído o leído algo así antes, o si ha memorizado el número de páginas en una larga lista, incluyendo tal libro, puede tratarse de una intraverbal defectuosa; puede ser una respuesta construida a partir de las siguientes respuestas: *El libro tiene diez capítulos, la longitud promedio de cada capítulo es de 40 páginas.* También es posible que la respuesta sea una inducción si muchos libros anteriores, escritos por el mismo autor, poseen exactamente 400 páginas (entonces, la respuesta del hablante también es un tacto vago o una suposición, en la cual el estímulo de control es principalmente el nombre del autor más que, digamos, el grosor del libro).

En cada caso, el hablante u oyente puede confirmar la respuesta acumulando variables que eleven al máximo su probabilidad. Tomamos un paso en esta dirección cuando la respuesta se emite por cualquiera de las dos razones antes presentadas. Pero lo que generalmente significa la confirmación, es la generación de una respuesta como tacto (al número que aparece en la última página del libro) o como respuesta que se construye contando. El oyente reacciona ante tales respuestas con máxima confianza (que no necesita, claro está, ser completa).

Investigación científica

La ciencia empírica se interesa sólo parcialmente en la construcción y confirmación de la conducta verbal. En términos más amplios, la ciencia empírica es un conjunto de prácticas que producen conducta útil. Gran parte de tales prácticas son verbales, y, a su vez, parte de ellas son construidas. La instrumentación, por ejemplo, es un elemento característico del método científico la ampliación y aclaración de los eventos que pueden servir como estímulos (como cuando miramos algo a través de un telescopio o de un microscopio), mediante la transformación de algunas formas de energía en otras a las cuales podemos reaccionar (como cuando oírnos un contador Geiger), y en muchas otras formas. Gran parte de lo que hacemos al responder a los estímulos generados o modificados de esta manera, es verbal.

Otros métodos experimentales llevan las respuestas bajo un control de estímulo más estricto manipulando situaciones en forma tal que se ponga énfasis en las propiedades relevantes. Si alguna propiedad de un estímulo ha sido responsable de la extensión metafórica que llamamos teoría, las prácticas experimentales tal vez nos permitan aislar esa propiedad (tal vez como el miembro que tienen en común varios estímulos) y, por tanto, reemplazar la metáfora con una respuesta abstracta. Otros métodos se dedican a probar el rango de las respuestas o leyes ampliamente generalizadas.

Evaluación

La evaluación de la probabilidad de que una respuesta sea "correcta" o "verdadera" es parte esencial de las prácticas científicas; es decir, con base en tal evaluación podemos actuar exitosamente. (La lógica se ocupa de esto en su análisis de las relaciones internas, y eventualmente tautológicas, que existen entre los marcos autoclíticos.) Las respuestas construidas no siempre se confirman completamente, los tactos extensos están controlados por estímulos desviados, las respuestas emitidas a los eventos mal definidos o mal seleccionados poseen desventajas correspondientes, el reforzamiento generalizado minimiza, pero nunca destruye completamente, el efecto de la condición momentánea del hablante, etc. Estas limitaciones, así como su significación para el oyente, se reflejan en la vida diaria cuando emitimos tales respuestas sólo con fuerza moderada y las calificamos con los autoclíticos apropiados. La lógica tradicional aclaró la fuerza de los autoclíticos cuantificadores, y la práctica científica añade cierta cuantificación numérica. Como resultado, la escritura científica está cargada de expresiones tales como *más o menos dos por ciento o al nivel de probabilidad del cinco por ciento que,* como todos los autoclíticos, aumentan la probabilidad de que el oyente reaccionará con la precaución o convicción apropiada.

Metodología científica

La conducta verbal lógica y científica difiere de la conducta verbal de la persona media (y especialmente de la conducta literaria) debido al énfasis que da a las consecuencias prácticas. Éstas no siempre son asuntos de tecnología mundana. La prueba de la predicción científica es, como el término lo indica, la confirmación *verbal.* Pero tanto la conducta del lógico como la del científico conducen, al menos, a la acción no verbal efectiva, y es aquí donde debemos encontrar las contingencias últimas de refuerzo que mantiene la comunidad verbal lógica y científica. Ahora sólo podemos especular acerca de la forma en que deben hacerse sentir por sí mismas las ventajas que tienen ciertas clases de conducta predicción y el control de la naturaleza. Una comunidad verbal terminará por suprimir la conducta exagerada o deshonesta, y reforzará las respuestas que estén bajo un control de estímulo más exacto, así como reforzaría la repetición correcta y la recitación de las reglas de conducta (éticas o de otra clase), el correcto recuerdo de los datos, etc., debido a las importantes consecuencias prácticas que esto tiene. Sin embargo, sus intereses en este aspecto deben haber estado en conflicto, digamos, con su gusto por el entretenimiento verbal. La distinción entre estas clases de ventajas ganadas por la comunidad, es lo que nos permite distinguir entre las subdivisiones literarias y lógico-científicas. Por supuesto, estas subcomunidades no necesitan estar compuestas de miembros diferentes. Algunas veces la comunidad moldea y mantiene la conducta de entretenimiento de los poetas y los cuentistas; en otras ocasiones, y generalmente con respecto a otros hablantes, la comunidad moldea y mantiene la conducta verbal que produce resultados prácticos.

La conducta verbal lógica y científica, lo mismo que las costumbres de la comunidad que la moldean y mantienen, han sido analizadas en la *metodología lógica y científica.* Una vez que ha surgido una comunidad especial que se preocupa por las consecuencias prácticas, se convierte en objeto de estudio. ¿Cuáles son las propiedades que definen la conducta verbal lógica y científica?

¿Cuándo es tal conducta efectiva o válida? ¿En qué forma generan y mantienen dicha conducta las costumbres de la comunidad? ¿Cómo funcionan tales costumbres? ¿Es posible mejorar la conducta verbal científica y lógica?, y si lo es ¿qué costumbres lograrán tales mejoras?

Tres son los pasos que parecen conducirnos a esta clase de investigación metodológica: 1. algunas clases de conducta verbal, incluyendo los autoclíticos relaciónales y de cuantificación apropiados, han demostrado tener importantes consecuencias prácticas tanto para el hablante como para el oyente; 2. La comunidad descubre y adopta costumbres explícitas que alientan tal comportamiento, las cuales son reforzadas más por esto que por las consecuencias prácticas y extensas, y 3. las costumbres de la comunidad se estudian y mejoran, tal vez debido a sus consecuencias crecientemente exitosas. Como ejemplo en el caso de la lógica encontramos que: 1. algunas respuestas intraverbales son útiles para el oyente promedio; 2. entonces, la comunidad alienta tal conducta obligando a que los hablantes observen las leyes del pensamiento, al empleo de fórmulas silogísticas aceptables, etc., y 3. se analiza la consistencia interna y la validez de las leyes del pensamiento, de los silogismos y de otras reglas y fórmulas lógicas, con el objeto de lograr su posible mejoramiento.

En la ciencia, podríamos describir una secuencia paralela en la siguiente forma: 1. las respuestas relativamente abstractas que especifican propiedades particulares de estímulos han demostrado ser útiles; 2. la comunidad científica establece las contingencias de reforzamiento que obligan a los hablantes a responder ante propiedades aisladas, y 3. las reglas y cánones del pensamiento científico que gobiernan la clasificación y la abstracción se estudian para explicar la efectividad de los numerales 1 y 2, y posiblemente para sugerir mejor conducta y mejores prácticas. Puede decirse que las disciplinas analíticas del estadio número 3 se ocupan de la "validez" última del discurso lógico y científico, en el sentido en que especifican las consecuencias definidoras de la conducta lógica y científica.

Las técnicas de la metodología lógica y científica deben adaptarse a los fenómenos de la conducta verbal. En el momento de la emisión, generalmente no se consideran todas las implicaciones que esto tiene. Poniendo énfasis en los análisis formales, la lógica ha evitado muchos de los confusos problemas del "significado". Los marcos autoclíticos necesitan estudiarse, y es preciso diseñar prácticas que aumenten al máximo la validez tautológica o la verdad que se ha de inferir a partir de las relaciones entre tales marcos. Pero todos estos análisis, junto con sus productos, son conducta verbal y están sujetos a un análisis tal como el que aquí presentamos. Eso también es válido para los estudios acerca de la relación existente entre conducta verbal y eventos extraverbales, ya sea en la lingüística, en la lógica semántica o en las consideraciones estadísticas o probabilísticas de la metodología científica. El proceso verbal del pensamiento lógico y científico merece y necesita un análisis más preciso del que ha recibido hasta ahora. La lógica empírica o la epistemología científica descriptiva y analítica, cuyos términos y prácticas se adaptarán a la conducta humana como tema de estudio, pueden ser uno de los últimos logros de la ciencia de la conducta verbal.

Capítulo 19

Pensar

El rol de la conducta verbal en la coordinación de un grupo se trae a colación con frecuencia cuando se habla del origen del lenguaje. Tan pronto como el ser humano comenzó a trabajar en grupos en la caza, la pesca, la construcción de viviendas o la guerra, deben haber surgido situaciones en las cuales las respuestas verbales rudimentarias eran de utilidad.[3] Por ejemplo, en la pesca en grupo, una persona podría estar en una posición adecuada para ver los peces, mientras que otra lanzaría la red. Cualquier respuesta que el primero diera ante los peces mejoraría la acción del otro, posiblemente para beneficio de ambos. Es posible descubrir funciones coordinadas comparables en la conducta de una comunidad verbal bien desarrollada.

Las ventajas plausibles no son, en cuanto tales, la explicación del origen y mantenimiento de la conducta verbal, pero señalan las contingencias de refuerzo que sí lo son. La conducta verbal extiende los poderes sensoriales del oyente, quien ahora puede responder a la conducta de las otras personas en lugar de ir directamente a las cosas y eventos, y extiende también la capacidad de acción del hablante, quien ahora puede hablar en lugar de hacer.

Si, como resultado de una división del trabajo, la persona débil, pero bien informada puede controlar a la persona fuerte, pero ignorante, sus logros combinados pueden superar cualquier cosa que era posible para uno solo de ellos. Las empresas cooperativas no siempre benefician a todas las partes involucradas, pero las contingencias de relación necesarias

3 Véase el apéndice de Malniowski al libro de Ogden, C. K., y Richards, I. A., *The Meaning of Meaning*.

para mantener la conducta verbal se mantienen incluso en relaciones extremadamente asimétricas, como la del amo y el esclavo.

Cuando las respuestas comenzaron a trasmitirse de una persona a otra, la conducta verbal tuvo que haberse vuelto mucho más valiosa, tanto para el grupo como para cada uno de sus miembros. La trasmisión "de boca en boca" se hizo posible con el desarrollo de la conducta ecoica e intraverbal, mientras que la invención de la escritura y el desarrollo consecuente de la conducta textual permitieron una forma aún más eficaz de comunicación. El "hablante" que deja un registro duradero de su conducta puede afectar a "oyentes" que se encuentren en lugares y épocas muy distantes, y éstos a su vez se beneficiarán de los puntos especiales de ventaja de ese "hablante" remoto. El logro que representa la trasmisión de la conducta verbal, se observa hoy en los códigos de ley, en los libros de la sabiduría, en los formularios y escritos religiosos, que amplían casi ilimitadamente los efectos de la conducta que originalmente los produjo, así como en las historias, biografías, diarios y reportes experimentales, que dan al lector un contacto casi ilimitado con los ambientes de otras personas.

Emergencia de otras funciones

Una división útil del trabajo no es el único logro de la conducta verbal. A partir de los mandos y tactos debieron haber surgido otras funciones (así como de las respuestas correspondientes, verbales y no verbales, del oyente) que fueron efectivas, primero, para facilitar la coordinación del grupo. Los efectos especiales que hemos tratado en el capítulo 6 pronto se hicieron posibles con los resultados que hemos visto resumidos con resultados que se observan en la literatura cuando una obra determinada hace reaccionar emocionalmente al lector, o lo entretiene en diversas formas. Estas reacciones colaterales de los oyentes pronto debieron de haber alterado la conducta de los hablantes. Más aún, tan pronto como el oyente se convirtió en un buen hablante, la conducta verbal pudo haber desencadenado en él reacciones *verbales;* deleitándolo con los efectos humorísticos o de estilo de la causación múltiple, ayudando y sondeando su conducta en la estimulación persuasiva o inteligente, etc.

Estos usos adicionales de la conducta verbal no resultan de una extensión del poder sensorial o motor; pueden tener relación con la coordinación del grupo o no tenerla. Pero son más interesantes cuando tales usos no se relacionan con ningún grupo, en pocas palabras, cuando la persona está hablando consigo misma. Una vez que el hablante también se ha convertido en oyente, el escenario está listo para un drama en el que una persona puede desempeñar diversos papeles. No existen ventajas iniciales para la coordinación del grupo, pero hay ganancias que compensan esto. Al hecho de que el hablante se comporte consigo mismo como oyente, especialmente cuando su conducta no es observable por los demás, se le reconoce tradicionalmente como un logro humano fundamental llamado "pensamiento".

La descripción de la conducta verbal no es completa hasta que no se aclare su relación con el resto de la conducta del organismo. Esto puede hacerse en forma sencilla tratando el problema del pensamiento.

Conducta verbal encubierta

Si alguien está sentado en silencio y le preguntamos *¿Qué estás haciendo?,* puede responder: *Nada, estoy pensando.* En términos coloquiales, y también de muchos especialistas, pensar es lo contrario de hacer. Pero como organismo viviente, una persona se está comportando en algún sentido cuando "no hace nada", cuando su conducta no puede ser observada fácilmente por otros o incluso por sí mismo. No tratamos acerca de estas actividades en forma efectiva, porque casi siempre son accesibles sólo para el "pensador" y no es posible desarrollar respuestas verbales útiles ante tales actividades internas. Se han logrado ciertos progresos para mejorar la observación pública mediante la ampliación con instrumentos de la conducta a pequeña escala, pero los problemas derivados de la explicación de la ocurrencia normal de tal conducta permanecen.

En cierto sentido, la conducta verbal que no puede ser observada por otras personas no es propiamente parte de nuestro campo de trabajo. Es tentador evitar los problemas que presenta tal conducta limitándonos a los eventos observables, dejando que cada persona extienda el análisis a su conducta encubierta si lo desea. Pero en tal caso quedarían importantes vacíos en nuestra explicación. En el encadenamiento intraverbal, por ejemplo, algunas veces los eslabones necesarios no se presentan en los datos observables. Cuando alguien resuelve un problema de "aritmética mental", es frecuente que la presentación inicial del problema y la respuesta descubierta final sólo puedan relacionarse mediante eventos encubiertos inferidos. También tenemos que explicar la conducta verbal que está bajo el control del habla encubierta, que la informa (capítulo 5) o que la califica con autoclíticos (capítulo 12). Al tratar las formas gramaticales (capítulo 13), la composición de oraciones (capítulo 14), la edición (capítulo 15), y otros temas que tratamos en la parte v, también hemos tenido que considerar la conducta encubierta. Por tanto, ahora es necesario exponer sus dimensiones.

A menudo la conducta encubierta parece ser igual que la descubierta, sólo que la primera ocurre en una escala más reducida. Si recitamos el alfabeto pronunciando en voz alta unas letras y susurrando otras, podemos observar que es el tono de voz el que hace la diferencia: *A-b-C-d-E-f-G-h*... Si pronunciamos cada tercer letra en forma de murmullo y las demás las emitimos en silencio, podemos observar lo que parece ser una diferencia comparable entre las formas encubierta y descubierta: a- ( ) -c- ( ) *-e-* ( ) *-g-* ( )... Pero la respuesta silenciosa puede llegar a adquirir dimensiones muy sutiles. La implicación de los músculos que se demuestra mediante la amplificación mecánica o eléctrica, con frecuencia puede detectarse tratando de "pensar" en una respuesta como *bubble, bubble,* mientras se tiene la boca tan abierta como sea posible. Pero es posible hacer esto, especialmente después de adquirir un poco de práctica; aunque al suponer que la conducta encubierta siempre es ejecutada por el aparato muscular que también es responsable de la forma descubierta, surgen otras dificultades. Los oradores públicos experimentados, especialmente aquéllos que dicen la misma cosa muchas veces, parecen "pensar" una respuesta verbal mientras están diciendo otra en voz alta, y algunas veces uno parece leer mecánicamente en voz alta mientras lleva a cabo una conversación, digamos, "fantasiosa". Tampoco es muy factible que la actividad muscular en pequeña escala represente la conducta verbal incipiente. La expresión *Yo iba a decir*..., puede ir seguida de una respuesta que no ha sido previamente emitida, ni siquiera en forma subaudible. Un hablante rápido puede componer una oración para dar una respuesta que debe ser emitida, pero es difícil explicar esto suponiendo que hubiera un ensayo rápido y silencioso. Interrumpimos una afirmación molesta antes de que haga daño, aunque la podamos completar en forma subaudible, y sin duda antes de que haya ocurrido.

No necesitamos hacer suposiciones acerca del sustrato muscular o neural de los eventos verbales. Explicamos la probabilidad o la fuerza de una respuesta suprimida o manipulada, en la misma forma en que explicamos la probabilidad de cualquier conducta. En un caso de edición, por ejemplo, observamos que la conducta que por lo común va seguida de una respuesta determinada, se interrumpe repentinamente. El hecho de que "por lo común" vaya seguida de ella, es un hecho comportamental que se refiere a las ocurrencias anteriores de la respuesta bajo determinadas circunstancias. Los procesos fisiológicos median en la misma forma la probabilidad de las respuestas encubiertas y descubiertas, como indudablemente median todas las relaciones que se manifiestan en un análisis funcional del comportamiento; pero podemos hablar acerca de ambas formas de respuesta "cuando no se emiten", sin identificar los mediadores fisiológicos. Los datos que dan origen a la noción del habla encubierta pueden tratarse como tales, con el grado de rigor que prevalece en otros campos de la ciencia de la conducta verbal por el momento.

Sin embargo, aún se debe responder a otras preguntas. ¿Por qué una respuesta se torna encubierta? La conducta operante casi siempre comienza en una forma que afecta el ambiente externo, porque en caso contrario no se reforzaría. (Las excepciones las proporcionan ciertas respuestas que son automáticamente reforzadas por el organismo mismo.) ¿Por qué la conducta no permanece en forma descubierta?

La conducta se torna encubierta cuando, en primer lugar, su fuerza cae por debajo del nivel que se requiere para su emisión descubierta, y puede ser débil cuando las variables de control son deficientes. Cuando decimos *Creí que era Jones (pero veo que no lo es),* emitimos realmente la respuesta *Jones;* pero estamos describiendo un caso encubierto previo que se debilitó porque el estímulo era inadecuado. Si la respuesta *Jones* hubiera sido débil debido a que estaba mal condicionada o parcialmente olvidada, el informe podría haber tomado la siguiente forma: *Creí que se llamaba Jones.* Sin embargo, la conducta encubierta puede ser fuerte, como lo hace notar el hecho de que aparece a nivel abierto en otras circunstancias. La respuesta encubierta es simplemente la más fácil o, por cualquier otra razón, la más probable en ese momento. El nivel de energía de la conducta no verbal generalmente declina, mientras que las contingencias de refuerzo se mantienen. Cuando Thorndike reforzó un gato por lamerse la pata, el movimiento se hizo cada vez más tenue, hasta que apenas se podía detectar.[4] Las contingencias de refuerzo no se pudieron mantener más

4 Trorndike, E. L. *Animal Intelligence* (Nueva York, 1898).

allá de ese punto. (Podríamos decir que el gato no podía ser reforzado por "pensar" en lamerse la pata.) Pero cuando el hablante se desempeña como su propio oyente, permanece un reforzamiento considerable en la conducta *verbal* encubierta. Una consecuencia importante de nuestra definición es que, cuando uno se habla a sí mismo, es innecesario hablar en voz alta y es más fácil no hacerlo. Una respuesta que por razones de conveniencia es subaudible, se convertirá en audible si con ello logra alguna ventaja. En ciertas ocasiones hablamos con nosotros mismos en voz alta, por ejemplo, cuando una respuesta audible mejora la cadena intraverbal. En la solución de un problema difícil, sea matemático o de otra clase, utilizamos respuestas descubiertas, ya sea vocales o escritas. Por la misma razón, es probable que conductas encubiertas como sumar dinero o hacer operaciones matemáticas se vuelvan descubiertas en presencia de estímulos que distraigan a la persona. Sin embargo, el lenguaje encubierto no es total ni principalmente una forma de ahorrar trabajo. Como hemos visto, a menudo se castiga la conducta verbal. En el niño la conducta audible se refuerza y se tolera hasta cierto punto; luego se vuelve molesta, y se castiga al niño por hablar. En la edad adulta, siguen actuando consecuencias aversivas comparables a las anteriores.

El castigo no siempre se presenta bajo la forma de reproche; el habla que apenas se oye puede tener otra clase de efectos indeseables, como, por ejemplo, revelar un secreto. La privacidad de la conducta encubierta posee un valor práctico. En cuanto una respuesta verbal se emite principalmente por los efectos que tiene sobre el hablante mismo, se debe limitar a dicha audiencia. (El contenido de la conducta verbal autista con frecuencia es significativo para el terapeuta, porque libre del control ejercido por una audiencia punitiva.)

El hecho de que la evitación del castigo sea una explicación más probable que la conveniencia, se muestra por el hecho de que la conducta encubierta regresa al nivel descubierto cuando la audiencia punitiva no está más en posición de control, aunque no se haya alterado la conveniencia. Mucha gente que vive sola termina por hablar consigo misma en voz alta. En presencia de otras personas, el regreso al nivel descubierto puede llevar algún tiempo, porque el carácter no punitivo de una audiencia no se puede establecer en un momento. Generalmente resulta difícil hacer que la gente "piense en voz alta"; es decir, que emita en presencia de una audiencia externa la conducta que está principalmente controlada por el hablante mismo. La amplitud del control especial ejercido por la audiencia privada, se observa en el hecho de que, en ausencia d un oyente externo, la conducta descubierta a menudo genera ansiedad u otros efectos emocionales. Mucha gente se siente mal cuando usa por primera vez una máquina de escribir, o cuando repasa en voz alta un discurso en una habitación vacía. El cambio completo de la conducta previamente encubierta al nivel audible, puede llegar muy lentamente. La audiencia que no censura, como la que proporciona el psicoanalista, no es inmediatamente efectiva, aunque el lenguaje descubierto que en otras condiciones sería castigado, finalmente puede aparecer.

Existen variables importantes que determinan si una respuesta va a ser emitida en forma descubierta o encubierta. Pero tales variables no afectan demasiado sus otras propiedades; tampoco sugieren que haya una diferencia importante entre los dos niveles o formas. Por tanto, nada se gana identificando el pensamiento con el habla subaudible. Esto se hizo en algunos de los primeros análisis conductistas que aparentemente intentaban encontrar algún sustituto para los llamados procesos mentales. El enfoque tradicional, que dice que primero se presenta la idea y luego el hablante la expresa en palabras, tuvo que ser descartado. Como hemos visto, los verdaderos precursores del habla son las variables independientes, de las cuales el habla es función; pero en su mayoría tales variables se encuentran fuera del organismo y, por tanto, no son un reemplazo muy admisible de las ideas, consideradas como causas internas. Anteriormente, resultaba tentador suponer que el hablante "pensaba lo que iba a decir", en el sentido simple de decírselo primero a sí mismo. Pero la respuesta encubierta, si ocurre, no es, en ningún sentido, la causa de la respuesta descubierta. Toda la fuerza de la expresión de ideas no puede llevarse por una simple secuencia de respuestas encubiertas y descubiertas. Sin embargo, existen otros "procesos mentales" descartados de los análisis conductistas, que no se pueden reemplazar fácilmente con la conducta verbal encubierta; pero sin duda, su prestigio tradicional contribuyó al reconocimiento de la necesidad d encontrar sustitutos. Algunos de estos procesos se ejemplifican cuando el hablante adquiere o retiene una respuesta (los procesos mentales de "aprendizaje" y "memoria"), cuando responde en forma diferente a distintos estímulos ("discriminación") , cuando reacciona con una determinada forma de respuesta en lugar de otra ("diferenciación"), cuando responde de manera determinada ante un estímulo nuevo que se parece al estímulo viejo ("generalización", "metáfora" o "pensamiento analógico"), cuando su respuesta está bajo el control de una sola propiedad o de un conjunto especial de propiedades de un estímulo ("abstracción"), cuando llega a construir una respuesta por medio de una cadena intraverbal controlada ("razonamiento") y así sucesivamente. Estas *conductas* no son ni descubiertas ni encubiertas; son relaciones de control o cambios en la probabilidad que resultan de los cambios que experimentan tales relaciones.

La teoría de que el pensamiento era simplemente un lenguaje subaudible tuvo, al menos, el favorable efecto de identificar el pensamiento con el comportamiento; pero el lenguaje sólo es un caso especial de comportamiento, y el lenguaje subaudible una subdivisión adicional. El rango de conducta verbal se sugiere, en términos amplios, en orden decreciente de energía: gritar, hablar en voz alta, hablar en voz baja, murmurar, musitar "para uno mismo", hablar en forma subaudible con actividad muscular detectable, habla subaudible de dimensiones poco claras, e incluso, quizá, el "pensamiento inconsciente" que algunas veces se infiere en casos de solución de problemas. En este continuo no existe lugar alguno en el que sea útil trazar una línea de separación entre pensamiento y acción. Por lo que sabemos, los eventos que se presentan en el extremo encubierto no poseen propiedades especiales, no siguen leyes especiales, y no se les puede acreditar ningún logro particular.

EL HABLANTE COMO SU PROPIO OYENTE

Podemos considerar un caso aún mejor para identificar el pensamiento con aquella conducta que afecta en forma automática a la persona que se está comportando, y tal conducta es reforzante precisamente porque la afecta en forma automática. Tal afectación puede manifestarse en forma encubierta o descubierta. Al señalar el hecho de que los efectos reforzantes de la conducta verbal encubierta *deben* surgir de la autoestimulación, nos es posible explicar la tendencia a identificar el pensamiento con la conducta verbal encubierta. Sin embargo, la autoestimulación es posible, y sin duda es más efectiva, al nivel manifiesto.

Cuando una persona habla consigo misma, ya sea en voz alta o en silencio, es un oyente excelente, en el sentido al que aludimos en el capítulo 10, es decir, habla el mismo idioma o idiomas y posee la misma experiencia verbal y no verbal del oyente; está atenida a las mismas privaciones y estimulaciones aversivas, que pueden variar día a día o incluso momento a momento. Como oyente puede atender a su propia conducta de hablante justo en el momento apropiado, y está preparada de manera óptima para "entender" lo que se le ha dicho. Se pierde muy poco tiempo en la trasmisión, y la conducta puede adquirir dimensiones muy sutiles. Por tanto, no es sorprendente, nada sorprendente, que se haya considerado que la autoestimulación verbal posea propiedades especiales, e incluso que se haya identificado con el pensamiento.

Soliloquio simple

La propia conducta verbal del hablante proporciona automáticamente estímulos para las conductas ecoica, textual o intraverbal, y tales estímulos a su vez generan nuevos estímulos para nuevas respuestas. El resultado de lo anterior es el "soliloquio", el cual se ejemplifica en su uso dramático y en algunas novelas que se insertan en la corriente del flujo de la conciencia[1]. Esencialmente el soliloquio no es un pensamiento productivo; en él pueden surgir giros inesperados y, como resultado, el soliloquio que se presenta después se modifica sólo ligeramente si es que lo hace. Dashiel[2] ha analizado el *Ser o no ser* de Hamlet en este sentido. La conexión intraverbal que existe entre *morir y dormir* nos lleva a otra entre *dormir y soñar,* y entonces *soñar* fortalece una respuesta incipiente que se interrumpe con *Sí, allí está el busilis.* Sin tener en cuenta la respetabilidad de las conexiones, este "tren de pensamiento" es un mero lazo intraverbal o autoecoico y apenas es posible distinguirlo del "vuelo de ideas".

El pensamiento es más productivo cuando las respuestas verbales llevan a consecuencias específicas, y tales respuestas *son reforzadas porque lo hacen.* La conducta autista es un paso en esa dirección. Así, la fantasía verbal, sea descubierta o encubierta, es automáticamente reforzante para el hablante que también desempeña el papel de oyente. En la misma forma en que el músico toca compone lo que es reforzante para él cuando lo oye, o como el artista pinta lo que lo refuerza visualmente, el hablante que se dedica a la fantasía verbal dice lo que es reforzante para él cuando

1 N. del E.: recurso literario que sugiere una censura mínima sobre el texto narrativo y del que Joyce es un exponente.

2 Dashiell, J. F. *Fundamentals of Objective Psychology* (Boston, 1928).

lo oye, o escribe lo que es reforzante cuando lo lee. Este es el reino de los ensueños verbales y de gran parte de la poesía, la ficción y otras formas de literatura. El escritor compone estímulos verbales que le producen (a él e incidentalmente a otros) respuestas emocionales o de otra clase, o que sirven como ayudas o sondeos para permitirle conducirse verbalmente en una situación en la que él permanecería en silencio por falta de energía, humor o por las circunstancias punitivas. El escritor constituye, dentro de sí mismo, una comunidad adecuada para la producción sostenida de conducta literaria, y puede continuar escribiendo durante largo tiempo sin la contribución de la comunidad externa. A menudo, las prácticas de la comunidad interna tienden a presentar idiosincrasias perturbadoras, como sugiere la obra de una poetisa como Emily Dickinson.

La conducta verbal que tiene efectos prácticos sobre el hablante considerado como oyente

Además de la conducta autista o artística, las respuestas verbales pueden ser reforzadas automáticamente por sus consecuencias prácticas. Éstas pueden presentarse incluso cuando el hablante es su propio oyente. Aunque el individuo no puede extender sus poderes sensoriales y motores, gran parte de las contingencias mediadoras importantes que generan y mantienen la conducta verbal continúan actuando.

Un automando no es tan inútil como parece serlo a primera vista. Una persona puede “mandarse” a sí misma levantarse de la cama en una mañana fría, detenerse cuando ha cometido un error o asegurarse de recordar un encargo que le hicieron. Éstos no son mandos completamente mágicos. La respuesta verbal llega primero, porque tiene consecuencias menos aversivas que la conducta mandada. Por ejemplo, es más fácil ejecutar el mando *¡Levántate!* que salir de la cama, y es menos probable que tal mando vaya seguido de un choque por el frío. Puede ser fuerte por la incorporación de casos en los que hemos inducido a otras personas a levantarse, y puede ser efectivo si aumenta la probabilidad de salir de la cama mediante la incorporación de conductas que se relacionan con otros hablantes. Podría suponerse que los automandos que se basan sólo en la inducción terminarían por extinguirse al poder discriminar mejor las dos audiencias, pero allí existen fuentes continuas de reforzamiento. Supongamos que una persona está aprendiendo a cazar bajo circunstancias en las cuales es ventajoso quedarse completamente quieto (para dejar que la presa se acerque), a pesar de tener una fuerte inclinación a reducir la distancia que lo separa de la presa, avanzando hacia ella. El instructor produce la conducta correcta diciéndole *¡Quédese quieto!,* y el futuro cazador puede lograr el mismo efecto emitiendo mandos para su propia conducta. Nuestro futuro cazador pudo haber adquirido la respuesta verbal anteriormente (tal vez leyéndola en un libro) o pudo haberla aprendido en el mismo sitio, como una respuesta más breve y mejor definida que "quedarse quieto". En todo caso, el cazador que se dice a sí mismo *¡Quédate quieto!,* probablemente tenga ciertas ventajas para controlarse a sí mismo al ejercitarse en campo abierto. El resultado puede continuar reforzando la conducta verbal que se presenta en forma de automandos.

La posibilidad de que un hablante responda a sus propios estímulos *verbales* al repetirse ecoicamente o al leer notas que él mismo escribió, es algo que ya hemos señalado. El hablante también puede responder a sus propios estímulos intraverbales, como lo hace al abrir una caja de caudales siguiendo las instrucciones que se da a sí mismo, repitiendo la combinación como una cadena intraverbal.

Alguien puede "hablarse" o "escribirse a sí mismo" usando tactos. Así, a partir de alguna ventaja momentánea, puede componer un texto ante el cual responderá más tarde como lector. Las agendas, los diarios, los memorandos y otros instrumentos similares, sirven para llenar el vacío temporal que existe entre la conducta y las variables de control. La conducta final puede ser verbal o no verbal. El efecto inmediato del autotacto ayuda al hablante a identificar o aclarar la situación a la que el autotacto responde. Una situación internacional confusa cae en una pauta estándar cuando oficialmente se declara *Estamos en guerra.* La conducta de uno con respecto a una persona que nos es vagamente familiar, cambia cuando podemos recordar su nombre. Al ver un objeto extraño en una ferretería, uno puede emitir la conducta apropiada (y descartar la posiblemente aversiva situación de perplejidad) si dice tentativamente *Es un abrelatas.* La categorización de las respuestas es muy efectiva en este sentido. El zoólogo que trata de clasificar en forma adecuada un insecto desconocido, la joven madre que identifica la conducta de su hijo con el ejemplo de la pauta descrita por el psicólogo, o la persona de negocios que decide que su gráfica muestra la llegada de la hora de comprar un nuevo producto, todos ellos muestran cambios sustanciales de conducta debido a la categorización de sus respuestas. *Nomina si nescis, perit et cognitio rerum*[3].

No hay duda de que la aclaración automática producida por el tacto se apoya en la autoinstrucción. La conducta futura del hablante será diferente, aunque la respuesta no se emita nuevamente. Al desarrollar un problema difícil, podemos reafirmar ciertas relaciones claves o reidentificar los hechos importantes, especialmente cuando tienden a ser olvidados u oscurecidos por otros asuntos, aunque el efecto de categorización ya se haya sentido. Así, al resolver el crimen que se nos presenta en una novela de detectives, podemos encontrar que nosotros mismos insistimos en que un personaje es culpable a pesar de la evidencia pequeña, pero concluyente, que se presenta en contra de tal afirmación. Al dejarnos llevar repetidamente hacia la conclusión equivocada, podemos decirnos a nosotros mismos: *¡No! ¡No! No puede ser Billingsly; él estaba en el conservatorio hablando con el jardinero.* Al decir esto, no nos estamos diciendo nada que no supiéramos antes, sino que estamos alterando el *grado* en que lo sabíamos, y disminuimos la probabilidad de emitir otras respuestas que coloquen a Billingsly en la escena del crimen.

Aunque el hablante pueda encontrar útiles sus propias respuestas cuando tienen la forma de tactos, es probable que las consecuencias especiales que destruyen la pureza de la relación (capítulo 6) entren en juego. Como el reforzamiento automático no necesita respetar las contingencias que predominan en el ambiente verbal externo, las relaciones de control pueden "estirarse" a voluntad, tal vez comenzando con una ligera exageración que a la larga llevará a la ficción y a la mentira. La conducta verbal de la gente que vive sola y que habla principalmente consigo misma, con frecuencia le parece "extraña" al oyente externo. El hablante, como su propia audiencia, ha llevado a controlar una subdivisión especial de que su repertorio verbal, distorsionada por efectos especiales. Es posible que las contingencias públicas necesiten rellenarse, aunque ciertas correcciones automáticas se presentarán si la intrusión de consecuencias no pertinentes destruye las ventajas prácticas eventuales.

Cuando el oyente es el mismo hablante y proporciona otras razones para hablarse a sí mismo, predominan las características especiales de la conducta verbal que tiene fuentes múltiples de fuerza. Sin duda

3 N. del E.: con la palabra se pierde el conocimiento de la cosa.

tales características pueden señalarse en forma especial debido a la correspondencia óptima en la fuerza verbal que existe entre hablante y oyente cuando ambos están dentro de la misma piel. En la composición, el empleo de autoclíticos y el ordenamiento gramatical y sintáctico de la conducta verbal, se imponen sobre ésta principalmente por los efectos que tiene en el hablante mismo, y la principal actividad de edición se puede atribuir a tales efectos, en particular cuando éstos son el resultado del castigo previo. Las condiciones especiales bajo las cuales la corrección se reduce al mínimo y, por tanto, se "libera" la conducta verbal, pueden ser finalmente reforzantes para el hablante y llevarlo a establecer o inducir tales condiciones.

Podemos observar otra fuente de reforzamiento automático en la "solución de problemas", en la cual el hablante genera estímulos para *complementar* otra conducta que ya está en su repertorio. El hablante ayuda y sondea su propio comportamiento, como lo hace al recordar un nombre olvidado o al buscar un esquema de clasificación de respuestas efectivo. Él puede hacer esto porque ha sido reforzado por otros oyentes al presentar otra conducta semejante, pero las consecuencias prácticas inmediatas pueden proporcionar las contingencias necesarias. La conducta científica "paga", aun cuando el científico está hablando consigo mismo. Así, con frecuencia es automáticamente reforzante calcular la aparición de pares en el póker, en vez de jugar con base en refuerzos accidentales. A menudo es automáticamente reforzante contar objetos en vez de calcular su número; también lo es usar un reloj (que es una clase especial de texto), en lugar de confiar en el propio "sentido del tiempo", o usar trucos nemotécnicos especiales o algoritmos para construir nueva conducta verbal, en lugar de confiar, asimismo, en los intraverbales misceláneos del momento.

La autocomplementación verbal juega un papel importante en la toma de decisiones. Una persona escapa de la indecisión aversiva arrojando una moneda al aire; afirmando que, si sale cara, *irá*, y si cae cruz, *se quedará*. De esta forma el individuo construye una u otra de las dos posibilidades que le presenta ese texto (al arrojar la moneda), lo lee, efectúa la sustitución apropiada, y responde al mando resultante.

El dinamismo freudiano describe las actividades que son automáticamente reforzantes, porque generalmente permite que uno evite o escape de las consecuencias aversivas que resultan del castigo previo. Muchas de tales actividades son verbales y algunas otras lo son casi por necesidad. La "racionalización" nos ofrece un ejemplo de lo anterior. Por lo general se castiga a la gente cuando hiere a los demás, pero en casos especiales se les permite hacerlo, por ejemplo, al castigar la conducta indeseable o al llevar malas noticias que no pueden ocultarse. La comunidad distingue entre dos clases de conductas bastante similares, castigando sólo una de ellas. Como resultado, cuando la situación emocional predispone a la persona a herir a otra, es posible que surja un miembro no castigado de la clase de respuestas injuriosas. Es decir, es más probable que uno le propine castigo o le lleve malas noticias a la persona que no quiere. Cuando las dos clases de conductas no se distinguen fácilmente, como ocurre a menudo, es menos probable que la persona reciba castigo por parte de la comunidad externa, o que sufra la estimulación aversiva condicionada de "culpa", si puede caracterizar su conducta como perteneciente a la clase no castigable: *Le di la palmada "por su propio bien".*

Otra clase de racionalización consiste en caracterizar un evento como positivamente reforzante, cuando es más probable que sea aversivo. Sufrimos menos por un evento desafortunado si decimos que es una bendición a pesar de todo. Boswell cuenta que el doctor Johnson era consciente de este proceso:

> Sir, all the arguments which are brought to represent poverty as no evil, show it to be evidently a great evil. You never find people labouring to convince you that you may live very happily upon a plentiful fortune.[4]

Como sugieren estos ejemplos, la conducta verbal que se refuerza porque altera la conducta subsiguiente del hablante, con frecuencia tiene significación ética. Expresiones complicadas como *deber* y *tener* pueden interpretarse como descriptivas de las contingencias de reforzamiento. Cuando decimos *El joven debió decir "No",* afirmamos que hubo consecuencias de decir *No,* no identificadas, que eran reforzantes. Tal vez al decir *No,* el hablante se habría librado de un trabajo aversivo o de daño. En el caso ético, cuando lo "correcto" es decir *No,* la respuesta habría evitado la censura del grupo o habría producido alabanza. Entonces,

4 N. del T.: Señor, todos los argumentos que se aducen para decir que la pobreza nc es un mal, sin duda muestran que realmente sí es un gran mal. Usted nuncé encontrará gente que trabaje para convencerlo de que se puede vivir feliz cor una gran fortuna.

cuando la persona se dice a sí misma *Debo decir "No",* está afirmando que *No* tendría ciertas consecuencias reforzantes (que no se especifican más). Su respuesta difiere del automando *Di que "No"* en la fuente de su poder. El mando explota un viejo paradigma de relaciones de control que puede terminar por perder su efectividad, pero las respuestas que contienen la palabra *deberían* identifican o aclaran una contingencia de refuerzo más duradera, y puede aumentar exitosamente su efecto sobre el hablante. El representante de la sociedad que está dentro del individuo, el superego freudiano o la conciencia moral judeo-cristiana, es esencialmente verbal; sigue siendo la *vocecita interior.*

La "resolución" es una clase de mando que opera sobre uno mismo y que se disfraza como si fuera un tacto. *No voy a fumar durante los próximos tres meses,* no es una respuesta que se emite ante un evento futuro; su valor como autocontrol descansa en el hecho de que puede hacerse ahora, cuando las contingencias apropiadas son poderosas, posiblemente porque involucran evento aversivos; mientras que "no fumar durante tres meses", requiere tres meses para su ejecución, durante los cuales pueden cambiar la deprivación subyacente o la estimulación aversiva. La resolución crea un conjunto de condiciones bajo las cuales el acto de fumar se castiga específicamente (como "romper una promesa"), sea por parte del hablante mismo o de otras personas. El efecto es mayor si la resolución se anuncia públicamente o, mejor aún, si se muestra durante el periodo en el que se ejecuta.

A continuación, ofrecemos un ejemplo de conducta verbal autoestimulada sostenida que puede servir para ilustrar muchos de los puntos anteriores. Se trata de una transcripción directa de las respuestas que una niña de nueve años daba para sí misma mientras practicaba tocando el piano. La conducta era descubierta, pero de la clase que se habría vuelto encubierta si hubiera habido un poco más de castigo. La transcripción comienza después de varios minutos de estar sentada al piano. Comete un error y dice lo siguiente: *¡No, espera!* (Toca correctamente y llega al final de la pieza.) *¡Hah!* (Toca parte de una nueva pieza.) *Veamos. ¿Está bien? Lo haré una vez más.* (Termina la pieza.) *Ahora puedo estudiar otra cosa.* (Mira una nueva pieza.) *Esto está escrito en clave de G.* (Toca y canta al mismo tiempo. Termina y mira el reloj.) *Me llevó un minuto. Un minuto para tocar la canción completa.* (Comienza una nueva pieza y comete un error.) *Bien, empezaré todo otra vez.* (Comete otro error.) *Tendré que* *empezar de nuevo.* (Pieza difícil. Emite algunas *interjecciones.* Lucha con un pasaje difícil. Presiona el dedo en la tecla correcta.) *¡Oh mi dedito, me duele tanto! ¡Pero voy a HACER que funcione!* (Fuerza el dedo sobre la llave de nuevo. Se mira el dedo.) *¡Ah, hace buenas cosas!* (Mira el reloj.) *¡Huy! He ocupado parte del tiempo de las otras cosas que tengo que hacer.* (Mira otra pieza musical.) *¡No seré capaz de hacerlo!* (Observa el reloj.) *Sólo un minuto.* (Toma el reloj.) *Lo voy a atrasar cinco minutos. ¡Ya! Así tengo más tiempo para practicar.* (Toca y mira de nuevo el reloj.) *¡Eh! ¡No, no hagas eso! Vas muy rápido.* (Ajusta el reloj.) *Mejor así. Cinco minutos. (Toca y* comete un error.) *¡Ah!* (Mira el reloj.) *¡Vamos!* (Ajusta el reloj. Llama a su padre que está en el cuarto vecino.) *Papá, estoy atrasando este reloj; no tengo tiempo para practicar. Lo atrasé una hora. Ahora sí tengo tiempo para practicar.*

En este ejemplo de "pensamiento en voz alta", los mandos como *No, espera, sólo un minuto,* y *¿Está bien?,* acompañan al comportamiento de parar y mirar, el cual puede tener cierto efecto sobre el fortalecimiento. Las resoluciones *Lo haré una vez más y Tendré que empezar de nuevo otra vez,* anteceden a la conducta que parecen describir. Pueden fortalecerla o no, pero aclaran cada acto como un caso de "comenzar de nuevo porque se cometió un error". El tacto *Esto está escrito en clave de G,* probablemente sea útil para fortalecer la conducta no verbal apropiada.

¡Oh mi dedito, me duele tanto!, difícilmente puede ser útil en la misma forma, y parece ser un mero comentario emitido por la fuerza especial del estímulo. La yuxtaposición *Lo voy a atrasar cinco minutos* y *Tengo tiempo para practicar,* puede fortalecer nueva conducta en relación con el reloj. Más tarde se presentan un par de respuestas similares, y el acto de atrasar el reloj una hora puede ser el resultado de la aclaración de la conexión existente entre mover el reloj y tener más tiempo para practicar. El mando mágico dirigido al reloj *¡No hagas eso! ¡Vas muy rápido!,* también puede contribuir a la conducta de atrasar el reloj. Sin embargo, existe poco encadenamiento intraverbal en la muestra, porque está íntimamente relacionada con la conducta no verbal concurrente. El encadenamiento se da de la conducta verbal a la no verbal, y viceversa. Por esta razón, el ejemplo está más cerca del pensamiento verbal productivo.

A partir de lo anterior, existen buenas razones por las que el hablante que también está condicionado por la comunidad verbal como oyente, vuelva su conducta verbal hacia sí mismo. El resultado se acerca al "pensamiento", en muchos de los sentidos tradicionales del término. Por supuesto, tal conducta puede ser sutil y rápida, especialmente porque el hablante, como oyente, está preparado en forma óptima para su propio lenguaje. No obstante, todas las propiedades importantes de la conducta se encuentran en los sistemas verbales que se componen de hablantes y oyentes separados. Puede decirse que la conexión necesaria entre el pensamiento verbal y la autoestimulación, surge del hecho de que, en el sentido más estricto de nuestra definición, cualquier conducta que se refuerce debido a que modifica la conducta verbal subsiguiente en el mismo individuo, es necesariamente verbal, no importa sus dimensiones. El reforzamiento está "mediado por el organismo", si no estrictamente por otro organismo, y las respuestas que no poseen las dimensiones acostumbradas de la conducta vocal, sea escrita o gesticulada, puede adquirir algunas de las características de la conducta verbal. Sin embargo, el refinamiento de la definición que dimos en el capítulo 8, nos permite mantener tal distinción, como nos permite mantener la que existe entre fantasía visual y verbal, por ejemplo, excluyendo la primera de la categoría verbal. En todo caso, aunque la conducta autoestimulativa pueda ser necesariamente verbal en cierto sentido, la conducta verbal no necesita ser autoestimulativa. Cuando Platón pregunta: "¿Acaso no es lo mismo el pensamiento que el lenguaje? Lo es, pero con una excepción: el pensamiento es la conversación inexpresada del alma consigo misma", no podemos permitir esa excepción.

El pensamiento como conducta verbal

¿Estaremos de acuerdo con el resto de la frase de Platón "el pensamiento es lo mismo que el lenguaje"? Sin tener en cuenta la distinción entre lenguaje descubierto y encubierto, y la posibilidad de que la conducta verbal pueda ser especialmente efectiva sobre el hablante mismo, ¿vamos a concluir que el pensamiento es simplemente conducta verbal? Es preciso admitir que esta es una noción atractiva. "Él le dio al hombre el lenguaje, y el lenguaje creó el pensamiento, que es la medida del universo".[5] Los conductistas han propagado cierta versión de esta doctrina con el fin de dar solución al problema psicológico del conocimiento, y también lo han hecho los positivistas lógicos para sus propios propósitos epistemológicos. Mucho

5 Shelley, P. B. *Prometheus Unbound*

antes, en *The Diversions of Purley,*[6] John Horne Tooke atacó al empirismo británico en el mismo sentido:

> Perhaps it was for mankind a lucky mistake, for it was a mistake, which Mr. Locke made, when he called his book "An Essay on Human Understanding", for some part of the inestimable benefit of that book has, merely on account of its title, reached to many thousands more than, I fear, it would have done, had he called it (what it is merely) a *Grammatical* Essay, or a Treatise on *Words* or on *Language*...
>
> . . . I only desire you to read the Essay over again with attention, and see whether all that its immortal author has justly concluded will not hold equally true and clear, if you substitute the composition [association], &c. of terms, wherever he has supposed a composition [association], &c. of ideas.[7][8]

Tooke y otros que han defendido esta solución se han preocupado por una clase de conducta humana que, por ser verbal, posee ciertas propiedades importantes para el problema del pensamiento. Es tentador suponer que otras propiedades peculiarmente un todo, pero evidentemente esto no es así. Es frecuente que los resultados del pensamiento sean completamente sorprendentes y en apariencia imposibles de explicar. Podemos estar de acuerdo con la necesidad de encontrar una explicación lo más pronto posible, y con la creencia de que el proceso que se encuentre tendrá algo de misterioso e incluso de milagroso.

La conducta encubierta es un atractivo sustituto moderno para los procesos de pensamiento debido a sus difíciles dimensiones, y la conducta

6 Tooke, J. H. *The Diversions of Purley* (Londres, 1857).

7 N. del T.: "Quizá fue un error afortunado para la humanidad, pero error al fin y al cabo, el cometido por el señor Locke cuando llamó a su libro «Ensayo sobre el entendimiento humano». Me temo que parte del inestimable beneficio de ese libro, debido simplemente a su título, ha llegado a muchas miles de personas más de las que lo habrían leído si el autor lo hubiera llamado Ensayo *gramatical,* Tratado sobre *palabras* o sobre el *lenguaje* (simplemente lo que era)...
. . . Sólo deseo que usted lea con atención el ensayo nuevamente, y vea si todas las conclusiones a que llega su inmortal autor, no seguirán siendo igualmente ciertas y claras si sustituye la composición (asociación), y c. de términos, en todos los lugares en que Locke supone que hay composición (asociación) y c. de ideas."

8 Compárese también el siguiente pasaje (escrito, como la mayor parte del libro, en forma de diálogo):
B—"¿Qué diferencia encontraría en el ensayo del señor Locke, si él se hubiera dado cuenta de la inseparable conexión que existe entre las palabras y el conocimiento? o, para ponerlo en palabras de Sir Hugh, de Shakespeare, ¿son los labios parte de la mente?
H—En mucho. Y entre muchas otras cosas, pienso que él no tenía que haber hablado de l *composición de ideas;* sino tendría que haber observado que solamente se trataba de un artificio del lenguaje, y que la única composición que existe es la de *términos.* Por tanto, es tan impropio hablar de *idea compleja,* como lo sería llamar estrella compleja a una constelación. También debió observar que lo que señala no son ideas, sino simplemente términos generales y abstractos."

verbal autoestimulante también es un candidato promisorio debido a que *puede* ser privada, y a que después de un largo periodo de trabajo solitario el pensador puede emitir conducta asombrosamente efectiva. (Siempre ha sido más fácil para los "pensadores" afirmar que poseen poderes especiales.)

La conducta verbal, completamente aparte de su forma descubierta o encubierta, o de la identidad del oyente sobre quien es efectiva, también posee algo de la magia que esperamos encontrar en los procesos de pensamiento. Ella está relativamente libre de las condiciones ambientales y de las restricciones temporales. Al interpretar una pieza musical en el piano, podemos reaccionar ante ella en forma no verbal si está en clave de G (por ejemplo, tocándola correctamente), pero no podemos hacer todo esto a la vez.

Así, la respuesta verbal *Esto está en clave de G* es rápida, clara y logra un resultado inmediato al aclarar la situación y al aumentar la probable efectividad de la conducta no verbal que le sigue. La respuesta unitaria que se emite ante algo que se presenta en un periodo determinado, o en más de un sitio, es casi necesariamente verbal y parece trascender grandes obstáculos para lograr este resultado. Cuando resolvemos verbalmente un problema práctico, construimos una guía para una solución no verbal; pero antes de usar esto, hemos encontrado la solución *total* en forme verbal. Las respuestas que se relacionan con los números ilustran el mismo punto. Si hay un acto que sea equivalente a, idéntico con "pensar en cien", es la respuesta verbal *cien.* Si ta respuesta se construyó contando cien objetos, o en alguna otra, forma (cuando está bajo el control de otras variables), ella parece trascender la extraña numerosidad de cien cosas.

Una respuesta verbal posibilita "pensar en" *una* propiedad la naturaleza a la vez. Como no hay una respuesta práctica apropiada para todos los casos de rojo, el tacto abstracto *rojo* es v logro verbal único. La respuesta *zorro* es abstracta en este sentido, a pesar de que se refiere a un objeto que generalmente considera concreto, y nuestra reacción ante el hecho de que; guíen dice *zorro* no puede ser más que nuestra propia respuesta verbal *zorro,* especialmente si no poseemos una conducta práctico con respecto a los zorros. Una pieza musical nos puede hacer decir *Creo que es Mozart,* y no hay mucho más que hacer ante música de Mozart como tal. El mismo Locke[9]conoció bien esta función de los términos. "En los sentimientos

9 Locke, J. *Essay on Human Understanding.*

mezclados", dice, "se encuentra el nombre que une la combinación y la convierte en especie". Así, sin el término *triunfo* podríamos haber tenido descripciones de que "algo pasó con solemnidad; pero creo que lo que mantiene unidas las diferentes partes, en la unidad de una idea compleja, es que muchas palabras se le anexaron, y sin ellas no se pensaría que las diferentes partes de la idea forman una sola cosa, como en cualquier otra demostración...". Para Locke, el término se limitaba a apoyar la idea que representaba.

Estas son funciones importantes y distintivas de la conducta verbal, pero sin embargo no son importantes para nuestra definición de pensamiento. Tampoco lo son otras razones accidentales por las cuales se ha llegado con tanta frecuencia a esta solución. Aquéllos que se observan a sí mismos cuando piensan, frecuentemente ven conducta *verbal.* Llevados por las filosofías predominantes a buscar los procesos internos de pensamiento, tales personas se han maravillado de la conveniencia de ejecutar la conducta verbal encubierta; en contraste, digamos, con los paralelos no verbales como dar vuelta a una manija o conducir un auto "en silencio", en los cuales la coordinación de movimiento normalmente involucra al ambiente físico. También la conducta verbal es fácil de observar porque es relativamente fácil de describir. Podemos informar *Me dije a mí mismo "Eso es ridículo",* con mucha mayor facilidad de lo que podemos describir la conducta no verbal encubierta que se evoca bajo las mismas circunstancias. La conclusión verbal "nos llega" o la "alcanzamos" en forma relativamente notoria.

Pero no toda la conducta encubierta es verbal. Mucha gente que viaja en automóvil puede imitar los movimientos elípticos laterales del conductor en forma privada, y descubrir que están "manejando" desde el asiento trasero cuando, en una emergencia, manifiestan su conducta en forma descubierta al presionar su pie contra el piso para tratar detener el vehículo. El uso que hace la persona media de la expresión *Yo pienso,* incluye también la conducta no verbal. *Pienso que debo irme,* puede traducirse por *Encuentro necesario irme, Parece que debo irme* o *Estoy a punto de irme.* Sería extraño interpretar esto diciendo que la conducta de irse da origen a la respuesta verbal *Me voy,* y también lo sería si esto fuera calificado por *Pienso que.* La conducta no verbal encubierta se describe como en la frase menos comprometedora *Se me ocurre irme.* Las "ideas" y "pensamientos" no verbales son comunes en las descripciones de solución de problemas. En la expresión *Se me ocurrió la idea* (o *pensamiento*) *de poner a prueba las cualidades de la puerta,* el hablante informa la aparición de un acto no verbal.

El pensamiento como conducta

El punto de vista más sencillo y satisfactorio consiste en considerar al pensamiento como *conducta,* ya sea verbal o no verbal, encubierta o manifiesta. El pensamiento no es un proceso misterioso responsable de la conducta, sino que es la conducta misma, en toda la complejidad de sus relaciones de control, es la conducta que relaciona a la persona que se comporta y al ambiente en el cual vive. Los conceptos y métodos que han surgido del análisis de conducta, verbal o de otra clase, son los más apropiados para el estudio de lo que tradicionalmente se ha denominado la mente humana.

Es posible hacer una sencilla subdivisión del campo del comportamiento humano en relación con los problemas que presenta, así como con los términos y métodos correspondientes que se deben usar. Puede hacerse una útil distinción entre los reflejos, condicionados o de otra clase, y la conducta operante generada y mantenida por las contingencias de reforzamiento de un ambiente determinado. La tradición y la conveniencia parecen estar de acuerdo al confinar el análisis del pensamiento humano a la conducta operante. Si concebimos el pensamiento de esta forma, nos daremos cuenta de que no es una causa mística ni precursor de la acción ni un ritual inaccesible, sino la acción misma, acción que está sujeta a análisis por medio de los conceptos y técnicas de las ciencias naturales, y que finalmente se explica en términos de sus variables de control.

El énfasis que se da a las variables de control es fundamental. Una consecuencia práctica de esto es que tal descripción científica implica una tecnología. No hay razón para que los métodos del pensamiento y de la enseñanza del pensamiento, no se puedan analizar y hacer más eficaces; pero hay una consecuencia teórica más inmediata. Nada se gana al considerar al pensamiento como conducta, en el sentido de una simple *forma* de acción. Aparte de las circunstancias bajo las que se presenta la conducta, no podemos ir muy lejos en su estudio. Bertrand Russell ha tratado mejorar un análisis meramente formal, pero nunca ha tenido éxito completo porque los métodos de que dispone el lógico no son los apropiados para el estudio del comportamiento. Consideremos como ejemplo el siguiente pasaje de su libro *An Inquiry into Meaning and Truth*[10]

> Thought, in so far as it is communicable, cannot have any greater complexity than is possessed by the various possible kinds of series to be made out of twenty-six kinds of shapes. Shakespeare's mind may have been very wonderful, but our evidence of its merits is wholly derived from black shapes on a white ground.[11]

Russell podría haber dado un paso más y reducir la "mente" de Shakespeare a una serie de puntos y rayas, ya que sus dramas y poemas podrían ser enviados o recibidos en esta forma por un telegrafista hábil. Es cierto que la evidencia de los "méritos de la mente de Shakespeare" se derivan de formas negras colocadas sobre un trasfondo blanco, pero no se sigue de ahí que el pensamiento, comunicable o no, no tenga mayor "complejidad". El pensamiento de Shakespeare fue su conducta *con respecto a un ambiente extremadamente complejo.* Claro está que no tenemos un registro adecuado de ello en este sentido. Casi no tenemos información independiente acerca del ambiente, y no podemos inferir mucho acerca de él a partir de las obras mismas. Por tanto, al hablar del pensamiento de Shakespeare, simplemente suponemos la existencia de un conjunto de circunstancias plausibles, o consideramos nuestra propia conducta al responder a las obras. Esto no es muy satisfactorio, pero no podemos mejorar la situación identificando el pensamiento con la mera forma de la conducta.[12]

El énfasis que se hace en la forma oscurece la significación del comportamiento en relación con las variables de control. Es obvio que dos formas de respuesta constituyen "pensamientos" muy diferentes, si se emiten en circunstancias distintas. Más aún, ciertos casos aparentes de conducta verbal, que satisfacen todos los criterios formales, pueden

10 Russell, B. *An Inquiry into Meaning and Truth,* pág. 413 (Nueva York, 1940).

11 En la medida en que el pensamiento es comunicable, no puede tener mayor complejidad de la que tienen las diversas clases de series posibles que se van a componer a partir de veintiséis clases de formas existentes. La mente de Shakespeare pudo haber sido maravillosa, pero la evidencia que tenemos de sus méritos se deriva por completo de formas negras colocadas sobre un trasfondo blanco.

12 Molière llevó el argumento formalista a un paso del ridículo. Todo lo que es bello en la literatura —dice uno de sus personajes— se encuentra en los diccionarios. "Son sólo las palabras lo que se traspone".

no ser "pensamientos". Así, la presentación accidental de anagramas o de oraciones construidas mediante la manipulación casual de palabras impresas, no son registros de conducta verbal, aunque se puedan leer como textos. Decir que "Para cualquier oración, no importa cuán larga sea, podemos construir una oración más larga añadiendo «y la luna es redonda»", puede servir para ciertos fines lógicos, pero las oraciones resultantes pueden ser explicadas en relación con las variables triviales que no nos garantizan que las llamemos verbales. Un descuido similar de la relación de control se nota en la siguiente observación de Russell: "Es difícil describir una afirmación sin hacerla." No debemos confundir la emisión de una respuesta que aparece bajo la forma de una afirmación como respuesta ecoica o tacto hipostático, con la emisión de la misma forma de respuesta que aparece bajo las clases de circunstancias que nos permiten llamarla afirmación.

La preocupación por la forma ha dejado el estudio del contenido del pensamiento en un estado muy poco satisfactorio; pero los "hechos", "proposiciones", y otros "referentes de enunciados", encuentran una representación adecuada entre nuestras variables de control. Las relaciones funcionales que existen entre la conducta y el ambiente generalmente son complejas y con frecuencia confusas, pero no dudamos de sus dimensiones ni de las técnicas con las que pueden estudiarse. Podemos descartar el análisis problemático del pensamiento humano en la pauta común

1. una *persona* que posee; 2. el *conocimiento;* 3. del *mundo.* Las personas son partes del mundo e interactúan con otras partes del mismo, incluyendo sus congéneres. Al cambiar su comportamiento pueden interactuar en forma más eficiente, logrando control y poder. Su "conocimiento" es su conducta con respecto a ellos mismos y el resto del mundo y, por tanto, puede estudiarse como tal.

Por supuesto, los "efectos del lenguaje sobre el pensamiento" deben ser expuestos. Si es "imposible expresar una idea determinada" en un idioma dado, debido a que falta el término necesario, sólo nos queda decir que las contingencias dispuestas por una comunidad verbal determinada, fallan con respecto a una posible variable. Si nos es difícil "expresar la misma idea en dos idiomas", lo único que podemos decir es que las costumbres de refuerzo de las dos comunidades verbales son diferentes. Cualquier clase de conducta puede ser confusa e ineficaz. Las contingencias sutiles de reforzamiento dispuestas por la comunidad verbal, se malogran fácilmente: un tacto puede extenderse más allá de donde sería conveniente, un autoclítico importante puede ser omitido, respuestas incompatibles pueden resultar de construcciones falsas. Desde el punto de vista del oyente, la conducta verbal puede ser inferior a las circunstancias no verbales bajo las que surgió; la cosa misma parece ser muy diferente de su propia descripción. En determinados idiomas existe una belleza *indescriptible* en el sentido de que hay colores que no se pueden nombrar; también hay pensamientos *inefables,* en el sentido en que las contingencias de un ambiente no verbal generan un tipo de conducta que no tiene paralelo entre las respuestas verbales. Toda conducta, sea verbal o no, está sujeta al *a priori* kantiano, en el sentido de que una persona, como sistema que se comporta, posee características y limitaciones ineludibles.

Cuando estudiamos el pensamiento humano, estudiamos conducta. En el sentido más amplio posible, el pensamiento de Julio César fue simplemente la suma total de las respuestas que emitió ante el complejo mundo en el cual vivió. Sólo podemos estudiar aquellas respuestas que quedaron registradas. Por razones obvias, es fundamentalmente su conducta verbal lo que ha sobrevivido; pero a partir de éste y otros registros conocemos parte de su conducta no verbal. Cuando decimos que Julio César "pensó que era posible confiar en Bruto", no queremos decir, necesariamente, que él haya dicho esto alguna vez; sino que sus conductas, tanto verbales como de otra clase, indicaban que se podía confiar en Bruto. El resto de su comportamiento, sus planes y logros, son parte de su pensamiento en este sentido.

Aceptar el hecho de que el pensamiento de los grandes nombres de la historia es inaccesible para nosotros hoy día, es una de las consecuencias saludables de este punto de vista. Cuando estudiamos las grandes obras, no hacemos otra cosa más que estudiar los efectos que los registros sobrevivientes de sus autores tienen *sobre nosotros.* Lo que observamos es *nuestra* conducta con respecto de tales registros; estudiamos *nuestro* pensamiento, no el de ellos. Afortunadamente, el pensador contemporáneo puede ser sometido a una clase diferente de análisis. En lo que respecta a la ciencia de la conducta, la *persona pensante* es simplemente la *persona* que se *comporta.*

No hay nada que sea exclusiva o esencialmente verbal en el material analizado en este libro. Todo esto es parte de un campo de trabajo más amplio, el campo de la conducta de la criatura más compleja de todas, que entra en contacto con un mundo infinitamente variado. Por razones prácticas, hemos organizado en forma separada un campo especial, y lo hemos organizado en términos de las características que le imponen sus variables especiales de control. Es en términos de estas variables, es decir, de las contingencias establecidas por la comunidad verbal, que la conducta verbal puede ser definida y analizada.

Dos epílogos personales

El autor cerró las *Conferencias William James,* efectuadas en Harvard University en 1947, esencialmente con el material que se presenta a continuación.

1. LA VALIDEZ DE LA CONDUCTA VERBAL DEL AUTOR

When me they fly, I am the wings
Emerson

Algunas veces se dice que, si la descripción científica de la conducta humana es sólida, el científico debe estar tan mecánicamente determinado como las personas que él estudia y, por tanto, su conducta verbal no puede ser "válida", "cierta" o "verdadera". Russell coloca este problema en forma semejante:

> When the behaviorist observes the doings of animals, and decides whether these show knowledge or error, he is not thinking of himself as an animal, but as an at least hypothetically inerrant recorder of what actually happens. He "knows" that animals are deceived by mirrors, and believes himself to "know" that *he* is not being similarly deceived. By omitting the fact that *he*—an organism like any other—is observing, he gives a false air of objectivity to the results of his observation... When he thinks he is recording observations about the outer world, [he] is really recording observations about what is happening in him.[13]

13 N. del T.: Cuando el conductista observa lo que hacen los animales y decide si sus actos manifiestan conocimiento o error, él no se considera a sí mismo como animal, sino como un informante infalible, al menos hipotéticamente, de lo que en realidad sucede. Él "sabe" que a los animales se les engaña con espejos, y cree "saber" que a él no lo engañan en forma semejante. Si se omite el hecho de que él —un organismo como cualquier otro— es el observador, el conductista da un falso aire de objetividad a los resultados de sus observaciones. . . Cuando piensa que está registrando sus observaciones acerca del mundo exterior, [él] está registrando en realidad observaciones sobre lo que está sucediendo en él. Russell, Bertrand, *Inquiry into Meaning and Truth,* pág. 14.

Solamente en cierto sentido este es un argumento atinado. El determinista más duro reconocerá la tendencia a creer que lo que está diciendo está, cuando menos por el momento, fuera del campo de la acción determinada. Pero el estudioso del comportamiento no es el único que se enfrenta a este dilema. Comportarse ante el comportamiento es un problema que hace surgir las mismas dificultades que presenta conocer el conocimiento. Russell presenta al conductista que decide si las acciones de los animales muestran conocimiento o error, en lugar de, lo que sería más probable, medir las predisposiciones para actuar con respecto a determinado conjunto de circunstancias; también describe al conductista como aquél que registra "sus observaciones acerca del mundo exterior", aunque la observación se parezca sospechosamente a la "idea", o al menos a la "imagen", y probablemente se evitaría tal expresión, sustituyéndola por otra como "reacción ante el mundo exterior". Pero el quid del problema permanece en la traducción. El presente estudio ofrece un caso de esta situación. Si lo que yo he dicho es razonablemente correcto, considerando el estado actual de nuestros conocimientos en la ciencia de la conducta humana, ¿qué interpretación debe hacerse de mi conducta al escribir este libro? Me he estado comportando verbalmente y, a menos que mi análisis sea deficiente en algún punto, mi conducta debe haber seguido el mismo proceso que he presentado y no otro. ¿Qué quiere decir esto en relación con la certeza o verdad de lo que he dicho?

Este no es el momento de abandonar nuestro programa. Veamos lo que *he estado* haciendo. Para empezar, me dediqué a leer una gran cantidad de material del área de la conducta verbal. Este fue el resultado de mi interés creciente en el área, interés que surgió de otras circunstancias demasiado remotas como para afectar el presente tema. Centenares de libros y artículos que leí no eran una exposición directa del tema de la conducta verbal como tal, pero generaron tendencias verbales con respecto a ella que mostraban una enorme variedad y una fabulosa inconsistencia. También leí algunos libros, no por lo que decían *acerca* de la conducta verbal, sino como registros de ella. He cumplido con mi cuota de contar comas; He oído a la gente hablar y he anotado deslices, frases curiosas o secuencias intraverbales interesantes; también he observado en el laboratorio cómo responden los sujetos a las pautas débiles del sumador verbal, los he visto llenar cuestionarios de asociación de palabras, etc.

Las notas que tomé de todo esto fueron mis primeras reacciones, tanto ante la conducta verbal misma como ante la conducta verbal acerca de la conducta verbal. Con el paso del tiempo corregí y reorganicé muchas veces este material, usando varias clases de sistemas mecánicos de organización, así como una elaborada anotación decimal, en forma tal que las semejanzas y diferencias pudieran ser detectadas y respetadas. Descarté muchas clasificaciones y conservé algunas que parecían funcionar. En esta forma llegué a lo que parecían ser propiedades útiles y productivas de la conducta verbal, propiedades que probaron ser dignas de mencionar.

Mis exploraciones en esta dirección recibieron ayuda de trabajos realizados en el área de la conducta no verbal. Originalmente parecía necesario contar con formulaciones completamente diferentes; pero, al pasar el tiempo y cuando se comprobó el éxito de los trabajos presentados en forma simultánea en el campo de la conducta en general, fue posible aproximarnos a una formulación general para la conducta verbal y no verbal. Creo que el presente libro logra una síntesis efectiva que representa el lugar de la conducta verbal en el área más extensa de la conducta humana, considerada como un todo. Gradualmente establecí un repertorio mínimo que separaba los aspectos de la conducta verbal que parecían ser útiles como variables dependientes, e identifiqué y clasifiqué varias clases de circunstancias en los ambientes pasado y presente del hablante, que parecían ser variables independientes importantes. En la medida de lo posible, traté de ajustarme a las contingencias especiales de reforzamiento de la comunidad científica en la representación y el análisis de estas relaciones.

En el otro extremo, ¿cuál es el efecto que he dejado en el lector? No he tratado de producir conducta autónoma y no me molestaré si el lector no ha secretado saliva, llanto o si no se ha ruborizado con nada de lo que he dicho. Tampoco he tratado de producir acción descubierta inmediata, y estoy completamente satisfecho porque el lector no ha gritado *¡Fuera Aristóteles!,* ni ha tratado de quemar una biblioteca. Los efectos que he esperado lograr caen en otras categorías de la conducta del oyente.

No he descrito mucho material nuevo. Me temo que el lector no ha aprendido muchos datos nuevos y que fácilmente podría haberme limitado a describir el material que supuestamente conocen todas las personas inteligentes. Mi objetivo no ha sido presentar los hechos de la conducta verbal como tales, y ésta es la razón por la cual no me he preocupado mucho de las pruebas experimentales o estadísticas. Espero que cierta "instrucción", en el sentido que le doy en el capítulo 14, se presente en forma de definiciones. He inventado pocos términos nuevos —"mando", "tacto", "autoclítico", etc. — que tal vez en este momento ya sean parte del vocabulario del lector, aunque no me atreveré a decir con cuánta fuerza. He usado repetidamente términos establecidos que quizá sean más comunes para el lector ahora, que cuando comenzó a leer el libro. He señalado estos términos al lector mediante una serie de ejercicios, con el objetivo de fortalecer un repertorio verbal particular. Poniendo las cosas en forma egoísta, he tratado de lograr que el lector se comporte verbalmente como yo lo hago. ¿Qué maestro, escritor o amigo no hace esto? Y, como todos los maestros, escritores y amigos, me sentiré muy bien al descubrir que he logrado "influir" en el lector. Si he fortalecido la conducta verbal del lector con instrumentos espurios de ornato y persuasión, él hará bien en resistirse; pero creo que no soy culpable de tal cosa. Si sólo me hubiera interesado construir un nuevo repertorio verbal, me habría comportado en una forma muy distinta. La forma en que me he comportado en estas páginas no es suficiente para hacerlo. Las respuestas que he intentado que el lector emita, funcionan al hacerle escoger eventos o aspectos de la conducta verbal que deben hacer que su conducta posterior sea más adecuada. He puesto énfasis en ciertos hechos e ignorado otros. La justificación de esto es que los hechos en que he puesto énfasis parecen ir juntos, y que al hablar de ellos con exclusión de otros se logran grandes progresos con miras a lograr una descripción unificada. Tal vez he deseado que el lector preste atención a este campo y que hable de él en una forma especial, principalmente porque yo mismo lo he hecho con placer y ventajas. He partido del supuesto de que existe un interés común en el área de la conducta verbal. Creo que un análisis como el presente reduce el vocabulario total que se necesita para la descripción científica; elimina muchos más términos de los que crea, y los términos creados se derivan de algunos términos técnicos comunes del campo total de la conducta humana. Como persona que ha aplicado el análisis a áreas que no se cubren en este libro, creo que puedo decir que tal análisis funciona. Este análisis ha alcanzado un estadio tal que hace más trabajo por mí del que yo hago por él; emplea nuevo material ávida y graciosamente, y la buena digestión parece ser consecuencia del apetito. Es posible pasar por alto cientos de preguntas complejas y proposiciones oscuras acerca de la conducta verbal, ya que nuevas preguntas y proposiciones que surgen en su lugar son susceptibles de comprobación como parte de un patrón más unificado.

Entonces, en muchos sentidos ésta parece ser una mejor forma de hablar acerca de la conducta verbal. Esta es la razón por la cual he tratado de lograr que el lector hable también en esta forma sobre la conducta verbal. Pero, ¿he dicho la verdad al lector? ¿Quién puede responder? Probablemente la ciencia de la conducta verbal no asegura el porvenir de la verdad o la certeza (aunque no podemos estar seguros de la verdad de esto).

2. NINGÚN ESCORPIÓN NEGRO

En 1934, mientras cenaba en la *Harvard Society of Fellows*, me encontré sentado junto al profesor Alfred North Whitehead. Caímos en una discusión acerca del conductismo, que en esa época era todavía considerado como un "ismo" más, del cual yo era un devoto ferviente. Allí se me presentó una oportunidad para defender la causa que no podía dejar pasar por alto; comencé a presentar con entusiasmo los principales argumentos en favor del conductismo. El profesor Whitehead tenía igual entusiasmo, no en defender su propia posición, sino en tratar de entender lo que yo estaba diciendo y (supongo) en cómo podía haber yo llegado a decir tales cosas. Finalmente tomamos la siguiente posición. Él estuvo de acuerdo en que la ciencia podía llegar a explicar la conducta humana, siempre que se exceptuara la conducta *verbal.* Aquí, insistió él, debe estar actuando algo más. Terminó la discusión con un amistoso reto: "Déjeme ver la forma en que usted explicaría mi conducta cuando aquí sentado digo, «Ningún escorpión negro está cayendo sobre esta mesa»". A la mañana siguiente bosquejé el esquema del presente estudio.

Tal vez sea tiempo de considerar el reto del profesor Whitehead. ¿Podemos realmente explicar el hecho que dijera "Ningún escorpión negro está cayendo sobre esta mesa"? Como un caso particular de conducta verbal emitida bajo un conjunto de circunstancias que hace mucho se olvidaron en gran parte, no podemos hacerlo. Es tan injusto pedirle a la ciencia de la conducta que explique esto, como lo es pedirle a la física que explique los cambios de temperatura que estaban presentes en aquel momento. Supongamos que se ha hecho un registro termográfico a partir del cual podemos reconstruir tales cambios, al menos tan exactamente como yo he reconstruido la conducta verbal del profesor Whitehead. ¿Qué podríamos hacer ahora con esto? Esta situación nos ofrece una burda descripción de una serie de cambios en la variable dependiente, pero nos proporciona poca o ninguna información acerca de las variables independientes de las cuales estos cambios fueron función. El físico queda indefenso porque no posee la historia completa; puede, claro está, *sugerir* que un cambio repentino de temperatura pudo haber ocurrido porque alguien dejó la puerta abierta, porque abrieron una ventana en ese momento o porque se apagó la calefacción. Pero para el físico y para cualquier otra persona es obvio que estas son meras suposiciones.

Desafortunadamente hemos tenido que esperar algo más en la conducta verbal. Los lingüistas hacen gran uso del lenguaje registrado, contando con poca o ninguna información acerca de las condiciones bajo las cuales se registró; el lógico analiza las oraciones solamente como "forma"; el crítico interpreta las obras literarias escritas hace siglos, aunque pocos hechos sobre el autor, si es que algunos sobreviven. Casi todo el mundo nos puede decir lo que un pasaje "significa", y esto es posible solamente porque el lingüista, el lógico y el crítico pueden observar, además de la conducta registrada, sus efectos sobre ellos mismos como oyentes o lectores. Estos datos se ofrecen a cambio de las variables que faltan. Como los termógrafos que con frecuencia reaccionan en la misma forma, estamos mucho más preparados para decir lo que ha causado una desviación particular. Pero si fuera fácil revisar la validez de tales inferencias (encontrar, por ejemplo, qué "significó" realmente determinado pasaje para el hablante o escritor), hace mucho que la costumbre habría desaparecido de la conducta de las personas responsables.

Pocos de los hechos importantes acerca de las condiciones bajo las cuales el profesor Whitehead hizo su observación, están disponibles. Hasta donde sé, no había ningún escorpión cayéndose de la mesa; la respuesta se emitió para probar un punto, se sacó, por decirlo así, del cielo azul. Este era en realidad el punto central del ejemplo: ¿por qué el profesor Whitehead no dijo "hoja de otoño" o "copo de nieve", en vez de decir "escorpión negro"? La respuesta era un enigma, porque no estaba manifiestamente controlada por el estímulo presente. Pero, por supuesto, esta es la clase de material característico de los freudianos, porque bajo tales circunstancias entran en juego otras variables. La forma de la respuesta pudo haber estado débilmente determinada, pero no por ello necesariamente libre. Tal vez había un estímulo que evocaba la respuesta *escorpión negro cayendo de la mesa,* el cual a su vez condujo al autocrítico *No.* El estímulo pudo no haber sido demasiado, pero en un sistema determinado debe haber sido algún tanto. En la misma forma en que el físico puede sugerir varias explicaciones de las caídas de temperatura con el fin de mostrar cómo podría explicarse en términos de las leyes físicas, así no es completamente absurdo hacer aquí una sugerencia. Sugiero, entonces, que *escorpión negro* era una respuesta metafórica emitida ante el tema que estábamos tratando. El escorpión negro era el conductismo.

La ciencia parece ser inevitablemente iconoclasta; usurpa el sitio de las ficciones explicativas que la gente ha inventado como instrumentos precientíficos para explicar la naturaleza. Por razones que no le son completamente extrañas a los psicólogos, las ficciones explicativas generalmente son más agradables que las descripciones científicas. Conforme avanza la ciencia, ésta despoja al ser humano de sus logros imaginarios. El sistema de Copérnico le extrajo del centro de las cosas, y la astronomía nunca ha dejado de reducir nuestra particular proporción del universo. El darwinismo golpeó la supuesta preeminencia humana sugiriendo una mayor continuidad con otros animales, de la que nos hubiera deseado reconocer. Y mientras la química amontonaba los logros supuestamente únicos de los organismos vivos en un estrecho rincón, las ciencias antropológicas y las religiones comparadas, sacudían la confianza del ser humano en el carácter sobrenatural de su forma de comunicación. Era inevitable que la psicología entrara en esta lista. El énfasis que ponen los freudianos en el papel de lo irracional era ofensivo; pero, aunque Freud fue un determinista, mantuvo ciertas fuentes de control dentro del individuo. El cambio de atención hacia los determinantes externos de la acción, ha dado el golpe definitivo a la aparente supremacía humana. Las ciencias sociales y la psicología han alcanzado este estadio casi al mismo tiempo. Siempre que se demuestre que algún elemento del ambiente, presente o pasado, posee un efecto sobre la conducta humana, se reduce la supuesta contribución del individuo mismo. El programa del conductismo radical no ha dejado ninguna control originada bajo la piel.

Los que conocieron al profesor Whitehead se darán cuenta de que haría todo lo posible para entender este punto de vista, y para interpretarlo en la forma más generosa. Probablemente se habría alegrado al descubrir que el asunto era por completo terminológico y que mi posición era idéntica a la de alguien anterior a mí, que había reprobado o había dejado una puerta abierta para la responsabilidad y la creatividad humana. Entonces, es posible que al describir mi posición —sin duda en los términos más duros posibles—, él se estuviera diciendo a sí mismo que la parte que había jugado para alentarme no era completamente equivocada, que probablemente yo no era un joven típico de aquellos que se ocupan de la psicología ni de las ciencias sociales, y que *debería* existir un lado más brillante; en otras palabras, que de esa amable y estimulante mesa no se había caído ningún escorpión. Si esa era la explicación —y, por supuesto, ésta sólo es una de las más improbables suposiciones— entonces la afirmación fue lo suficientemente apropiada. No había razón para alarmarse. La historia de la ciencia es la historia del desarrollo del lugar que ocupa el ser humano en la naturaleza. Como especie, hemos extendido nuestra capacidad para reaccionar discriminativamente ante la naturaleza mediante la invención de microscopios, telescopios y cientos de amplificadores, sensores y pruebas. Hemos extendido nuestro poder para alterar y controlar el mundo físico, con máquinas e instrumentos de todo tipo. Gran parte de estos logros han sido verbales. Los descubrimientos y logros de la persona individual se preservan, transmiten y mejoran por mediación de otras. El crecimiento de la ciencia es así positivamente acelerado habiéndose alcanzado una tasa de avance elevada.

No existe razón alguna para pensar que el método científico no se pueda aplicar al estudio del ser humano mismo, a problemas prácticos de la sociedad y, sobre todo, al comportamiento del individuo. No debemos volver atrás, aunque el panorama se vuelva repentinamente aterrador. La verdad puede parecer extraña y amenazar muchas apreciadas creencias, pero, como muestra la historia de la ciencia, cuanto antes nos enfrentemos a la verdad, mejor. Ningún avance científico ha dañado realmente la posición del ser humano en el mundo. Simplemente dichos avances la han caracterizado en forma diferente. Sin duda, cada logro ha *mejorado,* en cierto sentido, el papel que juegan las personas en el esquema de las cosas. Si finalmente damos una explicación tentativa de la conducta humana, como parte de un sistema determinado por leyes, nuestro poder como especie aumentará más rápidamente todavía. Las personas nunca se convertirán en el centro donde se origina el control, debido a que su conducta en sí misma también es controlada, pero su función de mediadores puede extenderse sin límites. Ahora no es posible sondear las aplicaciones tecnológicas de tales logros científicos. Es difícil prever los ajustes verbales que se deben hacer. La "libertad personal" y la "responsabilidad" darán lugar a otros proverbios que, por su naturaleza misma, probablemente serán más apropiados.

De vez en cuando he considerado necesario atacar los conceptos tradicionales que asignan control espontáneo al yo interno especial llamado hablante. Sólo en esta forma puede hallar lugar para la explicación alternativa de la acción que debe construir una ciencia de la conducta verbal. Pero espero que cualquier cosa que el lector pueda pensar del éxito de esta empresa, estará de acuerdo en que el análisis ha mostrado respeto por los logros humanos, y que es compatible con el sentido de dignidad; en pocas palabras, ningún escorpión negro *ha* caído en esta mesa.

Apéndice

La comunidad verbal

Los "lenguajes" que estudia el lingüista son las prácticas reforzantes de las comunidades verbales. Cuando decimos que la palabra *también* quiere decir, "en nuestro idioma", *además,* no nos estamos refiriendo a la conducta verbal de ningún hablante en particular, ni a la ejecución promedio de muchos hablantes, sino a las condiciones bajo las cuales la comunidad verbal refuerza, en forma característica, una respuesta determinada (la definición léxica menciona simplemente otras respuestas reforzadas bajo las mismas circunstancias; pero no describe tales circunstancias). Debido a que el lingüista centra su atención en las prácticas verbales de la comunidad, más que en la conducta de los hablantes individuales, no ha puesto atención en la conducta verbal en el sentido en que aquí se estudia.

El análisis funcional de la comunidad verbal no es parte de este libro, pero es importante comentar algunos de sus problemas básicos. Uno de ellos es la vieja pregunta acerca del origen del lenguaje. Probablemente el ser humano primitivo no fue muy distinto de sus descendientes, en lo que respecta a los procesos conductuales. Si se le trajera a una comunidad verbal contemporánea, probablemente desarrollaría una conducta verbal elaborada. Lo que le faltaba no era ninguna capacidad especial para el lenguaje, sino ciertas circunstancias ambientales. Así pues, el origen del lenguaje es el origen de tales circunstancias. ¿Cómo pudo surgir un ambiente verbal de fuentes no verbales? Otros problemas clásicos también tienen sus paralelos. ¿Cómo se perpetúa la comunidad verbal, por qué y cómo cambia? ¿Cómo evolucionan las nuevas formas de respuesta y las nuevas relaciones de control, en forma tal que el lenguaje se vuelve más complejo, sensible, amplio y efectivo?

Es probable que la cuestión de la forma en que surgió el primer ambiente verbal sea siempre asunto de especulación. Teóricamente es posible criar un grupo de infantes aislados socialmente, para descubrir si desarrollan conducta verbal y, si la desarrollara ¿qué forma adoptaría? Sin embargo, esto presenta obvios problemas éticos. Un experimento similar parece haber sido intentado por Federico II; en él se criaron algunos niños aisladamente con el fin de descubrir si naturalmente hablaban hebreo. El experimento fracasó porque todos los sujetos se murieron. Ocasionalmente, debido a circunstancias accidentales, dos o más niños han crecido parcialmente aislados de las comunidades verbales establecidas y han desarrollado sistemas verbales idiosincrásicos bastante amplios; pero el aislamiento nunca ha sido lo suficientemente completo como para comprobar que un ambiente verbal surge espontáneamente en ausencia de conducta verbal previa.

Voces de animales

La semejanza superficial que existe entre la conducta verbal y el sistema instintivo de señales en animales (muchos de ellos vocales) ha sido fuente de grandes confusiones. La conducta vocal imitativa de los loros y papagayos que reproducen la *forma* del lenguaje humano, ha contribuido a la confusión. Es cierto que las respuestas vocales y de otra clase que emiten los animales constituyen un "sistema de comunicación". El cordero que se ha perdido emite balidos característicos y, al hacerlo "dice a su madre dónde está"; los animales rumiantes "dan gritos de alarma" y "alertan al resto del rebaño de algún peligro que se acerca". Los gritos relacionados con el apareamiento acercan al macho y a la hembra. La madre aleja de su hijo a los depredadores, mediante amenazas y gritos de rabia. Los gestos de los animales tienen su lugar en este sistema de comunicación, y han recibido especial atención de parte de los etólogos.[1] El lenguaje de las abejas ha sido analizado por Von Frisch.[2]

Tales respuestas parecen ser evocadas (o "desencadenadas") por situaciones características, como parte del equipo conductual de una especie determinada. Decir que las respuestas de los animales son instintivas es simplemente una forma de decir que cada conducta se

1 Tinbergen, N. *The Study of Instinct* (Londres, 1951).

2 Von Frisch, K. *Bees, Their Vision, Chemical Senses, and Language* (Ithaca, N. Y., 1950).

observa en la mayor parte de los miembros de una especie dada, cuando no hay oportunidad para el aprendizaje individual. En tales casos debemos recurrir a una explicación evolutiva. Ciertos tipos de conductas que se relacionan con el medio ambiente, se adquieren a través del proceso de selección natural —como lo hacen otras actividades del organismo: la respiración, la digestión o la reproducción, por ejemplo—, debido a las consecuencias que tienen con respecto a la conservación de la especie.

Existe un paralelo entre la selección natural y el condicionamiento operante. La selección que se hace de una respuesta instintiva por los efectos que tiene en la promoción de la super- vivencia de la especie, se parece a la selección que se hace de una respuesta por medio del reforzamiento, excepto por la enorme diferencia en las escalas de tiempo. La semejanza se nota en el aparente propósito de ambas formas. Las respuestas, tanto innatas como adquiridas, parecen emitirse "con el fin de lograr efectos"; o sea, con el fin de promover el bienestar del individuo o de especie. (En ambos casos, claro está, puede demostrarse que sólo se necesitan los casos *anteriores* de tales consecuencias para poder explicar la conducta.) Cuando la respuesta instintiva logra su ventaja al afectar el comportamiento de otro organismo (por ejemplo, cuando es un grito), el paralelo con la conducta verbal queda señalado. El ave madre emite gritos de alarma "con el fin de" alerta a su hijo del peligro que se acerca, en la misma forma en que la madre humana llama a su hijo para salvarlo del carro que se le aproxima. El ave joven reacciona ante el grito de la madre "con el fin de" escapar del peligro, en la misma forma en que el niño responde a la advertencia de la madre para evitar que le hagan daño. Pero en los dos casos los sistemas interconectados deben explicarse en formas muy distintas. El ave madre emite el grito no "para alertar al hijo", sino porque los miembros anteriores de la especie que han gritado en tal forma han sobrevivido para perpetuar tal conducta. El ave joven no corre al oír el grito "con el fin de escapar del peligro", sino porque las aves que en generaciones anteriores lo hicieron han sobrevivido para criar a sus pequeños, quienes posiblemente presentan la misma conducta. Por otra parte, los comportamientos de la madre y el hijo humanos, se adquirieron durante sus periodos de vida mediante los procesos que ya tratamos en la Parte II. De Laguna[3] ha trazado ingeniosamente los paralelos que existen entre estos dos sistemas, identificando las circunstancias abajo los cuales

3 De Laguna, G. A. *Speech: Its Function and Development* (New Haven, 1927).

es posible considerar un grito (u otra respuesta vocal o no vocal) como una orden, una proclamación, una declaración, etc. Como en el presente análisis, las distinciones dependen de las situaciones del "hablante" y del "oyente", así como de las consecuencias para ambos. Pero la analogía sigue siendo sólo una analogía.

Es poco probable que la conducta verbal, en el sentido presente, surja de gritos instintivos. Respuestas emocionales innatas y bien definidas forman los sistemas de reflejo que son difíciles, si no imposibles, de modificar por medio del reforzamiento operante. La conducta vocal que se encuentra por debajo del nivel humano es especialmente refractaria. Aunque es fácil condicionar un gato para que asuma varias posiciones, para que mueva sus miembros y para que manipule elementos del ambiente por medio del reforzamiento operante, parece ser imposible hacerlo maullar o ronronear exclusivamente por medio del mismo proceso. Cuando se examinan las aparentes excepciones resultan ser muestras de un proceso diferente. El gato maúlla en la puerta "para que lo dejen salir", y puede en realidad estar maullando porque *no* está afuera. El maullido es una respuesta emocional que se emite ante una situación frustrante; se presenta aproximadamente al mismo tiempo y con la misma frecuencia que la operante que consiste en rascar la puerta, pero las dos formas de conducta se encuentran bajo formas diferentes de control ambiental. Este material refractario no parece ser propicio como precursor de la conducta verbal, en el sentido presente. Es difícil saber si las respuestas innatas *no verbales* pueden condicionarse por la pauta operante, porque la misma musculatura puede llevarse bajo control operante. El experimentador puede tener éxito simplemente en producir una operante que imite la respuesta innata. (Tales respuestas innatas se suelen asociar a situaciones emocionales, cuyo paralelo con la conducta verbal ha sido más atractivo para explicar la "expresión" emocional. Sin duda la doctrina de la expresión algunas veces se reserva para la conducta verbal o no verbal que está bajo el control de variables emocionales. Las teorías expresivas del origen del lenguaje se fundamentan en este modelo.)

Esto no quiere decir que los organismos inferiores sean incapaces de tener conducta verbal en el sentido presente. Todas las relaciones de control que hemos analizado en la parte II pueden demostrarse en la conducta no humana, como puede hacerse también con algunas de las relaciones más complejas de las partes posteriores del análisis. Con suficiente exposición a las variables relevantes es posible que se logre conducta verbal vocal; pero la conducta verbal adquirida por el individuo bajo las costumbres de reforzamiento de una comunidad verbal no parecen ser una modificación de las vocalizaciones adquiridas por la especie, porque las consecuencias específicas tienen valor para la supervivencia. El balbuceo relativamente indiferenciado del infante, del cual se desarrolla la conducta verbal vocal, es sin duda un producto evolutivo, pero esta no es la clase de comportamiento que es evocado (o "desencadenado") en formas específicas y en ocasiones específicas, lo mismo puede decirse de la conducta no verbal. En general, la conducta operante surge de movimientos indiferenciados, desorganizados y sin dirección.

Si cualquier conducta asociada con un estado de deprivación constituye un estímulo importante para el "oyente" que está dispuesto a reforzar al hablante en relación con dicho estado de deprivación, podremos explicar el origen de la respuesta verbal en la forma de mando. Consideramos, por ejemplo, una madre y su bebé. Es posible que exista una respuesta innata de la hembra humana ante los gritos de hambre de su infante, similar a los sistemas de comunicación d otras especies, pero no necesitamos suponer que éste sea el caso. Si el infante hambriento se comporta en alguna forma distintiva (digamos llorando o retorciéndose ante la estimulación dolorosa del estómago) y si la madre está inclinada a alimentar al niño, tal vez para escapar de la estimulación aversiva de un pecho lleno de leche, entonces el llanto del bebé (correlacionado, como está, con la tendencia a mamar) controlará finalmente la conducta de la madre de colocar al niño en el pecho. Una vez que la madre ha adquirido esta discriminación, su conducta de alimentar al niño depende del llanto de éste y puede ser reforzante. Aunque el bebé llora por primera vez como respuesta refleja ante la estimulación dolorosa, ahora puede llorar como una operante. Probablemente lo que refuerza no es la respuesta refleja, sino una conducta que se le parece. La forma de respuesta puede cambiar siempre que la madre mantenga el reforzamiento. Finalmente, la respuesta puede no parecerse mucho a la pauta refleja. Tal respuesta es reforzada con alimento, y su fuerza es función de la deprivación. La relación de control que sobrevive es característica de un mando completo. Como suponemos una predisposición de la madre a reforzar, esta es la especie de mando que llamamos solicitud; pero finalmente la madre puede no estar predispuesta a reforzar con alimento y el niño debe compensar creando una condición aversiva de la cual la madre sólo puede escapar dando el reforzamiento apropiado. El llanto del bebé se vuelve "molesto" y la madre lo refuerza para que deje de llorar. En tal caso la respuesta ya no es una solicitud sino una orden.

Un ambiente no verbal puede producir otra clase de mando relacionado con la "atención del oyente". Digamos que *A* está sirviendo bebidas a un grupo de personas, y que no le dio nada a *B.* Cualquier movimiento notorio de *B,* especialmente si produce ruido, llamará la atención de *A* quien lo reforzará dándole bebida. Una vez que esto ha ocurrido, la conducta se vuelve verbal y es similar a los mandos explícitos de la forma *¡Mira aquí!* Generalmente las comunidades verbales refuerzan los mandos que no se separan mucho de las formas no verbales originales. Tocar a la puerta de una casa es una respuesta verbal convencional que puede rastrearse fácilmente hasta sus orígenes no verbales, porque originalmente debe haber estado muy cerca de la conducta del perro que rasca la puerta "para que lo dejen entrar". Esto adquiere un estilo especial (el número, la velocidad e intensidad de los golpes se aproxima al estándar) bajo el reforzamiento por parte de la comunidad verbal. Golpear la mesa con un vaso vacío en un restaurante es un acto comparable, como también lo es la expresión vocal *¡Pum!*

Cualquier conducta que tenga algún efecto sobre otra persona por medio de un objeto mecánico (tirar, empujar, golpear, obstaculizar, etc.) puede adquirir un efecto conductual si los estadios incipientes de la conducta sirven de estímulos. Generalmente el reforzamiento contingente es la evitación o escape de los estadios posteriores de la conducta. Por ejemplo, *A* detiene a *B,* que se le está acercando demasiado, estirando el brazo y colocando la mano en el pecho de *B.* En este estadio la conducta de *A* sería aproximadamente la misma que si *B* fuera un objeto inanimado (si *B* estuviera acercándose a *A* en el extremo de una cuerda que ondeara, por ejemplo). Pero si el hecho de ser detenido por *A* es aversivo para *B,* o si *A* detiene a *B* sólo cuando es probable que lo trate aversivamente, *B* termina por responder ante el brazo que *A* estira, y evita el contacto real. Cuando este cambio se ha presentado en *B,* la respuesta de *A* se refuerza no por su efecto mecánico sobre *B,* sino sobre el comportamiento de *B;* se convierte en un "gesto" y se clasifica como conducta verbal. No es preciso que todos los oyentes y hablantes pasen por cambios similares, porque el gesto termina por ser aceptado por la comunidad. El policía de tránsito que gesticula "alto", está tan culturalmente determinado como la luz roja o la respuesta vocal *¡Pare!* A partir de contingencias no verbales similares, tales gestos pueden ganar fuerza. El "hablante" puede estar más listo a responder en determinada forma y lograr un efecto más consistente sobre el oyente, debido a los efectos mecánicos relacionados. Es posible que incluso el semáforo del tren que señala la posición de "alto", haya tomado fuerza debido a su parecido con una barrera real de las vías. En términos generales, los gestos comunes que poseen los mismos efectos que *¡Vete!, ¡Ven acá!* (gesticulación que se puede hacer con el brazo completo o solamente con el dedo índice),

¡Pasa!, ¡Siéntense! (a una audiencia) y *¡Párense!,* están sujetos a interpretaciones semejantes. Todos éstos son mandos que especifican la conducta que se parece al efecto mecánico de las respuestas no verbales de las cuales se derivan. (Colocar un dedo en nuestros propios labios muestra algo semejante a la extensión metafórica de colocar un dedo en los labios de otra persona. Esto último puede ocurrir si las partes están muy cerca.)

Si solamente por razones físicas, *A* coloca una mano detrás de su oreja con el fin de oír a *B* más claramente, esto se convierte para *B* en un estímulo en cuya presencia se refuerza diferencialmente la conducta más fuerte (vocal o no vocal). Si *B* aumenta la intensidad *porque A colocó la mano detrás de su oreja,* el acto de colocar la mano se convierte en un "gesto" y puede clasificarse como verbal.

Si *B* puede evitar el castigo por parte de *A,* dedicándose a una forma particular de actividad, *A* puede moldear la conducta de *B,* dando o retirando la estimulación aversiva. Por ejemplo, si *A* expulsa a *B* de una fuente de comida a golpes, el puño levantado de *A* terminará por hacer que *B* se retire con el fin de *evitar* el castigo, en vez de esperar a recibirlo y luego *escapar* de allí. Cuando esto ha sucedido, *A* puede *gesticular* en lugar de golpear. Si *A* algunas veces le permite a *B* que coma, éste termina por responder al puño de *A* como un estímulo sobre el cual el castigo por acercarse se hace contingente. A la larga, *A* puede usar el puño en alto para lograr moldear la conducta en forma más fina. Por ejemplo, *B* puede mantenerse activo si *A* responde tan pronto utilizan para mantener a un caballo en movimiento, *haciendo sonar* el látigo. Además de iniciar o detener la conducta, el comportamiento de B también puede ser *guiado* en su dirección o en su nivel de intensidad.

Si *B* está predispuesto a reforzar a *A,* éste puede moldear la conducta de *B* con cualquier reacción que indique su efecto reforzante sobre él. Por ejemplo, la notable conducta de ingesta de *A* puede reforzar a *B* para que cocine o sirva una determinada clase de comida. De esta forma, la conducta de *A* al "chuparse los dedos" puede ser un gesto equivalente a decir *Dame más de esto,* lo mismo que el vocal *m-m* puede ser el equivalente de "delicioso" moldeado por una comunidad verbal determinada. La conducta incondicionada de una audiencia que ha sido reforzada por un animador, a su vez refuerza a dicho animador. Parte del efecto reforzante es el contraste que existe entre el silencio intenso de una audiencia y el ruido de los aplausos o risas que se produce cuando el animador se detiene. Si la audiencia puede inducir al animador a continuar, aumentando este contraste, el ruido se puede convertir en un gesto. Los aplausos, voces, silbidos y otras formas de aceptación semejantes, son respuestas verbales que equivalen a decir *¡Más!, ¡Repítalo!, ¡Otra vez!* Finalmente, la respuesta puede usarse para moldear la conducta de un hablante, como sucede en los debates parlamentarios.

La mayor parte de los mandos que podemos explicar sin suponer un ambiente verbal previo, son gestos. Paget[1] trató de derivar paralelos vocales, señalando el hecho de que es probable que los movimientos de la lengua acompañen a los de la mano. Es probable que un niño que está dedicado a una tarea manual absorbente emita chasquidos con la lengua o que la pase por sus labios. Paget sugirió que los movimientos de la lengua que acompañan gestos manuales pueden modificar los sonidos de la respiración o las vocalizaciones primitivas con el objeto de proporcionar respuestas vocales; pero incluso tal proceso aporta muy poco para explicar la diversidad de respuestas vocales que especifican clases de reforzamientos.

Al explicar el comportamiento verbal que tiene forma de tacto debemos buscar fuentes diferente de materiales no verbales, porque la conducta del "hablante" debe estar relacionada con las *circunstancias estimulantes* más que con la estimulación aversiva o la deprivación.

Se puede decir que el comportamiento de un perro cazador "señala" la presencia de la presa al cazador, en la misma forma en que el ladrido del perro guardián "señala" que se acerca un intruso. En cuanto tales actos son relativamente invariables e incondicionados, el cazador y el dueño de

1 Paget, R. A. *Human Speech* (Nueva York, 1930).

la casa responden a ellos como ante cualquier estímulo asociado con un evento determinado, por ejemplo, el ruido producido por la presa o por el intruso. Sólo cuando se entrena al perro como "hablante" surgen nuevos fenómenos. Tan pronto como el perro cazador es *reforzado* por señalar, o el perro guardián por ladrar, la topografía de la conducta llega a depender de las contingencias de reforzamiento, más que de los sistemas de reflejo incondicionado. En estos ejemplos nunca cambia mucho la conducta, pero en otros la forma acaba por ser determinada por la comunidad, es decir, se vuelve convencional. Se ha señalado a menudo que la frecuencia de la *m* inicial en palabras que se relacionan con *madre,* puede tener cierta relación con la frecuencia de ese sonido como respuesta incondicionada en situaciones en las que las madres generalmente figuran, y donde el resto de cada palabra posiblemente es moldeada por la comunidad particular apropiadas para situaciones específicas, es una limitación obvia para explicar de esta manera un repertorio extenso.

Otra explicación común se refiere a la onomatopeya. La teoría antigua del "soplo y del ruido" sobre el origen del lenguaje, puso énfasis en las semejanzas formales que existen entre los estímulos y las respuestas que sobreviven en la onomatopeya, o en los repertorios de "construcción de modelos". Podemos "alertar a alguien de que se acerca un perro" imitando sus ladridos, en la misma forma en que un turista dibuja el objeto que desea comprar, pero cuyo nombre no conoce, o como el guía indio anuncia una buena pesca moviendo la mano en forma sinuosa. La respuesta vocal, pictórica o gesticulada, es efectiva porque es físicamente similar a "la situación descrita"; pero el "uso de tales signos" por parte del "hablante" o del "oyente" no se explica. Sin embargo, si suponemos que ciertos oyentes huyen cuando oyen ladrar a un perro y que esto es reforzante para ciertos hablantes, sólo tenemos que esperar —tal vez sea necesario esperar algunos miles de años— a que alguien emita una respuesta vocal lo suficientemente similar al ladrido de un perro, como para que sea reforzada por su efecto sobre el oyente. En el mejor de los casos, el resultado es un tacto impuro que apenas puede distinguirse de un mando. Todas las respuestas onomatopéyicas sufren por el hecho de que las propiedades formales distintivas afectan al oyente en una forma que está muy ligada a una situación particular; pero los oyentes pueden reaccionar ante los perros en muchas formas y por muchas razones, y es posible que cierta clase de reforzamiento generalizado siga a esto.

Es posible que el origen de la mayor parte de las formas de respuesta permanezca para siempre en la oscuridad, pero si podemos explicar los principios del ambiente verbal más rudimentario, los procesos bien establecidos del cambio lingüístico explicarán la multiplicación de las formas verbales y la creación de nuevas relaciones de control. Por fortuna, los cambios en las contingencias de reforzamiento pueden ser rastreados históricamente y observados en las comunidades actuales. En cuanto a la forma de la respuesta, no necesitamos suponer que los cambios sigan ninguna pauta en particular (como la de la ley de Grimm[2]); sin duda, para explicar la creación de gran cantidad de formas, probablemente los cambios más accidentales serán los mejores. En cuanto al "significado", los lingüistas históricos modernos han identificado muchas fuentes de variación; algunas de éstas se refieren a accidentes o faltas en la trasmisión, otras surgen de la estructura de la comunidad verbal. Surgen nuevas relaciones de control cuando una respuesta literal se toma metafóricamente, o cuando una respuesta metafórica, por el reforzamiento restringido subsiguiente, se vuelve abstracta. Como ejemplo de este último proceso, si suponemos que la respuesta estándar *naranja* ha estado bajo el control de estímulo de las naranjas, podemos imaginar una primera ocasión en la cual algún otro objeto del mismo color evoque la respuesta; si ésta es efectiva sobre el oyente, como puede serlo sin un condicionamiento especial, puede ser reforzada con respecto al solo color. Si es suficientemente útil para la comunidad, el término relativamente abstracto para referirse al color, *naranja,* surge. Gran cantidad de abstracciones sutiles parecen originarse de esta manera. La *caída* de una moneda, o de un *dado,* lleva al concepto de *azar* cuando las propiedades que la definen están libres os casos en que algo cae. El método de John Horne Tooke también es pertinente aquí. *A Sequel to the Diversions of Purley,* de John Barclay (Londres, 1926) examina los orígenes de los términos que se refieren al espíritu y a la mente en una anticipación temprana del conductismo del siglo XX, trazándolos etimológicamente hasta conceptos más fuertes de la conducta humana.

Se ha señalado con frecuencia, especialmente al explicar el origen de los mitos, que este proceso funciona al revés, es decir, que una respuesta metafórica puede tomarse literalmente. El reporte metafórico de que

2 N. del E.: en referencia a la primera ley que definió cambios sistemáticos en la fonética evolutiva de una lengua, en este caso del proto-indoeuropeo al proto-germánico (p.ej., evolución del sonido *p* hacia *f*). Estos patrones sistemáticos de evolución fonética se observan en otras lenguas, pensemos en la pérdida de la *f* inicial (*ferrum* → *hierro*) o la paralización de grupos consonánticos (*pluvia* → *lluvia*) en la evolución del latín al español.

una persona se vuelve una *bestia* cuando bebe, da origen a la historia del hombre que se convirtió en animal cuando tomó una poción mágica. En la elaboración de tales historias, nuevas variables logran controlar las respuestas antiguas.

El estudio de la conducta verbal del hablante y del oyente, lo mismo que las costumbres del ambiente verbal que generan tal conducta, puede no contribuir directamente a la lingüística histórica o descriptiva, pero para los fines que nos ocupan es suficiente decir que un ambiente verbal pudo haber surgido de fuentes no verbales, y que al trasmitirse de generación en generación, ha estado sujeto a influencias que pueden explicar la multiplicidad de formas y de relaciones de control, así como a la creciente efectividad de la conducta verbal considerada como un todo.

Índice Onomástico

Índice Analítico

Notas